高等院校石油天然气类规划教材

油气地球化学

(第二版)

卢双舫　张　敏　主编

石油工业出版社

内 容 提 要

本书首先介绍了油气地球化学的学科发展、演化、意义，油气成因理论的形成、发展，油气地球化学的主要分析方法；之后系统地介绍了有机质的产生、沉积及组成，有机质的演化及其影响因素，油气的生成及成烃模式，生物标志化合物及其地球化学意义，石油、天然气的组成、分类及其影响因素；在此基础上，重点介绍了地球化学原理在烃源岩定性及定量评价、油气源对比、油藏地球化学及开发地球化学中的应用，最后简要论述了非常规油气地球化学。

本书可作为高等院校资源勘查工程、地球化学专业的本科教材，也可供相关专业的研究生和油田研究人员参考。

图书在版编目(CIP)数据

油气地球化学 / 卢双舫，张敏主编. — 2版. — 北京：石油工业出版社，2017.5(2023.2重印)
 高等院校石油天然气类规划教材
 ISBN 978-7-5183-1938-1

Ⅰ.①油… Ⅱ.①卢… ②张… Ⅲ.①石油天然气地质—地球化学—高等学校—教材 Ⅳ.①P618.130.1

中国版本图书馆 CIP 数据核字(2017)第 129073 号

出版发行：石油工业出版社
（北京市朝阳区安华里2区1号楼 100011）
网　　址：www.petropub.com
编辑部：(010)64523693
图书营销中心：(010)64523633　(010)64523731
经　　销：全国新华书店
排　　版：北京市密东股份有限公司
印　　刷：北京中石油彩色印刷有限责任公司

2017年5月第2版　2023年2月第7次印刷
787毫米×1092毫米　开本：1/16　印张：24.5
字数：600千字

定价：50.00元
（如发现印装质量问题，我社图书营销中心负责调换）
版权所有，翻印必究

《油气地球化学(第二版)》编写人员名单

主　编：卢双舫　中国石油大学(华东)
　　　　张　敏　长江大学

参编人员(按姓名拼音排序):
　　　　陈忠红　中国石油大学(华东)
　　　　黄光辉　长江大学
　　　　李洪波　长江大学
　　　　李娇娜　东北石油大学
　　　　刘洪军　西安石油大学
　　　　申家年　东北石油大学
　　　　唐友军　长江大学
　　　　王春江　中国石油大学(北京)
　　　　文志刚　长江大学
　　　　向廷生　长江大学
　　　　薛海涛　中国石油大学(华东)
　　　　赵红静　长江大学

第二版前言

由于全体参编教师和责任编辑的共同努力,普通高等教育"十一五"国家级规划教材《油气地球化学》第一版于2008年初出版面世并被石油高校普遍选用,教材质量得到了石油高校师生的认可,先后获得中国石油高等教育优秀教材奖、中国石油和化学工业优秀出版物奖(教材奖)一等奖。

近十年来,随着油气勘探、开发实践的不断深入,油气地球化学学科也得以快速发展,尤其是伴随着美国页岩气革命兴起的非常规油气热潮以及油藏地球化学的推广应用,油气地球化学的应用领域不断拓展,第一版教材需要进行相应的更新和补充。同时,教材使用过程中,也发现一些结构上的不足和文字方面的问题需要完善。

因此,2013年7月底,石油工业出版社和教材主编组织参编教师在青岛召开了教材修订研讨会,讨论决定了教材修订的原则、要点、提纲和分工。按照会议精神,各位参编教师重点进行了以下方面的修改:在修改、完善第一版教材使用过程中细节问题的同时,在各章后面增加了本章小结和思考题,以帮助学生梳理、消化并总体把握全章的内容和重点;将原来的第十三章提前到第十章,将原第十二章并入原第十章中置于第十一章;在烃源岩定性评价中,增加了近年来应用日益广泛的有机质非均质性评价内容;在烃源岩定量评价中,新增了近些年进展较大的排烃研究内容;鉴于录井地球化学技术日臻成熟并得到了广泛应用,增加了地球化学录井一章(第十七章);鉴于近些年来非常规油气的突破性进展,重新撰写了非常规油气(第十八章)。

教材按64学时编写,有关章节和标题前标*的内容为选学内容,可供学时少的院校选择性教学。

教材各章的执笔修改、编写分工如下:前言和第十四章由卢双舫执笔,第一章由张敏执笔,第二章由薛海涛执笔,第三章由向廷生、张敏执笔,第四、八章由陈忠红执笔,第五章由赵红静执笔,第六、七章由李娇娜执笔,第九章由黄光辉执笔,第十章由王春江执笔,第十一章由唐友军执笔,第十二章由刘洪军执笔,第十三章由申家年、卢双舫执笔,第十五章由文志刚执笔,第十六章由张敏、黄光辉执笔,第十七章由李洪波执笔,第十八章由薛海涛、卢双舫执笔。张敏重点对第一、三、五、九、十一、十五、十六、十七章进行修改和统稿。卢双舫对全部书稿进行了统稿、修改和定稿。

由于参编教师都是利用教学、科研之余的时间加班从事教材的修改、编写工作,交稿时间不一,更由于主编统稿过程中需要兼顾各章内容的衔接、避免交叉重复而需要比较完整的时间,导致教材交付出版社的时间一再推迟。所以,尽管参编教师已经竭尽全力,但由于多方面的原因,修订统稿过程偏长,难免顾此失彼。不当之处,敬请专家、读者指正,以便今后修改完善。

编　者

2017年2月17日

第一版前言

在1977年我国恢复高考后的最初十多年间,石油和地质高校许多著名的专家将相当多的时间和精力投入到教材的编写工作中,产生了一批有影响的精品教材,为百废待兴的石油行业培养急需人才做出了重要贡献。在油气地球化学领域,最有代表性的教材有两本,一本是由曾国寿、徐孟虹主编的《石油地球化学》(石油工业出版社1990年出版),另一本是王启军、陈建渝主编的《油气地球化学》(中国地质大学出版社1984年出版、1988年修订再版)。

作为一门新兴的边缘学科,油气地球化学与其他发展历史更长、更为成型稳定的地学学科相比,发展、更新更为迅速。这体现在新技术、新方法、新领域、新理论不断涌现,如天然气地球化学分析技术的发展和评价体系的建立和完善、油藏地球化学理论与技术的形成和发展、未成熟—低成熟油气理论、煤成烃理论与煤源岩评价技术、非烃的地球化学技术等等。这些方面的快速进展,使承担油气地球化学教学任务的教师深感已有的教材难以满足现今教学的需要,迫切需要一本新的统编教材。但十多年来,由于各方面的原因,一直没有这样一本教材面世。各石油高校不得不自编内部教材以解燃眉之急。但受制于时间和精力,这些内部教材更多反映的是各校的特长和优势研究领域,缺乏全面的统筹。

值此供需脱节的时刻,由中国石油教育学会和石油工业出版社牵头,于2004年10月在北京怀柔举行了石油勘探专业教学与教材规划研讨会,得到了6所石油高校的积极响应。会议形成了石油高校共同参与编写,博采众长以提高教材质量,同时共同选用以降低教材成本的共识。会上确定了16种教材的重编计划和分工,其中,《油气地球化学》由大庆石油学院和长江大学牵头主编,中国石油大学钟宁宁教授主审。

会后,经过对国内外有关教材和参考书的考察和比较,主编拟订了较为详细的教材编写大纲,并发往主审和有关石油院校征求意见。同时,教材大纲也呈送王铁冠院士征求意见。参编老师审阅之后提出了具体的修改意见。王铁冠院士和钟宁宁教授对大纲初稿进行了非常认真的审阅,提出了从教材结构调整到具体内容的取舍、增删方面的指导性意见。主编汇总意见后进行了慎重斟酌,并多次向王院士和钟教授请教,就主要问题进行了深入的讨论,最终确定了编写大纲。教材初稿出来之后,主编统稿的过程中,依据入编内容的逻辑关系和篇幅,又对部分章节进行了合并及顺序调整。

教材分18章。前两章简介了油气地球化学的定义、学科发展演化、意义和油气成因理论的形成、发展,第三章重点介绍了油气地球化学的主要分析方法。这是与过去教材在结构上的不同之处,主要是接受主审的意见,考虑到地球化学是一门实验性很强的学科,学生具备了有关实验的基本知识之后,更容易接受相关的概念和理论。对另外开设仪器分析课的院校,第三章的内容只作参考,授课过程中,也可将本章的内容分解到相关的章节讲授,但为便于参考、查阅,本书将实验部分集中编写。第四~七章为**有机质的地球化学**,主要介绍有机质的产生、沉积及组成,是为后面打基础的内容。第八、九章为**油气生成的地球化学**,重点阐述有机质的演化及其影响因素和油气的生成及成烃模式,这是烃源岩地球化学的核心内容和指导油气勘探的理论基础。第十~第十二章介绍石油、天然气的组成、分类及其影响因素和蚀变,可以视为是**油气蚀变的地球化学**。生物标志化合物作为油气地球化学中非常重要的评价和应用指标,它在许多章节都可能涉及,故在教材结构中的位置难以把握,为简明起见,将它集中置于第十三章中。第十四~十七章为**地球化学原理在油气勘探、开发中的应用**,不仅介绍了烃源岩评价、油源对比等经典的烃源岩地球化学的内容,也介绍了目前正在快速兴起和发展的油藏及开发地球化学内容。与以往相比,这一部分是本教材重点加强的内容。这一方面与十多年来应用方面的进展丰富有关,同时也是考虑到油气地球化学作为一门应用型的学科,其生命力应该体现在应用效果上。最后的第十八章简介非常规油(煤成油、重质油、油页岩)的地球化学。上述的黑体字部分,即有机质的地球化学、油气生成的地球化学、油气蚀变的地球化学和地球化学原理的应用体现了本教材的结构主线和基本内容。油气地球化学中还应该包括的"**油气运移的地球化学**"部分,由于内容有限,没有单独成章,而是将相关的内容分散置于生物标志化合物(第十三章)和油藏地球化学(第十七章)中。

  教材各章分工如下:前言和第十五章由卢双舫执笔,第一章由张敏执笔,第二、十八章由薛海涛执笔,第三章由向廷生、张敏执笔,第四、八章由王顺玉执笔,第五章由赵红静执笔,第六章由李娇娜执笔,第七章由李娇娜、刘晓艳执笔,第九章由黄光辉、张敏执笔,第十、十二章由唐友军执笔,第十一章由赵靖舟执笔,第十三章由王春江执笔,第十四章由申家年执笔,第十六章由文志刚执笔,第十七章由张敏、黄光辉执笔。张敏重点对第一、三、九~十二、十六、十七章进行修改和统稿。卢双舫对全部书稿进行了统稿和修改,其中有6章的修改量在20%~45%,有8章的修改、重组、重写幅度达到50%~90%。薛海涛完成了全部参考文献的整理,并协助完成了清样的一校。

  在教材大纲拟定和具体编写的过程中,编者深感教材的全面与精练、基础与前沿、介绍创新的理论和技术与成熟理论等几个方面的矛盾难以处理、分寸难以把握。作为一本间隔多年后编写的新教材,除了在结构和逻辑关系上要更为合理、明晰之外,还应该比较全面地反映本学科近年来的前沿进展、观点更新、理论和技术上的创新;从教材的图文并茂、生动以利于学生理解出发,应该增加实例及相应的图表;但这一方面将导致篇幅难以控制,而与目前高等教育压缩学时的总体趋势相背离,同时,创新的观点和技术又不一定成熟、成型或者能得到广泛认可;一些在目前学术界还存在分歧的观点是否介绍、介绍到什么程度,部分内容是应该在这里编入本科生教材还是将来放在研究生教材中等等,在编者之间,以及编者与主审之间都有不完全相同的分寸感。从各位参编教师提供的初稿来看,不少编者在撰写过程中花费了相当的时间和精力,查阅了大量的近期文献,写出了有关领域的新进展。但是,一方面篇幅太长,另一方面,有些内容过于深入或专业。主编不得忍痛对有关内容进行了大幅压缩和调整,但又唯恐反映不了参编者的原意。教材初稿完成之后,主审在百忙之中抽空审阅了部分章节并提出了宝贵的修改意见,对其他部分提出了指导性的意见。按照主审提出的意见,编者再次进行了修改。

  由于编者水平和经验有限,同时,编者都为各校的教学、科研骨干,承担着繁重的教学、科研和管理任务,加上多方面的原因,编、审过程偏长,难免顾此失彼。因此,遗憾、不当之处,当俯拾皆是,恳请专家、读者不吝珠玉,以便今后修改完善。

教材按 64 学时编写,有关章节和标题前标 * 的内容为选学内容,可供学时少的院校选择性教学。

编　者
2007 年 3 月 16 日

目 录

第一章 绪论 ... 1
- 第一节 油气地球化学及其主要研究内容 ... 1
- 第二节 油气地球化学的发展概况 ... 2
- 第三节 油气地球化学的发展趋势 ... 4

第二章 油气成因理论综述 ... 6
- 第一节 油气的无机成因说 ... 6
- 第二节 油气的早期有机成因说 ... 7
- 第三节 油气的晚期有机成因说 ... 9
- 第四节 现代油气成因理论 ... 10
- 思考题 ... 10

第三章* 油气地球化学的主要分析方法 ... 11
- 第一节 有机质的分离 ... 11
- 第二节 色谱法 ... 13
- 第三节 红外光谱法 ... 21
- 第四节 色谱—质谱法 ... 21
- 第五节 稳定同位素法 ... 25
- 第六节 油藏地球化学关键性技术 ... 27
- 本章小结 ... 30
- 思考题 ... 31

第四章 有机质的产生、聚集及生物圈的演化 ... 32
- 第一节 有机质产生的主要作用——光合作用 ... 32
- 第二节 生物圈的演化 ... 33
- 第三节 有机碳的循环 ... 36
- 第四节 不同环境的生物产率 ... 38
- 本章小结 ... 40
- 思考题 ... 41

第五章 生物体的化学组成及其意义 ... 42
- 第一节 糖类 ... 42
- 第二节 蛋白质 ... 43
- 第三节 脂类 ... 44
- 第四节 木质素和丹宁 ... 47
- 第五节 各种有机质的平均组成及其意义 ... 47
- 本章小结 ... 49
- 思考题 ... 50

第六章　有机质的沉积分布特征 …… 51
第一节　有机质沉积的一般特征 …… 51
第二节　沉积环境及其对有机质沉积的影响 …… 52
第三节　不同沉积环境（相）有机质的沉积特征 …… 56
本章小结 …… 59
思考题 …… 60

第七章　沉积有机质的组成 …… 61
第一节*　腐殖质 …… 61
第二节　可溶有机质 …… 64
第三节　干酪根 …… 66
第四节　各种有机质之间的关系与干酪根的形成 …… 78
本章小结 …… 79
思考题 …… 79

第八章　有机质的演化及其影响因素 …… 80
第一节　有机质的成岩作用、深成作用和变质作用 …… 80
第二节　干酪根的演化 …… 83
第三节　可溶有机质的演化 …… 90
第四节　影响有机质演化的地球化学因素 …… 97
本章小结 …… 104
思考题 …… 105

第九章　有机质的成烃模式及阶段划分 …… 106
第一节　有机质成烃的一般模式 …… 106
第二节*　有机质成烃模式的改进和发展 …… 110
第三节*　碳酸盐岩有机质的成烃模式 …… 115
本章小结 …… 116
思考题 …… 117

第十章　生物标志化合物及其地球化学意义 …… 118
第一节　生物标志化合物的概念及立体化学基础 …… 118
第二节　生物标志化合物的分析与鉴定 …… 119
第三节　主要的生物标志化合物 …… 121
第四节　生物标志化合物在油气地球化学中的应用 …… 139
本章小结 …… 147
思考题 …… 148

第十一章　原油的组成、分类及影响因素 …… 149
第一节　石油的元素组成及馏分组成 …… 149
第二节　石油的族组成 …… 150
第三节　石油的分类 …… 156
第四节　影响原油类型的地质因素 …… 158
本章小结 …… 170
思考题 …… 170

第十二章　天然气的组成、分类及地球化学特征　171
- 第一节　天然气成因类型　171
- 第二节　有机成因气的主要类型及其特征　174
- 第三节　碳、氢、氦和氩同位素地球化学特征　183
- 第四节　轻烃地球化学　192
- 第五节　各类天然气的鉴别　197
- 本章小结　206
- 思考题　206

第十三章　烃源岩定性评价　207
- 第一节　有机质的丰度　209
- 第二节　有机质的类型　215
- 第三节　有机质的成熟度　222
- 第四节　有机质非均质性评价及预测　229
- 第五节　有机质原始丰度和原始生烃潜力的恢复　237
- 本章小结　240
- 思考题　241

第十四章　烃源岩的定量评价　242
- 第一节　烃源岩生烃的定量评价　242
- 第二节　烃源岩排烃的定量评价　251
- 第三节*　沉积埋藏史和热史的重建　266
- 本章小结　270
- 思考题　270

第十五章　油气源对比　271
- 第一节　油气源对比原理　271
- 第二节　油气源对比参数　274
- 第三节　油气源对比实例　286
- 本章小结　292
- 思考题　292

第十六章*　油藏地球化学基础　293
- 第一节　油藏地球化学的理论基础　293
- 第二节　油藏地球化学技术的主要应用领域及方法　302
- 本章小结　311
- 思考题　311

第十七章　地球化学录井　312
- 第一节　技术原理与方法　312
- 第二节　地球化学录井技术应用与实例分析　318
- 本章小结　330
- 思考题　330

第十八章*　非常规油气地球化学　331
- 第一节　非常规油气概述　331

第二节　页岩油气 ………………………………………………………… 336
　第三节　致密油气 ………………………………………………………… 346
　第四节　煤层气 …………………………………………………………… 351
　本章小结 …………………………………………………………………… 357
　思考题 ……………………………………………………………………… 357
参考文献 …………………………………………………………………… 358

第一章 绪 论

第一节 油气地球化学及其主要研究内容

地球化学是用化学原理研究地壳、地球的化学成分和化学元素在其中分布、集中、分散、共生组合与迁移规律以及演化历史的学科。有机地球化学是地球化学的重要组成部分,是用有机化学理论研究地壳内各种碳质物体的分布情况,探讨它们的运移、富集规律,鉴别它们的成因和起源,研究范围包括大气圈、水圈和岩石圈以及宇宙空间的天体。而油气地球化学是有机地球化学的重要分支,研究范围主要集中于岩石圈中的沉积岩石圈(包括沉积物)和水圈。从深度上看,大约集中在从地表到埋深10km的范围内。

油气地球化学是应用化学原理尤其是有机化学的理论和观点来研究地质体中与油气有关的有机质的来源、时空分布、化学组成、结构、性质及演化,探讨有机质向油气转化的过程和机理,研究油气的初次运移和二次运移、油气的次生改造和蚀变、油气藏聚集特征、油气藏形成过程及油气田开发过程中的有机—无机相互作用、油气组分的变化及其规律和意义,以及运用这些知识来指导油气的勘探和开发的一门科学。

油气地球化学是一门新兴的交叉学科。它突破了单一学科的界限,将地质类学科(沉积学、地质学、矿物学等)与化学类学科(有机化学、无机化学、物理化学、分析化学)和生物类学科(生物学、古生物学、微生物学等)及石油工程等的理论和方法融为统一的科学体系,并在油气勘探和开发实践中逐渐形成为一门独立的学科,其基本理论和方法在目前油气勘探和开发中正发挥着越来越重要的作用。油气地球化学在20世纪七八十年代已经与石油地质学、地球物理学并列,成为石油勘探三大理论基础之一,并于90年代逐步、快速渗入油气开发领域。该学科的基本原理和基本方法是地球化学专业、资源勘查工程专业学生以及从事油气勘探与开发的地质人员所必备的。

油气地球化学的主要内容包括油气地球化学的理论基础、油气地球化学应用和油气地球化学的分析方法。其中,理论基础由以下4方面组成:

(1)有机质的地球化学:主要讨论作为油气先质的有机质的起源、演化、组成、分布特征及其与油气的关系,对应教材的第四章至第七章。

(2)油气生成的地球化学:主要讨论有机质转化成为油气的过程、机理及影响因素和成烃模式,对应教材的第八章、第九章。

(3)油气运移和聚集的地球化学:主要讨论油气是如何、什么时候运移并聚集到油藏中的,有关内容含在第十、十四、十六章中。

(4)油气蚀变的地球化学:主要介绍聚集到油气藏中的油气的组成是如何发生变化的,发生了哪些变化。当然,讨论的基础是油气的基本组成和分类。对应本书的第十一、十二章。

油气地球化学在解决实际问题中的效果是其生命力之所在,它主要应用于以下方面:

(1)烃源岩评价:回答一个研究区烃源岩的有无、优劣及生油气量的大小、时期及强度,为勘探选区和投资力度的决策服务。对应教材的第十三、十四章。

(2)油源对比:主要回答烃源岩所生成油气的去向或油气藏油气的来源,为勘探方向的选择服务,对应教材的第十五章。

(3)油藏和开发地球化学中,主要研究油气藏中流体的非均质性及其形成机制、分布规律、油藏中流体与矿物的相互作用、采油过程中组分的变化规律与机制,探索油气的充注、聚集历史与定位成藏机制,评价采油过程中储层及流体组成的变化、合采层单层产能贡献的变化,为油田的勘探、开发和提高采收率服务,对应教材的第十六章。近年来为满足勘探开发生产的技术需求,将一些能够快速检测储层中油气含量及性质、确定油气水层界面、计算储量及预测产能的技术应用于随钻录井工作,形成了气测录井、岩石热解录井和色谱录井等实用、配套的技术系列,使地球化学录井技术得到了快速发展。虽然它们可以视为油藏及开发地球化学的一部分,但由于自成分析测试、解释的体系,单独列于第十七章中。

(4)近些年来受到高度重视并得到快速发展非常规油气,包括致密油气、页岩油气、煤层气等,其评价和研究中所涉及的主要地球化学问题,在教材的第十八章中讨论。

作为一门高度依赖于分析技术的学科,油气地球化学的每一步发展和创新都离不开分析技术的进步,有关的主要内容在教材第三章中介绍。

此外,生物标志化合物的地球化学作为油气地球化学进入分子级水平的标志,在整个学科理论和应用的发展中有着特殊的意义,这一部分的内容集中在教材的第十章介绍。

从考察和研究的对象和目标来说,油气地球化学可分为烃源岩地球化学和油藏(及开发)地球化学。其中,烃源岩地球化学是经典的油气地球化学的主要研究内容,它以烃源岩为主要研究对象,主要服务于油气的勘探;油藏(及开发)地球化学是油气地球化学近年来的学科生长点和重要进展,它以油藏流体为主要研究对象,所获得的信息既可以服务于勘探,又可以服务于开发。

第二节　油气地球化学的发展概况

回顾油气地球化学的演化历程,可以说油气地球化学是有机地球化学理论和技术最重要的应用领域之一,同时它也是有机地球化学新理论和新技术最为重要的生长点之一。甚至可以这样说,油气地球化学体现了现代有机地球化学的进展,正是这种基础理论研究、应用基础研究与地质应用相得益彰,油气地球化学被誉为现代基础科学与应用科学结合的典范(钟宁宁、张枝焕,1998)。

可以说,油气地球化学与有机地球化学是同步诞生和发展的,因为最早的有机地球化学工作以及它的发展与石油和煤等能源的研究密切有关。早在20世纪20年代,苏联学者B.H.维尔纳茨基就开始研究地质体中有机质的地质作用,他曾着重研究过石油的有机组成和石油有机成因等问题,因此,在他的主要著作如《地球化学概念》和《生物圈》等书中,详细论述了石油的有机组成和石油成因的主要依据,论述了生物和有机质(如腐殖质)在沉积锰矿以及其他金属元素表生富集过程中的重要意义。当时维尔纳茨基工作的实验室即是1927年苏联建立的活性炭研究室是世界上第一个与有机地球化学有关的实验室的前身,后来该实验室又改名为生物地球化学研究室。

20世纪30年代，A. 特莱布斯（Alfred Triebs，1933）首次从石油中分离并鉴定出卟啉化合物，从而被认为是真正现代意义上的有机地球化学概念诞生的标志。他首次发现并证实了卟啉化合物广泛存在于不同时代、不同成因的石油、沥青等地质体中，认为这些卟啉化合物来源于植物叶绿素，从而为石油有机成因理论提出了一个极其重要的证据。对各种地质体进行了广泛深入研究之后，A. 特莱布斯认为这种石油卟啉就是植物叶绿素和动物血红素降解的产物，进而提出了从叶绿素a向石油卟啉转化途径的假说。这样就开创了一种新的有机地球化学研究方法，即直接对比生物先质体中的生物化学组分和原油中的有机组分。迄今为止，关于其他许多生物标志化合物的成因研究仍然基于这一基本思想，即地质历史时期中生物的生物化学转化机理可以用现代沉积的事实来解释，这也是有机地球化学最重要的基础学科——分子地球化学诞生的标志。

20世纪50年代初，P. V. 史密斯（Smith，1952，1954）等人成功地从现代海洋沉积物中分离鉴定出微量类似于原油的烃类化合物，从而使石油直接起源于类似现代沉积物有机质的观点得以广泛流传。50年代中期至60年代中期，随着气相色谱技术的广泛使用，人们可以从现代沉积物、土壤、沉积岩和石油天然气中抽提分离鉴定出大量的有机化合物，使研究工作大大深入。1959年11月美国匹兹堡成立了第一个国际性的有机地球化学协会。1962年首先于意大利米兰召开了第一届国际有机地球化学会议，出版了《有机地球化学进展》论文集，并定每两年召开一次学术会议。随着研究工作的深入、大量资料的积累，1963年I. A. 布雷格（Breger，1963）主编了《有机地球化学》，分章论述了色素、氨基酸、碳水化合物、脂类、干酪根、煤、石油等地球化学。1964年苏联学者亦出版了《有机质的地球化学》，重点论述了沉积金属矿产的有机地球化学。这标志着有机地球化学学科以完善独立的体系立于百科之林。

20世纪70年代至80年代，是油气地球化学学科发展最重要的时期。随着气相色谱—质谱仪和同位素质谱仪等一批先进的分析技术相继问世，人们不仅能够从复杂混合物中分离和鉴别出单个有机化合物，而且该学科的理论和方法逐渐形成。N. B. 瓦索耶维索（Vassoyevich）等（1969）和A. A. 卡尔泽夫（Kartzev）等（1972）首先提出，石油生成有一主要阶段和主要相，W. C. 普西三世（Pusey Ⅲ，1973）提出"地温窗"和"液体窗"概念，即原油在地下的分布具有一定的温度范围和深度范围。P. 奥尔布雷克特（Albrecht）等（1976）和B. 杜兰德（Durand）等（1976）对其可溶有机质和干酪根的组成、结构和数量变化进行了深入细致地研究，这是迄今最好的有机质演化研究实例之一。

20世纪70年代末，以Tissot为代表的地球化学家在归纳综合前人研究成果的基础上，提出"干酪根晚期热降解生烃"理论模式。至此，石油生成和蚀变的现代成因理论（或称石油演化理论）已完整地建立起来，它不仅符合客观地质事实，特别是符合沉积岩有机质演化的基本规律，逐渐为广大石油地质工作者所接受，而且更重要的是已在指导油气勘探中发挥了重大作用。

20世纪90年代，油藏地球化学成为油气地球化学学科新的生长点，它不仅将研究重点从烃源岩转向储集层（简称储层）和油藏，而且将油藏油、气、水和矿物骨架作为统一的地球化学体系。利用有机—无机相互反应、静态—动态的辩证观点来剖析油藏流体化学组成的非均质性及其地质—地球化学意义，真正实现了油气地球化学学科从烃源岩评价到储层描述、从油气藏形成规律到油田开采过程中的动态监测全方位地服务于石油工业，同时丰富和促进了油气地球化学学科的发展。

我国油气地球化学的研究工作始于20世纪50年代，发展于80年代，并形成了具有特色的陆相生油理论和源控论。我国各油区烃源层系形成的环境条件及其成烃演化史的查明，一系列指导油气勘探的主要地球化学指标的确定，油气运移、聚集成藏史的地球化学研究，以及生油气量和资源量评价，为我国油气资源的勘探决策提供了重要的科学依据。从70年代后期开始，随着现代分析技术的不断进步，油气地球化学进入了分子级的研究水平，确立了干酪根热降解生油理论的主导地位，建立了我国各油区烃源岩的成烃演化剖面，使油气地球化学从技术、理论到应用，已发展成为一门成熟的学科，并在油气勘探开发中发挥着日益重要的作用。

第三节　油气地球化学的发展趋势

随着现代分析技术不断改进和完善，研究成果层出不穷，21世纪将是油气地球化学蓬勃发展的大好时光，学科的相互交叉渗透促使许多新的生长点和研究方向不断涌现，油气勘探和开发的实际需求迫切要求油气地球化学的发展也应该以社会、经济效益为中心，把应用研究和应用基础研究紧密结合起来，在密切为油气勘探开发服务的同时，促进油气地球化学学科的发展和壮大。在21世纪油气地球化学发展前景中，以下几个方面值得重视。

一、天然气地球化学研究

天然气是一种优质、清洁、高效能源。从世界天然气产量在油气产量和能源结构中所占比重的增长趋势来看，21世纪将是一个天然气的时代，天然气工业将面临快速发展的历史机遇，而天然气的成因机理和成因类型判识、气源综合对比及富集规律等方面的研究仍需加强。例如，天然气和稀有气体同位素地球化学将继续成为一个活跃的研究领域。其中，天然气生成、运移、聚集和散失过程中的C、H同位素分馏效应是目前地球化学一个前沿和活跃的研究领域，还有许多问题有待深入探讨，其研究成果将影响天然气的气源、成因类型和成熟度判识。同时，在天然气成藏、煤成气、煤层气、深盆气和天然气水合物资源的研究方面，还有许多问题将有待进一步探讨。

二、油藏地球化学研究

油藏地球化学是有机地球化学一个新兴的研究方向，它是研究油藏流体(油、气、水)的非均质性形成机制、分布规律及与油藏中有机与无机岩石矿物的作用，探索油气充注、聚集历史与定位成藏机制，评价采油过程中储层及流体组成的变化、合采层单层产能贡献的变化，为油田的勘探、开发和提高采收率服务。自20世纪80年代中后期以来，世界各国主要油气区尤其是西欧北海油区都开展了油气地球化学研究，并取得了成功的经验。但是，随着油气勘探和开发工作的深入，21世纪油气地球化学还面临一些重大课题需要解决。例如油—水—岩之间有机—无机相互作用机制及其应用、油田开发和动态监测中屏障边界的厘定、油气运输过程中的管道漏失评定、注水过程中水的前缘判识等问题还需要进一步深入研究。依托快速分析技术发展起来的录井地球化学还将是地球化学理论、技术与应用相结合的一个重要且有生命力的发展方向。

三、非常规油气地球化学发展趋势

近年来,由于常规油气资源的逐步消耗,致密油气、页岩油气、煤层气、重油沥青(油砂)、油页岩、天然气水合物等非常规油气资源日益受到人们的重视,尤其是美国、加拿大、中国等国成功实现了致密油气、页岩油气、煤层气、油砂、油页岩等资源的商业开采,更极大地增加了人们对利用这些非常规油气资源的期待。

由于非常规油气资源勘探开发多处于刚刚起步或探索性研究阶段,很多关键的地球化学问题尚未得到圆满解决,例如,致密油气与页岩油气"甜点"识别及预测中地球化学问题,致密储层内油—气—水—岩相互作用,页岩地层条件下的含气量及吸附/游离气的比例问题及其与页岩气产量和生产期的关系,油在致密、页岩储层孔隙内的赋存状态及吸附态与游离态的比例关系与相互转化条件,致密油充注、运移的启动条件(阻力与动力的关系),致密、页岩储层中原油的可流动性问题等等。

煤炭资源在世界上和中国都非常丰富,已开采的煤矿中普遍见到油气显示,但煤成油的商业价值还有待落实。在业已发现的具有商业性油气聚集的含煤盆地中,煤层与煤系泥岩对成烃成藏的贡献孰主孰次还有争论。原生和次生的生物成因气(简称生物气)在煤层气富集高产中的作用,煤层甲烷碳氢同位素组成与变化规律及其控制因素与地质背景的关系,天然气水合物的形成条件与分布规律等等,这些涉及机理的科学问题的解决是未来非常规油气地球化学的重要研究课题和发展方向。

此外,碳酸盐岩的地球化学、未成熟—低成熟油的地球化学、非烃的地球化学、生物标志化合物的地球化学、同位素地球化学也是油气地球化学中值得关注或有许多分歧、争论有待厘清的研究领域。

第二章 油气成因理论综述

油气从哪里来,或者说什么是油气的先质,这些先质是如何转化为油气的,这些问题是从油气被发现以来就摆在油气勘探开发工作者面前的重大课题,是油气地球化学必须面对、油气成因理论必须回答的问题。对这些问题的回答,不仅具有阐明油气成因的理论意义,而且对指导油气勘探具有不言而喻的现实意义。比如说,如果油气是火山成因的,那么油气勘探的有利区域就应该在正在或者曾经发生过火山活动的地区;如果油气是有机成因的,那么油气勘探就应该将主要注意力放在与有机质沉积密切相关的沉积岩发育区。

概括来说,油气成因理论的发展大致经历了4个阶段,即无机成因说、早期有机成因说、晚期有机成因说和以晚期有机成因为主但兼顾其他因素贡献的成烃理论。由于石油工业早期找到的油更多,因此早期的油气成因理论更多关注的是油的成因问题。但现代的油气成因理论应既包括油也包括气。

第一节 油气的无机成因说

油气的无机成因说认为,油气是由无机化合物经化学反应形成的。它们或者是由地球深部高温条件下原始碳或其氧化态经还原作用形成,如Д. И. 门捷列夫(1876)提出的碳化说、库德梁采夫(1951)提出的"岩浆说"。或者是在宇宙(地球)形成初期即已经存在,后来随着地球冷却被吸收并凝结在地壳的上部,由这些碳氢化物沿裂隙溢向地表过程中便可形成油气藏,如索柯洛夫(В. Д. СОКОЛОВ,1889)、Gold 等(1982,1984,1993)提出的宇宙说。这一观点在20世纪30年代之前占支配地位。

按照这一学说,无机成因油气不仅存在,而且远景巨大,将可能比有机成因的油气潜力大得多,其蕴藏量几乎是取之不尽的(陈沪生,1998)。较典型的有如对中东油气富集的认识:波斯湾地区几十个油气田分布在一条500mile(英里,1mile≈1.6km)长的地带,占地球表面积不到2%,却拥有世界可采储量的50%以上。这些油气藏显示了很宽的地质年龄谱,而且烃类产在构造和地层变化都很大的环境中,各种圈闭都是严重泄漏的,油气渗流随处可见,且由来已久。这显然是一种过度供给的情形。这里的石油组成极为相同,因而推测它们是同一来源。但这个来源是什么呢?不少地质学家认为可能是地幔来的无机成因烃源(P. A 切诺韦斯,1993;转引自陈沪生,1998)。

支持无机成因学说的主要证据有:

(1)烃类已经在实验室内通过无机物合成。

例如,著名的俄国化学家门捷列夫很早就已在实验室中由无机的碳化物合成出烃类:

$$FeC_2 + 2H_2O \longrightarrow HC \equiv CH + Fe(OH)_2$$

Szatmari(1989)、张景廉(2001)等认为,地幔脱气生成的 CO_2、CO、H_2 沿破裂带上升到超

基性的蛇纹岩带,发生费—托反应:

$$CO_2 + H_2 \xrightarrow[300\sim400℃]{Fe,Co,Ni,V(催化)} C_nH_m + H_2O + Q$$

费—托反应合成的烃类伴随着岩浆活动(如火山喷发)沿花岗岩缺失的"通道"上升,并运移到储层,形成油气藏。

(2)天体的光谱中有烃类的显示,陨石中也已检测到烃类化合物。如在水星、土星、天王星、海王星等的气圈中以及彗星的头部都发现过烃类。地球上的有机质和生命最初也是有无机过程合成的。

(3)在火山气和火成岩中有烃类存在。如东太平洋海隆、红海、冰岛,我国的五大连池、云南腾冲等火山区,均发现有这类成因的天然气。许多含油气盆地都已在火山岩储层中发现了油气聚集。

但是,这一学说的主要弱点或不利证据有:

(1)实验室或者高温条件下合成的只能是简单的烃类化合物(高温条件下,复杂的分子量较高的液态烃类将裂解成简单的烃气),难以解释地质条件下所发现的由无数烃类构成的、极其复杂的油气组成。

(2)在火成岩中发现的大多数烃类都能被有机成因解释。如松辽盆地火成岩中发现的油气绝大多数都能够被证明与沉积岩中有机质生成的烃类的运移有关。

(3)最为重要的是:油气的无机成因说无法指导油气勘探。按油气的无机成因说,油气勘探的有利区应该在与高温相联系的岩浆岩、喷出岩发育区,至少也应该在变质岩发育区。但事实上,目前绝大多数油气都是在沉积岩发育区的沉积岩中找到的。

尽管直到近期仍然有一些学者执着地坚持油气的无机成因说(Gold 等,1982,1984,1993;Szatmari,1989;张景廉,2001),但由于上述难以解释的矛盾,进入20世纪30年代以后,随着石油有机成因证据的逐步积累,石油勘探工作者开始更多地相信,油气是有机成因的。最初提出的油气有机成因说可以看作是早期有机成因说。

第二节 油气的早期有机成因说

油气的早期有机成因说认为,石油是由沉积物(岩)中的分散有机质在早期的成岩作用阶段经生物化学和化学作用形成的。也就是说,这一学说认为,石油是在近现代形成的,是由许多海相生物中遗留下来的天然烃的混合物,即它仅仅是生物体中烃类物质的简单分离和聚集。由于此时的有机质还埋藏较浅,故也被称为浅成说。这一学说在19世纪末期(Orton,1888)即被提出,在20世纪30年代到60年代受到更多的关注。

概括起来,支持油气早期有机成因学说的主要证据有:

(1)99%以上的石油产自于与有机质密切相关的沉积岩,产油的储层岩系与富含有机质的细粒岩石有密切的关系。

(2)许多生物标志化合物,如卟啉、异戊二烯型烷烃、甾烷、萜烷,在原油中的普遍存在,以及石油的旋光性强烈支持其有机成因。

上述具有特征、复杂结构的生物标志化合物只可能由生命过程合成。无机过程虽然也能合成具有旋光性的手性碳原子结构，但它所合成的左旋、右旋结构一般相当，从而表现不出旋光性，只有生命体中才能选择性地合成单一的结构，而体现出旋光性。

(3) 石油和动植物残体之间的组成及碳同位素组成的相近性提供了两者之间成因联系的进一步证据。如自然界中无机碳(如大气中 CO_2 中的 C)的同位素组成一般为 $\delta^{13}C = -7.0‰$，而近代沉积物中有机物质的 $\delta^{13}C$ 值范围为 $-10‰ \sim 30‰$，在 $-20‰ \sim -27‰$ 之间有一个最大分区。石油的 $\delta^{13}C$ 平均值大约为 $-28‰$(王大锐，2001)。

(4) 在近代沉积物(如深海钻探计划 DSDP 的取样中)和有关的生物体中存在烃类及有关的化合物。如 Smith(1954)引进先进分析技术，首次在现代沉积物中发现了烃类。这是一次飞跃性的突破，为此获得了诺贝尔奖。

(5) 部分油气区的勘探实际显示，形成较早的圈闭(如浅于 600m)有油气聚集，而较晚的圈闭则为空圈闭，表明了石油的早期生成和早期运移、聚集、成藏。

如威尔逊(H. H. Wilson，1990)列举了美国墨西哥湾岸区发育有 3 个大型的圈闭：凯尔西背斜、霍金斯穹隆和东得克萨斯特大型油田，其间被一个单一向斜分隔，储层均为伍德拜砂岩。前者只含水，无任何油气显示；后二者油气却异常丰富。研究表明，富集油气的圈闭在油层之上沉积物厚度最多达 600m 时就已经形成了(Adkins，1956)；而以后形成的圈闭为含水层。油气选择性地富集于早期圈闭之中，这就限定了油气运移的时间，即油气是早期运移的，当然也是早期生成的。类似的还有科威特彼此紧邻的劳扎塔因背斜和萨布利耶背斜的祖拜尔砂岩储层，前者为特大型油田，后者只含水。据研究，前者也是在祖拜尔组上覆沉积物厚度不到 600m 时，石油就聚集于劳扎塔因构造中了。

一般认为，文石层在几个月(最早)或几万年(最晚)内就会转变为方解石。但 Püchtbauer 和 Goldschmidt(1964)对德国西南部达卢姆油田的威尔登集岩的研究发现，含有女神蚬属和腹足类体壳的文石层组成的介壳灰岩储层只存在于油藏之中，而在穹隆侧翼同层含水带中文石已全部方解石化。该穹隆构造为早期形成的同沉积隆起，其介壳灰岩与推断的沥青质生油岩相邻。这一实例证实了烃类聚集对成岩作用的抑制作用，也证实了石油早期能够生成和运移(H. H. Wilson，1990)。再一个例证是挪威北海的埃科菲斯克油田，其托尔—埃科菲斯克组白垩储集岩中，孔隙度从含油带的 38% 降低到含水带的 18%(D'Heur，1984)；同时还有白垩储层在构造的翼部变薄，反之，油藏的储层变"厚"的差异压实现象。说明石油的早期聚集抑制了化学胶结作用和压实作用。还有卡塔尔和阿布扎比近海的埃尔班多奇油田，从埃尔班多奇背斜顶部到翼部，阿拉伯组 D 段白云岩储层厚度由 95m 减薄到 75m，也是烃类聚集对压实作用的抑制。

但这一学说也存在明显的弱点和不足，主要体现在：

(1) 在沉积物和生物体中发现的烃类和原油中的烃类存在非常大的差别。例如，许多现代沉积物中的正构烷烃存在明显的奇偶优势，但绝大多数原油中的正构烷烃却没有奇偶优势。

(2) 存在于生物体和年青沉积物中的烃类数量太少，远不足以形成勘探所发现的商业性的石油聚集。据保守估计，要形成商业性的石油聚集，沉积物中的烃浓度至少需要几百克每吨，而事实上，沉积物中烃浓度只有几十克每吨。

(3) 大多数原油产自于埋深 1000m 以深的产层中，而不是像浅成说所期待的那样产于较浅处，因此它也不能很好地指导油气勘探实践。

因此,尽管也有人直到 20 世纪 90 年代还坚持认为,石油主要是有机质在浅埋的早期阶段生成并运移、聚集、成藏的,现今多数油藏显示成熟的特征是它们在储层中进一步熟化的结果(Willson,1990),但绝大多数证据并不支持大量石油的早期有机成因说。

第三节 油气的晚期有机成因说

油气的晚期有机成因说认为,并入沉积物中的生物聚合体首先在生物化学和化学的作用下,经分解、聚合、缩聚、不溶等作用,在埋深较大的成岩作用晚期成为地质大分子——干酪根。之后,随着埋深的进一步增大,在不断升高的热应力的作用下,干酪根才逐步发生催化裂解和热裂解形成大量的原石油(或称为沥青,包括烃类和非烃类)。在一定的条件下,这些原石油从生成它的细粒岩石中运移出来,在储层中聚集成为油气藏。与早期有机成因说相同的是,它也认为油气源于有机质,但不同的是,它认为石油不是生物烃类的简单分离和聚集,而是先形成干酪根,之后在较大的埋深和较高的地温条件下才在热力的作用下转化形成。它也被称为深成说(此时有机质的埋深已经较大)和干酪根成烃说(有机质先形成干酪根,干酪根再生油气)。

这一学说的主要立论依据除了早期有机成因说的前 4 点依据和 3 条不足之处外,还有:

(1)大量的实验室内的热模拟实验已经证实,干酪根在实验室受热时,的确可以产生大量类似于油的烃类和非烃类产物。

$$\text{抽提后的烃源岩(含干酪根)} \longrightarrow C_1—C_4(47\%) + C_{4+}(53\%)$$

(2)自然地质剖面的实际资料显示,富含有机质的沉积岩中的烃类含量在达到一定的深度后开始大量升高(详见第八章)。

自 Tissot 等人提出并证明干酪根成烃说之后,这一理论在指导油气勘探、提高油气勘探成功率方面发挥了巨大的作用(Tissot 等,1978,1984),曾经被认为与石油地质学和地球物理学一道构成了现代油气勘探的三大理论支柱。可以说,油气地球化学(早期为石油地球化学)作为一门单独的学科从油气地质学中独立出来,正是以干酪根成烃学说的提出和完善为标志的。

但是,干酪根成烃学说在有效地指导油气勘探的同时,也存在一些尚待解决的问题:

(1)在有些地质条件下,在干酪根成烃理论以为难以大量成油的浅埋条件下,的确生成并排出、聚集了与正常干酪根成熟油相比具有明显不同特征的未成熟油。生物甲烷气(简称生物气)可以大量生成,更是早已证实的非干酪根成烃过程,而生物气的储量可能已经占到世界天然气储量的 1/4(Rice 等,1981)。我国已在柴达木盆地找到储量超过一千亿立方米的大型生物气田。

(2)勘探中也的确发现一些油气(主要是天然气)存在无机成因的踪迹,如气体碳同位素偏重、碳同位素系列存在倒转现象、幔源的伴生气等。不过,迄今为止,尚没有一个油田被确切地证明属于无机成因。极少部分气田/气井是否是无机成因气还存在较大的争议。

(3)近些年来,国内外的一些学者的探索还显示,在有机质成烃的过程中,可能与周围的无机体系存在物质交换,如深部地热流体可能为有机质成烃提供了补充氢源,从而提高了有机质的产烃率(相当于有机无机作用共同成烃,以有机作用为主)。氢同位素的分析已经揭示,有机质的氢同位素受环境水的氢同位素的影响。这至少表明，水体中的氢可能与有机质中的氢存在交换反应(Schoell,1980;刘文汇等,2000)。模拟实验也揭示,有水或加氢的条件有助于提高有机质在受热过程中的成烃量,表明无机成分也可以参与有机质的成烃过程。

一个完善的油气成因理论应该反映勘探实践及相关研究,揭示上述事实。这就是现代的油气成因理论。

第四节　现代油气成因理论

现代油气成因理论认为:石油主要是由有机质生成的。生物有机质沉积后首先在生物化学和化学的作用下,经分解、聚合、缩聚、不溶等作用,在埋深较大的成岩作用晚期成为地质大分子——干酪根。之后,随着埋深的进一步增大,在不断升高的热应力的作用下,干酪根才逐步发生催化裂解和热裂解形成大量的原石油。但是,也有一部分有机质(主要是类脂化合物)不经过干酪根就直接以可溶有机质(相当于原石油)的形式存在于富含有机质的细粒岩石中。在干酪根在热力的作用下开始大量生油之前,这一部分的数量通常很少,不足以排出并聚集成为有工业价值的油藏,但是在有利的条件下(如树脂体、木栓质体等特殊类型有机质的富集、强烈的微生物活动和改造等,这些将在以后展开论述),有机质也可以在浅埋阶段早期生成较多的油气,并排出、聚集成为具工业意义的油藏。而天然气的生成实际上是一个从有机质沉积后直到其生气潜力被彻底消耗之前一直在进行的过程,但它的大量生成集中在两个阶段,一是由干酪根受热生成,但它大量生成所需的热力条件高于干酪根成油;二是浅埋早期阶段在厌氧微生物作用下可以大量生成。但多数情况下,由于浅埋时保存条件不佳,所生成的相当部分生物气都散失殆尽,必须有良好的保存条件配合,才能大规模成藏。如我国的柴达木盆地高盐度的沉积环境和较低的温度抑制了浅表微生物的发育和繁殖,使生物气的生成期滞后到保存条件较好的埋深较大的条件下。而俄罗斯的西西伯利亚盆地生物气的大量富集则与寒冷的气候和水合甲烷气提供的优质保存条件有关。同时,在有机质转化成烃的过程中,可能有无机组分(如地热流体和环境中的水)的参与和加入,对天然气来说,尤其是非烃气,可能有幔源气的贡献。纯无机过程(机理)的成烃虽然不能完全排除,但迄今尚没有一个有商业价值的油气田的实例,因此,它尚不能成为指导油气勘探的实用理论。

按照这一理论,有机质的早期成烃说和晚期成烃说就被统一起来了,它们实际上只是有机质成烃过程的两个阶段,只不过不同阶段的成烃量和影响因素不同,一般以后一阶段产烃为主。同时,在有机质成烃的过程中,可能有无机组分的参与和加入。

思　考　题

1. 油气的早期、晚期有机成因说有哪些异同点？
2. 浅谈你自己对无机成因天然气的认识。
3. 现代油气成因理论的内涵有哪些？

第三章* 油气地球化学的主要分析方法

第二章中已经介绍,油气源于有机质。在后面的有关章节中将会继续了解到,地质体中的有机质是极其复杂的混合物,油气本身也是由无数烃类、非烃类化合物组成的混合物。因此,要揭示其中所蕴含的地球化学信息,从而服务于油气的勘探和开发,必须首先了解有机质及油气的组成,这就要求有相应的分析手段和技术。可以说,没有现代先进分析技术和仪器的引进、发展和进步,就没有油气地球化学学科的发展和成长。因此,在介绍油气地球化学具体的内容之前,本章首先简要介绍油气地球化学中的主要分析技术。

第一节 有机质的分离

有机质除少部分以煤、油页岩、石油等富集状态存在以外,大部分以分散的沥青、干酪根的形式广泛分布于沉积物和岩石之中。因此,为了深入研究有机质,就必须采取有效的方式将它们与无机矿物分离开来。沉积有机质中的分子量较小的化合物(沥青)在有机溶剂中具有可溶性,因而可用有机溶剂萃取(抽提)的方法将它们与无机部分分开;而高分子量的化合物(干酪根)则不溶于有机溶剂中,因此将其与无机基质的分离则相对要复杂一些。高分子量化合物含量少、结构复杂,常与黏土等矿物基质紧密结合,故分离这部分有机质是一项十分繁杂且细致的工作。需要引起注意的是,从取样、储存、碎样直到分离的整个过程中,有机质都容易受到污染或发生物理化学变化。因而认真地做好有机质的分离、纯化工作是十分重要的,它是保证仪器测试准确性和可靠性的关键因素之一。

氯仿沥青"A"及族组成分析是生油岩评价的常规指标,也是开展其他地球化学分析(如色谱、红外、同位素、色谱—质谱等)前必经的样品分离工作。氯仿沥青"A"可用于评价生油岩的有机质丰度,区分不同母质类型,也用于研究有机质的演化。干酪根通常被称为"油母",是油气地球化学中应用频率最高的概念之一。

一、岩石中可溶有机质的抽提

凡是能被中性有机溶剂从岩石中抽提出来的有机质称为沥青(或可溶有机质)。通常最常用的有机试剂是三氯甲烷(氯仿),此外还有二氯甲烷、石油醚、乙醇、苯、丙酮等。如果所用的溶剂为氯仿,则抽提得到的有机质称为氯仿沥青"A"。也可选用混合溶剂如苯—甲醇—丙酮三元溶剂,抽提出的有机质简称为"MAB"抽提物。这些极性较强的溶剂抽出物含有较多的极性化合物。当分析项目要求保留更多轻组分时,可选沸点较低的试剂,如二氯甲烷等。

抽提前,一般先将样品粉碎至100目以下(<0.177mm),以便溶剂能与有机质充分接触。样品用量视有机质的含量而定,一般在100g左右。抽提的方法很多,如冷浸泡抽提法、索氏抽提法、超声波抽提法等。索氏抽提法是目前应用最广的方法(图3-1)。样品在

抽提器中反复不断地与纯溶剂接触,其中的有机质则会被溶剂溶解出来。这种抽提比较完全,适于进行定量分析,但是抽提时间长,氯仿抽提需72h,抽出物较长时间处于加热状态,轻组分大多散失,影响了这一部分的定量分析。近年来超声波抽提法得到了较广泛的应用,它的抽提效率高,1h相当于索氏抽提72h,避免了抽提物受热散发,但是抽提量一般较大。目前国内外都对抽提器进行了各种改进。我国很多油田将索氏抽提法与超声波法结合,创造了一些快速高效抽提器。如搅拌抽提可缩短抽提时间到8h。抽出物在一定的温度(60℃)下受热蒸发恒重除去溶剂后称量,即可求取相对于岩石的百分含量。

国外亦有采用球棒粉碎抽提器。该抽提器是将岩石粉碎与沥青抽提同时进行,在强行搅拌的条件下使溶剂与岩样相互作用,由搅拌摩擦进行加热。这样可以降低轻质组分的损耗。

不同的抽提方法所得到的结果不完全相同。在应用地球化学资料进行对比研究时,必须注意方法的差异。

在抽提过程中,当样品的抽提液中有元素硫存在时,将影响分析结果,可在抽提时在烧瓶中加入少许金属铜片。有硫存在时,将析出黑色的硫化铜。

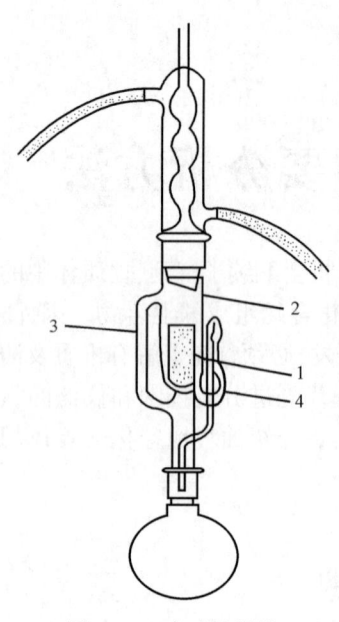

图 3-1 索氏抽提器
1—装岩样的滤纸套;2—提取器;
3—玻璃管;4—虹吸管

二、沉积岩石中不溶有机质(干酪根)的分离制备

抽提后的岩样中还含有的大量不溶于有机溶剂的有机质,称为干酪根。由于这部分有机质往往与占沉积岩中90%以上的无机基质紧密结合,因此分离工作更为困难。对已被抽提去除可溶有机质组分的部分,首先可用HCl除去碳酸盐、部分硫化物、氢氧化物等,再用HF除去硅酸盐矿物。如此反复地用这些非氧化酸处理(如采用强氧化剂和强还原剂,更会使干酪根的组成受到较大的影响),直至基本上除去无机矿物,然后再用重液进行浮选,一般用密度为$2.0\sim2.1\text{g/cm}^3$的重液经离心分离,即可区分矿物和干酪根。这样得到的干酪根纯度一般可达90%以上。但有时黄铁矿与干酪根紧密结合,难以分离,导致干酪根纯度可能较低。

三、岩石中可溶有机物及原油族组分的分析

岩石中可溶有机物及原油是油气地球化学最为重要的研究对象。由于它们是十分复杂的混合物,必须根据研究目的进一步进行组分的分离和纯化。主要采用的方法有柱层析、薄层色谱、络合物加成等。近年来发展起来的仪器分析,如液相色谱、凝胶渗透色谱、棒薄层色谱等方法快速简便,在可溶有机质的分离中得到了越来越多的应用。

柱层析方法仍然是使用最多的常规分离方法。该方法用处理后(硅胶脱除芳烃)的石油醚(30~60℃)沉淀沥青质;之后,利用不同类型的有机物质与吸附剂之间的吸附性能和各种冲洗剂的极性不同,以达到对不同物质的脱附、分离效果。具体来说,将除去沥青质后的溶液注入装有吸附剂(通常为硅胶和氧化铝,使用前需在180℃下活化4h)的柱色层中,再用极性逐渐增强的溶剂分别冲洗出饱和烃、芳烃和胶质(Resin,实验室给出的分析报告常称为非烃)。

如用石油醚或正己烷或正戊烷可冲洗出饱和烃,用二氯甲烷或苯、甲苯可冲洗出芳烃,用无水乙醇/三氯甲烷(1:1)或甲醇、乙醚可冲洗出非烃。分离后求得各组分的百分含量。

四、有机组分的鉴定

经过分离后的有机质,还需要利用各种不同的方法来鉴定其中的组分和结构,确定各种组分和结构的含量。不同类型的组分(结构)需要不同的仪器来进行分析。目前最常用的仪器有:用于分离并鉴定未知化合物的气相色谱、液相色谱、热解色谱、质谱仪等,用于官能团分析的有红外光谱、紫外光谱,用于结构分析的核磁共振、电子顺磁共振、X光衍射仪等,用于干酪根研究的电子显微镜及光学显微镜。

图3-2概括了有机质的分离、分析流程。其中,有关分离的描述已在本节完成,而有关分析的介绍将在下面几节进行。

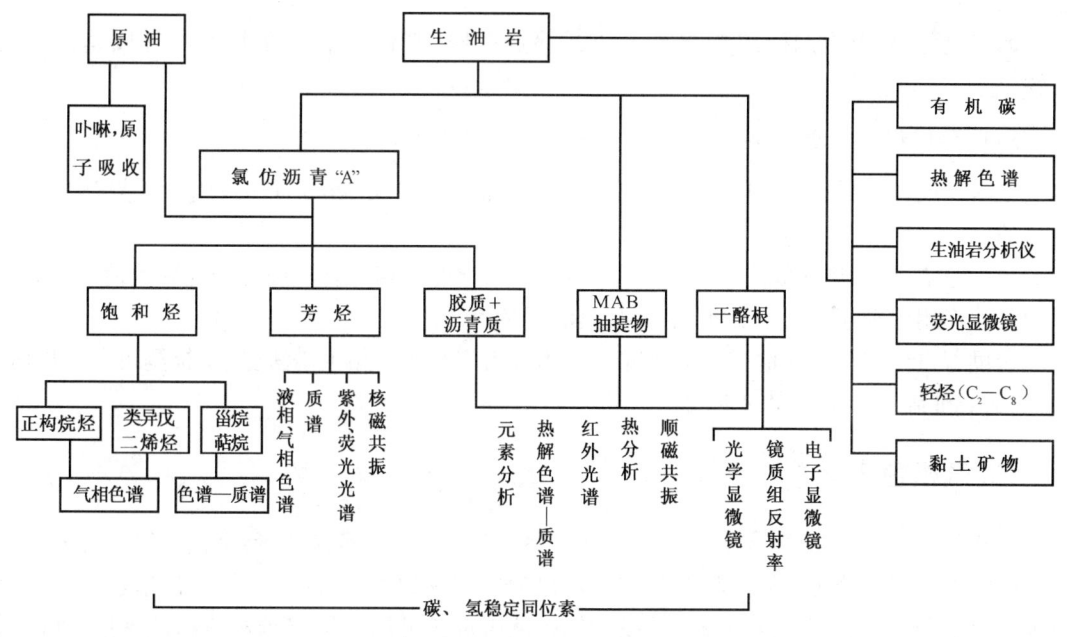

图3-2 有机质分离、分析流程图

第二节 色 谱 法

一、概述

色谱法(chromatography)是俄国植物学家奉茨维特于1906年首先提出的。他将植物色素的石油醚萃取液倒入装有 $CaCO_3$ 吸附剂的竖直玻璃管中,再加入纯的石油醚任其自由流下,结果在管内形成不同颜色的谱带,溶液中不同的色素组分得到了分离。"色谱"一词由此得名。后来,这种方法逐渐用于无色物质的分离,但"色谱"一词却沿袭使用下来。色谱法有许多类型,从不同角度出发有各种分类方法,现介绍如下。

1. 按两相所处状态分类

"相"是指一个体系中某一均匀部分。色谱中两相是指具有大比表面积的固定相和携带有待分离的混合物流过固定相的流动相。用液体作为流动相的称为液相色谱,用气体作为流动相的则为气相色谱。考虑到固定相也可有两种状态,即固体吸附剂和固体担体上载有液体的固定相,故可将色谱分为4类:气相色谱包括气固色谱和气液色谱,液相色谱分为液液色谱和液固色谱。常用的色谱便是气液色谱和液固色谱。前述的色层分离中硅胶、氧化铝为固定相,溶液则为流动相。

2. 按固定相形状分类

柱色谱:这种色谱通常包括两大类。一类是固定相装填在金属管或玻璃管内,叫作填充柱色谱;另一类是固定相附着在管内壁,管是长十几米到几十米的中空毛细管,称为空心毛细管色谱柱。

薄层色谱:将吸附剂研成粉末再压成或涂成薄膜,将样品溶液在其上展开以达分离的目的。

3. 按物理化学原理分类

吸附色谱:用固体吸附剂作固定相。利用它对混合物中不同物质的吸附性差异达到分离的目的。

分配色谱:用液体作固定相,利用不同组分在给定的两相中有不同的分配系数使之分离。其他作用原理还有离子交换色谱、凝胶渗透色谱等。

这里着重介绍在油气地球化学研究中应用最为广泛的气相色谱法,这是检测沉积有机质、天然气、石油组成必不可少的手段。

二、气相色谱

气相色谱(GC)可对混合物进行多组分定性、定量分析,具有高选择性、高分离效能和灵敏快速的特点。它可分析气体和易挥发或可转化为易挥发的液体、固体。气相色谱仪是石油有机地球化学分析中必不可少的分析手段。气相色谱资料可用于研究有机质的成熟度、油源对比、区分海相和陆相成油母质及沉积相,近年来,还开始应用于判断油藏流体的连通性、计算合采层各单层的产能贡献等等。

1. 原理

气相色谱法是利用试样中各组分在色谱柱的流动相和固定相之间具有不同的分配系数(即在固定相上具有不同的吸附值或溶解度)来进行分离的。被分离的混合物在进样口汽化为气体后,由载气(流动相)携带进入色谱柱,由于载气的不断冲洗而向下游移动,其中吸附(或溶解)能力最弱的组分向下游移动的速度最快,而吸附(或溶解)能力最强的组分则向下游移动的速度最慢。经过一定的柱长后,由于组分在色谱柱中经过反复多次的分配,即使原来性质差异很小的组分,也能分开。这样,试样中各组分便能按其吸附(或溶解)能力由弱到强依次流出,从而使各组分得以分离。

图3-3是气相色谱示意图,其中有两个色谱峰,表明该进样混合物中有两个组分。从进样到色谱峰流出极大值时的时间叫作该组分的保留时间(t_R)。在特定的固定相及实验条件

下,每一个组分都有一个特定的保留时间,可以用它来作为定性指标。峰高反映了组分在检测器上的响应。没有色谱峰的地方所画的平线称为基线。要对混合物中各组分进行定性和定量,它们的色谱峰之间必须有足够大的距离,才能达到完全分离的目的。

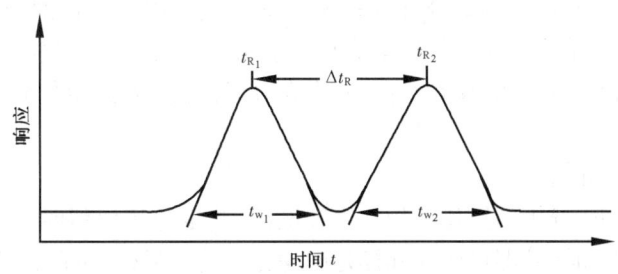

图 3-3　气相色谱示意图

2. 色谱参数简介

如图 3-4 所示,正常的色谱峰曲线呈高斯分布,左右对称。常用的参数有基线(CD)、峰宽(FG)、峰高(BE)、半峰宽(HI,即半高处峰宽)、峰面积($CHEID$,即峰与峰基线所包围的面积)。

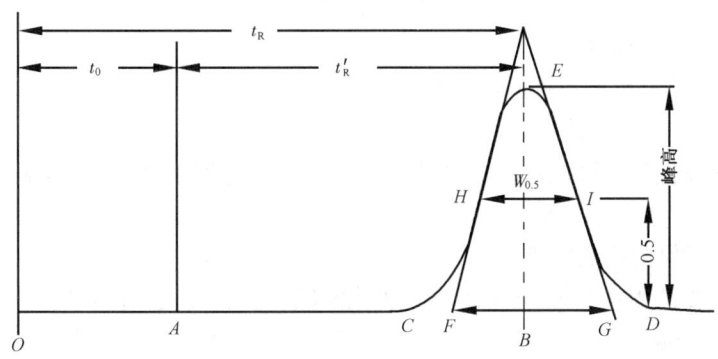

图 3-4　色谱参数的图解

保留值表示样品中各单体化合物在色谱柱中停留的时间。由于各化合物在色谱柱的固定相和流动相间的分配系数不同,在分离过程中,它们在同一色谱柱上所显示出来的保留时间长短就不同,据此对化合物作出定性判断,因此,保留值就成了研究色谱过程最重要的数据之一。这方面有以下几个常用参数:

(1) 死时间(t_0):指从进样到空气峰顶(即图 3-4 中 OA)所代表的时间(s),即惰性物质通过色谱柱所需时间。

(2) 保留时间(t_R):即样品通过色谱柱所需的时间,如图 3-4 中 OB 所对应的时间。

(3) 实际保留时间(t_R'):$t_R' = t_R - t_0$,表示样品通过色谱柱被固定相滞留的时间,如图 3-4 中 AB 所对应的时间。

在同一仪器同一色谱条件下,未知物与已知物(标样)的保留时间相等,这就说明未知物的化学结构可能与标样相同(注意,不是一定相同)。但 t_R 或 t_R' 值受仪器、色谱条件等多因素影响,在不同实验室或同一实验室不同时间对同一化合物测定的 t_R 值可能不同。为了克服上述缺点,研究工作者提出了多种重现性较好和较少受操作条件影响的保留指数。其中,1958年由 Kovat 提出的保留指数(I_x),至今仍是保留值的最佳表达式,有兴趣的读者可进一步参阅专门的仪器分析参考书。

3. 定性和定量分析

1）定性分析

色谱定性就是鉴定试样中各组分，即每个峰是何种化合物。从色谱分离来看，不同化合物的色谱保留值与其分子结构有关。但保留值与分子结构相关性规律仍未发现，还未能建立具有使用价值、能指导色谱定性的保留值—分子结构理论，色谱保留值定性只是一个相对的方法。

（1）利用保留时间定性。

在同一色谱条件下，分析已知化合物和未知试样，测定色谱保留时间 t_R，标样与样品峰保留时间完全吻合时，未知样品即可能与标样是同一化合物。另外，也可将已知标样加入未知样品，若使未知样品色谱峰增高者即为已知物的组分。这种方法需要严格控制色谱条件。

（2）利用保留值经验规律定性。

实验证明，同系物的保留值与分子结构单元重复性呈线性规律；在恒温时，同系物保留值的对数与分子中碳原子数成正比。

$$\lg t'_R = A + Bn$$

式中　t'_R——实际保留时间；

A、B——对给定色谱条件和同系物为常数；

n——分子中碳原子数。

用此式，在相同色谱条件下，根据同系物几个组分的保留值，能求出同系物其他组分的保留值。

（3）利用文献保留指数定性。

气相色谱发展过程中已积累了大量文献保留数据，只要在相同条件下分析，便可参考使用。

（4）利用检测器响应定性。

色谱的各种检测器都有自己的选择性，利用它可以区分几大类物质。

氢火焰离子化检测器（FID）和热导池检测器（TCD）组合，可以检测出有机物与无机物，因为 FID 只对有机物有响应。

电子捕获检测器（ECD）可以检测出电负性强的基团，与 FID 结合可检测出卤素有机物。

火焰光度检测器（FPD）对于硫、磷化合物有较高选择性。

（5）与其他仪器联用。

与一些结构分析仪器结合以达到分离鉴定的目的，例如色谱—质谱、色谱—红外光谱联用等。

2）定量分析

气相色谱定量分析是根据组分检测响应信号的大小而定的，其依据是各组分的量与色谱检测器响应大小（峰高或峰面积）成正比。因此，要想得到准确的定量结果，必须先将峰高或峰面积测量准确。目前几乎所有色谱仪都配有数字积分仪来计算峰面积，因而在此仅介绍定量分析的计算方法。

（1）定量校正因子法。

虽然同一组分的量与检测器响应信号大小成正比，但不同分子在同一检测器上有不同的

灵敏度,因而在计算时必须在统一条件下才能求取不同物质量,这样就可以引入定量校正因子:

$$f_i = W_i/A_i$$

式中　W_i——i 组分的质量;
　　　A_i——W_i 量的 i 组分在检测器上的响应面积;
　　　f_i——组分的校正因子。

这里的 f_i 是绝对质量校正因子,其值受色谱条件变化影响较大,较少用。大多用的是相对质量校正因子 f_i':

$$f_i' = f_i/f_s = (A_s \times W_i)/(A_i \times W_s)$$

式中　f_i'——某物质 i 与一标准物质 s 的绝对校正因子之比。

对于同一种检测器,相对质量校正因子在不同实验室有一定的通用性。因此,为了方便起见,一般文献上同种检测器的 f_i' 是可以直接使用的。

(2)归一化定量法。

如所有测量组分都能在检测器上检测出来,则可用归一化法计算某一组分的含量:

$$p_i = \frac{A_i \times f_i'}{A_1 f_1' + A_2 f_2' + \cdots + A_n f_n'} \times 100\%$$

式中　p_i——组分 i 的质量分数。

若样品中各组分的 f_i' 接近,则可只用面积作归一化计算:

$$p_i = \frac{A_i}{A_1 + A_2 + \cdots + A_n} \times 100\%$$

(3)内标法。

在样品中加入一已知物作标准,可根据内标物的质量(W_s)和样品质量(W),求出未知物在样品中的含量:

$$W_i = \frac{A_i f_i'}{A_s f_s'} \times W_s$$

$$p_i = \frac{W_i}{W} \times 100\%$$

(4)外标法。

将与待测物是同一种化合物的标样配制成标准溶液,在完全相同的色谱条件下分析标样与未知样。当标样和未知样进样量相等时:

$$p_i = \frac{A_i}{A_s} \times p_s$$

式中　A_s——标样峰面积;
　　　p_s——标样中 i 组分的浓度。

外标法要求绝对定量进样,因而重现性受到影响。

液相色谱分离原理和气相色谱一致,分离系统也由两相即固定相和流动相组成。固定相可以是吸附剂、离子交换树脂;流动相是各种溶剂。被分离混合物由流动相液体推动进入色谱柱,根据各组分在固定相及流动相中的吸附能力、分配系数的差异进行分离。液相色谱所用基本概念和基本理论(如保留值等)与气相色谱基本一致。由于所用流动相不同,二者也存在一些差别;气相色谱仅能分析在操作温度下能汽化而不分解的物质,对于高沸点化合物、非挥发性物质、热不稳定化合物、离子型化合物及高聚物的分离分析较为困难;而液相色谱不受样品挥发度和热稳定性的限制。在实际应用中,这两种色谱技术是相互补充的。

三、岩石热解分析仪

通过对岩石样品加热(热解),可以将岩石中的挥发性烃类蒸发出来或者将不挥发的有机高聚物(如干酪根)裂解成为挥发性产物,之后进行检测和分析。20世纪70年代末,法国石油研究院在前人研究基础上研制成功了岩石热解评价仪 Rock-Eval,并已生产出Ⅰ~Ⅵ型不同型号的仪器。由于早期这一方法主要用于评价生油岩,故常被称为生油岩评价仪。国内外许多石油公司应用这项技术评价生油岩有机质丰度、类型和成熟度,对油气勘探起到了良好作用。事实上,这一仪器及其改进型近年来已被广泛应用于储集岩的评价当中,成为常用的地球化学录井仪器。

该项分析的基本原理如下:将岩石(或干酪根)样品置于仪器的热解炉中,以一定的升温速率(如20℃/min)将样品从室温加热到550℃(或600℃),可以得到如图3-5所示的P_1、P_2、P_3(或S_1、S_2、S_3)峰。其中,S_1为游离烃,单位为 mg/g(烃/岩石),为升温过程中300℃以前热蒸发出来的、已经存在于烃源岩(岩石)中的烃类产物;S_2为裂解烃,单位为 mg/g(烃/岩石),为300℃以后的受热过程有机质裂解出来的烃类产物,反映干酪根的剩余成烃潜力,对储层为300℃条件下难以挥发的重烃馏分和N、S、O化合物的裂解产物;S_3为有机质热解过程中CO_2的含量,单位为 mg/g(CO_2/岩石),反映了有机质含氧量的多少;T_{max}为最大热解峰温,单位为℃,为热解产烃速率最高时的温度,对应着S_2峰的峰温。

由于该仪器目前更多地被应用于储层的评价当中,因此,近年来新研发仪器的分析流程已经作了一些改动。相应地,分析结果(图3-6)也有所变化。图中,S_0峰为90℃条件下受热、氮气吹洗2min所得到的岩石样品中小于C_7的轻烃(相当于天然气峰);S_1峰为300℃条件下加热3min所得到的产物,大约对应于岩样中的C_7—C_{32}的重烃,可作为识别油层和原油性质指标。这里的$S_0 + S_1$相当于前面的S_1;S_2峰的意义基本与前面相同,为岩石中大于C_{40}的重组分烃类及胶质、沥青质的裂解产物,如果是对储层的分析,可以反映其中原油的性质;S_4峰为热解阶段结束后,将岩样转入氧化炉,在通空气或氧气的条件下,于600℃温度下燃烧5min,把岩样的残余碳燃烧成CO_2,由热导检测器测定所得,相当于岩石中的不能产烃的死碳。

由此可以计算得到的参数:

(1)总有机碳 TOC(%) = $0.083(S_0 + S_1 + S_2 + S_4)$。

(2)氢指数 $I_H = (S_2/TOC) \times 100$,单位为 mg/g(烃/TOC)。

(3)烃指数 $I_{HC} = (S_0 + S_1) \times 100/TOC$,单位为 mg/g(烃/TOC)。

(4)有效碳 $C_P(\%) = (S_0 + S_1 + S_2) \times 0.083$。

(5)降解潜力 $D(\%) = (C_P/TOC) \times 100$。

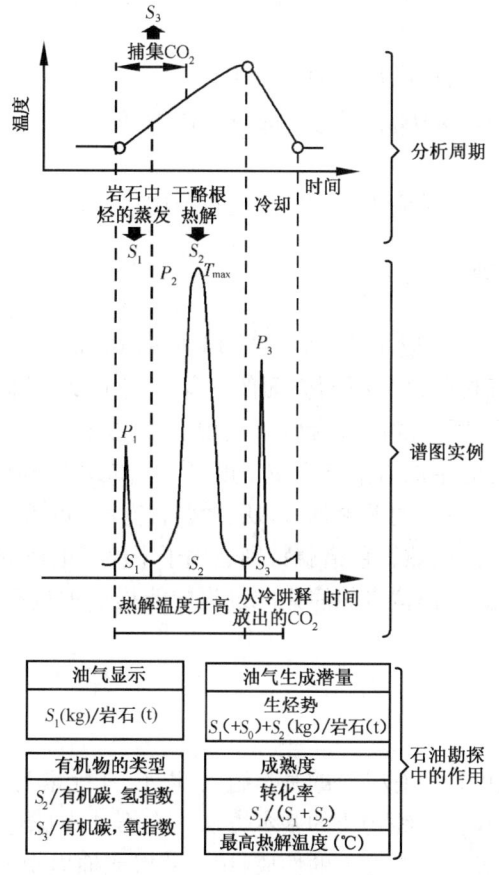

图 3-5 生油岩评价仪的分析周期及图谱(据 Espitalie,1977)

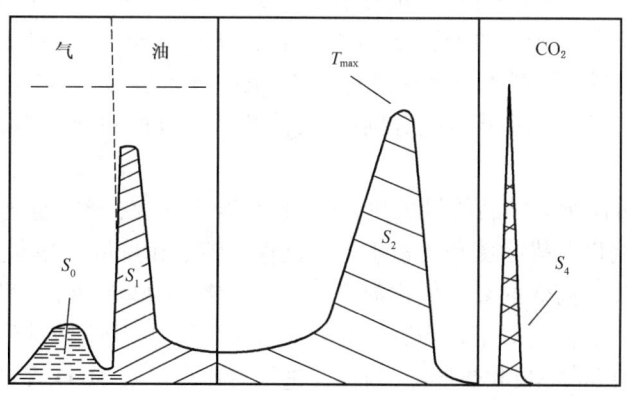

图 3-6 油显示分析仪热解峰形

(6)生烃势 $PG = (S_0 +) S_1 + S_2$,单位为 mg/g(烃/岩石)。目前国内文献多将 S_1(含 S_0) + S_2 称为生油潜力或产油气潜力,但本教材中统一改称生烃势,具体原因论述见第十三章第一节;对储层样品,反映的则是含油率,代表含油气丰度,可用于识别油气层。

(7)气产率指数 $GPI = S_0/(S_0 + S_1 + S_2)$。

(8)油产率指数 $OPI = S_1/(S_0 + S_1 + S_2)$。

(9) 油气总产率指数 TPI = $(S_0 + S_1)/(S_0 + S_1 + S_2)$，也可称为油质系数，可用于判别原油性质。

如果是用图 3-5 的流程，可以得到的参数还有：

(10) 氧指数 $I_0 = S_3/\text{TOC} \times 100$，单位为 mg/g($CO_2$/TOC)。

(11) 母质类型指数 S_2/S_3。

这些参数的地球化学意义及应用将在后面的章节中讨论。

四、热解—气相色谱

热解—气相色谱(PY-GC)应用热解装置(如上面的 Rock-Eval 仪)与气相色谱仪联机，因此，它兼有裂解反应和气相色谱分析两方面的功能。它可以将岩石中挥发性的残余烃(如 S_0、S_1)"蒸发"出来，或将不挥发的高聚合物干酪根、沥青质(如 S_2)热裂解成为烃类进入 GC 仪器中测定其组成，从而可为生油岩中有机质丰度、类型、成熟度和产烃类型的评价提供大量的信息。对于干酪根这类不挥发的缩聚物，可从它裂解碎片的色谱图中了解物质的组成、结构及其热稳定性和分解机理，因此热解色谱就特别适用于干酪根的研究。该方法用样量少、简便快速，能及时提供大量信息，在模拟自然演化的过程中能提供大量有关干酪根结构、组成和成烃机理方面的信息。

五、有机元素分析

有机元素是石油及沉积岩中有机质的基本组成，以 C、H 元素为主。

元素组成分析是研究和鉴定纯物质的基本方法。在石油地球化学研究中，一般用有机元素组成范围或原子比值来表征有机母质的性质，用干酪根或抽提物中 C、H、O 元素随埋深的变化来研究生油岩中有机质热演化特征等，因而元素分析是重要的分析项目之一。

我国目前主要使用的元素分析仪，是专用于测定有机化合物中 C、H、O、N 等 4 种元素的气相色谱仪。C、H、N 和 O 分成两个管路，试样在高温炉中分解后，变成欲测定的形态(CO_2、H_2O、N_2、CO)，然后以氢气流载入色谱柱进行分离，依次进入热导池，产生和各自浓度成比例的电子信号，信号由电位差计和积分仪分别记录，按照所得数据和标准样品得到的相应值，计算各元素含量。

C、H、N 元素分析仪所需样品的量极少，往往只需若干毫克，分析的速度也很快。在此类分析仪中，试样的燃烧以及排除硫和卤素干扰的过程原则上和重量法基本上是一样的，只是为了加速样品的燃烧，加入高效的氧化催化剂而已。为了能同时测定氮的含量，样品不用空气燃烧而用高纯氧和氦的混合气，对于燃烧后生成的氮氧化合物，则用铜将其还原成氮气。最后用热导检测气相色谱法或示差吸收热导法，与标样进行对比得出 C、H、O 含量的数据。热导检测气相色谱法即用气相色谱仪将燃烧及转化后的气体产物进行分离，顺序得到氮、二氧化碳及水 3 个峰，由热导检测器检测。示差吸收热导法是将气体产物分别吸收掉水或二氧化碳，根据其相应的热导池示差信号而检测。

另外，对于 S 的测定是以催化加氢为基础，先将物质加热分解，再将分解得到的物质在高温下处理，使其以气态的形式通过预先加热到 850~900℃ 的铂金丝(催化剂)，在快速氢气流中，物质内的硫则会定量地还原成硫化氢。然后用硫酸锌吸收并用碘量法来测定所得到的硫化物。

第三节 红外光谱法

20世纪60年代以来,先后用红外光谱法(IR)对原油、生油岩、沥青、干酪根等进行分析,获取了一些有益的信息。红外光谱法主要用于区分不同类型的有机质及其热演化,进行油源对比,区分生油岩与非生油岩。随着分辨率及精度更高的色谱、色谱—质谱等仪器分析技术的发展及研究的深入,红外光谱法在地球化学方面的应用逐步减少。但对于难挥发、难分解的大分子物质及官能团结构分析,红外光谱法仍具有其独特的优势。

任何分子的原子都围绕其平衡位置不停地振动,其振动频率取决于原子的质量、距离和相互间的作用力,这是分子独特的特性。所以当用一定频率的光线去照射某物质时,若光的频率与分子振动的频率一致,就会因共振导致分子振动能级的跃迁,分子将选择性地吸收该频率光线的能量而形成吸收光谱。当用红外光区($4000 \sim 400 cm^{-1}$)的光线辐照,则所产生的吸收光谱称为红外吸收光谱,并被红外分光光度计记录下来。构成这个光谱的各吸收带是由分子内原子的各种振动形式产生的。由于物质分子的振动频率依赖于构成分子的原子质量、化学键的性质及分子的几何构型,所以结构不同的物质稍有差异,红外光谱图上就可以反映出来,从而可对化合物中存在的官能团进行鉴别,例如 CH_3、CH_2、$C=O$、$-C=C-$、$C-O-C-OH$ 等均具有特征吸收频率。与标准图谱相对照,便可以确定化合物中所含分子(官能团)的性质及其含量。

红外光谱法中,对原油及抽提物芳烃等都采用涂片法(将样品涂于经抛光后的 NaCl 晶片中央),对干酪根及沥青质多采用压片法(将样品和 KBr 按 0.25∶100 混合研匀压成透明薄片),样品用量在5mg以上,需除去低环芳烃,仅用稠环芳烃(18或10个碳原子以上),岩石样品需 50~500g,经处理后,测定其干酪根或各种抽提物组分或仅测芳烃组分。由于吸收光谱强度与制样方法和样品用量相关,因此,在计算某一指标时,应采用比值法。

红外光谱法的优点是速度快、样品用量少、分辨率高、重复性好,不破坏原始样品,适用于任何状态物质;缺点是多解性强,影响定量因素多,受溶剂的影响严重,特别是对高分子化合物影响因素更多。

第四节 色谱—质谱法

气相色谱是有机化合物很好的分离手段,但从第二节已经了解其定性能力较弱,而质谱的定性能力很强,加上计算机可以快速、准确地处理数据,因此,色谱—质谱—计算机构成的联用技术,可以直接对那些由气相色谱分离的混合物进行鉴定,避免了许多繁杂的化学分离手段,缩短了分离周期,而且可以鉴别微量组分、单体烃的结构等等,已广泛应用于医药、化工、食品等领域。油气地球化学被称为进入到分子级水平的研究,正是以色谱—质谱联用仪的引入及相应的生物标志化合物指标的广泛应用作为标志的。利用生物标志化合物可以进行烃源岩中有机质性质、沉积环境、热成熟度及油源对比、油气运移、原油生物化学降解等方面的研究。

气体分子或固体、液体的蒸气受到一定能量的电子流轰击或强电场作用,丢失电子,生成分子离子;同时,化学键发生某些有规律的裂解,生成各种碎片离子。这些带正电荷的离子在电场和磁场作用下,按质荷比(m/z)的大小分开,排列成谱,记录下来,即为质谱。

样品分子在离子源中发生电离(EI),生成不同质荷比的带正电荷离子,经高压电场加速后,在磁场中偏转,之后到达收集器,产生信号,其强度与离子数目成正比。以信号强度为纵坐标,以质荷比为横坐标,所得谱图即为质谱图,参见图 3-12。

一、色谱—质谱仪简介

色谱—质谱仪由以下部分组成(图 3-7)。

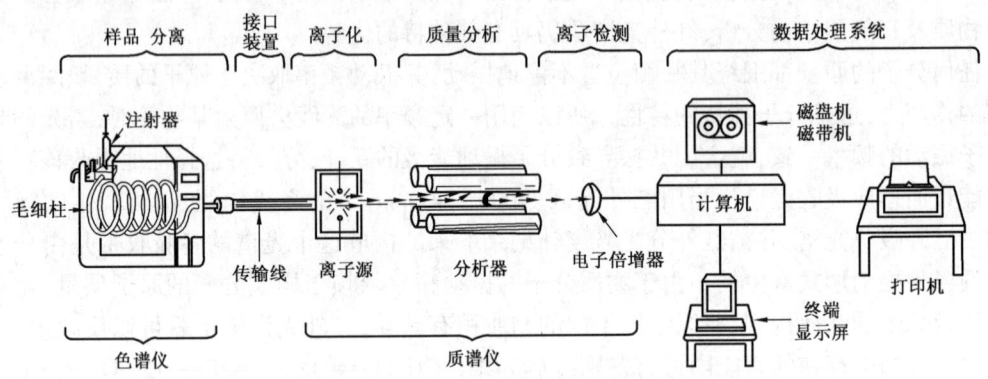

图 3-7 色谱—质谱仪结构的示意图

顾名思义,色谱—质谱仪是一种组合型仪器。色谱仪有很强的分离混合物的能力,但对化合物定性的能力较差。质谱仪本身无分离混合物的能力,但能用来测定化合物的分子量和化学结构,即是一个优良的定性工具。在色谱—质谱仪出现之前,要对 20 个或更多有机组分的混合物进行完全的定性分析是不大现实的。如今,即使含有 100 多个组分的混合物,也可望用色谱—质谱仪在一两天之内,对每一个色谱定性。从生油岩和矿物燃料中分离出来的都是组成极其复杂的有机物,正是商业性色谱—质谱仪和有关数据系统的迅速发展,导致鉴定出越来越多的生物标志化合物,并形成一个边缘的学科分支——分子地球化学。如今,色谱—质谱分析已经成为有机地球化学研究的一个核心分析手段。

(1)色谱仪:由于现在是用质谱仪作为检测器,或可以把色谱仪看作是质谱仪的一个进样装置,因此,色谱仪原有的检测器如 FID 等都可以不装。色谱仪起到混合物的分离作用。

(2)接口装置:或称为传输装置。质谱仪是在高真空状态下(10^{-5}Pa)工作,色谱柱出口处压力为常压,当用填充柱时,载气流量达 30~60mL/min,显然两者不能直接连接。因此,在研制色谱—质谱仪时,接口装置的设计是一个关键,用它来提高载气中样品的浓度以减少载气进入质谱仪的流量,如全玻璃喷射分离器等。由于出现了毛细管柱色谱,载气流量降至 1mL/min 左右,质谱仪的真空装置也大有改进,因此,可以直接将毛细柱尾端插入质谱仪的离子源,接口装置已简化为一个加热器,以保持色谱仪与质谱仪之间的毛细柱的温度不低于色谱仪的炉温,而避免气态样品在此处发生冷凝。

(3)离子源:是样品发生电离的装置。使样品发生电离的技术有多种,如电子轰击(EI)、化学电离(CI)、场致电离(FI)、场解吸电离(FD)等。其中,EI 源是出现最早也是至今应用最广泛的离子源。

(4)分析器:分析器的功能是将在离子源中产生并聚焦、加速的离子按质荷比大小加以分离和聚焦。分析器有 3 种,即磁场分析器、四极矩分析器和离子阱分析器。前二者本身还可以串联,或二者互相连接形成各种各样的分析器。

四极矩分析器、离子阱分析器,同样可以使质荷比不同的离子依次通过或飞出分析器,其原理与磁场分析器不同。

(5)电子倍增器:用来检测每一种质荷比离子个数(即强度)的装置。

(6)数据处理系统:由计算机和相应软件组成,功能包括数据采集、存储、处理、实时监测、显示和打印,以及色谱仪和质谱仪运行参数的设定、控制运行、显示运行状态和故障诊断等功能。

有机质谱仪的结构除上述6部分外,尚有高真空系统等。

二、扫描模式介绍

色谱—质谱仪可有几种不同的扫描模式(或叫作操作模式),每一种模式提供不同的信息类型和质量,可能影响生物标志化合物的参数值。因此,在进行地球化学研究时,应使用扫描模式相同的数据进行对比研究。

(1)多离子检测(MID):有时称为选择离子检测(SIM)。在用此扫描模式时,只选择研究中最感兴趣的离子进行检测,如常选择 m/z 191、m/z 217 检测萜烷、甾烷系列;选择 m/z 253、m/z 231 检测单芳甾烷和三芳甾烷系列;选择 m/z 123、m/z 208、m/z 212 检测倍半萜系列等。由于 MID 在一次扫描过程中需检测的离子数目少,就能有充分的时间(如可设为 0.05s)来扫描检测,这样就可以提高仪器的灵敏度和信噪比,使定量结果更为准确,在样品成熟度较高、其中所含生物标志化合物浓度较低时更是如此,是一般地球化学样品分析中常用的模式。在 MID 扫描时,因为并没有检测化合物在离子源中产生的全部离子,故分析结果只能得到被检测离子的质量色谱图,而不是化合物的质谱图。

(2)全扫描:在全扫描模式时,磁场分析器或四极矩分析器将允许通过化合物在离子源中产生的全部离子,因此,可得到化合物定性用的质谱图。问题在于每个样品的存储量大,而且因为用于扫描每一个质荷比离子的时间很短。例如,扫描范围 m/z 50 ~ m/z 500,每 2s(或 3s)扫描一次,则分析器在一次扫描过程中通过一种质荷比离子的时间仅有 0.0044s,这将导致仪器的灵敏度比采用 MID 模式低得多(最多可低约两个数量级),使信噪比降低,在分析生物标志化合物浓度较低的样品时就不可能得到优质的生物标志化合物信息。但对于低成熟的样品,尤其是欲探索样品中可能含有的新的生物标志化合物时,则必须采用全扫描模式。

由上述可知,两种不同的扫描模式各有优缺点,在进行色谱—质谱分析前,应参照样品的色谱分析结果和成熟度等加以适当的选择。

三、常用图件说明

色谱—质谱分析资料中常用3种图件,即总离子流图、质量色谱图和质谱图,现分别简介于下。

1. 重建离子色谱图(RIC)或总离子流图(TIC)

色谱将微量(50μg)混合物样品分离成单一组分,依次进入质谱鉴定后,信息送到计算机中,按保留时间顺序记录出质谱图。根据记录的离子强度,重新建立一个离子流色谱图,即 RIC(图 3-8),用来检验样品分离情况和信号强弱。它与气相色谱氢火焰离子化检测器上得到的色谱图十分相似。

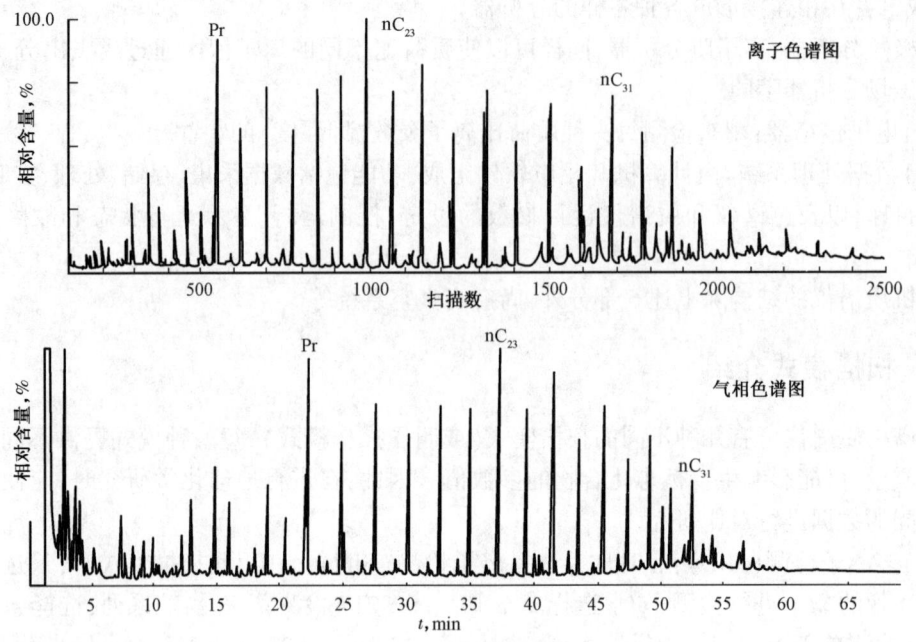

图3-8 总离子流色谱图和气相色谱图

2. 质量(碎片)色谱图

"质量色谱图"是在恒定的质荷比下扫描数与仪器响应值(各离子的相对强度)的关系图,如图3-9中的 m/z 191、m/z 370、m/z 384 等。根据扫描分子离子范围及有关标志离子,常用质荷比来判别环状化合物的结构。由于规律性的断裂机理决定了甾烷及三萜烷具有很强的特征碎片峰,这些特征碎片峰的质量色谱图可以给出原油和生油岩指纹化石的重要信息。藿烷系列(m/z 191)质量色谱图如图3-9所示。

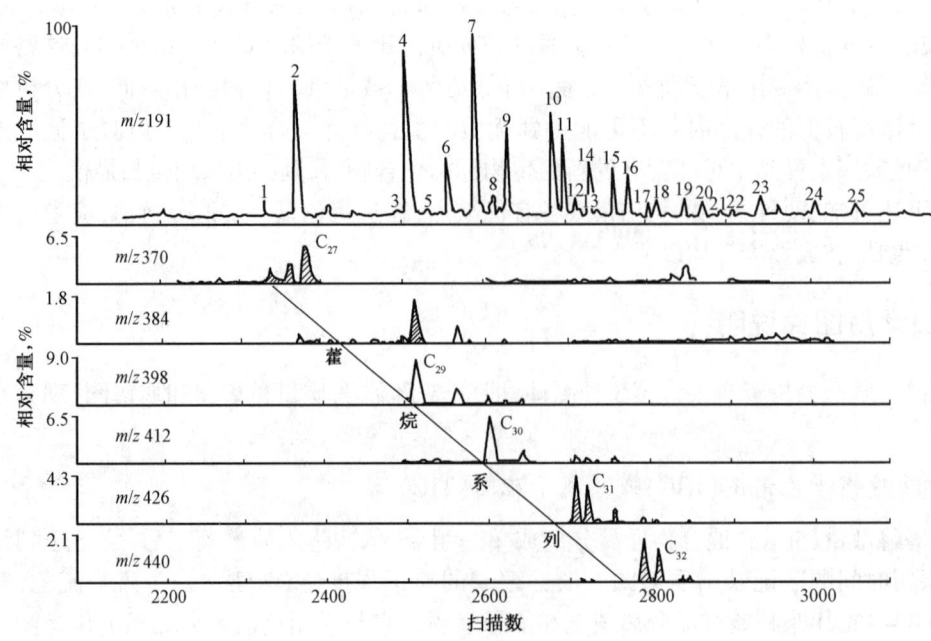

图3-9 藿烷系列质量色谱图

3.质谱图(棒图)

当分子受电子流的轰击,失去一个电子时即为分子离子(母体离子),以 M^+ 表示,所产生的峰称分子离子峰(母峰),位于质荷比最大处。如果形成的分子离子比较稳定,则此峰的丰度也相对较强。通常分子离子峰处的质荷比值即为该化合物的分子量,即分子量 $M=$ 质量 $m/$ 电荷 z。以图3-10中最强的离子峰的峰高作为100%,这个峰称"基峰",其他离子的峰高同基峰相比所占的百分数叫相对丰度。当电子能量增加到足够大时(例如70eV),电子的过剩能量就会切断分子离子中各种化学键,使分子离子裂解成质量不同的碎片离子,碎片离子受到电子流的轰击又会进一步裂解成更小的碎片离子,所以在质谱图上可以看到许多碎片离子峰。这些峰的位置与强度和分子的种类及结构有关,从而就有可能根据质谱图作元素分析、分子量的测定、分子式的确定和分子结构的推断。图3-10为2-十二酮的质谱图,其横坐标为质荷比(m/z),纵坐标为离子的相对丰度。

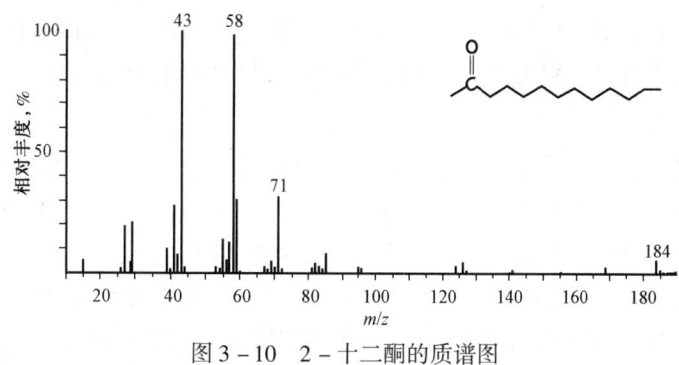

图3-10 2-十二酮的质谱图

第五节 稳定同位素法

稳定同位素法是地球化学研究的重要内容之一,就是研究自然界稳定同位素的丰度及其变化。而稳定同位素丰度变化的主要原因是同位素分馏作用,即轻同位素和重同位素在物质间的分配发生变化,一些物质(或一部分物质)中相对富集重同位素,而另一些物质(或另一部分物质)中相对富集轻同位素。特别是一些质量较轻的元素,如H、C、O、S等,其质量数较小,因此其同位素的相对质量差就比较大。例如,H与D的质量相差为100%,^{12}C 与 ^{13}C 相差8.3%,^{16}O 与 ^{18}O 相差12.5%,^{32}S 与 ^{34}S 相差6.2%,而 ^{204}Pb 与 ^{206}Pb 的质量仅差约1%。所以,质量数小的同位素分馏更明显,这对地质作用来说具有重要意义。这也是目前稳定同位素地球化学涉及的同位素主要是氢、碳、氧、硫等的原因所在。

稳定同位素地球化学可用于确定干酪根母质来源,进行油气源对比,判识天然气成因类型,研究沉积环境,追溯油气二次运移路线,探讨有机质的热演化规律,分析油气的次生变化等。

一、原理

1.基本术语

1)δ 值

一般定义同位素比值为某一元素的重同位素原子丰度与轻同位素原子丰度之比,例如

D/H、$^{13}C/^{12}C$、$^{18}O/^{16}O$ 和 $^{34}S/^{32}S$ 等。

实际工作中是采用相对测量法,即将待测样品的同位素比值与一标准物质的同位素比值作比较,比较结果称为样品的 δ 值。以碳同位素为例,其定义为:

$$\delta^{13}C = \frac{(^{13}C/^{12}C)_{样品} - (^{13}C/^{12}C)_{标准}}{(^{13}C/^{12}C)_{标准}} \times 1000‰$$

式中 $(^{13}C/^{12}C)_{样品}$——待测样品的^{13}C与^{12}C比值;

$(^{13}C/^{12}C)_{标准}$——标准样品的^{13}C与^{12}C比值。

δ 值即样品的同位素比值相对于某一标准的同位素比值的千分差。δ 值的大小显然与所采用的标准有关,所以在作同位素分析时首先要选择合适的标准,不同样品间的比较也必须采用同一标准才有意义。

为便于对比,国际上通用的碳同位素标准是美国南卡罗来纳州白垩系 Peedee 组箭石(Peedee Belemnites),简称 PDB 标准,其 $^{13}C/^{12}C = 1123.72 \times 10^{-5}$。我国目前普遍使用北京周口店奥陶系石灰岩为标准,其 $^{13}C/^{12}C = 1123.6 \times 10^{-5}$,与 PDB 标准相近。

2) 同位素分馏

同位素分馏是指在一系统中,某元素的同位素以不同的比值分配到两种物质或两相中的现象。其根本原因是不同同位素之间的质量差异导致其零点能差异,引起物理化学性质的差异,因此在物理、化学和生物过程中,发生同一元素的各种同位素分别富集在不同相中的现象。物理化学上,可将同位素分馏分为热力学平衡分馏、动力学非平衡分馏和非质量相关分馏。热力学研究同位素交换达到平衡后的状态,动力学研究同位素交换反应达到平衡的过程,动力学同位素效应则研究同位素原子或原子团反应速率不同所造成的同位素分馏。稳定同位素地球化学研究的常用假定是同位素分馏平衡,但事实上自然界存在许多同位素不平衡现象。这种不平衡既可见于高温地质过程,也见于低温地质过程。同位素不平衡现象的存在说明同位素交换反应需要一定的时间才能达到平衡。利用这种同位素不平衡现象,可研究同位素交换(进而地球化学过程)与时间的关系。

二、稳定同位素的分析步骤

实验室内的主要分析步骤如下:

(1)前期处理:物质的分离与提纯。典型的样品量为 5~15mg,虽然这是目前质谱仪灵敏度的下限要求,但若谨慎操作,毫克级以下的样品亦可作常规分析。

(2)将元素定量转化为气体,以备送质谱仪检测。

(3)以真空分馏方法纯化气体。

(4)以一种实验室标准物质的同位素组成为基准,用质谱法检测样品的同位素组成。

(5)根据相关的国际标准,计算样品的同位素组成(各个实验室所采用的同位素标准是依据国际标准而确定的)。

三、与元素分析仪的联机分析方法

在国外,已有不少将元素分析仪与气体同位素质谱仪联机的成功范例,获得了分析数据精确、样品用量减少(一份干酪根样品可以同时获得元素成分比例与碳同位素组成两套数据)以及分析成本降低的良好效果。在我国,这种分析方法也获得了成功。

碳、氮及氢的元素分析与碳同位素检测前处理的原理是相同的,即样品都是经过燃烧分解后生成 CO_2、H_2O 和分子氮。而在进行元素分析时,碳没有任何损失,所以将元素分析后准备放空的气体收集、提纯后即可。把纯化了的 CO_2 输送至同位素质仪检测其 $\delta^{13}C$ 值。这样,在检测出一份沉积有机质(如干酪根)的碳元素百分含量的同时,又可检测出其 $\delta^{13}C$ 值。

四、GC-C-MS 在线碳同位素质谱仪

这一仪器的基本原理是首先利用气相色谱将饱和烃或油、气样品分离为(准)单体化合物,分离后的单体直接进入高温(800~940℃)氧化燃烧炉成为 CO_2,最后由同位素质谱仪分析 CO_2 的碳同位素组成,由此得到单体烃(而不是混合物)的同位素组成。

第六节 油藏地球化学关键性技术

从原理上讲,前面介绍的各种油气地球化学分析技术都可以应用于油藏地球化学的研究当中。但油藏地球化学中应用更多的是一些快速扫描型的分析技术,如前述的 Rock-Eval 分析和下面的 TLC-FID 分析,同时,也有一些近些年开发完善的分析技术。

一、薄层色谱—氢火焰(TLC-FID)技术实验原理与方法

TLC-FID 技术已经广泛用于生物学、医学、制药、石油化学及化工等领域。Karlsen 等人(1989)将该项技术用于快速描述油藏剖面上原油性质的非均质性,建立平面上及垂向上原油组成(饱和烃、芳烃、胶质和沥青质)分布模式,探讨油气在储层中混合作用原理及油气分布规律。TLC-FID 技术在北海油田达到空前规模的应用和推广,并收到了令人鼓舞的经济效益。

1. 原理

TLC-FID 实验原理与一般气相色谱原理相似,利用滴加在硅胶色谱棒上的原油或油砂抽提物,在不同极性的有机溶剂中饱和烃、芳烃和极性化合物吸附扩展速度的差异从而达到分离和鉴定不同组分的目的。展开剂可用极性依次增大的正己烷、甲苯及二氯甲烷—甲醇(95:5,体积比),鉴定由氢火焰离子检测器(FID)完成。

2. 实验步骤

(1)碎样:用研体粉碎储层岩心。

(2)浸泡:用二氯甲烷/甲醇=93:7(体积分数)浸泡粉碎的样品(1~2g),一般情况下将样品放入具塞试管在超声波清洗器中搅拌,同时机械搅拌使其充分抽提,抽提时间为5~10min。

(3)点样:将微量体积(1~2μL)抽提液滴加到色谱棒上。在滴加样品前,色层棒要先通过1~2次空白扫描,以除去硅胶层上的污染物并保持硅层的活性。

(4)样品分离:在绝大多数样品的分析中,将色谱棒先在正己烷中展开40min,至10cm长,然后在空气中干燥3min;接着在甲苯中展开20min,至5cm长,空气中干燥3min;最后在二氯甲烷/甲醇(95:5,体积分数)中展开2min,至2cm长,使饱和烃、芳烃、胶质和沥青质分离开

(Karlsen、Larter,1991)。

(5)测定:将经层析分离后的色谱棒在空气中干燥 2min 以去除溶剂,然后置于扫描仪中,棒上分离出的饱和烃、芳烃、胶质和沥青质组分在通过 FID 检测仪时,依次给出色谱峰峰面积,分别表示为 $A_饱$、$A_芳$、$A_胶$ 和 $A_沥$,该次进样的抽提物重量则为:

$$\sum A_i f_i = A_饱 f_饱 + A_芳 f_芳 + A_胶 f_胶 + A_沥 f_沥$$

式中 f_i——各组分在本仪器上的重量校正因子(响应因子)。

3. 实验参数及其地球化学意义

由各组分的峰面积结合色谱校正因子 f_i(本章第二节),不难得到各组分的质量($W_饱$、$W_芳$、$W_胶$、$W_沥$)及各组分的百分含量。进一步可得到总含油率 $T(T = W_饱 + W_芳 + W_胶 + W_沥)$ 及总烃百分含量、极性化合物百分含量。

上述参数不仅可以揭示原油性质,而且可以反映储层中是否存在沉淀沥青质及其分布规模,还可以推断沥青垫的位置等。

二、地层水 $^{87}Sr/^{86}Sr$ 同位素分析

地层水同位素分析主要是测定从地层水或岩心储存期间蒸发残余水中沉淀的盐类中 $^{87}Sr/^{86}Sr$ 同位素组成,目前有两种技术可用于从岩心中获得有关地层水的信息,即岩心离心分离法和残余盐分析(RSA)。实例研究表明,后者是一项获得有关地层水成分信息的有效手段。这种方法可以用于旧的、干燥的、非密封保存的岩心和新的、密封保存的岩心,可以在米级以下尺度获得原来存在于油藏中有关水成分的高分辨率的信息,在某些情况下,能揭示重要的地层水化学(梯度或阶跃)的变化,可用来作为流体分隔化的标志。

RSA 的基本原理是,当储存一个非密封保存的岩心时,其中所含的地层水将会逐步挥发掉,留下残余盐类沉淀在孔隙空间中,从而可分析从岩心复溶出的盐类中锶的同位素组成。在实验室中,这些残余的盐类可以用超纯水从破碎成粗颗粒的样品中淋滤出来,其中含有以前溶解在地层水中的物质。对淋滤产物进行锶同位素分析。$^{87}Sr/^{86}Sr$ 同位素比值不受残盐沉淀或不完全的残盐复溶的影响,是存在于所有地层水中的一项重要的天然示踪指标,并且对于水—岩相互作用过程是灵敏的。因此,$^{87}Sr/^{86}Sr$ 值可以用于鉴别地层水成分的细微变化。

此外,如果油藏具有同位素组成上分层的水,在有利条件下,可使用 Sr 同位素来确定注水途径(Smalley 等,1988)。如果注入水均匀地流过油藏的各个部位,那么采出水将有平均地层水的 $^{87}Sr/^{86}Sr$ 值;否则,由采出流体的 $^{87}Sr/^{86}Sr$ 值的变化趋势,可以探测出注水突进。如果流体被引导通过一个高渗透带,并且有一个特定的 $^{87}Sr/^{86}Sr$ 值,那么将会以一个不同的比值表征突进(Larter、Aplin,1995)。

三、原油含氮化合物分析

油藏地球化学是有机地球化学一个新的研究领域。油藏流体中氮化合物的分布、组成及含量的变化则是研究原油运移、聚集以及成藏历史的重要内容。这类非烃化合物分析的关键在于预处理。由于烷基苯酚和中性含氮化合物在原油中是一类具极性的微(痕)量组分,因而常规的分离分析流程复杂、难度大(包建平等,1998)。尽管如此,许多学者在分离分析这类化

合物上还是做了大量的工作,如 Jewell(1972)利用阴离子交换色谱、Green(1986)利用离子交换色谱、Hazlett 等(1989)利用碱性萃取技术分离了原油中的痕量烷基苯酚类化合物;Ford 等(1981)提出利用碱性和中性氧化铝吸附色谱法分离经热处理过的页岩油中的含氮化合物;Larter 等提出二步液相色谱法分离合成燃料中含氮化合物;Li 等(1995)在 Larter 等二步法的基础上,设计出新的方法来分离原油含氮化合物;Bowler 等(1997)采用 C_{18} 固相萃取柱一次性从原油中分离了中性含氮化合物和烷基苯酚。目前研究工作中,主要采取二步法分离原油中含氮化合物。

1. 分离方法

1) 二步法分离原油中含氮化合物

把原油脱去沥青质,得到脱沥青组分。然后将脱沥青组分在中性氧化铝层析柱中分别以石油醚(30mL)、甲苯(50mL)、氯仿—乙醇(70mL)混合液冲洗,依次得到饱和烃、芳烃和含氮馏分。将含氮馏分装在填充硅酸的层析柱中,分别以正己烷—甲苯(60mL)、甲苯(50mL)、甲苯—无水乙醚(50mL)冲洗,依次得到非碱性含氮化合物(咔唑类)和碱性含氮化合物馏分。分离流程见图 3-11。

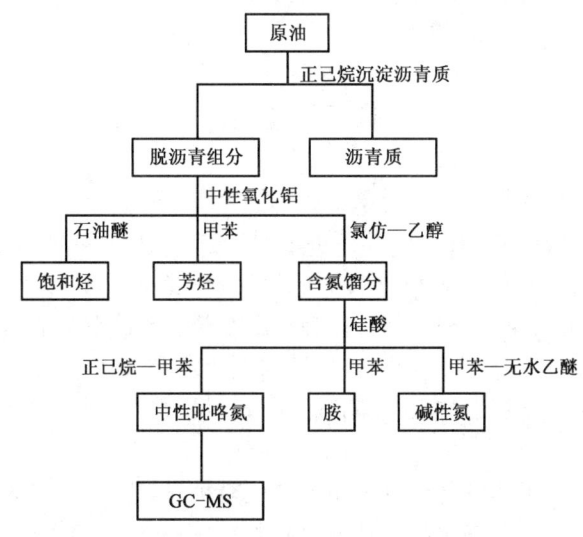

图 3-11 含氮化合物分离流程图

2) 一步法分离原油中含氮化合物

(1) 称取一定量的原油样品(一般为 100mg,凝析油和轻质油用量需加大),然后在原油样品中加入优级纯的正己烷静置过滤以沉淀沥青质。原油脱去沥青质后,用旋转蒸发器除去正己烷,并转移浓缩至 0.5mL。

(2) 用 3mL 正己烷润湿淋洗固相萃取柱,然后把脱沥青质原油转入萃取柱,接着用 4~5mL 正己烷少量多次加入固相萃取柱。在此过程中,由于吸附剂对不同性质化合物的选择性吸附作用,填有 C_{18} 固定相的吸附剂对脱沥青质原油中的饱和烃、芳烃和其他一些非烃化合物(非烷基苯酚和中性含氮化合物)不具有吸附性或吸附性很弱,它们很容易被正己烷洗脱下来;但这一吸附剂对烷基苯酚和中性含氮化合物的吸附性相对较强,一般情况下,正己烷很难把它们洗脱下来。换言之,在正己烷冲洗过程中,烷基苯酚和中性含氮化合物被吸附在柱子中。

（3）用5mL重蒸二氯甲烷分多次加入固相萃取柱,以解吸被C_{18}固定相吸附的烷基苯酚和中性含氮化合物,然后把含有烷基苯酚和中性含氮化合物的馏分浓缩至0.5mL,并加入适量内标。

（4）由于酚是一类带有羟基的极性化合物,如果该类化合物直接进入毛细色谱柱,会严重影响色谱柱的柱效。因此,在对含烷基苯酚和中性含氮化合物馏分进行色谱—质谱分析以前,有必要对烷基苯酚进行衍生化。具体操作是在0.5mL的含有烷基苯酚和中性含氮化合物的馏分中加入100μL的双氟乙酰胺(BSTFA),使烷基苯酚与BSTFA发生硅烷化作用,形成酚的硅烷化衍生物,以利于质谱分析。加入双氟乙酰胺后,样品应在室温下静止过夜或放在60℃恒温炉中加热一小时,以便两者充分反应。

2.仪器分析及化合物的鉴定

原油中性含氮化合物馏分的分析可在色谱—质谱仪上完成。结合保留时间、质谱图和文献资料,可以鉴别出各种含氮化合物,如在原油咔唑化合物中可检测出咔唑、甲基咔唑(1~5个甲基)、苯并([a]、[b]、[c])咔唑等。

此外,油藏地球化学研究中常用的技术还有包裹体分析技术、自生矿物同位素定年(如伊利石的K/Ar、Ar/Ar同位素定年)技术等。

本 章 小 结

1.岩石中可溶有机质的提取一般用氯仿试剂,得到的可溶混合物称为氯仿沥青"A"。抽提后的岩样再用非氧化酸(HCl、HF)溶解除去各种无机矿物、用重液除去黄铁矿之后得到的不溶有机质称为干酪根。氯仿沥青"A"和原油进行进一步分离鉴定前,通常还需要进行初步分离,就是人们通常说的族组成分离,将其分离成饱和烃、芳烃、胶质和沥青质。

2.气相色谱是目前应用最广泛的分析手段,它利用物质在固定相和流动相之间分配系数不同而使之分离。常用的检测器有氢火焰离子化检测器、热导池检测器、火焰光度检测器和氮磷检测器等。

3.热解—气相色谱应用热解装置与气相色谱仪联机,因此,它兼有裂解反应和气相色谱分析两方面的功能。它可以将岩石中挥发性的残余烃(如S_0、S_1)"蒸发"出来,或将不挥发的高聚合物干酪根、沥青质热裂解成为可挥发、分子量较小的化合物(如S_2)。

4.有机元素分析仪就是一台小型的色谱仪,其检测器是热导池,它可以测定样品中C、H、O、N元素的含量。在石油地球化学研究中,可以用元素组成范围或原子比值来表征有机母质的性质。

5.红外光谱是物质分子在中红外区域选择性吸收的结果。它可以用来判断分子官能团的分布,因而是快速确定有机物成分、结构的方法。

6.色谱—质谱法是通过研究物质分子量和碎片离子来分析物质结构的。其中色谱仪的高效分离能力和质谱仪的高鉴定能力相结合,大大提高了仪器的分析能力。色谱—质谱仪是目前研究生物标志化合物的必要方法。

思 考 题

1. 气相色谱定性、定量方法有哪些?
2. 色谱—质谱仪由哪几部分组成？其原理是什么？
3. 稳定同位素原理是什么？有哪些分析步骤？
4. 简述薄层色谱—氢火焰(TLC-FID)技术实验原理与方法。
5. 岩石热解(Rock-Eval)仪的基本原理是什么？有哪些参数？在石油勘探开发中有哪些意义？
6. 油藏地球化学常用的技术有哪些？基本原理是什么？

第四章 有机质的产生、聚集及生物圈的演化

第二章已经论述,石油和天然气主要是由沉积物(岩)中的沉积有机质形成。沉积有机质来源于天然生物有机质,生物有机质来源于各种生物体及其生命活动的产物,即有机质是地壳上巨大的有机矿产最原始的来源。有机质及合成有机质的生物演变及其活动规律是阐述有机质在地质历史中的演化及油气生成过程和机制的重要内容。本章主要简述有机质的产生、聚集,以及有机碳的循环和生物圈的演化特征。

第一节 有机质产生的主要作用——光合作用

有机质是形成地壳上有机矿产最原始的物质,而光合作用是造成地球上产生大量有机质的基本过程。光合作用是细菌或绿色植物通过叶绿素利用光能将 CO_2 和 H_2O 转化成有机物质的过程:

$$6CO_2 + 12H_2O \xrightarrow[\text{叶绿素}]{\text{光能}} C_6H_{12}O_6 + 6O_2 + 6H_2O$$

$$\downarrow$$

$$\text{多糖及其他有机物质}$$

该过程是利用阳光的能量将水分解,其中的 H 用于还原 CO_2,产生葡萄糖,将无机碳转化为有机碳,而 O_2 被游离出来。自氧生物从葡萄糖进一步能够合成多糖及其他有机物质,因此光合作用的实质是将光能转变为有机物质的化学能。

据估算,地球上总有机碳的量约为 $6.4 \times 10^{15} t$,总游离氧的量约为 $16.9 \times 10^{15} t$,两者的比例约为 2.64。这一比值与 CO_2 中氧碳的质量比值 2.66 相近。这种平衡计算表明,大多数未结合在碳酸盐岩和硅酸盐中的氧确系由光合作用产生。因此,古代沉积物中有机碳和古大气圈中的含氧量有关,有机碳主要是 CO_2 经光合作用而产生。

根据 Schopf 等(1965)对古老岩石中有机质的研究,Tissot 等(1978)推断,大约在 2000Ma 以前,有机质光合作用的产物已明显遍及全世界,这使还原性的大气圈逐渐向氧化性的大气圈转变。正是由于光合作用,才使有机质大量产生。随着光合作用的进行与发展,生物界生生不息,其数量和种类越来越多。

图 4-1 是在地球的历史发展过程中推测的与生命演化有关的重要事件。在大约 4000Ma 以前,即当水在地球表面成为普遍物质以前,大量的生物不可能存在于地球上。在元古宙,大气圈呈还原状态,无游离氧存在,而是含有 H_2、CH_4、N_2 和 H_2O。大约在 3000Ma 前,地球上首次出现了原始生物,它们可能利用了非生物作用所产生的有机分子作为新陈代谢的能量来源。因此,最早出现的生物应该是异养生物,但异养生物不可能以这种方式大量繁殖。到这些异养生物将非生物作用产生的有机质几乎全部消耗尽的时候,光合作用则发展成为第二种能量的来源。

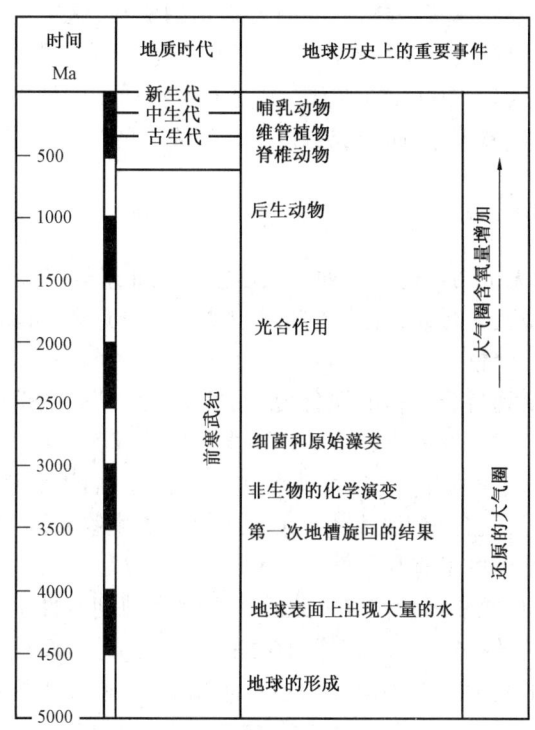

图 4-1　在地球的历史发展过程中推测的与生命演化有关的重要事件（据 Tissot 等,1978）

在这个过程中,利用阳光作为另一种能源的自养生物能够独立生活,从而避免了食物的短缺。某些从光合细菌演化出的蓝绿藻可能是第一种产氧的生物。随着生物的演化,自养的、进行光合作用的生物群超过了异养生物群,并且逐渐在生物界占了优势。如前所述,大约在 2000 Ma 以前,光合作用作为一种全球性的现象出现,为食料的供给和高等形式的生命演化奠定了基础。此后,地球的大气圈慢慢变成了氧化环境,即出现了游离的分子氧。这种游离的分子氧改变了整个地球的生态环境,对只适应无氧环境的原生生物起了一定的破坏作用。变异和选择作用将生物进化到有氧呼吸,这使生物的代谢系统发生质的飞跃,使新陈代谢的效能显著提高,从而为生命的发展提供了有利的条件。从此以后,生物界便开始了大量繁衍,油气母质的形成具备了物质基础。

第二节　生物圈的演化

油气及其前身物(干酪根和沥青)在最古老的震旦系沉积岩中就已经存在,当时仅发育原始的原生生物。随着地质历史的演化,生物界也经历了由低级到高级、由简单到复杂、由单一到多样的演化过程。生物的不断繁衍,使不同种类生物可提供不同类型的生油原始物质,从而生成不同性质的油气。因此,不同地质历史时期油气的形成与生物圈演化的关系密切。

一、生物圈的概念

地球上广泛分布着各种生物,但其发育有一定的范围。生物的活动仅限于地球外圈,包括接近地表的大气圈、地壳表面薄层和水圈,合称为生物圈。生物圈中生物分布的最大高度和最大深度为其上、下限。上限究竟有多高,目前尚无确切的资料,这决定于有无水分和短波辐射量的大小,无水或短波辐射量大时生物即不能生存。生物圈的下限,在海洋中可达深海,在陆地上可达有水分而温度不超过100℃的地方。凡是有生物活动的地方,就必然有营养物质、代谢物质、分解物质和生物残骸等,从而造成有机质在地壳上的广泛分布。

二、生物圈的演化特征

一般认为,生命是由无机物经过一系列阶段慢慢演化而来的。最早出现的是异养生物,由这种异养生物逐渐发展演变为行光合作用的自养生物,进一步发展演化出各种生物。

生物圈演化有如下几个特征:

首先是原始异养生物到自养生物的演化,从而使无氧呼吸(发酵)发展到有氧呼吸,为食料的供给和向高级生命形式的发展奠定了基础。当原始的异养生物将最初由非生物作用产生的有机物质(如NH_3、CH_4)消耗殆尽之后,就无法维持生存,而逐渐被自养的、进行光合作用的生物所代替。如前所述,光合作用的结果,大大地提高了生物新陈代谢的效能,为生物进步发展和有机质的大量产生提供了有利条件。

其次,生物的演化是从原核到真核以及此后从无性生殖到有性生殖的发展。从原核到真核是生物由简单到复杂的转折点,一切高等的多细胞生物都是以真核细胞为基本单元。真核生物的发育推动了生物的其他三大进化:(1)有性生殖的出现,大大提高了生物的变异性和适应性;(2)动植物的分化,形成了动物、植物、菌类三级生态系统;(3)从单细胞到多细胞的发展,使生物机体复杂化。

生物演化的第三个特征就是动物与植物的分化,也是生物系统和生态系统上的最大演变。从此以后,生物进化在植物、动物和菌类三级系统的基础上进行。最早原始动物的出现大约在1000Ma前,进入古生代,动物化石数量突然惊人地增加,包括腕足类、腹足类、三叶虫等达1200多种,生命演化到了比较高级的程度。

生物演化的第四个标志性事件是从水生发展到陆生。最初的生命产生于水中,而且在很长时期内仅停留在水中。直到奥陶纪,陆地淡水中才开始出现鱼形动物,志留纪开始出现陆生高等植物。到泥盆纪,各种类型的陆地植物才普遍繁殖。

最后,人类的出现是生物演化最重要的特征。

生物的进化总体沿着多样性和适应性发展。高等生物的产生,并不意味着低等生物的完全消灭,而是新的生物群遇到新的环境,发生适应性辐射,按许多方向进化,形成许多不同的物种。

总之,生物圈的演化经历了由低级到高级、由简单到复杂、由单一到多样的演化过程(图4-2)。

在地质历史中,植物的演化总是先于动物一步。首先是植物出现了新的形态体系,而后,动物则陆续出现。在古生代早期,当藻类在生物圈中占优势时,只有少量的海洋无脊椎动物存在。在那个时期,低等植物生产率大量过剩,因此形成大量富含有机质的暗色海相页岩。它们是寒武纪、奥陶纪和志留纪的"正常"广海沉积物。志留纪以后,在广海环境中,植物的生产和消耗植物的动物群之间达到了平衡。因而,植物产率过剩现象就停止了。晚志留世,海洋植物和动物的演化情况,与先前的海洋演化情况没有很大的不同。在晚志留世和泥盆纪,陆地植物在大陆占优势,海洋有机质的产率优势开始慢慢地消失,并一直延续到海岸地区。而在多数近海盆地,发现了晚古生代的含煤沉积。在古生代末期,裸子植物出现并占优势。尤其是早白垩世,适应性强而占优势的被子植物出现,导致植物过剩的产率转移到大陆地区。白垩纪和古近—新近纪,大量含煤沉积形成于内陆盆地,说明了这种转移已经比较普遍。

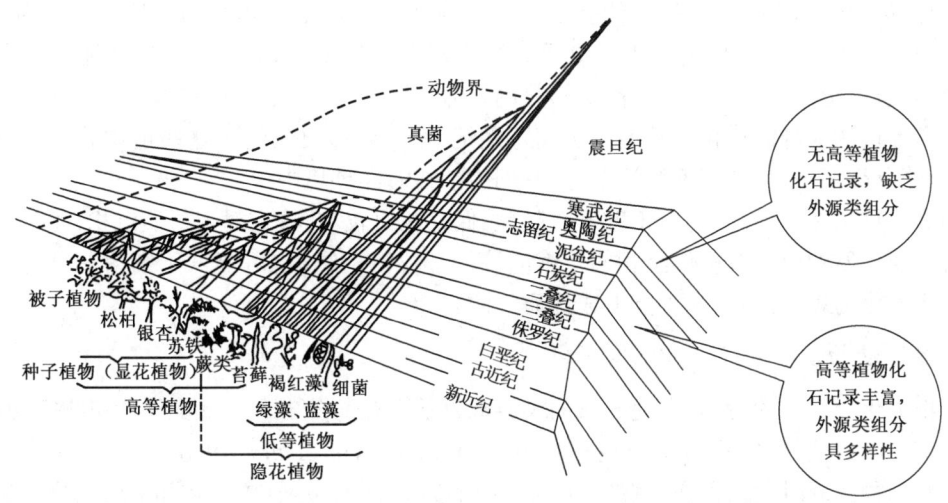

图 4-2　生物进化与沉积有机质地史分布示意图（据钟宁宁、秦勇等，1995）

三、主要生物类型

为了探求生油气母质的来源，对于生物发育特征和演化规律的研究仍着重于了解各类生物在漫长地质历史时期中的演化，以及随着它们的演化其数量和产量所发生的变化。

蒂索等（1978）对生物圈的演化过程与地球的地质历史相关性的研究认为，从前寒武纪到泥盆纪，有机物质的主要来源是海洋浮游植物；从泥盆纪开始，所增加的主要来源是陆地高等植物；从数量上看，形成沉积有机质的 4 种最重要的生物是：浮游植物、浮游动物、细菌和高等植物。

1. 浮游植物

大约在 2000Ma 以前的前寒武纪，主要是蓝绿藻和进行光合作用的细菌产生有机碳。经过寒武纪、奥陶纪和志留纪，各种海相的浮游生物、细菌和蓝绿藻仍是有机碳的主要来源，直到中泥盆世，陆地植物才出现。作为自养生物，浮游植物的繁殖率很高，加上适宜其发育的水体面积广，因此其产率高且总量大，它可能是世界上有机碳的第一大来源。

2. 细菌

细菌和藻类一样，是生物界的先驱者，而且也是地球上分布最广、繁殖最快的一种生物。细菌的生活能力很强，在生理学方面显示出巨大的适应性和多变性，可以在温度和压力变化很大的条件下发育，可以在咸水、淡水、近代沉积物和古代沉积岩中大量繁殖。细菌可以自养、异养或两者兼有，按其生活习惯可以分为喜氧细菌、厌氧细菌和通性细菌。

由于细菌相当微小，而且缺少硬体部分，因而它们很少形成化石。化石记录不适于确定整个地史中细菌的产生数量，因此，它对有机质沉积的贡献难以定量。但是，在包括前寒武纪的所有地质时代中，都曾经发现过细菌化石的例子。细菌作为有机质提供者的重要性在于细菌的繁殖率居一切生物之首，同时，许多发育于沉积物中的细菌死亡后易于被保存下来。因此，它可能是仅次于浮游植物的有机质的第二大来源（Tissot 等，1984）。

3. 高等植物

高等植物发育在陆地。它所产生的有机碳的数量与水生生物大致相当。根据 Huc（1980）

估算,海洋浮游生物产生的有机碳约有 $1.5\times10^{10}\sim7.0\times10^{10}$ t/a,陆地高等植物产量为 $1.4\times10^{10}\sim7.8\times10^{10}$ t/a。但是,地史上的高等植物出现时期较晚。志留纪以前,陆地只有少量的低等植物,志留纪沉积物中才出现高等植物的残体,从泥盆纪开始植物残体才普遍存在于沉积岩中。高等植物前身的演化过程遍及了前寒武纪、寒武纪和奥陶纪。这些植物的前身包括蓝绿藻、绿藻及高等藻类,如海藻和海草等,它们生活在海洋环境中。

高等植物虽然产率高,但由于发育在陆地,保存相对较难,故它对有机质沉积,尤其是对作为主要成油母质的分散有机质沉积的贡献应该低于浮游植物,也可能低于细菌。但它可以富集保存后演化为煤层,而煤往往能形成优质气源岩。

4. 浮游动物

生物进化过程中的食物链,使异氧的浮游动物的存在与分布和自氧的浮游植物密切相关。在高产率的浮游植物区,浮游动物也相当发育(Bogoror、Vinogradov,1960)。这种关系在前寒武纪浮游动物出现时就已存在,例如单细胞的纺锤虫和放射虫、软体动物和节肢动物等都是这种情况。在浮游植物发育的高峰期早古生代,大量发育着三叶虫、笔石等浮游动物。晚侏罗世大量出现浮游的纺锤虫也与当时大量发育的浮游植物相伴随,它的数量受浮游植物产率的控制。由于在食物链上,食物消费者的产率不可避免地远远低于食物提供者,因此,浮游动物的产率及其对有机质沉积的贡献远远低于浮游植物,而且越是高等动物,产率和贡献越小。但低等浮游动物的数量较大,而且其繁殖率高,因而对形成沉积有机质有一定的贡献。

第三节 有机碳的循环

在自然界中,元素和物质的运动常常具有循环的特性,碳元素也不例外。在光合作用将无机碳转化成有机碳的同时,也有一些过程将有机碳转化为无机碳,从而构成了有机碳－无机碳的循环和平衡。为了研究沉积物(岩)中各种有机矿产的形成,许多学者研究了碳的地球化学循环。研究发现,石油与天然气的形成只不过是这种循环的一个组成部分。正是碳的循环结果,不断地为沉积有机质提供了来源。为了了解碳的循环,首先需要了解有机圈的概念。

一、有机圈的概念

有机圈是生物及其产生的有机质分布的空间。它不仅包括生物圈,而且包括沉积岩石圈。生物圈仅指活的生物分布的空间,沉积岩石圈指生物死亡以后有机质沉积、埋藏和分布的空间。因此,有机圈实际上包括生物体活动和有机质演化的场所,生命活动、有机质沉积作用、有机质埋藏作用,以及石油、天然气、煤等有机矿产的形成作用都是在有机圈中发生和进行的自然过程。

二、有机碳的地球化学循环系统

据研究,自然界中碳元素的总含量恒定,其克拉克值为 0.04%。地球上总有机碳也是恒定的,约为 6.4×10^{15} t(Welte,1970)。大部分有机碳固定在沉积岩或沉积物中,约为 5.0×10^{15} t;相当大的一部分有机碳在沉积成因的变质岩中,约为 1.4×10^{15} t;只有少量的有机碳在生物体中或落于水中,约为 0.003×10^{15} t(表 4 – 1)。这样的分布与碳的循环有关。

表 4-1 地壳中的有机碳（据 Welte,1970）

有机碳存在形式	含量,10^{15} t
有机物和溶解的有机碳	0.003
沉积物	5.0
沉积成因的变质岩（占所有变质岩的80%）	1.4
总的有机碳	6.4

首先是二氧化碳的循环。据估算，在沉积岩碳的总量中，18%为有机碳，82%为碳酸盐碳（Schidlowski 等,1974）。有机碳和碳酸盐碳之间有相互联系，大气圈中的二氧化碳与水圈中的二氧化碳在不断地交换。在水体环境中，生物使碳酸盐沉淀形成碳酸盐沉积物；反之，碳酸盐岩可以被溶解以完成水体中 CO_3^{2-}、HCO_3^- 和 CO_2 之间的平衡。原始有机质可以通过陆地植物的光合作用吸收大气中的二氧化碳直接形成，或者通过海洋植物的光合作用从水圈溶解二氧化碳直接形成。陆地和海洋植物可以通过呼吸或本身由于氧化作用遭到破坏，形成二氧化碳再回到大气中或水中，这样二氧化碳存在于反复再循环的系统中。

在整个有机圈中，有机碳及其构成的有机质处于不断的演化之中，具有明显的循环性质。图 4-3 表示地壳上有机碳的两个主要循环系统。一个是在生物圈中的小循环，另一个是在有机圈中的大循环。

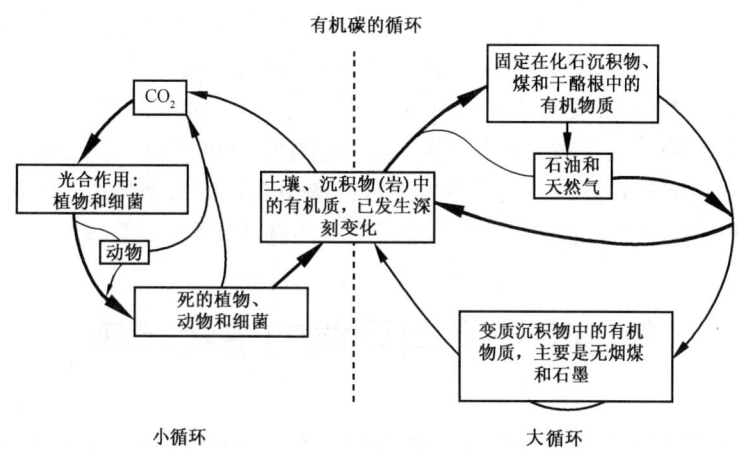

图 4-3 地壳中有机碳的两个循环（据 Welte,1970,修改）

生物圈的小循环系统大约有 $2.7\times 10^{12} \sim 3.0\times 10^{12}$ t 的有机碳参与。该循环的周期较短，从几天到几十年，包括三个次一级的循环：

$$CO_2 \xrightarrow{\text{光合作用}} \text{植物和自养细菌} \longrightarrow \text{动物} \xrightarrow{\text{呼吸}} CO_2$$

$$CO_2 \xrightarrow{\text{光合作用}} \text{植物和自养细菌} \longrightarrow \text{动物} \longrightarrow \text{死亡的有机体} \xrightarrow[\text{分解}]{\text{菌解、氧化}} CO_2$$

$$CO_2 \xrightarrow{\text{光合作用}} \text{植物和自养细菌} \longrightarrow \text{动物} \longrightarrow \text{死亡的有机体} \longrightarrow \text{沉积有机质} \xrightarrow[\text{分解}]{\text{剥蚀、氧化}} CO_2$$

以上属于流体型地球化学循环，其储存库为大气和水体。

另一循环使部分有机碳沉积在沉积物中，进入沉积岩石圈的大循环，以岩石圈为储存库。大循环系统约有 6.4×10^{15} t 有机碳参与，周期长达几百万年以上，其中也包括三个次一级的循环：

$$CO_2 \xrightarrow{\text{沉积作用}}_{\text{生物活动}} \text{沉积物中有机质} \xrightarrow{\text{成岩作用}} \text{沉积岩中有机质} \xrightarrow{\text{上升、氧化}}_{\text{燃烧}} CO_2;$$

$$CO_2 \xrightarrow{\text{沉积作用}}_{\text{生物活动}} \text{沉积物中有机质} \xrightarrow{\text{成岩作用}} \text{沉积岩中有机质} \xrightarrow{\text{深成作用}} \text{石油、天然气、煤} \xrightarrow{\text{开采、燃烧}} CO_2;$$

$$CO_2 \xrightarrow{\text{沉积作用}}_{\text{生物活动}} \text{沉积物中有机质} \xrightarrow{\text{成岩作用}} \text{沉积岩中有机质} \xrightarrow{\text{深成作用}} \text{石油、天然气、煤} \xrightarrow{\text{变质作用}} \text{变质岩中有机质} \xrightarrow{\text{上升、氧化}} CO_2。$$

以上两个循环，由其中的少量物质相互连接起来，这些少量物质仅占生物合成有机碳的 $0.01\% \sim 0.1\%$。对于生物圈每一次有机碳的循环来说，大部分的有机质被氧化、分解，只有很少部分($0.01\% \sim 0.1\%$，极端条件下可达到 4%)被埋藏在沉积物中参与有机圈的大循环(Vallentyne, 1965; Menzel, 1970; Deuser, 1971)。由于大循环的周期长，因此，大部分有机碳存在于大循环的各个环节。

有机碳在有机圈中的大循环对于认识石油和天然气等有机矿产的形成规律具有非常重要的意义，尤其是当有机质一旦进入沉积物中，就受地壳构造运动的控制。当地壳主要为沉陷和埋藏作用时，有机质将被埋藏并逐渐向石油和天然气演化；相反，当地壳表现为上升和剥蚀作用时，有机质将遭受氧化，重新回到生物圈的小循环中。对于油气地球化学而言，最重要的有机碳循环路径是：生物→沉积物中的有机质→沉积岩中的有机质→油、气、煤→CO_2。

显然，油气的生成过程只不过是自然界中有机圈中有机碳大循环的一个组成部分，因此，研究该循环中适于油气生成的地质条件和地球化学环境具有重要的意义。

第四节 不同环境的生物产率

不同水体环境的生物产率对于潜在烃源岩的形成十分重要。在广阔的生物圈内，生物发育极不平衡，这是沉积物中有机质分布极不均衡的重要原因之一，因而有必要了解不同水环境中生物的发育特征。影响生物产率的因素主要是阳光和养料，而其他(如温度、水体的混浊度)往往并非独立的因素。

一、海洋环境

现代海洋空间巨大，环境的差异性和分带现象十分明显。生物的产率主要受阳光、养料(包括二氧化碳、氮、磷和微量有机质如维生素)和海水的混合作用所控制。

海洋中所有的有机质主要是由单细胞藻类通过光合作用而产生，而光合作用产物在空间分布上的变化主要受阳光和养料供应的控制。一般只在两极地区的海洋表面、广阔大洋的深处和混浊的滨海水域中，生物生长受到阳光供给的限制(Menzel, 1974)；其余地区养料的供给控制了生物的产率，而养料的供给又受再循环和环流作用的影响。再循环和环流作用可从水体的透光带(一般位于表面水体顶部的 200m 内)中补充或带走养料。此外，快速的混合作用可使透光带连续地获得营养,而植物细胞在其发生分裂和繁殖以前可以被混合的水流搬运到透光带以外。

不同浮游植物的种属都具有不同的"适宜"温度。如单藻喜欢在温度为25℃或更高的温暖水体中生活,而硅藻和放射虫则喜欢在冷的水体中(5~15℃),尤其是在两极区生活。盐分的变化也有相似之处,低盐度区具有生物种属数目最少的特点,但种属数目的减少并不意味着产率也必须减少。

海洋中有机质的主要提供者是浮游植物,现今是硅藻、甲藻、颗石藻、红藻、褐藻等藻类;主要消费者是浮游动物,现代的是有孔虫、放射虫、桡足类等。它们体型小、数量大、繁殖快、种类多、重量轻,因而占领了海洋表层最佳环境领域。它们始终是地史时期海洋环境的生态优势种类。次级消费者依次是自游动物、底栖动物、大型鱼类等。分解者细菌对海洋的营养物质再生产作用较小,对沉积物有机质改造作用较大。

浮游植物进行光合作用生产有机物是海洋生态中最重要的生产过程。故在垂向上,生物量集中在表层强光带,弱光带次之,200m以下锐减。强光带生物量比深层(5000m以下)大1000倍以上。海洋中的营养物质决定了生物在各海域的发育分布状况。发育区可以分为以下4种:

(1) 特高产区:美洲、非洲大陆(秘鲁、加利福尼亚及南非)的西海岸,信风和地球自转偏向力(科里奥利力)使表层海水吹离岸区,使富含营养物质的深层海水不断上涌,形成海洋上涌流,是生物最高产区。河口附近海域,接受河流带来的大量营养物质,包括无机盐类(磷酸盐、硝酸盐等)和有机碎屑,也造成生物的特高产区。

(2) 高产区:主要是大陆架的近岸浅海区。原因是:①江河、波浪、潮汐带来陆岸大量营养物;②沿岸带常有不同性质的水团汇合;③滨岸发育的沼泽和潮坪,生物亦丰富;④热带、亚热带滨岸发育生产力极高的红树林和珊瑚礁。

(3) 中产区:南极、北极大陆及沿赤道的海域,由于海流和风使水混合,产量中等。

(4) 低产区:"海洋沙漠"区、远离大陆的深海区、在纬度10°~40°之间深海区,缺乏营养物质来源,温跃层、盐跃层的存在又使深层含营养物的水不易升到表层,使得该区生物极少、产量最低。

二、海陆过渡环境

海陆过渡环境指介于大陆及其淡水与外海之间、多呈半封闭状态的沿岸水体。它们不但处于海陆过渡的位置,而且生态特征介于海洋和大陆淡水环境特征之间。海陆过渡环境包括河口湾、三角洲、港湾、潟湖、堤礁及深入大陆的陆表海。在这种环境,海水和淡水混合,并且水量蒸发和补给在各处差异极大。潮汐、河流、波浪作用强,营养物质丰富,盐度、温度和阳光是控制生物产率的主要因素。

海陆过渡环境生物的显著特点是生产者的多样性。世界上三种主要生产者类型,即大型植物、小型底栖植物和浮游植物在海陆过渡环境都十分发育。潮汐涨落引起水位经常变动,大型植物和小型底栖植物在整年内都可进行光合作用,加上繁盛的浮游植物,使得生产者产率很高。

三、湖泊环境

湖泊空间比海洋小得多,大多为淡水,也有微咸水、半咸水和咸水。不同湖泊以及同一湖泊的不同发展期,盐度变化都很大。湖泊水体较浅,存在时期一般比海洋短,其中河流波浪作用较强,无潮汐作用。河流从四面八方将矿物质和营养物带入湖盆。营养性、温度、透明度、水中含氧浓度、含二氧化碳浓度以及水体盐度是控制湖泊中生物发育的主要因素。

以淡水环境为主的现代湖泊,藻类是最重要的生产者,水生种子植物第二。动物消费者主要是浮游动物、软体动物、水生昆虫、甲壳动物和鱼类。作为还原者的细菌和真菌在湖泊生态中常起十分重要的作用。湖泊沿岸带既发育有底栖的植物,又发育有浮游植物(藻类为主),但在开阔水面,以藻类为主的浮游植物占绝对优势。

贫营养湖生物产率很低,营养湖具中等产率,富营养湖具有高和特高产率。温带的富营养湖,还发生浮游植物季节性"开花"现象,即生物产率急剧而短暂地增长。从地史时期看,生物先在海洋中形成、繁衍,以后逐步扩展到大陆及其水域。在我国中—新生代地史时期,发育大规模湖盆环境,比现今湖泊面积大得多,有的还具有很高的湖泊生物产率。

四、沼泽环境

沼泽是土壤充分湿润、季节性或长期积水、丛生着喜湿性植物的低洼地段。它可视为水生环境与陆地环境的过渡环境。沼泽环境温度变化大、含氧多、透光性好;常年或季节性积水,地下水位浅,水体基本停滞。生产者生物群以水生高等植物为主,可以是草本、木本,多是底生挺水植物(叶、茎高出水面),也有极少数沼泽生产者以低等藻类植物为主。生产者的生产量占了沼泽生物生产量的绝大部分,初级消费者(食植动物)所占比重比海洋、湖泊小得多。稳定适宜的环境条件,使绿色植物在沼泽长期繁茂,生物产率很高。从地史时期生物进化来说,沼泽的大规模发育是在植物进化到较高水平,有了支撑的骨架和输导组织——维管束以后,而维管植物在泥盆纪以后才大量发展。

五、陆地环境

陆地环境最富于变化性,其环境空间仅次于海洋。陆地环境一般光照比较充足,但在高纬度地区,随季节变化较大,尤其是在沙漠等气候干燥区,水分不能得到充分保证,因此湿度成为陆地环境中决定生物产率至关重要的因素。温暖、潮湿的气候条件下的生物产率远远高于干冷气候。陆地生产者通常是高等植物,数目较少,而个体体积巨大。整个生物圈可见到两个极端生态系统,一端是高大乔木茂盛高产的森林,另一端是生物稀少的"远洋沙漠"和陆地沙漠,中间有湖河、沼泽、草地、河口湾、海洋边缘等各种生态系统的广大梯级。陆地环境的极大差异决定了生物群落的多样性,区域性气候、区域性基质(土壤性质、地势海拔等)与区域性生物区系(主要是植被)相互作用,产生了各种巨大易辨的陆地生物群落。

本 章 小 结

1. 光合作用是细菌或绿色植物通过叶绿素利用光能将 CO_2 和 H_2O 转化成有机物质的过程。光合作用是造成地球上产生大量有机质的基本过程。有机质是形成地壳上有机矿产最原始的物质。

2. 从前寒武纪到泥盆纪,有机物质的主要来源是海洋浮游植物。从泥盆纪开始,陆地高等植物成为有机物质的一个重要来源。从数量上看,形成沉积有机质的4种最重要的生物是:浮游植物、细菌、高等植物和浮游动物。

3. 自然界中存在有机碳—无机碳的循环和平衡,而有机碳在有机圈中的大循环对于石油和天然气等有机矿产的形成非常重要。有机碳在沉积物中的循环受地壳构造运动的控制。最重要的有机碳循环路径是:生物→沉积物中的有机质→沉积岩中的有机质→油、气、煤→CO_2。

4. 不同水体环境生物产率存在差异。海洋中生物的产率主要受阳光、养料和海水的混合作用所控制。浮游植物进行光合作用生产有机物是海洋生态中最重要的生产过程。海陆过渡环境生物的显著特点是生产者具有多样性。湖泊环境中一般具有较强的盐度变化。沼泽环境温度变化大,含氧多,透光性好,常年或季节性积水,水位浅,有机质生产者以水生高等植物为主。陆地环境变化性强,生物群落具有多样性。

思 考 题

1. 什么叫光合作用?它是一个怎样的地质过程,与生命的演化有什么关系?

2. 什么叫生物圈?它具有什么特征?形成沉积有机质的主要生物有哪几种类型?它们对有机碳、石油和天然气贡献如何?

3. 地壳上有机碳的两个主要循环系统是什么,它们各自如何表现?对于油气地球化学而言,最重要的有机碳循环路径是什么?

4. 生物形成于哪几种环境?这些环境各自具有什么典型特征,生物产率如何?

第五章 生物体的化学组成及其意义

从第四章中已知,天然产生的形成沉积有机质的生物体主要包括浮游植物、细菌、高等植物和浮游动物。但如果从元素组成上来考察,它们主要由碳(C)、氢(H)、氧(O)、氮(N)、硫(S)等元素组成;如果从生物化学组分来考察,它们主要由糖类、脂类、蛋白质、核酸及(高等植物)木质素所组成,此外,还有少量维生素、激素和无机矿物质(无机盐)。沉积有机质来源于生物体,它应该在一定程度上继承了原始生物体的元素组成和化学组成特征,这正是研究生物化学组成的原因。本章主要述及与沉积有机质相关的化学组分。

第一节 糖 类

糖类(saccharide)是多羟基的醛类或酮类化合物,由碳、氢、氧三种元素组成。其中,氢和氧的原子比例数是2:1,与水分子中氢和氧的比例相同,故习惯上又将糖类称为碳水化合物(carbohydrate)。

糖的种类很多,通常可分为单糖、二糖和多糖。最重要的单糖是核糖、脱氧核糖和葡萄糖。其中,核糖和脱氧核糖是组成核酸的主要成分,葡萄糖是生物体的重要能源物质。最常见的二糖是麦芽糖、蔗糖和果糖。纤维素(cellulose)和甲壳质(chitin)都是在自然界出现的最显著的多糖。多糖纤维素包含2000~8000个单糖单位。木材由纤维素(40%~60%)和木质素(lingnin)组成。高等植物合成大量的纤维素,但是某些藻类(海藻和硅藻)缺乏纤维素。纤维素和甲壳质具有同类结构,基本上分别由葡萄糖和葡萄糖胺单位组成(图5-1)。有些藻类,尤其是褐藻(褐藻门),含有多至40%(干重)的藻朊酸,它是一种碳水化合物的衍生物。类似碳水化合物并且像藻朊酸的果胶是一种多糖醛酸甙,它常常是细菌和高等植物的组成部分(图5-1)。多糖大都是不溶于水的物质。可是它们能借水解反应转化成水溶性的 C_6 和 C_5 糖。

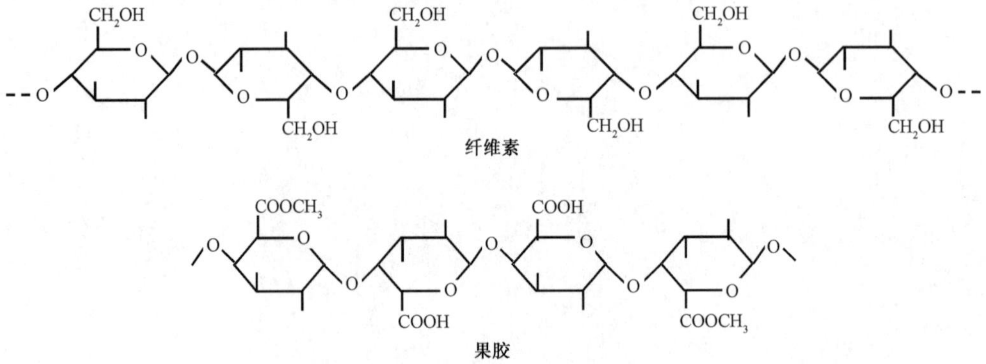

图5-1 出现于动植物支撑组织中的大分子碳水化合物衍生物

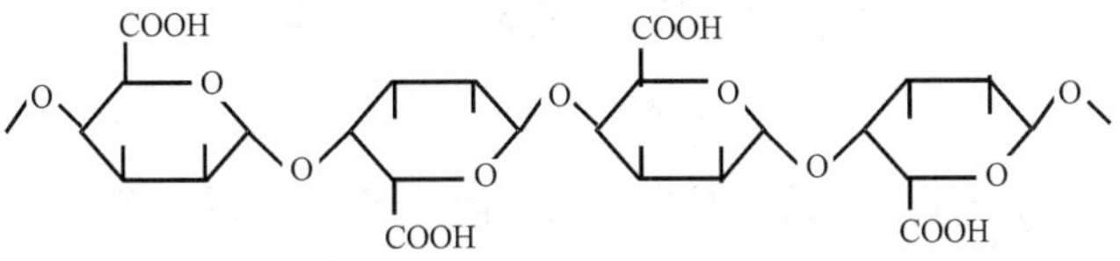

藻朊酸

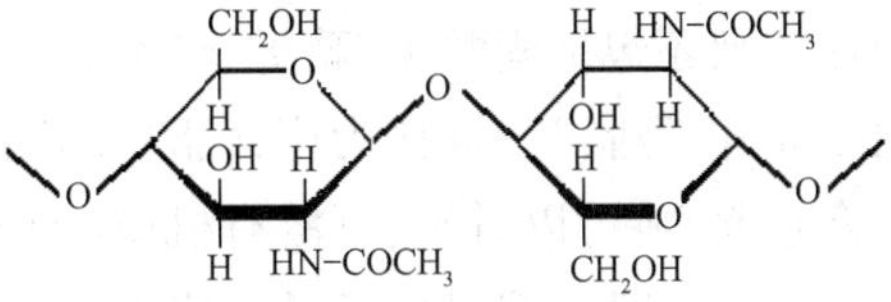

甲壳质

图 5-1 出现于动植物支撑组织中的大分子碳水化合物衍生物(续)
式中自由竖线表示 OH-基

糖类是光合作用的产物,是生物的重要能源,它几乎存在于所有生物体中,但相对来说在植物中最为富集,其次在细菌中含量较高,而在动物体内的含量一般较低。

第二节 蛋 白 质

蛋白质(protein)是由氨基酸(amino acid)单体通过肽键($\overset{O\ H}{-\underset{}{C}-\underset{}{N}-}$)组成的生物大分子多聚体。它们构成了生物机体中大部分含氮化合物。蛋白质结构复杂、种类繁多、功能各异,是细胞最重要的结构成分,是生物体内组建生命结构、行使生命活动最主要的功能分子。它参与几乎所有的生命活动过程并起着关键的作用,是决定生物体结构和功能的重要成分。

蛋白质组成了像肌肉纤维、蚕丝和海绵那样不同种类的物质。它们以酶的形式催化细胞内和细胞外发生的生物化学反应。它们在生物矿化作用过程中具有特殊的意义,例如介壳的形成,它们就起到了有机基质的作用,并与矿物密切共生。在有水存在时,不溶性蛋白质由于酶的作用可以水解成它们水溶性的单体——氨基酸。这些分离出来的常见氨基酸有 20 种,除脯氨酸外,在结构上与羧基相邻的 α-碳原子上都有一个氨基(图 5-2),称为 α-氨基酸。按侧链 R 基的化学结构,20 种常见氨基酸可分为脂肪族、芳香族和杂环族三类,其中以脂肪族氨基酸最多(王镜岩 1990)。

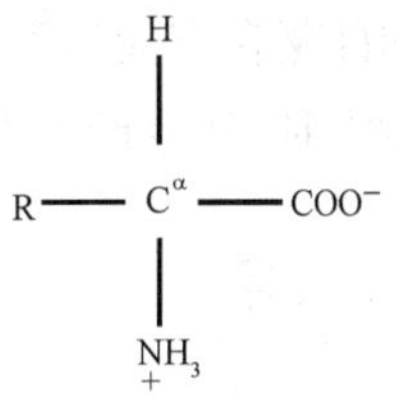

图 5-2 α-氨基酸结构通式

在各种生物体中,蛋白质在动物和细菌中的含量最高,其次为浮游植物,在高等植物中的含量最低。

蛋白质在酸、碱或酶的作用下容易水解为氨基酸,而氨基酸水溶性强,容易流失,因此对沉积有机质的贡献可能不如其他生物化学组分。

第三节 脂 类

脂类(lipid)指所有由生物生成的、不溶于水而溶于乙醚、氯仿、苯等非极性溶剂的生物体组分。用这类溶剂可将脂类化合物从细胞和组织中萃取出来(沈同、王镜岩,1990)。脂类包括的范围很广。不同的脂类在化学组成和化学结构上具有很大差异。对脂类狭义的理解主要是指动植物的油脂(脂肪);广义的理解则还包括固醇类、萜类、烃类和色素等。有人把"脂类"一词的含义仅限于指动植物的油脂,而用"类脂"一词作为广义脂类的同义语。

从后面沉积有机质的组成中(第七章)将可以看到,可溶有机质(原石油)也溶解于有机溶剂。溶解性的相近,反映了组成和结构的相似。因此,脂类只需要少量变化(甚至不需要变化)就可以成为原始石油。从这一点来看,脂类可能是最为重要的成油先质。

脂类具有重要的生物功能,它是构成生物膜的重要物质,几乎细胞所含有的磷脂都集中在生物膜中。脂类物质,主要是油脂,是机体代谢所需燃料的储存形式和运输形式。脂类物质也可为动物机体提供溶解于其中所必需的脂肪酸和脂溶性维生素。某些萜类及类固醇类物质具有营养、代谢及调节功能。机体表面的脂类物质有防止机械损伤与防止水分损失、热量散发等保护作用。

一、脂肪

脂肪是由高级脂肪酸($>C_{10}$)与甘油组成的甘油三酯(triglyceride)的混合物,一般在室温下为液态的称为油,固态的称为脂。甘油酯通常可以用氢氧化钠水溶液水解,水解后得到甘油和脂肪酸钠盐(图5-3)。天然脂肪的脂肪酸具有偶数碳原子,因为它们是由C_2单位(醋酸酯单位)生物化学合成的。脂肪酸通过脱羧作用可以转化为奇碳数(奇偶优势)的正构烷烃,也可以在还原环境下通过加氢脱水作用形成偶数碳(偶碳优势)的正构烷烃。而烃类是最重要的石油成分。脂肪酸中最常出现的是具有16和18个碳原子的软脂酸和硬脂酸(图5-3)。不饱和脂肪酸普遍存于植物油中。植物的种子、孢子和果实尤其富有类脂化合物。藻类中已知硅藻含有大量类脂化合物,按干重基准有时含量高达70%。如果藻类生长在缺氮的冷水环境中时,就会产生类脂化合物含量很高的有机质(Tissot等,1978)。

二、蜡

蜡(wax)是不溶于水的固体,是由高级脂肪酸与高级一元醇和甾醇形成的酯。蜡中的脂肪酸和醇都含有偶数碳原子,如虫蜡为$C_{25}H_{51}COOC_{26}H_{53}$,蜂蜡为$C_{15}H_{31}COOC_{30}H_{61}$,巴西棕榈蜡为$C_{25}H_{51}COOC_{30}H_{61}$。蜡中除含有酯和少量的游离高级脂肪酸外,还含有羟基醇和烃类,如植物蜡中就含有以奇碳数占优势的长链正构烷烃。

除了上述典型的脂类化合物外,还有许多似类脂组分,像油溶性色素、萜类化合物(terpenoids)和甾族化合物(steroids),以及许多复杂脂肪,如某些磷脂。由5个碳原子组成的异戊间二烯单位(the isoprene unit,图5-4)是这些成分中的基本单位和生物化学结构单元。

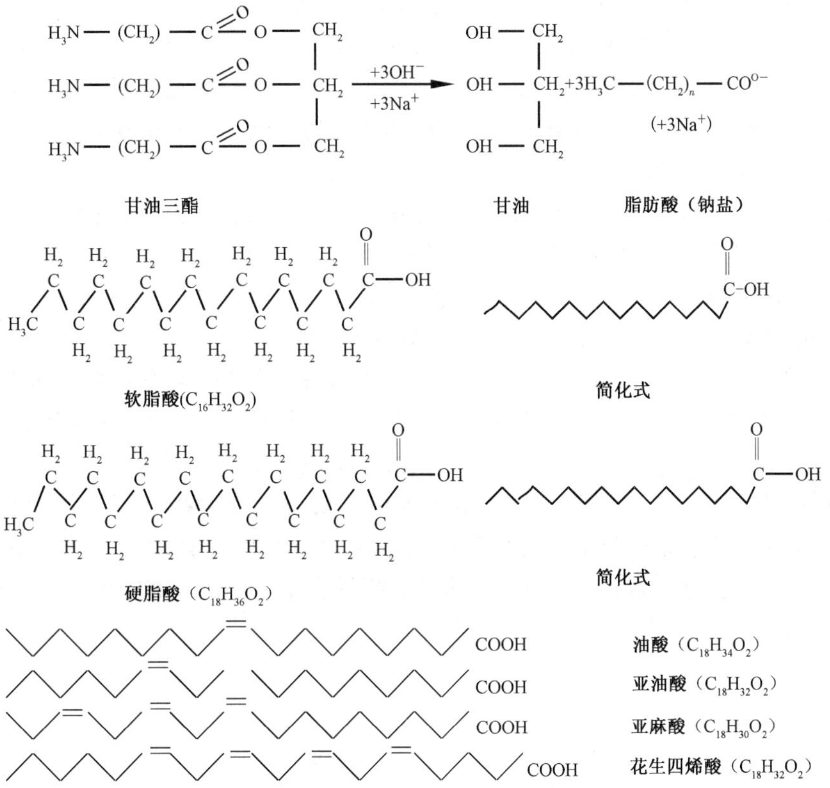

甘油三酯　　　　　　　　　　　甘油　　脂肪酸（钠盐）

软脂酸($C_{16}H_{32}O_2$)　　　　　　简化式

硬脂酸（$C_{18}H_{36}O_2$）　　　　　　简化式

油酸（$C_{18}H_{34}O_2$）
亚油酸（$C_{18}H_{32}O_2$）
亚麻酸（$C_{18}H_{30}O_2$）
花生四烯酸（$C_{18}H_{32}O_2$）

图 5-3　生物体中主要的脂肪和油组分

三、萜(烯)类和甾类化合物

自然界中,萜烯(terpene)、甾类(steroid)都是重要的天然产物。它们广泛存在于动植物中,化学性质比较稳定,在油气地球化学研究中有着特别重要的意义,是应用最为广泛的生物标志化合物。

萜、甾类化合物可以视为由若干个异戊间二烯型单元头尾相连所构成的链状或环状化合物。链状化合物更多被称为类异戊二烯化合物(isoprenoid)。以前在自然界没发现过个体的异戊间二烯单体,但后来也在某些植物中发现有少量的异戊间二烯单体。它是高度挥发且活泼的烃类。

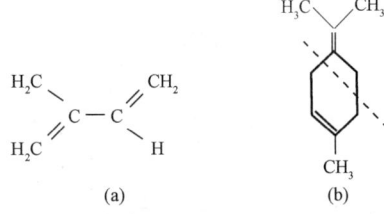

图 5-4　异戊间二烯和萜品油烯
(a)异戊间二烯单位,是许多天然生物成分的结构单元；
(b)萜品油烯,是一种天然出现的环状单萜烯,包括两个异戊间二烯单位

按化合物中所含异戊间二烯型单元的数目,萜类可分为:单萜,—C_{10},含 2 个异戊间二烯单元;倍半萜,—C_{15},含 3 个异戊间二烯单元;双萜,—C_{20},含 4 个异戊间二烯单元;三萜,—C_{30},含 6 个异戊间二烯单元;四萜,—C_{40},含 8 个异戊间二烯单元;多萜,含 8 个以上异戊间二烯单元。

(1)单萜烯(C_{10}):大量地出现在高等植物和藻类中。它们被认为是新陈代谢不稳定的化合物。值得指出的是,单萜烯在干旱型气候的植物中特别占优势,在香精油中富集。它们除了由植物而来以外,也可由某些节肢动物生成(Tissot 等,1978)。

(2)倍半萜烯(C_{15}):如法呢醇,它是一种无环的类异戊间二烯醇。法呢醇是一种分布广泛的化合物,但是它仅以很小浓度出现。在某些细菌中,叶绿素以法呢醇代替叶绿醇进行酯化。单环和双环的倍半萜烯普遍出现在植物界的组分中。具有法呢醇型骨架的化合物被认为是许多环状倍半萜的生物化学前身物。倍半萜烯化合物可能参与了激素调节。它们主要出现在植物体中(Tissot 等,1978)。

(3)双萜烯(C_{20}):是高等植物中的普遍成分,它们是形成树脂尤其是针叶树树脂的主要成分。在树脂中,它们与苯基丙烷衍生物,如松醇一起形成,而松醇是木质素的基本成分。多数双萜烯都呈现有两个或三个环的环状结构。在无环双萜烯中,植醇是最重要的化合物,它是非常丰富的叶绿素分子中的一部分(Tissot 等,1978)。

(4)三萜烯($C_{30\pm}$):多为五元环,出现在动植物体中,尤其以高等植物中最为丰富,是环状类异戊间二烯化合物中很重要的类别。代表性的三萜烯为角鲨烯,它被认为是许多三萜烷(如乌散烷、齐墩果烷、羽扇烷)的先质。生物体中发现的许多优势三萜烯都被认为是古代沉积物和石油中烃类的直接前身物。虽然各种三萜类化合物在高等植物中相当丰富,但广泛存在的藿烷系列(图 5-5)是在细菌和蓝绿藻中所发现的有相当大浓度的一类(Dorsselaer,1975)。其他的三萜类化合物,尤其是那些具有 5 个六元环的,似乎大都局限于高等植物中。

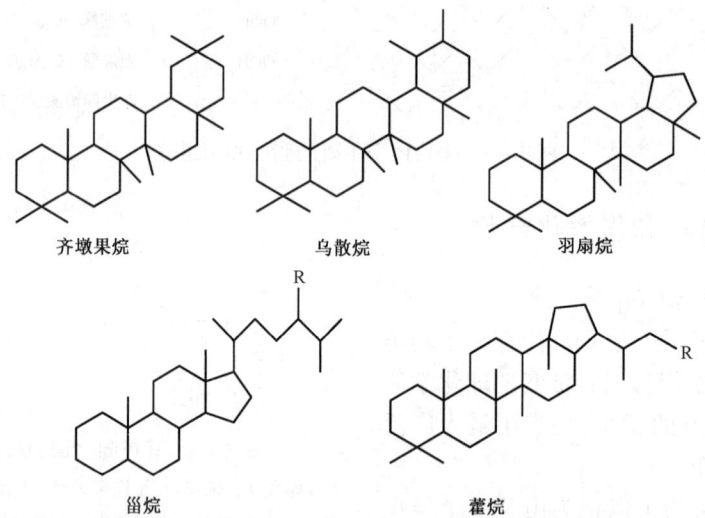

图 5-5 乌散烷、齐墩果烷、羽扇烷、甾类、藿烷化合物结构式图

甾烷系列中 R 可为 H、CH_3 和 C_2H_5;藿烷系列中 R 可为 H、CH_3、C_2H_5、C_3H_7、C_4H_9 和 C_5H_{11}

(5)甾类化合物:都是四环(三萜类)化合物,也叫类固醇化合物(图 5-5)。甾族化合物在动植物界中广泛分布。一般而言,C_{27} 的胆甾醇更多存在于水生生物中,而 C_{29} 甾醇更多存在于高等植物中。

(6)四萜烯(C_{40}):最重要的代表就是由 8 个异戊间二烯单位构成的类胡萝卜素色素。胡萝卜素是由异戊间二烯单元组成的多不饱和烃。这种类型的含氧化合物称作叶黄素。类胡萝卜素通常或是红色的或是黄色的,是因为在它们的分子中有大量的共轭双键类。类胡萝卜素在藻类中含量丰富,其浓度通常可达 0.2%~0.8%(干重),在有些品种中,浓度甚至可高至 5% 以上(Dorsselaer,1975)。类胡萝卜素集中在高等植物的某些部位,如果实和叶子中。

另一个重要色素类也是油溶性的,并带有一个类异戊间二烯化合物的链,这就是叶绿素衍生物。叶绿素集中在植物发生光合作用的那些部分。叶绿素在藻类和高等植物的叶片中平均含量为 0.2%~1%(干重)。叶绿素可以认为是卟吩核的衍生物。它的结构中有 4 个吡咯环,由次甲基桥键连接起来。

(7)多萜:如天然橡胶,存在于高等植物中。

此外,脂类化合物还包括主要存在于动物中的磷脂,主要存在于植物中的树脂、软木脂、角质等,以及各种原生烃类,如 Botryococcus brunii 布劳恩氏葡萄球藻,它所含烃类可占到类脂干重的 76%(Tissot 等,1978)。

总体上讲,类脂化合物在生物体中的含量按动物、细菌、浮游植物、高等植物的顺序递减。但植物的部分组织,如果实、种子、树脂中类脂化合物含量较高。

第四节 木质素和丹宁

木质素和丹宁(tannin)都具有芳香族结构的特点,基本上是一种高分子量聚酚,由酚—丙烷衍生物构成的单位组成,仅发育于高等植物中。

木质素犹如一个立体的网状物位于植物支撑组织的纤维素微胞之间,具有比纤维素更强的抗腐能力,具有丰富的芳环结构,在高等植物体内含量可以很高。

丹宁从量上讲远没有木质素重要,但它分布广泛。在组成和特性上,它介于木质素和纤维素之间。

丹宁和木质素主要是成煤的重要母质,但其短侧链也可断裂生成天然气,是沉积有机质中芳香结构化合物的重要来源。

第五节 各种有机质的平均组成及其意义

一、生物体、生物化学组分及其演化产物的平均元素组成

地球上的生物具有多样性,但各种生物的化学组成却基本相似。生物体内存在的元素和自然界比较起来,种类较少,大约仅有 20 多种。其中最多的是碳(C)、氢(H)、氧(O)、氮(N)、硫(S)、磷(P)和钙(Ca),这 7 种元素约占生物体的 99.35%,而这 7 种元素中的碳、氢、氧、氮 4 种元素约占到生物体的 96%。其次为钾(K)、氯(Cl)、镁(Mg)、钠(Na)、铁(Fe)等,它们的含量,与上述 7 种元素一起,占到生物体总量的 99.9%。其余的 0.1% 为铜(Cu)、锰(Mn)、锌(Zn)、钴(Co)、碘(I)、钼(Mo)、氟(F)、钒(V)和硼(B)等,这些元素在生物体内含量很少,所以又称为微量元素,但它们的作用很重要,是生物维持生命活动必不可少的元素,不同物种的微量元素含量各有不同。

表 5-1 汇总了各类主要生物体及其生物化学组分和演化产物的平均元素组成,图 5-6 绘出了相应的 H/C—O/C 关系图。

从表 5-1 和图 5-6 可以看出:作为有机质的演化产物,石油相对富氢贫氧,煤化作用早期的泥炭相对富氧贫氢,而高阶煤相对富碳贫氢。与此相比,各类生物化学组分中,脂类在元

素组成上相对富氢贫氧,与石油最为相近;而碳水化合物(纤维素),尤其是木质素,与泥炭最为接近;蛋白质则介于两者之间(王启军等,1988)。由此不难理解,脂类只需要经过少许变化即可成为石油,因而应该是最为有利的成油先质;而碳水化合物和木质素可能主要倾向于成煤,但它可以成为重要的成气先质;蛋白质则因为易于分解、丹宁等则可能因为数量较少而成烃意义有限。

表5-1 生物体及其生物化学组分和演化产物的平均元素组成(据黄第藩,1982;王启军,1984)

	元素组成	C	H	O	N	H/C	O/C
生物体	藻类、浮游植物	68	9.8	20	2.2	1.73	0.22
	细菌、酵母	50	6.7	12.4~30.5	12.4	1.61	0.19~0.46
	浮游动物	57	8.5	33	2.75	1.79	0.43
	陆生植物	54	6	37	2.75	1.33	0.51
	植物木质部	50	6	44	2.75	1.44	0.66
生物化学组分	碳水化合物	44	6	50	—	1.64	0.76
	木质素	63	5	31.6	0.3	0.95	0.33
	蛋白质	53	7	22	17	1.58	0.28
	脂类	76	12	12	—	1.89	0.11
演化产物	泥炭	60~70	5~6	25~35		0.86~1.2	0.27~0.44
	褐煤	70~80	5~6	15~25		1.03~0.75	0.14~0.27
	烟煤	80~90	4~6	5~15		0.9~0.53	0.04~0.14
	无烟煤	90~98	1~4	1~3		0.12~0.53	0.007~0.025
	石油	84	13	2	0.5	1.84	0.004

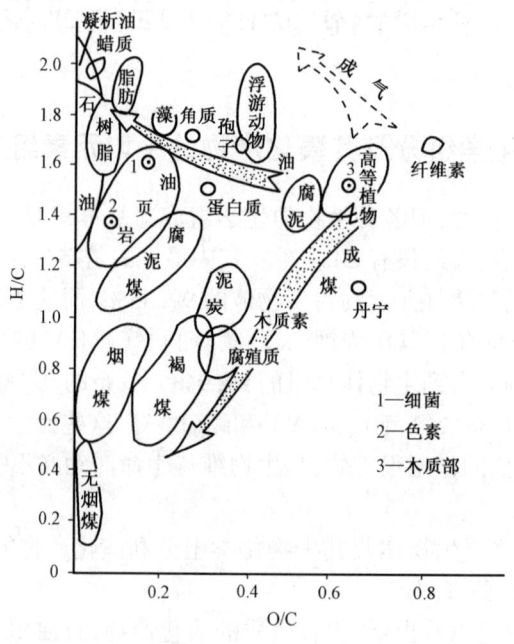

图5-6 生物体及其生物化学组分和演化产物的H/C—O/C关系图(据黄第藩,1982,补充)

就各类生物体与石油的元素组成的比较来看,浮游植物、浮游动物和细菌易于成油,而高等植物更易成煤。

二、各种生物体的平均生物化学组分组成

表5-2列出了具有代表性的生物体及不同部分的生物化学组分组成。可以看出,浮游植物(尤其是藻类)、浮游动物和细菌富含蛋白质,与高等植物相比,其类脂化合物含量较高;相反,高等植物以碳水化合物和木质素为主。因此,前三者应该更有利于成油(对成油贡献的大小还与它对沉积有机质的贡献量有关),而高等植物是成煤的主要先质。不过,高等植物中的某些部分,如孢子、种子、果实、树脂、角质、木栓质等,脂类化合物的含量也较高,而这些往往正是抵抗物理、化学风化和生物降解能力很强的组分,因此,它们在有利的条件下可能得到富集,成为重要的成油先质。煤成油可能与此有关。

表5-2 代表性生物体及其不同部分的生物化学组分组成　　　　　　　%

生物体		蛋白质	脂类	糖类	木质素	资料来源
浮游植物（藻类）		23 (20~30)	11 (20~30)	66 (10~20)	—	亨特(1979) Куханко(1960)
浮游动物		60	18	20	—	
细菌		50~80	10~30	5~15	—	任德贻(1979)
高等植物	松	1.27	3.17	65.51	29.52	索柯洛夫(1948)
	蕨类	10~15	3~5	40~50	20~30	Куханко(1960)
	草类	5~10	5~10	50	20~30	Куханко(1960)
木本植物的不同部分	木质部	1	2~3	60~75	20~30	任德贻(1979)
	松叶	8	28	47	17	亨特(1979)
	石松孢子	8	50	42	0	亨特(1979)
	孢粉质	5	90	5	0	任德贻(1979)
	木栓质	2	25~30	60	10	任德贻(1979)

本 章 小 结

1. 所有的生物体基本都由相同的化学组分组成:脂类、蛋白质、糖类和高等植物中的木质素。但是,化合物的相对丰度和精细化学结构却各有特征性的差异。就油气的形成而言,脂类化合物是最重要的。脂类化合物包括油脂、蜡,以及诸如油溶色素、萜类、甾类和许多复杂脂在内的类脂化合物。构建脂类化合物的最重要的基本结构单元是异戊间二烯单元(5个碳原子)。

2. 不同种类生物体的化学组成基本相似,其中C、H、O、N、S、P、Ca这7种元素约占生物体的99.35%。脂类化合物的元素组成与石油相近;而木质素和碳水化合物则与泥炭接近;蛋白质则介于两者之间。生物体不同,其生物化学组分组成不同,海洋生物富含脂类,为重要的成油先质;而高等植物则以碳水化合物和木质素为主,主要为成煤先质。

思 考 题

1. 简述生物体的主要生物化学组分组成及其各自的结构特点和主要特征。
2. 不同生物种类、生物化学组分的组成特征与油气有何关系？为何说脂类主要是成油先质而木质素主要是成煤、成气先质？为何说浮游植物、浮游动物和细菌易于成油而高等植物易于成煤？

第六章 有机质的沉积分布特征

前两章主要讨论了生物体(天然有机质)的起源、演化及其分布和组成。一旦生物的分泌物、排泄物及其死亡后遗体(不包括像贝壳、骨头、牙齿等的矿物部分)进入沉积物(岩)中之后,将会发生一系列变化而成为沉积有机质。但生物的发育与有机质的沉积是既相关联又相区别的两个自然过程。有机质的沉积特征(即沉积物中有机质的数量和性质)不仅受控于生物的发育及有机质的来源,还受控于有机质沉积的环境。其实,在相当的程度上,有机质的发育和来源也与沉积环境有关。可以说,沉积环境在很大程度上控制了有机质的沉积。在不同的沉积环境中,沉积有机质分布不均衡。因此,本章将重点讨论沉积环境及其对有机质沉积的影响和不同沉积环境有机质的沉积特征。

第一节 有机质沉积的一般特征

虽然几乎所有的沉积物(岩)中都有有机质存在,但其含量、性质、组成和产状随沉积环境(相)、地质时代、岩性和先质有明显的变化。一般而言,沉积有机质的基本分布特征如下:

(1) 地球上大多数沉积有机质以分散的形式存在,只有少部分以煤和油气藏的富集方式存在。如据 Degenns(1965) 统计,地球上的有机质总量约为 3.8×10^{15} t,但其中以分散形式存在于页岩中的有机质约为 3.6×10^{15} t,而以富集态存在于煤和油中的有机质仅分别为 6×10^{12} t 和 0.2×10^{12} t,只占分散有机质总量的 1/600 和 1/18000。

(2) 有机质的沉积分布特征随地质时代而变。就有机质的数量来说,不同地质时代有所不同。罗诺夫和特拉斯分别对俄罗斯地台和北美各地质时代沉积岩中有机质含量进行的统计表明,两者的有机质丰度都在志留纪和三叠纪出现两个明显的低值。我国学者在 20 世纪 70 年代进行的统计显示,中—新生代有机质的丰度一般高于古生代,从老到新,有机质含量呈现增大的趋势(石毓理等,1980)。就有机质的性质来说,由于高等植物于泥盆纪才大量繁殖和发育,因此,此前的有机质基本上为水生生物,有机质的性质可能较好(成烃能力较强),而此后的有机质来源则存在水生生物和陆源高等植物的双重贡献,其有机质的性质则与具体的环境有关。

(3) 有机质的数量和性质随岩性而变。如 Hunt(1961) 的统计显示,泥页岩、碳酸盐岩和砂岩这三种主要沉积岩中有机碳的平均含量分别为 2.1%、0.29% 和 0.05%。尽管不同学者的统计所得的具体数值不完全相同,但总体的趋势完全一致。就有机质的性质来说,在其他条件相近的情况下,细粒岩石所含的有机质性质更好,如页岩优于粉砂岩、砂岩。碳酸盐岩由于有机质基本来源于水生生物,有机质性质一般较好。但我国学者(赵孟军等,2000;张水昌等,2001)已在塔里木盆地奥陶系的碳酸盐岩中发现了产烃能力较低的类似于陆源高等植物的海相宏观藻。

(4) 有机质的数量和性质随沉积环境(相)而变。在介绍与此有关的细节之前,有必要先讨论有机质的沉积环境及其对有机质沉积的影响。

第二节 沉积环境及其对有机质沉积的影响

沉积环境是指发生沉积作用的地貌单元,是物理上、化学上、生物学上有别于相邻地区的地球表面。而沉积相是沉积环境的物质表现。因此,要认识沉积环境及其对有机质沉积的影响,首先需要剖析环境的物理、化学及生物学参数及其对有机质沉积的影响。

沉积作用虽然可以发生在水上环境(如风成沉积),但绝大部分发生在覆水盆地中。同时,水上沉积物中即使有有机质,由于与空气充分接触氧化,有机质也无法保存。因此,下面主要讨论水体环境。

一、环境的物理参数及其对有机质沉积的影响

物理环境是指沉积物和有机质从中降落的沉积介质的动态和静态的物理性质。对有机质沉积有重要影响的物理参数是:水流流速、水体深度与浪基面深度、沉积速度与沉降速度。

1. 水流流速

被搬运和沉积的碎屑粒径受水流流速的控制。水流速度越快,水体的搬运能力越强。只有当水流速度逐渐降低时,水中所携带的各种有机颗粒及无机颗粒才会由粗到细逐步沉积。以颗粒形式存在的有机质,由于密度较低,易于搬运而难以沉积,仅当水流速度非常之低时,有机碎屑才能与细小的黏土矿物一起沉积。事实上,相当部分的有机质可能是被无机矿物尤其是黏土矿物吸附后沉积下来的。矿物颗粒既可以吸附颗粒状有机质,也可以吸附溶解状有机质(图 6-1)。被吸附的有机质因为可以更快地通过水体沉淀下去,被氧化和微生物破坏、降解的可能性减少。因此,矿物颗粒的吸附作用可能是沉积有机质聚集的主要原因。另外,水体中成胶态分布的有机质,首先经过絮凝作用,再经过沉积掩埋于沉积物中。至于那些原地生成于沉积物中的有机质,如底栖生物和微生物提供的有机质,它们在沉积物沉积的过程中直接被掩埋在沉积物中。

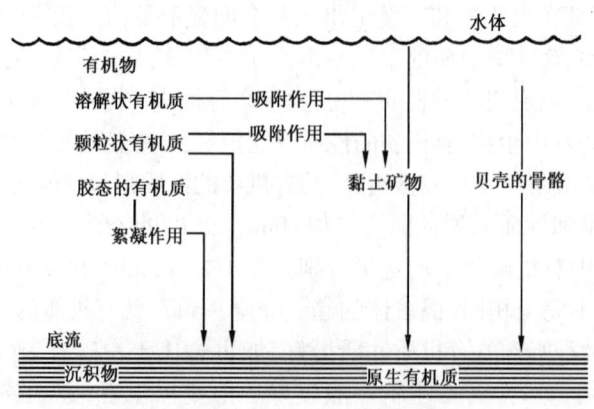

图 6-1 水体环境中有机质的沉积聚集作用

由于有机质颗粒一般较小,同时密度小,加上越细的矿物颗粒,比表面积越大,吸附能力越强,因此,沉积物(岩)中,有机质丰度与碎屑粒径成反比本章(第一节中,有机质丰度与岩性的关系即已表明这一点),与水流流速成反比。

2. 水体深度与浪基面深度

浪基面是指水盆地波浪有效作用水体的底面。浪基面之上是波浪造成的湍流高能环境，浪基面以下不受波浪的干扰，为静水低能环境。浪基面的深度与水体面积有关，海洋中波浪波及的最大深度较深，湖浪的规模小于海洋，浪基面的深度也就小得多。

水体深度与浪基面深度的关系控制着沉积物的沉积和保存。当水体深度远小于浪基面深度时，为动水、高能、氧化环境，有机质和细碎屑不易沉积，即使沉积下来也容易被氧化，因此以砂砾、介壳、砂屑灰岩等粗屑沉积为特征，有机质含量很低；当水体深度稍大于浪基面深度时，为静水、低能、还原环境，以具致密纹理的粉砂岩和泥质岩为特征，当有机质来源丰富时，可形成大范围丰富的有机质沉积；当水体深度远大于浪基面深度时，太深的水体不利于有机质的沉积，有机质经过很深的水体，常被其他生物或氧化所消耗(Barker，1979)。

3. 沉积速率与沉降速率

水体与沉积物的界面是一个非常重要的界面，特别是细粒沉积物之下，由于与水体中氧气的交换受到抑制，容易形成还原环境，有利于有机质的保存。因此，一般而言，较快的沉降和沉积有利于有机质的保存，有机质的丰度较高。深海平原有机质丰度较低，可能就与过慢的沉积速率有关，而小而肥的洛杉矶含油气盆地，可能就与较高的沉积速率导致的有机质的有效保存有关。

但是，另一方面，在有机质供应量一定的条件下，过快的沉积速率将导致"稀释效应"。因此，过快或者过慢的沉积可能都不利于有机质的沉积和保存。

就沉降与沉积速率的比较来说，若沉降速率远远超过沉积速率($v_s \gg v_d$)，水体急剧变深，沉积物补给不足，生物死亡后，在下沉过程中易遭受巨厚水体所含氧气的氧化破坏，多以黏土及化学溶解物质沉积为主；反之，若沉降速率显著低于沉积速率($v_s \ll v_d$)，由于补偿远大于沉降速率，水体迅速变浅，直至盆地填满消亡，上升为陆地，沉积物暴露地表，有机质易受空气中的氧气所氧化，也不利于有机质的堆积和保存。只有在长期持续下沉过程中，伴随着适当的升降，沉降速率与沉积速率相近或前者稍大时($v_s \approx v_d$)，才能持久保持还原环境。在这种条件下，不仅可以长期保持适于生物大量繁殖和有机质免遭氧化的有利水体深度，保证丰富的原始有机质沉积下来，而且可以造成沉积厚度大、埋藏深度大、生油气层与储层频繁相间广泛接触、有助于原始有机质迅速向油气转化并广泛排烃的优越环境。

二、环境的化学参数及其对有机质沉积的影响

环境的化学参数主要包括氧化—还原电位、酸碱度、盐度和温度。

1. 氧化—还原电位

氧化—还原电位(Eh)是环境氧化还原能力的量度，主要受含氧量控制，是对有机质沉积保存最重要的环境要素。当 Eh 等于零时，为中性；Eh 为正值时，表明环境富氧，为氧化环境，有机质被氧化、消耗，转化成 CO_2 和 H_2O，变价元素(如 Fe、Mn 等)将会以高价态存在；当 Eh 为负值时，表明环境缺氧，为还原环境，变价元素以低价态存在。一般来说，有机质主要保存在强还原至弱还原环境中，所以，如果沉积物中有机质含量丰富，本身就指示了处于良好的还原环境。由于对氧化还原极为敏感的是变价元素的化合物，常用的标志是含铁自生矿物，由氧化环境至还原环境出现次序为：

褐铁矿 —— 赤铁矿 —— 海绿石 —— 鳞绿泥石 —— 菱铁矿 —— 白铁矿和黄铁矿
(氧化环境)　　(弱氧化弱还原环境)　　　(弱还原环境)　　(强还原环境)

氧化还原界面,即隔开氧化环境和还原环境的平面(Eh 零位面)。图6-2 说明 Eh 和 pH 值对沉积矿产的控制作用。介质的 Eh 和 pH 条件对各种矿物(特别是含变价元素的矿物)的稳定性影响极大。由于沉积埋藏以后的变化通常是稳定相的平衡,因此,Eh 和 pH 值的改变就可以规定各种各样矿物的稳定区。地球化学界面(或地球化学墙)是指 Eh 值或 pH 值的某种特定值或某种特定界线,特定的矿物或沉积物只在界线一边存在,不在界线另一边存在。有机物界面(或有机物墙)就位于 Eh 值为零的面上,在此界面之上,为氧化环境,有机质不能保存;在此界面之下,为还原环境,有机质才能保存。

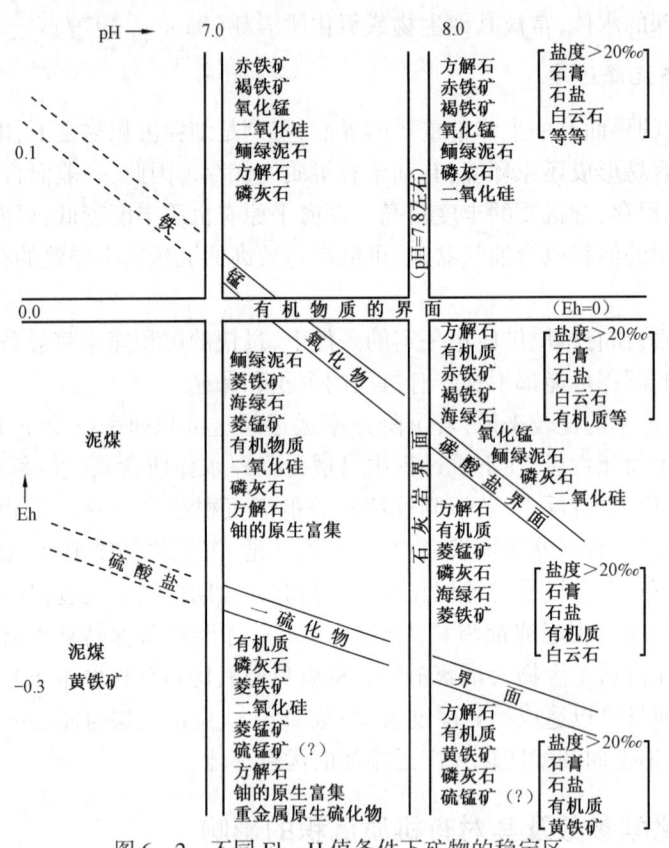

图 6-2 不同 Eh-pH 值条件下矿物的稳定区
(据 W. C. Krumbein 等,1952)

2. 酸碱度

酸碱度(pH 值)的划分主要根据水介质中氢离子浓度,$pH = -\lg[H^+]$。酸性介质 pH <7,中性介质 pH =7,碱性介质 pH >7。硅和钙是地壳的重要组成元素,二氧化硅在酸性条件下稳定(沉淀),在碱性条件下溶解;而碳酸钙则相反,在酸性条件下溶解,碱性条件下沉淀。

水介质酸碱度是决定某些矿物是否会沉积下来的一个重要原因。pH =7.8 定为"石灰岩界面",表明方解石在 pH≥7.8 时可自由沉淀,在较弱的碱性环境中它只是副矿物,当 pH <7 时则完全没有方解石沉淀。同时,黏土矿物沉积与酸碱度关系密切,在沉积和成岩作用初期,主要取决于水介质条件,如高岭石沉积在酸性环境中(pH =5~7),蒙脱石沉积在中性、弱碱性

环境(pH=7~8.5),蒙脱石和伊利石共生常沉积在盐湖中,因此,黏土矿物的组合特征反映水介质的酸碱度。海水的 pH 值介于 7.26~8.40 之间,一般为 8 左右,属弱碱性介质;而大陆水体,除咸水湖泊和盐湖外,一般为酸性介质。当 pH≥7.8 时,有机质常与碳酸盐一起沉积,有机质含量较高,形成碳酸盐岩生油岩,这种环境缺乏陆源沉积物补给,有机质以水生生物为主,成烃潜力较高;在 pH<7 的酸性沼泽环境,有机质多为腐殖型。

3. 盐度

水的盐度是其中所溶解的固体物质的质量分数。水体盐度对生物的影响极大,直接影响着生物群落的发育和沉积物的性质。不同种类的生物,对水体盐度的适应能力不同,可分为狭盐性生物和广盐性生物。正常盐度的海水,生物种类最多。盐度偏高或偏低时,生物种类都减少,但由于个体数量增加,生物总量不一定减少。但盐度增加导致的盐类沉积有利于有机质沉积后的保存,这可能与微生物的发育受到抑制有关。另外,盐跃层的形成可使水体对流停滞,导致下部水体缺氧,而有利于有机质的保存。

4. 温度

温度对有机质沉积和保存的影响体现在 3 个方面。一是影响生物的发育及其产率。对不同的水生生物来说,存在适宜的温度。如生物礁生活在热带海洋中,显微粒状灰质藻主要生长在温暖地区,而硅藻大量发育在寒冷地区。同时,温暖环境有利于有机质的快速繁殖。二是通过影响无机矿物的沉积来影响生物的发育和沉积,如温度和蒸发作用对盐类矿物的沉积有特殊的影响,从而影响水体的盐度及生物的发育。三是在热带、温带水盆地形成温跃层,温跃层的存在将使水体对流停滞,导致下部水体缺氧而有利于有机质的保存。

三、水体环境的生物参数及其对有机质沉积的影响

生物既是有机质的提供者,又是影响有机质和沉积物沉积的重要环境参数。生物的活动可贯穿整个沉积演化过程,它在沉积演化各阶段的过程中有巨大的影响。在对有机质沉积有影响的生物因素中,最重要的是微生物(细菌)的作用。细菌是地球上分布最广、繁殖最快的一种生物。按生活习性可将细菌分为喜氧细菌、厌氧细菌和通性细菌,最有意义的是厌氧细菌。在还原条件下,厌氧细菌可将有机质中的 O、S、H、P 等元素分离出来,使碳、氢特别是氢富集起来,产生 CH_4、H_2、CO_2、有机酚和其他碳氢化合物。此外,细菌还可将植物选择性分解,使其中原来合成的烃类分离出来,直接埋藏于沉积物中。因此,微生物是沉积环境中最重要的生物参数。它的重要作用体现在以下 3 个方面:(1)将沉积物中的有机质分解和转化为较小的单体。这些单体随后可能被氧化、消耗,也可能被保存。(2)加速还原环境的形成。微生物的呼吸和有机质的分解消耗氧气,从而导致还原环境的形成,这将有利于有机质的保存。(3)死亡的微生物直接作为沉积有机质的来源。这也可以视为对有机质的改造作用,使沉积物中不太有利于生油的有机质改造成更加有利于生油的有机质。有证据表明,微生物也能合成少量 C_{15} 以上的烷烃和环烷烃,以用来作为其细胞结构的一部分。

四、各类环境参数之间的相互关系

上述三类环境参数并不是孤立的,而是相互依存、互相影响的。物理上的动水高能环境,

就是化学上的氧化环境、生物学上的需氧(喜氧)环境;物理上的静水低能环境,经常是化学上的还原环境和生物学上的厌氧环境。

第三节 不同沉积环境(相)有机质的沉积特征

前已述及,沉积有机质的分布状态是不均衡的,这是由生物发育的不均衡性和有机质沉积的非均质性(与沉积环境的非均质性有关)二者共同作用引起的。现讨论与油气的形成有关的不同水体环境的有机质沉积特征(即沉积物中有机质的数量和性质)。

一、海洋环境有机质的沉积特征

海洋是最大的生物生活空间,也是有机质得以沉积和保存的最大空间,从古至今接受了地球上最大量的有机质沉积。就整个海洋环境来说,其各个部分的生物发育程度不尽相同,沉积保存条件也有差异。

海洋环境的差异性和分带性十分明显,在水平方向上,随着离岸远近和水深分为(图6-3):(1)滨海(潮间)带,高潮线至低潮线之间;(2)浅海带,低潮线至200m水深的连续水域,其海底地形为大陆架(陆棚);(3)半深海带,水深200~4000m的连续水域,其海底地形为大陆坡和陆隆,大陆架、大陆坡和陆隆合称为大陆边缘;(4)深海带,水深超过4000m的连续水域,海底地形包括大陆基、海沟、大洋盆地等。其中,浪基面以上的部分,包括滨海带和浅海带的上部,又称为滨岸相(或海岸相、海滩相);浪基面以下的浅海相可称为浅海陆棚相。海洋环境在垂直方向上按光亮度分为强光带(海面至80m水深)、弱光带(水深80~200m)、无光带(水深200m以下),强光带和弱光带合称有光带(图6-3)。

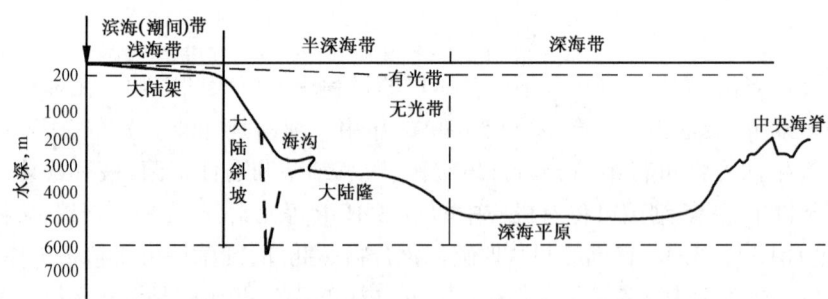

图6-3 海洋环境和海底的分区(据B. C. Heezen等,修改)

远洋水域有机质来源是单一的,主要来源于海洋内部生物的初级生产力;近陆海域既有水生生物有机质沉积,又接受陆源有机质沉积。有机质的有利沉积条件是表层生物高产,下层缺氧还原,持续较快沉降。

1. 滨岸带不利于有机质沉积保存

滨岸带位于波浪作用、潮汐进退的高能、氧化环境之中,有机质难以沉积聚集,即使有一部分有机质沉积下来,也会被氧化而消耗掉。因此,滨岸带生物发育但不利于有机质沉积,是有机质沉积贫乏的环境。

2. 浅海是海洋内有机质的主要沉积区

浅海包括内陆海(如黑海、里海)、有障壁的陆缘浅海(渤海、墨西哥湾)和无障壁的开阔浅海(东海、黄海)。浅海的环境特征以浪基面为界,上下部水体明显不同。上部水体具适宜的温度、阳光、丰富的养分,因而生物初产率高;而下部水体则为静水、低能还原环境,同时,沉积速率适中,可使有机质得到较为迅速的埋藏,保存条件良好。因此,浅海有机质的沉积特征为,富含有机质的细粒沉积物分布广、厚度大,有机质总量大;以水生生物的贡献为主,有机质性质较好,倾向于产油;在陆表海由于陆源有机质的贡献,可能有混合型的有机质。这些特征使浅海成为(海洋内)有机质的主要沉积区,是油气生成的良好区域。

3. 大陆斜坡及其邻近的深海盆地是有机质沉积较为丰富的地区,仅次于浅海带

有机质主要是来自上部的浮游生物以及浊流、重力流沉积从大陆架和三角洲地区带来的有机质。浊流不仅搬运来大量的砂体,同时也有富含有机质的泥质物,使大陆斜坡沉积物中具有较丰富的有机质。

4. 远洋盆地(半深海—深海)是有机质沉积的贫瘠区

虽然环境特征为静水、低能的还原环境,但远洋盆地营养物质缺乏,光照度极低,生物不发育,沉积速率缓慢,有限的有机质在下沉过程中被水中的溶解氧或某些深海生物所消耗,形成有机质沉积的贫瘠区。

二、过渡环境有机质的特征

过渡环境是指海陆交互的沉积环境,如三角洲、河口湾、潟湖、港湾、堤礁及深入大陆的地表海。这种环境位于滨海带附近,兼有海洋和陆地的某些特征。最为典型的过渡环境是三角洲。

过渡环境既受海洋的潮汐、波浪作用,也受河流的影响,营养物质一般较海洋和淡水更为丰富,因此,生物比较发育。过渡环境有机质来源具有明显的二元性,即水生生物与陆源有机质同时并存,既有淡水生物,又有海洋生物。

在河流入海的河口区,因坡度减缓,水流扩散,流速降低,形成三角洲,陆源砂质大致按粒度在分流河道亚环境和三角洲前缘亚环境分别卸载沉积下来,黏土质和有机质被带到更向海方向的前三角洲亚环境。在近陆地部分(三角洲平原和前缘),环境特征为浅水、高能、氧化,因此,有机质沉积贫乏。而在向海部分(前三角洲),水深已达浪基面以下,为静水、低能、还原环境,加上相对快速的沉积,非常有利于有机质的保存。过渡环境中有机质的高产率和河流带来的丰富的陆源有机质,使这里沉积的有机质丰度往往很高,有机质来源的二元性使有机质的类型以混合型为主。

三、湖泊环境有机质的特征

在石油工业发展的初期,由于发现的石油基本上局限于海相地层中,学术界一度认为"唯海相才能生油"。石油成因理论的进展使人们逐步认识到,能否生油并不取决于地层是海相沉积还是陆相沉积,而是与地层中是否有丰富的有机质沉积有关。前已述及,地层中是否有丰富的有机质聚集,首先与是否有丰富的有机质输入有关,但更为重要的是,是否有保存有机质所需要的还原环境。这两方面的条件常常在湖盆中尤其是深湖得到满足,这是陆相也能生油

的物质基础。

湖泊是大陆上地形相对低洼和流水汇集的地区,也是沉积物和有机质堆积的重要场所。湖泊环境空间比海洋小得多,湖泊的水动力作用与海洋有些近似,主要表现为波浪和岸流作用,但无潮汐作用。与海洋环境相比,不同湖泊以及同一湖泊的不同相带之间,环境差异性更大,有机质沉积的丰度和类型也体现出更大的差异和变化。比如,湖泊对气候的变化较为敏感,湖水盐度变化较大,可由小于1‰至大于25‰。有些湖盆,含有非常丰富的有机质沉积,如我国松辽、渤海湾等大型湖盆,成为重要的含油气盆地。但也有相当多的小型湖盆,有机质含量较低,或者富含有机质的细粒岩石分布非常局限,或者埋深很浅,不足以为工业性油气藏的形成提供沉积有机质基础。大型湖泊也不是所有的相带都具有良好的有机质富集条件,小型盆地也可能具有相对丰富的有机质聚集,这主要与有机质的供给和有机质的保存条件有关。

就有机质的供给来说,湖泊沉积环境除了其本身产出的水生生物外,同时还由于湖泊的规模比海盆小,受陆源有机质影响较大,从而造成其有机质来源的二元性。此外,湖泊为大陆所包围,入湖的河流可以从四面八方带来有机质,造成湖泊陆源有机质来源的多方向性,使得其沉积物中的有机质具二元多方向性。陆源有机质影响的大小,一方面与陆源有机质的发育程度(取决于气候条件)有关,同时还与湖盆的大小有关。但总体上讲,越往湖盆中心,陆源有机质的影响越小(重力流的影响除外)。

就有机质的保存条件来说,尽管不同的湖泊有明显的差异,但总体上讲,从湖泊边缘到中心,随着水体逐步加深,湖泊从滨湖、浅湖逐步过渡到深湖-半深湖相(图6-4),水体的搅动程度逐渐减弱,沉积物逐渐变细,环境的还原性逐步增强(图6-5),有机质的保存条件变好。

上述环境条件决定了湖泊有机质的沉积特征。总体上看,从湖盆边缘到中心,有机质的丰度逐渐升高,陆源有机质的贡献逐渐减少,有机质类型逐渐变好。事实上,湖盆中有机质沉积的主要场所为位于浪基面之下的深湖—半深湖相。湖泊中有机质的类型复杂,所有的有机质类型,从典型的腐殖型(Ⅲ型),到典型的腐泥型(Ⅰ型),在湖泊中都能见到。一般在大型湖泊(如松辽盆地)的深湖相,由于远离陆源有机质的影响,基本上以产烃能力强的水生生物的贡献为主,有机质类型好。

由于湖泊沉积物的发育受湖盆大小、湖底地形、湖岸陡缓、距源区远近以及气候条件等因素的控制,因此实际状况要比理想情况复杂得多。

与海洋环境相比,湖泊碳酸盐岩沉积并不普遍,规模也较小,因此湖泊中有机质主要发育于泥质岩中,但在湖水钙质来源丰富、钙质生物特别是水藻大量发育的条件下,可形成特殊的湖泊碳酸盐岩加富含有机质的油页岩沉积,如美国犹他州、科罗拉多州的绿河页岩。

四、沼泽环境有机质的沉积特征

沼泽在地形上平坦低洼,构造上持续缓慢沉降,气候温暖潮湿,致使土壤充分湿润、季节性或长期积水、水体停滞、丛生着多年喜湿性植物,是一种静水低能环境。沼泽造成原地大量繁殖的植物就地堆积,异地碎屑和有机质稀少,导致有机质来源的原地单一性。同时,植物遗骸的堆积速度大致与地壳的缓慢下沉速度平衡,从而保持着相当长时期的沼泽生态和沼泽沉积环境。

上述环境特征,导致其有机质沉积具有两个非常突出的特征:一是有机质丰度很高,可高达70%~90%;二是有机质类型单一,以腐殖型为主(Ⅲ型),少数为藻质型。因此,沼泽环境是一种主要成煤、成煤系气的环境,不同于上述成油环境。

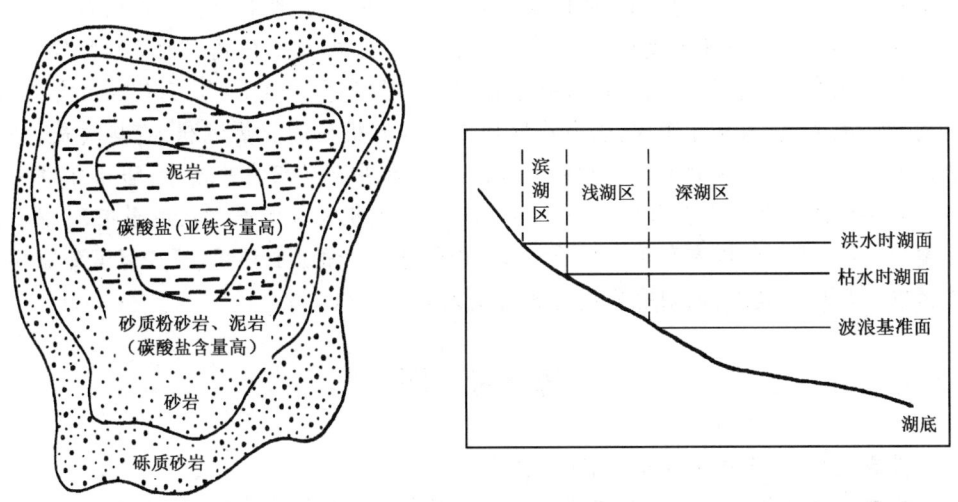

图 6-4 理想湖泊的沉积模式及环境划分示意图(据 H. E. Reineck 等,1973)

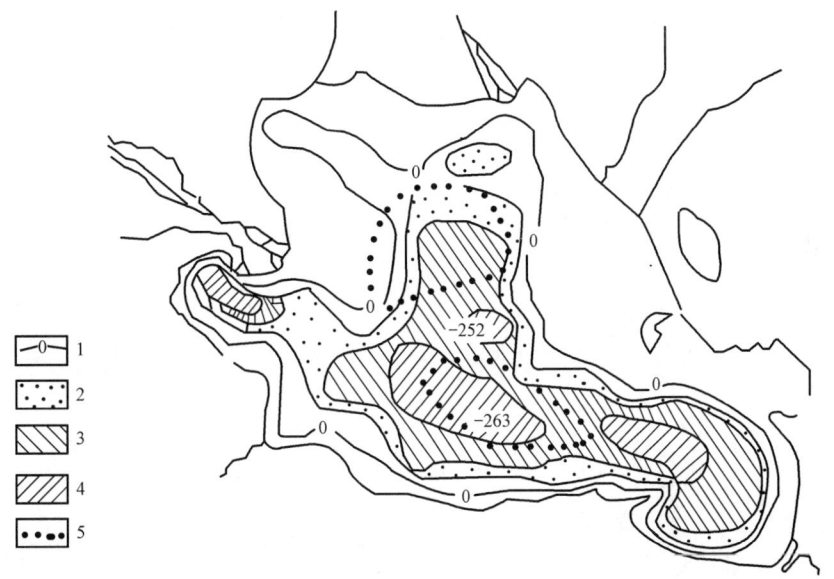

图 6-5 青海湖沉积物氧化还原相图(据黄第藩等,1978)
1—等值线;2—水深 100~150m;3—水深 150~200m;4—水深 200m 以下;5—18m 水深线

沼泽煤系常与湖泊、潟湖生油层系交替。沼泽沉积的层序往往决定于和它有成因联系的相。湖泊—沼泽沉积的层序一般是:下部为湖泊的碎屑(或有机,或化学)沉积物,上部则为沼泽相的腐殖质软泥、腐泥、泥质的沉积。若沼泽植物茂盛,腐泥可较快地过渡为腐殖煤。

本 章 小 结

1. 沉积有机质大多以分散形式存在,但其发育和分布是不均衡的,其丰度和性质随地质时代、岩性和沉积环境而变,展现明显的非均质性。

2. 有机质的沉积特征(数量、性质)既与生物的产率和类型有关,更受控于保存条件。前者主要受到阳光和营养物质的控制,同时也受到古气候条件、温度和水体介质的盐度等因素的影响。后者主要与沉积环境的氧化、还原性有关,静水、低能、缺氧的还原性沉积环境有利于有机质的沉积和保存。沉积环境同时也影响生物的产率和类型。因此,沉积有机质主要富集在两者有利的匹配区:在海相环境中,浅海陆棚是海洋内有机质的主要沉积区,其次是大陆斜坡及其邻近的深海盆地,海盆的滨岸带和中心远洋区是有机质沉积的贫乏区;陆相环境中,湖泊中的半深湖—深湖相及各种类型的沼泽环境是有机质沉积及烃源岩形成的最有利相带;海陆过渡环境中,低能缓流环境有利于有机质沉积,主要是前三角洲亚环境、河口湾滨外亚环境、潟湖浪基面以下环境。其中,湖泊有机质沉积对我国具有特殊意义。

思 考 题

1. 有机质沉积、分布的主要特征有哪些?
2. 影响有机质沉积的因素主要有哪些?这些因素之间有何关系?
3. 不同沉积环境的有机质沉积和保存分别有哪些特点?

第七章 沉积有机质的组成

第五章从生物化学组分组成和元素组成出发,讨论了天然(生物)有机质的组成,并通过对比它们与各类生物体及其演化产物(原油、煤)的关系,分析了各类生物化学组分、生物体与油气的关系。从原理上讲,对已经并入沉积物中的有机质(即沉积有机质),也可以按同样的思路来讨论其组成。但事实上,沉积有机质相对于天然生物有机质已经发生了分解、聚合等一系列变化,已经不能或者难以分离出这些生物化学组分。因此本章主要从有机质的溶解性上,将沉积有机质分为可溶有机质和不溶有机质来展开讨论,从而为后面介绍"沉积有机质的演化和油气的生成"奠定基础。

无论是分散状态的有机质,还是富集状态的石油和煤,以及过渡状态的油页岩、碳质泥岩,按其在有机质中的溶解性都可分为可溶有机质和不溶有机质(干酪根,见图7-1)。不过,油气地球化学中的不溶有机质主要是针对已经固结的沉积岩中的沉积有机质而言的。因此,在讨论沉积岩中的有机质的组成之前,有必要先简单介绍一下作为其先质的尚未固结的沉积物中的沉积有机质的组成。

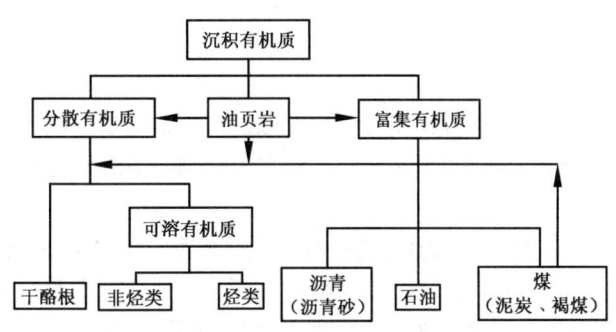

图7-1 沉积有机质的分类(据 Brooks,1981,修改)

第一节* 腐 殖 质

腐殖质是广泛存在于土壤和现代沉积物中的有机质。它是生物尤其是植物残体经化学和生物降解,随后又在微生物的参与下缩聚形成的复杂混合物。土壤中碳的60%~70%存在于腐殖质中。动植物遗体,尤其是高等植物残体,经生物化学作用可分解成许多单体有机化合物,如氨基酸、脂肪酸、酚、糖及其他芳香族化合物。这些单体一部分被微生物吸收利用,一部分被水溶带走,其余的则在微生物作用下互相之间发生反应缩合形成腐殖质,它在埋藏演化过程中是逐步变化的。所以不同于生物体内的分子化合物,它既无固定的元素组成和结构,也无特定的物理化学性质。腐殖质结构十分复杂,一般由核、桥键和官能团(COOH、OCH_3、NH_2、OH等)组成,通过杂原子键(羰基、羧基、硫磺、乙醚、缩氨酸键等)或碳键(C—C)连接在一起。腐殖质能够与许多有机物、无机物发生相互作用。腐殖质为尚未固结的沉积物中沉积的有机质,是沉积岩中不溶干酪根的前身物。

从不同环境年轻沉积物中萃取的有机质与土壤中腐殖质很相似。通常引用土壤学成果来认识现代水盆沉积物中的类腐殖物质,统称腐殖质。本节将简介腐殖质的分离、结构、性质、形成及演化。

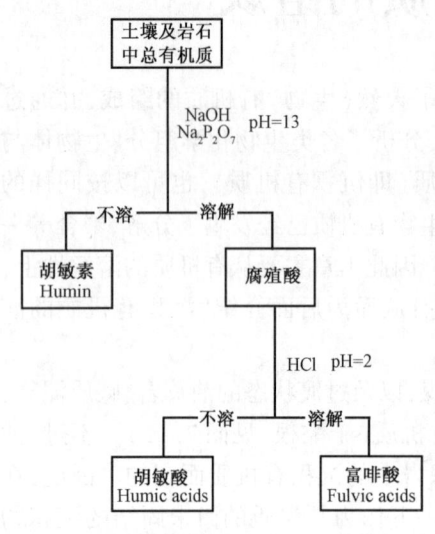

图 7 - 2 腐殖质分离流程简图

一、腐殖质的分离

提取土壤腐殖质的方法很多,目前通常用 NaOH 或 NaOH + $Na_4P_2O_7$ 作为提取剂。在土壤学中,腐殖质根据其在酸碱溶液中的溶解性质可以分为 3 类:富啡酸(既溶于酸又溶于碱)、胡敏酸(只溶于碱而不溶于酸)和胡敏素(酸和碱中都不溶解)(图 7 - 2),而主要成分为前二者。一般将富啡酸和胡敏酸统称为腐殖酸。这 3 种组分的组成及结构既有区别又有联系,表现出系列演化的特性。其中,腐殖酸由于其在自然界含量丰富,在一定条件下不易流失,对土壤的性质、元素的迁移和富集影响较大,并可对有机质的演化提供重要信息。但不同来源的腐殖酸结构有所不同,通常从土壤中提取腐殖酸并对提取物进行表征。以下着重介绍腐殖酸。

二、腐殖酸的组成

腐殖酸为暗色到黑色胶状体,无定形,结构复杂,用一般化学方法难以进行分析。可采用电子显微镜、X 光衍射、核磁共振等进行分析。研究表明,腐殖酸不是单一的纯有机化合物,而是大分子非均一缩聚物。

腐殖酸主要由 C、H、O、N、S 元素组成,但不同的腐殖酸的元素组成有明显差别。Schnitzer 分析了大量的各种气候下土壤中腐殖酸元素组成资料,得出了富啡酸和胡敏酸的平均元素组成(表 7 - 1)。富啡酸的碳含量≤52%,氧含量>40%,而胡敏酸正好相反。胡敏酸的 C/H 高于富啡酸,而 O/C 低于富啡酸。C/H 和 O/C 是表征腐殖物质缩合度和氧化程度的指标,因此胡敏酸的缩合度较高,氧化程度低于富啡酸,分子结构较富啡酸复杂。

表 7 - 1 腐殖酸的平均元素组成(据 Schnitzer,1977)

元素,%	C	H	N	S	O
富啡酸	45.7	5.4	2.1	1.9	44.8
胡敏酸	56.2	4.7	3.2	0.8	35.5

不同沉积环境中形成的腐殖酸,其元素含量有一定的差异。元素组成的差异反映了有机质来源及成岩环境的差异。湖、海沉积物有机质来源于大量富类脂、富蛋白质的水生生物,故腐殖酸中相对富含氢和氮;陆地土壤、泥炭中有机质来源以高等植物为主,因而腐殖酸中相对高氧、低氢、低氮。另外,土壤腐殖质多形成于氧化环境,更使氧含量较高;海、湖沉积物为还原环境,含氢量增加。这些特点与分别来自于湖、海和陆相有机质的干酪根相似。腐殖酸的元素组成既与沉积环境和原始有机质类型有关,也与腐殖酸的缩合及其演化程度有关。从泥炭→褐煤→烟煤的腐殖酸中,碳含量递增,氧含量、氢含量递减。

三、腐殖酸的结构

腐殖酸的元素组成并不是固定不变的,相应地其结构也是逐渐演变的。它并不像纯化合物那样有着一定的"标准"结构。但同时,同类腐殖酸又有着相似的元素组成,表现出一些共同的特性。因此它们在结构方面也会有一些基本的共同点。

腐殖酸结构的研究方法与第三节干酪根结构的研究方法基本相同,主要分为化学方法,也称降解法(氧化降解、还原降解、热降解)和物理方法,也称非降解法(光谱分析、电镜、X 光衍射、核磁共振波谱等)。对腐殖酸用化学和物理相结合的降解及分析表明,不同来源的腐殖酸都得到相似的降解产物,只是各成分所占的比例不同。主要产物是酚酸和苯羧酸,还有脂肪酸等脂族化合物。它们可视为腐殖酸组成的基本单元(表 7-2)。脂肪族结构中 50% 是脂肪酸与酚羟基形成的酯(图 7-3)。其余的脂族松散地吸附于腐殖酸之上。

表 7-2 腐殖酸主要降解产物

主要降解产物	脂肪族化合物	酚类	苯羟酸类	小计
富啡酸含量,%	22.2	30.2	23.0	75.4
胡敏酸含量,%	24.0	20.3	32.0	76.3

基于这些数据,不同学者提出的不同结构模式的共同认识是:腐殖酸的分子是由几个相似的结构单元缩聚而成,每个单元都含有核、桥键和官能团。核可以是饱和环、芳环或杂环,有简单的五环或六环、双环,也有稠环,一般是苯、萘、蒽、吡咯、噻吩、吡啶、吲哚或类苯环化合物等。桥键是连接核的原子或原子团。把核与核联结起来的桥键有—CH_2—、—NH—、—O—、—S—、—N 等,最普遍是—O—、—CH_2—。核上带有一个或多个官能团,主要有羧基、酚羟、醌基。基本单元间通过氢键、范德华力、相邻芳核上的 π 键互相联结。不过,不同类型、不同来源的腐殖酸,其核、桥键和官能团的类型和所占比例有所不同。海水中腐殖质富脂链、脂环和肽键,芳香结构较少。而土壤中腐殖质以酚结构为主,脂肪结构较少。因此也可以将近代沉积物有机质分两类:主要来源于高等植物,在土壤、泥炭中的是真正的腐殖质;而主要来源于水生生物,在还原环境下形成的物质可称腐泥质。腐殖酸的结构也和它的成分一样,随着沉积环境、原始有机质类型及缩合程度的不同而变化。上述结构模式只是基于现有研究成果的推测。

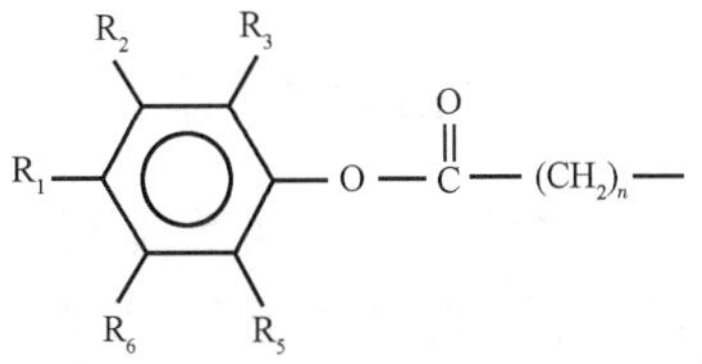

图 7-3 腐殖酸中酚—脂肪酸酯

四、腐殖质的形成及演化

1. 腐殖质的形成

对于土壤和现代沉积物的研究表明,腐殖质的形成主要发生在水和沉积物界面附近。一般认为,生物体尤其是高等植物残体被微生物分解成许多单体化合物,如氨基酸、脂肪酸、酚、糖及其他一些芳香族化合物,这些分子部分被消耗,部分在微生物的作用下借助各种活泼官能团发生反应,重新缩合形成腐殖质。

2. 腐殖质的演化

总体上讲,从富啡酸、胡敏酸到胡敏素,分子量不断增大,碳、氢元素含量增加,氧元素和含氧官能团减少,使其酸度下降,水解性降低,亲水性降低,而且失去胺基,含氮量降低;与此同时,芳核的缩合度提高,颜色加深。最终湖沼中高等植物形成的有机质由于腐殖化作用,经历了从富啡酸到胡敏酸、胡敏素直至褐煤及烟煤的方向发展,或者演化为煤型或腐殖型干酪根;而分散在海相及湖相底部沉积物中的有机质则由于腐泥化作用,形成含氢高的腐泥质,最后转变为生油的原始母质——油型或腐泥型干酪根。

由此可见,腐殖酸实际上是有机质演化早期的一种阶段产物,其元素组成、结构和物理化学性质都随着有机质的演化而变化。总之,经过成岩阶段,有机质基本实现了从生物聚合体向地质聚合体——腐殖(泥)质并进一步向干酪根的转化,其最终产物是干酪根——沉积岩中最主要的有机质,并生成一定数量包括甲烷气和未成熟油在内的烃类。

需要说明的是,腐殖质的概念虽然是对沉积物中的有机质而言的,但是,它并不仅仅局限于沉积物中。在固结成岩的岩石中,也有能溶于酸碱的腐殖酸。从腐殖酸(富啡酸、胡敏酸)到胡敏素及向干酪根的转化,并不存在明确的界线,而是一个逐步过渡和转化的过程。

第二节 可溶有机质

一、可溶有机质的定义

凡是被中性有机溶剂从沉积岩(物)中溶解(抽提)出来的有机质称为可溶有机质,或可抽提有机质,也称为沥青。可溶有机质的抽提实验方法详见第三章。可用于抽提沥青的中性有机溶剂有氯仿(三氯甲烷)、石油醚、苯、乙醚、乙醇—苯、四氯化碳、二氯甲烷等。最常用的有机溶剂为氯仿,所得可溶物称为氯仿沥青。

从可溶有机质的定义可以看出,可溶有机质不是某一特定的化合物,而是溶解性相近的许多化合物的混合。由于不同的化合物的组成和结构有或多或少的差异,因此,在不同溶剂中的溶解性也会有差别。故对同一样品,用不同有机溶剂抽提出来的有机质的数量和组成是有差别的。一般来说,溶剂的极性越强,抽提出来的可溶有机质越多,其组成中极性分子的含量也越高。目前,常用的极性较强的有机溶剂是MAB(即甲醇—丙酮—苯混合溶剂),它一般在氯仿抽提之后用于进一步抽提沉积岩中难以被氯仿溶解的极性更强、分子量更大的化合物,所溶解出来的有机质称为MAB抽提物。郭绍辉等(2003)曾经在研究未成熟油成烃母质的化学结构时,利用二硫化氮与N-甲基-2-吡咯烷酮(CS_2/NMP=1:1,体积比)超强混合溶剂对演化程度很低的源岩进行了溶涨抽提,抽出量可达氯仿沥青和MAB抽提量的数倍以上。同时,抽提量还与抽提温度、抽提的时间、被抽提样品的粉碎程度、抽提过程中是否有搅拌(机械搅拌、超声震动)有关。

从后面的讨论中将可以看到,岩石中的可溶有机质实际上相当于尚未运移出去的原石油。因此,不少学者常常使用氯仿沥青"A"这个指标来反映岩石中有机质的数量或岩石的生油气能力。当它从生成它的细粒岩石(生油岩)中运移出来后,就有可能聚集成为工业性的油藏。

同时,可以看出,这里可溶有机质的定义与第三章中类脂的定义相近,由此也不难理解,为何各类生物化学组分中,类脂化合物的成烃(油)潜力最大。

二、可溶有机质的分类

根据抽提过程和方法的不同,提取出的可溶有机质又可被分为沥青"A"、沥青"B"及沥青"C"三种类型。

沥青"A":使用有机溶剂从沉积物或岩石中直接抽提出来的可溶有机质。

沥青"B":有机溶剂抽提后的残渣,经高温热解后再用有机溶剂抽提出来的可溶有机质。

沥青"C":使用有机溶剂从酸(HCl)处理过的沉积物或岩石中抽提出来的可溶有机质。

第一种抽提方法是油气地球化学中最常用的抽提方法。显然,这部分是游离于岩石中非结合沥青,故称为游离沥青。如氯仿沥青"A"就是一个非常常用的地球化学分析指标和术语。沥青"B"应该为热解沥青,往往是大分子的不溶有机质(干酪根,第三节介绍)在高温下分解为较小分子(因而可溶于有机溶剂中)产物的结果。而沥青"C"可能是原来与矿物以盐的形式结合在一起或者被矿物包裹着的有机质,称为结合沥青或束缚沥青。

若将沥青"C"同沥青"A"相比,沥青"C"中含氧较多。氯仿抽提物是有机质中性、还原状态的馏分,其中高沸点烃类含量可达40%左右。氯仿抽提物的量决定于有机质的成因类型、岩石类型和有机质的转化程度。在主要含腐泥型有机质的黏土岩中,氯仿沥青占有机质的1.5%~7.0%以上;而在含腐殖型有机质较高的黏土岩中,则其值一般低于1.5%。对碳酸盐岩而言,以上两种有机质中的氯仿沥青含量都会增多。

三、氯仿沥青"A"的族组分

早期的研究中,氯仿沥青常被分为三种组分:

(1)油质,即溶于石油醚而不被硅胶吸附的沥青部分。油质主要由烃类组成,在氯仿沥青中油质含量约占20%~50%,尤其在腐泥型有机质中数量更多些。在腐泥型有机质中,油质所含烃类85%是脂肪族化程度高的烷烃—环烷烃;而在腐殖型有机质中,油质所含环烷—芳烃稍多于烷烃—环烷烃。

(2)胶质,用苯和乙醇—苯从硅胶解吸的产物。它是含硫、氮、氧的复杂含碳化合物。在有机质转化的早期阶段,氯仿沥青中胶质含量一般为25%~55%(腐泥型)和75%~80%(腐殖型)。胶质又可分为苯胶质(中性,富含氢,用苯解吸的产物)和乙醇—苯胶质(较酸性)。前者含有较多的烃类(达23%),后者中含较多的杂原子(硫、氮、氧)化合物。

(3)沥青质,溶于氯仿但不溶于石油醚的沥青部分。它不同于胶质,高分子化合物含量增加,具较大分子量。在电子显微镜下,沥青质的宏观结构呈胶状颗粒,直径为100~300Å,由稠环芳香烃和烷基侧链组成复杂结构。若将这种胶状颗粒视为一个分子,则分子量约为37000~1000000。沥青质含量在腐殖型有机质中比腐泥型中多1.5~2倍。

氯仿沥青更多地被分为饱和烃、芳烃、胶质(也称为非烃)和沥青质4种族组分。它们与前述组分大致对应如下:油质主要成分为饱和烃和芳烃,苯沥青主要为芳香烃和部分分子量较低的非烃,乙醇—苯沥青主要含非烃组分。

另外,氯仿沥青经石油醚沉淀沥青质后,也可用液相色谱将溶解于石油醚中的部分制备成饱和烃、芳烃和非烃。

在元素构成上,氯仿沥青主要由C、H、O、S、N元素组成。不同来源、不同沉积环境、不同演化程度的沉积岩中的沥青,各元素的含量有较大的差别。平均来说,C的含量在84%左右;

H 的含量在 10% 左右;3 种杂元素含量在 6% 左右,其中,一般以 O 元素较多。

第三节 干 酪 根

一、干酪根的定义

干酪根(kerogen,曾译为油母)一词来源于希腊语 keros,指能生成油或蜡状物的有机质。1912 年 Brown 第一次提出该术语,表示苏格兰油页岩中有机物质,这些有机物质干馏时可产生类似石油的物质。以后这一术语多用于代表油页岩和藻煤中有机物质,直到 1960 年以后才开始明确规定为代表不溶于有机溶剂的沉积有机质,但不同学者的定义还是有着一定的差别。Tissot 和 Welte(1978)将干酪根定义为沉积岩中既不溶于含水的碱性溶剂,也不溶于普通有机溶剂的沉积岩中的有机组分,它泛指一切成油型、成煤型的有机物质,但不包括现代沉积物中的有机质(腐殖质)。Hunt(1979)将干酪根定义为不溶于非氧化的酸、碱溶剂和有机溶剂的沉积岩中的分散有机质。Durand(1980)认为,干酪根系指一切不溶于常用有机溶剂的沉积有机质,它既包括沉积物,也包括沉积岩中的有机质,既包括分散有机质,也包括富集有机质。王启军(1984)的定义中去掉了 Hunt 定义中的"分散有机质",但认为实际应用时,重点还是在古代沉积物和沉积岩中的分散有机质。比较可以看出,关于干酪根定义的差别体现在 3 个方面:是否包括富集状态的有机质(如煤)? 是否包括沉积物中的有机质? 是否限定为"不溶于非氧化的酸、碱溶剂"的有机质?

关于第一点,由于富集状态的有机质也是生油气母质,而从后面的讨论中将可以看到,干酪根被视为是主要的产油气母质。因此,本书认为,干酪根的定义中应该包括像煤这样的富集状态的有机质。

关于第二点,尽管沉积物中的腐殖质和沉积岩中的不溶有机质并没有一个严格的界线,沉积岩中也存在溶于酸碱的腐殖酸,表明腐殖质在演化过程中事实上延伸入沉积岩中,但由于油气基本上是由沉积岩中的有机质转化而成的,因而油气地球化学更为关注的对象是沉积岩,而不是沉积物中的有机质。因此,作为生油气母质的干酪根的定义应该反映这一点,即不包括沉积物中的有机质。

关于第三点,由于在干酪根的制备过程中需要用非氧化的酸、碱来除去无机矿物(见第三章),因此,部分学者在干酪根的定义中加上了"不溶于非氧化的酸、碱溶剂"的限定。事实上,沉积岩中的有机质要么归入可溶有机质(沥青),要么归入不溶有机质,不应该有第三种归宿。否则的话,人们应该为溶于"非氧化的酸、碱"但既不属于可溶有机质也不属于不溶有机质的沉积有机质准备一个新的概念和定义。也就是说,制备干酪根的操作流程,不应该被反映到干酪根定义的内涵当中。因此,本书给出的干酪根定义是:泛指一切不溶于常用有机溶剂的沉积岩中的有机质。

干酪根是地球上有机碳的最重要形式,是沉积有机质中分布最广泛、数量最多的一类。Tissot 等(1978)认为,在古代非储集岩中,例如页岩或细粒的石灰岩,干酪根占有机质的 80%~99%(图 7-4)。不过,笔者认为,对生烃能力高(如氢指数 >600mg/g)的有机质,这一估计比例可能偏高。沉积岩中分散状态的干酪根,比富集状态的煤和储层中的石油含量丰富 1000 倍,比非储层中沥青和其他分散的石油丰富 50 倍。

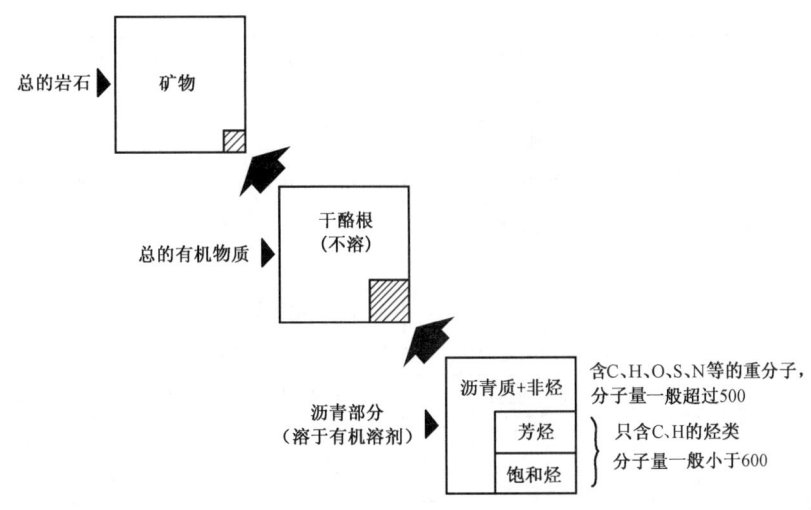

图 7-4　古代沉积岩中分散有机质的组成(据 Tissot、Welte,1978,1984)

二、干酪根的组成

1. 干酪根的显微组分组成

从岩石中分离出来的干酪根一般是很细的粉末,颜色从灰褐色到黑色,肉眼看不出形状、结构和组成。但从显微镜下来看,它由两部分组成,一部分为具有一定的形态和结构特点、能识别出其原始组分和来源的有机碎屑,如藻类、孢子、花粉和植物组织等,通常这只占干酪根的一小部分;而主要部分为多孔状、非晶质、无结构、无定形的基质,镜下多呈云雾状、无清晰的轮廓,是有机质经受较明显的改造后的产物。显微组分就是指这些在显微镜下能够识别的有机组分。

干酪根显微检验技术,包括自然光的反射光和透射光测定、荧光和电子显微镜鉴定。用显微检验技术,可以直接观察干酪根的有机显微组成,从而了解其生物来源。显微镜透射光主要鉴定干酪根的透光色、形态和结构;反射光主要鉴定干酪根的反光色、形态、结构和突起;荧光主要鉴定干酪根在近紫外光激发下发射的荧光;电子显微镜用于研究干酪根的细微结构及其晶格成像。将它们综合利用,可取得良好效果。

煤岩学者对煤的有机显微组成进行了长期深入的研究。沉积岩中干酪根的有机显微组分研究是煤岩学中有机显微组分鉴定技术在干酪根鉴定中的应用。表 7-3 为干酪根显微组分的分类方案。其中,壳质组又称脂质组或类脂组,为化学稳定性强的部分组成,我国将其分为稳定组和腐泥组。镜质组是由植物的茎、叶和木质纤维经凝胶化作用形成。惰质组是由木质纤维经丝炭化作用形成。表 7-4 为各种显微组分的光性特征。

表 7-3　干酪根的显微组分组成(据涂建琪,1998)

大类	显微组分组	显微组分	母质来源
水生生物	腐泥组	藻类体	藻类
		腐泥无定形体	藻类为主的低等水生生物
	动物有机组	动物有机残体	有孔虫、介形虫等的软体组织及笔石等的硬壳体

续表

大类	显微组分组	显微组分	母质来源
陆源生物	壳质组	树脂体	来自高等植物的表皮组织、分泌物及孢子花粉等
		孢粉体	
		木栓质体	
		角质体	
		壳质碎屑体	
		菌孢体	来自低等生物菌类的生殖器官
		腐殖无定形体	高等植物经强烈生物降解形成
	镜质组	正常镜质体	高等植物木质纤维素经凝胶化作用形成
		荧光镜质体	母源富氢或受微生物作用或被烃类浸染而形成
	惰性组	丝质体	高等植物木质纤维素经丝炭化作用形成

表7-4 干酪根显微组分的光学特征

显微组分		透射光	反射光	荧光	电镜扫描
藻质体		透明,轮廓清晰、黄色、淡绿黄色、黄褐色	深灰色(油浸下近黑色)、微突起,有内反射	强、鲜黄色、黄褐色、绿黄色	椭圆形、外缘不规则、外表蜂窝状群体,见黑色斑点
壳质体		透明,轮廓清楚、黄色、绿黄色、橙黄色、褐黄色	深灰色,油浸下灰黑色至黑灰色,具突起	中等、黄绿色、橙黄色、褐黄色	外形特殊、轮廓清楚,常保留植物结构
无定形	富氢	透明—半透明,基色为黄色,从鲜黄色、褐黄色到棕灰色	油浸下不均匀深灰色,表面粗糙不显突起	较强、黄色、灰黄色、棕色	不均匀絮状、团块状、花朵状、颗粒状
	贫氢	色更暗,到近黑色	灰色、白色、微突起	弱或无荧光	
镜质组		透明—半透明,棕红色、橘红、褐红色、棱角状、棒状	灰色,油浸下深灰色,无突起,中等反射率	弱荧光,局部荧光,褐色、暗褐色	棱角状、棒状、枝状
惰质组		不透明,黑色、棱角状	白色,油浸下白色至亮黄白色,高突起、高反射率	无荧光	棱角状、棒状、颗粒状

腐泥组主要包括无定形体和藻类体,是富氢组分。无定形体是没有固定形态和结构的有机组分,呈不规则的团粒状、棉絮状和云雾状结构,是水生生物(藻类)彻底分解的产物。藻类体是具有藻的结构的有机组分,主要来源于藻类。

壳质组主要来源于植物的孢子、角质、植物的表皮组织、树脂、蜡质等,包括孢粉体、角质体、树脂体和木栓质体等,也是比较富氢的组分。

镜质组是植物的茎、叶和木质纤维经过凝胶化作用形成的各种凝胶体。镜质组是富氧组分。

惰性组是一种丝炭化组分,由木质纤维素经丝炭化作用而形成。惰质组属稳定的不活泼组分,富含氧。

我国以煤岩显微组分分类命名方法为基础,结合生油岩中有机质显微组分特征,确定了干酪根显微组分的分类(表7-5)。

表7–5 干酪根显微组分分类命名表

显微组分组	显微组分	加权系数
腐泥组(sapropelinite)	浮游藻类体(planktonnic alginite)	+100
	腐泥无定形体(sapropelic amorphogen)	+100
壳质组(exinite)	树脂体(resinite)	+100
	木栓质体(suberinite)	+50
	角质体(cutinite)	+50
	孢粉体(sporopollenite)	+50
	菌孢体(fungal sporinite)	+50
	腐殖无定形体(humic amorphogen)	+50
	底栖藻无定形体(benthic algal amorphogen)	+50
镜质组(vitrinite)	富氢镜质体(perhydrous vitrinite)	+10
	正常镜质体(normal vitrinite)	−75
惰质组(inertinite)	丝质体(fusinite)	−100

有机岩石学的发展趋势是综合采用各种观察方式,利用全岩光片(不富集干酪根,直接将无机、有机部分一起制成光片)、干酪根光片及干酪根薄片对沉积岩中分散有机质进行详细研究,将干酪根与全岩显微组分的分类统一起来,采用同一分类术语,而且在分类中还考虑成熟度的影响。

需要注意的是,沉积岩中的干酪根几乎没有完全由单一的显微组分组成,常为多种显微组分的混合,只不过某种干酪根以某组显微组分为主。在一般沉积岩中,荧光和电子探针的结合应用中表明,大多数无定形有机物质埋藏浅时具有荧光。在成熟度大体一致条件下,各显微组分的荧光强度近似反映了其生油潜能:藻类体、以藻和细菌为主形成的富氢无定形生油潜能最大;壳质体及部分富氢无定形次之;镜质组及贫氢无定形生油潜能差,以生气为主;惰质组生油气潜能极低。

2. 干酪根的元素组成

干酪根是一种复杂的高分子缩聚物,它不同于一般纯的有机化合物,因此没有固定的化学组成,只有一定的组成范围。干酪根元素分析表明,它主要由C、H、O和少量的S、N元素组成,其中碳含量70%~85%,氢含量3%~11%,氧含量3%~24%,氮含量<2%,硫含量较少。但不同来源的干酪根元素组成有所不同,源于水生生物、富含类脂组的干酪根相对富氢贫氧。与原油的平均元素组成(C、H、O分别约为84%、13%、2%)相比,干酪根明显贫氢富氧。由此不难理解,相对富氢贫氧的干酪根将会生成更多的石油。因此,干酪根的元素组成成为划分干酪根类型、判断其生油气能力的重要指标。大量实际分析资料表明,干酪根中各元素含量的变化既与干酪根的来源和成因有关,也与干酪根的演化(向油气的转化)程度密切相关。这将在以后详述。

3. 干酪根的基团组成

物质分子中的基团在连续红外光照射下,可吸收振动频率相同的红外光,形成该分子特有的红外光谱。干酪根中主要由脂族结构、芳香结构和杂原子(主要是O)结构三类基团组成。不同类型干酪根的红外光谱图,它们的基本谱带类似。其中,以脂族基团含量高的干酪根产烃能力较强。这三类基团相对含量的多少既受干酪根来源和成因的影响,也受干酪根演化程度的影响,也是判别干酪根类型和演化程度的重要指标之一。

4. 干酪根的碳同位素组成

干酪根的碳同位素组成，取决于其生物先质的同位素组成以及发生在干酪根形成和演化过程中的同位素分馏。碳有3个同位素，即 ^{12}C、^{13}C 和 ^{14}C，其中前两个是稳定碳同位素，^{14}C 为放射性同位素，其半衰期短，可用于测定第四纪年龄，通常用于考古学而较少用于解决石油地质中的问题。^{12}C、^{13}C 在石油地质中的应用日益广泛，主要用于研究油气成因和油气源。稳定碳同位素 ^{12}C 和 ^{13}C 的相对丰度分别为 98.892%、1.108%。它们的相对丰度是变化的，其原因在于同位素之间化学和物理性质的微小差异而发生同位素效应，进而产生同位素分馏作用。

稳定碳同位素的相对丰度可以用 $^{12}C/^{13}C$ 表示，但习惯上以 $\delta^{13}C$ 表示，具体的表达式参见第三章第五节。

有关碳同位素分布的研究成果表明，由于生物分馏作用(生物对轻碳同位素的选择性优先利用)，生物中的碳同位素明显较其利用的 CO_2 偏轻；由于陆相生物所用大气碳源 ($\delta^{13}C = -7‰$) 轻于海相生物所用海洋水中的碳源 ($\delta^{13}C = 0$)，陆生植物与海洋水生生物的碳同位素值差异明显，陆生植物的 $\delta^{13}C$ 分布范围为 $-10‰ \sim -37‰$ (王大锐，2002)，典型值 $-24‰ \sim -34‰$ (郑永飞，2000)；水生生物(海洋)为 $-4‰ \sim -28‰$，湖生生物比海洋生物的 $\delta^{13}C$ 偏负 10‰ 左右。同时，同一种生物体中，类脂化合物往往比较富含轻碳同位素。

三、干酪根的分类方法

从前面的讨论已经可以看出，在不同沉积环境中，由不同来源有机质形成的干酪根，其组成有明显的差别。可以预期，其性质和生油气潜能也有很大差别。因此，研究干酪根的类型(性质)是油气地球化学的一项重要内容，也是评价干酪根生油、生气潜力的基础。目前国内外对干酪根类型的划分主要根据它的来源和组分。

1. 据生物来源的分类法

按不同的生物来源，干酪根可归属于两大类：腐泥质和腐殖质。这是一种较早又较通用的分类。

腐泥质是在滞水盆地条件下(海湾、潟湖、湖泊等)堆积的有机淤泥，主要来源于水生浮游生物，包括绿藻、蓝绿藻等群体藻类和浮游的微体生物以及一些底栖生物、水生植物等，常常也混有从大陆搬运而来的高等植物残体中较稳定部分，如孢子、花粉、树脂和蜡等。腐泥质富含类脂化合物和蛋白质，是一种氢碳比高(1.3~1.7)、氧碳比低、以链式结构为主的原始有机物质，经成熟作用可形成藻煤、油页岩和生油岩。

腐殖质是由高等植物的细胞和细胞壁(主要由木质素、纤维素、丹宁组成)在有氧条件下沉积而成的有机物质，相对贫氢富氧，H/C 一般小于1。腐殖质可呈富集状，形成一系列腐殖煤，也可呈分散状散布于沉积岩中，主要是成煤、成气的原始物质。

相应地，可将干酪根分为腐泥型干酪根和腐殖型干酪根。但最常见的是腐泥—腐殖混合型干酪根，它是介于腐泥型与腐殖型两类干酪根之间的一种过渡类型，其生油、生气能力的高低取决于腐泥型、腐殖型所占的比例。

2. 据干酪根显微组分的分类法

前已述及，显微镜下干酪根可分为不同的显微组分。如果干酪根主要由某一显微组分组成，即可将它称为这种干酪根，如藻质体干酪根，或者以显微组分组来命名干酪根。不过，干酪根一般由多种显微组分混合组成，这时可将显微组分分成两大类：惰质组和镜质组算一类，为产烃能力低的组分;腐泥组和脂质组算一类,为产烃能力高的组分。统计两类所占的比例,如果前一类占绝对优势,则称为腐殖型干酪根;如果后一类占优势,则称为腐泥型干酪根;两类所占比例接近时,可称为混合型(腐殖—腐泥型或腐泥—腐殖型)干酪根。如大庆油田曾以类脂组含量为 80%、50% 和 20% 为界分别将干酪根分为上述 4 种类型。也可以对各组分赋值(表 7 – 5 中的加权系数近似代表 giant 显微组分生烃能力的相对大小)后,由百分含量按下式进行加权计算得到类型指数(TI)值:

$$TI = 100 \times a + 80 \times b_1 + 50 \times b_2 + (-75) \times c + (-100) \times d$$

式中　TI——干酪根类型指数;

　　　a——腐泥组的含量,%;

　　　b_1——树脂体的含量,%;

　　　b_2——孢粉体、木栓质体、角质体、壳质碎屑体、腐殖无定形体、菌孢体的含量,%;

　　　c——镜质组的含量,%;

　　　d——惰性组的含量,%。

根据计算的类型指数可以将干酪根划分为 Ⅰ 型(TI≥80)、Ⅱ$_1$ 型(40≤TI<80)、Ⅱ$_2$ 型(0≤TI<40)和 Ⅲ 型(TI<0)。

3. 据干酪根元素组成的分类法

Tissot 等(1978)利用干酪根元素组成将干酪根划分为 Ⅰ、Ⅱ、Ⅲ、Ⅳ 型,这些类型可清晰地表示在 van Krevelen 图表上(图 7 – 5)。

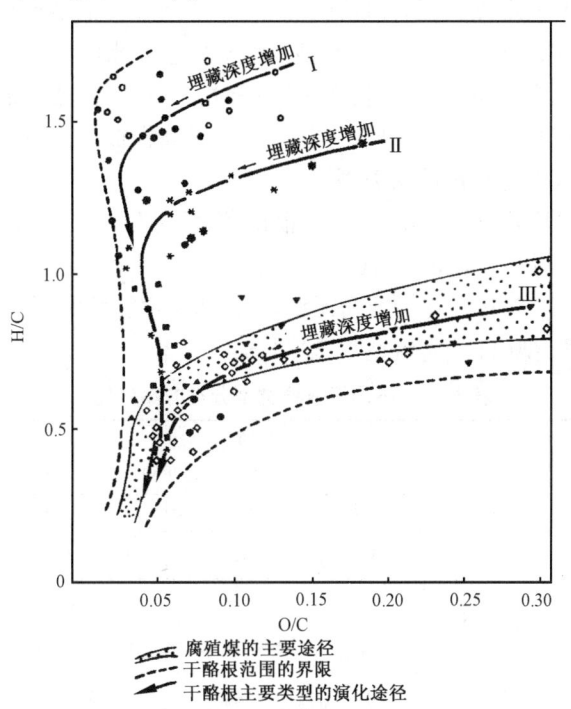

图 7 – 5　干酪根主要类型和演化途径(据 Tissot、Welte,1984)

Ⅰ 型干酪根:具有高的原始 H/C(1.5 以上)和低的 O/C(一般小于 0.1),但随着演化程度的升高,H/C 降低。它主要由脂族链组成,杂原子化合物和芳香族核含量低;少量的氧主要存在于酯键中。在高温裂解时,可产生比其他类型干酪根更多的挥发性组分和可抽提组分,是一种生油潜能最高的干酪根(可达原始有机质重的80%)。它可以来自藻类堆积物,也可能是各种有机质被细菌强烈改造,留下原始物质的类脂化合物馏分和细菌的类脂化合物。美国尤因塔盆地始新统绿河页岩属于此类,我国松辽盆地深湖相的主力源岩层多属于此类。与其他类型相比,Ⅰ型干酪根在自然界分布较少。

Ⅱ型干酪根:这是生油岩中最常见的一种干酪根类型,具有较高的H/C(1.0~1.5)和较低的O/C(0.1~0.2);酯键丰富,含大量中等长度的脂族链化合物和脂环化合物;芳香结构和含氧基团增多;有时可含较多硫,位于杂环化合物中。这类干酪根来源于海相浮游生物(以浮游植物为主)和微生物的混合有机质,生油潜能中等,但仍是良好的生油母质,是海相沉积中的重要有机质类型。

Ⅲ型干酪根:具有较低的原始H/C(一般小于1.0)和高的O/C(0.2~0.3);含大量芳基结构和含氧基团,饱和链烃很少,被连接在多环网格结构上;来源于陆地植物的木质素、纤维素和芳香丹宁,含有很多可鉴别的植物碎屑;热解时仅有30%的烃产物,与Ⅰ、Ⅱ型干酪根相比,对生油不利,但埋藏到足够深度时,可成为有利的生气来源。

Ⅳ型干酪根:这是Tissot等(1984)后来补充描述的一种干酪根类型,可能由从较老沉积物中的有机质经侵蚀、搬运再沉积而成,也可能由地面风化、燃烧转化而成,或者是再沉积前在沼泽和土壤中遭受氧化而成;具有异常低的H/C(小于0.6)和异常高的O/C(0.25以上)。这是一种残余有机质,是一种"死碳",生油气的潜力极低。

需要说明的是,这里所给的H/C、O/C的分类界限是对未成熟的有机质而言的。随着成熟度的升高,所有有机质的H/C、O/C均降低。这时需要结合图7-5来判识有机质的类型。成熟度更高时,则从图上也难以识别有机质的类型,需要结合其他指标来鉴别有机质的类型。

从上面的描述中可以看出,上述Ⅰ、Ⅱ型干酪根均主要来源于水生生物,因此,原始意义上,它们应该对应着腐泥型干酪根。不过,实际应用时,一般将Ⅰ、Ⅱ、Ⅲ型干酪根分别与前述的腐泥型、混合型和腐殖型干酪根相对应。同时,由于干酪根被认为占了沉积有机质的绝大部分,干酪根的类型也被认为是有机质的类型。

在我国许多油田的应用中,常常将干酪根的类型划分为三类四型(杨万里等,1984,1985),如Ⅰ型(腐泥型)、Ⅱ$_A$(腐殖—腐泥型)、Ⅱ$_B$型(腐泥—腐殖型)和Ⅲ型(腐殖型),或三类五型(黄第藩等,1984),如Ⅰ$_1$型(标准腐泥型)、Ⅰ$_2$型(含腐殖腐泥型)、Ⅱ型(混合型)、Ⅲ$_1$型(含腐泥腐殖型)和Ⅲ$_2$型(标准腐殖型)(表7-6)。

表7-6 不同干酪根类型分类方案对比

三分法 (Tissot、Welte,1978)			三类四型法 (杨万里等,1985)			三类五型法 (黄第藩,1991)	
类型	H/C	O/C	类型	H/C	O/C	类型	H/C
Ⅰ	>1.5	<0.1	Ⅰ	>1.4	<0.1	Ⅰ$_1$	>1.5
Ⅱ	1.0~1.5	0.1~0.2	Ⅱ$_1$	1.0~1.4	0.1~0.15	Ⅰ$_2$	1.3~1.5
			Ⅱ$_2$	0.8~1.0	0.15~0.20	Ⅱ	1.0~1.3
Ⅲ	<1.0	0.2~0.3	Ⅲ	<0.8	>0.20	Ⅲ$_1$	0.8~1.0
						Ⅲ$_2$	<0.8

除了上述3种划分干酪根(有机质)类型的方法外,目前的实际应用中还有很多鉴别干酪根类型的方法,如分别依据干酪根(有机质)的红外光谱特征(反映官能团的组成)、Rock-Eval热解特征、碳同位素特征、干酪根的热解产物特征或者产物(原油或抽提物)的生物标志化合物特征等来划分有机质的类型。这些将在后面第十三章中进一步介绍。

四、干酪根的结构及研究方法

近代仪器及化学分析技术的进步为探讨干酪根的结构、组成提供了有力的支撑。在各种各样的研究方法中,按是否先将干酪根从岩石中同无机矿物分离开来(富集)分为"离位"分析法和"原位"分析法,按是否破坏干酪根样品的结构分为直接分析法和降解分析法。

由于干酪根只占岩石的一少部分,因此,早期研究干酪根广泛应用"离位"法先将干酪根富集起来。但在干酪根富集的过程中,或多或少会导致干酪根结构、成分的改变或混合。如化学试剂的应用可能会导致复杂的化学反应;有机溶剂的应用将使树脂体、木栓质等含有较高可溶成分组分的结构发生改变;富集后不同来源、组成的干酪根的混合,也将掩盖一些本来可以分别有效提取的信息;有机-无机组分的相互产状关系所蕴含的地球化学信息得不到有效揭示和利用,等等。因此,随着分析技术的改进和分辨率、精度的提高,地球化学家开始应用"原位"技术来研究干酪根。如全岩光片通过显微镜观察有机质与矿物、有机质与有机质之间产状关系,可以更为有效地提供有关有机质来源、组成的信息。结合傅里叶红外光谱(FT-IR)技术,可以获得烃源岩中单个有机显微组分的光谱(周炎如,1994)。

不过,许多分析项目,如干酪根的元素分析、同位素分析、化学和热降解分析,多数只能基于富集的干酪根来进行。表7-7列出了干酪根结构的一些研究方法及其可能取得的信息与功能。目前关于干酪根结构研究趋向,都不只是采用单一的手段,而是采用多种方法的综合研究,根据各种方法得出各种结构参数与信息,然后借助计算机的优化与组合,取得化学结构的模型。

表7-7 研究干酪根结构的方法

	方法	可能取得的信息与功能
直接分析法	光学显微镜观察分析	生物前身物的形态与显微组成;反射率、折射率与荧光性质
	扫描电镜与透射电镜	精细的生物前身物的形态与组成
	红外光谱	官能团组成与结构
	核磁共振	官能团组成与结构;分子的动态结构
	顺磁共振	自由基的浓度与分布
	X光、电子、中子衍射	碳的结构形态与聚集态结构
	电子能谱	表面的化学结构组成
降解分析法	化学元素分析	C、H、O、N、S等元素组成
	热分析	官能团组成、热性质
	热解聚与超临界溶剂抽提	热解聚沥青的组成与结构
	热解—色谱—质谱	热解产物组成:生物标志化合物
	同位素质谱	同位素组成
	轻度化学降解(氧化、氢化等)	官能团组成,特别是脂族的结构组成
	选择性化学降解(氧化、烷基化、卤化等)	官能团组成及连接方式
	杂原子官能团化学分析	杂原子官能团组成
	计算机优化	优化各种分析参数,构筑化学模型

1. 直接分析法

(1)电子显微镜法:通过电子显微镜的高倍放大可以研究干酪根的微细结构。特别是利用正常的和衍射光束的干涉并结合高倍放大(5百万倍至8百万倍)的晶格条纹影像技术,可以观察到芳香族片的边缘、延伸度和片间距离。

(2) X 光衍射法:可以用来研究干酪根的结构及其演化程度。用 X 光衍射法研究干酪根的芳香度(芳香环碳占总碳的百分数),揭示干酪根的微晶参数,如分子的饱和成分间距、芳香片层间距、芳香片堆叠的平均高度和芳香片数目、芳香片平均大小等。这为干酪根结构研究提供了大量参数。利用 X 光衍射分析可以不破坏样品而获得干酪根中与芳构碳及脂构碳有关的各项结构参数,这些结构参数与干酪根的成因类型及其演化程度有着十分密切的联系,其中尤以高演化程度最为明显。X 光衍射法是对干酪根等有机质进行结构分析的一种重要手段,并且还在不断完善和发展着。

(3) 高分辨率的核磁共振(NMR)谱:包括自旋的交叉极化技术,已被用于干酪根结构特征的研究。核磁共振技术可以不破坏样品物质结构,而深入物质内部研究其结构,测定用样量少、速度快。在谱图中,脂肪族(包括脂环族)、芳香族(包括烯烃)和羰基(包括酮和醛)类化合物的特征能较好地区分开。

2. 降解分析法

随着现代分析技术的发展,直接分析法用于干酪根结构的研究已日益广泛,它在干酪根的结构、分类、成熟度的研究中发挥了很大的作用,但这些方法只能对干酪根给予总体的认识。为弄清干酪根内部的分子结构,则必须借助于化学的方法,将其缓和地降解为较小的分子,再用现代物理化学的方法进行分离和鉴定。人们常用的化学降解分析法有氧化降解法、还原降解分析法(如催化氢解、还原烷基化)和特效化学反应法(如三溴化硼降解、酚基化降解等)。由于干酪根不溶于有机溶剂和无机溶剂,因此在进行干酪根结构研究时,最常用和主要的方法是降解分析法(氧化降解、氢解、热解等),将干酪根降解为低分子量的产物和碎片,并使这些碎片保留干酪根的结构特征,再从降解产物和碎片重建原始干酪根的大致结构。降解应尽可能具有选择性,以便获得仍保持原有结构特征的、高产率的、分子较小而便于鉴定的化合物。上述各类方法各有特点。在当前干酪根结构研究中,氧化降解法用得最多。

氧化降解是用氧气、臭氧、高锰酸钾、铬酸和硝酸等强氧化剂分步氧化干酪根,其中以高锰酸钾应用最多,氧化产物主要是羧酸、芳香酸、脂环酸和链烷多元酸。根据上述三类酸的比例,可以推测干酪根结构中脂肪链、芳环、脂环及杂环的比例,从而区别其类型。这样把干酪根降解成可鉴定的、结构上有意义的碎片,这些产物和碎片从不同侧面反映了干酪根的结构。

氢解是在一定的温度、压力条件下,使 C—C 键及 C—O 键断裂,但不会使溶剂或降解物发生缩合作用,所得产物能明显显示不同干酪根的结构组成。氢解法多用于煤化学。

高温热解常与色谱鉴定相结合,是研究干酪根的一种快速方法。先使干酪根在高温下裂解为低分子量有机化合物,然后用气相色谱加以鉴定,对干酪根的性质和结构作进一步研究。

化学降解使干酪根大分子变成小分子,必然使部分结构遭到破坏,因此从降解产物重建原始干酪根的结构也是不完整的,有局限性的,从这个意义上说,所得结构的可靠性不如物理方法。此外,降解产物的分析以及与干酪根原始结构的对比研究也离不开现代物理仪器分析的辅助。所以化学和物理的多种方法的相互结合和补充验证,能更有效和完整地了解干酪根的复杂结构。

由于干酪根没有固定的组成,因此,它也没有固定的结构。它在一定程度上是天然有机质及其降解产物随机聚合的产物,因此,不难理解,其结构将异常复杂且多变。因此,本书介绍干酪根结构出发点并不在于搞清楚其严格的结构式,而是试图认识其基本的结构特征和主要组成部分,从而有助于理解干酪根产烃能力的差别及其产物特征。

3. 干酪根的结构

由于不同类型的干酪根在元素组成、官能团组成等方面有明显的差别,因此,不同类型干酪根的结构将会有所不同。

1) Ⅰ型干酪根结构

美国绿河油页岩干酪根作为典型的Ⅰ型未成熟干酪根,对它的化学结构曾作过许多研究(Yen,1976b;Vitorovic,1980)。Robinson(1969)、Burlingame 和 Yen(1971)等分别用氧化降解、热解等方法将干酪根分解,再用色谱、质谱、红外、紫外光谱等进行研究,得到了以下基本认识:

(1)干酪根骨架结构可能是由聚亚甲基联结的非直链碳结构组成的三维空间网。核磁共振测定出该非直链碳结构数量约为 60%~80%。气相色谱分析出二元酸是氧化降解的主要分子。它们可能由联结干酪根的聚亚甲基桥氧化而来。

(2)靠近干酪根骨架的核心,发育着置于一个端点联结的长链脂肪结构及支链脂肪结构。它们在氧化后,分别产生正一元酸和类异戊二烯酸。

(3)氧化产物中正构烷烃的存在说明它们是干酪根母体中的包裹成分,它们可能以氢键或吸附等形式存在于干酪根大分子的网格内。

根据以上认识,Yen(1971)提出了Ⅰ型干酪根结构的设想(图7-6)。

2) Ⅱ型干酪根结构

Tissot 等(1975)通过多年对海相干酪根的研究,提出了Ⅱ型干酪根一般结构模型。它主要适用于无定形的干酪根。这是因为在Ⅱ型干酪根结构物质中,无定形占很大的优势。无定形干酪根是一种三维大分子(图7-7),它是由桥键交联的核组成的立体大分子。类脂化合物分子能够被截留在干酪根母体中。

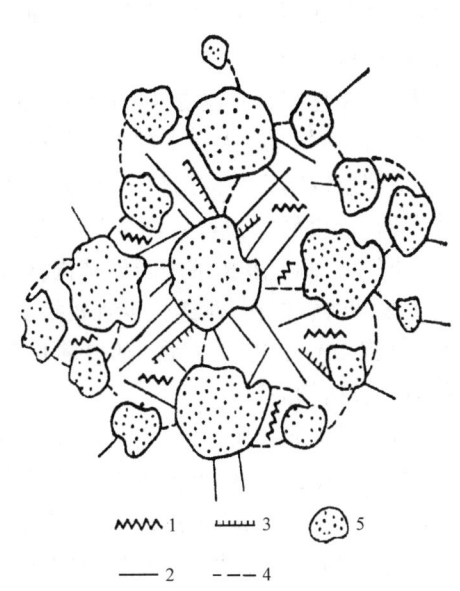

图7-6 绿河油页岩干酪根结构示意图
(据 D. K. Young、Yen,1977)
1—包裹成分;2—直链脂肪结构;3—支链脂肪结构;
4—聚亚甲基桥;5—"环状"碳骨架结构(主要是脂肪环)

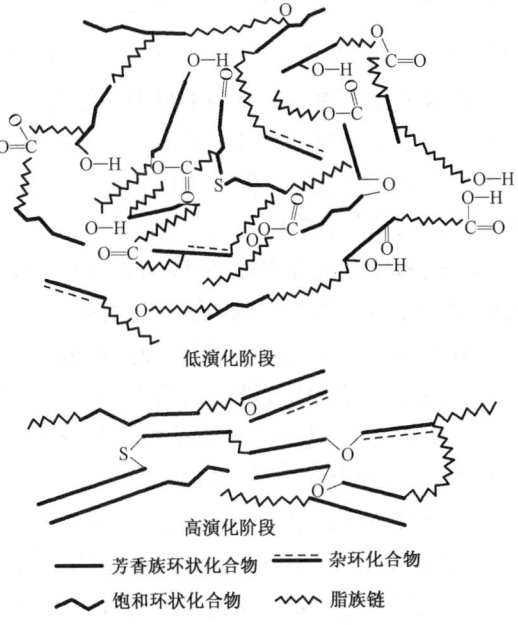

图7-7 Ⅱ型干酪根构造模式
(据 Tissot、Welte,1978,1984)

核是由2～4个不同平行程度的芳香族片状体叠置而成的堆积体,每个片状体或层状体包含较小数量(小于10个)的稠合芳香族的环状化合物。片状体中偶见含氮、硫、氧的杂环化合物,片状体的直径小于10Å。每个堆积体的层数经常是两个,层间距大于3.4～8Å。浅埋(低成熟)干酪根间距宽,深埋(演化程度高)的干酪根间距窄。堆积体是干酪根的基本结构单元。这些核具有烷基链(线型或环状化合物上具少数取代的短分枝)、环烷的环和各种官能团。

连接核的桥键有直链或支链的脂族链—$(CH_2)_n$—,也有含氧或硫的官能团键:酮 $-\overset{\text{O}}{\underset{\|}{C}}-$、脂 $-\overset{\text{O}}{\underset{\|}{C}}-O-$、醚—O—、硫化物—S—或二硫化物—S—S—、脂族酯 $-\overset{\text{O}}{\underset{\|}{C}}-O-R$。

位于核上或链上的表面官能团,主要有羟基—OH、羧基 $-\overset{\text{O}}{\underset{\|}{C}}-O-H$、甲氧基—O—$CH_3$等。

类脂化合物的分子能够被俘获在干酪根基质中,类似分子筛的作用。

3) Ⅲ型干酪根结构

Ⅲ型干酪根结构研究可借鉴煤岩学者对煤的化学结构的研究,因为成煤有机质主要是腐殖型的。据X光衍射分析,石墨是由六角碳网构成的大平面网。而煤中有机质基本结构单元的煤核和石墨相似,是由多层平面碳网构成的(图7-8)。可以认为,Ⅲ型干酪根的结构与煤有机质的基本结构单元相似,主要由带有侧链和官能团的缩合方向核体系组成,侧链大多较短。在热演化作用的过程中,侧链和官能团由于结合力较弱,逐步断裂形成挥发性产物,如CO_2、H_2O、CH_4,因此,Ⅲ型干酪根主要是成气母质,但部分较长的侧链也可断裂生成少量的液态油。而随着煤化程度的加深,煤核的大小有所增加,但变化不大,层间距有所减小。

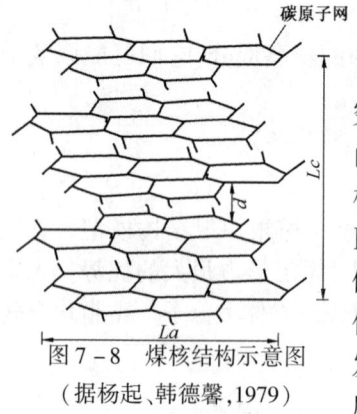

图7-8 煤核结构示意图
(据杨起、韩德馨,1979)

比较上述3种主要类型干酪根的结构模型不难看出,其实它们有共通之处,即干酪根的基本结构组分主要为核、桥键、官能团、侧链及被包裹组分。所不同的是,Ⅰ型干酪根的核以脂肪环为主,缩聚芳核较少,侧链中以长链的脂肪结构为主,桥键也以脂族结构比较丰富,同时含有相对丰富的被包裹的游离组分(通常为烃类),因此其产油及产烃能力最高;而Ⅱ型干酪根的核除了饱和环状化合物外,杂环和芳香族环也占有相当的分量,侧链及桥键中脂族结构含量相对较少,因此其产烃能力要低一些;而Ⅲ型干酪根的核主要为芳香结构,侧链较少且较短,杂原子官能团丰富,因此,其产烃能力低,较短的侧链在演化过程中易于断裂成气。随着演化程度的升高,侧链、官能团逐渐断裂消失,同时,所有的核都向芳香结构演化。

不难看出,上述的干酪根结构模型只是一种概念模型。尽管如前所述,干酪根组成的复杂性和变化性,使得确定其严格的结构式成为一项极其困难的工作,但国内外仍有不少学者为探讨一种更接近干酪根真实结构的模型进行了不懈的探索(Behar、Vandenbroucke,1987;Parks等,1988;Faulon等,1990;秦匡宗等,1990),利用各种研究方法(元素分析、红外与^{13}C NMR分析、官能团分析、密度以及热解—色谱—质谱分析)所取得的结构参数的信息(如脂链的碳数分布直方图、脂环环数分布的直方图、芳环与脂芳环环数分布的立方图、芳碳率、脂碳率、各种杂原子官能团的分布),建立了干酪根结构参数数据库,结合计算机数值模拟技术,提出了各种类型干酪根于不同演化阶段更为复杂的结构模型(图7-9、图7-10)。但由于这部分内容过于专业和深入,这里不拟展开介绍。下面简单介绍干酪根结构的非均质性——两相结构。

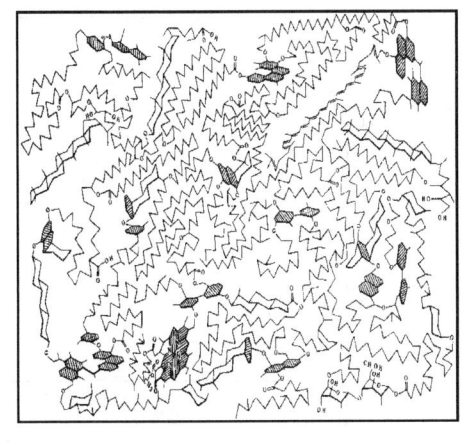 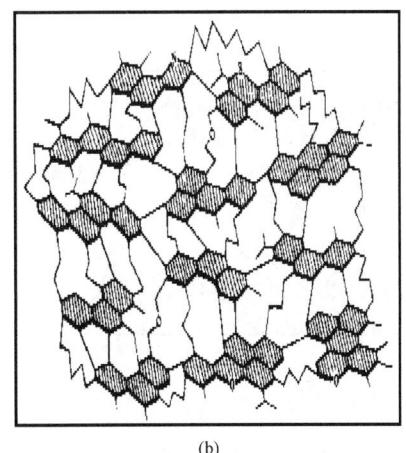

图 7-9 Ⅰ型干酪根的结构模型(据 Behar 等,1987)
(a)成岩作用初期;(b)深成作用后期

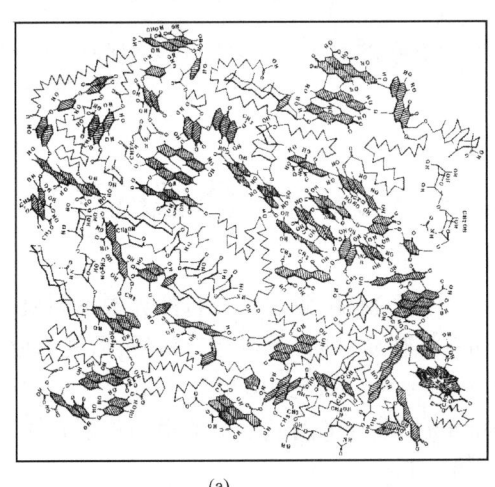 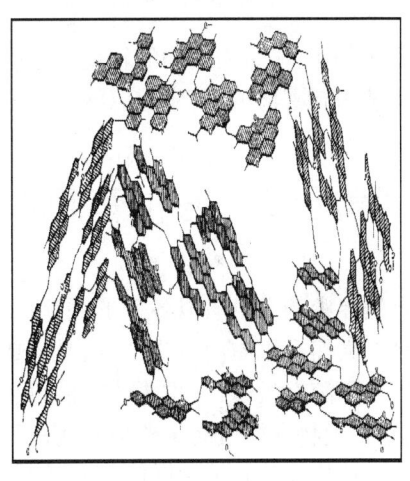

图 7-10 Ⅲ型干酪根的结构模型(据 Behar 等,1987)
(a)成岩作用初期;(b)深成作用后期

4) 干酪根的两相结构——活动相与刚性相

即使对同一种类型的干酪根来说,其结构也并不是均一的,而是存在两相结构。

干酪根作为沉积有机质中的不溶部分,它的结构理应有大分子组分,或刚性相。但是由于干酪根大分子结构中存在有柔性可动部分,结构的空穴中还可能包络有难以用常规溶剂抽提分离的较小的分子,所以当用核磁共振技术进行测定时,常常发现还有活动相的质子存在。

Lynch 与 Webster(1983)将 ^{1}H 脉冲 NMR 测定干酪根两相结构的技术与热分析技术相结合,发展了在位(in-situ) ^{1}H NMR 法,以研究干酪根在受热过程中两相结构的变化。

图 7-11 为澳大利亚朗德尔油页岩干酪根(Ⅰ型)两相结构变化的热谱。图中实线 A 为干酪根受热时氢损失关系曲线,它是挥发的油气产物与缩聚物的界限;实线 B 为刚性相中残留氢 RRH 在受热时的变化曲线,它是干酪根中两相结构中氢分布的界限。图中斜线部分为刚性相,A、B 线之间包络区是活动相,右上方"挥发物"为气相,下方"焦"为固相。对其他类型的干酪根结构相变化的研究表明,它们的结构相变化的规律互不相同。Ⅲ型干酪根的活动相所占的比例明显较低,而刚性相比例较高(图 7-12)。

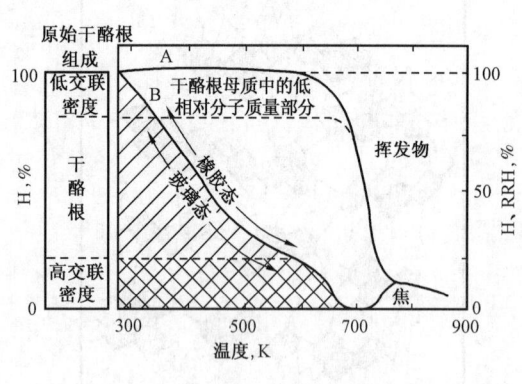

图7－11 朗德尔干酪根非等温热解时
分子结构状态的"相"变化略图
（据 Parks 等,1988）

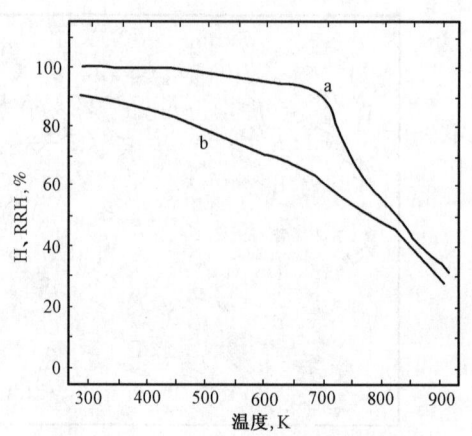

图7－12 康多碳质页岩Ⅲ型干酪根
两相结构变化的热谱（据 Parks 等,1988）
a—氢损失曲线;b—刚性相残留氢曲线

看来,干酪根两相结构的转化与干酪根结构的交联度有关,而它与干酪根的形成、解聚以及成烃过程有密切关系,应加以深入研究。

第四节　各种有机质之间的关系与干酪根的形成

自然界中的有机质以各种形式存在着。各种类型的有机质是其在自然界中不同演化阶段的产物。天然有机质由生物产生,是形成油气的基础物质;沥青是可溶有机质,可视为原石油;干酪根是不溶有机质,是主要的生油母质,因此常被称为"油母";腐殖质中富含大量的可水解成分,它是生物有机质向干酪根转化的重要中间产物,或者可以说是干酪根的重要先体。各种形式的有机质及与石油之间的相互关系如图7－13所示。

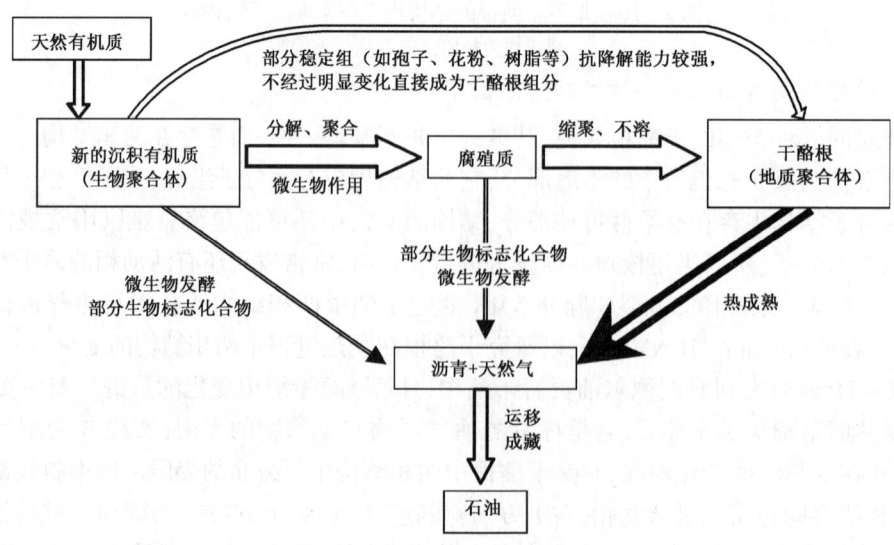

图7－13　各种形式的沉积有机质之间的关系

图中显示,由生物合成的天然有机质一旦进入沉积物,就成为沉积有机质。但最初的生物聚合体可能大部分在微生物的参与下,经化学作用或生物化学作用很快被分解为各种单体(氨基酸、脂肪酸、单糖等),未被消耗的单体在微生物的进一步作用下经活泼基团(官能团)重新聚合成为较高分子量的低聚物——腐殖质。腐殖质进一步缩聚、脱水、去官能团(不溶作用),成为聚合度更高的干酪根(地质聚合体)。同时,有部分(有时可能是大部分)抵抗降解能力较强的组分不形成腐殖质而直接成为干酪根中的组分。在此过程中,还有少部分生物标志化合物在生物聚合物或腐殖质的演变过程中,可能不形成干酪根而直接以可溶有机质(沥青)的形式存在于沉积物(岩)中。在微生物参与生物聚合体和腐殖质向干酪根转化的过程中,厌氧的产甲烷菌可将相当部分的有机质转化为生物甲烷气。不过,绝大多数油气是干酪根在继续埋藏的过程中经热成熟作用生成的(图中粗箭头代表了有机质的主要演化途径)。这是将在本书下一章介绍的内容。而从烃源岩中运移出来的沥青(+气)就有可能聚集成为工业性的油(气)藏。

本 章 小 结

1. 从有机质的溶解性上,可将沉积有机质分为可溶有机质和不溶有机质。岩石中的可溶有机质常用氯仿沥青抽提(溶解)出来,称为氯仿沥青"A",可以被进一步分为饱和烃、芳烃、非烃(胶质)和沥青质4种族组分,相当于尚未运移出去的原石油。

2. 干酪根泛指一切不溶于常用有机溶剂的沉积岩中的有机质,是主要的生油母质。它是由生物有机质经化学或生物化学分解、消耗,进一步经聚合、缩合、脱水、去官能团(不溶作用),大多经过中间产物腐殖(泥)质而形成。

3. 按成因(生源)、显微组分组成、元素组成等,可将干酪根划分为腐泥型、腐殖—腐泥(腐泥—腐殖)型和腐殖型,或Ⅰ、Ⅱ、Ⅲ型。干酪根是组成、结构复杂的有机化合物的混合物,不同类型的干酪根具有不同的化学结构特征。干酪根的基本结构组分主要为核、桥键、官能团、侧链及被包裹组分。Ⅰ型(腐泥型)干酪根主要来源于水生生物,可以包含高等植物的富氢组分,富氢贫氧,结构中核以脂肪环为主,缩聚芳核较少,侧链中以长链的脂肪结构为主,桥键中脂肪结构比较丰富,同时含有相对丰富的被包裹的游离组分,因此其产油及产烃潜力最高,为倾油性的有机质(干酪根)。Ⅲ型(腐殖型)干酪根主要来源于高等植物,相对富氧贫轻,含大量的芳基结构和含氧官能团,侧链短、少,产油能力低,但短侧链可产气,为倾气型干酪根。Ⅱ型(混合型)干酪根介于上两者之间,具有较高的成烃能力。

思 考 题

1. 什么是可溶有机质?简述可溶有机质的分类。
2. 何谓干酪根?干酪根的生源、显微组分组成、元素组成、官能团组成、同位素组成之间有何内在关系,与干酪根的类型有何关系?
3. 简述干酪根结构的研究方法及各类干酪根结构的异同点。
4. 简述各种沉积有机质之间的关系。

第八章 有机质的演化及其影响因素

第七章中已经介绍过,进入沉积物中的有机质,经过一系列复杂的变化而成为干酪根。干酪根作为形成于较低温压条件下的有机聚合物,如果继续保持浅埋,其组成和结构将相对比较稳定。因此,古代的浅埋有机质可以在很长的时间内不发生明显的变化。但在多数情况下,随着沉降作用和沉积作用的进行,干酪根所经历的温度、压力逐渐升高,有机质的组成和结构与其环境不再处于平衡状态,重排、断链等一系列反应将不可避免地发生。这将引起干酪根成分、结构及其物理化学性质的规律性变化,并导致油气的生成。研究不溶的干酪根和可溶的氯仿沥青"A"随埋藏深度(成熟度)的增大而演变的规律,有助于认识油气的生成过程和机理。但在讨论不溶和可溶有机质的演化规律之前,有必要先了解有机质的成岩作用、深成(热解)作用和变质作用。

第一节 有机质的成岩作用、深成作用和变质作用

在逐渐埋藏的过程中,有机质与无机矿物一样,要发生一系列的变化。这种变化并非均匀的,而是具有明显的阶段性。认识这种阶段性,是研究有机质在地质剖面上的演化及油气生成规律的重要内容,对于指导油气勘探具有重要意义。关于有机质演化阶段的划分,不同的学者所采用的术语和界限不完全一致。本书采用 Hunt(1979)所划分的阶段和术语,把沉积有机质的演化进程划分为成岩作用、深成(热解)作用和变质作用3个阶段(图 8-1)。

不过,有机质的成岩作用和变质作用与沉积学中同名概念的内涵并不完全相同。在沉积学中,沉积物转变为沉积岩直至变质作用以前或因抬升作用导致风化之前所发生的一切作用称为(广义的)成岩作用。而有机质的成岩作用只对应着无机的早成岩作用,有机质的深成作用则大致对应着晚成岩作用的 A、B 期,而有机变质作用则对应着晚成岩作用的 C 期和无机变质作用(赵澄林等,2003)。这可能是黄第藩(1996)、钟宁宁等(1998)将这一阶段称为变生作用的原因所在。Tissot 等(1984)则将相当于晚成岩作用的 C 期的有机变质作用早期称为后成作用,而将有机变质作用与无机矿物的变质作用完全对应起来。事实上,无机矿物成岩作用阶段的划分常常利用有机指标(如后面将要介绍的镜质组反射率、孢粉颜色等)来进行。

一、成岩作用

对整个沉积体系而言,成岩作用的结果是将松散的沉积物变成固结的沉积岩,主要的作用因素是压实和胶结。但对有机质而言,成岩作用的主要结果是形成干酪根,同时释出 H_2O、CO_2、CH_4、NH_3、N_2、H_2S 等,并伴有一定量的继承性的可溶烃类和非烃类(图 8-1)。该阶段起作用的主要因素是微生物(细菌),在有利的条件下,可以生成大量的生物甲烷气。

细菌存在和活动的温度范围为 $-10 \sim 105℃$,因此,它主要活跃于相对浅埋的成岩作用阶段早期。细菌的繁殖能力很强,在合适的环境中,一个杆菌的单体每 20min 能分裂一次,这样

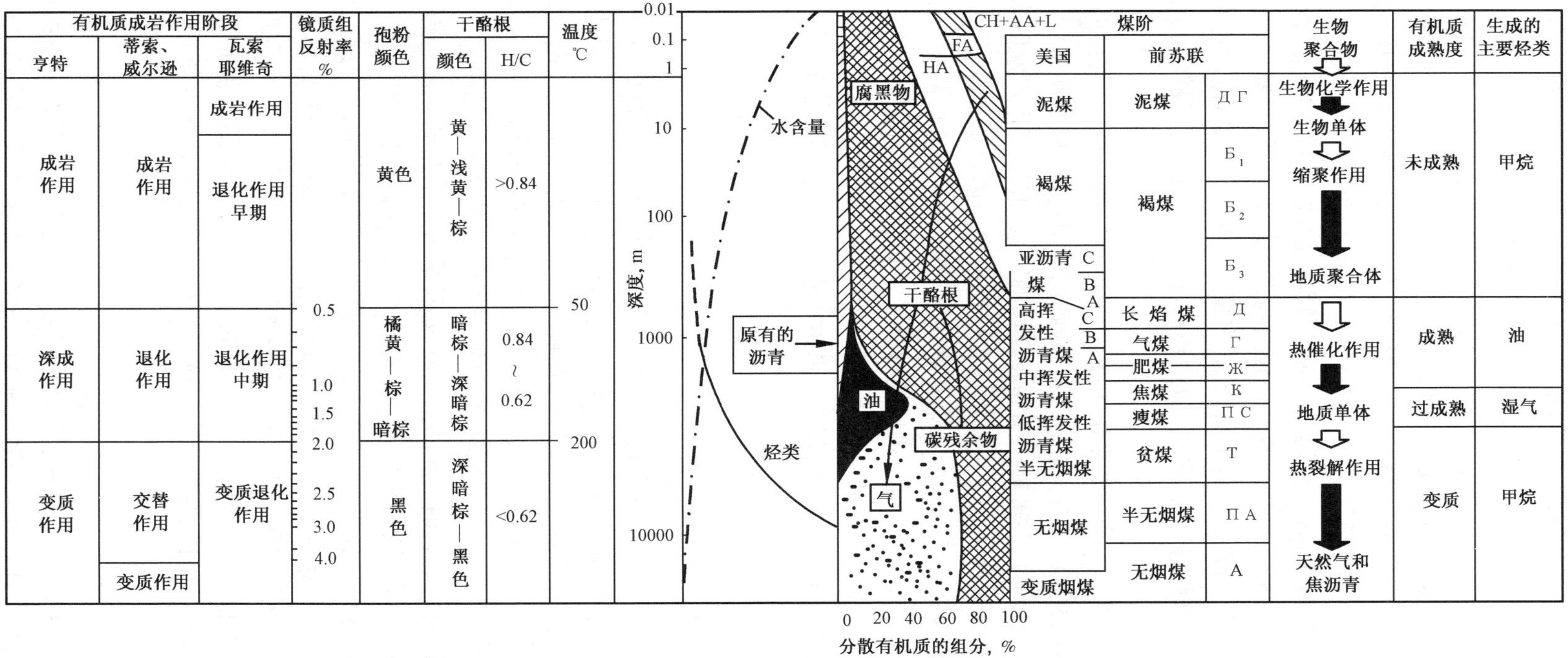

图8-1 沉积有机质演化的一般模式(据Hunt、Tissot、Welte等；转引自曾国寿、徐梦虹，1990)

有机质演化及油气形成模式直接影响着油气的勘探，应用各种指标判断有机质成熟度是石油地球化学研究中一项重要内容；
HA—胡敏酸；FA—富啡酸；CH+AA+L—糖类+氨基酸+脂类

只要在3个多小时的时间内,一个细菌就能繁殖成1000个。对大量近代沉积物的观察和研究发现,在其最上部,细菌的活动最为活跃,数量也最大;随埋深增大,细菌的数量迅速减少。表层多为喜氧菌,往深部厌氧菌所占比例逐渐增高。细菌的个体很小,因此,它们能够进入沉积物内部;同时,细菌的活性很强,对有机质能迅速地进行改造。

在微生物(酶)的作用下,源于生命体的生物聚合物,如蛋白质、碳水化合物、木质素、纤维素和类脂等,首先部分被降解成单体化合物,如氨基酸、单糖、脂肪酸、酚等,这些单体化合物或者被微生物利用、消耗,或者被溶解带走;剩余的则在微生物的进一步作用下,与尚未完全分解的生物聚合体反应缩聚成为分子量较大、溶解性较差的多聚体有机质(腐殖质)。随后,在微生物的进一步作用下,有机质的聚合程度不断升高,多聚体表面的亲水官能团逐渐减少,从而导致有机质的水解性和在酸碱溶液中溶解性的逐步降低(不溶作用),并最终逐步演化成为聚合度、稳定性更高的地质聚合物——干酪根。

也就是说,有机质的成岩作用描述的是由生物体到干酪根形成这一段演化进程。这一阶段的埋深可以从几百米到1500m左右,在地温梯度较低的盆地(如塔里木盆地)可以延续到数千米。温度(一般低于60℃)在这一进程中不是决定性的因素,起主要作用的因素是微生物,主要发生生物化学作用和化学作用。沉积有机质在这些因素的影响下,经历了分解(包括微生物的酶解)、缩聚和不溶解作用,向有机化合物的混合物——干酪根演化(Tissot、Welte,1978)。总之,在成岩作用过程中,沉积有机质在遭受了生物化学作用和化学作用之后,其化学特性和结构都发生明显的变化。总的趋势是:结构的缩聚程度增高以及对强酸、强碱具有更大的化学惰性。所以,在年轻的沉积物中,能溶于酸碱的有机组分比较多;而在沉积岩中,能溶于酸碱的有机组分明显减少。

二、深成(热解)作用

随着沉积作用和沉降作用的进行,有机质的埋深越来越大,所受的温度逐渐升高,压力逐渐增大。因此,原先在较低温度和压力下形成的干酪根,不再处于相对的稳定状态。沉积有机质(干酪根)将发生分子断链、重排、歧化反应(如脱去一些官能团、碳链的断裂以及核的缩聚),形成低到中等分子量的烃类和 CO_2、H_2O、H_2S 等,从而在新的环境中达到新的平衡。因此,石油及与之伴生的组分的出现,是干酪根在新的条件下,通过其内部结构的重新调整而产生的必然结果。这一阶段对应着石油形成的主要阶段,被称为沉积有机质的深成作用阶段,也称为深成热解作用(因在这一阶段,有机质主要在热应力的作用下发生分解)。

沉积有机质的深成作用阶段,埋深可达数千米,温度大约在50～200℃(Hunt,1979),压力可高达几百个大气压。在这种条件下,微生物已无法生存,因此,对沉积有机质演化起主要作用的因素是温度,主要的作用是热催化作用和热裂解作用。在这一阶段中,随着埋藏深度和温度的增加,已经形成的干酪根的各种侧链,首先是较长的侧链,通过键的断裂而脱落,随后是较短的侧链脱落以及长链烃碳—碳键的断开等,形成了液态烃、气态烃以及少量的甲烷气。

三、变质作用

变质作用阶段是沉积有机质(干酪根)演化的最后一个阶段。变质作用带的最低温度大约在200～300℃范围。在这一阶段中,沉积有机质的演化已经达到非常高的成熟阶段,主要表现在干酪根的热降解率降低,最后残存的基团和侧链从干酪根上脱落下来,除了甲烷之外,已经没有明显数量的烃类生成;芳构化作用和干酪根的缩聚现象明显增加,其自身则逐渐向高碳质的焦沥青和石墨演化。此外,前一阶段生成的重质烃,在高温条件下也进一步裂解成干气,从而导致了沉积有机质(干酪根)的最终产物为甲烷和石墨。

第二节 干酪根的演化

受热过程中,干酪根的变化既体现在含量的变化上,也体现在组成、结构,以及反映组成、结构的物理化学性质的变化上。

一、干酪根含量的变化

大量的研究结果表明,沉积物中不溶有机质的相对含量随埋藏深度(温度)的增加而明显降低(图8-2)(Tissot,1974),而可溶有机质的含量呈增大趋势,反映了不溶的干酪根向可溶的油气转化的实质。

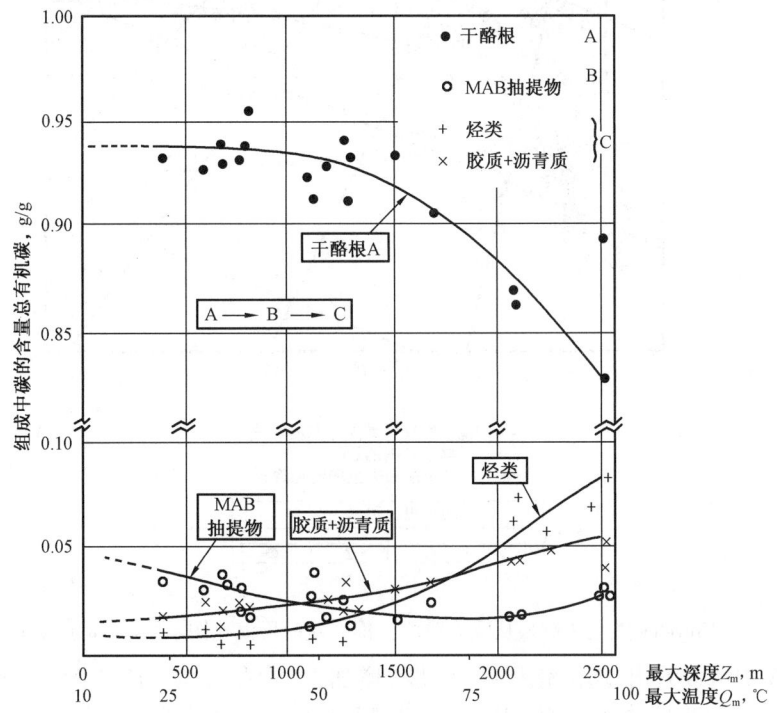

图8-2 巴黎盆地下托尔辛页岩干酪根、沥青和总烃随埋藏深度的变化图(据Tissot等,1974)

二、元素组成的变化

如第七章所述,干酪根主要由C、H、O、S、N等元素组成,其中,S、N元素的变化往往与O元素相近。因此,讨论元素组成的变化常常对C、H、O元素来进行。元素是构成物质分子的基础,元素组成往往在一定程度上决定了其基本结构,如$C:H=1:4$的分子为甲烷,$C:H=1:2$的分子将以饱和结构为主。如果以相对百分含量为基础,则一般而言,随埋深增大,干酪根中C元素的含量将不断升高,O元素的含量则逐渐减少,而H元素的含量常常在早期有所升高

(可能与脱羧作用有关),之后快速下降。不过,在油气地球化学中,讨论元素组成的变化规律,更多的基于 van Krevelen 图(图 8-3)所反映的 O/C、H/C 的变化来进行。

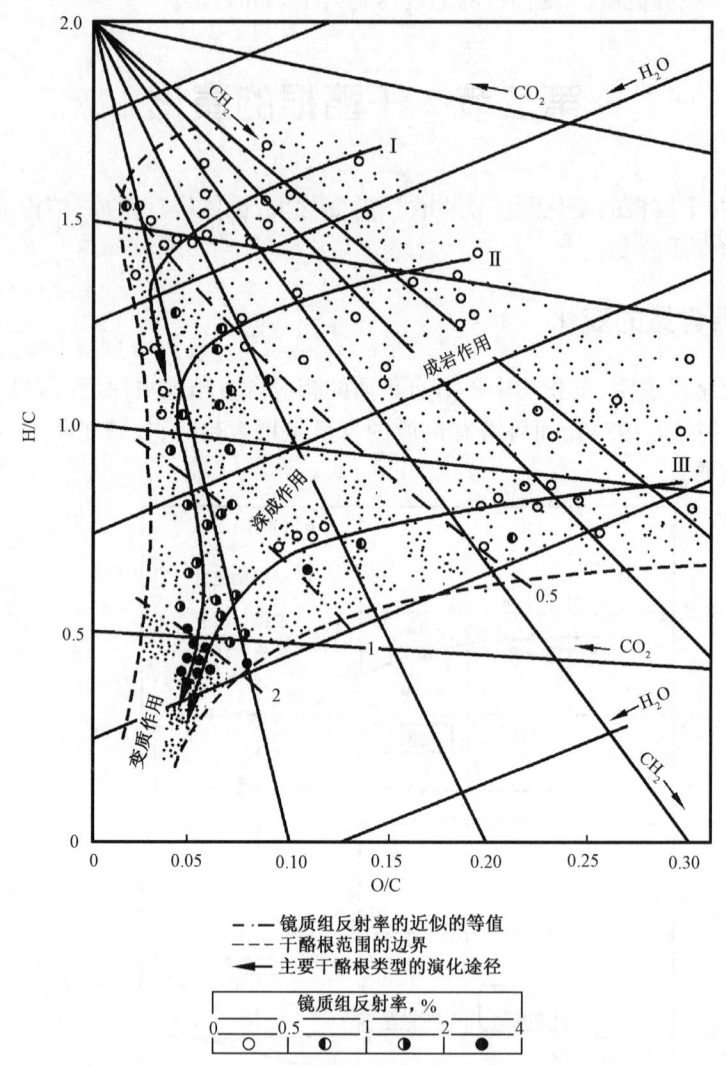

图 8-3 van Krevelen 图上干酪根从成岩阶段到准变质阶段演化图示(据 Tissot、Welte,1978)

从图 8-3 中可以看出,随演化程度(深度)增加,尽管在 O/C—H/C 图中,Ⅰ型、Ⅱ型、Ⅲ型 3 种干酪根具有不同的演化途径,但总趋势相同,可以分为 3 个阶段:

(1)第一阶段:氢元素的含量缓慢减少,氧元素快速减少,碳元素含量增加。因此在图中以 O/C 迅速下降为主,H/C 略有降低。其中Ⅲ型干酪根比Ⅰ、Ⅱ型下降慢,该阶段相当于到成岩阶段后期。

(2)第二阶段:以 H/C 迅速下降为特征,O/C 变化不大,Ⅰ型、Ⅱ型、Ⅲ型干酪根的 H/C 分别从 1.5、1.25、0.8 降到 0.5,大量的氢元素因形成烃类而排出。它相当于深成作用阶段。

(3)第三阶段:H/C 和 O/C 降到了最低值,3 类曲线在深处趋于合并,H/C≤0.5,含碳量高达 91.6%~93%,相当于变质作用阶段。

可见,从元素组成看,干酪根的热演化是脱氧、去氢、(相对)富集碳的过程。

三、基团组成的变化

干酪根在演化过程中元素组成的变化必然反映在基团构成的变化上。而如前所述(见第三章第三节),红外光谱是反映化合物中官能团(基团)构成的有效技术手段。图 8-4 是下托尔辛页岩、撒哈拉志留系随深增大,有机质红外光谱的规律性变化。对应于元素组成的变化,也可将其分为 3 个阶段。

(1)第一阶段:红外谱图上以 $C=O$ 峰($1710cm^{-1}$)迅速下降为特征,对应着含氧量的迅速减少。Ⅲ型干酪根的 $C=O$ 下降最为明显。而 CH_3、CH_2 基团的峰($2930cm^{-1}$、$2860cm^{-1}$)仅稍有减少(图 8-4 中①、②)。

(2)第二阶段:$2930cm^{-1}$、$2860cm^{-1}$ 峰迅速降低,表明大量 CH_3、CH_2 基以烃类形式排出。930~$700cm^{-1}$ 范围峰的出现反映芳香环上 C—H 面外弯曲振动。这是芳香核脱烷基或是环烷烃逐渐芳构化的结果(图 8-4 中③、④)。

(3)第三阶段:$C=O$、CH_3、CH_2 基团的峰继续下降趋于消失,相当于最后 CH_4 的形成阶段。此时,耗尽了干酪根中的烷基侧链,仅有芳环上 $C=C$ 的吸收谱带($1610cm^{-1}$)突出,930~$700cm^{-1}$ 谱带相对增强。它反映了残余干酪根中芳香结构不断缩合并逐渐向石墨演化(图 8-4 中⑤)。

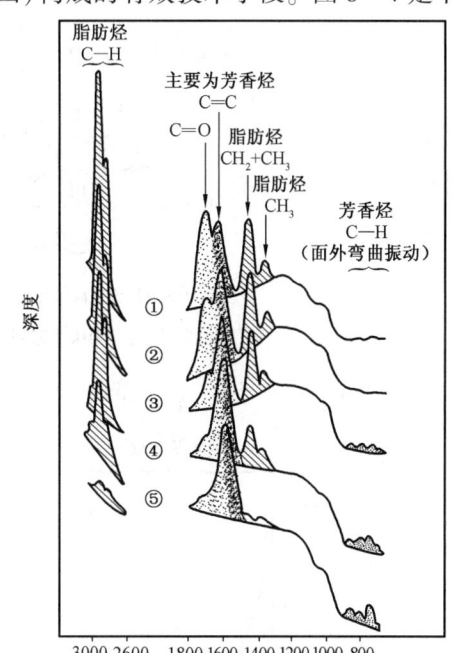

图 8-4 Ⅱ型干酪根红外光谱随埋深的变化
(据 Tissot 等,1978)

四、自由基浓度的变化

自由基是指共价键在断裂时产生的带有不配对电子的基团。自由基的存在使物质具有顺磁性。电子顺磁共振仪(ESR)可以通过测定顺磁性的强弱来反映自由基的浓度。有机质受热时,烷基链从干酪根上断裂下来,烷基碎片和干酪根碎片各带有一个不配对电子,形成了自由基。烷基碎片自由基是不稳定的,很快即可从周围介质中得到氢形成烷基分子。然而较大的干酪根自由基,由于未配对电子的电子云可以与干酪根中芳香结构共轭而稳定地存在下来,经历漫长的地质年代(图 8-5)。因此,干酪根中自由基的数目与受热温度史有关。随着干酪根在成熟过程中的不断裂解,烷基链减少,干酪根自由基的数目也不断增加(杨万里等,1985)。

大量资料表明,无论在地质条件下,还是在模拟实验的过程中,各种类型干酪根的自由基浓度,随成熟度的升高,均呈现出先增后减的规律性变化(图 8-6)。显然,早期的增大与干酪根裂解生烃有关,而后期的减少则可能与残余干酪根的进一步聚合使自由基消失有关。不过,在同样成熟度下,自由基的浓度还与干酪根的类型有关。Ⅲ型干酪根与Ⅰ、Ⅱ型干酪根相比,自由基浓度高,可能与Ⅲ型干酪根富含芳香结构,自由基能更稳定地存在有关。

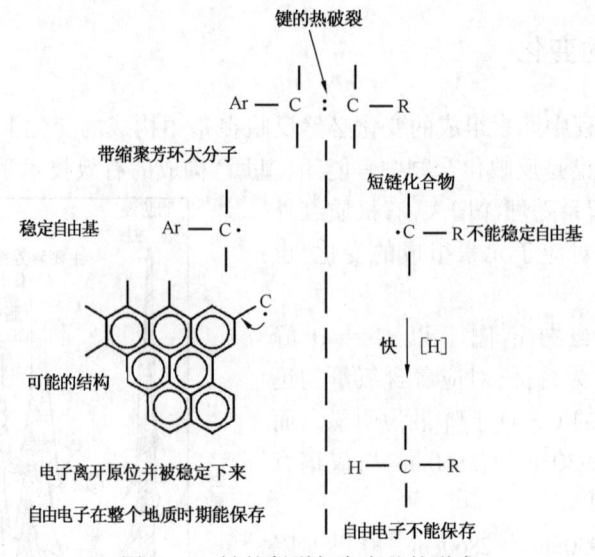

图 8-5 链的断裂与自由基的形成

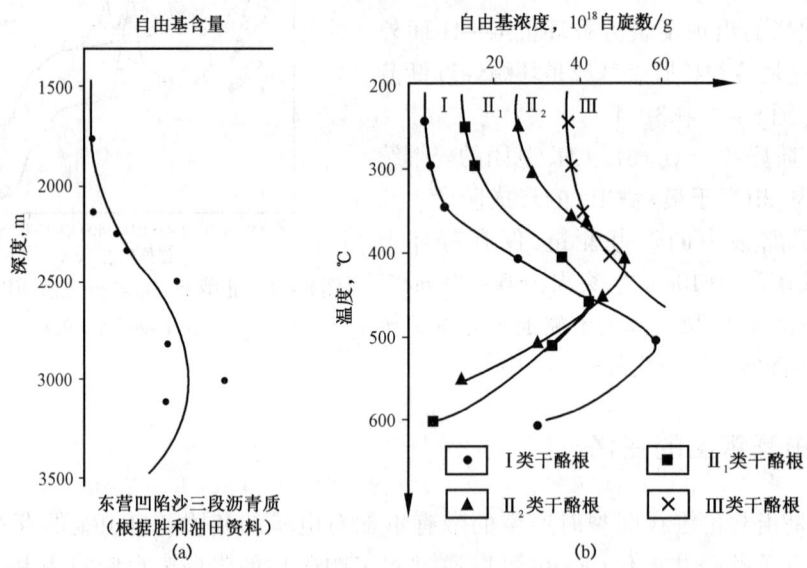

图 8-6 地质条件下(a)和实验条件下(b)干酪根的自由基浓度的变化

五、镜质组反射率的变化

在煤岩学研究中,挥发分、固定碳、镜质组反射率等早已是研究煤变质程度及划分煤阶的重要参数。尤其是镜质组反射率不受成分变化的影响,与有机质成熟度之间有着良好的相关性,又易精确测定,因而得到了广泛的应用。20 世纪 70 年代以来,石油地质工作者引进了该方法,通过测定沉积岩中分散有机质中镜质组反射率来研究有机质的热成熟度。

在煤的显微组分中,镜质组反射率变化幅度大,规律明显。大多数煤的显微组分以镜质体为主,在测定过程中容易识别,且便于横向对比。丝质组的反射率在演化过程中变化幅度小,脂质组的反射率变化虽大,但在成油阶段以后不太稳定,因此两者都不宜作为鉴定标准(图 8-7)。沉积岩中分散的镜质体具有和煤相似的有机分子结构,即以芳香环为核、带有烷基侧链。热成熟过程中侧链裂解作为挥发份析出,干酪根本身的芳构化和缩聚程度度不断加大,形成更加密集的结构单元,从而使透射率降低,反射率增高。因此,镜质组反射率可以反映生油岩经历的时间—古地温史,成为有机质热演化程度的指标。实验和实践证明,镜质组反射率随埋深(温度)的增加呈指数增长(图8-8)。

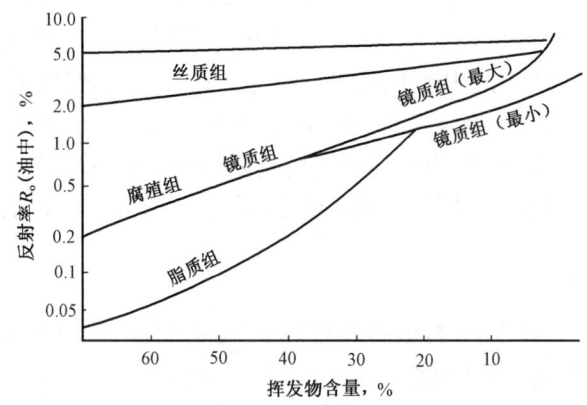

图8-7 煤的主要显微组分反射率变化与煤化程度的关系(据Alpern等,1972)

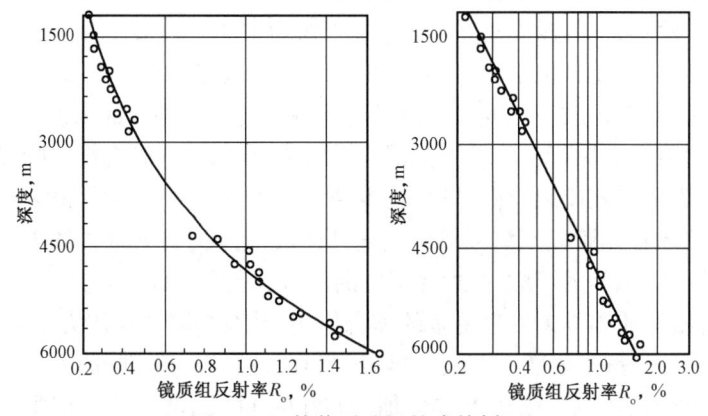

图8-8 某井干酪根的成熟剖面

常常以镜质组反射率作为有机成熟作用的指标来划分有机质的演化阶段:

(1)R_o<0.5%~0.7%为成岩阶段,有机质未成熟。

(2)0.5%~0.7%<R_o<1.15%~1.3%为深成阶段,有机质从低成熟到成熟,为主要的生油阶段。

(3)1.15%~1.3%<R_o<2%为深成阶段后期,有机质达到高成熟,主要产湿气和凝析油。

(4)R_o>2%为有机变质阶段,有机质过成熟,主要产干气。干酪根则经强烈的芳构化、缩聚而趋向于形成仅含碳元素的石墨。

六、干酪根颜色及荧光性的变化

用电子显微镜观测可以发现,干酪根中芳香族片状体从无序排列到有序排列,层间距离减小(从浅层3.4~7Å到深层的3.4~4.0Å),聚合体的直径加大(浅层芳香结构片状体直径5~10Å,深处可增至80~500Å),反映了缩聚程度的增加。随着干酪根芳核缩聚程度增高,碳化程度提高,对光吸收作用增强,干酪根(及各种显微组分)的颜色逐渐由浅变深。所以,干酪根的颜色可以作为反映成熟度的标志。

目前有两种方法研究有机质的颜色。一是研究生物残体的颜色变化,如牙形石、孢子、花粉、藻类的颜色。另一种是观察干酪根的颜色变化。随着成熟度的提高,二者的颜色均由浅变深,由黄色到褐色、黑色。一般来说,浅黄色、黄色对应着有机质的未成熟和低成熟,深黄色—浅褐色(浅棕色)对应着成熟阶段,而深褐色(暗棕色)—黑色对应着过成熟。

用紫外光或蓝光可激发出脂质组的荧光。荧光的产生与芳香结构特别是1~2环结构的共轭双键有关。当发荧光分子聚合度加大时,就会因为吸收作用使荧光变弱。

在浅层未成熟的样品中,藻类、孢子、花粉、树脂体的荧光是强的,多为绿色;随成熟度增加,荧光强度减少,颜色也变为黄色、浅褐色,向红色方向移动。当达到 $R_o=1.3\%$ 时,荧光完全消失。

七、热失重的变化

将有机质置于加热装置中,进行恒速升温热解,测量样品在升温过程中因热解产物的消耗而引起的重量减少,可得到一条积分曲线。

图8-9是Tissot等(1978)研究的法国巴黎盆地和撒哈拉Ⅱ型干酪根在不同演化阶段的热失重变化。可以看出,对同一个样品来说,分别以350~400℃和500℃为界,可将失重曲线分为明显不同的3段:第一阶段失重量小,主要产物为 H_2O 和 CO_2;第二阶段失重量大,主要产物为烃类;第三阶段失重量也很小,主要产物为 CH_4。这与前面干酪根元素组成和官能团的变化特征有相似性,是有机质演化成烃阶段性的体现。对不同的样品来说,成岩作用阶段有机质的重量损失可达70%(曲线A)。深成作用阶段中的热失重比成岩作用阶段小得多,随着演化作用的进行,热失重有规律地减少,先是减少到55%(曲线B),再是40%(曲线C),然后是20%(曲线D)。变质作用阶段干酪根热失重量已达最小,低于10%(曲线E)。这种热失重有规律减少,正反映了沉积物随埋藏深度(温度)的增加,干酪根的大部分已经在前期阶段演化成烃类,残余的有机物质则逐渐发生更多的缩合作用,并对热降解作用失去了敏感性。

图8-10为3种类型未成熟干酪根的热失重(TGA)和微分热失重(DTG,测定失重的速率得到的微分曲线)曲线,可见温度从25℃增加到600℃,重量不断减少,不同类型的干酪根失重量不同,即Ⅰ型>Ⅱ型>Ⅲ型。这反映出干酪根生烃潜力的差异。

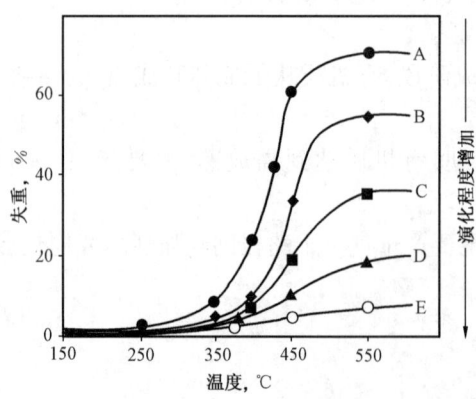

图8-9 巴黎盆地和撒哈拉Ⅱ型干酪根的热失重分析(据Tissot等,1978)
程序升温4℃/min

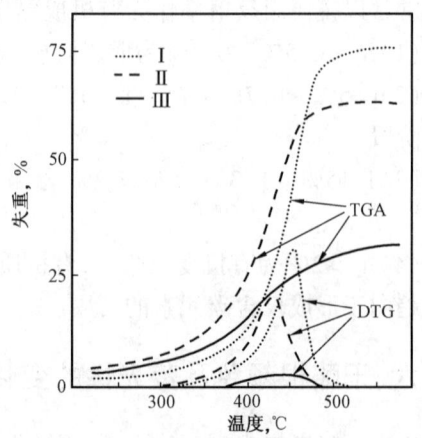

图8-10 3种类型未成熟干酪根热失重曲线(据Durand,1980)
$R_o=0.5\%$

八、碳同位素的变化

干酪根的碳同位素组成一方面与其来源(先质)有关,另一方面与演化过程中的同位素分馏效应有关。就来源来说,一般类脂化合物碳同位素组成较轻,富含^{12}C,而蛋白质和碳水化合物富含^{13}C(图8-11)。这导致干酪根结构中的脂族结构比较富含^{12}C,而杂原子结构比较富含^{13}C。早期的成岩作用阶段,沉积有机质在从生物聚合物—生物单体—地质聚合物(干酪根)的演化过程中,由于优先脱去的是杂原子化合物,所以有机质(干酪根)逐渐富集^{12}C。

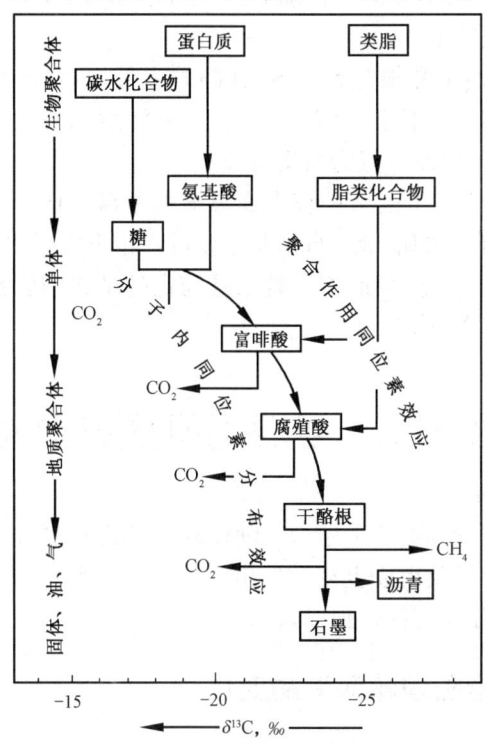

图8-11 沉积有机质的碳同位素演化简图(据 Galimov,1978)

深成作用阶段,由于地温增加,干酪根受热裂解作用加剧,C—C键发生断裂。而裂解一个$^{12}C—^{12}C$键所需的能量比裂解$^{13}C—^{12}C$键要少,所以,在热裂解的过程中,$^{12}C—^{12}C$键的断裂次数约比$^{13}C—^{12}C$键断裂的次数多8%(Stevenson等,1948;Brodskii等,1959)。正是这个原因,使得深成作用阶段生成的沥青,与干酪根比较起来,具有较轻的碳同位素值(1‰~4‰范围),尤其是烃类,相对其母质干酪根更具有较轻的碳同位素组成。生油层中的沥青,特别是烃类,是由原先具较少^{13}C同位素干酪根的化学组分如烷链和饱和环演化而来,所以当烃分子从干酪根中释放出来以后,干酪根中的^{13}C同位素就相对增加。这样,生油原始母质干酪根,经过深成作用阶段的演化,其同位素组成应该变重。不过,由于该阶段同时还有一部分相对富集^{13}C的杂原子基团脱去,因此在许多情况下,干酪根的碳同位素组成在深成作用阶段的变化并不明显。

比较而言,在这一阶段形成的甲烷的$\delta^{13}C$同位素更低,即甲烷的碳同位素组成与原始母质干酪根之间的差别比原油与干酪根的差别大。甲烷与重烃及干酪根相比,含更多的^{12}C同位素。

随着碳同位素组成较轻的液态和气态烃类产物的不断脱除,残余干酪根中的C—C结构的同位素组成逐渐变重,这导致碳同位素的分馏程度减弱,使后期产物与母质之间的碳同位素差别逐步缩小。这样在变质作用阶段,母质与产物,即甲烷与干酪根的同位素组成就趋于一致。

总之,综合以上各种分析手段所获得的大量资料可以看到,随深度(温度)的增加,干酪根经历了地球化学的演化过程,这个过程可分为3个阶段:

(1)成岩作用阶段:刚形成的年轻干酪根结构松散,芳香片排列无序,缩聚程度甚低,故镜质组反射率低,小于 0.5%~0.7%,颜色较浅;含氧高,O/C 大,相应于 C=O 的红外吸收峰 (1710cm^{-1})明显,碳同位素组成富含^{13}C;随着演化程度增加,O/C 迅速下降,^{12}C 相对富集。总之,该阶段以脱氧为典型特征。

(2)深成热解作用阶段:干酪根开始降解,伴随着大量排烃,H/C 迅速下降,相应于 CH_3、CH_2 的红外谱带减弱,镜质组反射率、热失重量、自由基浓度和有机质颜色等均由于芳核的缩合而发生明显的变化。该阶段以去氢为典型特征。

(3)变质作用阶段:残留的干酪根中仅含少量短烷基链。H/C 和 O/C 均降到最低值,红外光谱中只有与芳核结构有关的谱带。自由基浓度进一步下降,镜质组反射率大于2%,干酪根颜色由深褐色变为黑色。干酪根形成了越来越稳定的结构,其芳香片层排列定向,层片密集,直径变大。该阶段以富碳、缩聚为特征。

第三节 可溶有机质的演化

在干酪根的含量、组成、性质、分子结构等随埋藏深度的增大(温度升高)而发生有规律变化的同时,其演化产物的含量及组成也在发生相应的变化。因此,有机质的演化,也可以通过研究其演化产物的分布特征和规律来加以认识。

一、沥青和总烃含量随埋藏深度的变化

大量的研究表明(Larskaya、D. Zhabrev,1964;Philippi,1965;Louls、Tissot,1967;Albrecht 等,1970;Tissot 等,1974),沉积物中的可溶有机质数量和组成,随埋藏深度增加(即温度增加)呈有规律的变化(图8-2、图8-12)。从图8-12可以看出,沥青与总烃含量均随埋藏深度的增加开始时增加较慢,当埋藏深度超过 1500m 时变得显著,显示了明显的低值—高值—低值的完整的3段特征。图8-13为黄骅坳陷古近系生油岩地球化学指标与深度变化曲线。可以看出它基本上也可以划分出3个连续的演化带,其中的沥青、总烃等在 2200m 以前的含量相对较低,2200~4100m 左右较高,4100m 以后又下降。

二、烷烃随深度的变化

在沉积有机质演化的过程中,产物烷烃的变化也有其明显的地球化学特征,国内外的许多研究都揭示了这一演化规律。

1. 饱和烃随埋深的变化

图8-14为杜阿拉盆地白垩纪地层中饱和烃和芳烃随埋深的变化情况,它们均可以划分出3个变化带,并可与沉积有机质演化的3个阶段进行对比。

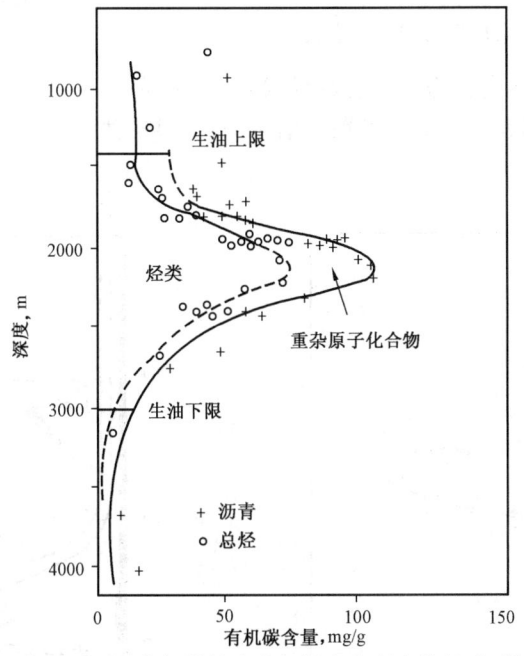

图 8-12 杜阿拉盆地白垩纪地层中烃类的生成与深度和温度的关系(据 P. Albrecht 等,1976)

(1)在浅于1200m时,饱和烃的浓度很低,且与现代沉积物和未成熟生油岩中相当低的烷烃值一致。此深度相当于沉积有机质演化的成岩作用阶段。

(2)在深度为1200~2200m时,饱和烃含量增加迅速,在2200m左右达到了最大值。这种情况的出现大部分是可溶有机质中的极性分子失去官能团或干酪根侧链脱落引起的。饱和烃的大量出现说明,沉积有机质的演化已达深成作用阶段,石油大量生成。

(3)在深度超过2200m时,饱和烃的含量又迅速下降,至3000m以下降至最低值。这种现象的出现主要是由干酪根上的侧链已基本脱落,热降解率低,只生成短链烃,而前期生成的长链烃受热 C—C 键发生断裂形成轻质烃和甲烷气所致。与沉积有机质演化阶段对比,它相当于变质作用阶段。

黄骅坳陷古近系生油岩的饱和烃含量随深度的变化与杜阿拉盆地相似(图 8-13)。

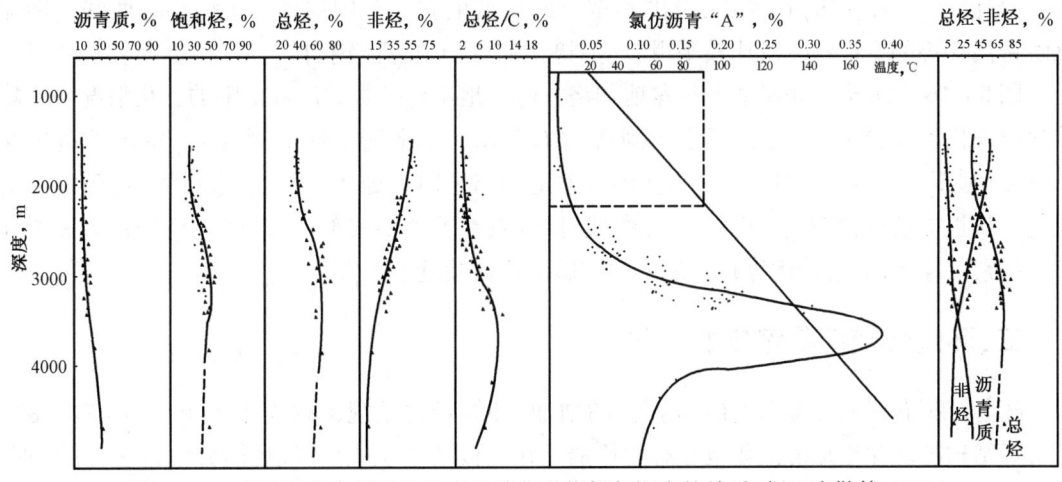

图 8-13 黄骅坳陷古近系生油岩地球化学指标与深度的关系(据田克勤等,1982)

2. 正构烷烃和异构烷烃随深度的变化

随着沉积有机质成熟度的增加,正构烷烃和异构烷烃也呈现出有规律的变化(图 8-15)。与饱和烃的变化一致,图 8-15 也可以划分出 3 个变化带,并可与沉积有机质演化的 3 个阶段进行对比。

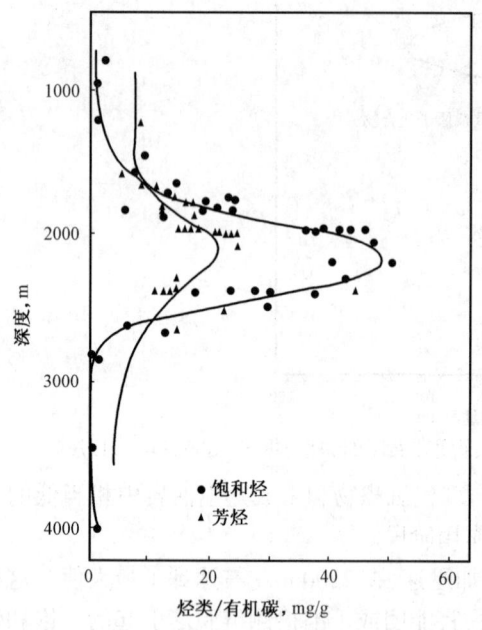

图 8-14 杜阿拉盆地白垩纪地层中饱和烃和芳烃随埋深的变化(据 P. Albrecht 等,1976)

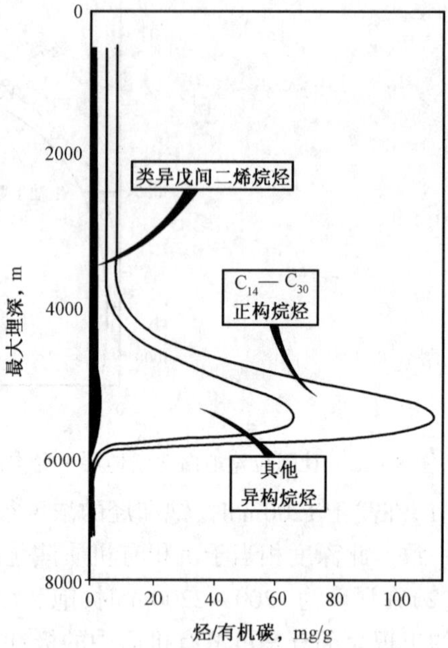

图 8-15 尤因塔盆地正构烷烃和异构烷烃随深度的变化(据 Tissot,1978)

3. 主峰碳数和碳数范围及奇偶优势的变化

研究发现,随着沉积有机质成熟度的增加,正构烷烃的 3 个重要地球化学参数即主峰碳数、碳数范围和奇偶优势也呈有规律的变化。主峰碳数和碳数范围从高碳数向低碳数范围移动,一般由 C_{22}—C_{33} 移向 C_{22}—C_{15} 范围甚至可向更低的碳数范围移动。正构烷烃曲线由明显反映奇偶优势的锯齿状变成比较平滑、均一状,OEP 或 CPI 值趋于 1。

图 8-16 为美国西海岸文图拉盆地和洛杉矶盆地主峰碳数和碳数范围的变化情况。主峰碳数由现代沉积物中的 C_{29} 移至上中新统的 C_{17}、C_{19}(下上新统原油则为 C_{21});碳数范围从 C_{25}—C_{33} 移至 C_{25}—C_{17}。图 8-17 为文图拉盆地和洛杉矶盆地的正构烷烃奇偶优势随埋深的变化。从正构烷烃的 $2C_{29}/(C_{28}+C_{30})$ 曲线可看出,在盆地的浅部位,该值大约分别为 8.5 和 6.2,但到了深部位,这种优势趋于消失,奇/偶碳数值接近于 1。

三、环烷烃随埋藏深度的变化

随着沉积有机质埋藏深度(成熟度)的增加,环烷烃也呈现出有规律的变化(图 8-18)。环烷烃结构随埋深增加的演化也是有规律的。在较浅的层位中,环烷烃馏分中以多环的(四、五、六环)环烷烃占优势,单环、二环环烷烃含量少。但随着埋藏深度增加,出现相反的情况,多环环烷烃含量减少,单环和二环环烷烃含量增加(图 8-19)。环烷烃的这种变化规律可能

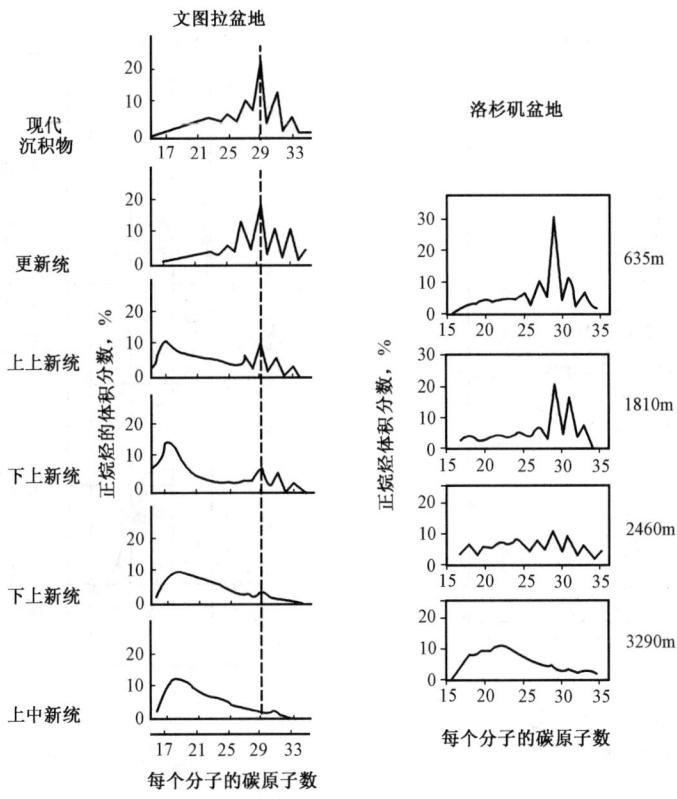

图 8-16　文图拉盆地和洛杉矶盆地正构烷烃分布随埋深变化图

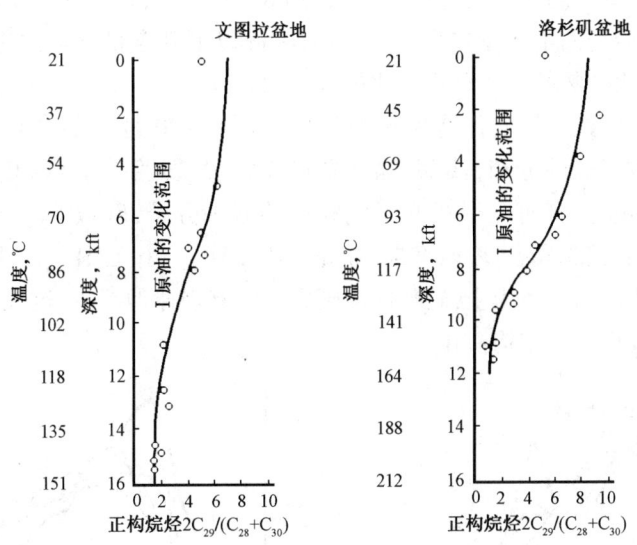

图 8-17　文图拉盆地和洛杉矶盆地正构烷烃奇偶比值随埋深变化图（据 Philippi,1965）

是由于在深部受热力的作用,多环环烷烃的热分解形成。在浅部位,C_{27}—C_{29} 范围的四环和五环分子与固醇类和三萜烯类的化合物有关。

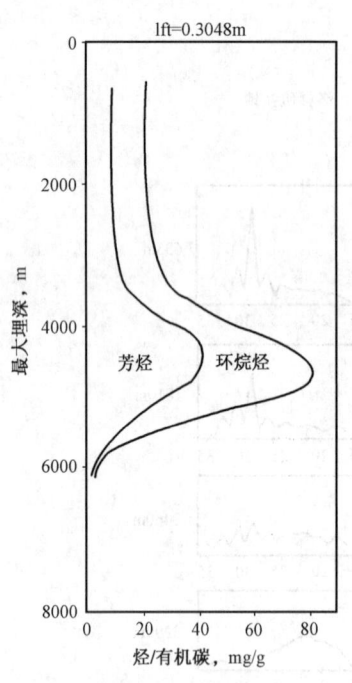

图 8-18 尤因塔盆地环烷烃与芳烃
随埋深变化图(据 Tissot,1978)

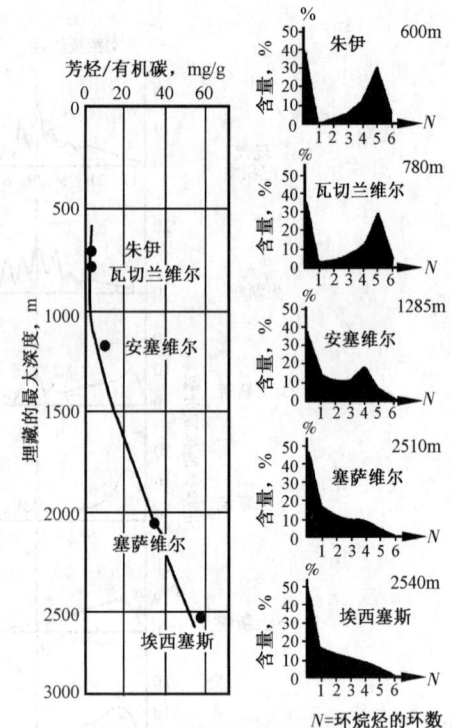

图 8-19 巴黎盆地下托尔阶页岩中环烷烃与
芳烃随埋深变化图(据 Tissot,1971)

四、芳烃随埋藏深度的变化

芳烃随埋藏深度变化的特征与饱和烃类似(图 8-14 和图 8-19)。从图可以看出,与饱和烃的生成量相比,芳烃的生成量较少,而且在 2200m 以下其含量下降的速度也比饱和烃慢。这种情况说明,芳烃化合物的化学稳定性比饱和烃大。

不同结构和不同碳数芳烃演化具有不同的特点,图 8-20 是巴黎盆地下托尔阶页岩不同类型芳烃和不同碳数芳烃的分布,浅部样品(费科库特、瓦切兰维尔)以 C_nH_{2n-12}、C_nH_{2n-14} 和 C_nH_{2n-16} 型的芳烃占优势,含有一个或几个饱和环的芳香分子,碳数 C_{27}—C_{30},与生物成因的甾、萜类化合物有关;深部样品(埃西塞斯、布奇)以 C_nH_{2n-12} 和 C_nH_{2n-18} 型的芳烃为特征,以 1~3 个环的苯、萘、菲系列芳烃为主,碳数向高碳数方向有规律地减少,这表明随热力作用增强芳烃逐渐趋向于比较稳定的结构演化。

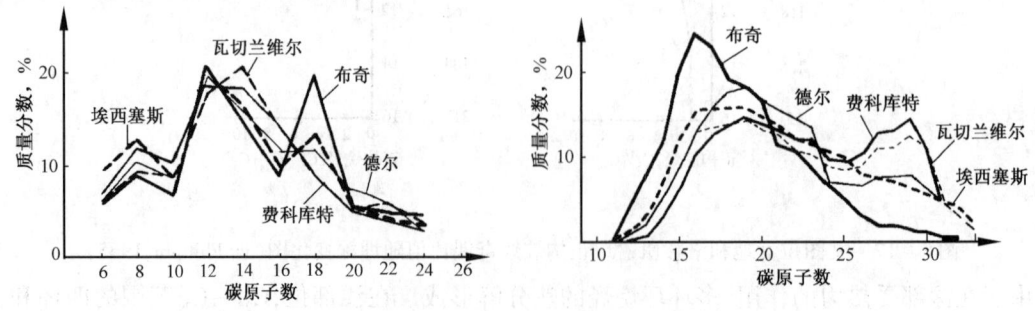

图 8-20 巴黎盆地下托尔阶页岩不同类型和碳数芳烃的分布(据 Tissot,1971)

Tissot 等(1978)总结了巴黎盆地下托尔阶页岩中各种烃类的演化(图 8-21)。烃类由浅至深明显的变化规律,与沉积有机质在成岩过程中(由成岩作用至变质作用阶段)的演化有关。当沉积物埋藏到一定深度时,由于温度增高,沉积有机质受热并在热解中生成简单的和化学上稳定的结构,如烷烃、单环烷烃、纯的芳烃分子。因此,从浅到深,烃类中多环的结构逐渐减少,链状结构占优势,低分子烃的比例增加。当超过了生油的主要阶段(深成作用阶段)之后,热裂解作用成为主要的过程,低分子烃就完全占主要地位。

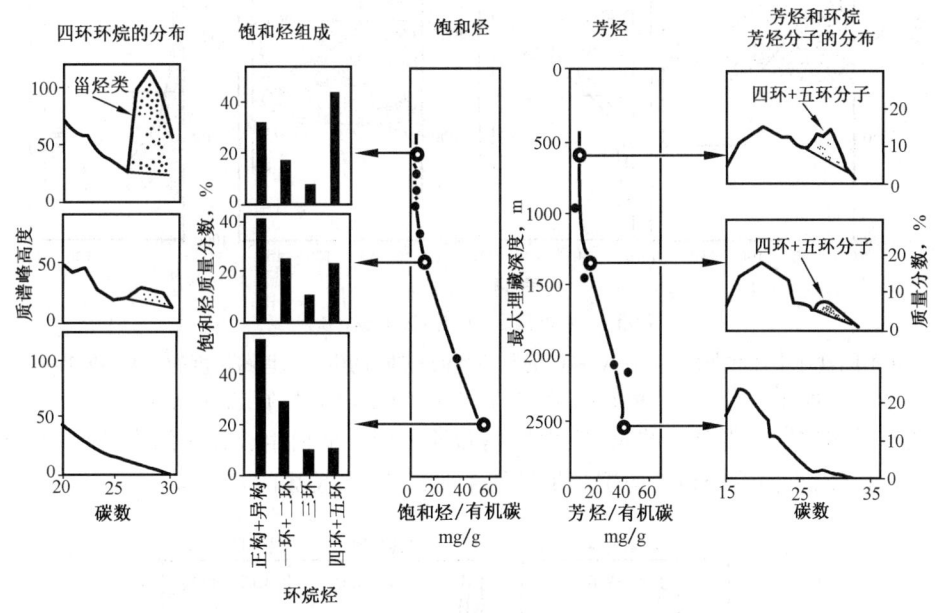

图 8-21 巴黎盆地下托尔阶页岩中各种烃类的演化示意图(据 Tissot 等,1978)

五、不同类型干酪根形成烃类的演化特征

对不同类型干酪根形成烃类的演化特征进行对比的结果表明,它们除具一般的特点外,不同原始母质生成烃类的数量、组成比例均有明显的差异。

如图 8-22 所示,在浅层,沥青和烃含量较低,沥青转化率在巴黎盆地(Ⅱ型干酪根)为 40mg/g,在杜阿拉盆地(Ⅲ型干酪根)仅为 30mg/g 左右。烃类转化率在巴黎盆地大约为 10mg/g,在尤因塔盆地较高,为 30mg/g。随着深度的增加(在巴黎盆地和杜阿拉盆地深度达到约 1500m,尤因塔盆地深度大于 3500m),沥青转化率和烃类转化率的变化很小。超过上述门限,转化率在杜阿拉盆地中增加得相当快,在其他盆地中增加得比较缓慢。同时,烃类所占的比例逐渐增大,烃类转化率在杜阿拉盆地(Ⅲ型干酪根)2100m 深时达到 100mg/g,在尤因塔盆地(Ⅰ型干酪根)5200m 深时达到 150mg/g。在杜阿拉盆地和尤因塔盆地更深的地方,沥青转化率和烃类转化率逐渐减小到非常低(低于 10mg/g)。这种液态烃和其他石油组分的消失是由裂解造成的,这种裂解过程产生低分子烃(气)和残碳。

从图 8-23、图 8-24 和图 8-25 中可以明显地看出,不同类型干酪根所生成产物的种类和比例不同;巴黎盆地Ⅱ型干酪根主要生成饱和的环烷烃和芳烃,而正构烷烃和异构烷烃相对不重要(占总烃的 20%);杜阿拉盆地Ⅲ型干酪根生成的烃与Ⅱ型干酪根相比,含正构烷烃多,

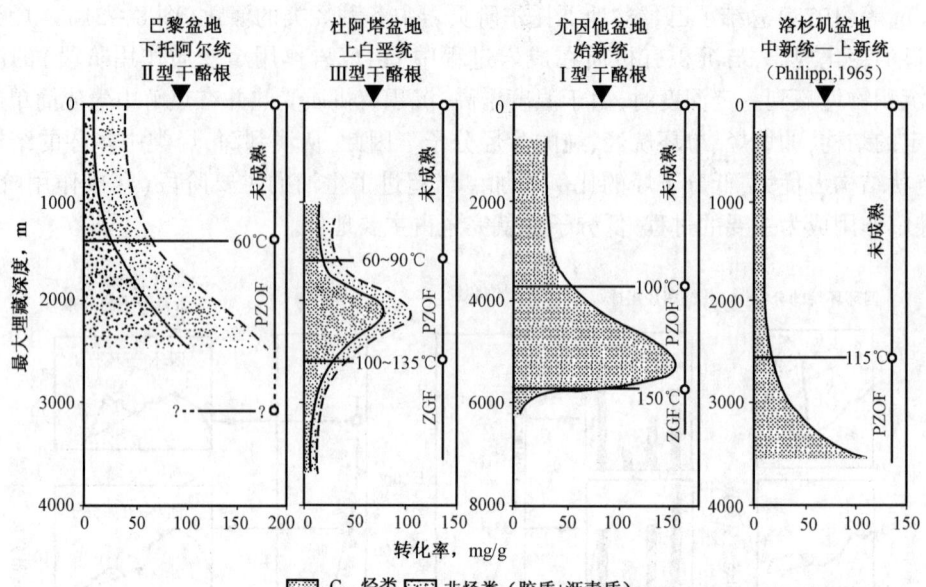

图8-22　在不同盆地中烃和非烃(含有N、S、O的胶质和沥青质)的生成与埋藏深度的关系(据Tissot等,1978)
PZOF—主要生油带;ZGF—裂解生气带;相应的温度按照现在的地温梯度来表示

正构烷烃与异构烷烃约占总烃的40%;尤因塔盆地Ⅰ型干酪根生成较多的直链烃和支链烃以及较少的环状烃,正构烷烃和异构烷烃是烃的主要组成(占总烃的60%)。

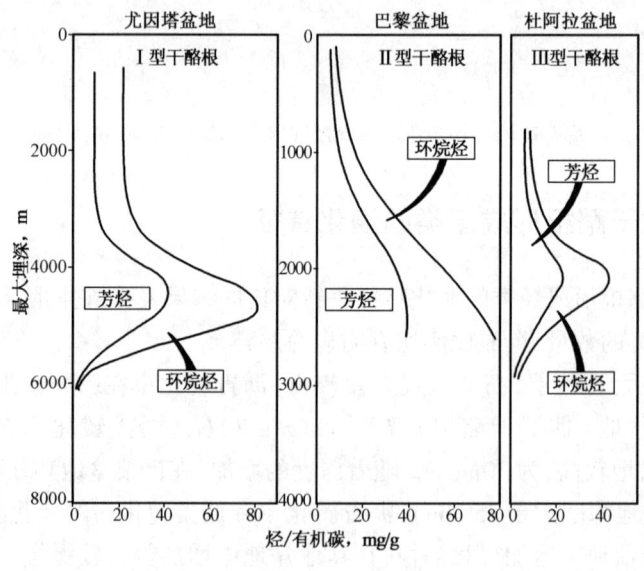

图8-23　不同类型干酪根中正构烷烃和支链烷烃的生成与埋深的关系(据Tissot等,1978)

六、非烃随埋藏深度的变化

非烃化合物主要指可以用氯仿抽提出来的非烃和沥青质,有时也包括只能用甲醇—苯或者甲醇—丙酮—苯(MAB)混合溶剂抽提的高极性化合物。在浅层的沥青中,胶质和沥青质含O、N、S多,随着埋藏深度的增加,含量逐渐减少。

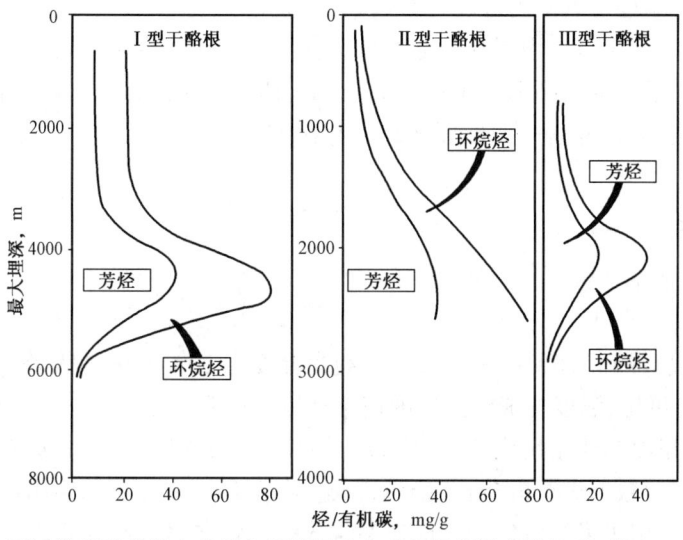

图 8-24　不同类型干酪根中芳烃和环烷烃的生成和埋藏深度的关系（据 Tissot 等,1978）

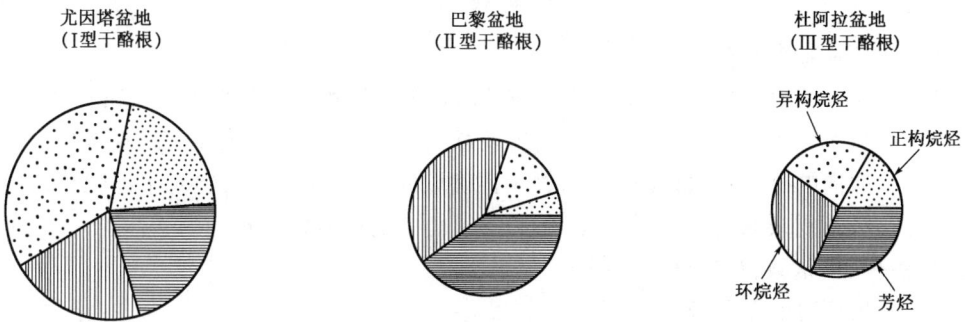

图 8-25　在最大生油深度上由 3 种主要类型干酪根生成的烃类组成（据 Tissot 等,1978）
图中面积分别与每克有机碳中各种烃类的质量成正比

第四节　影响有机质演化的地球化学因素

油气的形成涉及有机质的分解、聚合、裂解等一系列反应。这些反应将受到生物和非生物因素(如微生物、催化剂、温度、时间、放射性等)的影响。因此,为更好地理解油气形成的机理和模式,有必要先讨论这些影响因素。

一、微生物的作用

这已在第六章第二节和本章第一节中介绍,这里不再赘述。

二、温度(热应力)的作用

由于地球内热外冷,从而构成了一个由内向外的热应力场。正是埋藏深度增大所导致的热应力增高,使干酪根发生裂解反应生成油气。由于温度是反映热应力强弱的指标,故热应力对有机质演化的影响也可以称为温度的影响。

不难理解,作为热应力作用下的断键裂解反应,干酪根(有机质)成油、成气的反应进程将在很大程度上受控于温度的高低。范特霍夫(van't Hoff)规则认为,当反应物浓度不变时,温度每升高10K,化学反应速率一般增加到2～4倍,即:

$$\frac{KT+10}{KT} = v = 2 \sim 4$$

式中　K——反应速率常数;
　　　t——温度。

如果$v=2$,则埋深到120℃时的反应速率约为温度为20℃时的地表处的10^3倍,而若$v=4$,则为约10^6倍。可见,温度对成烃反应的速率有极其重要的影响。

事实上,表述温度与化学反应速率(常数)关系有更为准确的方法,这就是阿仑尼乌斯公式。根据对大量实验数据进行的分析、归纳,阿仑尼乌斯(1899)年总结出了反应速率常数随温度变化的关系,提出了表征温度与反应速率常数的一般方程式:

$$K = Ae^{-E/RT} \qquad (8-1)$$

式中　K——反应速率常数;
　　　E——活化能,使分子成为能发生反应的活化分子所需要的最低能量,J/mol;
　　　A——频率因子,s^{-1},对基元反应其物理意义是,使活化分子发生有效碰撞的具有正确取向的碰撞频数(=碰撞总数·正确取向的碰撞频率),但对干酪根成烃这样的极其复杂的反应,一般按其在式(8-1)中的位置称为指前因子;
　　　R——气体常数,8.314J/(mol·K);
　　　T——反应时的温度,K。

由式(8-1)可知,反应速率常数与温度、活化能的关系为指数关系。温度发生微小的变化,反应速率常数就会发生较大的变化。显然,升高温度或降低活化能都可使反应速率加快。

在靠近地表处,温度较低,沉积有机质的反应速率较慢。随着深度的增加,沉积有机质的反应速率也加快,这已为许多沉积盆地的沉积有机质的演化规律所证实。例如,Philippi(1965)在研究美国加利福尼亚州洛杉矶盆地和文图拉盆地中新统生油岩时发现,其中的沉积有机质总量和C_{15+}烃类总量及组分随埋藏深度的增加而变化(图8-26),从图中可以看出,在较浅部位,两个盆地的烃/有机碳的值都相当低,但分别在10×10^3ft(2400m,洛杉矶盆地)和16×10^3ft(3600m,文图拉盆地)深处出现烃/有机碳值的明显增大,之后比值才迅速增加。研究发现,两个盆地烃/有机碳值明显增大的转折点深度虽然不同,但转折点的温度却都是115℃左右(两个盆地的地温梯度不同)。这也是温度控制沉积有机质演化生成烃类的地质证据。

在温度作用下,碳—碳键的断裂可能以几种不同的方式进行,即碳链的断开可能发生在中间,也可能发生在末端。

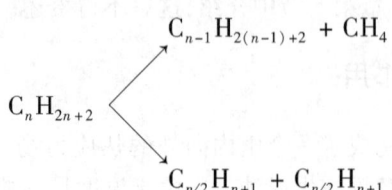

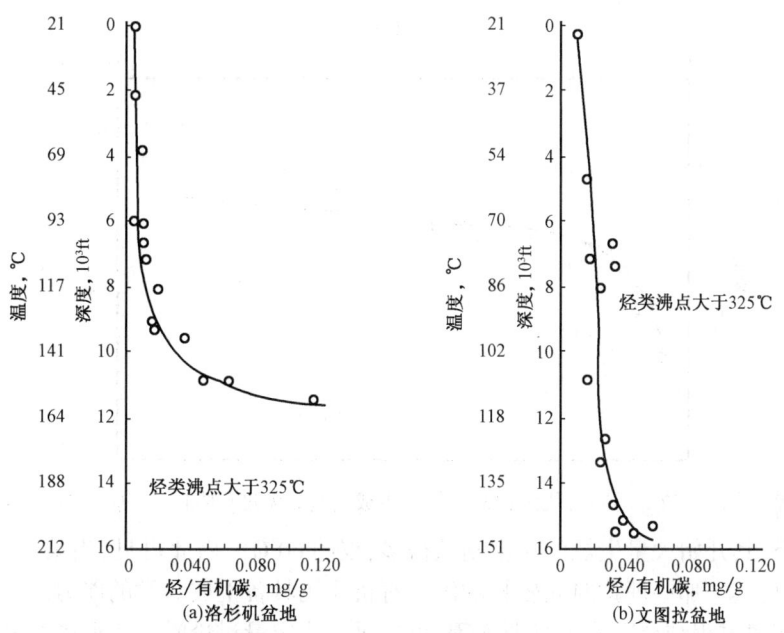

图 8-26 洛杉矶盆地(a)和文图拉盆地(b)烃/有机碳值随埋藏深度的变化(据 Philippi,1965)

热力学原理指出,要使 C_4 的碳链从末端断开比 C_6 碳链从中间断开需要更多的热能,而 C_6 比 C_8 碳链从中间断开需更多的热能,C_8 以上的碳链从中间断开所需要的热能差别较小 (Smith,1968)。这就是说,要断开一个短链的烃比断开一个长链的烃困难得多,这可解释为何通常在地质体中出现甲烷的聚集深度比石油深的规律,其原因就在于深处比浅处能提供使短链烃碳—碳键断开更多的热能。可见,各个阶段的反应产物都与温度有关,只是在各阶段中温度作用不同,同时产物也随温度增加而变轻。这样的反应相当于地质体中沉积有机质从成岩作用到深成作用再到变质作用阶段的演化过程。另外,反应需要有氢的来源。在这一演化过程中,随温度增高,干酪根的环化作用和芳构化作用提供了氢的来源。

研究证实,沉积有机质的受热过程是一个非生物的过程,有机物受热的结果是使生物产生的分子特征消失。例如,由热裂解产生的链烷烃不显示奇偶碳优势,原先从生物体继承来的奇偶碳优势消失。因此,随埋藏深度或温度的增加,正构烷烃的碳优势指数 CPI 值就趋近于 1。同样,在热力的作用下,具有旋光性的化合物也被降解为不具有旋光性的产物,并且随着具旋光性化合物被稀释和降解,岩石抽提物的旋光性也降低。另外,由生物继承下来的分子都具有特征性结构,如甾烷、异戊二烯类烷烃、卟啉化合物等。这些分子在温度作用下也将发生演化,并最终裂解为不具有其母质特征的小分子。

三、时间的作用

时间与化学反应之间没有直接的联系,但任何反应都必须在一定时间范围内进行。不难理解,较慢的反应速率经过较长的时间补偿,也可以达到同样的反应程度。例如,如果温度升高 10℃,反应速率加倍,则温度降低 10℃ 时,可通过有效的反应时间加倍来补偿。所以,对于年轻的沉积盆地,开始生成烃类的深度往往比古老的沉积盆地大得多。图 8-27 反映不同时代沉积物中有机质生成烃类的起始温度。例如,洛杉矶盆地时代为 12Ma 的早中新世沉积中的烃类,大约在 115℃ 进入生烃门限开始大量生烃,而时代比它老 163Ma 的巴黎盆地早侏罗世

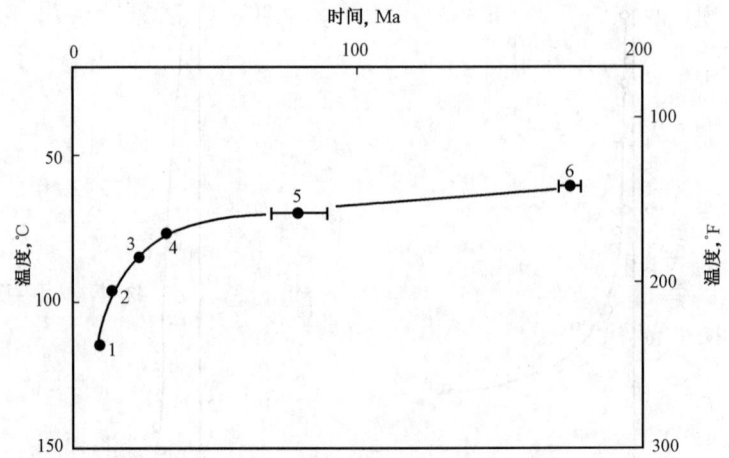

图 8-27　不同时代沉积盆地烃类生成的起始温度(据 Tissot 等,1971)

沉积中的烃类,其开始大量生烃的温度则低得多,仅约 60℃。由此可见,当某一沉积盆地的地温梯度较低时,其中那些埋藏时间较长的沉积有机质仍具备生成烃类的能力。

由反应速率方程结合阿仑尼乌斯方程,可以进一步定量讨论时间—温度关系。

有机质成烃的反应一般可用平行一级反应来描述(Ungerer,1990),为推导简化起见,假定可由单个一级反应来描述,则可以得到反应速率方程:

$$dC/dt = -K \cdot C \tag{8-2}$$

式中　C——反应物浓度。

结合阿仑尼乌斯方程(8-1),不难推得,对一个给定的反应程度(即 C/C_0 = 常数),其中 C_0 为反应物原始浓度,则:

$$\ln t = \frac{E}{RT} - A \tag{8-3}$$

式(8-3)即为 Connan(1974)在研究石油生成时间与温度关系时所得到的时间—温度关系式。该式表明,(烃源岩所经历的)温度的倒数与(反映烃源岩年龄的)时间的对数呈线性关系,即在沉积有机质演化过程中,虽然时间和温度存在着补偿关系,但这种补偿具不平衡性。温度的少量降低需要时间的极大延长才能补偿。所以,温度对有机质的热演化成烃起主导作用,时间的补偿有一定的限度。当温度低到一定的限度时,如 50℃ 以下,无论多长的时间,对正常热成因油气的生成来说已基本上没有意义。当温度超过 50~60℃ 时,时间的影响才显示出来。

如果上面给定的反应程度(C/C_0)对应着达到成烃门限的转化率,则式(8-3)还可以用于讨论有机质演化大量生烃的门限温度与烃源岩时代的关系:当有机质的性质一定时(活化能 E 一定),则烃源岩时代越新,门限温度就越高;反之,烃源岩层越老,其门限温度就越低(图 8-28)。

沉积有机质演化生烃的过程是一个长期的、连续累加的不可逆过程。经受的温度较低,生烃过程就缓慢;温度升高,过程随之加速;温度再度降低,生烃过程可以再次变慢或终止。只要有机质不被氧化、剥蚀,具有生烃潜力,无论经历多么复杂的过程,一旦重新埋藏到一定深度(温度),就可以重新开始生成烃类,即"二次生烃"。

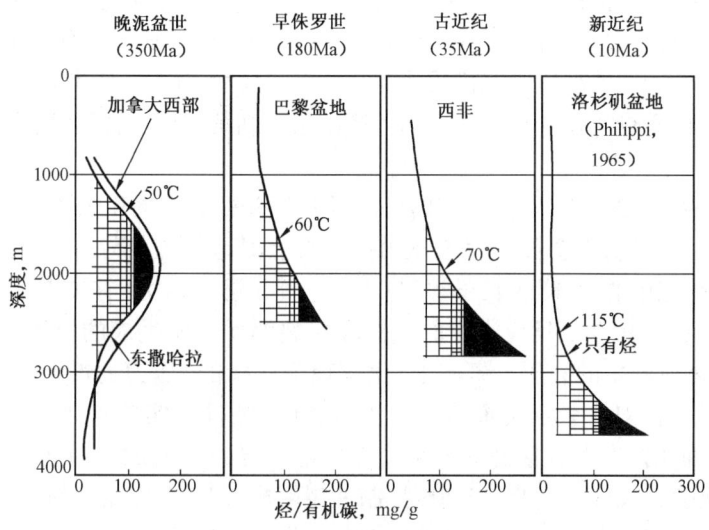

图 8-28 几种不同时代烃源岩的门限深度和门限温度比较(据 Tissot 等,1975)

总之,在温度和时间的综合效应下,有利于有机质演化生成并保存油气的盆地是年轻的热盆地和古老的冷盆地。相反,年轻的冷盆地中的有机质难以达到生油门限值,不能转化为油气;古老的热盆地则会使已形成的烃类破坏。这可以指导油气勘探的选区。

实验室内模拟有机质的成烃演化过程,正是利用时间—温度互补原理,通过明显高于地质条件下的反应温度,来极大地提高反应速率,从而将地质条件下需要数百万年—数亿年才能完成的反应在几天甚至几十分钟内实现。

四、压力的作用

虽然化学理论认为,压力的增大有利于反应向压力减小的方向进行,尤其是油裂解成气的过程,涉及反应前后体积的巨大改变,从而导致压力的明显改变,因而应该受到明显的抑制,但关于压力在有机质热演化和生烃过程中的作用,不同学者依据模拟实验或对地质实例的剖析却得到了3种互相矛盾的认识:(1)压力对有机质的热演化和生烃作用无明显影响(Monthioux,1986;Tissot 等,1984),也没有证据表明压力减小石油的转化速率(Schenk,1997);(2)压力的增大促进有机质的热演化(如镜质组反射率升高)特别是烃类的热裂解(Chandra,1965;Hryckowian,1967;Braun,1990;Bustin,1986;Braun 等,1990;Mastalerz,1993);(3)压力的增大抑制有机质的热演化和生烃作用(Dalla Torre,1997;Landais,1994;Price,1992;Sajo,1986;丁福臣,1991;卢双舫,1994;Jackson,1995;Hao Fang 等,1995,1998;Zou,2001)。

郝芳(2005)对我国一些典型的超压盆地进行系统研究后提出,在沉积盆地中,在静水压力系统,压力的增大不会对有机质的演化产生抑制作用,压力对于有机质热演化和生烃作用的抑制作用在于盆地中存在过剩的超压作用(流体压力超过静水压力)。不同的超压系统的多样性及有机质热演化反应的多样性和复杂性决定了超压对有机质热演化和生烃作用影响的复杂性。在此基础上,郝芳等(2007)提出了超压抑制有机质热演化的4个层次:(1)超压抑制了有机质热演化的各个方面,包括不同干酪根组分的热降解(生烃作用)和烃类的热演化;(2)超压仅抑制了烃类的热演化和富氢干酪根组分的热降解,而对贫氢干酪根组分的热演化不产生重要影响,因而镜质组反射率未受到抑制;(3)超压抑制了烃类的热裂解,而对干酪根的热降解未产生明显影响;(4)超压对有机质热演化的各个方面均未产生可识别的影响。第一层次是烃源岩早期产生超压并长期保持封闭流体系统的结果。超压发育过晚,超压强度低,超压流体频繁释放等,都可能导致超压对有机质热演化的各个方面均不产生可识别的影响。在很多情况下,超压对有机质热演化的抑制作用属于第二层次和第三层次,需要用多种参数识别超压的抑制作用。

卢双舫等(1994,2002)则认为,要正确认识压力对有机质演化和成烃的影响,首先必须明确并区分以下几个关键的概念:(1)静岩压力——由上覆地层的载荷所产生的压力;(2)总孔隙压力——岩石孔隙中的流体压力,正常压实时,它等于静水压力,有欠压实时,则出现超压;(3)有效压力——孔隙中参加反应进程的气体和由裂解反应所生成的气体的分压,不包括惰性气体和水等流体所产生的分压。事实上,化学理论所指的"压力的增大有利于反应向体积减小的方向进行"是针对有效压力而言的。不过,地质条件和实验室条件下的有效压力(分压)却很难确定。同时,考察对象是油还是气也可能是导致矛盾的原因之一。干酪根裂解成油后,油还会二次裂解成气。因此,当加压抑制油裂解成气时,若考察油的生成量,会得到加压促进生烃的结论;而若考察气,则会得到加压抑制烃类生成的结论。

卢双舫等(1994)认为,如果把这几种压力不加区分地统称为"压力"来描述"压力对有机质成烃的影响",势必会得出互相矛盾的结论。另外,实验过程中所施加的载荷压力和地质条件下的静岩压力在一定条件下会导致孔隙的封闭,使得生成的气体无法排出而导致孔隙中有效气体压力的升高,也使问题更加复杂。

从化学理论的角度来考查,应该是压力而不是超压影响反应进程。如在实验室条件下,由于没有作为参照的静水压力,就只有压力而没有超压,但实验室条件下压力的升高对体积变化的反应有明显的影响已得到了许多化工过程的证实。由此来看,就很难理解郝芳(2005)得到的"对有机质演化起作用的是超压而不是压力"这一认识。如果将上述几个概念区分开来后,就有可能解释这种现象:正常的静水压力表明孔隙流体的排出比较畅通,因此,有机质热演化生成产物,尤其是气体能够被有效排出,故其有效分压并不会随着静水压力的升高而增大;但在超压条件下,流体(包括生成的气体)不能有效排出,这将使孔隙中能够影响反应进程的有效分压升高,从而对有机质的演化和烃类的裂解起到抑制作用。

看来,压力对有机质的演化和烃类的生成有无影响、影响的方向和程度目前还没有一致的认识。但从化学理论上(冯海巍,1978)和油藏深度分布的巨大差别上看,压力至少应该抑制干酪根和油向气的裂解,但从上述文献中所反映的矛盾和问题来看,还有必要在区分上述概念的基础上作进一步的探讨。

五、催化剂的作用

催化剂是指能够加速反应进程但自身并不参加反应的物质。它加速反应进程是通过改变反应历程和机理、降低反应进行所需要的活化能来实现的,如:

$$2HI \longrightarrow H_2 + I_2$$

在无催化剂下活化能约为 184.1kJ/mol,用金做催化剂时活化能为 104.6kJ/mol。由式(8-1)计算,其反应速度可增加 1000 万倍。

前面讨论过的微生物作用可视为是一种有机催化作用,这里讨论的是无机盐类的催化作用。

黏土矿物是自然界广泛分布的无机盐类催化剂。在实验室用黏土矿物做催化剂在 150~

250℃下可以使酒精和酮脱去水或使脂肪酸去羧基,都可以产生类似石油的物质。而没有黏土矿物时,所需要的温度要高得多:

$$CH_3(CH_2)_nCOOH \xrightarrow[200℃]{黏土} CH_3(CH_2)_{n-1}CH_3 + CO_2$$

黏土矿物催化作用的机理可能在于,黏土矿物上的阴、阳离子中心可以通过电子诱导效应来影响和改变干酪根分子的电荷分布,引起分子中电子云密度的改变。这种作用沿化学键而依次传递,使过渡性的中间产物(如正碳离子)容易形成,从而降低反应所需的活化能,加速反应的进程。如黏土矿物可被视为电子对的接受者,从而有助于有机质形成正碳离子,使碳骨架重排,形成以支链烃为主的烃类。一般认为在中温下(<125℃)以热催化裂解为主,高温下则以热裂解为主。因此,在无催化剂时,C—C 键断裂为自由基反应,直链原始物质仍形成直链烃类。

黏土矿物的催化能力同其吸附能力和离子交换能力有关,催化剂表面吸附两种或两种以上物质的分子时,它们便会互相作用而形成新的化合物。通常认为,吸附能力强的蒙脱石黏土催化能力最强,而伊利石次之,吸附能力弱的高岭石黏土最弱。碳酸盐岩中因含黏土矿物较少,碳酸盐岩矿物的吸附能力也低,其催化能力更弱。岩石中大量水分的存在会大大降低催化剂的活性。然而,试验表明,当烃源岩含水低于 40% 时,其对催化剂的活性影响不大。因此,水分对黏土矿物催化作用影响的程度与不同地质条件有关。

总体而言,目前人们对地质条件下催化作用在生烃过程所起的作用的认识还只是定性推论,对一些问题的认识还存在分歧。如钟宁宁等(2004)在国家 973 项目的研究中将干酪根与蒙脱石、高岭石、方解石、白云石等不同类型的矿物混合后置于金管中进行热模拟实验,结果显示,不同条件下的热解产物组成有明显的差别,但纯干酪根和加高岭石的干酪根热解产率反而更高,而加方解石、白云石、蒙脱石的样品的热解产率却比较相近。可见,矿物的催化作用及其效应是一个还有待于进一步深入研究的课题。

六、有机质性质的影响

外因是变化的条件,内因是变化的根据。除了上述外部条件影响有机质的演化之外,有机质自身性质的差别无疑也将影响其演化特征。第七章已经述及,不同来源和不同性质的有机质,其内部结构和键型不同,因而成烃过程中的活化能将会有所差别,按式(8-1),其成烃速率也将会有明显的差别。如 Tissot 等(1975)认为,Ⅰ型干酪根因以脂肪族结构为主,杂原子键少,故活化能分布中对应于弱键的低值少(图 8-29),大部分值在 70×4184 J/mol 附近,相应于 C—C 键断裂所需的活化能。所以,它要求较高的门限温度,而且,在高温下,反应速率迅速增长,生烃量很快上升到峰值。Ⅱ型干酪根活化能分布较宽,由于杂原子键较多,活化能值较Ⅰ型低,峰值为 50×4184 J/mol,门限温度较低。Ⅲ型干酪根活化能分布平缓,最大值集中在 60×4184 J/mol,故门限温度介于Ⅰ型和Ⅱ型之间。由此,Tissot 和 Welte 提出了烃类生成界限(图 8-30):Ⅲ型干酪根首先进入门限,相当于 $R_o = 0.5\%$;Ⅱ型次之,$R_o = 0.6\%$;Ⅰ型干酪根最后,$R_o = 0.7\%$。不过,随着有机质成烃动力学研究的深入(Ungerer,1990;卢双舫等,1996),人们逐渐认识到,有机质的类型与其活化能分布的关系并非如图 8-29 所示的这样简明。同一种类型的有机质,当来源和组成不一时,其活化能分布会有明显的不同,相应地,其成烃门限、成烃区间也会明显不同。但有机质的性质对有机质的演化有至关重要的影响则是毫无疑义的。

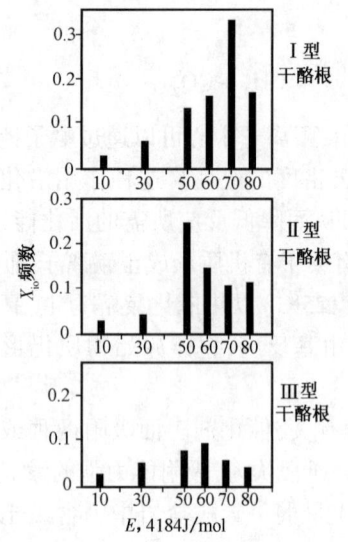 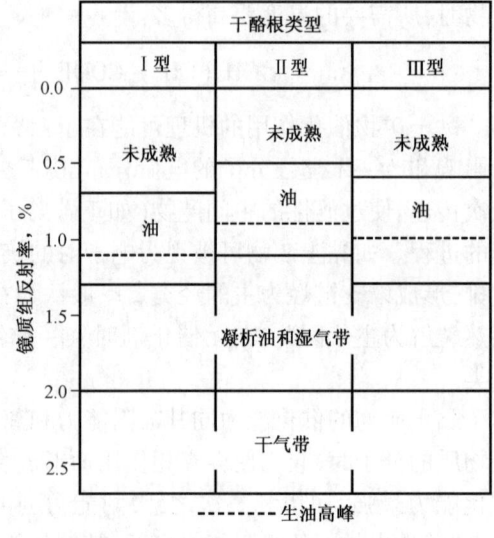

图 8-29 与三种类型干酪根的降解作用
有关的活化能分布(据 Tissot 等,1975)

图 8-30 根据镜质组反射率确定烃类
生成的近似界限(据 Tissot 等,1975)

同时,原始有机质的来源和性质不同,造成了有机质(干酪根)化学组成和物理化学性质的差异,从而使有机质的生烃潜力和所生成的产物不同。有机质的生烃潜力取决于干酪根结构中的含氢量,即脂肪族结构的丰度。Ⅰ、Ⅱ型有机质富含脂肪链,而Ⅲ型有机质富含芳香结构,在相同热演化条件下,Ⅰ、Ⅱ型有机质的生烃潜力高于Ⅲ型。一般认为,Ⅰ、Ⅱ、Ⅲ型有机质(干酪根)的最大烃转化率分别可达80%、40%~60%和30%左右。将Ⅲ型干酪根认为是生气干酪根,是基于它的生油能力差,主要产物是气,而并非其绝对生气能力高。

本 章 小 结

1. 沉积有机质的演化进程划分为成岩作用、深成(热解)作用和变质作用3个阶段。有机成岩作用对应的是由生物体到干酪根形成的演化进程,主要作用因素是微生物,在有利的条件下,可以形成大量的生物甲烷气。深成(热解)作用阶段对应着油气形成的主要阶段,主要的作用因素是热应力。变质作用阶段的最终产物是干气和残碳,主要应力是高温热应力。

2. 在埋藏演化过程中,干酪根因不断转化为油气而在有机质中的占比逐渐降低,元素组成上是一个脱氧、去氢、(相对)富碳的过程;相应地,官能团组成上含氧基团快速减少,脂族基团逐步脱去,芳香基团逐渐富集;镜质组反射率逐渐升高,这使其成为一个良好的成熟度指标。

3. 可溶有机质的含量和组成也表现出规律性变化。氯仿沥青"A"和总烃含量随埋藏深度增大显示先增后减的特征;先期的增加是干酪根成油的结果,后期的减少对应着油大量裂解成气。随演化程度升高,烃类中长链分子逐渐减少,主峰碳数降低,轻重比增高,链状结构占优势,多环结构尤其是饱和的多环结构减少。当超过了生油的主要阶段(深成作用阶段),热裂解作用成为主要的过程,低分子烃就完全占主要地位。

4. 影响干酪根和可溶有机质上述演化过程的因素包括微生物、温度、时间、压力、催化剂、有机质性质、放射性等。其中,微生物的影响主要体现在早期的成岩作用阶段;温度是决定有机质(干酪根)向油气转化最为重要的因素,温度的不足在一定条件下、一定程度上可以通过时间的延长得到补偿;压力对涉及反应前后体积明显变化的反应(如成气过程)可能有影响,但需要在厘清地静压力、地层压力、有效压力概念的基础上进行深入的研究和探讨。有机质的性质(类型)对成烃的阶段性和成烃产物有重要影响。

思 考 题

1. 有机质演化的阶段性、主要特征及与沉积学中成岩作用阶段性的异同有哪些?
2. 埋深过程中,干酪根和可溶有机质的演化规律如何?
3. van Krevelen 图中 O/C 和 H/C 的主要变化规律及其与成岩作用阶段的关系是什么?
4. 影响有机质演化的地球化学因素有哪些?简述各自的特点、适应范围及相对重要性。
5. 有机质性质如何影响成烃的阶段性和产物?

第九章 有机质的成烃模式及阶段划分

从第八章的讨论中已知,油气的生成和沉积有机质的演化是密切相关的。沉积有机质是油气形成的物质基础,油气则是有机质演化的产物。同时可以看出,有机质的演化和油气的生成具有明显的阶段性。在不同的阶段,影响有机质演化的主要因素不同,所生成的烃类和有关产物的数量、组成也明显不同,这将影响到油气在地质剖面上的分布规律。油气的形成模式正是对有机质的演化特征和油气生成特征及在此过程中所表现的基本规律的总结,它是指导油气勘探的重要理论基础。

第一节 有机质成烃的一般模式

不同的研究者,对有机质演化阶段的划分和有机质成烃(油气生成)模式的总结存在一定的差异,但大同小异,总是有一些共同之处。这就是油气生成的一般模式:总体上讲,油气的形成过程或有机质的演化过程大体可分为3个阶段(图9-1、图9-2),即未成熟阶段、成熟阶段和过成熟阶段,它们分别对应着有机质的成岩作用、深成(热解)作用和变质作用。图9-1为标志着干酪根晚期成烃说成型的经典的干酪根成烃的模式(Tissot等,1978)。与之相比,图9-2中除了将成熟阶段进一步三分并标出了各个阶段的主要产物或作用外,还在未成熟阶段标出了未成熟油气的生成曲线(黄第藩,1996)。

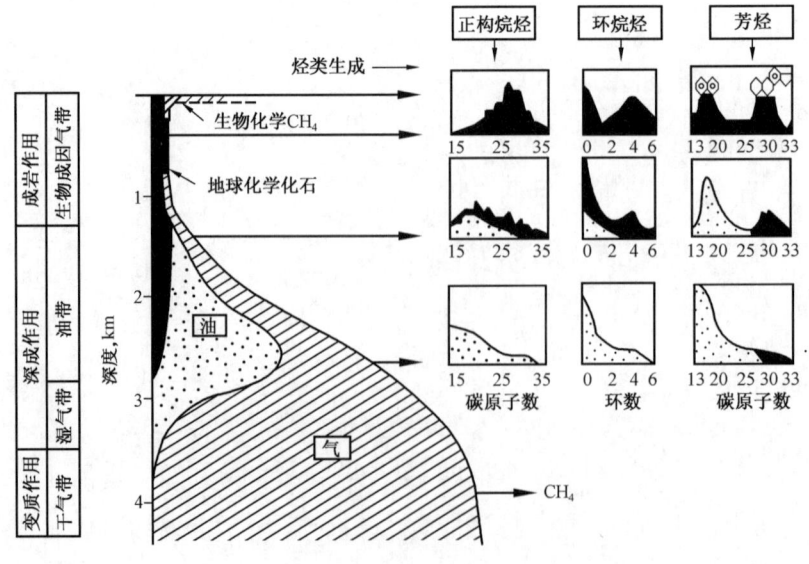

图9-1 干酪根成烃的一般模式(据Tissot,等1978)

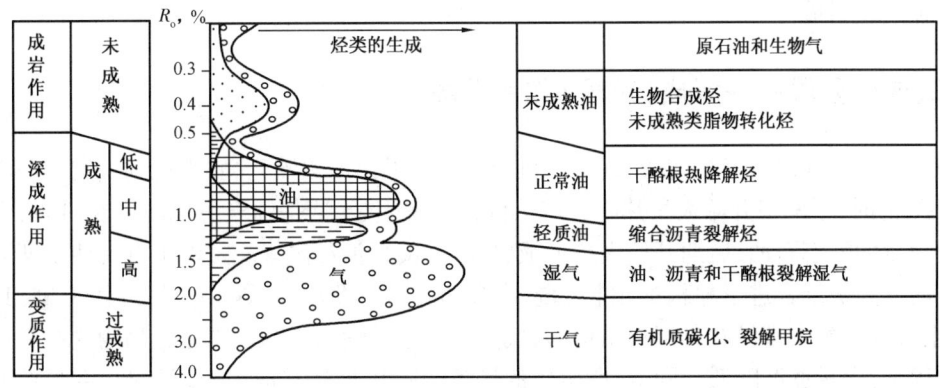

图9-2 有机质的成烃模式——演化阶段及其主要产物(据黄第藩,1996)

一、未成熟阶段——有机质的成岩作用阶段

未成熟阶段对应着有机质从埋藏之后到开始大量热降解成烃之前的阶段。由于埋深浅(一般1000多米,见图9-1,在低地温梯度的盆地可达数千米),其主要特点是低温(一般 $<60 \sim 100℃$)、低压,有机质成熟度低($R_o < 0.5\% \sim 0.7\%$),相当于煤阶的泥炭—褐煤阶段(图8-1)。这一阶段与后续其他阶段最大的不同之处在于微生物活跃,以微生物生物化学作用为主要特点。有机质在微生物的作用下首先分解为单体,之后进一步在微生物的参与下,经缩聚、不溶作用形成干酪根,故也被称为干酪根的形成阶段。

与此同时,有机质脱官能团产生较多的小分子的 CO_2、H_2O、N_2 等非烃类产物。该阶段最为重要的烃类产物是由有机质经厌氧细菌发酵过程所产生的甲烷气。这种生物甲烷气的生成量可能相当可观,是甲烷气生成的一个高峰,因此这一阶段也被称为生物甲烷气阶段。不过,由于埋藏浅,保存条件差,大多数甲烷气易被耗散损失而难以成藏。但在有利的地质条件下,也可形成大规模的商业性聚集。如我国柴达木盆地涩北一号生物气田探明储量已达 $1107.45 \times 10^8 m^3$;俄罗斯西西伯利亚的乌连戈依的储量更是高达 $10 \times 10^{12} m^3$ 以上,为世界上最大的气田,就目前的认识来看,其气源主要为生物甲烷气,但也有观点认为它主要是低成熟气(徐永昌等,2011)。

同时,这一阶段常有少量高密度、富含杂原子化合物、具有明显的正构烷烃奇偶优势等未成熟特征的 C_{15+} 重烃(图9-1),其结构特征大部分与生物体中的生物类脂物接近。这类来源的化合物常被称为生物标志化合物,可能由一些生物类脂,如酯、酮、醇等易于以非烃或胶体腐殖酸盐的形式存在于沉积物中的有机质早期转化生成。这类重质液态产物的数量一般较少,但在特定的条件下,可以比较大量地生成(图9-2)和排出,并聚集成为有商业意义的油藏。这就是在20世纪80年代提出并于90年代在我国成为油气地球化学领域一个重要研究热点的未成熟油,它被认为是对干酪根成油理论的重要补充。

不过,从本质上讲,"未成熟油"应该是有机质早期向油气转化的结果,因此,它应该被称为"早熟油"而不是"未成熟油"。换句话说,有机质是否成熟,应该按其向烃类转化的程度来衡量,只要转化程度高(生成量大),就应该是成熟油,只是成熟早晚的问题。但由于正常干酪根向油气转化的程度可以较好地由镜质组反射率等成熟度指标来指示,油气地球化学界已经习惯了将在镜质组反射率等指标界定的干酪根大量成烃门限之前生成的油气称为未成熟油,这是一种约定俗成。

二、成熟阶段——深成(热解)作用阶段

随着烃源岩埋深的持续增大,其中有机质所经历的温度逐渐升高,当达到一定的门限温度(或深度)值时,干酪根开始大量热降解或热催化降解生烃,这是油气生成的主要阶段,先期主要形成大量的液态石油,后期开始大量形成轻质油、凝析油和湿气。虽然也有一些早期以氢键或包裹的形式被结合进干酪根的生物标志化合物在这一阶段释放出来,但总体上讲,其量较少,新生成的烃类大都没有典型的结构,未成熟阶段继承性的生物标志化合物为这些新形成的烃类所稀释,含量逐渐降低。同时,所生成的烃类的碳数和分子量都逐渐降低,主要具中到低分子量,环状烃类化合物的环数和碳数也逐步减少(图9-1),非烃、沥青质也进一步降解为油气,而含量减少直至消失。

与成岩阶段不同的是,这一阶段影响有机质演化和烃类生成的最为重要的因素不是微生物而是温度(热应力),早、中期可能以催化裂解为主,晚期则以热裂解为主。

该阶段对应的埋深较大,上限对应着有机质的成岩作用阶段的结束,下限可从3000多米到6000m以上,温度范围较宽(60~200℃),镜质组反射率范围较大(0.5%或0.7%~2.0%)。

有机质生烃演化的成熟阶段跨越沉积有机质生成液态烃(包括凝析油)的全过程,也是烃源岩有机质热降解作用生成油气的主要过程,故也被称为石油的形成阶段。依据不同时期有机质生烃演化的特征,有机质的成熟阶段又可以进一步划分为低成熟、成熟和高成熟3个亚阶段,分别对应着成熟阶段的早期、中期和晚期(图9-2)。

1. 低成熟阶段(成熟作用早期)

低成熟阶段主要是指镜质组反射率为0.5%~0.7%的深成作用早期阶段,对应的煤阶为长焰煤—气煤阶段(图8-1),温度稍高于成岩作用阶段,多不超过80℃。与这一阶段相对应,可将此时生成的油气称为低成熟油气。对于早期生烃潜能低的正常烃源岩,此时干酪根刚刚开始明显转化为数量有限的烃类。但对于那些早期生烃潜能较高的烃源岩而言,由于干酪根热解生成的烃类数量相对还较少,这一阶段仍可视为未成熟油形成过程的延续,它所形成的石油仍以密度较高、非烃及沥青质含量高、生物标志化合物含量较丰富等为特点。王铁冠等(1995)认为,虽然低成熟油与未成熟油在概念上很容易区别,但由于在地球化学特征上它们比较相似,实际工作中难以区分,并且在许多地质演化剖面上,未成熟油与成熟油的演化在低成熟阶段有交叉(图9-2),因此,主张用低成熟油气的术语涵盖未成熟—低成熟油气。也有人认为,低成熟油不管数量多少,都是图9-1中干酪根成烃模式(Tissot等,1978)所涵盖的内容,没有专门讨论的必要,只有未成熟油才是超出干酪根成油理论范畴的内容,才值得讨论和探索(傅家谟等,2000)。

2. (中等)成熟阶段(成熟作用中期)

成熟阶段相当于有机质深成(热解)作用中期,是有机质的主要生油阶段,即所谓的有机质生油主带(黄第藩等,1984),对应的镜质组反射率大致在0.7%~1.3%之间,对应的煤阶为气煤—焦煤(图8-1),经历的温度一般为80~150℃。由于温度较高,干酪根大量

降解生成油气。该阶段生成的油气可占干酪根总生油气量的70%甚至80%以上。随成熟度增加,油气产率增加,一般在R_o为1.0%左右时液态油产率达到最大值,常常称为生油高峰。不同类型的有机质,生油高峰可能具有一定的差别。之后,由于有机质生油潜量的不断消耗,油的产率不断下降,天然气的产率则不断上升,气油比不断增加。该阶段为正常原油形成阶段。

这里应着重强调一下生烃门限的概念问题。生烃门限是对应于干酪根晚期热降理论的,是指沉积盆地中干酪根开始明显热降解生烃作用的起始成熟度或深度。跨越这一成熟度或深度后,干酪根便开始有效的生烃作用。显然,生烃门限的概念不表示在低温化学反应或是低温生物化学反应形成未成熟油的门限条件。

Pusey提出的石油存在的"液态窗"就是对应这个生油主带。他总结了世界上一些油田中石油产层的温度分布状态,指出液态烃在65.6℃时开始大量形成,而在高于148.9℃时则被破坏,因此,他将这一温度范围称为液态烃窗口,也有人称为"油窗"。需说明的是,从严格的意义上讲,Pusey提出的"液态窗"的温度范围可能值得进一步商榷。其一,不同类型的有机质,开始生成液态烃的起始温度存在一定差别;其二,从有机质演化的角度分析,由于时间对温度的补偿作用,不同时代烃源岩的生烃门限温度可以相差较大(图8-29)。如加拿大西部晚泥盆世烃源岩的生烃门限温度在50℃左右,而洛杉矶盆地新近世烃源岩的门限温度达到了115℃;此外,不同学者对原油开始裂解的温度的认识也存在一定的分歧。因此,对不同的沉积盆地而言,"液态窗"的温度范围可能差别较大。

3. 高成熟阶段(成熟作用晚期)

高成熟阶段相当于有机质深成作用阶段后期,对应的镜质组反射率在1.3% ~2.0% 之间,相当于煤阶的焦煤—贫煤阶段(图8-1),温度约为150~200℃。此时,一方面由于低分子化合物的生成活化能或生成焓高于早期形成的高分子量烃类,干酪根继续通过热降解或热裂解形成低分子量化合物,同时先期生成的分子量较高的烃类在温度为150~175℃时开始大量裂解(Hunt,1996)作用,使得这一阶段生成的烃类产物以低分子量的轻烃(C_1—C_8)为主。在地层温度和压力超过烃类相态转变的临界值时,这些轻质烃类就会发生逆蒸发,反溶解于气态烃中,形成凝析气和更富含气态烃的湿气。干酪根的热降解和原油热裂解的结果,使天然气的产率不断升高。该阶段气油比(GOR)高,天然气主要为湿气,故这一阶段也称为凝析油和湿气生成阶段。

三、过成熟阶段——有机质的变质作用阶段

过成熟阶段相当于有机质的变质作用阶段。对应的镜质组反射率大于2.0%,相应的煤阶为无烟煤阶段,烃源岩的埋深很大,对应温度在200~300℃左右。烃源岩有机质经历成熟阶段的降解作用后,干酪根上绝大部分可以断裂的侧链和基团基本消失,已不再具有形成长链液态烃的能力。残余的少量烷基侧链通过热降解(或热裂解)作用可形成一定量的以甲烷为主的气体,液态石油几乎全部消失,重烃很少。因此,该阶段也称为干气阶段。干酪根的结构进一步缩聚形成富碳的残余物质,并最终石墨化。在R_o为2.8% ~3.0%时,有机质的生烃潜力基本枯竭,有机质达到所谓的生烃死亡线。

从未成熟阶段到过成熟阶段,促使有机质转化成烃的地质营力有所变化,未成熟阶段以生物化学作用为特征,低成熟—成熟阶段热催化作用活跃,高成熟和过成熟阶段则以热裂解作用

为主。随着有机质演化程度的升高,所生成的产物的物理性质和化学组成也发生规律性的变化:生成的石油物质的密度降低,颜色变浅;化学组成中,杂原子化合物(N、O、S 化合物)丰度下降,低碳数化合物丰度增加,碳稳定同位素 $\delta^{13}C$ 变重,气油比(GOR)增加。

第二节* 有机质成烃模式的改进和发展

一、黄第藩对有机质成烃演化模式的改进

上述成烃模式主要关注的是不溶有机质(干酪根)向油气的转化过程。事实上沉积岩(物)中的可溶有机质和不溶有机质是一个有机联系的整体,在整个成烃演化过程中,随着物理、化学条件的改变,它们应该处于一种相互转化的动态平衡之中。在成岩作用阶段,岩石中的可溶有机质(或分散沥青,或类脂物),一部分将直接转化为未成熟石油,另一部将缩合到干酪根中去;而在深成作用阶段,干酪根热降解成烃的过程中,同时还生成部分非烃和沥青质等中间产物,甚至在较高成熟阶段,当干酪根的成烃潜力基本枯竭后,由干酪根衍生而来的缩合焦沥青就成为高成熟轻质石油的主要贡献者。因此,黄第藩认为,一个更符合客观实际的成烃演化模式的建立,必须把岩石中的有机质作为一个整体来考察。为了全面地认识油气的生成过程,从把烃源岩中可溶有机质和不溶有机质作为一个共同参与成烃演化作用的整体这一角度出发,黄第藩(1991,1996)提出了如图 9-3 所示的有机质成烃演化模式。在这个成烃演化模式中,既表示了成气和成油两种极端环境和演化途径的差别(腐殖化作用成气、腐泥化作用成油),还强调了可溶有机质和腐殖质对成烃作用的贡献,既表示了母质类型和成烃潜力的不同、产油或产气的主次,又表示了有机质成烃演化阶段性及其相应产物的不同成熟程度,包括未成熟油气。在陆相含油气盆地中常见的原油熟化系列,在所提出的模式中也得到了明确的反映。同时,图 9-3 中 3 个成烃演化阶段各有特点。其中,成岩作用阶段是以可溶类脂物直接降解成烃和"化石"干酪根形成为特色的重质油形成阶段;深成作用阶段,其前期(R_o<1.2%)为以干酪根热降解成烃为主的正常油形成阶段,其末期干酪根成烃潜力基本消耗了,后期为缩合焦沥青裂解成烃和油裂解成气的轻质油和湿气形成阶段;变质作用阶段为干气形成阶段。

二、不同组成、不同类型干酪根的生烃模式

生成油气的母质,是由不同来源、不同结构的显微组分组成的。不同的显微组分,其生烃潜力和生烃特征是不同的,因而不同烃源岩的生烃潜力和生烃特征也就不同。因此,从这层意义上讲,烃源岩有机质的生烃模式,是烃源岩中具有不同生烃潜力的单组分生烃模式的叠加。赵长毅等(1997)曾根据煤系地层不同显微组分的生烃演化特征,提出了不同显微组分的生烃演化模式(图 9-4)。20 世纪 80 年代以来,许多学者利用实际资料,试图突破"一般生烃模式"的示意性质,提出不同类型干酪根或烃源岩有机质的生烃模式。图 9-5 给出了国内外不同研究机构或研究者所发表的代表性的生烃模式。从图中可见,不同显微组分、不同类型的有机质成烃的气油比、成烃量、成烃门限、高峰、油窗宽窄都有或多或少甚至是很大的差别。随着有机质类型的变差,有机质的生油、生气能力降低,所生成产物的气油比升高,但生烃门限、高

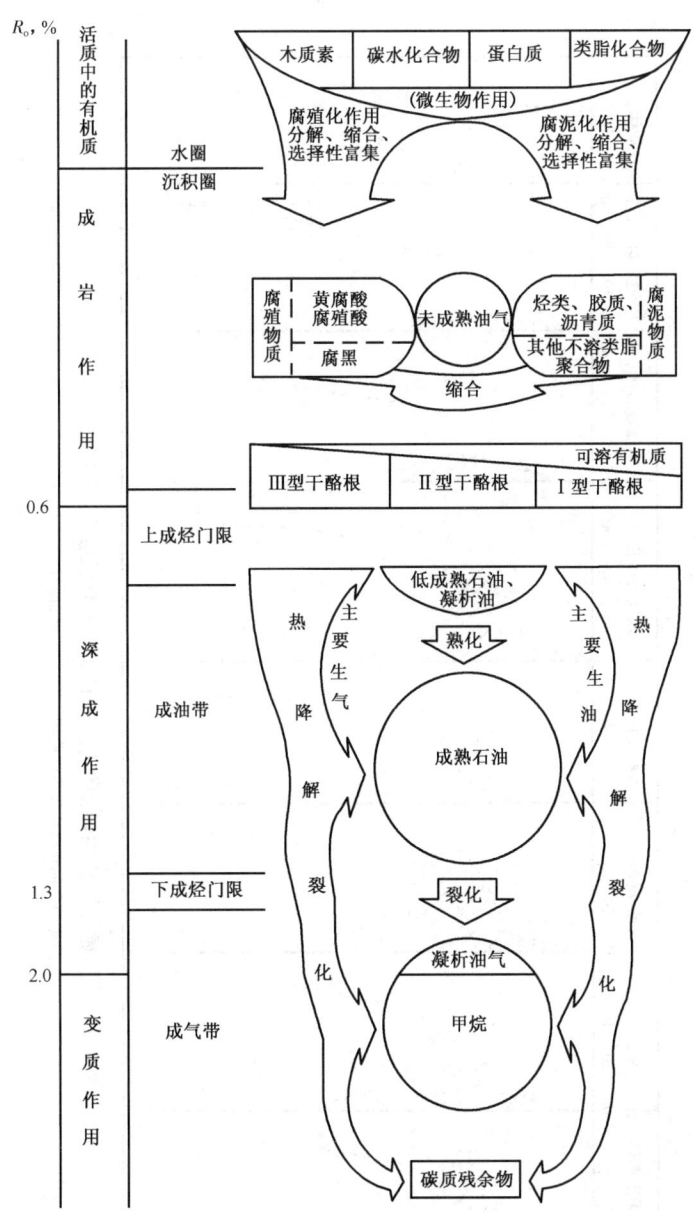

图 9-3 有机质的成烃演化模式——不溶有机质、可溶有机质的相互关系及不同来源的有机质与
主要产物类型的关系(据黄第藩,1996)
图中的黄腐酸、腐殖酸、腐黑分别对应着第七章的富啡酸、胡敏酸和胡敏素

峰不一定单调变化,并且不同学者得到的顺序不完全相同。如 Tissot 的模式中,Ⅱ型有机质的生烃门限和高峰都远远早于Ⅰ型有机质,但另外两个模式则有所不同。这些都反映了母质来源和组成对生烃模式的重要影响。因而,不同沉积盆地或者不同沉积单元中,显微组分组成的千差万别也会造成有机质生烃模式的千差万别。因此,一般的生烃模式,往往不能全面地概括或代表不同地质环境的沉积单元中有机质生烃模式的差异。

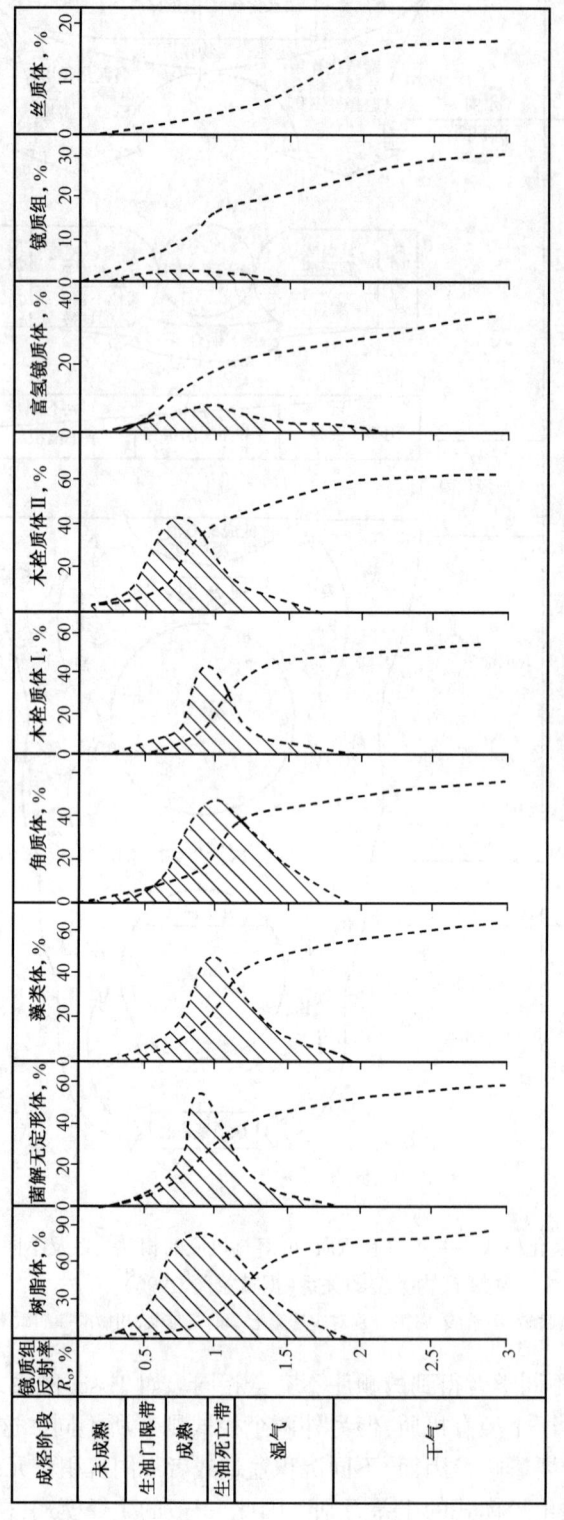

图9-4 不同显微组分生烃演化模式的比较(据赵长毅等,1997)
阴影部分的包络线为生油曲线,虚线为成气曲线

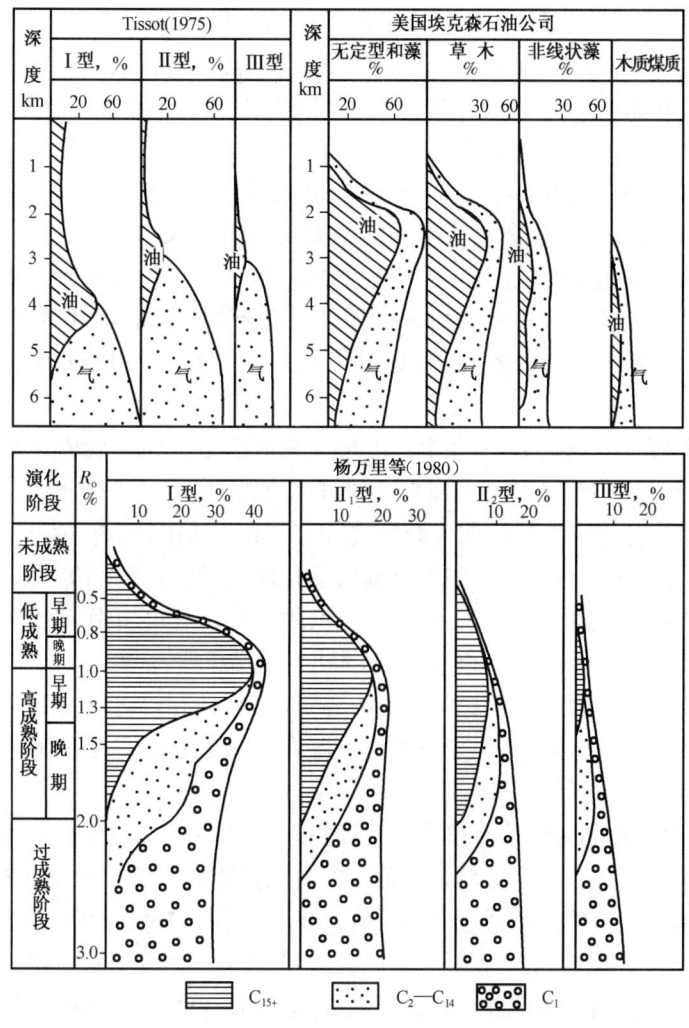

图 9-5 代表性的不同类型有机质生烃模式比较

三、与未成熟—低成熟油有关的有机质的生烃模式

按照如图 9-1 所示的经典干酪根成烃模式,在成岩作用阶段,有机质尚未成熟,除了生物甲烷气外,干酪根是不可能裂解生成大量石油的。因此,油气勘探应该瞄准有成熟烃源岩发育的地区和层位来进行。但从 20 世纪 80 年代开始,油气勘探陆续揭示了一些可能源于未成熟或低成熟烃源岩的原油,这是干酪根晚期成油说难以解释的,从而人们提出了未成熟油及其生成模式的问题。图 9-2 的生烃模式是黄第藩提出的对干酪根生烃模式的修改,已经将未成熟油的概念包括在其中了,但还仅仅是概念模式。

国内外大量的研究和勘探实践表明,并非所有的沉积盆地或层位均有未成熟—低成熟油产出并成藏,它们的产出和富集是与特定的地质条件相联系的。这些特定的地质条件可以是:(1)与特殊的有机质有关,如木栓质体(Khorassani,1991;钟宁宁等,1992)、树脂体(Snowdon,1980,1982,1991,王铁冠等,1990)、某些藻类(如丛粒藻、颗石藻)(周光甲,

1986；宋一涛,1992)；(2)与强烈的细菌活动和改造有关,如王铁冠等(1995)对许多未成熟—低成熟原油的深入剖析表明,其中往往含有相当分量的细菌生源的贡献物和细菌改造有机质形成的次生有机质——矿物沥青基质；(3)与强还原环境有关,如江汉盆地的膏盐沉积(傅家谟,1982)和泌阳凹陷的白云岩沉积环境(马万怡,1986),可早期降解生烃的富硫大分子(Gransch等,1974,Tissot等,1984)即可作为强还原环境与未成熟—低成熟油相关的有力证据；(4)与可溶有机质有关,黄第藩等(1984,1985,1995)则特别突出地强调了沉积可溶有机质作为未成熟—低成熟油气生成的主要母源的意义。实际上,第(4)条是从有机质的溶解性的角度来讨论问题,而前述3条主要是从显微组分的角度来考查问题,因此并非完全平行的,而是有很大的交叉。如木栓质体、树脂体在有机溶剂中相当多的部分是可溶的；细菌改造后可溶部分也增多；富硫大分子在强极性溶剂中也具有很高的可溶性(郭绍辉等,2001)。

在上述发现和研究的基础上,一些学者提出了相应的未成熟—低成熟油气的生成机理和成烃模式。王铁冠等(1995)结合前人和自己的研究成果,总结了木栓质体、树脂体、生物类脂物、细菌改造、富硫大分子等5种早期生烃模式(图9-6),并在分析有关母质的分子结构和键能后指出,有机组分的早期生烃与这些组分的低活化能有关。卢双舫等(2002)所进行的化学动力学定量研究表明,上述样品的确具有相对较低的成烃活化能,因而能够在相对浅埋、低温的条件下早期生成较多的原油,从而有利于其排出和成藏。

以上4种具有特殊成因特征的烃源岩中的有机质,均具有较高的在低温阶段演化生成未成熟—低成熟油的潜力。因此,其生烃模式与烃源岩的一般生烃模式(图9-1)和不同类型有机质的生烃模式(图9-3)存在一定的差别。

其中,富含木栓质体和树脂体有机质的生烃模式[图9-6(a)、图9-6(b)]对成熟度较低的煤系地层具有实际意义。吐哈盆地侏罗系富含木栓质体烃源岩中木栓质体含量与总烃含量及总烃转化率呈明显正相关关系,并且在R_o值为0.45%~0.70%阶段,木栓质体相对含量由近20%迅速减少至1%以下,无疑表明这类烃源岩早期演化阶段中木栓质体的生烃贡献。因此,在相应的生烃模式[图9-6(a)]中,大致在R_o值为0.30%~0.60%区间出现木栓质体早期生油高峰,且这一峰值高于或接近于成熟演化阶段干酪根晚期热降解生油峰值。

富树脂体烃源岩、含经细菌改造的高等植物有机质烃源岩和富生物类脂物烃源岩有机质的生烃模式[图9-6(b)、图9-6(c)、图9-6(d)]总体较为接近,未成熟油的生油高峰均在R_o值为0.60%之前。

对存在硫酸盐还原作用的烃源岩而言,富硫大分子(非烃、沥青质和干酪根)有机质的早期生烃机理和生烃模式可能具有较为普遍的意义,不仅陆相盐湖中存在,海相潟湖条件下也可能同样存在。

但从总体上来说,地质条件下,绝大多数原油是由干酪根在成熟阶段所生成的。因此,图9-3的生烃模式只是对干酪根成烃模式的补充和完善。

不过也有人认为,目前受到广泛关注和讨论的所谓未成熟油,包括我国储量最大、被视为未成熟—低成熟油典型代表的济阳坳陷八面河油田,其实主要仍然来源于成熟烃源岩,只不过由于有未成熟烃源岩的少量贡献,加上未成熟油中生物标志化合物的浓度较高,使其在生物标志化合物特征上显示出未成熟—低成熟的特征(庞雄奇等,2001)。因此,未成熟油、低成熟油的概念及其成藏意义还是一个有争议的领域。

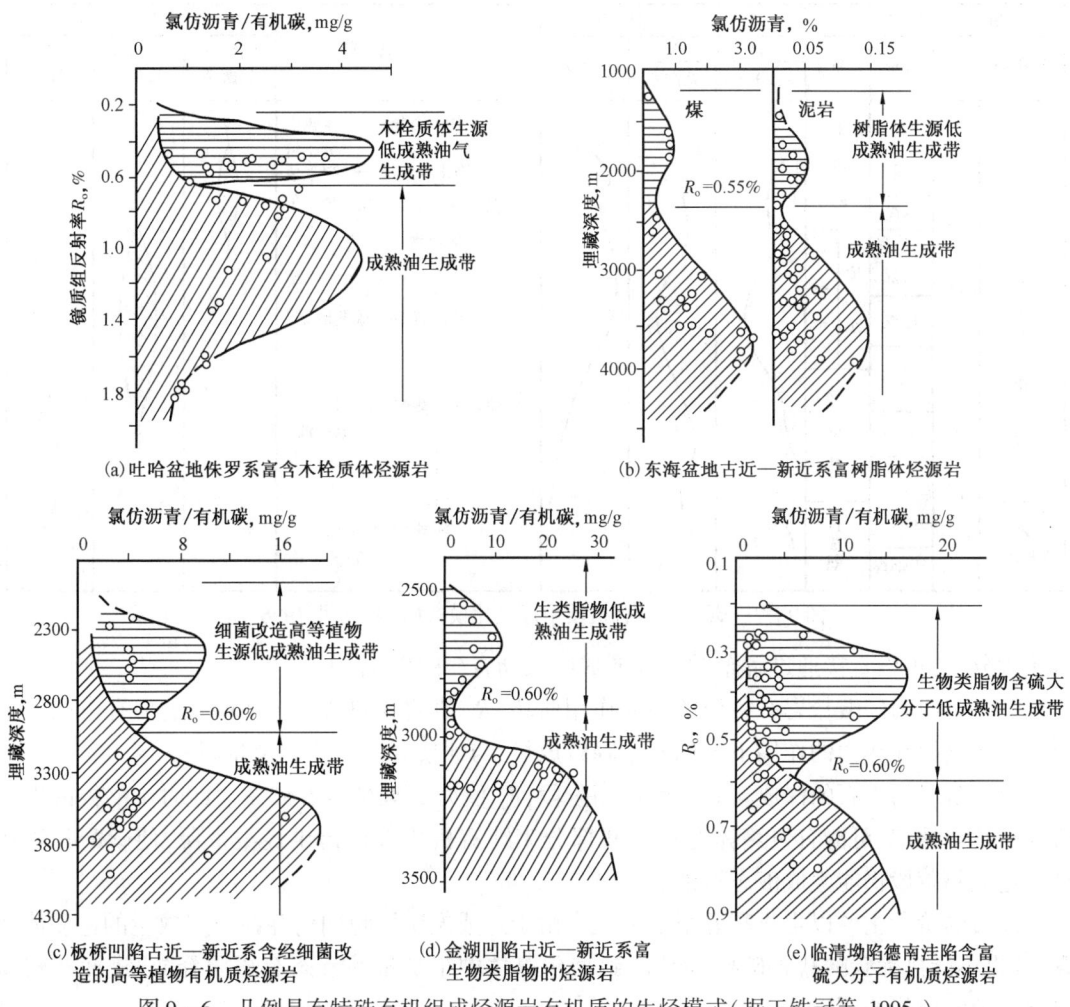

图 9-6 几例具有特殊有机组成烃源岩有机质的生烃模式（据王铁冠等，1995）

第三节* 碳酸盐岩有机质的成烃模式

在 20 世纪 90 年代之前，我国的油气勘探更多集中在东部的碎屑岩地层中。因此，有关碳酸盐岩有机质成烃作用及其模式的研究较少。随着我国东部探区待勘探空间的减少，西部及东部地区深层与碳酸盐岩有关目标的勘探价值逐步凸现。目前碳酸盐岩发育区已经成为我国油气勘探的重要战场。

碳酸盐岩具有较碎屑岩复杂得多的成岩作用，导致其有机质赋存形式的多样性和复杂性，进而影响到有机质生烃演化不同于泥质烃源岩的特殊性。依据对碳酸盐岩自然演化系列样品和实验室热模拟样品的研究，碳酸盐岩有机质的生烃过程可能具有如图 9-7 所示的"三段式"的特点（钟宁宁等，1995；程克明等，1996）。

第一阶段为碳酸盐岩有机质的成岩阶段，相应的 R_o 值为 0.20%～0.60%，有机质处于未成熟—低成熟阶段。来源于海洋生物（主要为浮游藻类和浮游动物）的有机质，可能由于碳酸盐岩矿物对类脂物分子聚合作用的抑制，沉积—成岩早期形成的分子量和分子交联度较低的

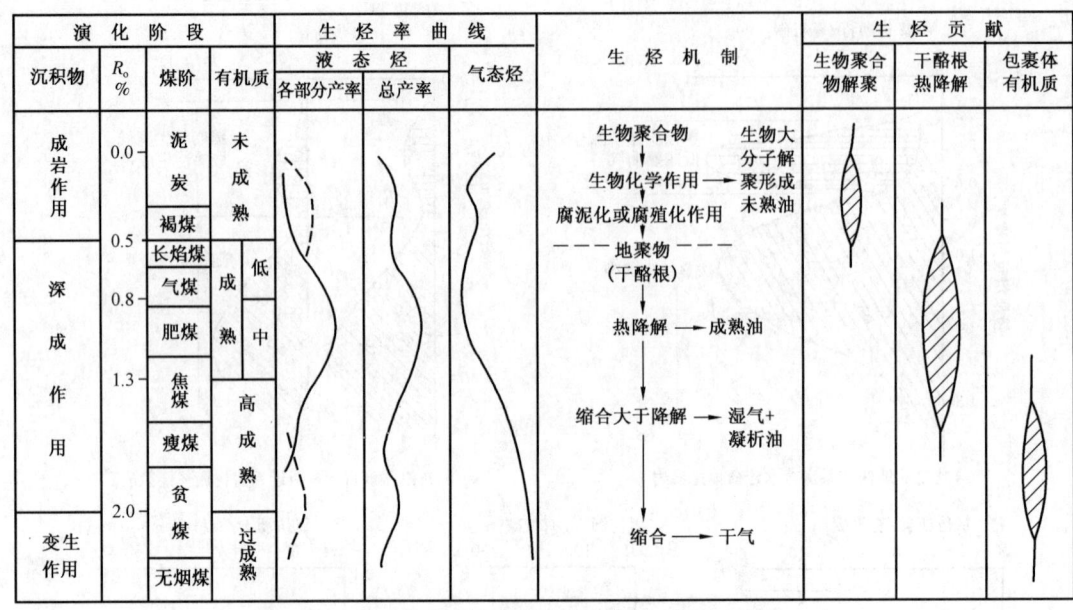

图 9-7 碳酸盐岩有机质生烃演化模式(据程克明,1996)

地质大分子,可以直接通过解聚的方式形成解聚沥青(未成熟石油)。

第二阶段为碳酸盐岩有机质的深成作用阶段,R_o 值约 0.60%~1.40%,生物有机质缩聚形成的干酪根在热力的作用下开始大量降解成烃,与泥质烃源岩的成烃相似。

第三阶段为岩石的深成岩和变生作用阶段,R_o 值为 1.40%~2.50%。此时干酪根的生烃潜力已基本枯竭,可能有包裹体有机质和部分束缚有机质继续提供烃类来源,使碳酸盐岩在高—过成熟阶段仍能生成液态石油。

以后的阶段主要以生成高温甲烷为主。由于过成熟阶段晚期仍存在一定数量的包裹体沥青,故也不能排除碳酸盐岩矿物"溶解"致使包裹体中很少量的液态有机质释放,进而在较高温度下裂解成气的可能性。

可以看出,按照这一模式,碳酸盐岩与泥岩有机质成烃模式的主要区别在于晚期还有一个可能的生油高峰。不过,碳酸盐岩的成烃过程是否存在或普遍存在这样一个晚期生烃高峰应该说还缺少十分有力的证据。因此,是否有必要单独列一个碳酸盐岩的生烃模式也还受到一些质疑。否则的话,碳酸盐岩与泥质烃源岩中有机质成烃模式的异同应该主要从两种岩类有机质组成的差异和矿物组成及其催化作用的差异中来探寻。不过如第八章中所述,这两方面的问题都还有待深入探索。

本章小结

1. 有机质的演化和油气的生成过程具有明显的阶段性,可分为未成熟阶段、成熟阶段和过成熟阶段,它们分别对应着有机质的成岩作用、深成(热解)作用和变质作用。未成熟阶段的主要特点是浅埋、低温(一般 <60~100℃)、低压、低成熟度(R_o <0.5%~0.7%),微生物是该阶段起主要作用地质营力,主要产物是干酪根和生物甲烷气,故也称为干酪根生成阶段或生物甲烷气阶段,一般伴有少量富重杂原子的液态产物,有利条件下,有可能为未成熟油的聚集提供油源。成熟阶段的主要特点是埋深较大(3000~6000m)、温度较高(60~200℃)、压力较

高、成熟度较高($R_o=0.5\%$ 或 $0.7\%\sim2.0\%$);主要地质营力为热催化和热裂解作用,主要产物是大量的油气,故也称为石油的主要生成阶段,又可以进一步分为低成熟、成熟和高成熟3个亚阶段。过成熟阶段的主要特点是埋深很大($>3000\sim6000m$)、温度很高($>200\ ℃$)、压力很高、成熟度高($R_o>2.0\%$),主要地质营力为强烈的热裂解,主要产物为干气和残碳,故也称为深部高温生气阶段或热裂解干气阶段。

2. 上述生烃模式是对有机质成烃阶段性共性的总结,但由于不同来源、不同组成的生油气的母质(可体现为生源、显微组分组成或干酪根类型的差别),其成烃潜力、生烃产物(如气油比)、成烃阶段性(成烃门限早晚、高峰、油窗宽窄)等都有或多或少甚至是很大的差别,因此,严格来讲,有机质的生烃模式是烃源岩中不同组分生烃模式的叠加,它们会因地质条件(生源、显微组分组成、干酪根类型、岩性、地温梯度等)而异,需要具体问题具体分析,如未成熟油—低成熟油模式、碳酸盐岩的成烃模式等。

思 考 题

1. 有机质演化及成烃的阶段性体现在哪些方面?各阶段生烃产物的组成有何特征?
2. 不同类型有机质生烃模式有哪些差别?
3. 有哪几种特殊类型的有机质(烃源岩)具有早期生烃能力?其生烃模式与常规生烃模式有何成因关系?

第十章 生物标志化合物及其地球化学意义

生物标志化合物地球化学属于基础有机地球化学的研究范畴,是研究地球各圈层中有机分子的结构、成因、分布、地球化学转化过程、原理及其应用的科学,在油气勘探、古沉积环境重建及现代环境有机污染物分析评价等许多领域都有重要应用,是实验性、理论性和应用性很强的研究领域。正是以生物标志化合物的研究和应用为标志,油气地球化学研究进入了分子级水平。

在有机地球化学所走过的80多年历程中,生物标志化合物的地球化学研究一直占有重要地位,特别是在石油地球化学领域,生物标志化合物的研究受到普遍重视并得到广泛应用。本章将简要介绍生物标志化合物的概念、研究方法和技术,主要生物标志化合物的结构及检测,以及在石油地球化学领域的基本应用。

第一节 生物标志化合物的概念及立体化学基础

一、概念

Treibs在1934年报道了从油页岩、煤和石油检测出的叶钒卟啉分子,并将这些分子的来源追溯到其生物先质(前身物、前驱物)——叶绿素,这标志着有机地球化学的诞生。"生物标志化合物"("biological markers")的概念最早由Eglinton等(1964)提出,意指这些化合物最初来自生物体。随后,对此概念有其他表述,例如,Eglinton和Carlvin(1967)提出了"化学化石"("chemical fossils")的概念,指地质体中与已知天然产物间具有广泛联系的有机化合物,以及"分子标志物"("molecular markers")的概念;Tissot、Welte(1978)则使用了"地球化学化石"(geochemical fossils)一词;Seifert、Moldowan(1981)用"biomarkers"一词作为"biological markers"的简写。现在多数学者使用"biomarker"一词。Eglinton(1969)在 *Organic Geochemistry—Method and Results* 中将生物标志化合物概念表述为:生物标志化合物是指存在于地壳和大气圈中的有机化合物,分子结构与某种天然先质(precursors)的骨架有明显的联系,即具有生物成因的分子结构;分子基本骨架具有稳定性;可能与稳定的生物的界、门、纲、目、科、属、种之间存在特定的联系。

一般地讲,油气地球化学中的生物标志化合物是指原油和沉积有机质中源于活的生物体,具有特殊、稳定的碳骨架,在成岩作用和深成热解作用过程中没有或很少发生变化而基本保持能被识别和追踪其原始先质的碳骨架的化合物。因此,它们具有"标志作用"。生物标志化合物主要因其结构的特殊性与复杂性而比其他化合物含有更多的信息,其携带信息的方式主要包括:

(1)生物标志化合物的分子结构特征;

(2) 生物标志化合物的分子三维结构,包括结构异构体和立体异构体;
(3) 生物标志化合物的组合特征,如同系物;
(4) 生物标志化合物的分子同位素组成。

这里要注意生物标志化合物与其先质的关系。一般而言,生物标志化合物的先质指的是在生物体中存在的与生物标志化合物碳骨架结构一致的化合物,它们通常含有官能团。例如,在原核生物中广泛存在的细菌藿烷四醇即是地质体中藿烷的先质。

二、生物标志化合物的立体化学

生物标志化合物是复杂的有机化合物,学习相关内容应具有必要的立体化学的知识。在分子中,原子之间在三维空间的位置关系称为立体化学。它是理解生物标志化合物及其在地质条件下演化的基础。

饱和碳原子具有指向四面体角的4个键(图10-1),如果与其相连的A、B、C、D这4个基团完全不同的话,这样的碳原子就称为不对称碳原子(手性碳原子)。它具有2种互为镜像的构型,这2种构型的化合物具有完全相同的分子式和原子连接顺序,但其在三维空间的排列方式有异,故称为立体异构体。需要注意它与同分异构体是不同的概念。如果该C原子不是环系的一部分[图10-1(a)],就可依据4个取代基质量的先后顺序将这2种构型描述为R构型或S构型。R构型是指当最低质量的序位远离观察者方向时,其余3个基团所具质量数以顺时针方向降低;反之,则为S构型。如果手征中心是在环状体系中[图10-1(b)],这2种构型则被描述为α和β。α是指当结构式按通常的方法画出时,所指的键指向纸内(一般用虚线或空心圆圈标识);反之,指向纸外(一般用实线或实心圆点标识)的为β。图10-1(b)中的手征中心既有β(OH),也有α(H)。一般的异构和环状生物标志化合物都有许多(n个)手征中心,相应地就有2^n个立体异构体。但通常生物合成物仅在每个手征中心产生一种最适合生物分子功能的构型(生物构型),它在地质过程中将会逐步向其他构型(地质构型)转化,这是生物标志化合物作为地球化学指标的一个重要基础。

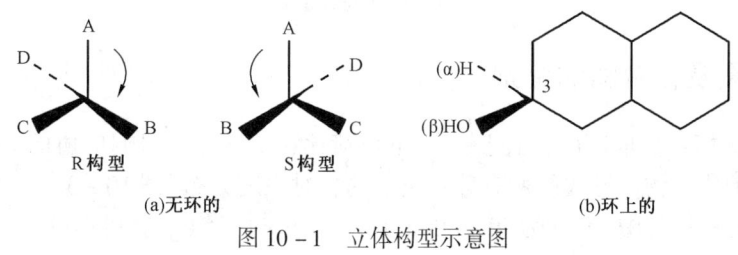

(a)无环的   (b)环上的

图10-1 立体构型示意图

第二节 生物标志化合物的分析与鉴定

原油或烃源岩抽提物样品按第三章第一节的方法分离可以得到饱和烃、芳烃、非烃和沥青质,但要注意避免钻井、取样、保存、分离、分析过程中的各类可能污染。早期的生物标志化合物研究主要针对饱和烃馏分进行,但芳烃馏分中的生物标志化合物目前也得到了较为广泛的研究和应用。链烃生物标志化合物(如姥鲛烷和植烷)用 GC 即可进行分析、定性和应用,占生物标志化合物主体的环状化合物主要依赖气相色谱—质谱分析(GC-MS)或色谱—质谱—质谱(GC-MS-MS,见第三章第四节)进行分析。

一、色谱—质谱分析的重要性与质量色谱图

在第三章中已介绍了 GC-MS 仪的分析原理,为了有利于初学者对生物标志化合物的概念和应用有一系统的了解,在此对用于生物标志化合物检测与鉴定的主要技术——GC-MS 数据的特点做一简要介绍。图 10-2 的质量色谱图显示了 GC-MS 分析的重要性,即采用一般色谱难以检出更难以鉴定、丰富但含量低微的生物标志化合物,而色谱—质谱联机则可以检出各类生物标志化合物,如甾烷(m/z 217)和五环三萜烷(m/z 191),其分布于 nC_{24}—nC_{36} 范围,显然,其丰度要比正构烷烃低得多。

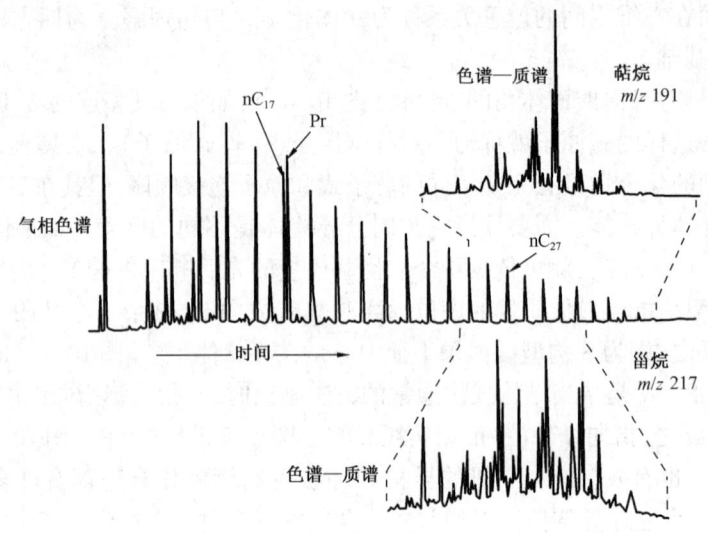

图 10-2 饱和烃样品的 GC 谱图和 GC-MS 谱图对比(据 Peters、Moldowan,1993;Peters 等,2005)

GC-MS 分析同一油样得到甾烷和萜烷质量色谱图(上、下图)上可以检测出因含量低而在 GC 图(中)上看不到的甾烷和萜烷的峰

二、质谱图及化合物的鉴别

"质谱图"为恒定扫描数(与时间有关)下质荷比(m/z)与仪器响应值的关系图,是从 GC 中流出的每一种化合物所形成的所有碎片离子的相对强度分布(图 10-3)。检测器约在每 3s 扫描一次特定的质量范围(通常为 50~600u,1u≈1.66×10^{-27}kg)就可形成一个质谱图,因此,每一张质谱图绘出了在扫描期间撞击在检测器上所有离子的质荷比和响应值的关系。一个典型的"扫描流程"需要约 90min,按质谱仪每 3s 一次扫描设定的质量范围,每一个样品可以产生 1800 张质谱图(90min×60s/min÷3s)。质谱图十分有用,因为它们往往显示了分子的质量(分子发生离子化,但未进一步裂解)以及用于推断结构的特殊碎片形式。理想情形下,每一个 GC 峰只代表一种已分离的化合物,它只有唯一的一张质谱图,可用于化合物鉴定。实际上,一些峰为两种或多种未分开的化合物(共逸),此时质谱图的解释相当困难。

实际上,有经验的学者利用基峰质量色谱图上的出峰位置及峰的组合关系即可实现对常规的生物标志化合物(如甾、萜)的鉴别。但遇到未知化合物时,临时鉴别通常可通过与标样共注和质谱图的对比完成,但更为可靠的鉴定需要借助于合成标样的核磁共振(NMR)和 X 光衍射晶体学等方面的研究。

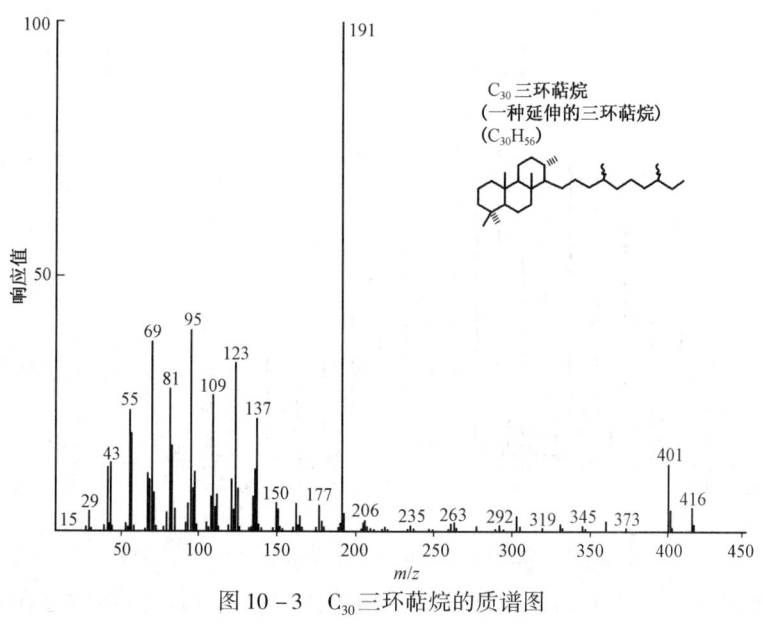

图 10-3　C_{30} 三环萜烷的质谱图

第三节　主要的生物标志化合物

作为油气地球化学中一个非常重要和活跃的研究领域,生物标志化合物研究涉及的化合物非常之多,包括正构烷烃、各种异构烷烃(异构、反异构、无环异戊二烯型烷烃)、二环倍半萜、双萜(三环、四环)、五环三萜(藿烷系列、非藿烷系列)、四萜、甾类、各类芳烃以及含杂原子(氧、氮及硫)化合物。受篇幅所限,本教材仅重点介绍在日常研究和应用中常用的正构烷烃(含正构脂肪酸)、无环异戊二烯型烷烃(主要是植烷 Ph、姥鲛烷 Pr 系列)、藿烷系列的五环三萜、甾烷和部分芳烃。

一、正构烷烃

在沉积有机质及石油中,正构烷烃通常都是主要成分,它们是结构最为简单的一类化合物,仅由直链结构组成,分子通式 C_nH_{2n+2}。

1. 检测与鉴定

在 GC 图和 GC-MS 总离子流图中,正构烷烃是以近于等间距分布的。在常规色谱条件下(色谱程控升温的终温低于 300℃),正构烷烃的最高出峰碳数为 nC_{37} 左右。正构烷烃碳数的确定一般依据姥鲛烷及植烷,在常规色谱条件下 nC_{17} 和 nC_{18} 分别在姥鲛烷和植烷之前毗邻出峰,这两对峰非常特殊,保证 nC_{17} 和 nC_{18} 的确定无误,由此确定其他正构烷烃的碳数(图 10-4)。在 GC-MS 分析中,通常用 m/z 85 质量色谱图来突出总离子流中正构烷烃的分布,特别是在其含量相对低时(如低成熟的样品或生物降解油),有必要应用 m/z 85 质量色谱图来确定正构烷烃的分布。

2. 生源与成因

藻类合成的烃类既含有直链也含有支链的饱和及不饱和烃类,其中,正构烷烃的碳数范围

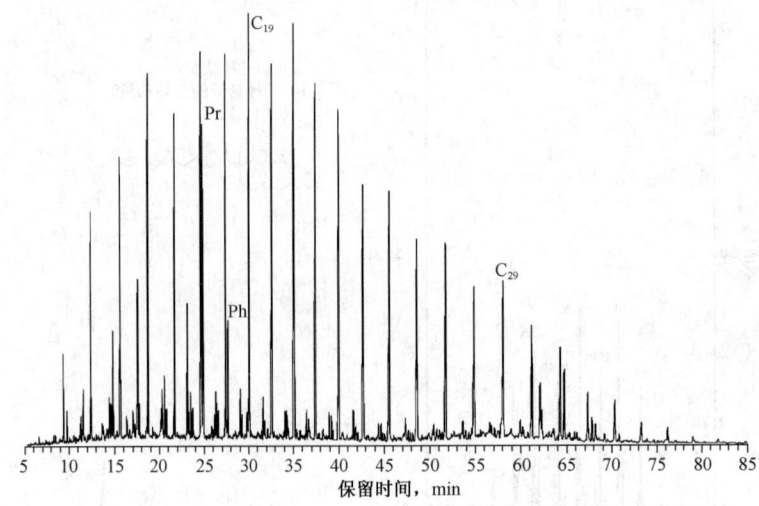

图 10-4　原油烷烃馏分中正构烷烃的分布(m/z 85)

在 C_{14}—C_{32}。虽然藻类合成的偶数和奇数同系物的比例接近于 1，但通常存在 C_{15} 或 C_{17} 的优势。细菌生成的正构烷烃碳数为 C_{10}—C_{30}，且没有奇偶优势。源于高等植物的正构烷烃通常在 C_{10}—C_{40} 范围内显示出奇数碳原子对偶数碳原子的优势，且在 C_{23}—C_{35} 范围内这种优势更加明显。

通过高温气相色谱分析，正构烷烃碳数分布可以达到 C_{90} 左右，但一般情况下，高分子量正构烷烃的最高碳数主要分布于 C_{60}—C_{75} 范围。一些高碳数正构烷烃（C_{20}—C_{40} 或 C_{50}）可能来源于细菌和其他微生物的蜡，也可能来自高等植物的蜡，它们与异构烷烃和反异构烷烃相伴生。

正构烷烃有无奇偶优势通常可用 CPI 值（称碳优势指数）或 OEP 值（称奇偶优势）来表达（Scalan、Smith,1970）；其计算方法如下：

$$CPI = \{(C_{25}+C_{27}+C_{29}+C_{31}+C_{33})[1/(C_{24}+C_{26}+C_{28}+C_{30}+C_{32}) + 1/(C_{26}+C_{28}+C_{30}+C_{32}+C_{34})]\}/2$$

也可使用 $2C_{29}/(C_{28}+C_{30})$ 作为 CPI 的简便计算式。

$$OEP = \{(C_i+6C_{i+2}+C_{i+4})/[4(C_{i+1}+C_{i+3})]\}^m$$

其中，$m=(-1)^{i+1}$；$i+2$ 为 GC 图上的主峰碳数。

CPI 或 OEP 明显高于 1.0（如 >1.2）时具奇碳优势（图 10-4），明显低于 1.0 时具偶碳优势。

C_{21}—C_{36} 偶碳数脂肪醇类分布普遍，主要产于植物蜡中。C_8—C_{26} 偶碳数直链脂肪酸类分布十分普遍，但占优势的主要是软脂酸（C_{16}）和硬脂酸（C_{18}）。而由角质和软木脂降解形成的 C_{12}—C_{26} 偶数羟基酸，也是陆生高等植物的典型成分（Eglinton,1976）。在陆源物质输入较多的湖相沉积梅塞尔页岩中，正构脂肪酸的分布范围为 C_{24}—C_{32} 并具偶碳优势，这与植物蜡的分布范围是完全相同的。而在陆源物质很少的现代海洋沉积软泥中，脂肪酸主要为具有偶碳优势的 C_{14}—C_{22}，这被认为主要来源于海洋生物体。在古代沉积物中，来自浮游生物和底栖藻类的 C_{14}—C_{20} 正构烷烃和正构脂肪酸是最丰富的烃类化合物。在古代沉积物中，随着热作用的进行，脂肪酸的偶碳优势逐渐减少，在时代老于白垩纪的沉积中，C_{24}—C_{32} 脂肪酸是少见的，但相对丰度要小。一般的还原条件下，偶碳脂肪酸更多地经脱羧作用形成具奇偶优势的正构烷烃,但在强还原环境下,可经还原途径形成具偶碳优势的正构烷烃。

因此,具奇偶优势的高碳数(C_{23+})正构烷烃的分布可能指示陆源有机质的输入,以 C_{15}、C_{17} 为主,奇偶优势不明显的中等分子量(nC_{15}—nC_{21})的正构烷烃可能指示藻类等水生生物来源(图 10-4、图 10-5)。而具偶奇优势的正构烷烃往往源于碳酸盐岩或蒸发岩盐环境(如我国江汉盆地潜江组烃源岩及原油),可能与偶碳脂肪酸在还原环境下更多经还原途径形成偶碳正构烷烃有关,这时往往伴随着 Ph 对 Pr 的优势。也有人认为(Shimoyama 和 John,1972),这可能在一定程度上与不同矿物对脂肪酸的不同催化反应机制有关:蒙脱石的催化作用有利于丢失 1 个碳原子的脱羧基作用,而碳酸钙有利于丢失 2 个碳原子的 β-断裂,因此,偶碳数脂肪酸在页岩中将主要形成奇数正构烷烃,而在碳酸盐岩中则形成偶数正构烷烃。然而,还原作用可能比 β-断裂更为重要,因为,在上述具有偶碳优势的实例中,更多的是与高盐、强还原条件有关。

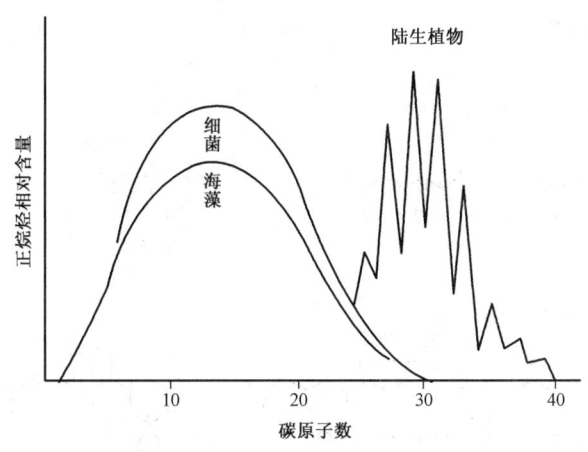

图 10-5 不同生源为主的正构烷烃分布

但上述一般只对未成熟—低成熟阶段的样品有效,随着成熟度的升高,从干酪根裂解生成的正构烷烃不具奇偶优势,将掩盖早期的奇偶优势,在更高的成熟度下,高碳数的正构烷烃也将逐步裂解成为小分子的化合物(图 9-1)。因此,OEP 和 CPI 可作为早期的成熟度指标,其值高于 1.2 时样品未成熟,但低于 1.2 时不一定成熟。

在此简单介绍一下与正构烷烃同属于链烷烃的异构烷烃和反异构烷烃。2-甲基(异构)烷烃和 3-甲基(反异构)烷烃分布很广,在细菌、高等植物以及一些现代沉积物、古代沉积物和石油中均有检出;在色谱图上,分布形式与正构烷烃类似,具有等间距性,出峰位置在同碳数正构烷烃之前,且异构烷烃与反异构烷烃成对出现,前者出峰在前。

异构烷烃和反异构烷烃的生源意义可能与正构烷烃相近,即具有奇偶优势的高碳数 C_{25}—C_{31} 分布可能反映高等植物生源,而低分子量(C_{14}—C_{18})异构及反异构烷烃可能在不同程度上有细菌的重要贡献。对藻类合成异构烷烃及反异构烷烃的情况研究还少。由于异构烷烃和反异构烷烃的含量通常远低于正构烷烃,故实际工作中应用很少。

二、植烷系列的类异戊二烯烷烃

1. 异戊二烯法则

由 5 个碳原子构成的异戊二烯(甲基丁二烯)为所有非直链生物标志化合物的基本结构

单元(图10-6)。由异戊二烯亚单元组成的化合物称萜类或类异戊二烯类化合物。所有生物,从细菌到人,都能合成或需要这些物质。"异戊二烯法则"指的是这些化合物的生物合成作用是通过 C_5-类异戊二烯亚单元的合理聚合而形成的。显然,与其他生物聚合物(如蛋白质或多糖)不同,类异戊二烯化合物不易解聚,因其由 C—C 共价键连接而成。

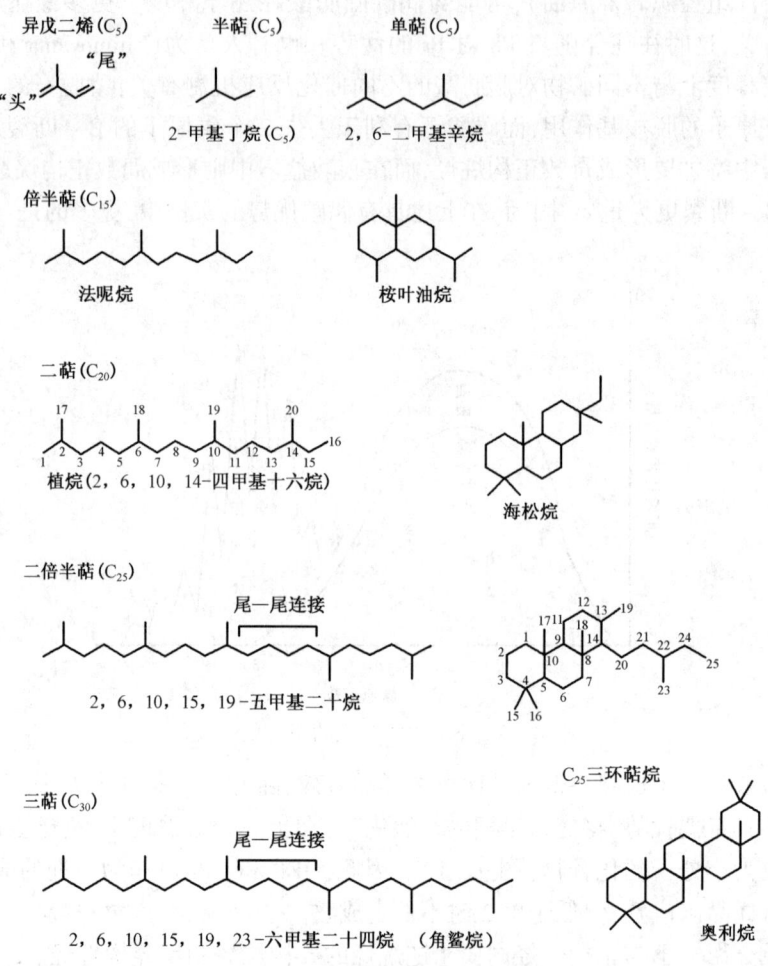

图 10-6 萜类化合物分类实例

各种萜类化合物可以是有环的,也可以是无环的,其结构变化很大。萜类化合物根据其所含类异戊二烯亚单元的近似数可以进一步分为分别含 1、2、3、4、5 个类异戊二烯亚单元的半萜(C_5)、单萜(C_{10})、倍半萜(C_{15})、双萜(C_{20})和二倍半萜(C_{25})(图10-6);三萜烷和甾烷(C_{30})的结构不同,但均由 6 个类异戊二烯亚单元形成;四萜烷(C_{40})具有 8 个亚单元;含有 9 个或 9 个以上的类异戊二烯单元(C_{40+})的类异戊二烯称聚萜,如天然橡胶为不饱和类异戊二烯的聚合物,分子量可达数千。由于半萜和单萜类具有化学活性特别是挥发性,因此,其作为生物标志化合物的应用受到限制。

遵循异戊二烯规则的原始化合物称类异戊二烯。类异戊二烯亚单元间的连接有 3 种形式:头对尾(规则)相接、头—头(不规则)连接、尾—尾(不规则)连接。例如,植烷(C_{20})为规则无环类异戊二烯烃,由 4 个头对尾相连的类异戊二烯单元组成;角鲨烷(C_{30})则为典型的尾—尾不规则类异戊二烯烷烃,由 6 个异戊二烯单元组成,其中间存在一个尾对尾形式的连接而成(或相当于2个法呢烷以尾—尾形式连接而成,见图10-6)。

有时,由于生物化学合成、成岩作用、热成熟和生物降解而发生了取代基的增加或损失,使一些化合物并不严格遵循异戊二烯法则,即所含碳原子数不是异戊二烯单元(C_5)的整倍数,如 C_{27}—C_{29} 甾烷。

2. 植烷系列类异戊二烯烷烃

植烷系列化合物为最常见的链状类异戊二烯烷烃。它是含有20个或少于20个碳原子的类异戊二烯烷烃,从 C_{15}(法呢烷)、C_{16}、C_{17}、C_{18}(降姥鲛烷)和 C_{19}(姥鲛烷)扩展到 C_{20}(植烷)(图10-6)。

规则 C_{17} 无环类异戊二烯烷烃在石油中含量很低或没有,这是因为在规则类异戊二烯系列中不利于形成 C_{17} 同系物,因为它要求 C_{19} 或 C_{20} 类异戊二烯烃的先质中 C-14(碳链编号从左至右,见图10-6)上有两个而不是只有一个 C—C 键的断裂才能形成。

以 Ph 和 Pr 为代表的植烷系列类异戊二烯烷烃是光合生物的叶绿素的植醇侧链的成岩产物(Bendoraitis,1962;Brooks 等,1969;Powell、Mckirdy,1973);植醇在还原条件下脱水成植烯,加氢还原形成植烷;在氧化环境下则先形成植烷酸,进而脱羧基形成姥鲛烷,故姥鲛烷和植烷的分布特征可以反映沉积环境。在 Pr 与 Ph 主要来源于叶绿素的多数情况下,Pr/Ph <1(或>1)的情况可分别指示还原性(或氧化性)沉积环境(Brooks 等,1969;Powell、Mckirdy,1973;Didyk 等,1978)。但一般而言,Pr/Ph <0.5 为强还原性膏盐沉积环境(ten Haven 等,1987),0.5~1.0 为还原环境,1~2 为弱还原—弱氧化环境,大于2者见于偏氧化性环境,如河湖及滨海沼泽或浅湖/海沉积。典型煤系地层有机质以 Pr/Ph >2.5 为特征,高者可达8以上(王春江,1995)。除了生源环境因素外,Pr/Ph 在一定程度上还受成熟度影响,早期随成熟而升高,在成熟阶段(R_o =0.7%~1.1%)达到稳定的高值(Boudou 等,1984;王春江,1995;Koopmans 等,1999),成熟度影响可忽略不计,这也是 Pr/Ph 作为油源对比参数的基本前提。更高热应力条件下,由于热裂解作用,比值随成熟度增高而升高。另外,还需注意二者的其他来源,如维生素 E 也可成为 Pr 的重要来源(Goossens 等,1984),而古细菌类则是 Ph 的另一类重要来源(Rissati 等,1983;Volkman、Maxwell,1986)。鉴于 Pr 与 Ph 生物来源可有差异,对 Pr/Ph 的环境释义应慎重。C_{20+} 无环类异戊二烯烷烃的成因比较复杂,本书未予讨论。

三、藿烷类化合物

藿烷类化合物是沉积物中分布最广泛的一类复杂的生物标志化合物(Rohmer 等,1984)。由于作为细菌群落的生物标志化合物,以及丰富的结构和构型变化,藿烷类化合物在古环境重建和石油地球化学研究中具有重要地位。

1. 结构与构型

常规藿烷类化合物的碳骨架结构与先质——细菌藿烷四醇相一致(图10-7)。图中同时标出了藿烷类碳骨架的C原子编号,这也是环状化合物骨架碳原子编号的一般顺序。同时,从左至右,还可以将环依次编号为A、B、C、D、E环。可以看出,藿烷的环结构上至少有C-5、C-8、C-9、C-10、C-13、C-14、C-17、C-18、C-21(通常大写字母"C"后跟短线"-"再跟数字指化合物内某一特定位置的碳原子,而以大写字母"C"之后紧跟一个下角码数字指某一化合物碳原子数,如 C_{30} 藿烷即具有30个碳原子的藿烷)。C_{30} 藿烷共9个手性中心,但具有地

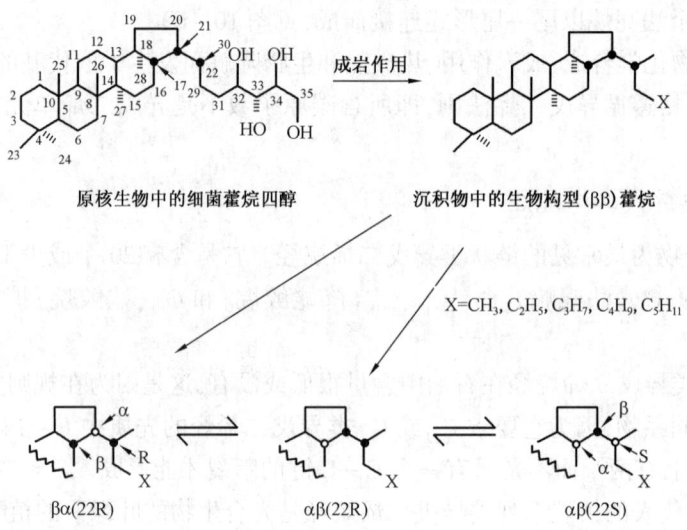

图10-7 藿烷类化合物先质与主要地质构型产物的联系(据Peters、Moldowan,1993)

质意义的(在地质演化过程中发生构型变化的)手性中心位于C-17、C-21位,其构型的变化可将藿烷类化合物分为以下4类异构体系列:

(1) $17\alpha(H)$, $21\beta(H)$ - 型,简称 $\alpha\beta$ 型,通常称为"藿烷"(hopanes);
(2) $17\beta(H)$, $21\alpha(H)$ - 型,简称 $\beta\alpha$ 型,通常称为"莫烷"(moretanes);
(3) $17\beta(H)$, $21\beta(H)$ - 型,简称 $\beta\beta$ 型,为生物构型;
(4) $17\alpha(H)$, $21\alpha(H)$ - 型,简称 $\alpha\alpha$ 型,通常丰度很低。

通常将碳数低于原型分子(C_{30}藿烷,$C_{30}H_{52}$)者称为"降"系列,高于C_{30}者称为"升"系列,如C_{35}藿烷可称为五升藿烷。碳数超过31的藿烷在侧链C-22位上有1个手性中心。图10-7中给出了环上前3种构型及侧链上手性中心之间的成因联系。在藿烷的3个常见立体异构体系列中,C_{27}—C_{35}的 $\alpha\beta$ 型的藿烷具有较高的热动力学稳定性,而在成熟的沉积物和石油中占有绝对优势。成熟石油中一般不存在 $\beta\beta$ 系列,因为它们极不稳定,在早成岩初期既已向其他构型转化。

细菌藿烷四醇和生物构型藿烷为 $\beta\beta$ 构型。由于该立体化学排列具有热动力不稳定性,在埋藏演化过程中将向稳定性较高的 $\alpha\beta$ 藿烷和 $\beta\alpha$ 莫烷转化。同时,侧链上的22R构型向22S和22R$\alpha\beta$升藿烷的均衡混合物转化,其平衡终点值是22S/(22S+22R)=0.65。通常,C_{31}升藿烷的22S/(22S+22R)异构体比值是良好的成熟度参数,但主要应用于未成熟—低成熟阶段。在大多数原油中,C_{31}升藿烷22S/(22S+22R)值约为0.55~0.65。

2. 检测与鉴定

尽管藿烷类化合物构型和系列较多,但其鉴定并不复杂,依据藿烷类化合物碳骨架的特性,可以根据 m/z 191特征质量色谱图将该类化合物检测出来。

图10-8是一地质样品中藿烷化合物分布的 m/z 191质量色谱图,标峰号的化合物的鉴定名称见表10-1。值得注意的是,藿烷同系列中缺乏C_{28}成员,这是因为若由高碳数同系物形成C_{28},需要藿烷侧链同时断开C-22与C-29位及C-22与C-30位之间的C—C键,这是不容易发生的,这种情况类似于异戊二烯烷烃。

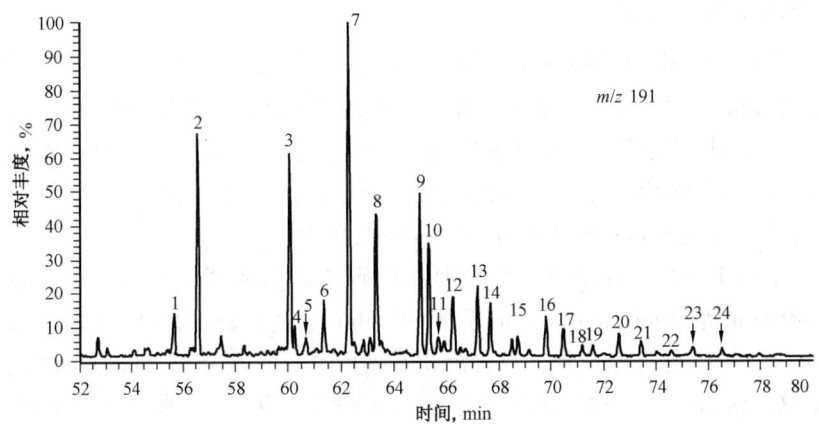

图 10-8 成熟地质样品中藿烷化合物分布的 m/z 191 质量色谱图(标号化合物的鉴定见表 10-1)

表 10-1 常见藿烷系列化合物鉴定表

峰号	化合物命名	简称
1	C_{27} 18α(H),21β(H)-22,29,30-三降新藿烷	Ts
2	C_{27} 17α(H),21β(H)-22,29,30-三降藿烷	Tm
3	C_{29} 17α(H),21β(H)-30-降藿烷	C_{29} 降藿烷
4	C_{29} 18α(H),21β(H)-30-降新藿烷	C_{29} Ts
5	C_{30} 17α(H)-重排藿烷	C_{30} RAH
6	C_{29} 17β(H),21α(H)-30-降藿烷(降莫烷)	C_{29} 降莫烷
7	C_{30} 17α(H),21β(H)-藿烷	C_{30} 藿烷
8	C_{30} 17β(H),21α(H)-藿烷(莫烷)	C_{30} 莫烷
9	C_{31} 17α(H),21β(H)-29-升藿烷 22S	C_{31} 升藿烷(22S)
10	C_{31} 17α(H),21β(H)-29-升藿烷 22R	C_{31} 升藿烷(22R)
11	伽马蜡烷*	伽马蜡烷
12	C_{31} 17β(H),21α(H)-29-升藿烷(升莫烷)22R	C_{31} 升莫烷
13	C_{32} 17α(H),21β(H)-29-二升藿烷 22S	C_{32} 二升藿烷(22S)
14	C_{32} 17α(H),21β(H)-29-二升藿烷 22R	C_{32} 二升藿烷(22R)
15	C_{32} 17β(H),21α(H)-29-二升藿烷(二升莫烷)22R	C_{32} 二升藿烷(22R)
16	C_{33} 17α(H),21β(H)-29-三升藿烷 22S	C_{33} 三升藿烷(22S)
17	C_{33} 17α(H),21β(H)-29-三升藿烷 22R	C_{33} 三升藿烷(22R)
18	C_{33} 17β(H),21α(H)-29-三升藿烷(三升莫烷)22R	C_{33} 三升藿烷(22R)
19	C_{34} 17α(H),21β(H)-29-四升藿烷 22S	C_{34} 四升藿烷(22S)
20	C_{34} 17α(H),21β(H)-29-四升藿烷 22R	C_{34} 四升藿烷(22R)
21	C_{34} 17β(H),21α(H)-29-四升藿烷(四升莫烷)22R	C_{34} 四升藿烷(22R)
22	C_{35} 17α(H),21β(H)-29-五升藿烷 22S	C_{35} 五升藿烷(22S)
23	C_{35} 17α(H),21β(H)-29-五升藿烷 22R	C_{35} 五升藿烷(22R)
24	C_{35} 17β(H),21α(H)-29-五升藿烷(五升莫烷)22R	C_{35} 五升莫烷(22R)

*伽马蜡烷为非藿烷型三萜烷,也由 m/z 191 质量色谱图检测。峰号对应于图 10-8。

3. 藿烷的生源及指相意义

藿烷的先质——C_{35} 细菌藿烷多醇基本上只由原核生物合成,与结构已知的其他化合物相比,藿烷在沉积物和石油中的丰度相对较高,因为藿烷类的先质为活细胞中细胞膜的重要成分,并且在成岩过程中不易降解。与其他生物标志化合物一样,藿烷类可直接以可溶有机质的形式存在于岩石中,但细菌藿烷四醇也可以被结合而进入干酪根,之后在后生作用过程中释放出藿烷(Mycke 等,1987;Sinninghe Damste、de Leeuw,1990)。

研究表明,高丰度的 C_{35} 升藿烷一般与海相的碳酸盐岩或蒸发盐岩有关(Boon 等,1983;Connan 等,1986;Fu 等,1986;ten Haven 等,1988;Mello 等,1988a,1988b;Clark、Philp,1989),Peters、Moldowan(1991)把这个现象解释为沉积时期海相强还原环境(低 Eh)的结果,并以 C_{35} 升藿烷参数即 $C_{35}/(C_{31}—C_{35})$ 值作为衡量指标。如图 10-9 所示,来自于缺氧环境的碳酸盐岩烃源岩的希腊 Prinos 原油,含有高丰度 C_{35} 升藿烷,同时,还存在 $17\alpha(H)-29,30$-二降藿烷和 $17\alpha(H)-30$-降-29-藿烷(为典型的 30-降藿烷系列),这与许多由碳酸盐岩生成的石油是类似的;大洋洲北部大陆架海相原油的 $C_{31}—C_{35}$ 升藿烷呈逐渐降低的梯状分布,这种特征与亚氧化底水沉积条件相符,这种分布对于一般还原环境的海相泥页岩及其原油是常见的(Perters、Moldowan,1993);而煤和煤系泥岩普遍具有 Tm、C_{29}、C_{31} 相对于 C_{30} 明显偏高,而 Ts 和 C_{35} 极低的特征。与煤不同,典型湖泊页岩的藿烷分布指纹通常具有 C_{30} 明显偏高的特征,同时,多数湖相沉积中 C_{34}、C_{35} 升藿烷丰度极低。藿烷的分布指纹主要与氧化—还原条件有关,例如,沉积环境的还原性越强,C_{35} 等高碳数藿烷的含量越高。在 C_{35} 细菌藿烷多醇演化(转化为藿烷的)过程中,在强还原的条件下可更多地通过还原加氢途经转化为 C_{35} 藿烷,而在还原

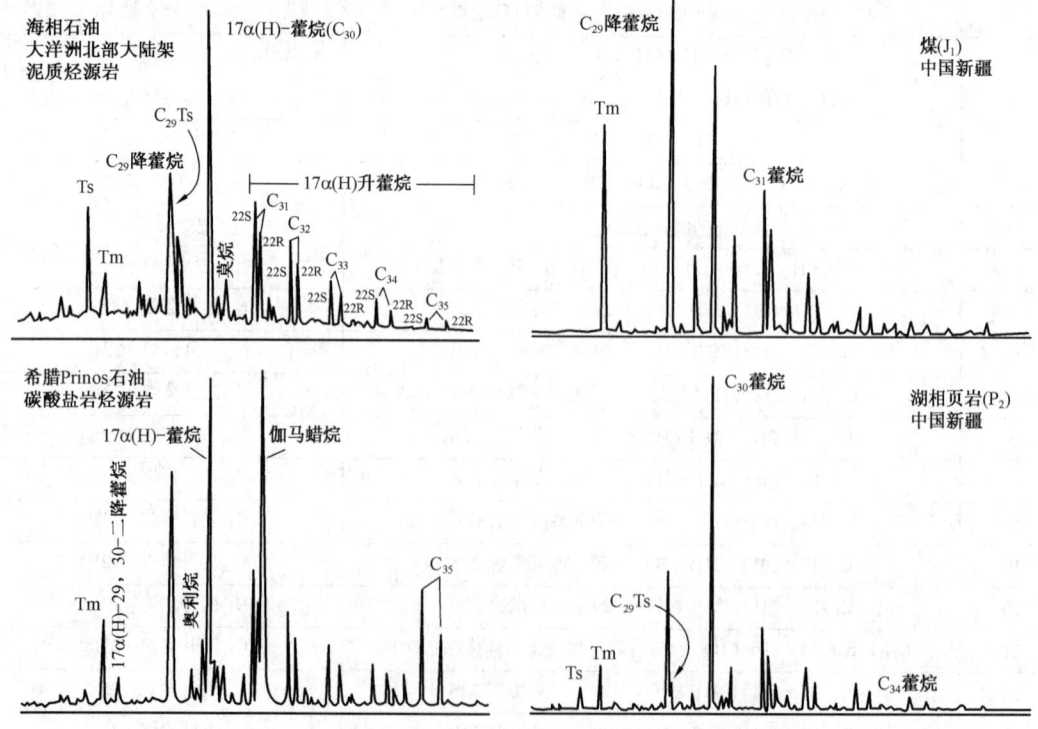

图 10-9 为不同沉积相形成的原油、典型湖相原油及煤的藿烷分布指纹
大洋洲北部大陆架海相原油及希腊 Prinos 原油引自 Peters、Moldowan(1993)

性减弱的条件下,可部分氧化成为碳数不同的酸,而后再经脱羧作用形成低碳数藿烷。不过,C_{35}藿烷的含量可能还受热成熟度和生物降解的影响,对于高过成熟样品及强烈生物降解原油,应用升藿烷参数要慎重。

四、甾烷类

甾烷类是另一大类生物标志化合物,为具有一烷基侧链的四环化合物(图10-10)。四环结构又称甾核(环戊并全氢化菲)。常规甾烷的碳数分布范围为C_{27}—C_{29},但有其他复杂的碳数变化。甾类化合物可提供丰富的信息,这使得其在生物化学、油气地球化学等领域受到重视,得到相当广泛的研究和应用。

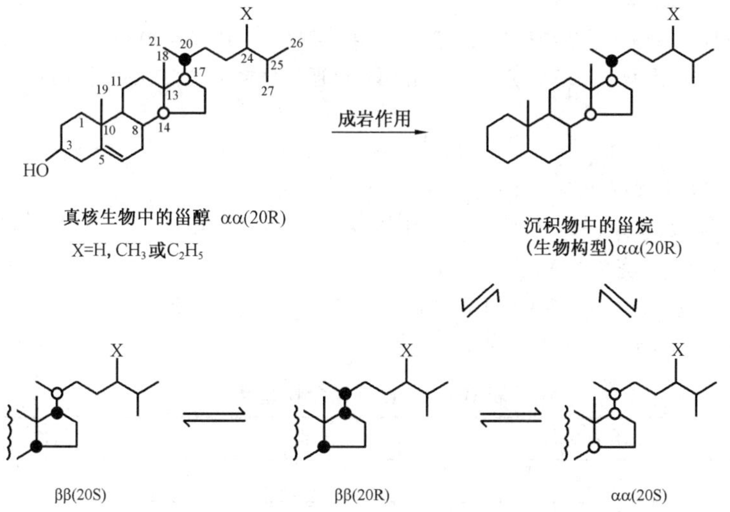

图10-10 甾醇成岩转化为甾烷及C-14、C-17、C-20位构型的变化

1. 结构与构型

沉积物和石油中甾烷的先质几乎都来源于真核生物中的甾醇(图10-10)。与藿烷类一样,由于在甾类结构中,在环上的手征中心有C-5、C-8、C-9、C-10、C-13、C-14、C-17,在链上的手征中心有C-20、C-24(当X = CH_4和CH_2CH_3时),因此可能存在十分复杂的立体异构体混合物。其中,具有重要地球化学意义的构型在C—5、C—14、C—17、C—20位。甾醇在C—5位上的双键在成岩早期还原(加氢)时,形成5α(H)—构型和5β(H)—构型。其中,5β(H)—构型为生物构型,5β甾烷又称为"粪甾烷",它主要在未成熟沉积物中存在,在成熟的样品中含量极低,可忽略不计。后三者的生物构型分别为14α(H),17α(H),20R(可简称为ααR构型),这一扁平状立体结构(图10-11,这类图较平面图更能示意出分子的立体形态)的稳定性较差,在地质演化过程中,它将向热力学上更为稳定的弯曲状和翘尾状的ββ(20R、20S)构型转化,直到αααR、αααS、αββR和αββS的均衡比率约等于1:1:3:3为止(Peters、Moldowan,1993)。生物构型的20R异构体向近似均衡20R和20S混合物转变,在达到平衡时,20S/(20S + 20R)值达约为0.55。

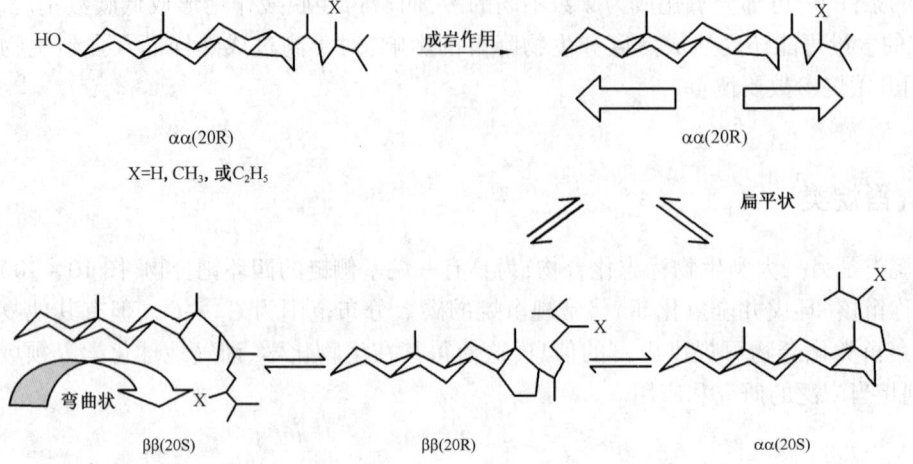

图 10-11 甾醇扁平状结构在成岩转化后由 C-14、C-17、C-20 位构型变化而形成的
4 种构型——扁平状、弯曲状和两种接近的翘尾状(据 Peters 等,2005)

2. 分类

甾类化合物可分为以下 6 类:

(1)常规甾烷类:5β(H)甾烷亚类(生物构型甾烷/粪甾烷);5α(H)甾烷亚类,包括 αα 系列、ββ 系列(异构甾烷系列)。

(2)重排甾烷类(常规甾烷 C-13 位上的甲基重排到 14 位上):包括 13β(H)17α(H)系列和 13α17β 系列(表 10-2)。

表 10-2 甾烷化合物鉴定表

峰号	化合物命名	碳数	简称
A	孕甾烷	C_{21}	
B	升孕甾烷	C_{22}	
1	13β(H),17α(H)-重排胆甾烷 20S	C_{27}	C_{27} βα-重排甾烷(20S)
2	13β(H),17α(H)-重排胆甾烷 20R	C_{27}	C_{27} βα-重排甾烷(20R)
3	13α(H),17β(H)-重排胆甾烷 20S	C_{27}	C_{27} αβ-重排甾烷(20S)
4	13α(H),17β(H)-重排胆甾烷 20R	C_{27}	C_{27} αβ-重排甾烷(20R)
5	24-甲基-13β(H),17α(H)-重排甾烷 20S	C_{28}	C_{28} βα-重排甾烷(20S)
6	24-甲基-13β(H),17α(H)-重排甾烷 20R	C_{28}	C_{28} βα-重排甾烷(20R)
7	5α(H),14α(H),17α(H)-胆甾烷 20S + 24-甲基-13α(H),17β(H)-重排胆甾烷 20S	C_{27} C_{28}	C_{27} ααα-甾烷(20S) + C_{28} αβ-重排甾烷(20S)
8	5α(H),14β(H),17β(H)-胆甾烷 20R + 24-乙基-13β(H),17α(H)-重排胆甾烷 20S	C_{27} C_{29}	C_{27} αββ-甾烷 20R + C_{29} βα-重排甾烷(20S)
9	5α(H),14β(H),17β(H)-胆甾烷 20S + 24-甲基-13α(H),17β(H)-重排胆甾烷 20R	C_{27} C_{28}	C_{27} αββ-甾烷(20S) + C_{28} αβ-重排甾烷(20R)
10	5α(H),14α(H),17α(H)-胆甾烷 20R	C_{27}	C_{27} ααα-胆甾烷(20R)
11	24-乙基-13β(H),17α(H)-重排胆甾烷 20R	C_{29}	C_{29} βα-重排甾烷(20R)
12	24-乙基-13α(H),17β(H)-重排胆甾烷 20S	C_{29}	C_{29} αβ-重排甾烷(20S)

续表

峰号	化合物命名	碳数	简称
13	24-甲基-5α(H),14(H),17α(H)-胆甾烷20S	C_{29}	C_{29} ααα-甾烷(20S)
14	24-甲基-5α(H),14β(H),17β(H)-胆甾烷20S +24-乙基-13α(H),17β(H)-重排胆甾烷20R	C_{28} C_{29}	C_{28} αββ(H)-甾烷(20S) +C_{29} αβ-重排甾烷(20R)
15	24-甲基-5α(H),14(H)β,17β(H)-胆甾烷20S	C_{28}	C_{28} αββ-甾烷(20S)
16	24-甲基-5α(H),14α(H),17α(H)-胆甾烷20R	C_{28}	C_{28} ααα-甾烷(20R)
17	24-乙基-5α(H),14α(H),17α(H)-胆甾烷20S	C_{29}	C_{29} ααα-甾烷(20S)
18	24-乙基-5α(H),14β(H),17β(H)-胆甾烷20R	C_{29}	C_{29} αββ-甾烷(20R)
19	24-乙基-5α(H),14β(H),17β(H)-胆甾烷20S	C_{29}	C_{29} αββ-甾烷(20S)
20	24-乙基-5α(H),14α(H),17α(H)-胆甾烷20R	C_{29}	C_{29} ααα-甾烷(20R)

(3)甲基甾烷类,包括2-甲基、3-甲基、4-甲基及甲藻甾烷类等。

(4)短侧链甾烷亚类:雄甾烷、孕甾烷(C_{21}、C_{22})等。

(5)降解甾烷亚类:A-降型(在结构上失去A环)、脱甲基型、断甾烷(环上的C—C键断开)型等。

(6)芳构化甾烷类:单芳甾烷亚类,包括A-环、C-环-单芳甾烷;三芳甾烷亚类。

下面主要介绍石油地球化学研究中应用最多的常规甾烷及重排甾烷。

3. 检测与命名

由于甾烷系列化合物结构特征相近,在进行GC-MS分析时有相近的碎裂方式,从而具有共同的特征离子,如 m/z 217、m/z 218、m/z 149、m/z 159、M^+(分子离子,如 C_{27}—C_{29} 的分子量分别为372、386、400)、M^+-15等;重排甾烷则还有 m/z 189、m/z 289等较强的特征碎片。其中 m/z 217(或218)通常为常规甾烷(包括重排甾烷)的基峰,故一般用 m/z 217质量色谱图来检测常规甾烷和重排甾烷化合物。但不同构型使得甾烷类在电离时又有一定的差别,这使从质谱图上区分不同构型的甾烷化合物成为可能。如对(α)αα甾烷,其 m/z 217>m/z 218,而对(α)ββ甾烷则正好相反,m/z 218为基峰;而5β(H)甾烷 以 m/z 149<m/z 151区别于5α(H)甾烷的 m/z 149≫m/z 151。结合分子离子峰,通常可以将甾烷类的构型及碳数确定出来。

但有经验的学者通常利用甾类在 m/z 217质量色谱图上的各化合物的出峰顺序及分布形式来确定甾类化合物的构型,同时,利用 m/z 217谱图上的峰高或峰面积计算其含量。如图10-12中的标峰号的化合物鉴别列于表10-2中,以阿拉伯数字标出的20个峰包含了24个化合物,其中7、8、9及14号峰存在化合物的共逸,若要进行准确定量,需进行GC-MS-MS分析。正是这一原因,通常利用没有化合物共逸的 C_{29} 甾来计算常规甾烷的有关参数。

在 m/z 217质量色谱图上标示为A和B的两个化合物为孕甾烷和升孕甾烷,碳数分别为 C_{21} 和 C_{22},属于短侧链甾烷类。

与正常甾烷相比,4-甲基甾烷、甲藻甾烷在环上的C-4位上都多一个甲基取代基,但甲藻甾烷在C-23位上还多一个甲基。具4-甲基甾烷结构的化合物都可以在基峰 m/z 231(或 m/z 232),质量色谱图来检测,或最好用GC-MS-MS检测。甲藻甾烷还有一个特征的侧链断裂碎片 m/z 98,这个碎片可用于甲藻甾烷的鉴定。但它也可在 m/z 217上检测。

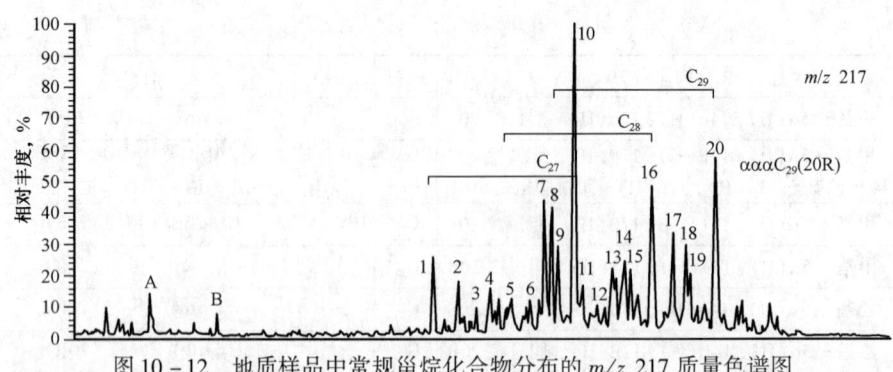

图 10-12 地质样品中常规甾烷化合物分布的 m/z 217 质量色谱图

芳香甾烷主要包括单芳甾烷类和三芳甾烷类(结构式参见图 10-19),其基峰分别为 m/z 253 和 m/z 231(在芳烃馏分检出)。

结合上述特征峰和分子离子峰(M^+)及色谱出峰顺序,有经验的学者不难鉴定出 4-甲基甾烷、甲藻甾烷、芳甾等化合物的分子量、构型及含量。

4. 生源意义

1)常规甾烷

与藿烷类截然不同,甾烷类化合物几乎都来源于真核生物。尽管有研究表明,一些水生生物,如褐藻及许多绿藻是以 C_{29} 为主的。在一些与陆生植物有机质无关的沉积或原油中也存在丰富的 C_{29} 甾类(Volkman 等,1988)。许多缺乏陆生植物的前泥盆纪沉积的油以及一些碳酸盐岩来源的油含有丰富的 C_{29} 甾烷,它们的烃源岩没有或很少有高等植物输入(Moldowan 等,1985;Grantham,1986a,1986b;Rullkötter 等,1986;Fowler、Douglas,1987)。但一般认为,水生生物富含 C_{27}(和 C_{28})甾醇,与 C_{27}(和 C_{28})甾烷比较,高等植物富含 C_{29} 甾烷(Huang、Meinshein,1979)。如陆相高等植物有机质为主导的煤系沉积,缺少 C_{27} 而富集 C_{29} 甾烷是一重要特征,这已被广泛的研究所证实。

因此,C_{27}—C_{28}—C_{29} 甾烷相对百分含量三角图可以用来区分不同沉积环境(母质类型)的烃源岩或原油。

2)重排甾烷/规则甾烷

重排甾烷被认为是由甾烷 C-13 位的甲基重排到 C-14 位形成的。其形成或者是由热应力主导,或者是在成岩早期由酸性物质(如黏土)的催化作用产生(Rubinstein 等,1975)。前一原因导致重排甾烷/规则甾烷的值与成熟度有关,故重排甾烷的含量常随成熟度的升高而增高;后一原因则导致比值与沉积环境(或岩性)有关,故在碳酸盐岩烃源岩及其油中该比值往往很低。

3)4-甲基甾烷(C_{28}、C_{29}、C_{30})和甲藻甾烷(C_{30})*

4-甲基甾烷可能主要源于沟鞭藻生物体中的 4α-甲基甾醇(Wolff 等,1986),尽管在 *Pavlova* 属的定鞭金藻微藻中也发现了 4α-甲基甾醇(Volkman 等,1990)。海相和非海相原油中都含有 4-甲基甾烷,且在一些湖相沉积(如我国古近系、新近系湖相)中显示了更高的丰度。成熟原油中 4-甲基甾烷以高丰度出现的情况见于我国北部湾凹陷。对 4-甲基甾烷同系物分布形式的研究表明,高盐度条件下的湖相沉积比淡水及微咸水沉积的沥青具有更低的 C_{28}4-甲基甾烷(与 C_{29} 和 C_{30} 同类物相比);淡水沉积中含有较高的 4-甲基甾烷总量,4-甲基甾烷组成的差异可能主要是由淡水、微咸水及高盐度湖相沉积物中沟鞭藻种属的不同导致，而沟鞭藻主要在淡水环境中繁生(Fu 等,1990)。

甲藻甾烷来源于甲藻甾醇或甲藻甾烷醇，并且看来是唯一由沟鞭藻提供的(Withers,1983)。甲藻甾烷最初只见于晚于三叠纪的原油中(Summons 等,1987)，这一年代结论与最早在三叠纪大量分布沟鞭藻化石的证据相符。在英国北部 Watchet 地区的诺利克阶/瑞提阶(上三叠统)的黑色页岩中含丰富的最早被确认的沟鞭藻囊，并含有丰富的 4-甲基甾烷，包括甲藻甾烷(Thomas 等,1989)。但后来，在古生代沉积中也发现存在可能的沟鞭藻化石零星分布，如志留纪岩层(Peters、Moldowan,1993)。另外，在我国塔里木盆地寒武系、奥陶系烃源岩中也发现存在芳构化甲藻甾烷(张水昌等,2001)，其来源于可能为沟鞭藻的祖先——似球状沟鞭藻(边立增等,2000)。总的看来，4-甲基甾烷和甲藻甾烷的生源专属性较强，与生源和环境因素有密切关系，因此，在详细的油源研究中具有应用价值。

4) 芳甾类化合物

芳香甾烷由甾烷的芳构化作用形成，形成途径参见图 10-19。

五、其他饱和生物标志化合物*

除了上述最为常用的生物标志化合物之外，在原油和抽提物中检出的生物标志化合物还有很多。但限于篇幅，下面仅简介几类其他生物标志化合物的生源意义，没有探讨其结构及其在地质过程中的演化(构型异构化)等问题。

1. 二环倍半萜类

地质样品中检出的二环化合物具有多种结构形式，以多甲基和/或异丙基取代、碳数范围 $C_{11}—C_{15}$ 者常见，即属于二环倍半萜类(Sesquiterpanoids)。最常见的类型为补身烷型，其他类型如杜松烷型、桉叶油烷型、红没药烷型、雪松烷型及花侧柏烯型等多见于高等植物来源的有机质中，如琥珀、树脂、陆源沉积物及煤中。因此，二环倍半萜类的检出常常被认为是陆源输入的标志，如第十一章即利用这一点来鉴别煤型气。但根据二环倍半萜类分布的普遍性、出现于前泥盆纪、常以 C_{16} 升补身烷占优势(不遵从异戊二烯法则)、天然产物中未见相似结构、分子结构与藿烷 A/B 环相似等理由，不少人认为补身烷系列是早期成岩作用过程中由藿烷类先质(细菌成因生源)演化而成的，即其在陆源沉积中的广泛分布也可能是来源于对陆生植物进行强烈改造的细菌生物质(Alexander,1983;王铁冠,1990)。

这些化合物也常具有不同程度的芳构化形式，因而，该类化合物检出于饱和烃或芳烃馏分，并且单环芳构化的二环化合物也常常被分离到烷烃馏分中，因此，在检测时应注意。m/z 123 常是二环化合物的特征质谱裂解碎片离子或基峰，因此，常用 m/z 123 质量色谱图来检测其分布。这些化合物可直接来源于生物先质，也可由大分子裂解或重排产生。

2. 三环萜烷

有人认为(Ourisson 等,1982;Aquino Nero 等,1983)，三环萜烷($<C_{30}$)来自规则的 C_{30} 类异戊间二烯烃类，例如三环六异戊二烯醇，而且可能是真核生物细胞壁中的成分。但近来的工作表明，高浓度的三环萜烷及其芳烃同类物与富含塔斯玛尼亚藻(*Tasmanite*)的岩石有关，这就说明它们可能与原始藻类有关(Aquino Neto 等,1989;Azevedo 等,1992)。

总的来看，此类化合物与甾烷、藿烷一样，具有十分广泛的分布，但其相对丰度有较大变化。在高等植物为主的陆相沉积(煤系地层)中,该类化合物的相对含量较海相及湖相明显偏低。我国塔里木古生界海相石油、准噶尔盆地二叠系湖相及泌阳凹陷等东部古近—新近系沉积物及原油中都有高丰度的三环萜烷化合物,显示三环萜烷系列化合物应以藻类生源为主。

三环萜烷抗生物降解能力很强,因而可用于强烈生物降解油的油源对比(Palacas 等,1986)。

3. 伽马蜡烷

伽马蜡烷是一种五环三萜(C_{30}),但与藿烷不同的是,其 E 环为六元环。伽马蜡烷常用 m/z 191 及 m/z 412 质量色谱图来检测(图 10-8、表 10-1)。

伽马蜡烷来源于四膜虫醇(tetrahymanol)(Venkatesan,1989;ten Haven 等,1989),后者被认为是一种在某些原生动物(Caspe 等,1968;Ourisson 等,1987)、光合细菌(Kleemann 等,1990)和一些可能的其他生物中的细胞膜中取代了甾类化合物的类脂化合物。伽马蜡烷的富集似乎多与高盐度海相及非海相沉积环境有关,我国的一些陆相湖盆沉积特别是东部古近—新近系湖相沉积尤为典型,如在 m/z 191 质量色谱图上,伽马蜡烷的相对丰度甚至会超过 C_{30} 藿烷。伽马蜡烷在某些源于碳酸盐岩或蒸发岩烃源岩的海相石油中也是丰富的(Rohrback,1983;Mello 等,1988a,1988b;Moldowan 等,1992)。尽管具高伽马蜡烷(如伽马蜡烷/αβ-藿烷高值)常能表征强还原、超盐度沉积环境,但这样的环境并不总是具有高伽马蜡烷比值(Moldowan 等,1985)。伽马蜡烷比藿烷抗生物降解能力要强(Zhang 等,1988)。

4. 奥利烷

奥利烷(Oleanane)也是以 5 个六元环为基本单元的五环三萜。奥利烷的色谱出峰位置在 C_{29} 降莫烷和 C_{30} 藿烷之间,但更靠近 C_{30} 藿烷。$18\alpha(H)$- 和 $18\beta(H)$- 奥利烷呈肩峰形式,很难完全分开,$18\alpha(H)$- 奥利烷出峰在前。

$18\alpha(H)$- 奥利烷是最典型的高等植物五环三萜类化合物之一。奥利烷主要作为晚白垩世以来高等植物(特别是被子植物)输入的可靠标志物。奥利烷的先质主要为被子植物中的 β-香树素(amyrin)至今,在已知的早于白垩纪的石油中还没有发现奥利烷的例子。当然,对于原油来讲,没有奥利烷并不证明是由白垩纪之前的岩石所生成的油,因为该化合物仅代表白垩纪以来高等植物对沉积有机质的贡献。

此外,还有其他一些生物标志化合物,如四萜类的 β-(γ-)胡萝卜烷和类胡萝卜素,可能与高盐度及水体分层造成的强还原条件有关,也常被用来作为湖相环境的特征标志,但海相油和烃源岩中也存在这种化合物。另外,芳基类异戊二烯烷烃,如 2,3,6-三甲基苯基类异戊二烯烃等,可能主要来源于异 φ,χ-胡萝卜烷(素)化合物,是一类芳构化的"类"胡萝卜烷(素)化合物。

六、芳烃化合物[*]

1. 概述

芳烃化合物在化石燃料及沉积有机质组成中占有较大比例,它们包括各类环数不同、芳构化程度不同、烷基取代数量不同的化合物。尽管一些化合物,特别是那些最广泛分布的高度芳构化的多环芳烃,其生物标志意义不再明确,但某些地球化学意义仍然保留,如成熟度及沉积环境意义,故在石油地球化学研究中仍有重要应用。芳烃化合物的种类非常丰富(图 10-13),限于篇幅,本教材难以全面涉及。除了前面介绍过的芳甾外,这里还对沉积有机质和石油中最常见的萘、菲系列化合物做简单介绍。

图 10-13 给出了芳烃馏分中常见多环芳烃的基本碳结构骨架及相应的分子量。每一骨架结构的系列化合物由取代基数量不同的异构体组成。如菲系列化合物即由菲和甲基菲、二甲基菲、三甲基菲、四甲基菲异构体等系列化合物构成,取代基的数量增加,其异构体数量也相应地增加,因此,菲系列化合物异构体的数量是非常多的。不过,在现有分离及分析技术条件下,许多多甲基取代的异构体尚难以分辨和确认。

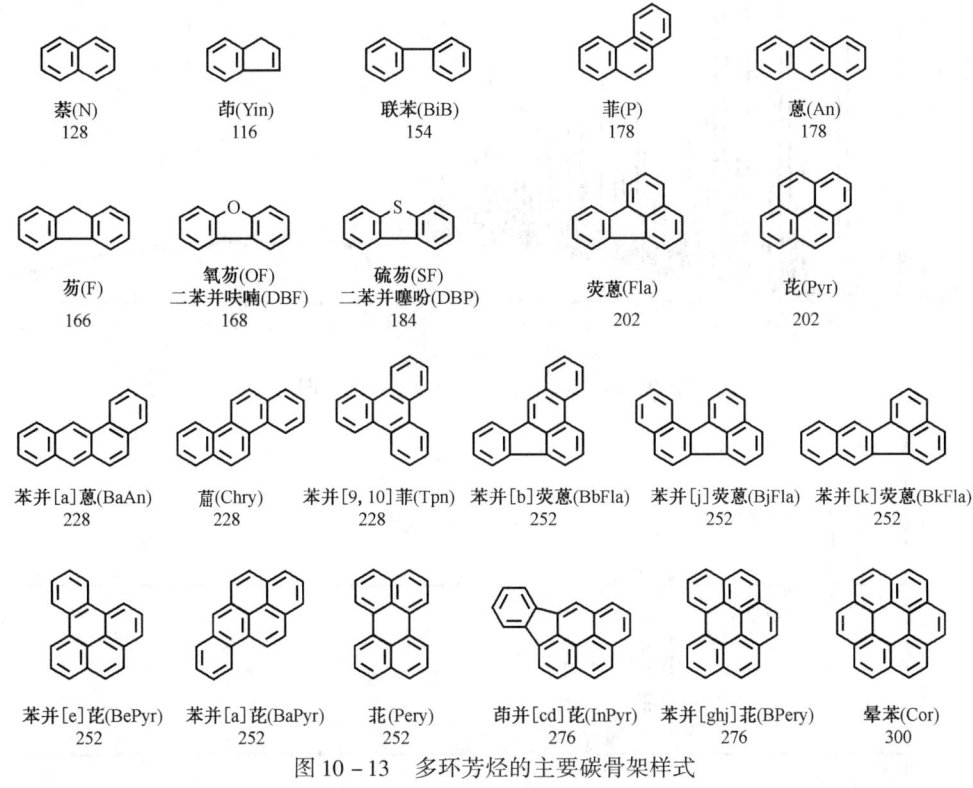

图 10-13 多环芳烃的主要碳骨架样式

图 10-14 给出了一般芳烃馏分的总离子流图,可见,它与烷烃的分布形式是完全不同的,显示出复杂性,但实际上,通过质量色谱图可以比较容易地鉴定各系列芳烃化合物。

由于多环芳核的结构非常稳定,因此,其质谱碎片组成要比烷烃简单得多。在 GC-MS 检测分析中,常用系列化合物的分子离子峰的质量色谱图来检测该类化合物的系列异构体。例如,甲基菲的分子量为 192,则用 m/z 192 质量色谱图即可检出甲基菲的 4 个异构体。

2. 萘系列

图 10-15 给出了不同甲基取代萘系列化合物分布的质量色谱图,峰上标出了化合物的定名。萘环上的甲基取代最多可达 6 个。萘系列化合物的分布变化较大,主要受来源、成熟度及生物降解程度影响。

萘系列化合物衍生于来自高等植物及细菌的倍半萜至三萜类化合物,这主要是基于一些烷基取代的萘与天然产物结构的类似性,如 1,6-DMN、1,2,5-TMN、1,2,7-TMN、1,2,5,6-TeMN 及 1,2,3,5,6-PMN(Aarssen 等,1999)。其他的异构体,被认为形成于两种主要途径:一是通过 1,2-位甲基位移产生多异构化;二是分子间的甲基迁移,一种被描述为烷基化或歧化反应的过程(Radke 等,1982;Alexander 等,1985;Strachan 等,1988),最近被重新阐释为

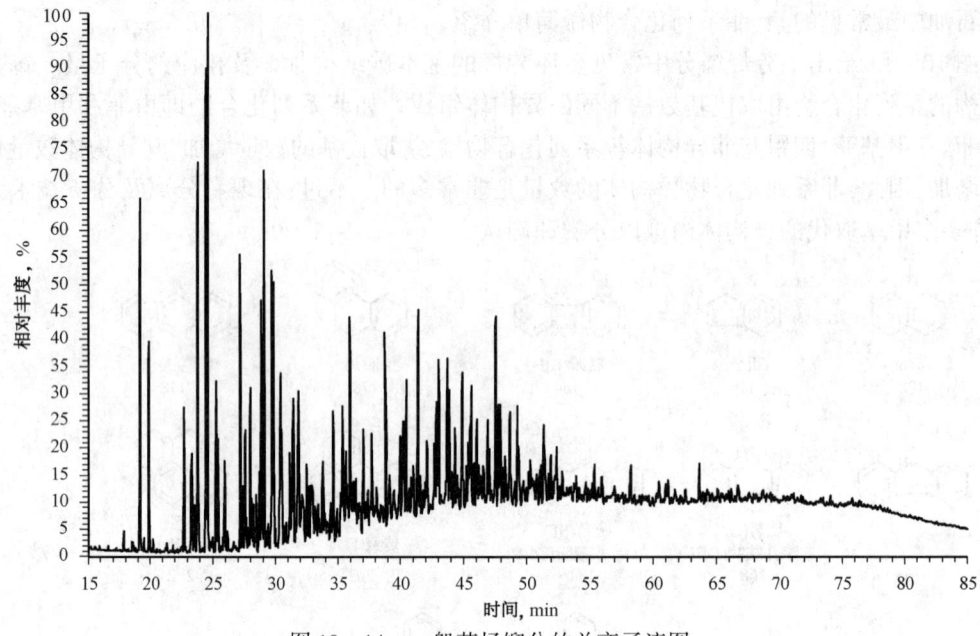

图 10-14 一般芳烃馏分的总离子流图

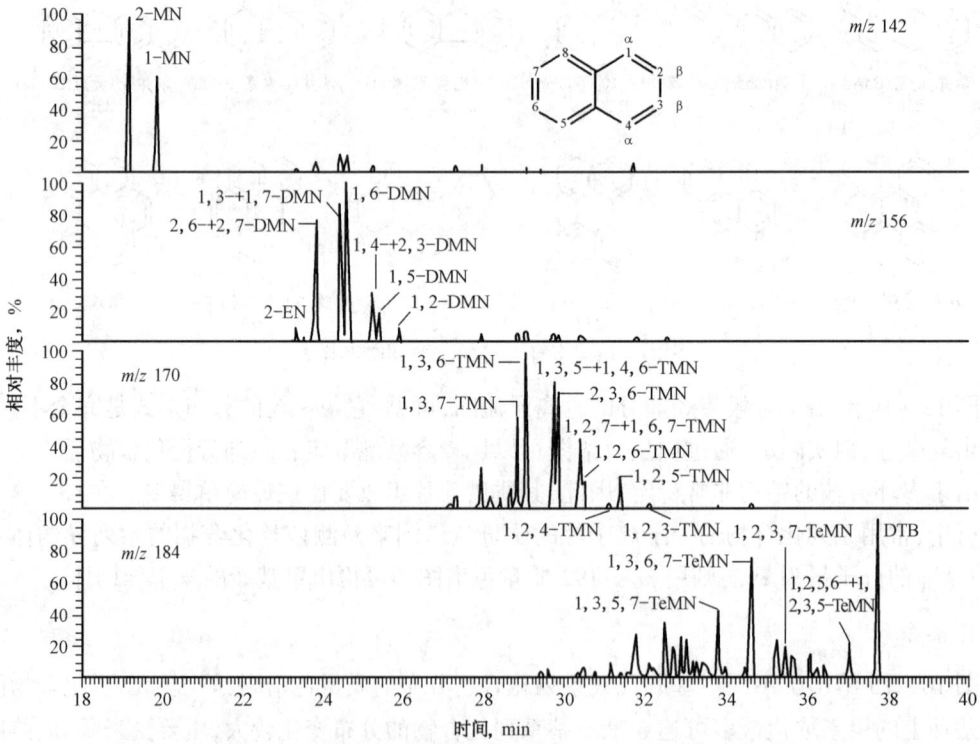

图 10-15 不同甲基取代的萘系列化合物分布的质量色谱图

通过亲电子的芳烃取代基所产生的甲基化或去甲基化(Bastow 等,1999)。随成熟度的增加,热力学上更稳定的异构体的相对丰度会增加。因此,烷基取代萘系列化合物的分布可以反映沉积有机质所经历的热演化程度。一些成熟度参数也因此提出(Radke 等,1990,1994),它们主要依据了 β-位甲基取代的异构体较 α-位甲基取代的异构体更稳定这一基本概念,有关参数如下:

$$MNR = 2-MN/1-MN, (\beta/\alpha)$$
$$DNR1 = (2,6- + 2,7-)/1,5-DMN, (\beta\beta/\alpha\alpha)$$
$$DNR2 = 2,7-/1,8-DMN, (\beta\beta/\alpha\alpha)$$
$$DNR3 = 2,6-/1,8-DMN, (\beta\beta/\alpha\alpha)$$
$$TNR1 = 2,3,6-/(1,4,6- + 1,3,5-)TMN, (\beta\beta\beta/(\alpha\alpha\beta+\alpha\beta\alpha))$$
$$TNR2 = (2,3,6- + 1,3,7-)/(1,4,6- + 1,3,5- + 1,3,6-)TMN$$
$$(\alpha\beta\beta+\beta\beta\beta)/(\alpha\alpha\beta+\alpha\beta\beta+\alpha\alpha\beta)$$
$$TNR3 = 1,3,7-/(1,3,7- + 1,2,5-)TMN, \alpha\beta\beta/(\alpha\beta\alpha+\alpha\beta\beta)$$

显然,随着成熟度的升高,上列指标将逐渐升高直至指标达到演化终点。

3. 菲

图 10-16 给出了不同甲基取代(C_0—C_3—)的菲系列化合物分布的质量色谱图及部分化合物的鉴定结果。类似于萘系列,菲系列化合物在各类沉积有机质及化石燃料中广泛分布,且丰度较高,并在中—高成熟阶段显示出最高的相对丰度。不管有机质类型如何,大量的烷基菲系列化合物的产量在 C_{15+} 烃类生成高峰过后明显增加,可能证明它们是由干酪根的热裂解形成的(Radke 等,1986)。菲系列化合物的生源问题是很难探讨的。甲基取代的菲系列化合物与含有异丙基取代的菲类化合物在成因上应是不同的,后者如西蒙内利烯(1,2,3,4-四氢-1,1-二甲基-7-异丙基菲)及惹烯(1-甲基-7-iso-异丙基菲),依然保持着松香烷的结构特征。Radke 等(1994)认为,尽管有可能来自具有甾烷和三萜类碳骨架的低分子量多环化合物或来自干酪根中的有关结构,但烷基菲(特别是菲和甲基菲)可由强烈的化学反应生成,这使得人们难以探究其与特殊生物先质的可能联系。

由于处在 β 位的 3-甲基菲和 2-甲基菲较 α 取代的 9-甲基菲和 1-甲基菲稳定,因此,随热演化程度的增高,在菲及其衍生物的内组成当中,β 位的甲基菲所占的比例会增加,而在更高成熟度时,取代甲基菲可能会向更为稳定的菲转化。基于此,Radke(1982)提出了衡量有机质的成熟度甲基菲(MPI)和二甲基菲指数(DPR)指数:

$$MPI-1 = 1.5(2-MP + 3-MP)/(P + 1-MP + 9-MP)$$
$$MPI-2 = 3*2-MP/(P + 1-MP + 9-MP)$$
$$MPR = 2-/1-MP$$
$$DPR = (2,6- + 2,7-)/(1,6- + 2,10-)$$

并基于对Ⅲ型有机质的煤和页岩的系统研究建立了由甲基菲指数计算视镜质组反射率(R_c)的关系式(图 10-17):

$$R_c = 0.55MPI-1 + 0.44 \quad (适用于 R_o = 0.65\% \sim 1.35\% 范围)$$
$$R_c = -0.50MPI-1 + 2.27 \quad (适用于 R_o = 1.35\% \sim 2.00\% 范围)$$

利用这些指数可评价原油、沥青的成熟度,从而推测烃源岩埋深。从原理上讲,这些指数也可用于与镜质组反射率相互校正(Radke、Welte,1983;Boreham 等,1988)。

但甲基菲指数的应用也具有局限性:(1)不同成熟度的样品可以具有相同的甲基菲比值,如上所述,成熟度高于 $R_m = 1.35\%$ 时,R_c 值又向反方向演化;(2)不同的有机质类型对该参数有明显影响;(3)烃源岩岩性也对该参数产生明显影响(王春江,1995)。

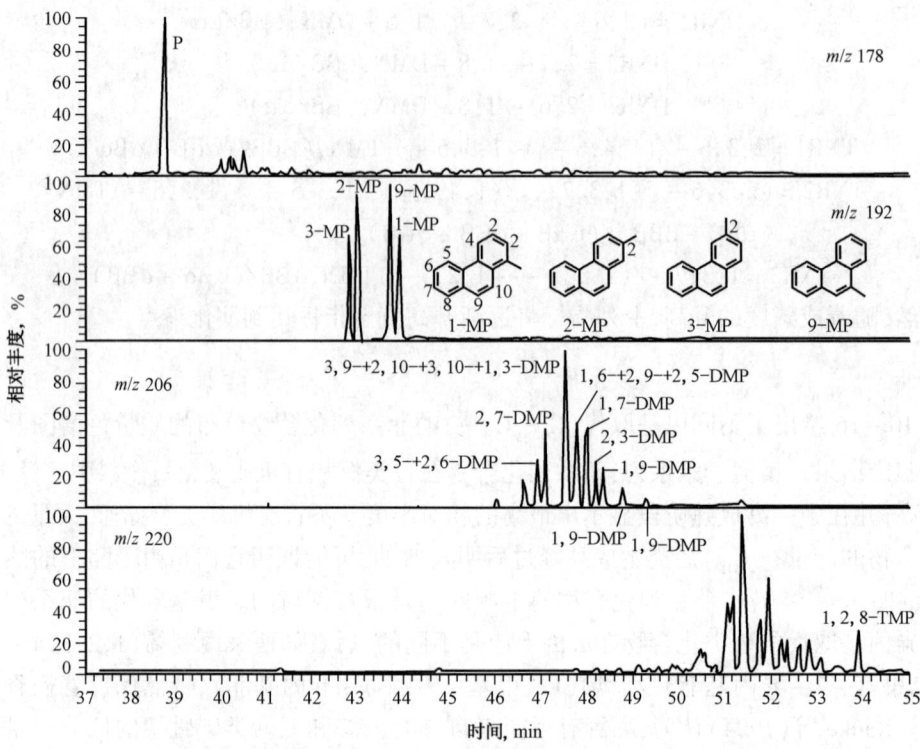

图 10-16 不同甲基取代的菲系列化合物分布的质量色谱图

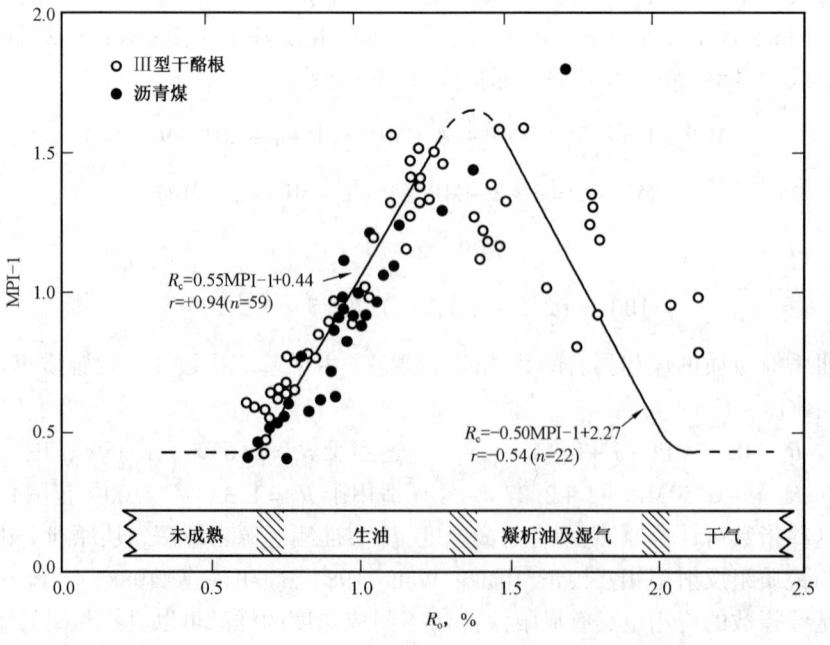

图 10-17 MPI-1 与镜质组反射率的关系图

第四节 生物标志化合物在油气地球化学中的应用

正是因为在解决实际地质和地球化学问题中具有不可替代的重要作用，生物标志化合物才得以受到普遍重视并被广泛应用；由于其特殊、稳定的结构而具有独到的溯源意义，它们被广泛应用于指示生源输入、母质类型、沉积环境，并作为油气源对比、运移、生物降解、描述油藏流体非均质性等方面的评价和研究指标；同时，它们在地质演化过程中的一定变化，如构型异构化、重排、芳构化、侧链断裂等，又使得它们成为灵敏的成熟度指标。

一、在生源输入及有机质类型判识中的应用

如第三节所述，许多生物标志化合物都有特定的来源，这使它们成为示踪生物输入的有效指标。如指示高等植物生源的输入的标志物有：具有奇偶优势的高分子量正构（或异构、反异构）烷烃，C_{29}甾烷优势，Tm、C_{29}、C_{31}相对于C_{30}明显偏高，Ts和C_{35}极低的藿烷分布特征，除补身烷外的二环倍半萜类，$18\alpha(H)$－奥利烷等。第十二章第五节中，应用生物标志化合物鉴别煤型气和油型气也是利用了这一点。

指示水生生物的输入生物标志化合物有：C_{27}甾类优势、存在C_{15}或C_{17}的优势但没有明显奇偶优势的中等分子量正构烷烃、较高丰度的三环萜烷系列化合物等。

指示细菌类输入的生物标志化合物有：没有奇偶优势的C_{10}—C_{30}范围内的正构烷烃、藿烷类等，补身烷系列的二环倍半萜类可能来源于细菌生物质。

另外，4－甲基甾烷可能主要源于沟鞭藻（主要在淡水环境中繁生）生物体中的4α－甲基甾醇；甲藻甾烷来源于甲藻甾醇或甲藻甾烷醇，并且看来是唯一由沟鞭藻提供的；伽马蜡烷可能来源于某些原生动物、光合细菌的四膜虫醇。

这些特征除了可用于标识有机质的生源之外，还可以间接或直接用于判识有机质的类型，如水生生物输入比例较高的有机质可能更偏向于是倾油的腐泥型。C_{27}—C_{28}—C_{29}甾烷含量三角图被用于判识原油及烃源岩抽提物所代表的有机质类型（图10-18），正是基于这一点。

需要指出的是，烃源岩常常具有多元的有机质输入，许多生物标志化合物也并非唯一的来源。同时，成熟演化、运移、菌解等有时也使问题复杂化。因此，在应用生物标志化合物时，常常需要注意指标多解性的问题。例如，虽然C_{29}甾烷被主要视为高等植物输入的指标，但在高等植物尚未大量出现的泥盆纪以前的海相原油中有时也存在丰富的C_{29}甾烷（Peters、Moldowan，1995），它们主要来自绿藻；奥利烷是高等植物输入的标志，但没有奥利烷并不代表没有高等植物输入；具奇偶优势的高分子量正构烷烃的分布特征，会随着热演化程度的升高而消失。

二、作为沉积环境指标

在第三节中，已对有关生物标志化合物的沉积环境指示意义做了简述。例如，具偶奇优势的正构烷烃和Pr/Ph低值指示强还原环境，而偏氧化的典型煤系地层沉积的沼泽环境以Pr/Ph＞2.5为特征，Pr/Ph值与环境的氧化还原性有一定的对应关系（详见第三节中的植烷系列部分）。高丰度的C_{35}升藿烷一般与海相的碳酸盐岩或蒸发盐岩有关。煤和煤系环境Tm、C_{29}、C_{31}相对于C_{30}明显偏高，而Ts和C_{35}极低。淡水环境沉积中含有较高的4－甲基甾烷总

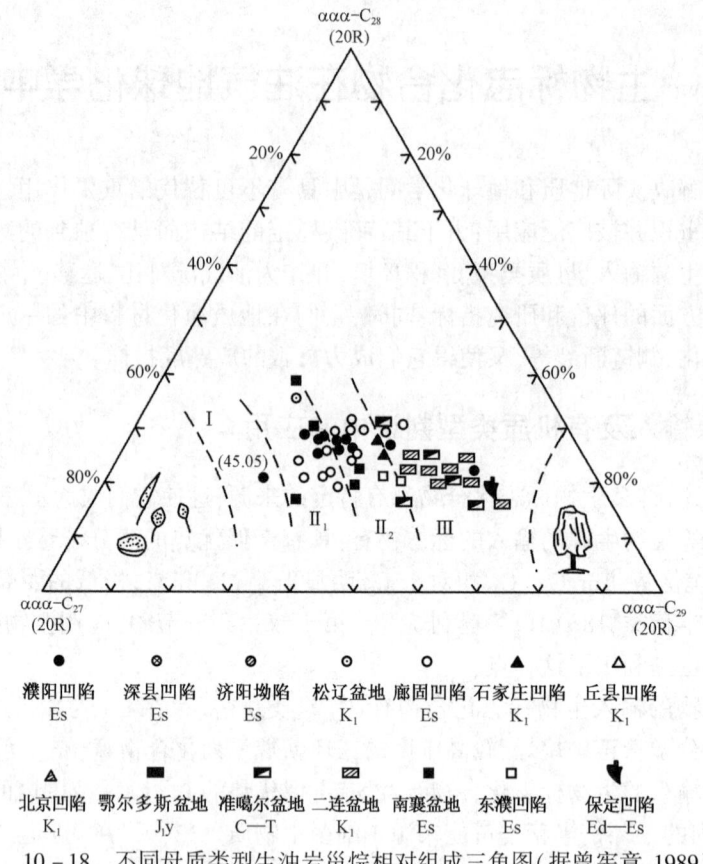

10-18 不同母质类型生油岩甾烷相对组成三角图(据曾宪章,1989)

量,且4-甲基甾烷中C_{28}的含量相对较高。伽马蜡烷的富集似乎多与高盐度海相及非海相沉积环境有关(图10-9)。

三、作为油气源对比指标

正是由于不同生物输入、不同沉积环境、不同岩性、不同时代的生物标志化合物具有不同的特征,生物标志化合物成为在油气源关系研究中被应用最广同时也最为有效、成功的对比指标。这将在油源对比一章(第十五章)中进行专门的讨论,这里不拟赘述。

四、在原油生物降解评价中的应用

不同的生物标志化合物对微生物降解具有不同的抵抗能力,这使得它成为描述原油经历微生物降解过程及程度的最佳指标。这将在第十一章中讨论,这里不再重复。

五、在油、源成熟度评价中的应用

生物标志化合物一方面具有特殊、稳定的碳骨架,这使它成为非常有效的母源、环境、对比、降解等方面的地球化学指标;但另一方面,它在地质演化过程也会发生一定的变化,从而使它成为被广泛应用的成熟度指标。同时,生物标志化合物不仅在原油中存在,同时也在烃源岩抽提物中存在。有关的指标既可以用于原油,也可以用于烃源岩的成熟度评价当中。

一般来说,有机质热演化的程度(成熟度)可以用与热有关的反应进行的程度来衡量:设反应物 A 的浓度为[A],产物 B 的浓度为[B],则[B]/([A]+[B])就可以指示反应进行的程度。当然,作成熟度参数时,要求:(1)样品中[A]、[B]的量易于测得;(2)产物的浓度[B]最好在反应(成熟作用)开始时为 0;(3)A 受热只转化为 B,B 是热稳定的,并只能由 A 生成。有机质成烃作为热力作用下的反应过程,其宏观反应(即干酪根→油或气)难以满足上述要求,例如二者的量不易准确测得,而许多生物标志化合物的转化正好满足这样的要求。这正是分子参数作为成熟度指标的优势所在。可以构成热指标的生物标志化合物的有关反应有:构型异构化、芳构化、C—C 单键的断裂、重排等。

1. 构型异构化反应

这包括各种生物标志化合物链上(如甾烷的 C-20 位、藿烷的 C-22 位、植烷的 C-2 位等)和环上(如甾烷的 C-14、C-17 位与藿烷的 C-17、C-21 位)的手征中心构型的异构化。如第三节所述,生物合成的链上手征中心为 R 构型(如甾烷的 C-20 位),它们在地质条件下受热过程中,将向 S 构型转化而形成 R+S 构型的混合物(图 10-10)。这样,C_{27}—C_{29} 甾烷的 20S/(20S+20R)的值就会随成熟度的升高而增大。类似地,甾烷环上 C-14、C-17 位稳定性较差的 αα 构型将向地质条件下更为稳定 ββ 构型转化,这样,C_{29} 甾烷 ββ/(αα+ββ)值也将随着成熟度的升高而增大(图 10-19)。甾烷类化合物的定量一般依据 GCMS 的 m/z 217 质量色谱图上各化合物的峰面积。常用 C_{29} 甾烷异构体来测定,因为 C_{27} 和 C_{28} 甾烷的异构化比值常常受共逸峰的干扰。不过,当用 GC-MS-MS 分析时,C_{27}、C_{28}、C_{29} 的定量都相当准确,即各个碳数的甾烷异构体比值均可作为成熟度参数。

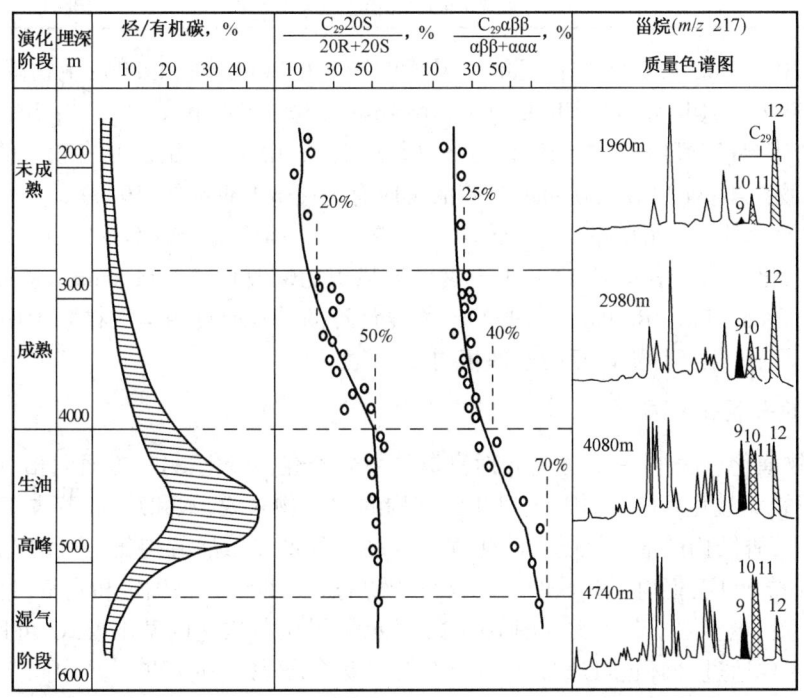

图 10-19 冀中饶阳凹陷沙三段陆相生油岩甾烷热演化(据曾宪章等,1989)

同样,藿烷的 22S/(22S+22R)和 17α21β/(17α21β+17β21α)等也可以作为成熟度指标(表 10-3)。藿烷类的比值一般利用 m/z 191 质量色谱图计算,链上的异构化反应用 C_{31} 升藿烷计算,环上的比值一般用 C_{30} 藿烷计算。

需要指出的是,上述异构化参数除了受成熟度的影响之外,有时可能还受到其他因素的干

表 10-3 主要的生物标志化合物热成熟度指标（据 Mackenzie,1984）

反应	指标	起始值	终点值
构型异构化作用	$\dfrac{(RR+SS)姥鲛烷}{姥鲛烷}$	0	0.5
	$\dfrac{22R-藿烷}{(22R+22S)17\alpha(H)-藿烷}$	0	0.6
	$\dfrac{24S\ 甾烷}{(24R+24S)-甾烷}$	可变的	0.5
	$\dfrac{20S-甾烷}{(20R+20S)-甾烷}$	0	0.5~0.55
	$\dfrac{17\alpha(H)21\beta(H)-藿烷}{藿烷}$	可变的	0.9
	$\dfrac{5\alpha(H)14\beta(H)17\beta(H)-甾烷}{甾烷}$	可变的	0.8
芳构化作用	$\dfrac{三芳甾烷}{单芳甾烷+三芳甾烷}$	0	1.0
明显的碳—碳键断裂	$(C_{21}+C_{22}甾烷)/\sum 甾烷$	可变的	
	$\dfrac{C_{20}\ 三芳甾烷}{(C_{20}+C_{28})三芳甾烷}$	可变的	1.0
	三环萜/(三环萜+五环萜)	可变的	
	$\dfrac{初卟啉}{脱氧叶红初卟啉+初卟啉}$	可变的	1.0
重排作用	Ts/Tm	可变的	
	重排甾烷/(重排甾烷+正常甾烷)	可变的	

扰。如甾烷 20S/(20S+20R) 的值可能受岩相的影响(Hwang,等,1989);生物降解作用有时可能优先消耗 $\alpha\alpha\alpha$20R 异构体(Rullkötter、Wendisch,1982;Seifert 等,1984);Rullkötter、Marzi(1988)指出,来自超盐度岩石中的沥青与来自邻近页岩中的沥青相比,具有较高的 $\beta\beta/(\beta\beta+\alpha\alpha)$ 值;沉积物中丰富的 $\beta\beta$ 甾烷可能与硫的反应有关(ten Haven 等,1986)。

另外,这些生物标志化合物异构化的成熟度参数,与镜质组反射率一样,可以用于建立描述反应进程的化学动力学模型,之后用于盆地地热史的恢复计算(Mackenzie、Mckenzie,1983;Beaumont 等,1985;Marzi、Rullkötter,1992)。恢复计算的基本原理与本教材第十四章第三节描述的镜质组反射率用于热史恢复的原理相同。

2. 甾烷的芳构化反应

烃类产物演化过程中,一方面向相对富氢的小分子烃类转化,另一方面向相对贫氢的芳香结构演化(可视为歧化反应)。因此,对相似结构的化合物来说,饱和结构/芳香结构或低聚芳香结构/高聚芳香结构的值应该随着演化程度升高而降低。虽然芳构化是可溶有机质演化过程中普遍存在的反应,但由于多数的反应物与产物的关系难以严格确定和测量,目前芳构化反应的定量化应用主要限于芳甾类。图 10-20 显示了甾烷芳构化的基本模式,可以看出,甾烷芳构化过程主要通过 C 环也可通过 A 环芳构化变成单芳甾烷,进一步可经中间产物二芳甾烷演变成三芳甾烷。由于二芳甾烷一般不太稳定,故通常以三芳甾烷/(三芳甾烷+单芳甾烷)作为成熟度指标(表 10-3、图 10-21)。值得注意的是,这一比值可能因运移过程中的分馏效应(三芳甾烷极性强,更容易被吸附)而影响其成熟度的准确性。

由于强烈的芳构化作用一般需要在较高的热应力条件下发生,与构型异构化一类的成熟度参数相比,芳构化指标所适应的成熟度较高。

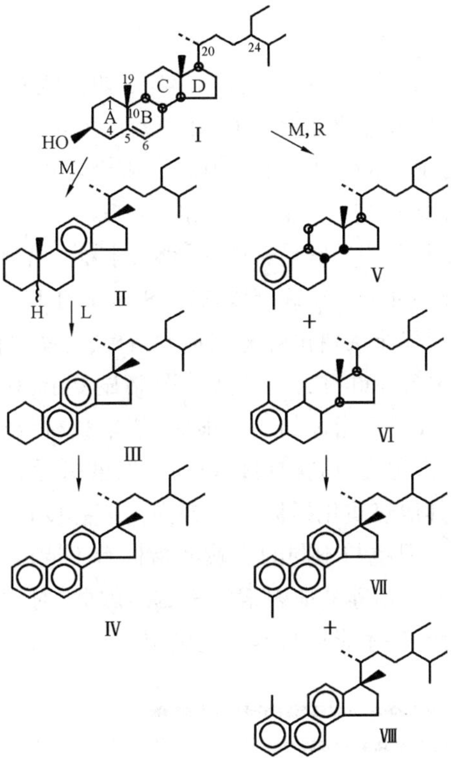

图 10-20　甾类芳构化过程示意图

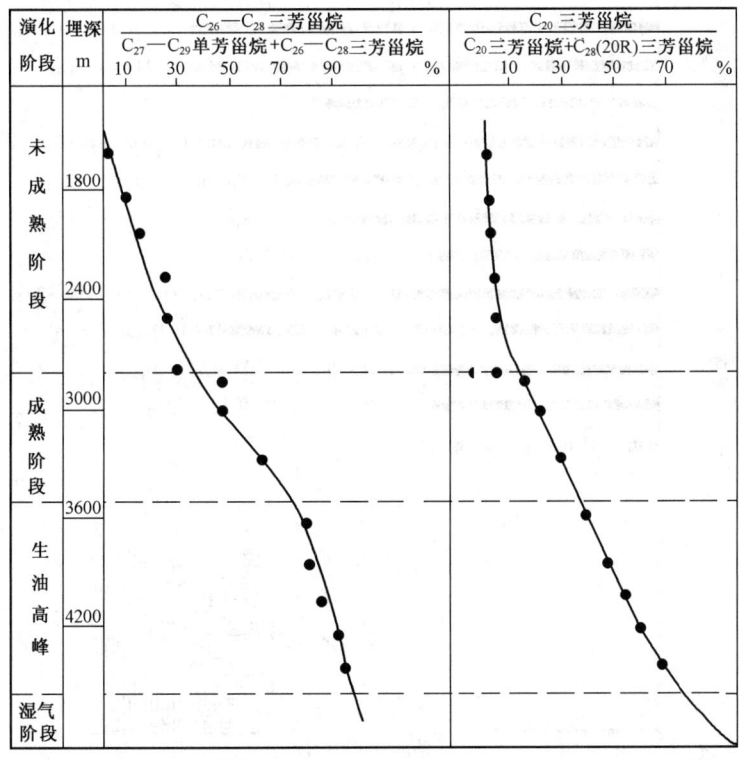

图 10-21　冀中廊固凹陷古近系生油岩中芳甾类的热演化(据曾宪章等,1989)

3. 重排反应

重排反应主要是指环上的角甲基位置转移的反应,如甾烷 C-13 位的甲基重排到 C-14 位形成重排甾烷;藿烷的 C-18 位甲基重排到 C-17 位,由 17α7(H) 21β(H)-22,29,30-三降藿烷(Tm)形成 18α(H) 21β(H)-22,29,30-三降新藿烷(Ts)。基于重排作用而构建的成熟度参数,如重排甾烷/(重排甾烷+正常甾烷)和 Ts/(Ts+Tm)等,在石油地球化学研究中也是有效的参数。但要注意,重排反应通常受岩性的影响。因此,只有当所对比的油或沥青都来自相同岩性的烃源岩时,这些比值才能用于确定成熟度(Seifert、Moldowan,1993;王春江等,2000)。

第三节芳烃部分介绍的萘、菲系列化合物成熟度指标,有些可能与从 α 位到 β(γ)位的重排作用有关,但有些可能与裂解断键有关。这些情况略显复杂,在此不作深入讨论。事实上,生物标志化合物中可以用作成熟度指标的还有很多,如本教材没有展开讨论的倍半萜、二萜、奥利烷等手征中心的构型异构化反应同样可以作为成熟度指标。对成熟度指标如此广泛的讨论(第十三章还将介绍许多其他热演化指标),一方面与成熟度评价在油气地球化学中具有重要意义有关(见第十三章),同时也与不同的成熟度指标有不同的适应范围有关(图 10-22),成熟度指标还常受沉积环境、运移等其他因素的影响。因此,对油、岩的成熟度评价常常需要综合考虑多方面的指标和因素后才能较为客观地确定。

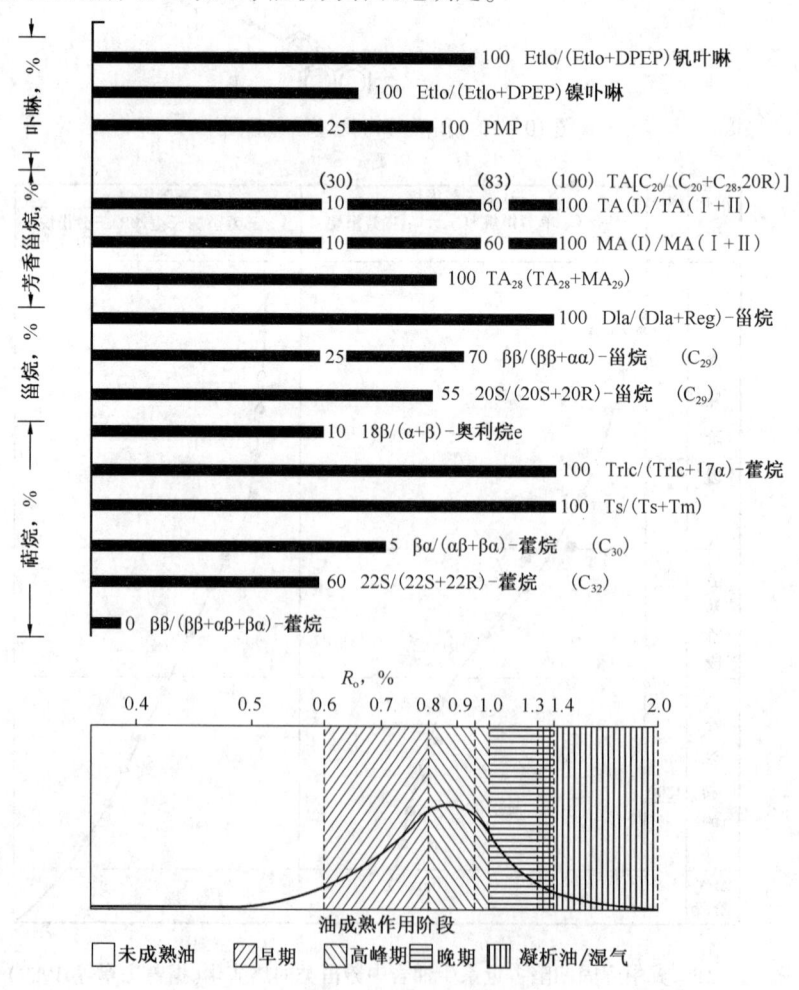

图 10-22 生物标志化合物成熟度参数的应用范围(据 Peters、Moldowan,1993)

六、在油气运移评价中的应用

油气分子在大小、结构及极性等方面的差异,必然导致油气在运移过程中产生一定程度的运移分异效应(地质色层效应),这为研究油气的运移及确定成藏时油气充注方向提供了依据。一些宏观指标及含氮化合物在运移研究中的应用将分别在油气的蚀变(第十一章第四节)和油藏地球化学(第十六章)中介绍。这里仅仅涉及生物标志化合物指标在油气运移中的可能应用。

由于三环组分比五环组分易于运移,故远距离运移的原油富含三环组分(Seifert 等,1980;黄第藩等,1984),如三环萜烷/藿烷比值(由 m/z 191 质量色谱图计算)随运移距离增加而增大(图 10-23)。

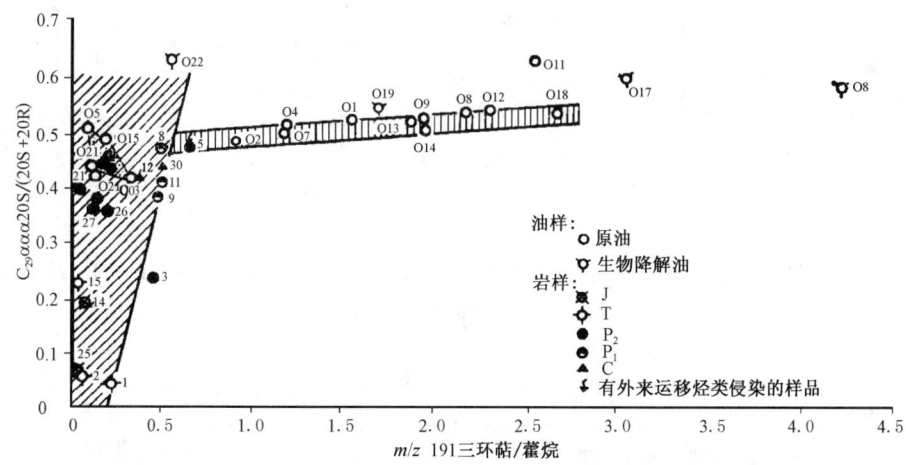

图 10-23　运移效应对克拉玛依油田原油和烃源岩中三环/五环萜烷参数的影响(据黄第藩等,1989)

由于极性小的化合物通常容易运移而富集在运移远的原油中,故三芳甾烷/(三芳甾烷+单芳甾烷)可能随运移距离的增加而升高。如 Durand 等(1980)对印度尼西亚马哈坎三角洲汉迪尔油田 9 个油样进行研究后认为,该油田的所有原油均来源于 3000m 以下的深处,为垂向次生运移的产物。因此,储层的深度越浅,运移距离越大,三芳甾烷含量越少(图 10-24)。当然,这里也有热成熟效应的叠加。

另外,尽管甾烷参数中的 $\alpha\beta\beta/(\alpha\beta\beta+\alpha\alpha\alpha)$ 和 $\alpha\alpha\alpha 20S/(20S+20R)$ 同为成熟度指标,但 Seifert 等(1981)依据液相色谱分析结果提出,$\alpha\beta\beta$ 构型比 $\alpha\alpha\alpha$ 构型的甾烷运移得更快,由此提出了由这一对指标来识别原油运移距离的可能图式(图 10-25)。图中,实线代表未受运移影响的成熟作用趋势,沿该线到原点的距离反映成熟度,其右边某点水平投影到该线的距离(虚线长短)反映了运移距离的大小。

图 10-26 是黄第藩等(1989)将这一对指标应用于我国新疆克拉玛依油田原油研究的结果。可以看出,克拉玛依油田原油的成熟度是相近的,除了个别样品点外,其 $\alpha\alpha\alpha C_{29} 20S/20R$ 的值为 0.9~1.1,表明原油基本成熟。然而,原油的 $C_{29}\alpha\beta\beta(20S)/\alpha\alpha\alpha(20R)$ 值高达 1.2~2.8,都超过了异构化终点值,表明这可能是运移效应起明显作用的结果。另外,比较准噶尔盆地西北缘西段和东段的原油也可以发现,西段较东段的运移效应更为明显。也就是说,在克拉玛依油田的形成过程中,石油经过了长距离的侧向运移,并且发生了明显的地质色层效应。甾烷参

数体现的运移效应与三环萜烷/藿烷参数(图10-24)非常一致,且与地质背景非常符合(黄第藩,1989)。

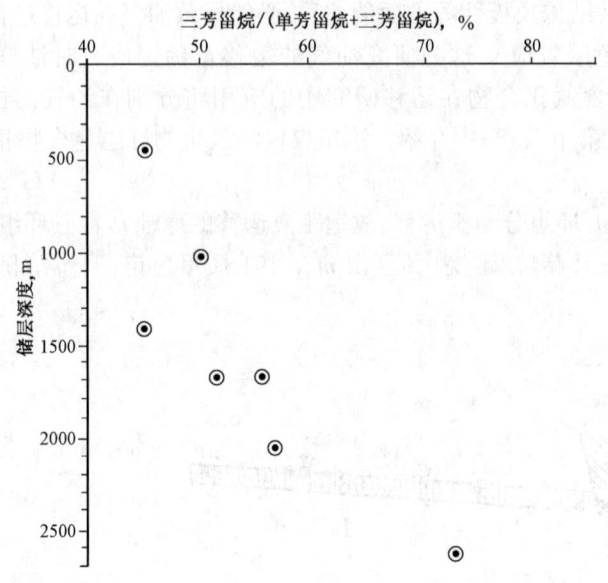

图10-24 印度尼西亚马哈坎三角洲汉迪尔油田三芳甾烷/(三芳甾烷+单芳甾烷)与储层深度的关系
注:浅而运移远的原油富含极性小的单芳甾烷

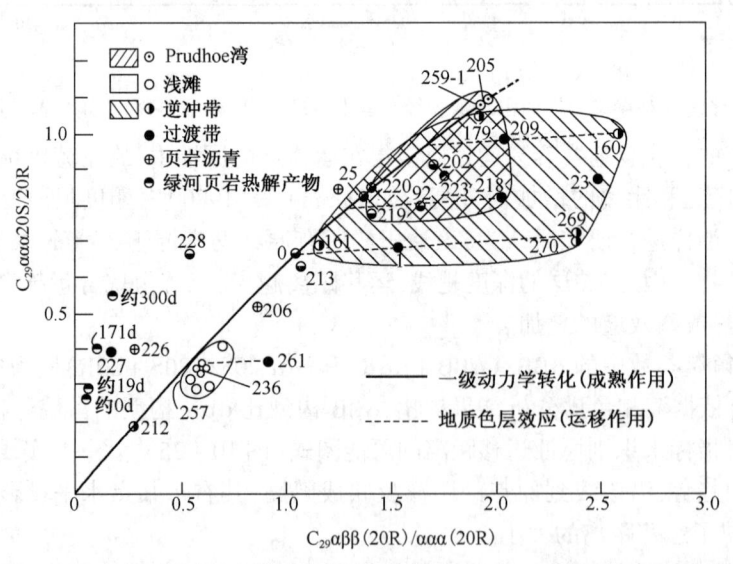

图10-25 运移效应对甾烷成熟度参数的影响
(据 Seifert、Moldowan,1981;引自 Peters、Moldowan,1993
参数表达有修改

基于上述原理,还可以在实际研究中结合地质条件来构建其他可能反映运移效应的指标。

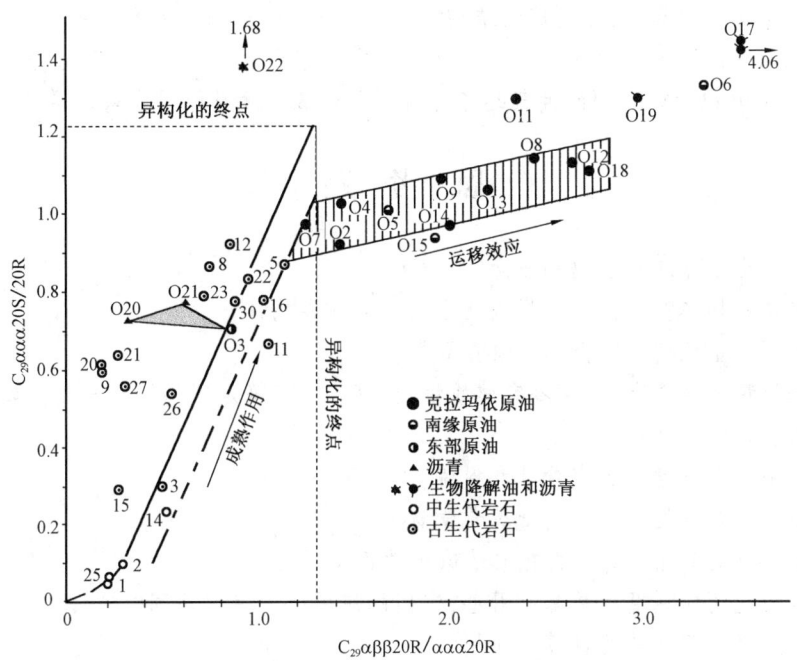

图 10-26　甾烷参数 $C_{29}\alpha\beta\beta(20S)/\alpha\alpha\alpha(20R)$ 值的异常增加
指示了明显的石油运移效应(据黄第藩等,1989)
样品号前带○的为油样,不带○的为岩样

不过,由于影响生物标志化合物参数的元素可能有多种以及运移过程的复杂性,上述指标是否能够客观指示运移距离的大小,不少学者还有疑虑。如上述有关参数同时还受成熟度的影响,同时运移是否达到平衡、运移途经介质条件的差异影响、混源问题、运移路径中有机质的混染,以及含量较少的生物标志化合物能否代表整个原油等等,都还有待于深入研究(Mackenzie,1982;Peters、Moldowan,1993)。

七、在油藏描述及储层合采油层产能配分中的应用

生物标志化合物指标也可以用于油气藏连通/分割性的描述及合采层各单层产量贡献率的计算,参见第十六章。

本 章 小 结

1. 生物标志化合物是指原油和沉积有机质中源于活的生物体,具有特殊、稳定的碳骨架,在成岩作用和深成热解作用过程中没有或很少发生变化而基本保持能被识别和追踪其原始先质的碳骨架的化合物。因此,它们具有"标志作用"。这些化合物的立体化学是生物标志化合物作为地球化学指标的重要基础之一。GC-MS 或 GC-MS-MS 是定性和定量研究生物标志化合物的主要技术。

2. 正构烷烃、异戊二烯烷烃、萜烷及甾烷是油气地球化学中应用最为广泛的 4 类生物标志化合物。其他生物标志化合物包括二环倍半萜类、三环萜烷、伽马蜡烷、奥利烷,以及萘、菲系

列的芳烃。它们或者与特定的生源或环境相联系,或者结构及构型具有规律性演化。

3. 生物标志化合物稳定、可追踪的结构及其在演化、运移、蚀变过程中的变化,使其可以被广泛应用于沉积有机质和石油的生源输入及有机质类型判识、沉积环境识别、油气源对比、原油生物降解、油(源)成熟度评价、油气运移评价以及油藏描述及储层合采油层产能配分中。

思 考 题

1. 如何理解生物标志化合物的概念?
2. 何为立体异构体?如何表示烃类化合物的立体异构体?
3. 如何理解质量色谱图的概念及其重要性?
4. 在烷烃质量色谱图上,如何鉴定姥鲛烷、植烷?如何确定正构烷烃碳数?如何评价姥鲛烷与植烷相对含量的意义?
5. 如何利用质量色谱图鉴定藿烷和甾烷?
6. 藿烷系列化合物的分布有何地球化学意义?
7. C_{27}—C_{28}—C_{29}甾烷相对组成有何地球化学意义?
8. 藿烷和甾烷的成熟度参数都有哪些,它们的应用范围有何不同?
9. 如何理解甲基菲参数的计算与应用?
10. 如何理解应用生物标志化合物研究油气运移的基本原理?

第十一章 原油的组成、分类及影响因素

石油是一种复杂的多组分混合物,其主要组成是烃类(烷烃、环烷烃、芳烃),其次是数量不多但很有意义的非烃组分(含氮、氧、硫化合物)。宏观上讲,石油具有大致相同的物理化学性质。不过,不同地区、不同层位的石油在物理化学性质上还是存在相当的差异,它反映了石油化学组成的多样性和复杂性。造成这种差异的原因与石油形成和转化的地球化学条件以及整个过程有密切关系。从油气地球化学观点看,可以认为石油化学组成中继承了生油母质和石油转化过程及其产物的信息。因此,深入研究石油组成,对于探索石油的形成、演化、运移、聚集及保存都具有重要的意义。

第一节 石油的元素组成及馏分组成

一、石油的元素组成

元素组成是化学组成的基础。组成石油的元素主要是碳和氢,其次是氧、硫、氮。碳、氢元素的含量一般为96%~99%,其中碳占83%~87%,氢占11%~14%。其余3种元素的含量很少,仅占0.5%~5%。表11-1列举了我国和世界一些原油的元素组成数据。

表11-1 国内外部分石油的元素组成

石油产地		元素组成,%				
		C	H	S	N	O
中国	大庆(萨尔图混合油)	85.74	13.31	0.11	0.15	0.69
	胜利(101混合油)	86.26	12.20	0.80	0.41	—
	大港(混合油)	85.67	13.40	0.12	0.23	—
	江汉(混合油)	83.00	12.81	2.09	0.47	1.63
	克拉玛依(混合油)	86.13	13.30	0.04	0.25	0.28
苏联	乌克兰	84.60	14.00	0.14	1.25	1.25
	巴拉汗	87.01	12.15	0.40	0.44	0.44
	老格罗兹尼	86.42	12.62	0.32		0.68
	雅雷克苏	80.61	10.36	1.05		8.97
美国	堪萨斯	84.20	13.00	1.90	0.45	0.45
	科林加	86.40	11.7	0.60		
	文图拉	84.00	12.70	0.40	1.70	1.20
墨西哥	巴奴考	83.00	11.00	4.30	1.70	1.70

除了上述 5 种元素外,石油中还含有很多微量金属元素和非金属元素。它们构成了石油的灰分。目前,采用发射光谱法和中子活化分析法从石油灰分中发现了 59 种元素,其中以钒和镍最重要,二者可占微量元素的 50% ~ 70%。石油灰分中的钒、镍含量及其比值(V/Ni) 曾被用来确定生油岩有机相、油源对比。

石油中所含的元素绝大多数是以有机化合物的形式出现,主要是碳和氢组成的烃类,其次是含氧、硫、氮等杂原子的非烃化合物。

石油中碳、氢元素含量变化与石油的化学组成有密切关系。石油密度越大,所含高分子烃就越多,随分子量增加,碳的含量增高,氢的含量减少。氧、硫、氮 3 种元素的含量变化一般与石油中非烃化合物即胶质、沥青质有关。

二、石油的馏分组成

石油最主要的组成部分是烃类。为研究石油中烃类组成,首先要将这种复杂的混合物进行分离,利用石油组分沸点不同的特性,加热蒸馏,将石油分离成不同沸点的馏分。石油组分分析中,用某个温度范围内蒸馏出的馏分含量(质量分数或体积分数)所表示的石油组成称为馏分组成。表 11 - 2 列出了石油馏分名称、沸点范围及主要烃类组成。

表 11 - 2 石油馏分组成分类

馏分名称		沸点范围,℃	主要组成
轻馏分	石油气	<35	$C_1—C_4$
	汽油	50 - 200	$C_5—C_{12}$
中间馏分	煤油	130 - 250	$C_{12}—C_{14}$
	柴油	180 - 350	$C_{14}—C_{18}$
重馏分	润滑油	350 - 500	$C_{18}—C_{20}$
	渣油	>500	C_{20+}

不同的石油,其馏分组成的分布及含量大小都有差别。轻质原油中轻馏分含量相对较高,如我国青海冷湖、新疆柯克亚等地的石油均是轻质石油,凝析油中主要是轻馏分。大庆油田、胜利油田的石油是重质石油,其重馏分含量较高。石油馏分组成的差异直接影响了石油的物理性质,也反映了原始生油母质及演化程度的不同。

第二节 石油的族组成

石油的族组成包括饱和烃(包括正构烷烃、异构烷烃和环烷烃)、芳烃(包括纯芳烃、环烷芳烃)、胶质(在我国实验室给出的分析报告中,多称为非烃)、沥青质(由石油中含氮、硫、氧原子的高分子量多环化合物构成)。所有石油都是由这 4 个族组分构成的,但它们的含量并不是独立的。因为按百分含量计算,饱和烃、芳烃、非烃和沥青质之和等于 100%,如果其中有一族缺失了,则其他三族的总和就 = 100%。法国石油研究院对全世界 517 个正常石油样的分析表明,烃类占 85.8%,其中饱和烃占 57.2%,芳烃占 28.6%,而非烃 + 沥青质只占 14.2%。

一、烃类

石油最主要的部分是烃类。烃类可占大于210℃的石油馏分的75%以上,有些轻质石油几乎全由烃类组成。而在某些重油尤其是受到细菌生物降解、氧化的石油中,烃类组分大大降低。

不同的石油各种烃类的含量相差很大,同一类烃的分布和结构也不同。轻质馏分中富含烷烃、环烷烃,而芳烃含量较低。重馏分中多含固态的长链烃,而且环状烃特别是多环环烷烃、环烷芳烃含量增大。

目前在石油中已经鉴定出1000多种单体烃类,按其结构不同可分为烷烃、环烷烃、芳烃以及由这3种组合而成的烃类。

烯烃化学性质很不稳定,难以经历漫长的地质地球化学历史而不发生变化,所以石油中几乎没有烯烃存在。

1. 烷烃

1) 正构烷烃

20世纪80年代中期以来,高温气相色谱(HTGC)技术的发展扩大了烃类分子的检测范围,现能从石油中鉴定出C_1—C_{100}的正构烷烃,但正构烷烃碳数多小于35。轻质油中富含正构烷烃。

正构烷烃的含量受控于原始有机质性质、热演化程度及生物降解等因素。高蜡原油和从陆源有机质演化生成的原油常常含有较大比例的正构烷烃,而海相或混合有机质则产生较多的环状化合物。演化程度高的石油中主要组成是中低分子量的正构烷烃。受微生物强烈降解的原油,正构烷烃常被选择性地消耗,含量较少。

石油中的高分子量(HMW)正构烷烃研究颇受关注。传统观点认为,正构烷烃是最优先遭受生物降解的烃类成分,但通过原油的假单胞菌生物降解模拟实验,Setti和Heath等先后发现,由于大石蜡分子的立体位阻效应,nC_{28}以上正构烷烃的生物降解速率随着烃类分子链长的进一步增长而降低,并且在nC_{40}和nC_{45}之间存在一个正构烷烃生物降解作用的"终点"。Hsieh等指出,一些严重生物降解油中,用全油气相色谱分析检测不出高分子量烃类,而在从全油分离出来的蜡馏分中,高分子量烃类则变得明显可见。但在Hsieh等人发表的严重生物降解油高温气相色谱图中,所检测的高分子量烃类主要是烷基环己烷,未见nC_{40}以上的正构烷烃。王铁冠等人报道了渤海湾盆地千米桥地区板14-1井新近系馆陶组Ⅲ砂组生物降解油中高分子量正构烷烃的研究实例,气相色谱与色谱—质谱分析结果表明,稠油的全部正构烷烃和大部分类异戊二烯烷烃均已丧失殆尽,而且色谱基线呈现一个明显的"鼓包",表明具有大量未分辨的复杂物质(UCM),属于典型严重生物降解石油的标志。然而,该稠油的高温气相色谱图上,仍具有一个完整的C_{14}—C_{73}正构烷烃系列,其中C_{30-}正构烷烃的丰度急剧降低,而C_{35}—C_{73}高分子量正构烷烃系列未受生物降解影响呈正态分布,证实高分子量正构烷烃具有很强的抗生物降解能力。

2) 异构烷烃

石油中鉴定出很多异构烷烃,其中主要是含有10个或少于10个碳原子的支链烷烃、类异戊二烯烷烃及一些高分子量的异构、反异构烷烃。C_{10}以内异构烷烃含量较高,在C_5—C_8范围内,最常见的构型是具有一个叔碳原子(2-甲基或3-甲基),其次是两个叔碳原子的构型,其他类型少见。

Smith(1969)研究发现,在不同成因和不同时代的石油中,各种 C_5、C_6 和 C_7 饱和烃的丰度之间有一系列的相依关系:结构越相似,相关性越好。例如,正戊烷、正构己烷和正庚烷强烈地相依变化。分子结构上接近于直链烷烃的异构烷烃与相应的正构烷烃之间也有很好的相关性,例如甲基戊烷和正己烷等。这种情况可以解释为低到中等分子量的烃类不是继承下来的生物分子,而是干酪根或者已经形成的沥青经过热解或 C—C 键断裂的产物,两个烷烃的结构彼此越相似,反应途径相同的概率就越大。所以,这些密切相关的分子比值大致相近。

一些石油中含有较丰富的 C_{10} 异构烷烃,如 2,6-二甲基辛烷、2-甲基,3-乙基庚烷等。这些化合物可能与高等植物香精油中的单萜有关。

石油中 C_9—C_{25} 完整系列的类异戊二烯含量约占石油的 1%。其中最丰富的是姥鲛烷和植烷,二者的总和可占所有无环异戊二烯烃含量的 55%。高分子量范围中也见有角鲨烷、胡萝卜烷、番茄红烷这些不规则的类异戊二烯烷烃。此外异构烷烃和反异构烷烃,如 2-甲基二十五烷烃、3-甲基二十五烷烃等在一些高蜡石油中特别丰富。

2. 环烷烃

这是一类性质与烷烃相似但在分子中含有碳环结构的饱和烃。它们由许多围成环的多个次甲基组成。组成环的碳原子数可以是 3、4、……,相应称为三元环、四元环、……。环烷烃按分子中所含碳环数目,可以分为单环、双环、三环和多环的环烷烃。

在碳数低于 10 的低分子量环烷烃中,环戊烷、环己烷及其衍生物是石油的重要组成部分。

单环和双环的环烷烃一般占碳数大于 10 的环烷烃总量的 50%~55%。这些高分子量的分子中常常有一个长链或几个短的甲基链(或乙基链)。各种单环和双环环烷烃的含量随分子量(即碳原子数)的变化有规律地减少。

三环环烷平均只占碳数大于 10 的环烷烃总量的 20%。其中某些很可能具有菲烷的结构型式。在超过 20 个碳原子的范围内,各种三环环烷烃的含量随分子量的增加有规律地减少。

四环和五环环烷烃平均占碳数大于 10 的环烷烃的 25%。它们的结构同四环甾族化合物和五环三萜烷直接相关。它们具有很强的旋光性,是石油有机成因的重要标志。

一般来说,四环和五环环烷烃在未成熟的原油中含量较高,在成熟石油中则以 1~3 个环的环烷烃为主。与生油岩相比,石油相对富集单环和双环分子,生油岩则含较多的四环和五环分子,这可能与石油运移分异有关。

3. 芳烃

纯芳烃是指只包含芳环和侧链的分子。它们包括单环以及 2~6 个环甚至更多环缩合在一起的多环芳烃,其通式为 C_nH_{2n-p}。p 随环数而变化,如苯的 p 值等于 6,萘的 p 值等于 12,菲的 p 值等于 18。其中以 1~3 个环的芳烃含量最高,这就是所说的苯、萘、菲系列。在每类化合物中烷基衍生物又比其母体化合物丰富得多,如甲苯、二甲苯比苯丰富,二甲基萘、二甲基菲、三甲基萘、三甲基菲比萘和菲丰富。一般认为萘、菲系列的分子是由甾萜化合物热解而成,所以造成了烷基衍生物的优势。根据 Tissot 等的统计,1~3 个芳环的芳烃占总芳香馏分的 70% 左右,而四环以上的仅占不到 10%(图 11-1)。

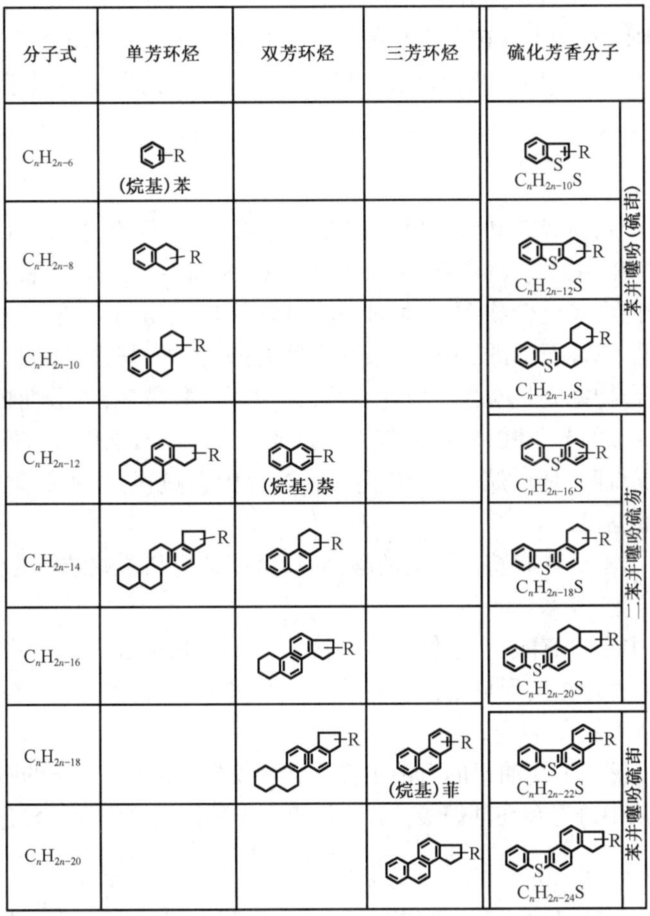

分子式	单芳环烃	双芳环烃	三芳环烃	硫化芳香分子	
C_nH_{2n-6}	(烷基)苯			$C_nH_{2n-10}S$	苯并噻吩(硫茚)
C_nH_{2n-8}				$C_nH_{2n-12}S$	
C_nH_{2n-10}				$C_nH_{2n-14}S$	
C_nH_{2n-12}		(烷基)萘		$C_nH_{2n-16}S$	二苯并噻吩硫芴
C_nH_{2n-14}				$C_nH_{2n-18}S$	
C_nH_{2n-16}				$C_nH_{2n-20}S$	
C_nH_{2n-18}		(烷基)菲		$C_nH_{2n-22}S$	苯并噻吩硫茚
C_nH_{2n-20}				$C_nH_{2n-24}S$	

图 11-1　常见的部分芳烃、环烷芳烃和含硫芳香类衍生物

4. 环烷芳烃

该类烃是指饱和环与芳香环稠合在一起的化合物，常见的仍是 2~5 个环的结构，其上带有烷基侧链。与纯芳烃相比较，它较富集于成熟度较低的石油中。

环烷芳烃可以有各种结构，双环的茚满、萘满(四氢化萘)和它们的甲基衍生物一般很丰富，三环的四氢化菲及其衍生物也常见。四环和五环分子多半与甾族化合物和萜烯化合物结构有密切关系。

综上所述，尽管各种石油的烃类组成有相似之处，但各烃类组成本身是很复杂的。烃类种数很多，含量相差也极大，一般只有少数烃类占有重要地位。据亨特、乌尔曼切夫等人的研究，碳数小于 10 的低分子量烃类占石油烃类含量的 1/3 左右。另外，生物标志化合物在石油烃类研究中也占有重要地位。

二、石油的非烃组成

石油中的非烃组成主要是含氧、氮、硫 3 种元素的有机化合物。胶质、沥青质是高分子量的含杂原子的缩聚物。尽管这 3 种元素的含量只占石油元素组成的 2% 左右，但与其有关的化合物却占 10%~20% 甚至更多。这些非烃组分主要集中在石油的高沸点馏分中。

石油中非烃化合物在数量上并不占主要地位,但它的组成性质和分布特点对石油的性质却有很大影响。例如,石油中含硫化合物的多少直接涉及原油品质的好坏。非烃化合物的组成和性质与生油母质、沉积环境及转化条件有关,因此,对它的研究有助于全面认识石油的形成及次生变化。

1. 含氧化合物

石油中含氧化合物由烃基和含氧官能团2部分组成,主要有醇(R—OH)、酚(Ar—OH)、醚(R—O—R′)、醛(R—CO—H)、酮(R—CO—R′)和酸(R—COOH)。根据化合物的极性,含氧化合物可分为酸性含氧化合物和中性(非酸性)含氧化合物两大类。酸性含氧化合物中有环烷酸、脂肪酸及酚,总称石油酸;中性含氧化合物有醛、酮等,其含量很少。

石油中含氧化合物主要是酸性含氧化合物,其中环烷酸最多,占酸性物质的90%以上,脂肪酸含量少,还有微量的芳香酸、环烷—芳香酸以及沥青酸。石油中环烷酸主要是五元环和六元环的环烷酸(环戊烷酸、环己烷酸)。它们在轻馏分中含量很少,主要集中在200~400℃馏分中,重馏分中含量也很少。

石油中还鉴定出不少具有特征结构的酸,如具甾族结构和萜烷结构的酸类,它们能标志原始有机质来源。

在低成熟石油中常含有酸类,它们大多直接来源于生物体及其成岩产物。一些受到次生改造的重油中,由于氧化作用形成了酸。石油中酸类多集中于重馏分。除酸以外,石油中还含有酚类及少量的酮和醚(图11-2)。

除大庆油田外,我国主要油田的石油中都富含环烷酸,而玉门油田的石油中脂肪酸含量大于环烷酸。由于石油中普遍存在环烷酸,因此,油田水中环烷酸可作为一种含油气性直接标志。

2. 含硫化合物

在石油中,硫的含量仅次于碳、氢的含量。Tissot等人对近万个石油样品的分析表明,含硫量均低于10%。含硫量低于1%者,为低硫石油,该类石油占分析样品的80%左右,且以0.15%~0.4%含硫量为最多。含硫量高于1%的为高硫石油。

含硫化合物是石油中最重要的非烃化合物,它们不仅存在于重馏分中,也存在于中等馏分中。石油中的含硫化合物主要有硫醇(—SH)、一硫化物(—S—)、二硫化物(—S—S—)以及噻吩衍生物,此外,还有元素硫、硫化氢存在于石油中(图11-3)。

1)硫醇类

硫醇类是分子中含有巯基(—SH)的含硫化合物,是由一个烷基或环烷基取代硫化氢中一个氢原子而形成的。大多数硫醇是低分子量的,少于8个碳原子。硫醇类在石油中含量不高,且主要分布于低沸点馏分中,其含量随馏分沸点升高而降低。在石油中已分离出脂肪族硫醇和环烷族硫醇,单体有47种。据Smith报道,发现过正构硫醇、异构硫醇、环戊烷硫醇和环己烷硫醇,芳香族硫醇未见报道。

2)硫醚类

硫醚类是分子中含有硫醚键(—S—)的含硫化合物,是硫化氢中两个氢原子被烷基、环烷基或芳香基取代而形成的。石油中有脂肪族含硫化合物(烷基硫醚)、单环和二环含硫化合物(环烷族硫醚)以及单芳香和多芳香含硫化合物(芳香族硫醚)。二硫化物有类似结构,称二硫醚。

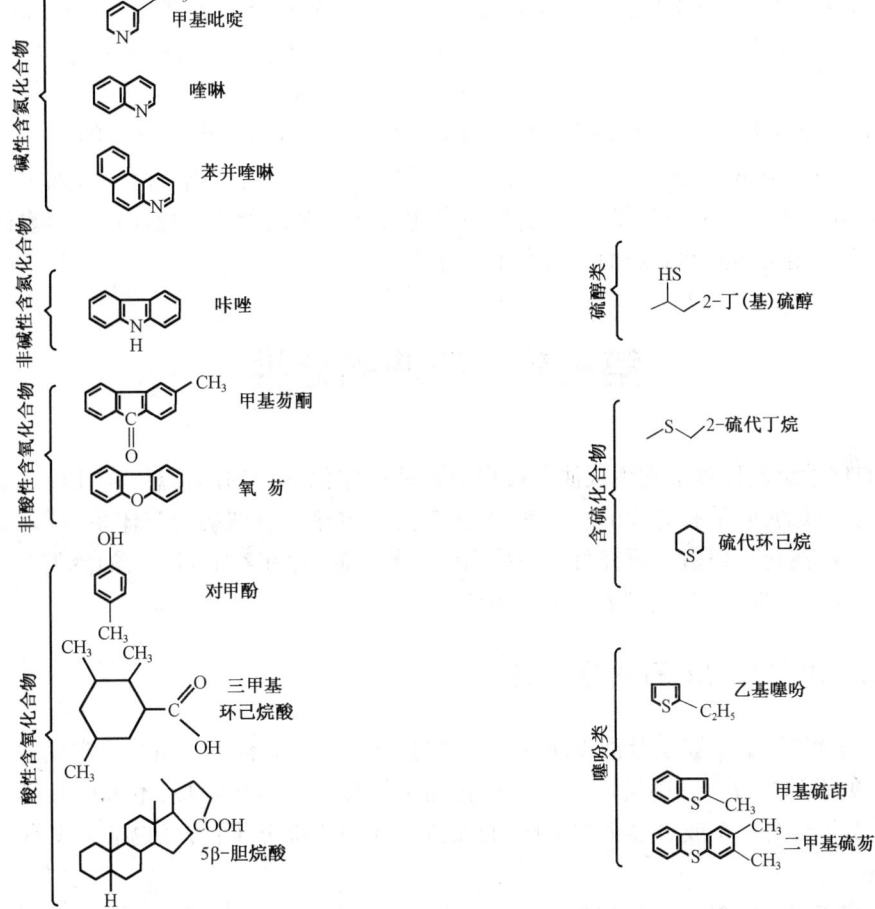

图 11-2 石油中含氮化合物与
含氧化合物的实例
（据 Tissot, 1984）

图 11-3 石油中含硫化合物的实例
（据 Tissot、Welte, 1984）

硫醚在石油中含量相对较多,一般集中在中间馏分内。它们的热稳定性和化学稳定性较好,其含量随馏分沸点的升高而增加,在高沸点馏分中有时可达总硫量的 70% 左右。二硫醚在石油中含量很少,多集中于高沸点馏分中,对热不稳定,受热可分解为元素硫、硫醚、硫醇和噻吩等含硫化合物。

3）噻吩类

噻吩类化合物是石油中十分重要的含硫化物,其性质接近于芳烃,热稳定性较好。噻吩本身极少,但是苯并噻吩（硫茚）、二苯并噻吩（硫芴）以及苯并萘基噻吩是所有高硫石油的主要组成。此外,烷基噻吩类比其母体化合物含量更高。该类化合物主要存在于中等馏分—重馏分中。在高含胶质、沥青质的石油中,噻吩衍生物尤为丰富。

3. 含氮化合物

在大多数石油中,氮的含量小于 0.2%,均值仅为 0.094%（Tissot、Welte, 1984）,它们主要以芳香杂环的形式存在。石油中含氮化合物可分为碱性含氮化合物和中性（非碱性）含氮化合物两大类(图 11-2)。对碱性含氮化合物研究较多,已鉴定出大约 80 多种单体化合物,主要是吡啶、喹啉、异喹啉及吖啶的同系物。中性含氮化合物有吡咯、吲哚、咔唑的同系物及酰胺等。含氮化合物绝大多数存在于高沸点的馏分中,从高沸点到低沸点,氮的含量急剧下降。

对石油中含氮化合物的研究可以追溯到 19 世纪初。石油中含氮化合物——卟啉(porphyrims)的发现(Treibs,1934),为石油有机成因说提供了有力的证据。由于石油中性含氮化合物的分离和分析技术进一步发展和完善,该类化合物蕴藏的地质—地球化学信息已在油气运移、聚集史及储层润湿性等方面的研究中发挥作用。

第三节 石油的分类

石油的化学组成保存了它生成演化过程中各种地球化学作用的信息,并且石油类型的差异不是杂乱无章的,而是有规律的。因此,选择有关参数建立石油的分类体系,可以更深入地研究石油生成、演化。但由于研究目的和采用的参数不同,存在着不同的石油分类方法。下面着重介绍 Tissot 和 Welte 提出的石油分类方法。

一、Tissot 和 Welte 石油分类法

该方法是根据烃类、胶质及沥青质的相对含量,并考虑了石油的含硫量。它仅适用于沸点大于 210℃ 的石油馏分。其中烷烃(石蜡烃)包括正构烷烃和异构烷烃,不包括取代环上烷基链;环烷烃是指含有一个或更多个饱和环,而无芳香环的全部分子;芳烃包括至少有一个芳香环的所有分子。

Tissot 和 Welte 根据世界上 541 个石油样品分析资料,选用 5 个参数进行原油分类:饱和烃的丰度(包括石蜡烃和环烷烃)、芳烃+胶质+沥青质、石蜡烃、环烷烃、含硫量。该分类方案将石油分为 6 种类型,详见表 11-3 和图 11-4。

表 11-3 Tissot 和 Welte 石油分类法

族 组 成	石 油 分 类		含硫量,%
饱和烃>50% 芳烃+胶质+沥青质<50%	石蜡烃>环烷烃 石蜡烃>40%	石蜡型	<1
	石蜡烃≤40% 环烷烃≤40%	石蜡—环烷型	
	环烷烃>石蜡烃 环烷烃>40%	环烷型	
饱和烃≤50% 芳烃+胶质+沥青质≥50%	石蜡烃>10%	芳香中间型	>1
	石蜡烃≤10%	环烷烃≤25% 芳香—沥青型	>1
		环烷烃≥25% 芳香—环烷型	<1

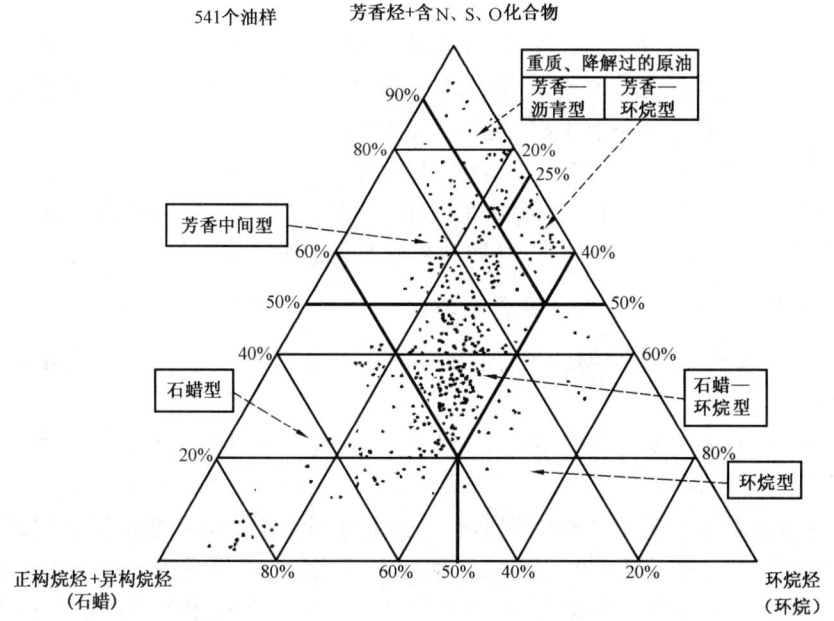

图 11-4 Tissot 和 Welte 石油分类图解

二、石油地球化学类型及其主要特征

1. 石蜡型石油

石蜡型石油包括一些轻质石油和一些高蜡、高沸点石油。后一类石油由于含较多的蜡,室温下黏度很高。石蜡型石油相对密度通常低于0.85,胶质和沥青质含量低于10%,除高分子量正构烷烃含量丰富的石油黏度较高外,其余黏度一般都低。芳烃含量是次要的,主要由单、双环芳烃构成,常含有单芳甾族化合物。石蜡型石油含硫量很低。

北非、美国和南美古生界,南大西洋盆地边缘下白垩统,西非、印度尼西亚和潘农盆地的一些古近系—新近系原油都属此类。马格兰盆地非海相下白垩统,西非盆地白垩系、古近系—新近系,印度尼西亚和我国古近系—新近系,以及美国绿河页岩和尤因塔盆地弗莱格斯塔夫层伴生的大部分石油,都属于此类高蜡石油。

2. 石蜡—环烷型石油

此类石油胶质、沥青质含量一般为5%～15%,芳烃占25%～40%,含硫量低,一般为0～1%,硫茚和硫芴含量中等。该类石油密度和黏度常高于石蜡型石油,为中等值。此类石油包括加拿大艾伯塔盆地泥盆系和白垩系、北非和美国古生界、巴黎盆地、北海侏罗系和白垩系、西非的白垩系和古近系—新近系、北非白垩系和古近系等处的石油。

3. 环烷型石油

此类石油链烷烃含量低于20%。仅有少数原油属于此类,它们有的是富含萜类的未(低)成熟原油,也有的是石蜡型石油或石蜡—环烷型石油的生物降解作用产物,含硫量低。此类石油在墨西哥湾、北海地区以及苏联等油田均有发现。

4. 芳香中间型石油

此类石油一般由重质油组成，胶质、沥青质占 10%~30%，芳香族占烃含量的 40%~70%，单环芳烃尤其是甾族型的含量较低，噻吩类衍生物（硫茚和硫芴）十分丰富（芳香族的占 25%~30%），相对密度一般高于 0.85，含硫量在 1% 以上。

该类石油包括中东白垩系和侏罗系，西得克萨斯二叠盆地的石炭系—二叠系，艾伯塔的密西西比系、侏罗系和下白垩统的大部分原油，还有西非的上白垩统—古近系—新近系，南阿圭坦盆地一些侏罗系—白垩系的重油，以及加利福尼亚和地中海地区的一些原油。

5. 芳香—环烷型石油和芳香—沥青型石油

这两类石油都是经过次生转化的石油，油质重而黏，胶质＋沥青质含量常常在 25% 以上，甚至可高达 60%。

芳香—环烷型石油主要是石蜡型石油和石蜡—环烷型石油次生改造的产物，其中胶质含量增加，但仍保持低硫含量。

芳香—沥青型石油可能是芳香中间型石油降解形成，其胶质和沥青质含量高达 30%~60%，硫含量大于 1%，最高可达 9%；其相对密度高，黏度大，甚至呈固态。少量的委内瑞拉和西非没有受过生物降解的纯芳香型石油、西加拿大受过降解的焦油砂、委内瑞拉和法国南阿奎坦盆地的重质沥青石油都属于这个类型。

综上所述，按照 Tissot 和 Welte 的石油分类法，正常石油中含丰富链烷烃的为石蜡型石油；环烷烃含量较高、饱和烃含量超过 50% 的为石蜡—环烷型石油；芳香中间型石油饱和烃含量低于 50%，芳烃含量较高含硫量高于 1%。由于微生物改造等一系列次生作用，石油性质发生变化，形成芳香—环烷型和芳香—沥青型石油，其中胶质和沥青质含量明显增大。

第四节　影响原油类型的地质因素

造成石油化学组成不同的因素很多，概括起来有以下 4 个方面。

一、原始生油母质的类型和性质

石油的某些性质是由原始的有机质所决定的。根据有机质来源，一般将其分为海相有机质和陆相有机质两大类。它们对石油组成的影响是不同的。

1. 海相有机质

海相有机质主要由浮游植物藻类，其次是各种浮游动物提供。它们富含蛋白质、类脂化合物及部分碳水化合物。主要的特征生物分子有：(1) 中等分子量（$C_{12}—C_{20}$）的正构烷烃和正构脂肪酸，藻类合成的烃以 C_{15}、C_{17} 占优势；(2) 丰富的甾类，尤其是 C_{27} 胆甾烷和一些类胡萝卜素；(3) 大量的 $C_{14}—C_{20}$ 类异戊二烯烷烃；(4) 藿烷系列也有发现，甾萜比通常大于 1。

在闭塞的海盆地底部，当有机质丰富时，常常形成底部缺氧环境，使硫还原出来进入沉积物，形成有机硫化物，有助于有机分子成环和芳构化。这样，海相有机质形成的以 Ⅱ 型为主的干酪根含有丰富的环状物质，形成的石油含有较多的环烷烃、芳烃和含硫化合物。这类石油一般属于石蜡—环烷型或芳香中间型。饱和烃含量约为石油的 30%~70%，芳烃为 25%~

60%。在浅层未成熟的石油中,甾萜类化合物、胶质和沥青质都比较丰富。

中东的侏罗系和白垩系的石油、艾伯塔的泥盆系石油、西非白垩系(在盐岩层以上)石油、巴黎盆地和阿奎坦盆地的中生界石油,大部分都属于这一类型。

2. 陆源有机质

陆源有机质包括源于湖泊水生生物、主要源于高等植物的富含纤维素和木质素的有机质,其次是蛋白质和类脂化合物的有机质。正是这些类脂化合物才是陆源有机质中生油的组分,其中有与生物蜡有关的高分子量(C_{23}—C_{33})正构烷烃、各种萜类和大量的藿烷系列。甾族化合物中,C_{28}、C_{29}甾烷超过C_{27}甾烷;类异戊二烯烃比较丰富,$Pr/Ph > 1$。

在一些近海或湖相环境中,微生物来源的有机质十分丰富。由于微生物的改造使有机质中更富含类脂化合物,因此,陆源有机质可以形成从Ⅰ到Ⅲ型各类干酪根,如通过微生物强烈改造可以形成生油潜能最高的Ⅰ型干酪根。由它们形成的石油为石蜡型石油,有时是石蜡—环烷型石油。其中,饱和烃含量约占石油的60%~90%,占烃类的70%~90%。陆源有机质生成的石油含有丰富的正构烷烃、异构烷烃、单环环烷烃、双环环烷烃;多环物质特别是甾烷较少;芳烃占总烃的10%~30%;含硫量低于0.5%。

3. 与原始有机质类型有关的典型石油

1) 高蜡石油

高蜡石油代表陆相石油的一种特殊情况。它们很可能是来自被微生物强烈改造过的陆源有机质。蜡是指碳数大于21的长链烷烃。一般含蜡量大于8%的石油为高蜡石油。高蜡石油中含有大量的长链正构烷烃及一定量的异构烷烃和环烷烃,碳数可多达40~50。高碳数范围没有明显的奇偶优势,含硫量低。Hedberg(1968)曾提出:高蜡石油主要存在于砂岩、页岩层序中,并且常和煤或高碳质地层相伴生,共同沉积在陆相或滨浅海环境中。

Tissot 和 Welte 提出了高蜡石油可能的形成模式。在湖盆或浅的滨海盆地中,沉积物周期性地暴露在空气中,受到氧气和水的作用,有机质被微生物强烈改造。其中,纤维素被分解,木质素被真菌改造为腐殖酸类。这样,保存下来的部分主要是较稳定的类脂组分,如蜡质及土壤腐殖酸。由这些物质组成的干酪根便是形成高蜡石油的基础(图11-5)。

高蜡石油的成因问题也引起了其他学者的注意。1955年 C. S. Corbett 指出(王启军等,1984),高蜡石油主要产于古近系、新近系、白垩系和石炭系,这正是陆生植物特别繁盛的时期。1963年 R. L. Martin 指出,在尤因塔盆地具有奇数碳优势和高比例的C_{23}—C_{33}正构烷烃的石油,可能由富含蜡质的原始物质转化而来。1975年 G. Ijmbach 指出,石油中C_{25}—C_{32}范围的烷烃和环烷烃起源于陆生植物中的蜡和树脂,并且用模拟试验进一步证实了这个推想。黄第藩等人对南阳和辽河大民屯凹陷中特高蜡石油(49%)进行了研究,证实了陆源有机质的来源。

综上所述,高蜡石油的生成与陆源有机质密切相关。其中,陆生植物中的植物蜡、孢子花粉、角质部分是形成高蜡石油的主要母质。富含陆源有机质的湖盆、三角洲、陆缘滨外碎屑岩沉积盆地则是形成高蜡石油的有利场所。

2) 高硫石油

各种石油都含有含硫化合物,但是碳酸盐岩系石油的含硫量比碎屑岩系的要高。各种类型石油平均含硫量为0.65%,碎屑岩系中石油的含硫量为0.51%,碳酸盐岩层系中石油平均

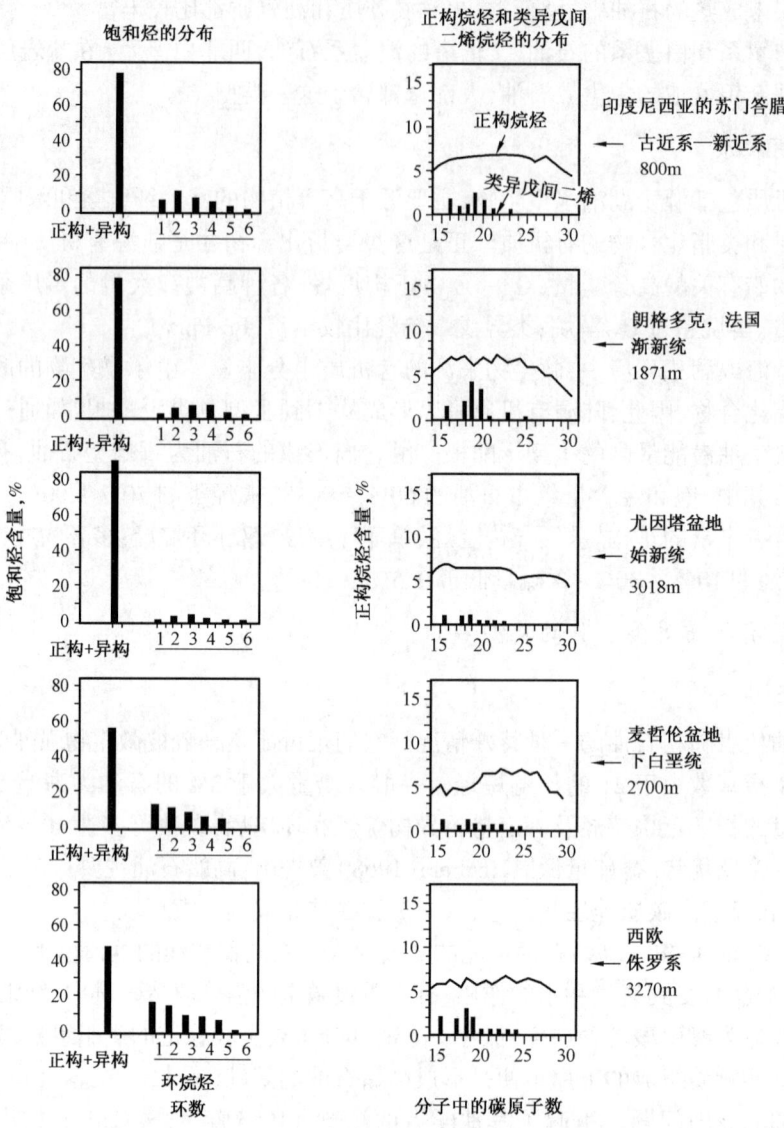

图 11-5 高蜡石油实例(据 Tissot、Welte,1984)

含硫量为 0.86%,最高可达 5%。

高硫石油中芳烃含量常达 40%～60%,胶质和沥青质十分丰富,因此高硫石油多属芳香中间型石油或芳香—沥青型石油。著名的中东石油便是该类的代表。

硫并非为活生物体中的主要成分。石油中的高含硫量都是成岩过程中细菌作用、深成过程中与围岩的化学反应和在储层中的次生改造的结果。

石油中高含硫量主要取决于原始有机质沉积环境。在海洋盆地、大陆干燥气候带的咸水湖盆和半封闭潟湖中的碳酸盐—蒸发盐沉积里都易形成高硫干酪根,它是在热裂解过程中产生高硫石油的物质基础。此外,硫结合到有机物中可以充当芳构化作用的催化剂,所以石油中含硫量和高芳香度之间存在着明显的相关性。在潮湿、半潮湿带的淡水—微咸水湖盆中沉积的碎屑岩层系中,只能形成低硫干酪根。

碳酸盐岩层特别是蒸发盐岩系含硫量高。沉积有机质与围岩、地层水中 SO_4^{2-} 一起作用,尤其是在热成熟过程中硫酸盐的非微生物还原作用都可以形成有机硫化物。盛国英、江继纲等在江汉膏盐盆地古近系—新近系高硫石油中检测出烷基噻吩类和烷基四氢化噻吩类均是典型的生物标志化合物,这是早期阶段硫或硫化氢与烷烃反应的产物。

微生物对石油的降解也能导致硫的富集,因为微生物总是优先消耗烃类化合物而使含硫的苯并噻吩等高分子量杂原子化合物的含量升高。另外,如果微生物活动导致硫化氢或元素硫的形成,它们也可以和蚀变的石油再反应而生成多种硫化物。

二、有机质热演化

有机质热演化过程具有明显的阶段性,不同成熟阶段形成的石油具有不同的化学组成:(1)在埋藏较浅处,生油岩尚未成熟,可直接从活的生物体中合成少量烃类,在特定条件下也可从干酪根分解出少量的杂原子化合物,形成重质石油;(2)在生油窗范围内,因热催化动力因素,干酪根裂解形成大量的正常石油;(3)随着埋藏深度的增加,热裂解作用影响到储集的石油,使轻质烃类逐渐增多,达到某一深度界限后,就只有气态烃类。因此,石油可以分成未成熟(或低成熟)石油、成熟石油和高成熟石油。

在油田中观察到的石油性质随埋深及地质时代的变化正是反映了与有机质成熟度有关的石油成分变化的规律。这些规律主要是:(1)石油密度随深度增加而下降;(2)石油含硫量随深度增加而下降;(3)石油中各种烃类随深度增加而有规律地变化。这主要表现在轻质馏分含量增加,烷烃含量增大,尤其是正构烷烃含量迅速增大。低成熟度的石油中,异戊二烯烃、甾萜类化合物比较丰富;高成熟石油以低分子量正构烷烃为主,生物标志化合物含量低。

严格地说,石油成分与储集岩的时代是无关的。石油成分随时代的变化是统计性规律。从新生代到古生代,烷烃含量增大、低碳数烃类含量增大的趋势是与有机质成熟度相关的。

综合上述讨论可以看出,不同类型的生油母质是造成石油组成差异的内因,热演化则是石油组成变化的重要外因。当石油形成以后进入储层时,便又在新的地质环境中开始了新的地球化学变化。

三、运移过程中油气的变化

常规油气藏的形成场所往往不是其聚集的场所,它需要经历从烃源岩到储层的初次运移,以及在储层中的二次运移,才能聚集形成油气藏。这是流体矿产与固体矿产的基本区别之一。油气在运移过程中,存在被矿物颗粒选择性吸附的现象,从而导致类似实验室内分析的地质色层效应。这也会造成油气化学成分和物理性质的变化。

1. 初次运移引起的油气变化

初次运移过程中,油气化学组分的变化主要受运移途径中的吸附和解吸现象所控制,总的规律是极性较小尤其是低分子量的化合物优先释出并进入储集岩。

Tissot、Pelet(1971)研究了阿尔及利亚撒哈拉泥盆纪碎屑砂页岩系生油岩和储集岩之间的过渡带抽提物的变化情况(表11-4),观察到靠近砂质储层可抽提的沥青逐渐减少,减少带进入烃源岩约10m;越接近储层,贫化越强烈,与储层邻近的烃源岩损失了约40%的原始沥青,且沥青中富含高分子量的杂原子化合物,贫烃类。

表11-4　阿尔及利亚撒哈拉泥盆纪砂页岩系通过生油岩至储集岩过渡带抽提物组分和丰度

与储集岩距离,m	抽提物/有机碳,mg/g	抽提物中烃的占比,%	抽提物中沥青质的占比,%
2	72	54	12.2
4	86	61	11.2
7	90	63	7.5
10.5	112	63	5.7
14	118	64	5.8

D. Leythaeuser、A. S. Mackenzie(1984)对挪威斯皮伯根岛上两口穿过互层状成熟的页岩生油岩和储集砂岩层序的钻井岩心作了观察研究,观察到从生油岩中排出烃类引起的相应组分的分馏效应:在砂岩中的薄层页岩夹层以及厚层页岩体的边缘,石油烃的贫化程度要比厚层页岩体中心部分高得多,尤其是低分子量正构烷烃的亏损严重。图11-6为厚层页岩向下部砂岩排烃对正构烷烃成分的影响。页岩中有机质类型是相同的,为Ⅲ型干酪根。页岩中部抽提物中正构烷烃是双峰型,在与下伏砂岩接触带最接近的页岩样品中正构烷烃为后峰型,表明轻组分的丧失,而在砂岩中则为前峰型,与其邻近页岩中正构烷烃分布相互补偿。姥鲛烷和植烷的含量有所变化。根据计算,处在最佳排驱条件下的页岩,碳数低于20的烃类排烃率高达80%,而高分子量正构烷烃(C_{25+})的排烃率只有10%左右,这证实了初次运移中存在着成分的分异,在某种程度上改变了原始的烃类组成。对初次运移中石油其他组分(生物标志化合物、杂原子化合物、芳烃等)的研究表明,这些成分也都存在分异。

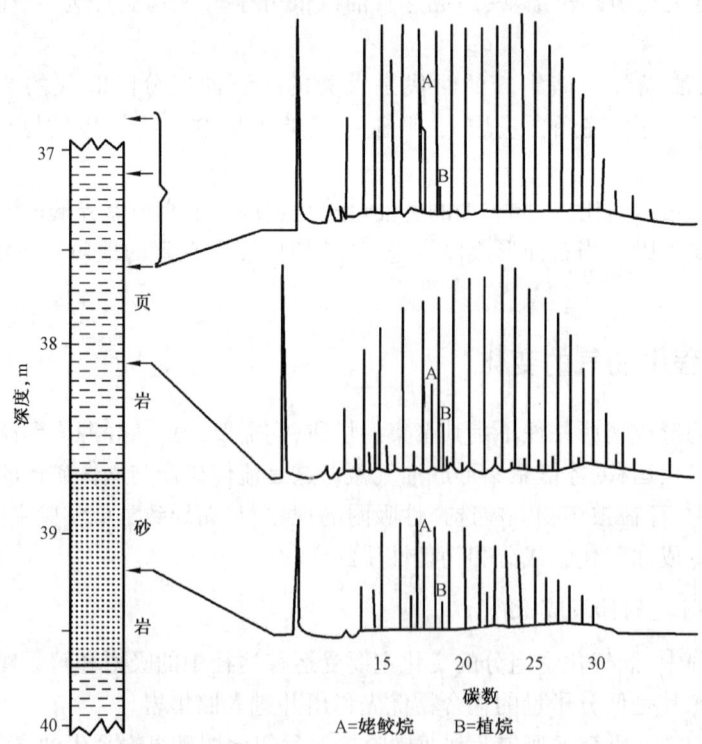

图11-6　挪威斯皮伯根岛页岩中正构烷烃排入薄层砂岩时的成分变化

原油和相应的生油岩沥青总化学成分的对比表明,大多数原油富含饱和烃,而贫胶质、沥青质等重质含杂原子组分(图11-7)。这与观察到的不同类族化合物的吸附性能是一致的。

这也再次表明:在初次运移中,由于黏土矿物对石油各组分吸附性不同,吸附性小的组分优先运移进入储层,吸附性大的组分更多地被保留在生油岩中。

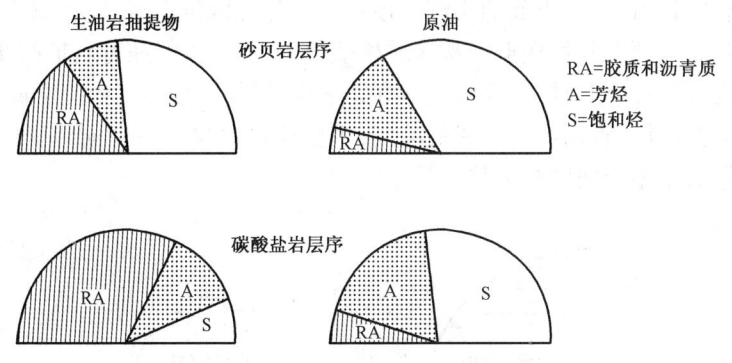

图11-7 在砂岩和碳酸盐岩层序中原油和生油岩沥青的总化学成分对比
(据Tissot、Pelet,1971)

2.二次运移引起的油气变化

研究发现,沿着二次运移的主要方向,油气的化学成分和物理性质有规律地变化。其中,芳烃、卟啉、沥青质、胶质的含量相应减小,这是因为石油中的非烃化合物最易吸附于矿物的表面或溶解于水中。芳烃比正构烷烃和环烷烃的极性强,在水中的溶解度也大,所以随着石油的运移,非烃和芳烃族分逐渐减少。某些不同构型的生物标志化合物在运移过程中也有变化。例如,甾烷化合物中,$5\alpha,14\beta,17\beta$ 异构体比 $5a,14a,17a$ 异构体运移得快,重排甾烷 $13\alpha,17\beta$ 比规则甾烷 $15a,14a,17a$ 运移得快,因此它们的比值可指示运移的方向。另外,有人还测得石油中 $^{13}C/^{12}C$ 也随运移距离渐远而降低,这是因为芳烃中 $^{13}C/^{12}C$ 高于烷烃和环烷烃,随着在油气运移方向上芳烃的减少,必然导致 $^{13}C/^{12}C$ 的减少;也有人认为,重同位素 ^{13}C 比轻同位素 ^{12}C 吸附能力强,^{12}C 相对运移快,故在运移前方,^{12}C 含量相对较高,致使 $^{13}C/^{12}C$ 减小。我国四川盆地泸州古隆起附近中二叠统及嘉陵江组天然气中 ^{13}C 同位素含量的变化,明显表现出这个规律,如图11-8所示。从图中可以看出,天然气 ^{13}C 同位素的含量从隆起向凹陷方向(天然气来源的方向)变大,而在隆起顶部(运移的前方)其含量逐渐减小。

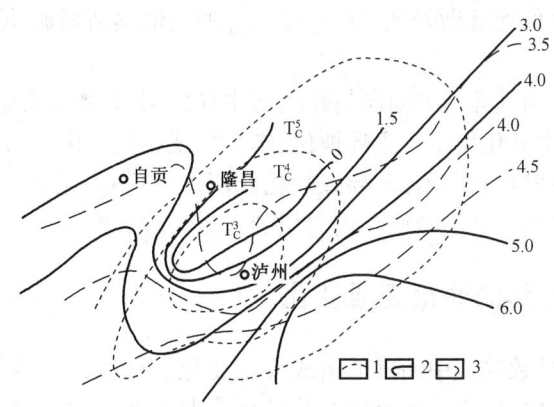

图11-8 四川泸州古隆起中二叠统、嘉陵江组天然气 ^{13}C 同位素含量分布图
(据四川石油管理局)

1—香溪世前古地层界线;2—嘉陵江组天然气 ^{13}C 同位素含量(‰);3—中二叠统天然气 ^{13}C 同位素含量(‰)

石油和天然气在运移过程中化学成分有规律的变化必然导致其物理性质的变化,沿着油气运移的方向,其密度和黏度一般都会减小。

我国酒泉盆地可以作为这方面的实例。该盆地的油源区位于老君庙背斜带西部的青西凹陷,主要生油层是下白垩统新民堡群。从区域构造位置上看,老君庙背斜带西北紧邻青西凹陷(图11-9);从构造发育史上看,青西凹陷一直处于相对低的、接受沉积的位置,而老君庙背斜带则始终处于相对高处。青西凹陷生成的油气,主要通过白垩系后期向西变薄的砂层及向西倾斜的白垩系顶、底不整合面向东运移。

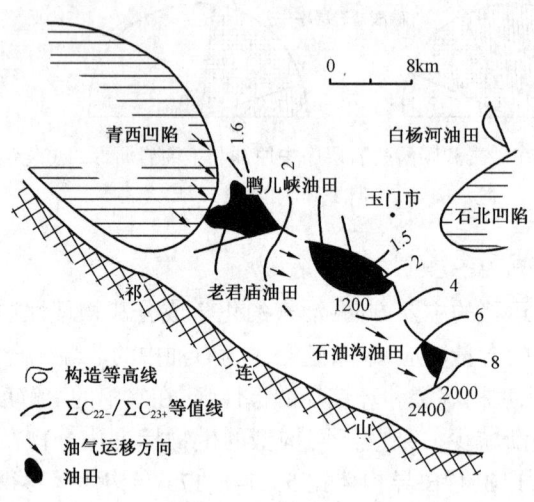

图11-9　酒泉盆地老君庙背斜带油气运移方向
(据石油工业部石油勘探开发研究院,1977)

当时盆地地下水的补给区为南部祁连山的边缘地带,进入地层后向西北或北流动,在背斜带它们与凹陷中因压实作用排出并向外围运移的地下流体相遇,并形成压力平衡条件,使油气在这里聚集。

上述运移方向从油藏中流体性质的变化也得到证实:从鸭儿峡向老君庙、石油沟方向,原油正构烷烃主峰值、OEP值均逐渐降低。C_{22-}与C_{23+}的比值逐渐增加,原油密度、黏度、含蜡量及凝点逐渐变小或变低。

必须指出,只有当沿油气运移方向层析作用起主导作用时,才能发生上述原油性质的变化现象。假如在运移过程中氧化作用占主导地位,则会出现相反变化。如在辽河西部凹陷,从凹陷内部到凹陷外缘,断层发育程度增高,导致氧化作用逐渐增强,结果使原油性质沿油气运移方向由轻变重,原油的密度、黏度、胶质+沥青质的含量有规律地增大。

四、盖层有效性引起的油藏组成变化

盖层的有效性也可导致油藏中油气的组成发生变化。例如,当有断层破坏盖层的完整性时,断层作用导致压力释放,可将单相流体系统转化为两相系统,在油藏的上部形成气顶。之后,这些气体和轻烃通过渗透作用散失并运移到浅部圈闭中。这样,两个来源和成熟度完全相同的油藏,却可以表现出完全不同的组成和密度。

五、储层中石油的次生变化

油气储层中的物理化学条件不同于烃源岩,并且还处在不断变化之中,因此,在热力学上属于亚稳态的油气在进入储层及成藏之后,除了由于地质色层效应而引起组成及性质的变化之外,还会发生一系列的次生蚀变。这些蚀变作用对石油组成的影响甚至可能大于母质特性和成熟度的影响,即石油的蚀变可能掩盖石油原有的特征。因此,要客观认识石油的生成、运移、充注、成藏和改造的历史和过程,有必要认识原油在储层中经历的次生变化。

1. 热蚀变作用

如果储层中的油气随着沉降或地温梯度的改变而经受更高的温度,将发生类似于有机质在烃源岩中的成熟作用,即向着分子结构更稳定、自由能降低的方向继续演化,最终形成在该温度、压力下稳定的混合物,但这通常被称为石油的热蚀变作用而不是成熟作用。不同类型的烃类和不同异构体的自由能有很大差异。图 11-10 表示芳烃、环烷烃和链烷烃的热稳定性。零线代表元素碳和氢的自由能。从中可得以下结论:(1)在较低温度下,链烷烃最稳定;(2)链烷烃的稳定性随碳原子数减少而增加(自由能减小),甲烷在温度达 550℃ 时是稳定的;(3)环烷烃的稳定性介于芳烃和链烷烃之间。

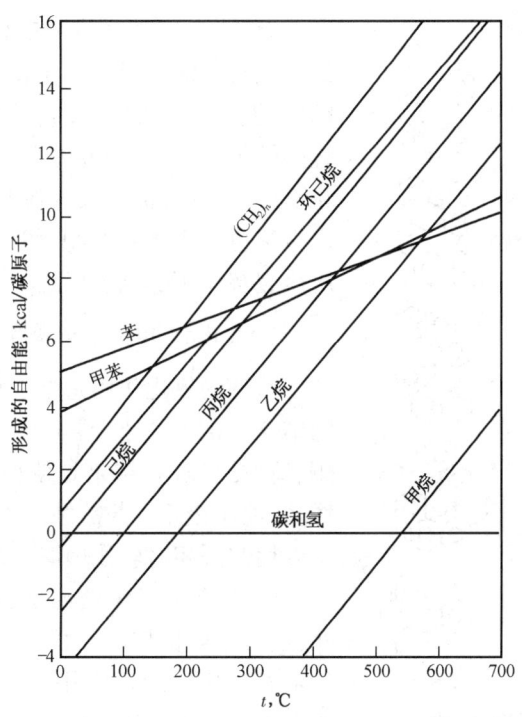

图 11-10 随温度的增加烃类的热稳定性变化(据 Hunt,1975)

对于给定的温度梯度,热蚀变作用随着埋藏深度和在某一温度下的存留时间的增加而增加。因此,热蚀变作用或成熟作用的影响能根据时间—温度关系进行预测。随着深度的增加和温度的提高,储层中原油的变化趋势使密度变得更小,并消耗高分子量烃类组分来增加低分子量烃类的含量。Evans 等(1971)在加拿大西部盆地中较详细地测定了原油组成随储层温度增加而变化的情况,其结果表示于图 11-11 中。含有 15 个以下碳原子的化合物的含量呈线性增加,这是消耗 C_{15+} 重组分的结果。同时,气体特别是甲烷的相对含量按指数规律增加。在较高的温度下,在更成熟的带中,储层中只发现甲烷,伴随着裂解生成的焦沥青。在储层中,焦沥青和轻烃(C_{15-})的出现、石油中间组分的消失是热蚀变过程中发生的歧化反应的标志。这种歧化作用的图解表示在图 11-12 中,从中等分子量原油得到的最稳定产物是低分子量的甲烷和分子量很高的富碳的不溶残渣。这样,系统通过不断调整,形成热力学上更稳定的分子。

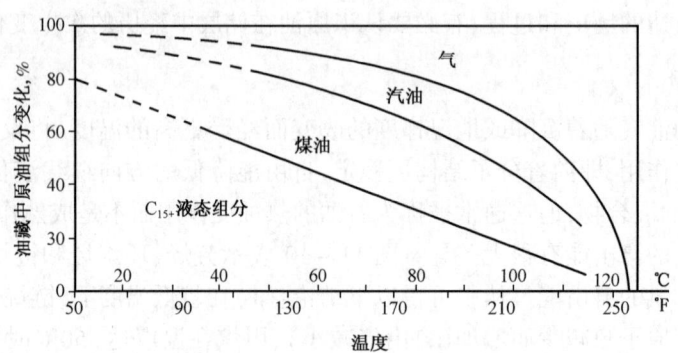

图 11-11　加拿大西部盆地中随着储层温度的增加原油发生的化学变化(据 Evans 等,1971)

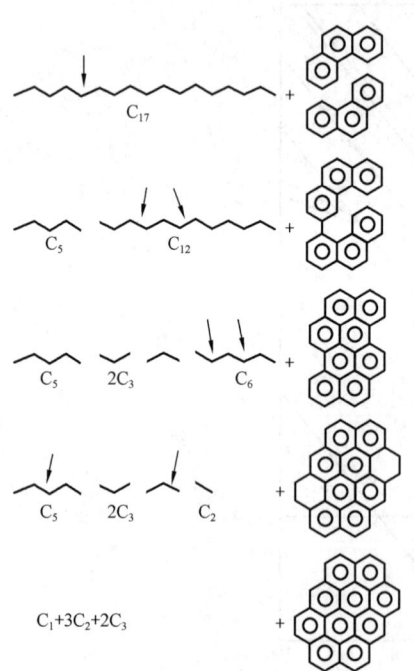

图 11-12　储层中石油热演化时歧化作用形成气态烃和多环沥青残余物
(据 Connan,1975)

但是,要想区分热蚀变作用对储集的石油成分的影响与原油从烃源岩中排出对石油成分的影响是困难的,因为它们都造成了随剖面深度加大油质变轻的效果。然而,储层中原油的热演化引起一种歧化反应,它一方面导致气体和轻烃的形成,另一方面产生黑色的固体残留物,俗称热解沥青,它是原油经历热裂解作用的判识标志。

2. 氧化作用和生物降解作用

石油的氧化作用是指在游离氧或含氧化合物中的结合氧的作用下,烃类被氧化成 CO_2、水或酸、醇、酮、酚的过程,其结果是使原油中胶质、沥青质组分增多,油质变差。与热蚀变作用相反,氧化作用在储层被抬升到相对较浅埋深时发生。

由于较浅埋深处温度、压力较低,水体相对活跃,适宜于微生物的发育和繁殖,因此氧化作用常常伴随着微生物降解作用。有人认为,石油的氧化作用离不开微生物的作用。

原油的生物降解作用是指微生物对某些类型烃类化合物的选择性消耗。原油的降解主要是喜氧细菌的作用(Milner 等,1977;Palmer,1993),它在需氧条件下开始发生。只要满足下述条件,喜氧细菌就能代谢分解原油:(1)近地表补给水中含有氧;(2)温度不超过 80℃;(3)原油中必须无 H_2S,因其对细菌有毒。厌氧细菌(如硫酸盐还原菌)也能利用、消耗、氧化烃类,一些与油藏伴生的次生生物气藏(如松辽盆地富拉尔基地区)可能就是厌氧细菌作用的结果(张水昌,

2005)。

原油中不同的组分抵抗生物降解的能力不同。一般认为,各组分抗降解能力由弱到强的顺序为:正构烷烃、类异戊二烯烷烃、甾烷、藿烷、重排甾烷、芳构化甾烃、卟啉(Chosson 等,1992;Moldowan 等,1992)。由此可依据有关组分的存在与否及相对含量评价原油生物降解程度。图 11-13 示意了根据不同烃类的相对丰度评价石油遭受生物降解程度的尺度(Moldowan,1992)。图中表示不同程度的生物降解作用对典型的成熟石油的影响,共分 10 级,即从 1~10。由于生物降解作用是一个十分复杂的"准多级"过程,化合物种类变化的确切顺序也很难描述,因此该图应用时应谨慎。比如,某些因暴露而受到强烈生物降解的石油,在所有的甾烷被破坏之前藿烷就有明显的变化,尽管藿烷通常被认为比甾烷有较强的抗生物降解能力。

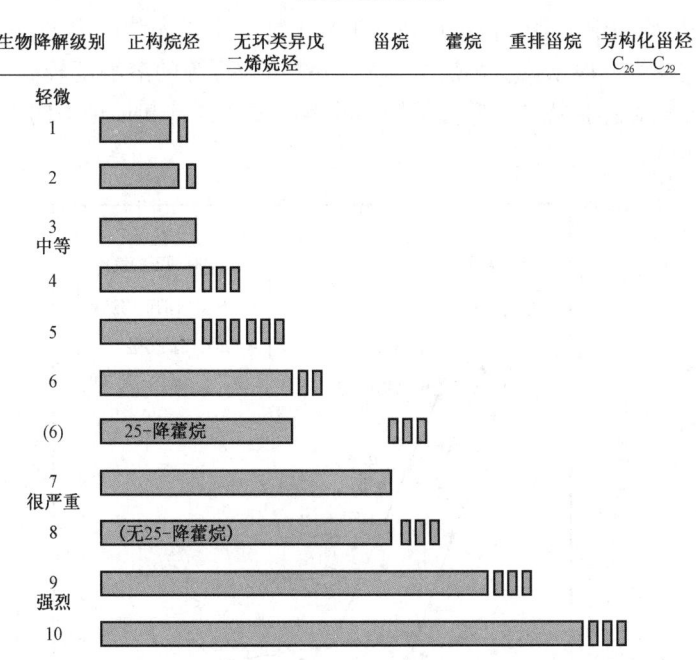

图 11-13 不同程度的生物降解对典型成熟原油的影响(据 Peters、Moldowan,1993,略有改动)
1—正构烷烃轻度损失;2—正构烷烃一般损失;3—正构烷烃痕量保留;4—无正构烷烃,无环类异戊二烯烷烃无损失;
5—无环类异戊二烯烷烃损失;6—规则甾烷降解,甾烷无损失;7—藿烷降解,重排甾烷无损失;8—藿烷部分降解;
9—藿烷缺失,重排甾烷受影响;10—C_{26}—C_{29}芳构化甾烃受影响

由于石油组分中能够被降解的组分主要是烃类化合物,尤其是正构烷烃,因此,生物降解作用的结果也使原油中的烃类含量减少,而极性的胶质、沥青质组分增多,油质变差,密度、黏度增大,这与氧化作用的结果相似。

有时,曾经被严重降解过的原油(如存在 25-降藿烷),由于后期原油的重新充注,可富含完整的正构烷烃系列化合物(Volkman 等,1988)。因此,利用生物标志化合物判识原油的生物降解程度时,需要注意油藏的多次降解、充注过程。

3. 脱沥青作用

脱沥青作用是指大量的气体或轻烃溶解到原油中,使得重质到中等原油中的沥青质沉淀下来的过程。大量的气体或轻烃可以来自成熟度更高的烃源岩,也可来自原油的裂解,但这些气体必须先溶解于石油中(而不是成为气顶)才能导致脱沥青作用。脱沥青作用的结果与成熟热蚀变或成熟作用相似,都使原油的重质组分含量下降、轻质组分增加、密度下降。因此,脱沥青作用和热蚀变作用往往难以区分,因为两个过程经常同时发生,而且在原油组分变化的最终趋向上相似。但一般而言,热蚀变作用往往是区域性的,而脱沥青作用更局部一些。此外,罗杰斯(1974)指出,脱沥青作用形成的沥青具有接近伴生油的碳同位素比值,而热蚀变作用形成的沥青物质可能具有较重的碳同位素比值。

脱沥青作用可以用"相似相溶"的原理来解释,即将沥青质视为溶解于烃类组分中,当轻质组分的含量增高时,"溶剂"的性质与重质的沥青质的差别就增大,从而溶解能力减弱,使其沉淀下来。

4. 水洗作用

水洗作用是指原油中水溶性相对较高的组分被地层水优先萃取出去,从而改变原油的组成,使其变重的过程。一般来说,含氧化合物(如酸、酚等)等的溶解度较高;同样碳数的化合物,芳烃的溶解度较高;同系物中,低分子烃类的溶解度较高;同时,烃类的溶解度随温度升高而升高(图 11-14)。

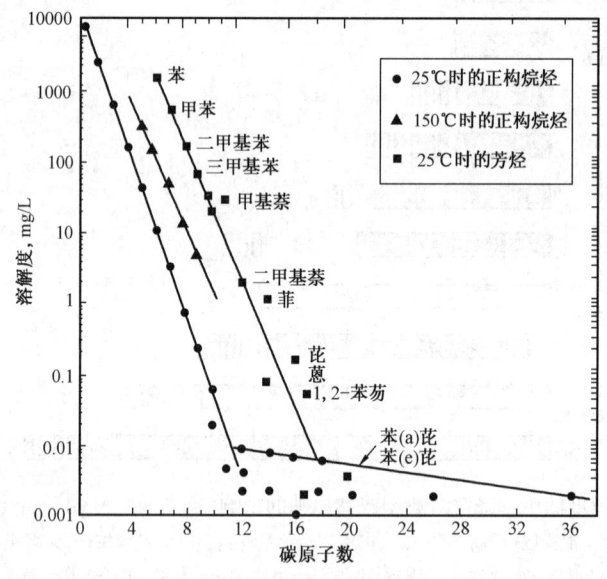

图 11-14　正构烷烃与芳烃在水中的溶解度(据 McAuliffe,1966)

一般而言,水洗作用对原油 C_{15+} 饱和烃产生的影响较小,不会明显影响正构烷烃的分布以及姥鲛烷、植烷和甾烷、萜烷等地球化学参数。但水洗作用对原油中 C_{15-} 芳烃化合物更有效,这些化合物被部分损耗,而硫化芳烃,尤其是二苯并噻吩常被水洗作用损耗殆尽。因此,原油中二苯并噻吩含量的相对减少、C_{15+} 芳烃含量的相对增加和 C_{15}—C_{20} 饱和烃的相对稳定可作为水洗作用的可靠指标。

5. 硫化作用

硫化作用是指元素硫或硫化物与石油烃类反应生成有机硫化物的过程(图 11-15)。

石油含硫量的高低不仅与生油母质有关,而且更重要的是与石油的次生硫化作用有关。在硫酸盐还原细菌作用下,硫酸盐可以氧化烃类,还原形成 H_2S、S。当 S 与 H_2S 反应时,形成多硫化物。多硫化物是强氧化剂,在高温下会将饱和烃完全氧化为 CO_2。硫酸盐、元素硫等还

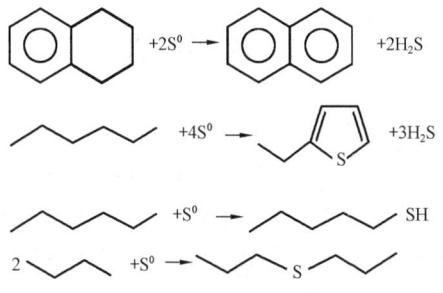

图 11 - 15 一些可能的烃类硫化作用反应式

可将甲烷氧化成 CO_2，这也是造成某些天然气藏破坏的原因。

硫化作用的结果也使原油中烃类的含量降低，而非烃的含量增加。这与氧化作用和生物降解作用的效果是一致的。事实上，地质条件下，氧化作用、生物降解作用、硫化作用是密切相关的。

6. 重力分异作用

一般来说，随着埋深的增加，原油的 API 度也应逐渐增加（密度减小），但在一些油藏中观察到了相反的现象（Evans 等，1971；Price，1980），这些现象不能用原油或烃源岩成熟度差异来解释。事实上，这些矛盾的现象没有彻底弄清楚，可以认为是重力分异作用的结果，即大分子向油柱的底部沉降，使得原油的密度随埋深增加而增大，或小分子组分（如气体）在油藏顶部富集。

总之，石油的化学组成和性质是多种因素综合作用的结果。除了原始有机质性质和成熟度及运移影响以外，储层中的次生变化作用大大改造了石油的性质。这种改造作用可归结为两种性质不同、方向相反的过程。其一是石油的热蚀变、脱沥青作用使石油密度变小，轻质组分增加，饱和烃尤其是正构烷烃含量升高；其二是石油的表生氧化、生物降解作用、硫化作用使石油密度变大，黏度提高，胶质、沥青质含量增加，致使原油质量变差。图 11 - 16 示意了原油次生变化的趋势。

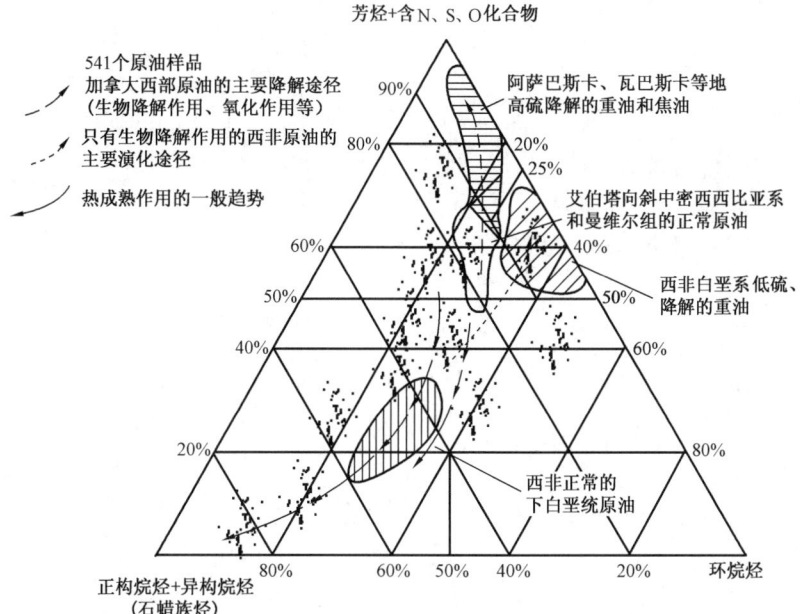

图 11 - 16 储层石油次生变化的主要趋势

本章小结

1. 石油的元素组成主要是碳、氢,其次为氧、硫、氮,此外还含有各种微量的金属元素。

2. 石油中主要的化合物有饱和烃、芳烃、胶质(非烃)和沥青质。除了降解的重质石油之外,饱和烃通常是石油中主要的化合物,包括正构烷烃、异构烷烃和环烷烃。芳烃包括纯芳烃和环烷芳烃。胶质和沥青质是含氮、硫和氧原子的高分子量多环分子。

3. 按石油中链烃、环烷烃和其他组分的相对含量,可将石油分成6类。正常石油的主要类型有石蜡型石油、石蜡—环烷型石油、芳香中间型和环烷型;演化和蚀变作用使石油的组成发生变化,由于次生改造形成芳香—环烷型和芳香—沥青型。

4. 高蜡石油代表石蜡型石油特例,其生油母质受微生物强烈改造,长链的类脂化合物得到了富集。高硫石油含硫在1%以上,主要产于碳酸盐—蒸发盐岩层系。

5. 石油的化学组成和性质是多种因素综合作用的结果。除了原始有机质性质、成熟演化及运移过程中组分分馏的影响之外,储层中原油的热蚀变、生物降解、氧化、脱沥青、水洗、硫化等次生蚀变作用可极大地改造石油的原始组成。

思 考 题

1. 简述 Tissot 和 Welte 石油分类中的石油类型及主要特征。
2. 原油次生蚀变作用有哪些?各种次生蚀变作用对原油的组成有何影响?
3. 影响原油组成的主要因素有哪些?
4. 什么是运移分馏效应?它对原油物理性质和化学组成有何影响?

第十二章 天然气的组成、分类及地球化学特征

广义的天然气泛指自然界中的一切气体,即气圈、水圈、岩石圈以至地幔和地核中的一切天然气体;狭义的天然气一般指在岩石圈、水圈内以烃气为主的可燃气体,少数情况下也可以二氧化碳或氮为主,极个别情况下以硫化氢为主。

天然气绝大多数是由多种气体化合物(元素)组成的混合体,特殊情况下才由单一气体组分组成。天然气中常见的气体化合物和气体元素有烃气(C_{1-4})、二氧化碳、氮、硫化氢、汞蒸气、氢、氧、一氧化碳、二氧化硫和稀有气体(氦、氖、氩、氪、氙)。

天然气地球化学主要研究地壳中气体的形成、演化、运移、聚集成藏及破坏的地球化学作用过程,具体内容包括:有机来源天然气的母质类型、沉积环境、演化成气过程、成气机制、富集规律和分布特征,天然气组分及其同位素组成以及它们对天然气形成过程的指示作用,不同成因类型天然气的综合判识。

第一节 天然气成因类型

随着经济发展对能源需求的不断增多及原油资源的快速消耗,天然气在能源结构中的地位日益突出。有关天然气地球化学,尤其是其成因、分类方面的研究受到了越来越多的重视。现代分析技术的进步为从不同角度划分天然气的类型提供了众多指标。按照研究目的的不同,可有不同的天然气的分类方案。在油气地球化学和地质学领域,应用最为广泛的是天然气的成因分类。

根据生成天然气的原始物质来源,可将其划分为无机成因气、有机成因气及混合成因气三大类(表12-1)。不过,天然气成因的多源性,以及成熟作用、运移作用、混合作用等因素的影响,增加了天然气成因分类的难度,出现了众多成因分类方案。

一、无机成因气

无机成因气泛指在任何环境下由无机物质形成的天然气,包括宇宙气、幔源气、岩浆岩气、变质岩气及无机盐类分解气。无机成因气来源广泛、复杂,多与宇宙或地球深处地幔、岩浆活动有关,目前尚难以对它们进行深入研究。它们常沿深大断裂或转换断层上升至上部圈闭中,聚集成工业气藏。随着勘探的进展,发现这类天然气藏的概率可能会增大。

无机成因气基本上属于干气,或以 CH_4 为主,或以 CO_2 或 N_2 为主,视来源不同而异。

二、有机成因气

有机成因气是指在沉积岩中由分散状或集中状的有机质形成的天然气。目前世界上发现的烃气绝大多数都为有机成因气。

根据原始有机质的母质类型及热成熟度不同,又可将有机成因气细分为若干亚类(表12-1)。

表12-1 天然气成因分类方案(据戴金星等,1992)

无机成因气:宇宙气、幔源气、岩浆岩气、变质岩气、无机盐类分解气					
有机成因气	热成熟度／母质类型	未成熟阶段	成熟阶段		过成熟阶段
	腐泥型天然气(油型气)	腐泥型生物气(油型生物气) 生物气	热解气 油型热解气	原油伴生气 凝析油气	裂解气 腐泥型裂解气(油型裂解气)
	腐殖型天然气(煤成气)	腐殖型生物气(煤型生物气)	煤型(成)热解气	成熟气 凝析油气	腐殖型裂解气(煤型裂解气)
混合成因气:大气、气水合物、同岩两源混合气、异岩两源混合气					

1. 有机质母质类型与有机成因气分类

有机质(干酪根)可分为腐泥型(Ⅰ型)、腐殖腐泥型(Ⅱ$_1$型)、腐泥腐殖型(Ⅱ$_2$型)及腐殖型(Ⅲ型)。相应地,可将有机成因气划分为:

(1)腐泥型天然气,简称腐泥气或油型气,由Ⅰ、Ⅱ型干酪根降解而成。这些干酪根相对富氢,以含直链及环状饱和烃为主,只含少量多环芳烃及含氧官能团,易于形成腐泥型天然气和石油。由于世界上绝大部分原油是由这些有机母质形成的,我国通常称之为油型气。

(2)腐殖型天然气,简称腐殖气或煤成气,由Ⅱ$_2$、Ⅲ型干酪根降解而成。这些干酪根相对贫氢,以含多环芳烃及缩合稠环芳烃为主,带有许多含氧官能团,饱和烃含量少。这些干酪根以成气为主,分布于煤或亚含煤层系中,呈分散状有机质或呈集中状腐殖煤出现。它们可以形成有工业价值的气田或气区。我国通常将其称为煤成气。

2. 有机质热成熟度与有机成因气分类

有机质的热演化程度可分为未成熟、成熟(包括低成熟和高成熟)、过成熟等阶段,相应地可将有机成因气划分为下列亚类。

1)生物气

生物气也称细菌气、生物化学气,指有机质在未成熟阶段($R_o < 0.5\%$)经厌氧细菌生物化学降解所生成的气态产物。其化学成分以甲烷为主,并特别富集轻碳同位素。典型生物气为干气,重烃气含量常小于0.5%,甲烷碳同位素很轻,一般$\delta^{13}C_1 < -55‰$,这是鉴别生物气的良好标志。

2)热解气

热解气指有机质在成熟阶段($R_o = 0.5\% \sim 2.0\%$)经热催化作用降解而形成的天然气。由于有机质母质类型不同,形成热解气的性质也就有别。根据有机质母质类型可将热解气分为两种。

(1)油型热解气,指Ⅰ和Ⅱ$_1$型干酪根在成熟阶段形成的天然气。这两类干酪根属腐泥型,在成熟阶段多以成油(包括凝析油)为主、成气为辅,故油型热解气在大多数情况下均以"配角"伴生于原油或部分凝析油中,只在少数情况下呈游离的气顶气,个别情况下可呈夹层的游离气层气。

根据成熟阶段的成熟度不同,可将低—中成熟阶段形成的气称原油伴生气,在高成熟阶段形成的气称凝析油伴生气。这两种气的共同特征是重烃气含量高,一般超过5‰。

(2)煤型(成)热解气,指 II_2、III 型干酪根在成熟阶段形成的天然气。这类干酪根在成熟阶段多以成气为主、成油为辅,故煤型热解气以游离的气层气为主。在煤系中也可生成凝析油气(或轻质油气),多与树脂体和蜡质有关,常为低成熟产物。

与油型热解气相比,煤型热解气的重烃气含量相对低一些,但一般在3%以上。过去有人认为煤型热解气均为干气是不合客观实际的。煤型热解气中的烷烃气比油型热解气的烷烃气富含重碳同位素,煤型热解气的 $\delta^{13}C_1$ 值一般区间在 $-28‰ \sim -42‰$,多数大于 $-35‰$。

3)裂解气

裂解气指在过成熟阶段($R_o>2\%$)已生成的液态烃和残余干酪根以及部分重烃气经高温裂解作用形成的天然气,按原始物质不同可区分为腐泥型裂解气(或油型裂解气)与腐殖型裂解气(或煤型裂解气)。前者由原油、油型热解气及残余腐泥型干酪根裂解而成;后者则由煤型热解气、残余的腐殖型干酪根裂解而成。二者统称为裂解气。

裂解气的化学组分以甲烷为主,重烃气含量极少(小于2%);甲烷碳同位素值偏重,腐泥型裂解气约介于 $-37‰ \sim -30‰$,腐殖型裂解气通常为 $-35‰ \sim -20‰$。

4)生物—热催化过渡带气

这是表 12-1 中没有概括的类型。一般认为有机成因气主要形成于 2 个阶段(图 9-1、图 9-2),一是在烃源岩未成熟的早期生物化学作用阶段,二是在有机质开始大量成油之后的较高成熟度阶段。而在 $R_o=0.4\% \sim 0.6\%$(或 0.8% 左右)的低成熟阶段,则至多只有少量的天然气生成,被认为是成藏的盲区。

但是,"七五"期间,徐永昌等(1990)在研究辽河、苏北盆地浅层天然气时发现,分布于 1000~2500m 的一组气体,其组成以甲烷为主,含一定量的重烃气,甲烷碳同位素组成为 $-55‰ \sim -48‰$。该组气体在盆地内有相应低演化的气源岩,其 $\delta^{13}C_1$ 值的分布与气体相近。他们由此提出了生物—热催化过渡带气,并认为,它是有机质在热演化的早期阶段,在黏土矿物催化作用和构造应力引起的力化学作用极其活跃的条件下,特定成气有机质通过脱羧、脱基团和缩聚等作用形成小分子的类(刘文汇等,1996)。这个概念强调,在有机质的低演化阶段,在液态窗之前可以有工业性气藏的形成。

Galimov(1988)分析研究了西西伯利亚以乌连戈依为代表,分布在浅层的一批大气田,根据其同位素组成特征($\delta^{13}C_1 = -50‰ \sim -46‰$),提出了这批气田是腐殖型有机质在低演化阶段形成的天然气,称之为早期热成因气(early thermogenic gas)。

徐永昌等(1990)认为,生物—热催化过渡带气是天然气成因的一种新的类型,是对干酪根晚期成油成气理论的重要补充。卢双舫等(2009)的研究表明,吐哈盆地以 II、III 型为主的干酪根可能因为含有较多的杂原子官能团,成气过程中低活化能组分的含量高于成油过程。这可能正是吐哈盆地的有机质在大量生油之前的低成熟阶段,能开始规模性地生成低成熟气从而导致工业性低成熟气聚集的内因所在。

对这种具有低成熟特征天然气的另一种可能的解释是,大型的"生物—热催化过渡带气田"也有可能是由生物成因气与热成因气的混合作用形成(Stahl,1975;Rice,1981;Schoell,1983)。总的来看,关于生物—热催化过渡带气的概念及其存在可能没有多少异议,但对其成藏意义的认识,还存在很大的分歧,有待于今后深入的研究。

三、混合成因气

混合成因气指在成因上既有无机来源又有有机来源混杂在一起的天然气。大气是典型的混合成因气,地球的大气圈是由生物作用、化学作用、放射性作用等生成的气体混合物组成,兼具有机与无机来源。混合成因气化学成分以 N_2、O_2 为主,另有 CO_2、H_2、H_2O 及稀有气体混杂。

由混合成因气形成的气藏相当普遍,很多气田所产的天然气皆具有混合成因气的特征。但是混合成因气在国内外研究还很薄弱,同岩两源混合气概念才提出来,许多问题有待今后进一步研究。

第二节　有机成因气的主要类型及其特征

由于有机成因气是目前天然气勘探的主要对象,故本节重点讨论主要类型的有机成因气及其特征。如第一节所述,主要依据成熟度和母质类型,有机成因气可进一步划分为各种亚类。

一、生物(细菌)成因气

生物成因气指在成岩作用或有机质演化早期阶段,即 $R_o<0.5\%$ 阶段,由微生物群体的发酵和合成作用而形成以甲烷气体为主的天然气,故常被称为生物甲烷气,简称生物气。各类有机质在适宜的环境中均可形成生物成因气。生物成因气的组分为烃类气体和非烃类气体,烃类气体以甲烷为主,$C_1/C_{1-5}>0.98$。一般认为生物气同位素组成 $\delta^{13}C_1<-55‰$,我国最轻的可达 $-91.18‰$。

1. 成因机制

在沉积物堆积和埋藏过程中,均会从上至下经历含氧带、无氧带和甲烷形成带的演化,只是沉积环境、水体性质、温度、盐度、有机质丰度等不同造成各带的演化时间、产气率、聚集等不同而已。每个带都有其相应的微生物群体,在这些群体作用下,形成一个相应的微生物群体适应的环境。在沉积物剖面最上部发育的喜氧呼吸代谢作用中,游离氧很快被消耗,当氧气消耗殆尽变为厌氧环境时,专性的需氧微生物就不能生存,而硫酸盐的还原作用变为主要呼吸作用。在硫酸盐还原作用基本完成后,硫酸盐被还原成 H_2S,而进入缺硫酸盐的碳酸盐还原带。在该带严格的厌氧环境中,微生物发酵和合成作用明显加强,甲烷生产菌将 CO_2 还原成甲烷。

总体上看,作为一个以生物化学作用为主的反应历程,从聚合有机物到生物甲烷的过程非常复杂。但简化来说,它主要经历如下2个过程(图12-1):首先,复杂的聚合有机物在微生物的发酵作用下,被分解成相对小分子的中间产物,发酵的中间产物经微生物进一步分解成(也有一部分有机聚合物不经过中间产物直接分解成)产甲烷菌能直接利用的底物,如氢和二氧化碳、甲酸盐、乙酸盐、甲醇、甲氨等;之后,产甲烷菌通过二氧化碳还原和氢化形成甲烷,即生物甲烷的形成途径主要是乙酸发酵和二氧化碳还原:

$$CH_3COOH \longrightarrow CO_2 + CH_4 \qquad 乙酸发酵$$
$$CO_2 + 4H_2 \longrightarrow CH_4 + 2H_2O \qquad 二氧化碳还原$$

温度、有机底物性质和沉积环境对两种甲烷形成途径起控制作用。通常认为乙酸发酵主要出现在淡水环境,二氧化碳还原主要在海相环境。在极冷的海相环境中,甲烷主要来自二氧化碳还原。在温度适中的陆相环境中,乙酸发酵形成的甲烷占 70%,二氧化碳还原占 30%。随环境温度的变化,这个比例会发生变化。在深度剖面上,乙酸发酵和二氧化碳还原可同时出现,但其重要性不同,深部主要是二氧化碳还原。这可以很好地解释许多商业性生物气聚集都是二氧化碳还原(张水昌等,2005)。

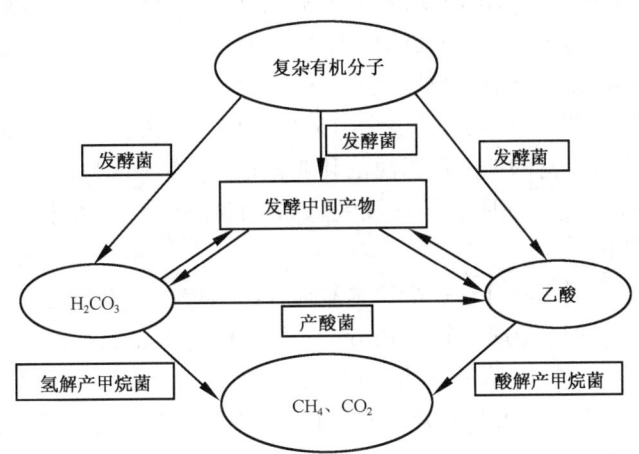

图 12-1 生物气形成途径示意图

由于生物气形成的过程依赖于微生物的参与,故生物气主要生成于适宜于微生物发育繁殖的低温、浅埋的成岩作用早期阶段。除了沉积早期的有机质可经微生物发酵形成生物气外,业已聚集的原油和经历了一定程度热演化的有机质如果抬升到适宜于微生物发育的较浅处,也可以经受次生降解形成生物气。

2. 地球化学特征

1) 生物气的组分特征

生物气化学组成以甲烷为主,重烃含量甚微,常伴有少量 N_2、CO_2、H_2、O_2 等气体。富脂类生物软泥和介壳富集的沉积层序中形成的生物气含氮量可较高。生物气中的非烃丰度变化较大,CO_2 整体含量较低,个别可达 10% 左右。

2) 生物气的同位素组成特征

不同成因天然气的碳氢同位素组成差异明显。生物气明显富集轻碳同位素(^{12}C),$\delta^{13}C_1 <$ $-55‰$(也有人认为低于 $-60‰$、$-50‰$)。在生物成气过程中,由于产甲烷菌强烈富集轻碳同位素,因此,具有不同碳同位素组成的有机母质对所形成的生物气碳同位素影响不大。

在整个微生物作用过程中,它们分解有机质的产物和合成的小分子化合物的氢原子都与介质水的 H^+ 发生同位素交换,结果使生成的甲烷富集氘同位素。Scheoll(1980)统计表明,在高含氘同位素的海相环境形成的甲烷,其氘要比在富氕同位素的陆相淡水环境形成的生物气富集。因此,他提出以 δD_{CH_4} 值 $-190‰$ 为界划分生物气母源的海相沉积和陆相淡水沉积。由于陆相沉积盆地不只是淡水湖盆,还有大量的咸水—微咸水湖盆,因此,δD_{CH_4} 不能作为海相沉积和陆相沉积生物成因甲烷的绝对指标。但总体上 δD_{CH_4} 可以作为判识沉积水体介质的可靠指标。

3. 聚集成藏

事实上,生物气的生成过程在地表广泛进行,有机质产生物甲烷的产率也可以很高(达数百立方米每吨有机质),是有机质成气的一个重要高峰,尤其是湖泊和沼泽沉积物中生物气的产率很高(Ehhalt,1976;Rudd 等,1980),但有意义的生物气藏并非普遍分布,生物气的探明储量也明显低于热成因气。其中的一个重要原因在于,生物气的生成深度普遍较浅,容易散失而难以大量聚集成藏,故在相当长的时期内,人们对生物气的成藏意义不甚重视。不过随着天然气勘探实践和理论研究的深入,人们逐渐认识到,在有利的地质条件下,生物气不仅可以大规模地形成,而且可以大规模地聚集成藏。

据统计,世界累计探明的生物气储量达 $15.5 \times 10^{12} m^3$,占世界天然气总储量的 21.4%。目前世界上生物气田最丰富的地区在西西伯利亚盆地(也有人认为西西伯利亚盆地的天然气为生物—热催化过渡带气),探明储量占该区总储量的 1/4 以上,大于 $10 \times 10^{12} m^3$,其次为美国、意大利、加拿大等国。

我国已发现的生物气主要分布在柴达木盆地、莺琼盆地、松辽盆地和长江三角洲、珠江三角洲等地区,柴达木盆地已发现生物气田 6 个,含气构造 1 个,探明加控制储量 $2268.75 \times 10^8 m^3$,其中涩北一号气田探明储量已达 $1107.45 \times 10^8 m^3$。长江三角洲地区虽然未找到涩北一号那样的大气田,但几米至几十米深的浅层生物气藏可以说遍地开花,由于勘探开发成本极低,取得了很好的经济效益。

卢双舫等(2002)对已发现的生物气藏的分布特点进行总结后认为,埋藏在百米以内的浅表生物气藏主要分布在浅表微生物极为活跃的温暖潮湿气候条件下,如长江三角洲、珠江三角洲等,由于生气速率高,可以普遍成藏,但受保存条件制约,难以形成大规模气田;而埋藏较深、规模更大的生物气藏则主要发生在浅表微生物活动受到抑制的高纬度或高海拔、高盐度的条件下,如西西伯利亚盆地、柴达木盆地等,除成因不同外,其他成藏条件与常规天然气一致,因此可形成大中型气田。可以说,大中型生物气藏的形成除了需要储层、盖层、圈闭的时空有效匹配之外,成气期晚(成气深度较深)是至关重要前提,因为聚—散动平衡制约着生物气藏的形成和保存。

二、生物—热催化过渡带气

1. 组分组成

由于生物—热催化过渡带气(简称过渡带气)的形成受气源岩母质类型及其丰度和形成聚集过程等因素影响,气体组分变化较大,但主体上仍以烃类含量高,以甲烷为主,含有一定丰度的重烃,同时含一定量的非烃气体,一般以 N_2 和 CO_2 为主。受成烃演化和运移作用影响,它们在不同盆地和不同空间有不同分布。

1) 烃类组分

过渡带气烃类组分丰度在 16% 以上,其中甲烷分布为 10% ~ 99.9%(图 12 – 2),平均为 79.8%;重烃分布在 0.03% ~ 62.7%,平均为 11.8%。由于气体中非烃气的存在,仅用甲烷丰度难以判识天然气的干湿程度,而 C_1/C_{1-5} 是体现气体干湿程度的最佳指标。我国过渡带气

C_1/C_{1-5} 分布在 0.3%~0.99%,总体平均为 0.87%,其中 C_1/C_{1-5}<0.95 的湿气占 57.5%,表明一半以上的过渡带气为湿气,明显区别于生物成因气。

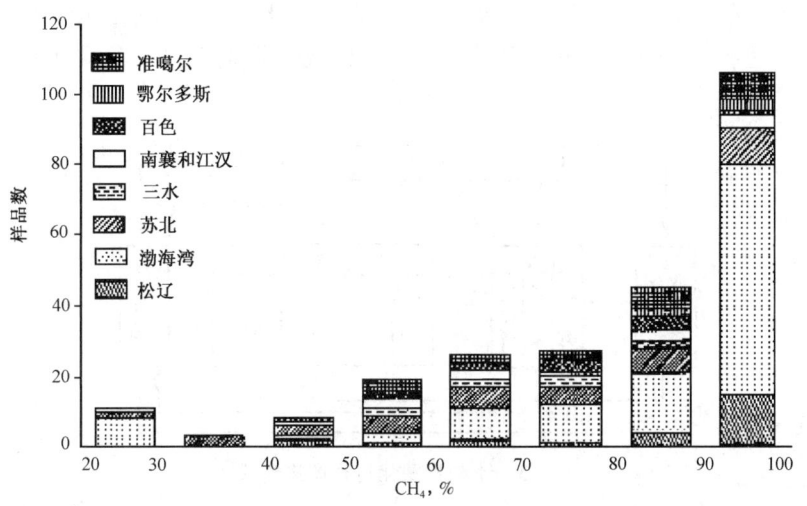

图 12-2 过渡带气甲烷丰度分布频率图(据徐永昌等,见王涛,1997)

2)非烃气体组分

过渡带气中非烃组分分布在 0.1%~90%,平均为 10%。非烃气体主要为 CO_2 和 N_2,含少量 H_2、H_2S 和稀有气体。过渡带气中 N_2 丰度在 0.1%~50%,平均为 4.8%,绝大多数在 10% 以内。高 N_2 丰度天然气是残留型气藏的特征,并有非生物来源氮的加入。CO_2 的丰度在过渡带气中分布为 0.01%~84.0%,平均为 6.14%,大多数在 10% 以下,这部分 CO_2 主要是有机质演化形成的。CO_2 丰度在 10% 以上者绝大多数混入了无机成因 CO_2。

2. 稳定同位素组成

过渡带气的 $\delta^{13}C_1$ 一般分布在 -55‰~-48‰;而 $\delta^{13}C_2$ 分布在 -44.5‰~-15.2‰,均值为 -33.2‰,主要分布区间在 -38.0‰~-26.0‰;$\delta^{13}C_3$ 分布在 -35.2‰~-18.9‰,平均为 -29.8‰,主要分布在 -33.0‰~-24.0‰。甲烷的 $\delta^{13}C_1$ 反映了演化程度,而重烃碳同位素组成不仅反映演化程度,更主要的是反映了过渡带气的母质类型。从重烃的碳同位素组成来看,腐殖型、腐泥型和混合型 3 种母质均可形成过渡带气。同时,过渡带气具有 $\delta^{13}C_1<\delta^{13}C_2<\delta^{13}C_3<\delta^{13}C_4$ 的同位素正向分布序列。

过渡带气氢同位素组成 δD_{CH_4} 分布在 -304‰~-143‰ 的较大范围内,平均为 -232‰,主要分布在 -280‰~-180‰。δD_{CH_4} 主要反映气源岩的沉积环境,尤其是在低演化阶段更为突出。研究资料(沈平等,1991)表明,δD_{CH_4}<-200‰ 主要为淡水沉积。我国过渡带气分析资料表明,绝大部分 δD_{CH_4}<-200‰,占 88.6%。因此,目前发现过渡带气的沉积盆地主要为陆相沉积环境。在陆相淡水沉积的总体环境中,不同盆地的区域和气候带变化导致气源岩环境有一定的变化。

三、油型气

天然气的形成是一系列反应的产物(图 12-3)。如有机质的成烃演化模式所表述的那样,即使对腐泥型干酪根,天然气的形成也贯穿于有机质演化的全过程。在未成熟阶段,一般不能形成有工业价值的石油,但却是生物气和生物—热催化过渡带气的生成期;在高成熟、过成熟阶段,除干酪根裂解形成气体外,早期生成的石油也裂解形成湿气和凝析气,并进一步形成甲烷;即使在成熟的生油窗阶段,在大量生油的同时,也生成一定数量的伴生气。因此,油型气可以由偏腐泥型干酪根形成,也可以由腐泥型原油或沥青生成,故其分布的广泛性超过了石油。

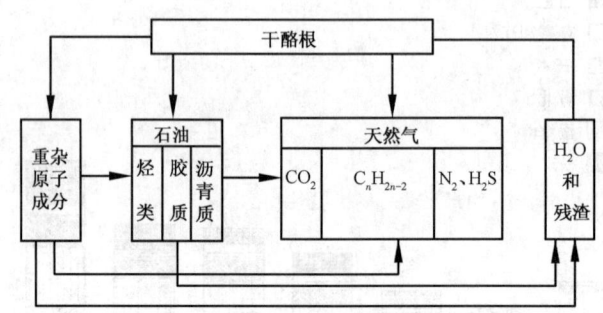

图 12-3　干酪根演化过程产物模式图

1. 形成演化

形成油型气的Ⅰ型和Ⅱ$_1$型母质具有高的原始 H/C(>1.3)和低的 O/C(<0.15),因此,相对贫多环碳骨架和含氧官能团而富含脂族结构,尤其是长链脂族,故演化过程中在达到成烃门限(R_o=0.5%)之后首先以成液态烃为主,但同时也形成少量的气态烃,此时,C_1的生成量相对较少,而 C_{2-5}重烃气含量较高,这也是正常原油伴生气的基本特征。随演化程度增加,干酪根中的长链结构因生油而逐渐减少,干酪根上的短链结构及早期生成的原油在更高的热应力下开始加速产气,达到更高的演化程度后,重烃气也开始向甲烷转化,从而使气态烃的绝对产量、气油比及所产烃气的干燥系数不断升高。到高成熟阶段(R_o=0.5%~1.3%),以湿气伴生凝析油为主;达到过成熟阶段(R_o>2.0%)后的烃类最终产物为最稳定的甲烷。

尽管从气油比来讲,腐泥型母质较腐殖型目之地,但从绝对生气能力来看,腐泥型母质远高于腐殖型母质。

2. 地球化学特征

1) 组分组成特征

油型气组分中甲烷分布范围较大,不同演化阶段的油型气化学组成有一定差别。

(1)气态烃组分:油型气组分以烃气为主,一般含量在90%~95%以上,而烃类气中又以甲烷为主。在甲烷分布频率图(图12-4)上,甲烷含量的变化范围很广,但主频率在70%~100%,约占总数的70%。甲烷含量低于1%者主要是二氧化碳气藏中的微量甲烷,但其甲烷碳同位素组成具有油型气的特征。

气态烃中 C_1/C_{1-5} 值的分布范围也较广,为0.2~1.00。C_1/C_{1-5} 值大于0.95的占25%,小于0.7的约占18%,0.7~0.95的占57%。由此可见,C_1/C_{1-5} 值在0.7~1.00之间占总数的80%以上。

(2)非烃气体组分:在油型气中含有一定量的非烃气体,如氮和二氧化碳气以及少量的氢、氩和氦气。非烃气中以氮和二氧化碳为主,氮含量分布在0.001%~15%,一般小于4%;二氧化碳含量分布范围在0.01%~27%,且大都不超过3%。对某些气藏和气井而言,二氧化碳含量高达 85% 以上的主要为无机成因气。

2) 同位素组成特征

气态烃由碳、氢元素组成,研究气态烃的碳、氢元素组成可以判识天然气的成因类型、有机母质特征和热演化阶段,从而进行气气对比和气源对比。

(1) 气态烃碳、氢同位素分布特征。

①甲烷碳同位素的分布。如图 12-5 所示,我国油型气甲烷 $\delta^{13}C$ 值的分布范围在 $-76‰$(油型生物气)~$-30‰$,主频在 $-50‰$~$-32‰$,表明我国的油型气以伴生气和高温裂解气为主。演化处于未成熟和低成熟阶段生成的气体占 17%。

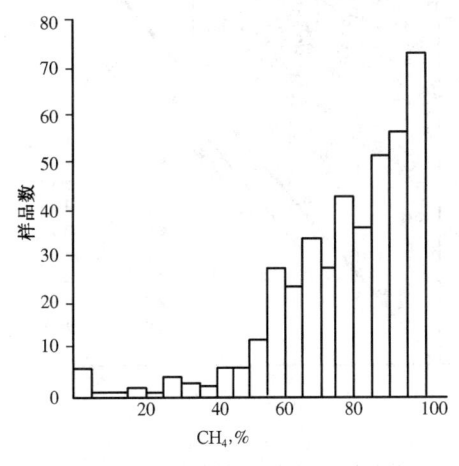

图 12-4 油型气甲烷丰度分布图
(据戴金星,1992)

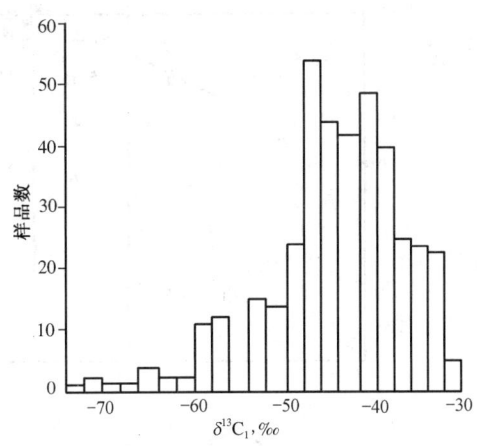

图 12-5 油型气甲烷碳同位素组成分布图
(据戴金星,1992)

②气态重烃同位素分布。油型重烃气碳同位素随成熟度的分馏比甲烷碳同位素小得多。重烃气碳同位素组成比甲烷碳同位素组成对气源岩母质碳同位素组成具更好的继承效应,而气源岩母质的碳同位素组成与有机质类型有密切关系。一般情况下,腐泥型母质碳同位素组成较轻,因此,重烃气碳同位素组成可较好地反映母质类型的差别。我国油型气的 $\delta^{13}C$ 分布在 $-28‰$~$-41‰$,主体分布在 $-29‰$~$-35‰$,$\delta^{13}C_3$ 分布在 $-26‰$~$-35‰$,甲烷及其同系物碳同位素具有 $\delta^{13}C_1<\delta^{13}C_2<\delta^{13}C_3<\delta^{13}C_4$ 的正常分馏序列。由于热动力分馏效应的影响,重烃气碳同位素组成也具有随演化程度增加而变重的趋势。

③甲烷氢同位素分布。沈平等(1991)研究我国陆相成因天然气时曾提出,甲烷氢同位素也可以提供有机质类型和热演化程度的信息,但在相同的热演化阶段,它又能较好地反映沉积水介质的盐度。我国油型气 δD_{CH_4} 值分布较宽,为 $-310‰$~$-120‰$,主频率在 $-250‰$~$-180‰$,最高峰值在 $-220‰$~$-200‰$,反映出气源岩主要为淡水沉积。由于有相当部分 δD_{CH_4} 值大于 $-200‰$,表明这些甲烷的成气母质沉积于海相和盐湖相。这与我国油型气源岩的沉积环境部分为海相和盐湖相是一致的。

(2) 甲烷 $\delta^{13}C_1$ 与 δD_{CH_4} 的关系及成因分类。

图 12-6 是我国腐泥型母质形成的天然气甲烷碳、氢同位素组成关系图(徐永昌等,1994),甲烷碳、氢同位素的点群分布都具有相应集中的范围。从图中可以看出,除生物成因气外,油型气均具有随演化程度增加,甲烷碳、氢同位素相应变重的明显趋势,这些气体的同位素分馏符合热动力分馏原理;而生物成因气这种分馏不甚明显,其氢同位素组成主要反映母质

沉积环境,暗示其成烃有热以外的动力。

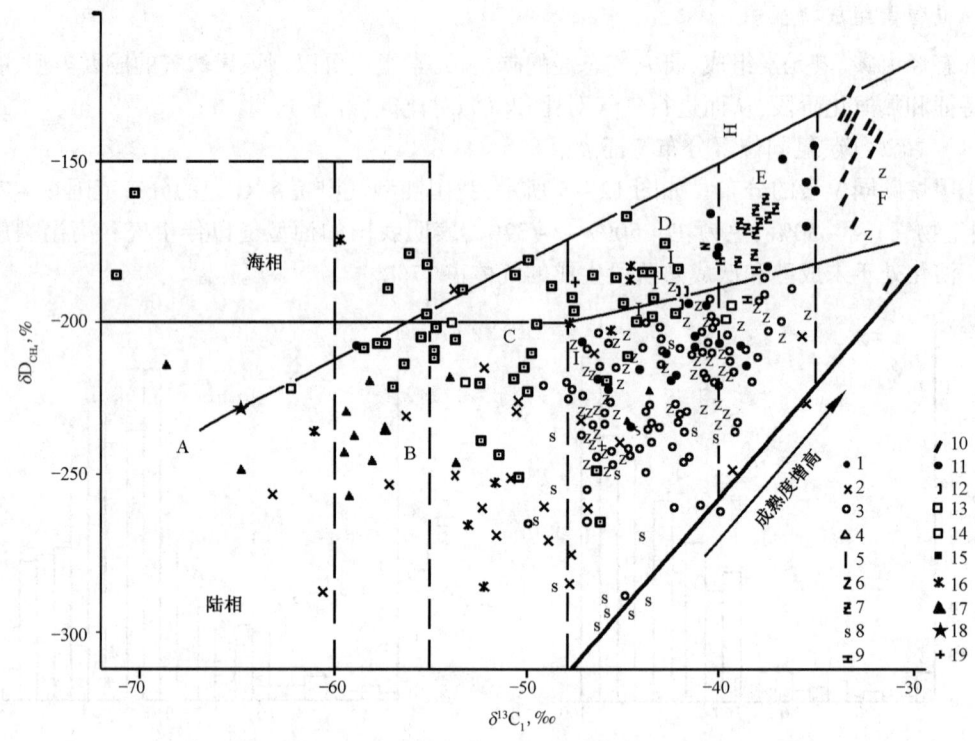

图 12-6 我国油型气分类图(据徐永昌等,1994;转引自王涛,1997)
A—生物成因气;B—生物改造气(也可归入生物气);C—生物—热催化过渡带气;D—石油伴生气;E—凝析油伴生气;
F—高温裂解气;1—东濮(Es);2—松辽(K);3—辽河(Es);4—冀中(Es-Ed);5—黄骅(E);6—准噶尔(C-T);
7—塔里木;8—鄂尔多斯(T-J);9—鄂尔多斯(O_1m);10—四川(Z-Tc);11—四川(Tr-Tc);12—四川(J_1);
13—苏北(Et-Ed);14—苏北(Ny-Np);15—南阳(E_2b);16—三水(Et-E_2b);
17—百色(E);18—柴达木(Q);19—济阳(Ek)

图 12-7 为我国油型气 $\delta^{13}C_1$ 与 C_1/C_{1-5} 关系图。图中 A、B、C 分别为生物成因气、生物改造气和生物—热催化过渡带气。D、E 和 F 是腐泥型母质以热力作用为主的油型气,其特征为:

①正常原油伴生气(D)具有最大的 C_1/C_{1-5} 分布范围,从 0.4 至 0.99。这类气体具有大量的重烃气组分,常与原油伴生,$\delta^{13}C_1$ 为 $-48‰ \sim -40‰$,$C_1/C_{1-5} > 0.85$ 者可能有运移效应。

②正常凝析油气(E)气体组分较 D 干,$C_1/C_{1-5} > 0.8$,常伴生凝析油,$\delta^{13}C_1$ 为 $-40‰ \sim -36‰$。

③高温裂解气基本以干气为主,$C_1/C_{1-5} > 0.9$,其 $\delta^{13}C_1 > -36‰$,最重可达 $-30‰$。

四、煤型气

1. 形成演化

由于腐殖型母质与腐泥型母质的化学成分和结构显著不同,因此,煤型气的地球化学特征也不相同。腐殖型有机质主要来源于高等植物,形成于还原—弱还原的沼泽相或海陆交互相,具低的 H/C(<1.0)和高的 O/C,以含许多相对较短烷基侧链及含氧官能团的缩合多核芳香

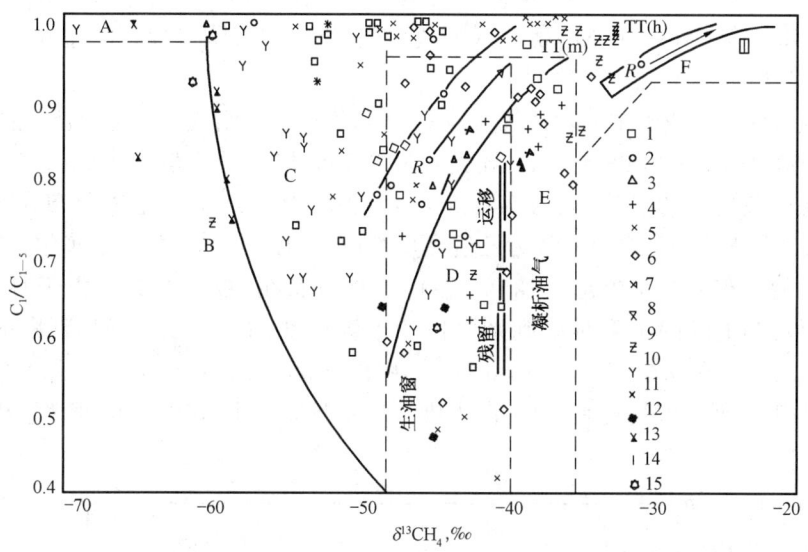

图 12-7　我国油型气 $\delta^{13}C_1$ 与 C_1/C_{1-5} 关系图(据沈平等,1991 资料改编)
A—生物成因气;B—生物改造气(也可归入生物气);C—生物—热催化过渡带气;D—原油伴生气;E—凝析油伴生气;
F—高温裂解气;1—辽河;2—冀中;3—黄骅;4—东濮;5—鄂尔多斯;6—准噶尔;7—塔里木;8—柴达木;
9—四川;10—苏北;11—南阳;12—江汉;13—百色;14—昆明;15—三水

结构为主,这就决定其在热解或煤化作用过程中以成气为主,成油为辅。与油型气分为正常油伴生气、凝析油伴生气和高温裂解的干气 3 个带相比,煤型气在以热力作用为主的演化过程可大致划分为 2 个主要带。

1) 热解作用带

热解作用带相当从气煤到瘦煤的演化阶段,相应的 $R_o = 0.6\% \sim 1.7\%$ (或 2.0%)。该带随着埋藏深度增加,腐殖型有机质经温度、压力作用进一步发生脱水、脱羧、脱甲基和裂解与缩聚,一方面除了产生 CO_2 和烃类气体外,还能生成少量液态烃和沥青质;另一方面,固体有机质进一步发生芳香缩聚作用,使其碳原子富集,H/C 下降,氢含量减少,形成贫氢的稠环芳香结构物质。随着演化程度的增加,腐殖型有机质发生突变,早期形成的大分子烃类相继裂解,不溶有机质缩聚产生气态烃,表现为甲烷含量的大量增加。因此,热解作用带主要形成大量气体伴生轻质油和凝析油。

2) 高温裂解带

该带相当于煤化作用的贫煤和无烟煤阶段,相应的 $R_o > 1.7\%$ (或 2.0%)。在高温高压条件下,不溶有机质的有序排列和高度缩合所能形成的烃类仅为甲烷;源层中早期残存的烃类裂解达到充分程度,产物以甲烷占绝对优势。固体有机质结构发生叠合芳香片向半石墨形式的过渡,因此,该带主要形成甲烷占绝对优势的干气。

2. 地球化学特征

1) 组分组成

煤型气组分也包括烃类气体与非烃气体两大类:烃类气体主要指甲烷、乙烷以上的重烃气体(C_{2+});非烃气体组分较多,但较常见的有二氧化碳(CO_2)、氮(N_2)、硫化氢(H_2S)、汞(Hg)、氦(He)、氩(Ar)、氖(Ne)等。煤型气形成、运移和成藏过程中的差异将造成煤型气气体组分的差异。

(1)烃类气体。在我国主要含油气盆地中,煤型气的化学组成主要为烃类气体,其中烃类组分含量在60%以上的占98%以上,烃类含量在95%以上的天然气占80%以上。在烃类气体中,甲烷是最主要的组分,其分布在5%~100%(图12-8),主体分布在85%~95%(占70%)。在煤型气中,重烃通常为乙烷到戊烷(C_2—C_5)组分,主要受演化程度和运移作用影响,重烃的分布范围在0.5%~45%之间,主体分布在1%~20%。由于有非烃气体的存在,仅凭甲烷和重烃的丰度难以判别气体的干湿程度,而C_1/C_{1-5}是其判别的最佳指标。煤型气C_1/C_{1-5}分布在0.6~1.0,主体分布于>0.8。C_1/C_{1-5}>0.95的干气占38%,而湿气占62%,说明煤型气干气、湿气均有,湿气占优势。与油型气相比,煤型气重烃含量相对低,组分偏干。

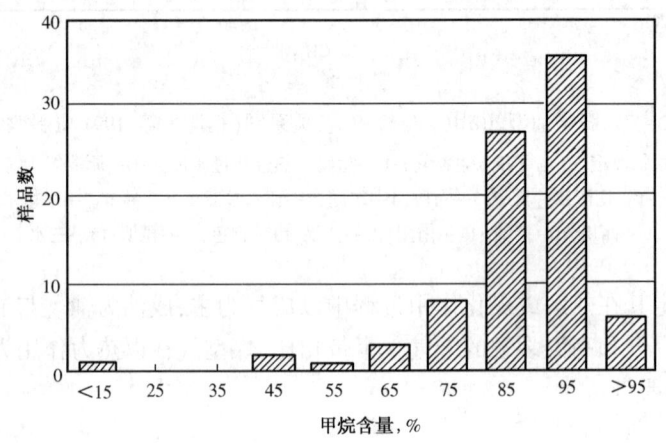

图12-8 煤型气中甲烷含量分布图(据徐永昌等;转引自王涛,1997)

(2)非烃气体。在煤型气中常见的非烃气体组分虽然有N_2、CO_2、Hg、Ar、He、Ne等,但Hg、Ar、He通常只是微量(0.4%以下),而CO_2和N_2的含量可占气态组分总量的1%以上,有时甚至可达50%以上。

2)同位素组成

(1)甲烷碳同位素组成。许多研究结果表明,在相同成熟度的情况下,煤型气的甲烷比油型气富集重碳同位素。与油型气相同,煤型气的甲烷碳同位素组成也随气源岩成熟度的增高而变重。

(2)重烃碳同位素组成。对天然气中重烃的碳同位素研究表明,影响天然气中重烃碳同位素的因素主要是其母质的同位素组成。戴金星等(1987)对天然气中重烃碳同位素的统计表明,$\delta^{13}C_2$ > -28.1‰、$\delta^{13}C_3$ > -23.2‰的天然气均是煤型气;而油型气的$\delta^{13}C_2$一般< -28.8‰,$\delta^{13}C_3$ < -25.5‰。

(3)甲烷氢同位素组成。沈平等(1991)研究我国陆相成因天然气氢同位素组成后认为:甲烷的氢同位素与气源岩的热演化程度有关,随着有机质热演化程度的增高,甲烷富集重氢同位素;而在相同的演化程度,甲烷的氢同位素组成主要与气源岩沉积时水体的盐度有关。

第三节 碳、氢、氦和氩同位素地球化学特征

与原油相比,天然气组成相当简单,因此组分所携带的成因(母质类型、成熟度)、运移、成藏信息较少,有关研究需要借助于其烃气组分和伴生气的同位素组成来进行。在天然气地球化学研究中,气态烃的碳、氢同位素具有极重要的意义。由于天然气的同位素组成一方面与成气母质的同位素组成(类型)有关,另一方面也与生物化学和热演化过程中的同位素分馏作用有关,同时还与运移、成藏等过程有关,因此,它们蕴含着丰富的地球化学信息,当然也相应地存在多解性。氦、氩作为烃气的伴生气,研究其同位素(氦^{3}He、^{4}He,以及氩^{36}Ar、^{40}Ar)丰度比的变化,可以给出年代积累效应和氦、氩来源的信息,从而对气态烃的对比、来源、成藏等提供一种有效的地球化学信息。

一、烃气碳同位素组成及其特征

碳有2个稳定同位素^{12}C和^{13}C,相对丰度分别为98.89%和1.11%。其丰度比一般采用δ^{13}C(表达式见第三章第五节)表示。在天然气组分的诸同位素中,碳同位素组成具有最重要的意义,所取得的成果也最丰富,甲烷、乙烷、丙烷等碳同位素组成可分别缩写为$\delta^{13}C_1$、$\delta^{13}C_2$、$\delta^{13}C_3$等,也可表示为$\delta^{13}C_{CH_4}$、$\delta^{13}C_{C_2H_6}$。

不同的有机母质具有不同的碳同位素组成,同时,在自然演化过程中,生物作用、化学热力学和动力学作用导致的同位素分馏,使得不同成因类型的天然气中碳同位素组成发生大范围变化(图12-9)。戴金星等(1992)根据中国天然气烷烃气δ^{13}C值的实测结果编制了中国天然气中烷烃气δ^{13}C展布图(图12-10)。天然气碳同位素的这些分布特征为不同成因天然气的判识提供了非常有效的指标。

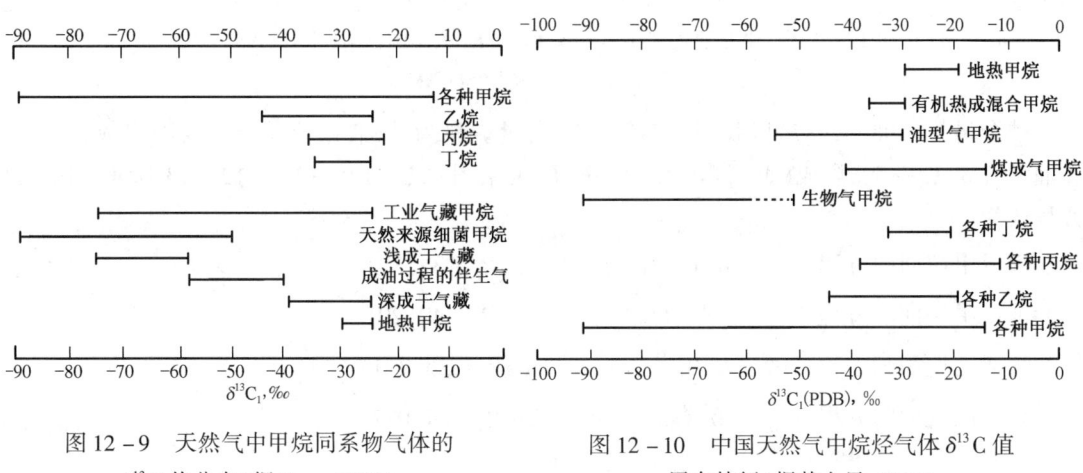

图12-9 天然气中甲烷同系物气体的 δ^{13}C值分布(据Fuex,1977)

图12-10 中国天然气中烷烃气体δ^{13}C值展布特征(据戴金星,1992)

W. J. Stahl(1975)综合研究西北欧和北美的天然气甲烷碳同位素组成及对应气源岩有机质类型和热演化程度后,提出了著名的$\delta^{13}C_1$—R_o相关性的回归方程:

煤成(型)气 $\qquad \delta^{13}C_1(‰) = 8.6\lg R_o - 28.0$

油型气 $\qquad \delta^{13}C_1(‰) = 14.8\lg R_o - 41.0$

上述两个方程内涵是明显的,即烷烃气甲烷同位素组成决定于成气母质特征和母质的热演化程度,随热演化程度增大,甲烷中^{13}C富集程度增大;半对数关系表明这种$\delta^{13}C$增大的趋势在低演化阶段最明显,随成熟度增大而减缓。Stahl的公式既是早期判别煤成(型)气、油型气的主要依据,也是进行气源岩追索、对比的最主要手段。

沈平等(1991)对我国不同盆地不同类型天然气进行了系统研究,提出了煤成(型)气和油型气相关的$\delta^{13}C_1$—R_o关系式(图12-11):

煤成(型)气 $\qquad \delta^{13}C_1(‰)=40.49\lg R_o-34.01$

油型气 $\qquad \delta^{13}C_1(‰)\approx 21.7\lg R_o-43.31$

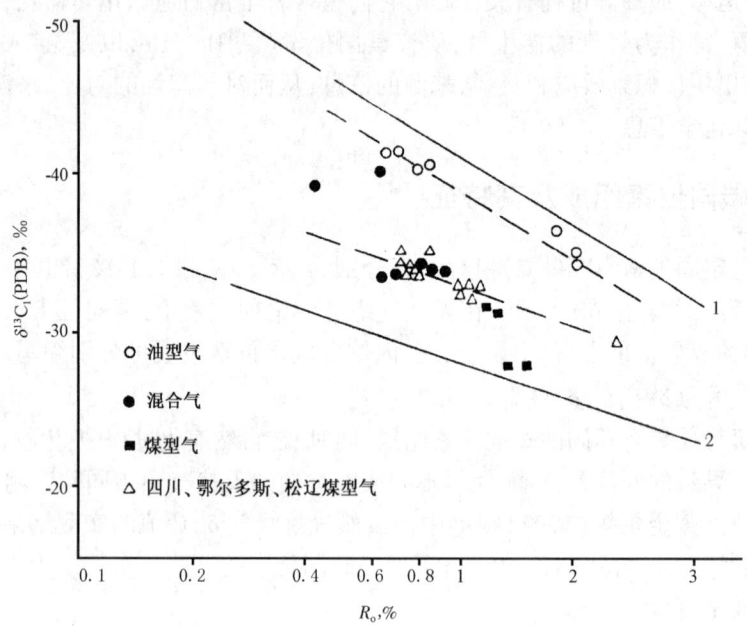

图12-11 中原油气区天然气$\delta^{13}C_1$与R_o关系图(据沈平等,1987)
1—油型气模式线;2—煤成(型)气模式线

戴金星等(1985,1987)以我国天然气研究大量资料为基础,系统总结了我国煤成(型)气和油型气$\delta^{13}C_1$—R_o、煤成(型)气$\delta^{13}C_{1-3}$—R_o的关系图,如图12-12、图12-13所示,相应的方程式为

煤成甲烷回归方程 $\qquad \delta^{13}C_1(‰)\approx 14.12\lg R_o-34.391$

油型甲烷回归方程 $\qquad \delta^{13}C_1(‰)\approx 15.80\lg R_o-42.201$

煤成乙烷回归方程 $\qquad \delta^{13}C_1(‰)\approx 8.16\lg R_o-25.711$

煤成丙烷回归方程 $\qquad \delta^{13}C_1(‰)\approx 7.12\lg R_o-24.031$

二、二氧化碳的碳同位素组成及其特征

二氧化碳是天然气中除烷烃气外最常见的组分之一。二氧化碳的$\delta^{13}C$一般写为$\delta^{13}C_{CO_2}$。我国$\delta^{13}C_{CO_2}$值变化范围从+7‰至-39‰(图12-14),世界上$\delta^{13}C_{CO_2}$值变化区间从+27‰至-42‰(Barker,1983)。

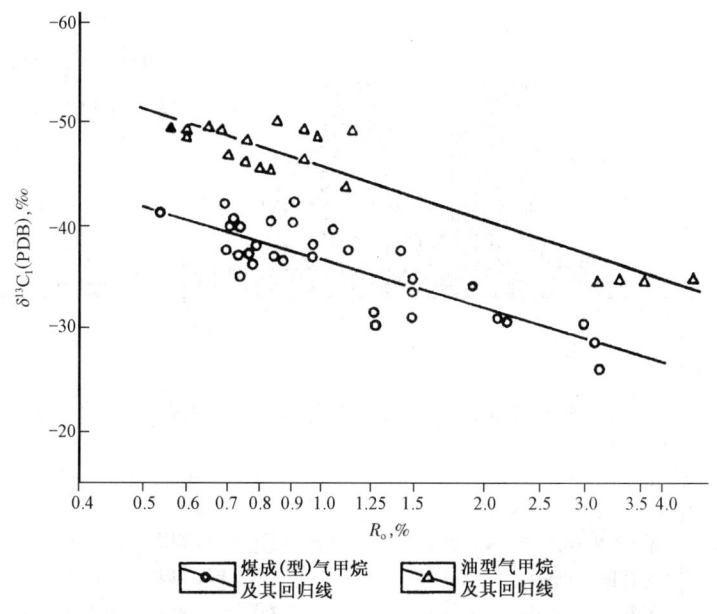

图 12-12　我国煤成(型)气和油型气 $\delta^{13}C_1$—R_o 关系图(据戴金星,1985)

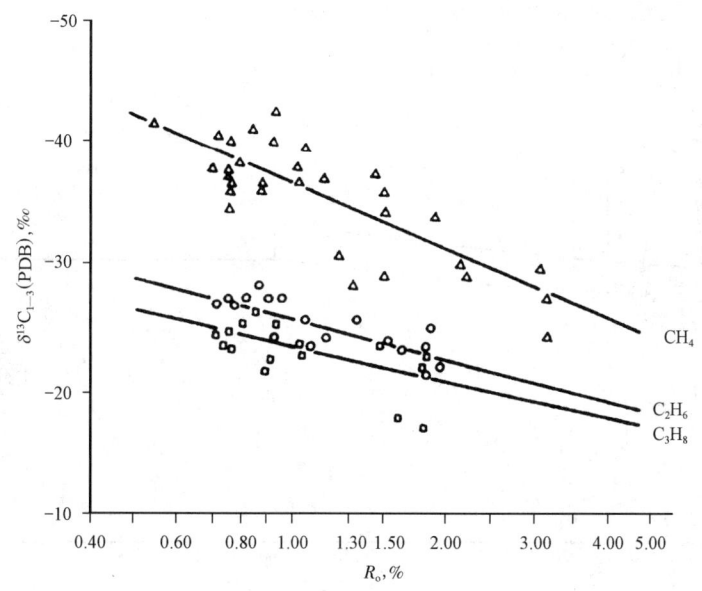

图 12-13　我国煤成(型)气 $\delta^{13}C_{1-3}$—R_o 关系图(据戴金星等,1989)

由图 12-14 可见,我国有机成因的 $\delta^{13}C_{CO_2}$ 区间值在 $-8‰\sim-39‰$,主频率段在 $-12‰\sim-17‰$;而无机成因的 $\delta^{13}C_{CO_2}$ 区间值一般在 $+70‰\sim-10‰$,主频率段在 $-3‰\sim-6‰$。显然,有机成因的 $\delta^{13}C_{CO_2}$ 比无机成因的 $\delta^{13}C_{CO_2}$ 轻。我国有机成因 $\delta^{13}C_{CO_2}$ 的主频率段比无机成因 $\delta^{13}C_{CO_2}$ 的主频率段至少轻 6‰。

根据我国 207 个不同成因的 $\delta^{13}C_{CO_2}$ 值与对应组分,同时还利用澳大利亚、泰国、新西兰、菲律宾、加拿大、日本和苏联共 100 多个不同成因的 $\delta^{13}C_{CO_2}$ 值与对应组分资料编绘了图 12-15,可作为有机与无机成因二氧化碳的鉴别图版。

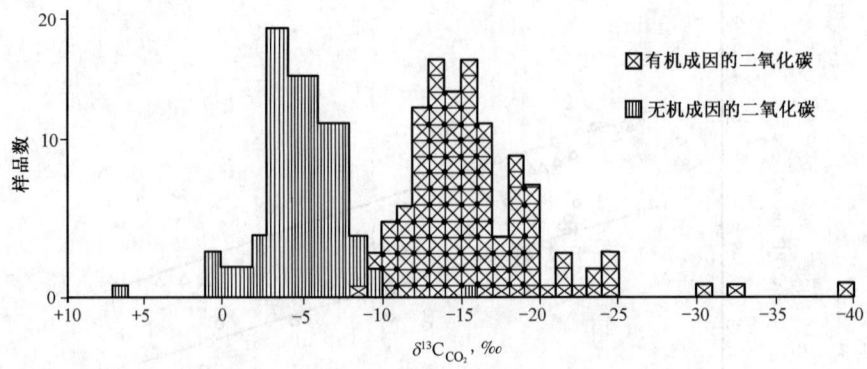

图 12-14 中国有机成因和无机成因的二氧化碳 $\delta^{13}C_{CO_2}$ 频率图(据戴金星,1989)

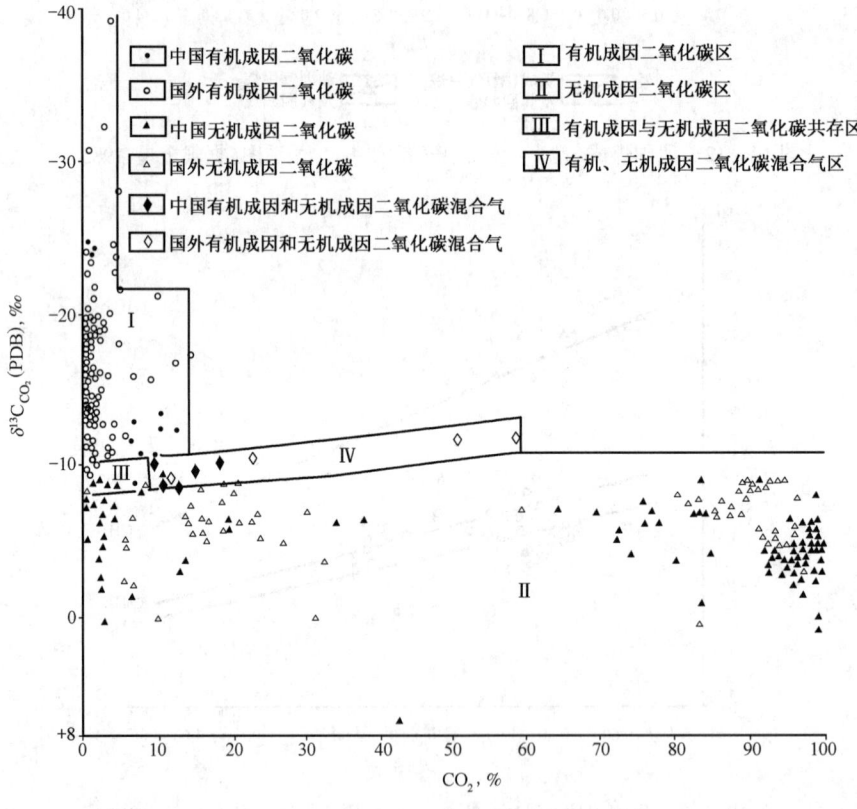

图 12-15 有机与无机成因二氧化碳鉴别图(据戴金星,1989)

有机成因二氧化碳气与壳源物质关系密切,无机成因二氧化碳常与幔源物质有关,因此,以 $\delta^{13}C_{CO_2}$ 与氦同位素 $^3He/^4He$ 的关系作图,可对二氧化碳的成因有较深入的认识。图 12-16 是基于我国一些二氧化碳气 $\delta^{13}C_{CO_2}$ 测试值和气体中氦气 $^3He/^4He$ 值编制的关系图,从该图可以明显地划分出 3 个点群:Ⅰ 为与幔源相关的无机成因二氧化碳气;Ⅱ 为 He 与幔源有关、二氧化碳为有机成因的复合气;Ⅲ 为与壳源相关的二氧化碳,它是沉积壳层中岩石化学成因二氧化碳气的储聚。

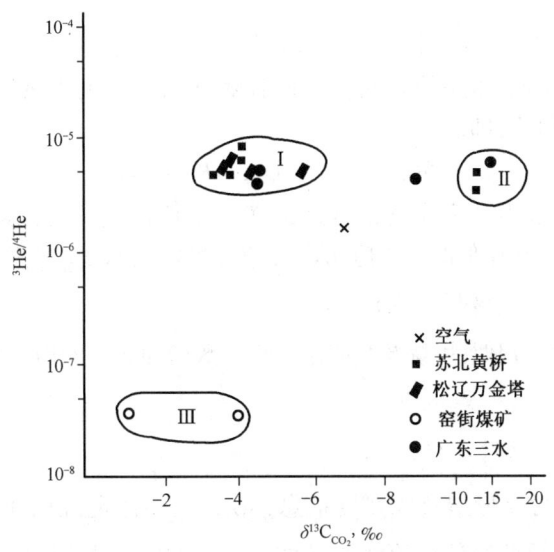

图 12-16　$^3He/^4He$ 与 $\delta^{13}C_{CO_2}$ 关系图（据徐永昌等，1990）

Ⅰ—与幔源相关无机成因的 CO_2；Ⅱ—与幔源相关的 He 及有机成因 CO_2 混合气；Ⅲ—与壳源相关的 CO_2

三、烃类气体的氢同位素组成及其特征

氢有氕 ^1H、氘 $^2H(^2D)$ 和氚 $^3H(^3T)$ 3 个同位素。其中氚是放射性同位素，半衰期为 12.46a。氚的相对丰度很低，天然氚是宇宙射线在大气圈上部作用于氮和氧原子的产物。氕和氘是稳定同位素。^1H 相对丰度为 99.9844%，^2H 为 0.0156%。油气地质学中主要研究氢的稳定同位素。氕和氘的丰度比值 $D/^1H$ 并常用 δD 来表示。δD 的表达式与碳同位素相似，即为：

$$\delta D = \frac{D/^1H_{样品} - D/^1H_{标准}}{D/^1H_{标准}} \times 1000‰$$

常用的标准是标准海水中的 $D/^1H$，缩写成 SMOW。由上述可知，δD 值为正值说明样品比"标准"样品富集 D，为负值则表示样品富集 ^1H。氢的某气体或某化合物的 δD，一般在氘（D）同位素右下角标以氢的某气体或某化合物的分子式，例如甲烷的、乙烷的、水的、氢的 δD 可分别缩写为 δD_{CH_4}、$\delta D_{C_2H_6}$、δD_{H_2O}、δD_{H_2}。

1. 烃气氢同位素特征

烃气氢同位素在天然气研究中的应用目前还不如碳广泛，这在一定程度上受早期分析手段和技术的制约。随着氢同位素分析技术的改进和引进，我国对氢同位素的研究正在逐步展开。氢同位素中所蕴含的地球化学意义逐步得到揭示，如对沉积环境的示踪，特别是与烃气的碳同位素综合应用时，它是天然气地球化学中的一项重要指标。

1）沉积环境示踪

甲烷氢同位素的指相意义是研究油气形成古环境的方法之一。Schoell（1980）提出，生物气甲烷的氢同位素组成受沉积水介质的影响，淡水环境富 H，盐水环境富 D，并以 δD_{CH_4} = −190‰ 为界划分海相和陆相形成生物甲烷的界限。

2) 热演化标尺

M.Schoell(1980)研究了(相同环境下)天然气甲烷氢同位素组成与气源岩成熟度之间的关系,认为与碳同位素相似,甲烷的氢同位素也有随气源岩有机质热演化程度而富集 D 的趋势,并回归出相应的方程式,即

$$\delta D_{CH_4}(‰) = 35.5 \lg R_o - 152$$

戴金星(1990)研究了我国若干含油气区天然气中烷烃气氢同位素与气源岩成熟度的关系,指出当有机物类型基本相似时,δD 值明显有随气源岩成熟度增大而增大的趋势。

3) 甲烷及其同系物随碳数增加 δD 变重

与碳同位素组成特征相似,甲烷及其同系物随碳数增加 δD 值相应变重,即 $\delta D_{CH_4} < \delta D_{C_2H_6} < \delta D_{C_3H_8} < \delta D_{C_4H_{10}}$。

4) δD_{CH_4}—$\delta^{13}C_1$ 综合探讨沉积相

如前所述,$\delta^{13}C_1$ 蕴含着母质及成熟度信息,δD_{CH_4} 主要体现沉积环境,在一定程度上也反映成熟度情况。同一甲烷两组信息的叠加,意味成熟度相同的情况,更好地表征了烷烃气母质及沉积环境特征。沈平等(1991)应用 δD_{CH_4}—$\delta^{13}C_1$ 相关特征很好地区分了鄂尔多斯盆地不同产层产出天然气原始母质的沉积环境(图 12-17)。

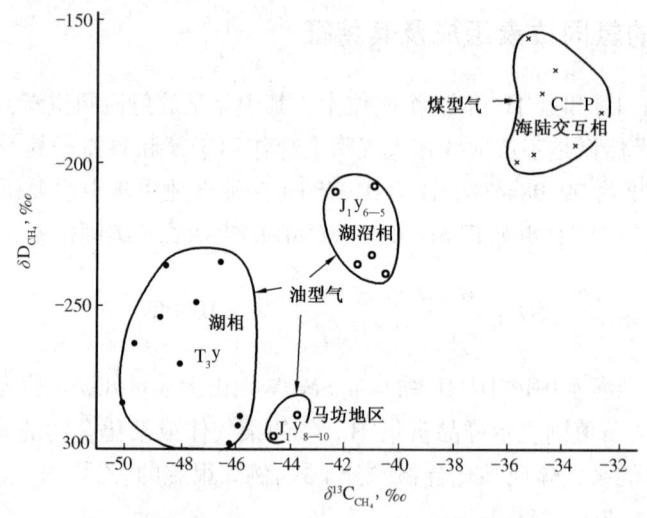

图 12-17 鄂尔多斯盆地天然气 $\delta^{13}C_{CH_4}$ 与 δD_{CH_4} 关系图(据徐永昌等;转引自王涛,1997)

2. 异常情况分析

(1) 被细菌氧化的某烷烃组分,其组分浓度变低,δD 变重。D.D.Coleman 等(1981)进行了两组(在 26℃ 和 11.5℃ 的条件下)细菌氧化甲烷的实验研究。实验表明,轻的氢同位素甲烷(C^1H_4)优先被氧化,随着氧化的进行,剩余甲烷的氢同位素越来越重,而剩余甲烷的含量则越来越少。如果细菌氧化甲烷的作用继续进行下去,可使原为干气的天然气湿化。细菌优先氧化轻的氢同位素甲烷,可能与轻的氢同位素与碳的结合键能($C-^1H$)比重的氢同位素与碳的结合键能($C-^2D$)小,故容易被细菌优先氧化有关。同理,乙烷、丙烷和丁烷中轻的氢同位素优先被细菌氧化,也是由此原因所致。

(2) 氢同位素系列倒转是次生气或复合气的一个特征。所谓氢同位素系列倒转,指烷烃

气的 δD 值随烃气分子中碳数增加而增大($\delta D_1 < \delta D_2 < \delta D_3 < \delta D_4$)的现象出现混乱排列,例如 $\delta D_{CH_4} > \delta D_{C_2H_6} < \delta D_{C_3H_8} < \delta D_{C_4H_{10}}$ 等。引起氢同位素系列倒转的原因主要有两个,一是烷烃气受到细菌氧化的次生改造,二是煤型气和油型气的复合。

四、天然气中氦、氩同位素组成及其分布*

1. 氦同位素组成

氦的两个稳定同位素 ^{3}He、^{4}He 具有不同的成因。^{3}He 主要为元素合成时形成的核素,^{4}He 则主要是地球上自然放射性元素铀、钍衰变的产物。^{3}He、^{4}He 成因的差异为地球上 3 种不同来源的氦提供了鉴别标志,即大气氦 ^{3}He/^{4}He 为 1.4×10^{-6}、壳源氦 ^{3}He/^{4}He 为 2×10^{-8},幔源氦 ^{3}He/^{4}He 为 1.1×10^{-5}。由于工业气井中大气氦可以忽略不计,因而可以用二元复合模式来讨论幔源氦和壳源氦在天然气中各自贡献的份额,并以此探讨壳幔间关系的某些问题。

2. 氩同位素组成及 ^{40}Ar 气源岩年代积累效应

天然气中的氩主要由空气氩和放射性成因氩两部分组成。空气氩主要来源于沉积时水中溶解的空气,放射性成因氩主要来源于沉积岩中 ^{40}K 衰变的产物。^{40}Ar/^{36}Ar 代表了一个气样中空气氩和放射性成因氩所占的相对浓度。大气氩的 ^{40}Ar/^{36}Ar 值为 295.5,该值的增大,反映着放射性成因氩(^{40}Ar)增高。

氩的年代积累效应建立在气源岩中放射性钾随时间的放射性衰变产生 ^{40}Ar 的基础上。对以壳源为主的天然气而言,其 ^{40}Ar$_{放}$ 主要来源于 ^{40}K 的 K – 壳层捕获。随气源岩时代变老,气源岩中放射性 ^{40}Ar 增大,^{40}Ar/^{36}Ar 值增大。当岩石脱气时,^{40}Ar 释放进入水、气,在年轻气源岩中所释放 ^{40}Ar$_{放}$ 少,而老气源岩中所释放 ^{40}Ar$_{放}$ 多。而作为 ^{36}Ar 来源的空气在气藏中的弹性分压中 ^{40}Ar/^{36}Ar 比值大,因此,把这种现象称作天然气中 ^{40}Ar$_{放}$ 的气源岩年代累积效应。

天然气中氩同位素组成的年代积累效应是稳定区天然气稀有气体同位素组成的基本特征。徐永昌等(1979)对四川等 4 个盆地不同产层天然气氩同位素组成进行测定,根据天然气中 ^{40}Ar/^{36}Ar 值与地质年龄的分布,首次提出天然气氩同位素年代积累效应观点,并推导出利用天然气比值计算气源岩年龄的经验公式:

$$T = 0.466 \times (^{40}Ar/^{36}Ar)_{样} - 140(Ma)$$

刘文汇、徐永昌(1987)通过研究四川盆地、鄂尔多斯盆地和渤海湾盆地天然气中氩同位素组成和气源岩、储层岩样的钾、氩分布,进一步认识了天然气中氩与气源岩、储层钾、氩之关系,认为天然气中氩主要来自气源岩,气源岩中钾蜕变形成的氩是天然气中 ^{40}Ar$_{放}$ 的主要来源,而气源岩中吸附的空气氩相应成为天然气中 ^{36}Ar 的唯一来源。因此,天然气中的氩同位素分布必然受气源岩中氩及其母体元素(K)制约。研究发现,天然气中 ^{40}Ar/^{36}Ar 值变化主要受气源岩时代影响,并与气源岩中钾含量呈正相关;新生古储型气藏储层中 ^{40}Ar$_{放}$ 对天然气中 ^{40}Ar 产生储层时代效应;而古生新储型气藏中天然气氩同位素组成主要受气源岩时代控制,同时获得了估计侏罗系及以前气源岩年龄的 Ar$_{气}$—K$_{岩}$ 法公式:

$$T = 0.123 Ar_{气}/(K_{岩} \times 100) + 145(Ma)$$

这些研究发现,岩浆活动和深大断裂存在对天然气中 ^{40}Ar/^{36}Ar 值有明显影响,导致 ^{40}Ar/^{36}Ar 值与气源岩年代积累效应不一致。天然气中氦同位素组成分析技术为氩同位素年代积累效应理论的完善提供了重要手段,^{3}He/^{4}He 值是判识含氦地质体来源于地幔、地壳和大气的重要指标。当天然气中^{3}He/^{4}He 值大于 1.4×10^{-6}时,就认为有幔源稀有气体的加入(徐永昌等,1990)。幔源气体不仅有高的^{3}He/^{4}He 值,而且具有高的^{40}Ar/^{36}Ar 值。因此,幔源挥发分的加入,使天然气中氦、氩同位素组成相应改变,从而造成天然气中^{40}Ar/^{36}Ar 值变化与^{40}Ar 气源岩年代积累效应不一致。通过氦同位素组成的研究可以剔除幔源稀有气体加入的样品,使自生自储型天然气^{40}Ar/^{36}Ar 值的年代积累效应更明显(图 12-18)。从图中可以看出,随储层(气源岩)时代变老,天然气^{40}Ar/^{36}Ar 值明显增大,反映出放射成因氩的年代积累效应。不仅壳源氩具有明显年代积累效应,壳源氦也具有随时代变老而^{3}He/^{4}He 降低的年代积累效应,在整体年代积累效应的前提下,同一时代气源岩形成的天然气^{40}Ar/^{36}Ar 和^{3}He/^{4}He 有一定分布区间。一般来说,天然气中^{3}He/^{4}He 与气源岩母体元素呈负相关,^{40}Ar/^{36}Ar 值与气源岩母质元素和构造运动强度呈正相关(刘文汇等,1987)。尽管如此,由于沉积盆地中气源岩的母体放射性元素对子体元素丰度影响是综合性贡献,即母体元素丰度基本在同一量级上,因此,放射性成因同位素的年代积累效应对不同时代气源岩的追索仍非常有效。

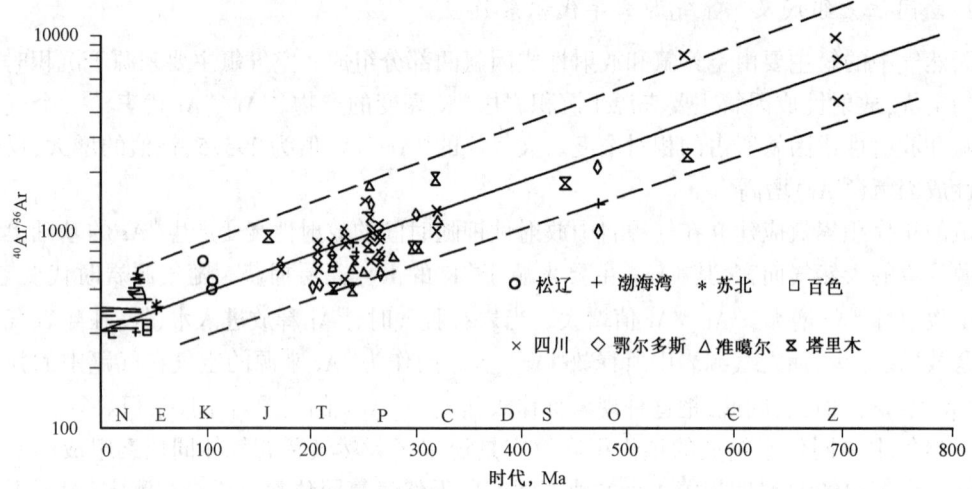

图 12-18 天然气中^{40}Ar/^{36}Ar 值与气源岩关系(据徐永昌等;转引自王涛,1997)

对图 12-18 中自生自储壳源天然气^{40}Ar/^{36}Ar 值与气源岩时代进行数学处理,回归出有代表性的天然气中^{40}Ar/^{36}Ar 值与气源岩时代之间的数学表达式:

$$T = 530.8 \lg(^{40}\text{Ar}/^{36}\text{Ar}) - 1323.1 (\text{Ma})$$
$$r = 0.9110, n = 158$$

对相应的^{3}He/^{4}He 值与气源岩时代也同样处理,获得的数学表达式为:

$$T = -315.5 \lg(^3\text{He}/^4\text{He}) - 1959.2 (\text{Ma})$$
$$r = 0.7620$$

上面两式的实际应用表明,作为天然气源岩年龄的定量计算,氩同位素组成此氦同位素组成更为可靠(徐永昌等,见王涛,1997)。

3. 氦、氩同位素组成及成因模式

岩石中的^{3}He/^{4}He 值与^{40}Ar/^{36}Ar 值之间的变化可表征不同来源稀有气体的特征。岩石样品中^{3}He/^{4}He 值通常在 $10^{-5} \sim 10^{-8}$范围内,^{40}Ar/^{36}Ar 值一般在 $3 \times 10^2 \sim 10^4$范围。除地球内部深源物质的^{3}He/^{4}He 和^{40}Ar/^{36}Ar 值外,地壳样品更多地反映^{3}He/(U + Th) 和 K/^{36}Ar 值的时间积累效应,由于 U + Th 和 K 在地球演化过程中具有相似的地球化学行为,^{3}He/(U + Th) 值

和 $K/^{36}Ar$ 值均是系统变化的,因而,$^3He/^4He$ 值与 $^{40}Ar/^{36}Ar$ 值之间始终有良好的相关性。

1) 岩石与天然气中稀有气体同位素组成模式的差异

对于岩石样品中的稀有气体同位素组成,Kaneoka、Takaoka(1985)通过大量实验资料分析推断至少有4种类型,即 M(地幔)型、P(地幔羽)型、A(大气圈)型和C(地壳)型。其中,只有 M 型和 P 型直接与地幔物质有关,M 型反映地幔来源,以洋中脊玄武岩为代表,而 P 型源表示位于 M 源之下的富集地幔(fertile mantle)。各种类型同位素组成见表12-2。

表 12-2 岩石和大气氦、氩同位素分类端元组成(据 Kaneoka、Takaoka,1985)

气 体 类 型	$^3He/^4He$	$^{40}Ar/^{36}Ar$
M	1.1×10^{-5}	20000
P	6.0×10^{-5}	350
A	1.4×10^{-6}	295.5
C	4.0×10^{-7}	1500

对天然气而言,尽管有深源气体的加入,但由于其运移及储集过程并非严格的封闭体系,或者说是开放体系,无疑或多或少地复合了壳源的气体成分,所以在天然气氦、氩同位素组成的分布中,至今未发现完全为地幔或地幔羽的 $^{40}Ar/^{36}Ar$ 值和 $^3He/^4He$ 值的数据,更多的是以壳源放射性 ^4He 和 ^{40}Ar 积累的同位素组成和壳—幔复合的同位素组成。

2) 天然气中氦、氩同位素组成及成因类型

天然气中稀有气体主要来源于壳源和幔源两种类型。壳源中含有沉积气源岩中继承的大气来源的稀有气体,特别是氩。通过对我国天然气中氦、氩同位素组成及其分布实际资料的归纳、汇总,建立了"横人字"形成因模式(图 12-19)。图中可以明显地划分出两种成因类型:A 为壳—幔复合型氦、氩同位素组成,其 $^{40}Ar/^{36}Ar$ 值和 $^3He/^4He$ 值随幔源挥发分的复合比例的增加而增高,并不存在壳源与地幔羽来源气体的混合;B 为典型的壳源天然气氦、氩同位素组成,主要分布在稳定区、亚稳定区及活动区中相对稳定的地区,其特征为随年代变老 $^{40}Ar/^{36}Ar$ 值增大,最大可近达10000,$^3He/^4He$ 值降低,最低可达 $n \times 10^{-9}$,明显反应气源岩的年代积累效应。天然气中氦、氩同位素组成的这种分布恰好与 $^3He/^4He$ 值和 He 浓度的分布相吻合。

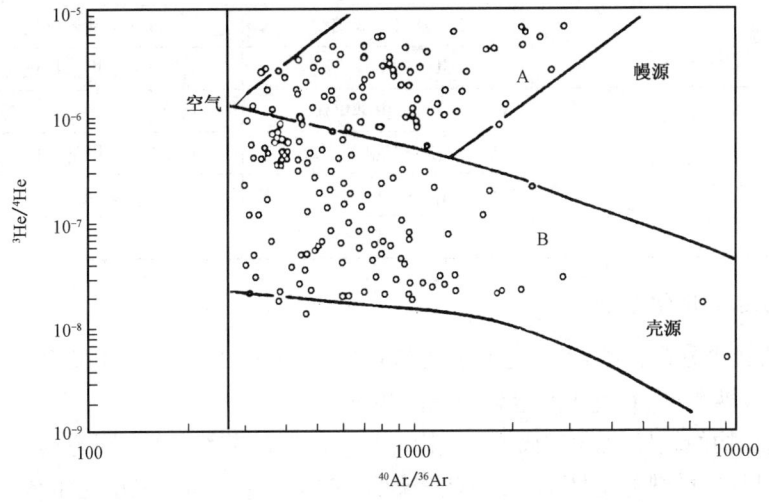

图 12-19 中国天然气氦、氩同位素组成分布分类(据戴金星,1992)

第四节 轻烃地球化学

天然气中就像原油中或多或少溶有天然气一样,总是溶有一定量的轻烃,尽管含量不高,但现代分析技术的进步已经使富集和分析这些轻烃成为可能。由于轻烃含有非常重要和丰富的地球化学信息,从而为揭示组成简单的天然气的成因提供了一条有效的途径。Schaefer 等(1978)率先建立了用于分析岩石和原油中 C_2—C_8 轻烃单体成分的毛细管气相色谱技术,为轻烃组成研究奠定了基础。以后,Schaefer 等、Thompson 和 Hunt 等对轻烃的生成、运移及其分布规律进行了一系列较为深入的研究,提出了许多适用于油气勘探的轻烃地球化学指标。

一、轻烃的组成与地球化学参数

1. 轻烃的组成

轻烃一般是指沸点小于 200℃ 的烃类化合物,包括正构烷烃、异构烷烃、环烷烃和芳烃类化合物,C_1—C_{10} 正构烷烃的沸点范围为 $-161.5 \sim 195℃$。目前分析并应用于油气勘探研究的主要是 C_1—C_7 化合物,已检测出的化合物共 30 种(表 12 - 3)。

表 12 - 3　C_1—C_7 轻烃的基本成分(据徐永昌等;转引自王涛,1997)

碳　数	正构烷烃	异构烷烃	环　烷　烃	芳　烃
C_1—C_3	甲烷、乙烷、丙烷			
C_4	正丁烷	异丁烷		
C_5	正戊烷	异戊烷	环戊烷	
		2,2 - 二甲基丁烷		
		2,3 - 二甲基丁烷	甲基环戊烷	
C_6	正己烷	2 - 甲基戊烷	环己烷	苯
		3 - 甲基戊烷		
		2,2 - 二甲基戊烷		
		2,3 - 二甲基戊烷	1,1—甲基环戊烷	
		2,4 - 二甲基戊烷	1,顺 3 - 二甲基环戊烷	
C7	正庚烷	3,3 - 二甲基戊烷	1,反 3 - 二甲基环戊烷	甲苯
		2,2,3 - 二甲基丁烷	1,反 2 - 二甲基环戊烷	
		2 - 甲基己烷	甲基环己烷	
		3 - 甲基己烷		

2. 轻烃的地球化学参数

C_4—C_7 的轻烃分析,可用于研究天然气与轻质油、凝析油。轻烃分布特征随有机母质类型、沉积环境、成熟程度、有机质的后生变化而变化。

由于不同结构的轻烃(如正构烷烃、异构环烃、环烷烃、芳烃)在不同类型母质中的含量不同,或在演化过程中的热稳定性不同,因此轻烃组成如含量、比值、三单元组成(三角图)可以用于判别天然气有机母质来源、划分天然气成因类型、进行气源对比或评价其成熟度。

如常用正构烷烃、异构环烷和环烷烃三角图,或用 C_6—C_7 某些组分的三角图划分天然气成因类型,也可用轻烃中的芳烃组分如苯、甲苯的含量判别有机母质输入。

在气源对比与油气对比中,常常可采用单个组分的浓度对比与配对成分对比。进行配对成分对比时,为了尽可能减少各种非成因因素对轻烃组分的影响,将化学结构和沸点相近的烃类成分配对,用每对中组分的浓度比值对比:

$$R = (C_a/C_b)/(C_a'/C_b')$$

式中　C_a、C_b——一个样品中一对轻烃组分的浓度;

　　　C_a'、C_b'——另一样品中一对同样成分的浓度(表 12-4)。

表 12-4　天然气对比用的某些配对化合物(据徐永昌等;转引自王涛,1997)

化　合　物	沸点,℃
乙烷/丙烷	-88.61/-42.1
异丁烷/正丁烷	11.7/10.5
异戊烷/正戊烷	27.9/36.1
环戊烷/9,3-甲基丁烷	49.3/58.0
2-甲基戊烷/3-甲基戊烷	60.3/63.8
正己烷/(甲基环戊烷+2,2-二甲基戊烷)	68.7/(71.8+79.2)
2-甲基己烷/2,3-二甲基戊烷	90.1/89.8
3-甲基己烷/(1,1-二甲基环戊烷+1,顺3-二甲基环戊烷)	91.9/(87.9+90.8)
1,反3-二甲基环戊烷/1,反2-二甲基环戊烷	91.7/91.8
正庚烷/(1,1,3-三甲基环戊烷+甲基环己烷)	98.4/(104.9+100.9)
2,3-二甲基己烷/2-甲基庚烷	115.6/117.7
(4-甲基庚烷+3,4-二甲基己烷)/3-甲基庚烷	(117.7+117.7)/118.9
2,4-二甲基庚烷/3,5-二甲基庚烷	113/136.0
(3,4-二甲基庚烷+4-甲基辛烷)/2-甲基辛烷	(140.6+142.5)/143.3
(1-甲基,3-乙基苯+1-甲基,4-乙基苯)/1-甲基,2-乙基苯	(161.3+161.9)/165.0

在成熟度研究方面,常用石蜡指数和正庚烷指数来讨论有机质的成熟度(Thompson,1983,1987):

$$石蜡指数 = \frac{2-甲基己烷基+3-甲基己烷}{(1,顺3+1,反3+1,反2)二甲基环戊烷}$$

$$庚烷值(\%) = \frac{正庚烷}{环己烷-甲基环己烷间的馏出物} \times 100\%$$

$$二甲基环戊烷(DMCP)指数 = \frac{正己烷+2-甲基戊烷+3-甲基戊烷}{(1,反3+1,顺3+1,反2)二甲基环戊烷}$$

二、轻烃地球化学参数的应用

1. 天然气成因类型的划分

1)正构烷烃—异构烷烃—环烷烃组成三角图判识天然气的成因类型

源于腐泥型母质的轻烃组分中富含正构烷烃,源于腐殖型母质的轻烃组分中则富含异构烷烃和芳烃,而富含环烷烃的凝析油也是陆源母质的重要特征。利用不同母质所生成轻烃不同的这些特征,可以鉴别与之同生的油型气和煤型气。四川盆地不同产层天然气中 C_5、C_6 和 C_7 脂烃组成明显表露出上述特征,并可用其编制的三角图来鉴别油型气和煤型气(图12-20)。

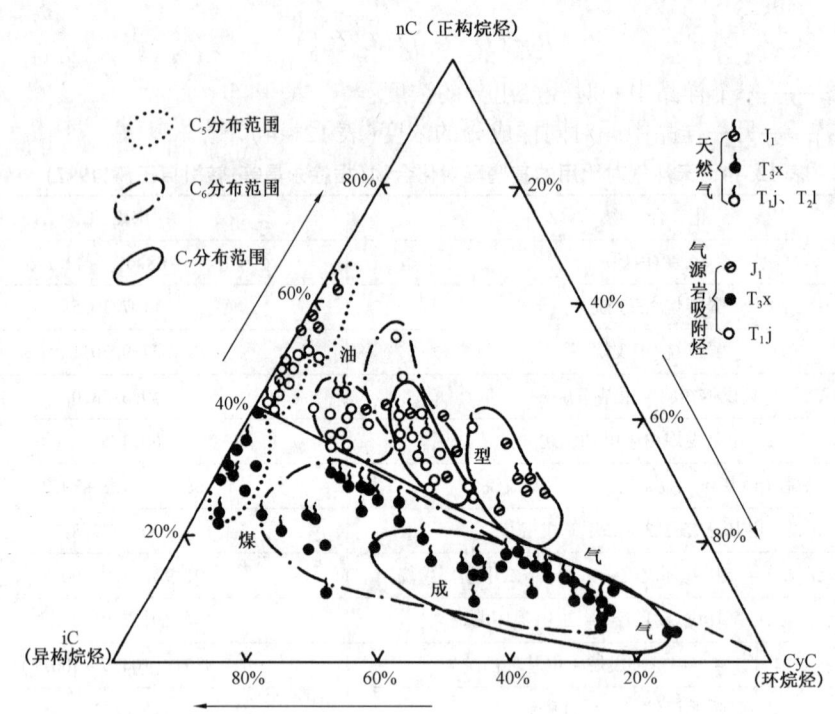

图12-20 四川盆地 J—T 的 C_{5-7} 脂烃族组成三角图
(据胡惕麟等,1990;戴金星等修改补充,1993)

2)同碳数的烷烃组成划分天然气的成因类型

C_7 轻烃化合物包括正庚烷(nC_7)、甲基环己烷(MCC_6)及各种结构的二甲基环戊烷($\Sigma DMCC_5$)。甲基环己烷主要来自高等植物木质素、纤维素和糖类等,热力学性质相对稳定,是反映陆源母质类型的良好参数,它的大量存在是煤型气中轻烃的一个特点。各种结构的二甲基环戊烷主要来自水生生物的类脂化合物,并受成熟度影响,它的大量出现是油型气中轻烃的一个特点(戴金星,1992)。正庚烷主要来自藻类和细菌,对成熟作用十分敏感,是良好的成熟度指标(廖永胜,1989)。利用 nC_7、MCC_6 和 $\Sigma DMCC_5$ 为顶点编制的 C_7 轻烃系统三角图版可区分煤型气(Ⅱ)和油型气(Ⅰ)(图12-21)。

3)芳烃和支链烷烃含量划分天然气成因类型

富氢干酪根(油型气的母质)比贫氢干酪根(煤型气的母质)生成的轻烃中饱和结构含量高而芳烃含量低。渤海湾盆地冀中坳陷存在两套不同气源岩,一是古近系油型气源岩;一是石炭—二叠系煤型气源岩。芳烃和支链烷烃的相对含量图(图12-22)清楚地显示,古近系气源岩产物中芳烃含量低,支链烷烃含量高,而石炭—二叠系气源岩 C_{6-7} 的芳烃含量高,支链烷烃含量低。由此可判识油型气和煤型气。

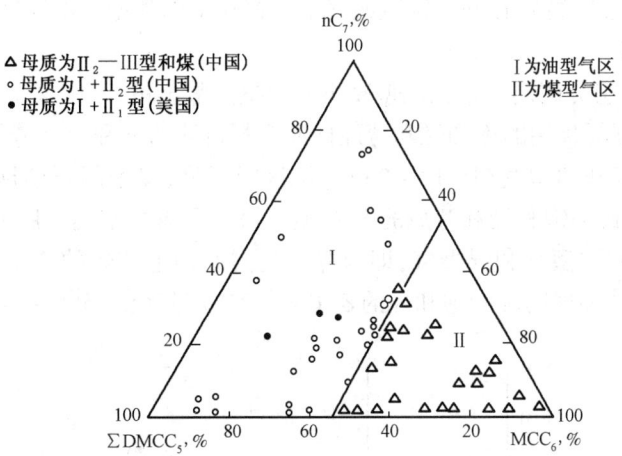

图 12-21　C_7 轻烃组成三角图版（据戴金星，1993）

4）甲基环己烷指数来区分不同母质形成的天然气

甲基环己烷指数计算公式为

$$\text{甲基环己烷指数} = \frac{\text{六元环烃(MCH)} \times 100\%}{\text{六元环烃(MCH)} + \text{五元环烃(RCPC}_7) + \text{直链烃(nC}_7)}$$

以甲基环己烷指数值 $50\% \pm 2\%$ 为界，$<50\% \pm 2\%$ 的为腐泥型母质生成的油型气；$>50\% \pm 2\%$ 为煤型气（胡惕麟等，1990）。

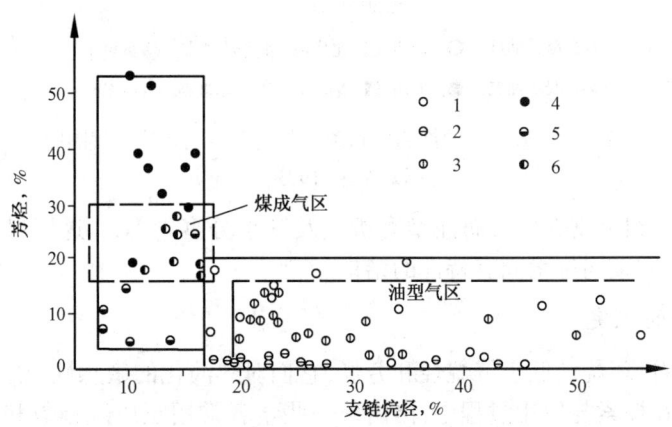

图 12-22　冀中坳陷古近系和石炭—二叠系气源岩 C_{6-7} 芳烃和支链烷烃图（据秦建中等，1991）
1—古近系生油岩抽提物；2—古近系生油岩吸附气；3—古近系轻质油；4—石炭—二叠系煤岩抽提物；
5—石炭—二叠系煤岩吸附气；6—苏桥凝析油

5）煤型气中轻烃（凝析油）及其组分的碳同位素比油型气的重

我国学者对此特征进行了研究，并据此鉴别与之同源的煤型气和油型气（徐永昌等，1985；戴金星等，1987；傅家谟等，1990；沈平等，1991）。

（1）煤型凝析油的碳同位素比油型凝析油的重。戴金星等（1987）的研究表明：煤型凝析油的 $\delta^{13}C$ 区间值从 $-24.60‰$ 至 $-28.7‰$，平均为 $-26.091‰$；油型凝析油的 $\delta^{13}C$ 区间值从 $-24.29‰$ 至 $-32.57‰$，平均为 $-29.087‰$。戴金星等的研究均证明了煤型凝析油比油型凝析油的碳同位素重，即平均重约 $4.2‰$。因此，可利用这个特征，来鉴别与之同源的煤型气和油型气。在同一个盆地,特别在同一构造或气田上存在不同类型凝析油气藏时,能极易把油型气和煤型气区别开来。

(2)煤型凝析油组分碳同位素比油型凝析油的重。戴金星等、傅家谟、刘德汉等(1990)和沈平等先后指出煤型凝析油的饱和烃和芳烃比油型凝析油的饱和烃和芳烃富含^{13}C,并可据此来鉴别同源的煤型气和油型气(图12-23)。从该图可见,煤型凝析油饱和烃和芳烃的δ^{13}C值,明显重于油型凝析油饱和烃和芳烃的δ^{13}C值。该图可作为鉴别图版来识别与油型凝析油及煤型凝析油同源的油型气和煤型气,即与煤型气同源的饱和烃的δ^{13}C > -29.5‰,芳烃的δ^{13}C > -27.5‰;与油型气同源的饱和烃的δ^{13}C < -27‰,芳烃的δ^{13}C < -27.5‰。

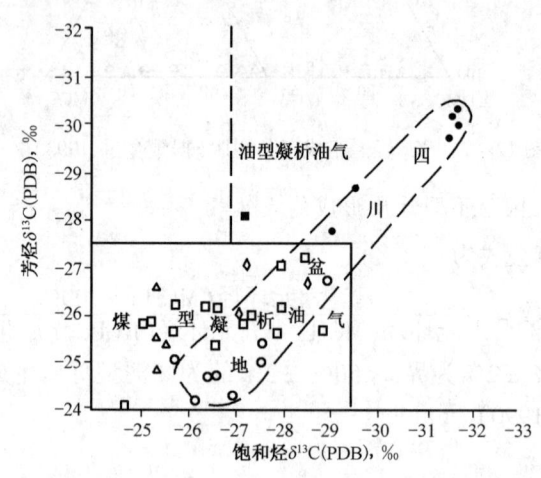

图12-23 凝析油的饱和烃和芳烃鉴别煤型气和油型气图版
(据戴金星,1992)

煤型凝析油及其组分富含^{13}C,而油型凝析气及其组分富含^{12}C。这同煤型气和油型气一样,是各自继承了母质碳同位素固有特征的结果。

2. 油气成熟度的确定

从热稳定性来看,环烷烃低于链烷烃和芳烃,它们对热演化的敏感性使之成为成熟度参数的主要选择对象。在探索与应用过程中,国内外一些学者常用正庚烷指数和异庚烷指数判别天然气与凝析油的成熟度(表12-5),但这一划分标准在不同的地质条件下可能有所不同(程克明,1987;黄汝昌,1990;沈平等,1991)。由于轻烃指数往往既受有机质成熟度的影响,又受其母质类型的影响,因此,应用过程中,常常需要综合考虑成熟度和类型的效应(表12-6)。

表12-5 利用轻烃组分划分原油类型表(据Thompson,1983)

原 油 类 型	庚烷值,%	异庚烷值,%
未成熟原油	1~18	0~0.8
石蜡质原油	18~22	0.8~1.2
成熟原油	22~30	1.2~2.0
过成熟原油	30~60	2.0~4.0

表 12-6 石蜡指数和烷—芳指数鉴别煤型气和油型气(据沈平等,1991)

演化阶段	油型气		煤型气		$R_o, \%$
	石蜡指数	烷—芳指数	石蜡指数	烷—芳指数	
低成熟阶段(凝析油、轻质油)	<1	<2.5	<1.5	<3.0	<0.5
成熟阶段(轻质油、凝析油)	1~3	2.5~22	2~5	3.0~35	0.5~1.3
高成熟阶段(凝析油)	3~10	22~60	5~20	35~80	1.3~2.0

3. 生物降解作用的判识*

林壬子(1992)探讨了轻烃的降解特征以及识别生物降解气的方法与参数,认为轻烃生物降解的基本规律是:(1)长链成分降解比短链快;(2)正构烷烃比异构烷烃降解快,异构烷烃比环烷烃降解快;(3)异构己烷系列生物降解变化特征明显,尤其是 $2-MC_5/3-MC_5$ 呈现的规律性,可作为生物降解气的重要参数;(4)轻烃遭受生物降解作用过程,使残存的各种单体烃都随降解作用增大逐渐富集同位素 D 和 ^{13}C。

为了建立按生物降解过程进行对比的标准,必须研究经生物降解作用后有连续变化的轻烃系列。其中,异构己烷浓度系列变化特征表现得最清楚。因为正常原油和天然气的异构己烷浓度系列不受母质类型和成熟度的影响,始终保持下面的顺序规律:

$$2-MC_5 > 3-MC_5 > 2,3-DMC_4 > 2,2-DMC_4$$

根据异构己烷各分子的立体结构,推测油气运移也不会改变上式的浓度顺序。但是,若在油气藏中存在喜氧细菌降解作用,上式系列烃的稳定性将不断地自左向右增加,因而得出表 12-7 的降解阶段。

表 12-7 生物降解作用异构己烷浓度系列变化(据林壬子,1992)

生物降解阶段	异构己烷浓度顺序
正常油伴生气和第一阶段——低强度降解	$2-MC_5 > 3-MC_5 > 2,3-DMC_4 > 2,2-DMC_4$
第二阶段——一般强度降解	$2-MC_5 \approx 3-MC_5 > 2,3-DMC_4 > 2,2-DMC_4$
第三阶段——中等强度降解	$3-MC_5 > 2-MC_5 > 2,3-DMC_4 > 2,2-DMC_4$
第四阶段——较严重的降解	$3-MC_5 > 2,3-DMC_4 > 2-MC_5 > 2,2-DMC_4$ $2,3-DMC_4 > 3-MC_5 > 2-MC_5 > 2,2-DMC_4$ $2,3-DMC_4 > 3-MC_5 > 2,2-DMC_4 > 2-MC_5$
第五阶段——严重的降解	正己烷全部消失,然后是 $2-MC_5$,乃至向全部烷烃都消失的方向发展

第五节 各类天然气的鉴别

如果天然气藏内的所有组分都只有一种来源,天然气成因的鉴别将是相对较为容易实现的工作:依据前面三节介绍的天然气的组分/同位素/所含轻烃的地球化学特征及其差异,则不难确定其成因类型。不过,由于天然气的小分子所导致的易运移、易混合的特点,往往是某一气藏不一定由单一的气源供给,同时还存在着复杂的运移、聚集、成藏、改造、再聚集过程,加上前面三节介绍的不同成因类型的天然气的地球化学指标存在明显的交叉现象,对同一地球化学指标的解释存在多解性。因此,天然气成因类型的鉴别首先需要分别对主要组分和有重要成因意义的组分进行分析和鉴别(组分的成因鉴别是基础),再综合考虑各方面的地球化学指标,并结合地质背景,才能得出客观的认识。

针对天然气生成阶段的连续性和成藏的复杂性,徐永昌等(1990)提出了天然气的"多源复合、主源定型、多阶连续、主阶定名"说,这对于有效指导天然气成因类型的划分、进一步指导天然气的勘探实践有现实意义。

一、天然气中有机成因组分和无机成因组分的鉴别

1. 有机成因甲烷和无机成因甲烷的鉴别

1) 利用 $\delta^{13}C_1$ 和 CH_4 的含量鉴别

$\delta^{13}C_1 > -10‰$ 均是无机成因的甲烷,$\delta^{13}C_1 < -30‰$ 的一般是有机成因甲烷,而介于其间的为有机/无机甲烷混合区(图12-24)。高—过成熟的煤型气的 $\delta^{13}C_1$ 值可重于 $-30‰$,最重可达 $-10‰$ (Алексcеь и др.,1978)。

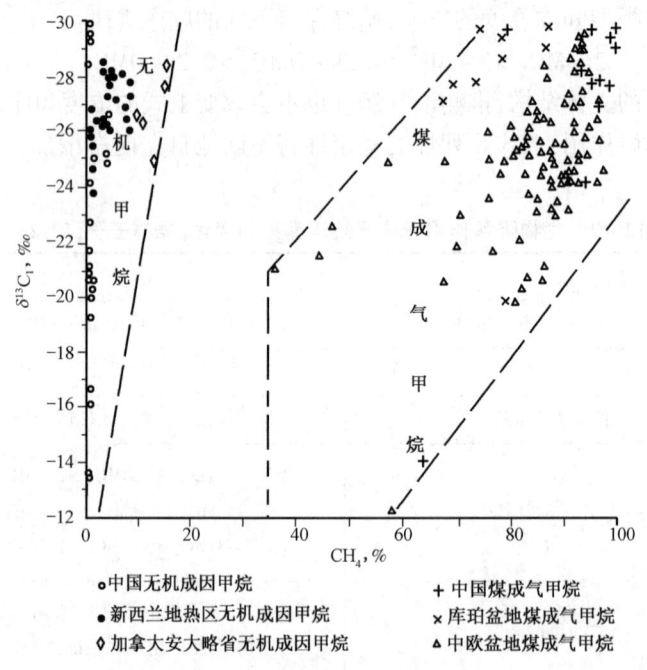

图12-24 甲烷成因判别图(据戴金星,1993)

识别混合区天然气的无机/有机(煤型气)成因有两种方法:

(1)地质背景法。煤成甲烷通常产于煤系地层中(例如库珀盆地),或煤系地层之上(文留气藏、中欧盆地煤型气),或煤系地层之下(苏桥气田);而没有煤系发育的地区(如我国腾冲硫磺塘和甘孜拖坝镇以及新西兰地热区的地热区),$\delta^{13}C_1$ 介于 $-10‰ \sim -30‰$ 的甲烷可能为无机成因。

(2)图解法。根据国内外大量 $\delta^{13}C_1 > -30‰$ 和 $\delta^{13}C_1 \leq -10‰$ 天然气与甲烷含量关系编制的图12-24,可明显区分开 $\delta^{13}C_1 > -30‰$ 和 $\delta^{13}C_1 \leq -10‰$ 甲烷的类型从属,并可作为鉴别

图版。判读图12-24得知,当甲烷含量小于16%者为无机成因甲烷,大于35%的为有机煤型气甲烷。

2) 利用 $\delta^{13}C_1$—C_1/C_{2+3} 图版鉴别

图12-25是根据我国437个气样和加拿大、苏联、美国、德国及菲律宾96个气样的$\delta^{13}C_1$值与C_1/C_{2+3}组分资料编制的鉴别无机成因甲烷和各类有机成因甲烷图版。图中V^1区为无机成因甲烷,V^2区是无机成因甲烷和煤型气甲烷共存区,其他各区均为有机成因甲烷。

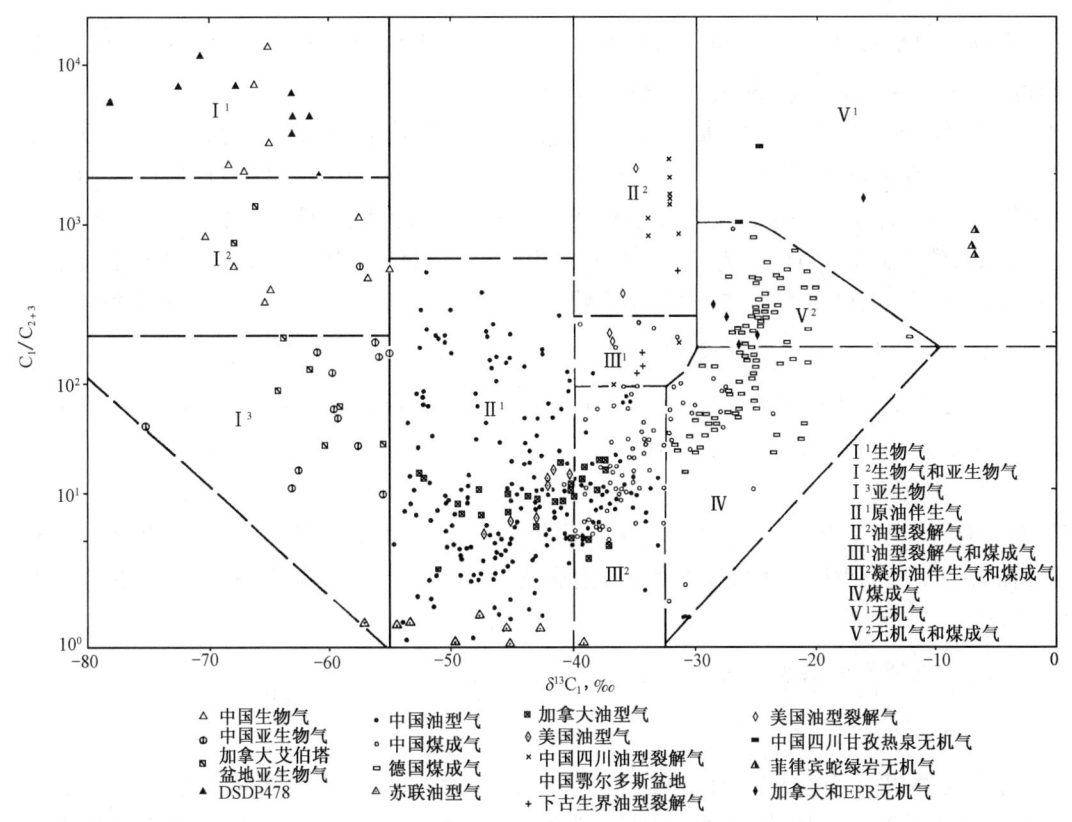

图12-25 鉴别各类甲烷 $\delta^{13}C_1$—C_1/C_{2+3} 图(据戴金星,1992)
图中的亚生物气可以理解为有其他成因气体掺入的非典型的生物气

2. 有机成因烃气和无机成因烃气的鉴别

天然气的碳同位素系列对比可鉴别有机成因和无机成因烷烃气。有机成因烷烃气是正碳同位素系列,即 $\delta^{13}C_1 < \delta^{13}C_2 < \delta^{13}C_3 < \delta^{13}C_4$;无机成因烷烃气往往是负碳同位素系列,即 $\delta^{13}C_1 < \delta^{13}C_2 < \delta^{13}C_3 < \delta^{13}C_4$(戴金星,1992)。不过,不同(有机)成因天然气或不同成熟度的天然气的混合也可以形成负碳同位素系列。

3. 有机成因二氧化碳和无机成因二氧化碳的鉴别

可以用有机成因与无机成因二氧化碳鉴别图版(图12-15)来识别有机成因二氧化碳(Ⅰ区)、无机成因二氧化碳(Ⅱ区)、有机/无机成因二氧化碳的混合气(Ⅳ区),以及有机/无机成因二氧化碳共存区(Ⅲ区)。

由图12-15可知,当CO_2含量小于20%时,$\delta^{13}C_{CO_2} < -10‰$是有机成因二氧化碳;当

$\delta^{13}C_{CO_2} > -9‰$时,绝大多数是无机成因二氧化碳,当$\delta^{13}C_{CO_2} \geqslant -8‰$,都是无机成因二氧化碳;当$CO_2$含量大于60%时,都是无机成因二氧化碳。

二、不同有机成因气中烃类气体组分的鉴别

1. 有机成因甲烷的鉴别

1) 生物甲烷气和(原油)伴生气甲烷的鉴别

生物气的$\delta^{13}C_1 \leqslant -55‰$,伴生气的$\delta^{13}C_1 > -55‰$,大部分大于$-53‰$(图12-25)。包茨统计热降解气的$\delta^{13}C_1$为$-55‰ \sim -35‰$(包茨,1988)。

生物甲烷气是生物气的主体。许多生物气没有重烃气,有重烃气的也仅有微量或痕量乙烷和丙烷,没有丁烷,与之共生的总重烃气含量小于0.5%,$C_1/C_{2+3} > 170$,大部分在200以上,为干气。相反,伴生气中甲烷的含量一般小于90%,它与乙烷、丙烷、丁烷共生,C_1/C_{2+3}大部分小于15,绝大部分小于10,为湿气。生物气甲烷与油不共生,伴生气甲烷与油紧密共生。用$\delta^{13}C_1$—C_1/C_{2+3}图版(图12-25)可区别生物甲烷(Ⅰ¹和Ⅰ²区)与伴生气甲烷(Ⅱ¹区)。

2) 伴生气甲烷和油型裂解气甲烷的鉴别

伴生气$\delta^{13}C_1$值大于$-55‰$至$-40‰$,油型裂解气$\delta^{13}C_1$值大于$-40‰$至$-30‰$(图12-25)。沈平等则认为,伴生气$\delta^{13}C_1$值为$-48‰$至$-40‰$,油型裂解气$\delta^{13}C_1 > -40‰$。

伴生气中重烃气含量较高,含量均大于5%,通常大于8%,C_1/C_{2+3}绝大部分小于10,是湿气;油型裂解气甲烷,共存的气中重烃气含量大大减少,往往没有丁烷,重烃气含量小于5%,通常在3%以下。伴生气甲烷通常为原油附属物,溶解在原油中;油型裂解气甲烷往往存在于游离气中,即在气层气中。

2. 油型烷烃气和煤型烷烃气的鉴别

1) 油型甲烷和煤型甲烷的鉴别

研究表明,煤系有机质相对于腐泥型有机质常富集$\delta^{13}C$。煤的$\delta^{13}C$值总体在$-24‰ \pm 1‰$的范围内。煤系分散有机质的$\delta^{13}C$一般都大于$-26‰ \sim -27‰$,而腐泥型有机质则一般富集^{12}C,$\delta^{13}C$值多小于$-28‰$,相应的煤型气和油型气甲烷系列的碳同位素组成在相同演化阶段,油型气较明显地富集^{12}C,而煤型气富集^{13}C。

由此,可利用$\delta^{13}C_1$—R_o关系图鉴别油型甲烷和煤型甲烷,即利用测定的$\delta^{13}C_1$平均值,将其置于图12-26中(或代入油型气、煤型气的$\delta^{13}C_1$—R_o回归方程),即不难得到相应的$R_{o油}$和$R_{o煤}$。根据地质综合研究(如计算TTI),可得出气源岩R_o^1值,两者进行对比,就可以判断出该天然气属于哪种类型了。

2) 油型烷烃类气和煤型烷烃类气的鉴别(包括部分混合气)

(1) 图版法。$\delta^{13}C_1$—$\delta^{13}C_2$—$\delta^{13}C_3$不同有机成因烷烃气鉴别图(或称V型鉴别图,图12-27),利用了我国477个不同有机成因天然气碳同位素系列数据及国外7个盆地(地区)已确定烷烃气成因类型的129个碳同位素系列数据编制完成。当取得天然气的$\delta^{13}C_1$和$\delta^{13}C_2$值,最好还有$\delta^{13}C_3$值时,可标在该图版上,便可知该烷烃气的成因从属。例如,Ⅰ区内为煤型烷烃气,Ⅱ区内为油型烷烃气。其他类型的说明见图例。这里要说明一下,Ⅲ¹区和Ⅲ²区虽均

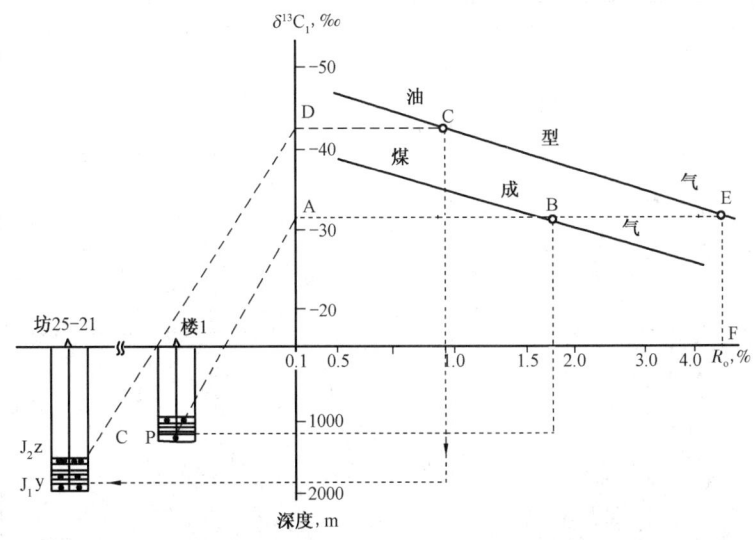

图 12-26　应用我国 $\delta^{13}C_1$—R_o 图鉴别油型甲烷和煤型甲烷(据戴金星,1992)

为碳同位素系列倒转混合气的烷烃气,但两者还是有区别的。$Ⅲ^1$ 区主要是由煤型气和油型气混合,形成碳同位素系列倒转的混合烷烃气。$Ⅲ^2$ 区主要是同源不同期的煤型气混合,形成碳同位素系列倒转的混合烷烃气。Ⅲ区混合烷烃气和分布在Ⅴ区的混合烷烃气也不同,Ⅴ区的一般没有发生碳同位素系列倒转。落在Ⅴ区内的烷烃气,要进一步确定其属类,可利用该气所在盆地或凹陷的烷烃气碳同位素系列连线图对比,因为煤型气的烷烃气碳同位素系列连线最重,而油型气的烷烃气碳同位素系列连线最轻,混合气的烷烃气则位于两者之间,这样就可区别开 3 种不同类型的烷烃气(图 12-28)。其实,这也是鉴别不同有机成因烷烃气的一种方法。

(2)图解法。应用煤型气 $\delta^{13}C_{1-3}$—R_o 关系图,可鉴别有机热解作用形成的烷烃气属类(戴金星等,1989)。若已知某天然气的 $\delta^{13}C_1$、$\delta^{13}C_2$ 和 $\delta^{13}C_3$ 值,用图解法在纵坐标上分别取 3 个点,从该 3 个点起作出与横坐标平行的 3 条线。这 3 条平行线若与对应的 $\delta^{13}C_1$、$\delta^{13}C_2$ 和 $\delta^{13}C_3$ 回归线相交所得到的成熟度 R_o 相近(如图中 A、B、C),则是煤型烷烃气;否则,则不是煤型烷烃气(图 12-29)。

三、利用轻烃鉴别煤型气和油型气

此项内容见本章第四节的介绍。

四、应用生物标志化合物鉴别煤型气和油型气[*]

生物标志化合物在液态油的勘探中得到广泛的应用,可利用其来确定沉积环境、生源特征、油和烃源岩的成熟度以及油源关系(详见第十章、第十三章)。凝析油气以及湿气甚至是干气,经高压取样,采用特殊技术处理也可以检测出 C_{15+} 的化合物。因此,生物标志化合物在天然气的研究中具有应用潜力。但与原油相比,天然气生物标志化合物相对较为贫乏,应用生物标志化合物鉴别煤型气和油型气存在局限性。王廷栋等(1989,1990)通过研究天然气藏中伴生的储层沥青,探索生物标志化合物在气源对比中的应用,扩大了利用生物标志化合物判断天然气成因的效能。

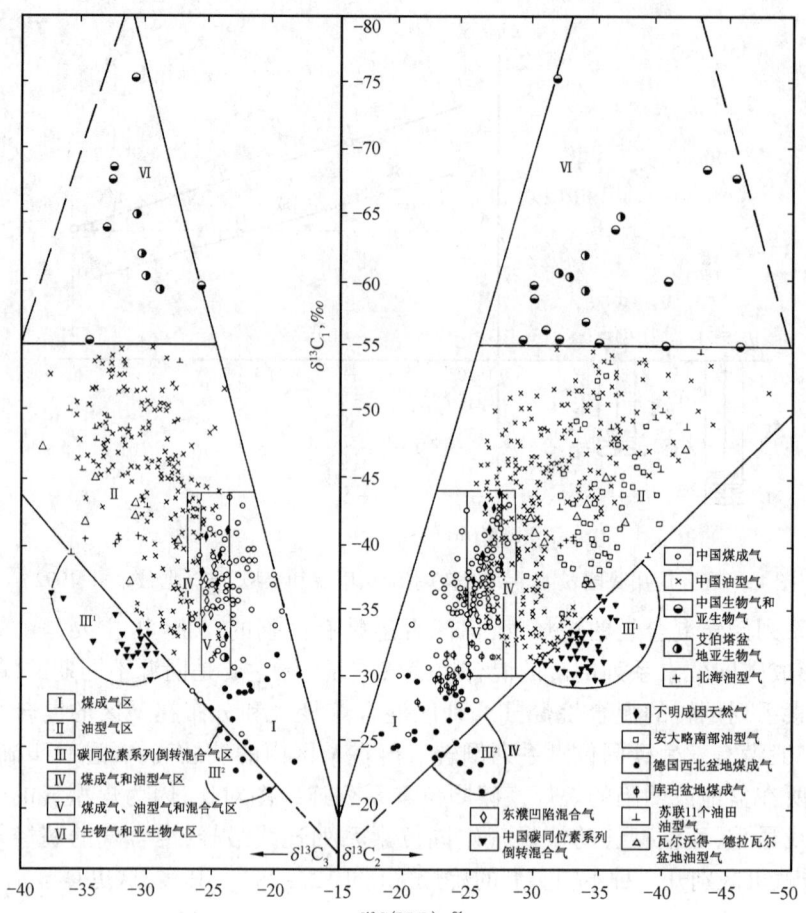

图 12-27　$\delta^{13}C_1$—$\delta^{13}C_2$—$\delta^{13}C_3$ 不同有机成因烷烃气鉴别图（据戴金星，1992）

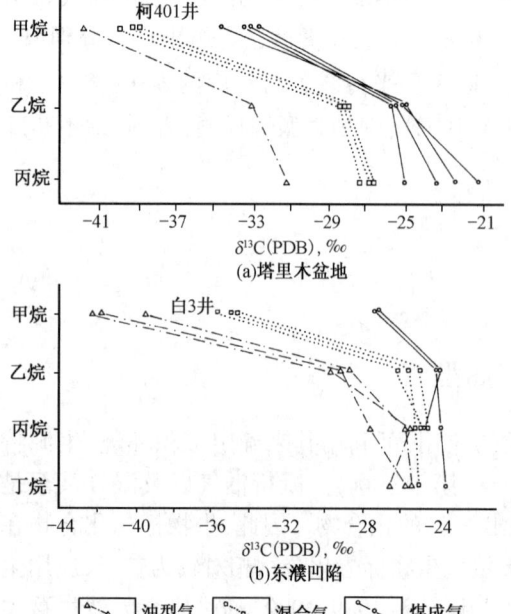

图 12-28　东濮凹陷和塔里木盆地烷烃气碳同位素系列连线对比图（据戴金星，1992）

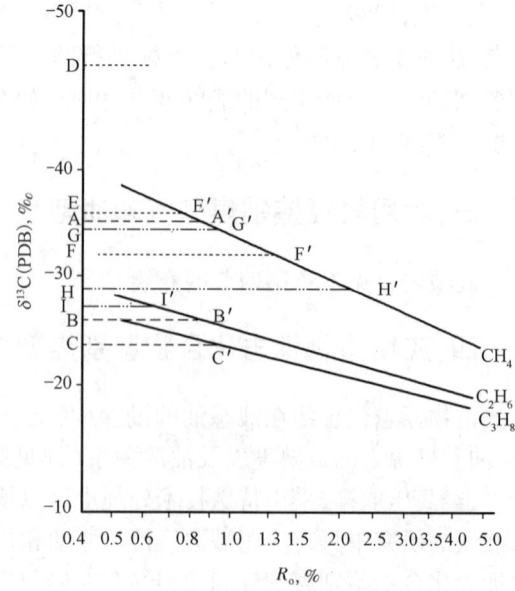

图 12-29　煤型气 $\delta^{13}C_{1-3}$—R_o 图鉴别烷烃气类别（据戴金星，1992）

在应用生物标志化合物来鉴别天然气时,主要选择一些具有特定环境意义和生源意义的生物标志化合物。鉴别某区天然气时,首先要尽量弄清该区有关油气源岩中一些生物标志化合物的组成特征,然后再对其在天然气藏的凝析油、天然气和储层沥青中的分布作对比研究,从而判别油气源的成因从属关系。

1. 姥植比鉴别煤型气和油型气

叶绿素是姥鲛烷(Pr)和植烷(Ph)最主要的前身物。一般认为,Pr 和 Ph 来源于叶绿素侧链上的植醇。植醇在还原条件下经脱水、加氢还原形成 Ph,在氧化环境下则先形成植烷酸,进而脱羧基形成 Pr。因此,在一些弱氧化、弱还原沼泽相沉积的煤系及其产物中,姥植比常较高,Pr/Ph > 2.7。故可借助于凝析油的姥植比鉴别与之同源的煤型气和油型气。

2. 桉叶油烷和杜松烷鉴别煤型气

许多高等植物的香精油中含有丰富的倍半萜。我国许多陆相地层特别是煤系中倍半萜十分丰富。倍半萜类中桉叶油烷和杜松烷均属高等植物香精油或树脂的组分,多见于煤系烃源岩中。例如以色列、加拿大和菲律宾的琥珀含有大量的具杜松烷型和桉叶油烷型骨架的倍半萜类,煤化木和褐煤(中新统至侏罗系)主要含有杜松烷型和桉叶油烷型化合物。我国苏桥凝析油气田的残殖煤中检出有 4β(H) - 桉叶油烷。源于煤系的油和凝析油(如澳大利亚一些煤成油)中也可检测到它们。因此,可利用桉叶油烷和杜松烷鉴别与之同源的煤型气。

3. 松香烷系列和海松烷系列鉴别煤型气

地质记录中鉴定出的环烷二萜类主要由松香烷型和海松烷型骨架的衍生物组成,它们是高等植物树脂生源的标志物。我国抚顺煤树脂体中二萜类最丰富的是松香烯,其次是松香烷、脱氢松香烷,还有少量降海松烷(傅家谟等,1987,1990)。黄县含琥珀褐煤二萜类以异海松烷和松香烷占优势,加拿大、菲律宾、以色列、多米尼加和波罗的海的琥珀中,二萜类中主要有松香烷型和海松烷型化合物等(王铁冠等,1990)。煤和煤成油中检出的二萜和二萜烯主要也是由松香烷(烯)和海松烷(烯)的衍生物组成(Simoneit 等,1986)。因此,可利用松香烷和海松烷系列来鉴别与之同源的煤型气。例如我国中坝气田须二凝析气藏的凝析油及其须二段砂岩储层沥青中均检出有少量 4β(H) - 降异海松烷,须三段含煤地层的页岩中也有较多 4β(H) - 降异海松烷(王廷栋等,1990)(图 12 - 30),由此足以说明其油源关系,即须二段的凝析油主要是煤系成因的,故须二段的气也应是煤型气,这与其他研究的结论是一致的(戴金星等,1987)。

4. 二环倍半萜 C_{15}/C_{16} 值鉴别煤型气和油型气

沈平等(1991)在综合研究了鄂尔多斯盆地、四川盆地和渤海湾盆地不同沉积环境凝析油中二环倍半萜补身烷系列的 C_{13}/C_{14}、C_{14}/C_{15} 和 C_{15}/C_{16} 值的分布特征后,认为其中 C_{15}/C_{16} 值对沉积环境的反映较明显,同时指出沼泽相凝析油二环萜烷中 C_{15}/C_{16} 值为 1.1~2.8,湖河相的 $C_{15}/C_{16} > 3$,海相的 $C_{15}/C_{16} < 1$。可利用沈平等提出的凝析油中二环倍半萜 C_{15}/C_{16} 数据,来鉴别与之同源的煤型气与油型气,即煤型气中的 C_{15}/C_{16} 值在 1.1~2.8,油型气的 C_{15}/C_{16} 值则小于 1 大于 3。当然,这些补身烷系列的比值也可能受其他因素(如成熟度等)的影响,故使用这些指标时须综合考虑其他影响因素。

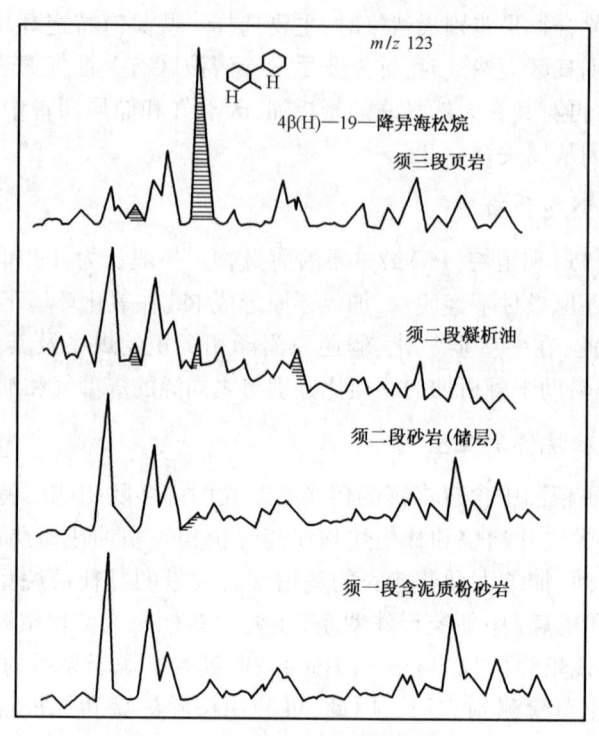

图 12-30 中坝气田须家河组烃源岩、储层沥青和凝析油二萜化合物质量色谱图
（据戴金星，1992）

5. 双杜松烷鉴别煤型气

目前，双杜松烷型五环三萜烷仅发现于东南亚地区的古近—新近系原油、凝析油和泥质岩与煤的抽提物中，它无疑属于陆源高等植物的标志物，与某种被子植物的达玛树脂密切相关，是我国南海和东南亚地区的特有生物标志化合物。20 世纪 80 年代后期，我国学者程克明、王铁冠(1990)在琼东南盆地崖 13-1 气田古近系陵水组的凝析油和崖城组煤系的泥岩与煤抽提物中发现了一系列以双杜松烷型的 C_{30} 五环三萜烷树脂化合物，为凝析油的油源来自煤系提供了依据。

表 12-8 汇总列出了综合鉴别天然气成因类型的主要指标及标准。由于不同学者研究的具体对象有异，在具体的指标界限上可能有所差别，但大同小异。

表 12-8 天然气成因类型综合鉴别表

项 目	气的类型	有机成因气		无机成因气
		油型气	煤成气	
同位素	$\delta^{13}C_1$	$-30‰ > \delta^{13}C_1 > -55‰$	$-10‰ \geqslant \delta^{13}C_1 > -43‰$	一般 $> -30‰$
		$-10‰ \geqslant \delta^{13}C_1 \geqslant -105‰$		
	$\delta^{13}C_2$	$< -28.8‰$	$> -25.1‰$	
	$\delta^{13}C_3$	$< -25.5‰$	$> -23.2‰$	
	碳同位素系列	$\delta^{13}C_1 < \delta^{13}C_2 < \delta^{13}C_3 < \delta^{13}C_4$		$\delta^{13}C_1 > \delta^{13}C_2 > \delta^{13}C_3$
	$\delta^{13}C_1 — R_o$ 关系	$\delta^{13}C_1 \approx 15.80 \lg R_o - 42.21$	$\delta^{13}C_1 \approx 14.13 \lg R_o - 34.39$	
	$\delta^{13}C_{CO_2}$	$< -10‰$		$\geqslant -8‰$

续表

	气的类型 项目	有机成因气		无机成因气
		油型气	煤成气	
同位素	$\delta^{13}C_{1-4}$ 连线	轻	重	
	与气同源凝析油 $\delta^{13}C$	轻(一般 < -29‰)	重(一般 > -28‰)	
	凝析油的饱和烃和芳烃 $\delta^{13}C$	饱和烃 $\delta^{13}C$ < -29.5‰ 芳烃 $\delta^{13}C$ < -27.5‰	饱和烃 $\delta^{13}C$ > -29.5‰ 芳烃 $\delta^{13}C$ > -27.5‰	
	原油 $\delta^{13}C$	轻(-26‰ > $\delta^{13}C$ > -35‰)	重(-23‰ > $\delta^{13}C$ > -30‰)	
	源岩沥青"A"对应组分 $\delta^{13}C$	轻	重	
气组分	CO_2	多数 <4%		一般 >20%
	汞蒸气	<600g/m³	>700g/m³	
	C_1/C_{2+3}	大部分 <15,绝大部分 <10(油型热解气)		>180,绝大部分 >700
	C_{2-4}	一般 C_2 >0.5%,大多数有 C_{3-4}		痕量 C_2,绝大多数无 C_{3-4}
轻烃	甲基环己烷指数	<50% ±2%	>50% ±2%	无
	C_{6-7} 支链烷烃含量	>17%	<17%	无
	甲苯/苯	一般 <1	一般 >1	
	苯	约 148μg/L	约 475μg/L	
	甲苯	约 113μg/L	约 536μg/L	
	凝析油 C_{4-7} 烃族组成	富含链烷烃,贫环烷烃和芳烃,一般芳烃 <5%	贫链烷烃,富环烷烃和芳烃,一般芳烃 >10%	无
	C_7 的五环烷、六环烷和 nC_7 族组成	富 nC_7 和五环烷	贫 nC_7,富六环烷	无
凝析油和储层沥青中生物标志化合物	Pr/Ph	一般 <1.8	一般 >2.7	无
	杜松烷、桉叶油烷	没有杜松烷,难以检测到桉叶油烷	可检测到杜松烷和桉叶油烷	无
	松香烷系列和海松烷系列	贫海松烷和松香烷	成熟度不高时,可检测到海松烷系列和松香烷系列化合物	无
	二环倍半萜 C_{15}/C_{16} 值	<1 或 >3	1.1~2.8	无
	双杜松烷	无	有	无
	C_{27-29} 甾烷	一般 C_{27}、C_{28} 丰富,C_{29} 含量少	一般 C_{29} 丰富,C_{27}、C_{28} 较少	无

本章小结

1. 天然气包括无机成因气和有机成因气两大类。无机成因气主要包括幔源气和岩石化学反应气，有机成因天然气主要包括由Ⅰ/Ⅱ₁型有机质生成的油型气和由Ⅲ/Ⅱ₂型母质生成的煤型气。有机成因气按成气阶段可进一步分为生物气、生物—热催化过渡带气、热解气和高温裂解气。

2. 生物成因气是在有机质演化早期阶段由微生物改造有机质过程中形成的以甲烷气体为主的天然气，无论源于何种母质，都普遍具有甲烷含量高、干燥系数大（$C_1/C_{1-5} > 0.98$）、同位素组成轻（$\delta^{13}C_1 < -55‰$，$\delta^{13}C_{CO_2} < -10‰$，$\delta D_{CH_4}$主要受水介质的影响，腐泥型母质生物气一般为$-255‰ \sim -150‰$，腐殖型母质一般小于$-200‰$，大多数为$-210‰ \sim -280‰$）的基本特点。

3. 重烃气的碳同位素组成受母质控制明显，$\delta^{13}C_2$和$\delta^{13}C_3$是区别油型气和煤型气的重要标志之一。一般情况下，$\delta^{13}C_2 > -25.1‰$和$\delta^{13}C_3 > -23.2‰$的主要是煤型气，$\delta^{13}C_2 < -28.8‰$和$\delta^{13}C_3 < -25.55‰$的以油型气为主（戴金星，1982），将$\delta^{13}C_2 = -29‰$作为划分油型气与煤型气的标志，即$\delta^{13}C_2 > -29‰$为煤型气，$\delta^{13}C_2 < -29‰$为油型气。天然气中汞的丰度能够有效区别煤型气与油型气，一般情况下，煤型气汞含量大于$0.7\mu g/m^3$，油型气汞含量小于$0.6\mu g/m^3$。在相同的成熟演化阶段，与煤型气相比，油型气的甲烷含量低，重烃气含量高，干燥系数低，同位素组成轻（$\delta^{13}C_1$平均轻7‰左右，但因地质条件而异）。稀有气体的同位素也有助于判识天然气的（有机、无机）成因。

4. 无论是油型气还是煤型气，随着演化程度的升高（过渡带气—热解气—裂解气），天然气的同位素（$\delta^{13}C$、δD）组成逐渐变重，但$\delta^{13}C_1$与$\delta^{13}C_2$、$\delta^{13}C_3$的差别逐渐减小；煤型气的甲烷含量逐渐升高，重烃气含量减少，干燥系数增高，但油型气的甲烷的含量和干燥系数在成油高峰之前有一个降低的过程。但到热裂解阶段均随成熟度而升高变为干气。

5. 综合利用天然气的组分组成、同位素组成、天然气中溶解的轻烃和生物标志化合物等方面的指标及其组合和演化，结合地质背景，利用各类经验图版，可以有效地判识天然气的成因、进行气气对比、气源对比。

思 考 题

1. 简述天然气成因分类的出发点及主要类型。
2. 生物气的成因机制及基本特点有哪些？
3. 油型气、煤型气基本特征有何异同？两者演化有何异同？
4. 如何理解生物—热催化过渡带气？用自己的理解分析其成藏潜力、成藏条件。
5. 如何利用主要元素及稀有气体的同位素组成分析天然气的成因？
6. 为何轻烃指标可以用于天然气成因分析？如何进行成因分析？
7. 简单剖析各类天然气判识图版的原理和适用性。

第十三章　烃源岩定性评价

在前面第四章至第十二章中,已经分别介绍了有机质的产生、沉积及组成,有机质的演化和油气的生成及成烃模式,生物标志化合物,油气的组成、分类及蚀变。这些内容构成了油气地球化学的理论基础。不过,作为一门应用性学科,油气地球化学必须落实到应用上,其生命力也将与应用效果密切相关。因此,第十三章至第十七章将集中讨论油气地球化学在油气勘探、开发中的应用。

经典的油气地球化学以烃源岩为核心,它主要服务于油气勘探,其应用主要体现在两方面,一是烃源岩评价,二是油源对比。烃源岩评价主要回答研究区能否生烃、生成了多少烃类,即一个探区是否值得勘探、有利区在哪;油源对比则主要回答烃源岩所生成的烃类到哪里去了,或者所发现的油气来自哪里,从而为明确有利勘探方向服务。现代油气地球化学的研究重心已逐渐向油气藏转移,需要回答油气藏形成的机理、历史、过程和组分的非均质性及其在油田开发过程中的变化。它既可以服务于油气勘探,也可以服务于油气藏评价和油气田开发。

烃源岩对应的英文为 source rock,它既包含能生油的油源岩,也包含能生气的气源岩,但过去多将它译为生油岩,其中的重要原因可能在于国内早期的油气勘探主要瞄准着对油的勘探。因此,油气地球化学所关注和研究的对象主要是油而不是气。这可能是早期有关专著和教材也多冠以"石油"而不是"油气"的原因所在。相应地,生油岩这一术语在地球化学文献中得到了相当广泛的沿用。随着我国对天然气重视程度的逐步大幅提高,有关天然气的勘探和地球化学研究也越来越多,很多时候,需要区分油源岩与气源岩。因此,本教材中以烃源岩替代早期的生油岩来涵盖油源岩和气源岩。由于这样便于"顾名思义",目前已有不少学者都在这样使用术语,但不少文章、专著、科研报告广泛存在沿用和混用的情况。

关于烃源岩,不同学者的定义并不完全一致。Hunt(1979)认为,烃源岩指自然环境下,曾经生成并排出过足以形成商业性油气聚集数量烃类的任一种细粒沉积物。而 Tissot 等(1978,1984)倾向于认为烃源岩系指已经生成或有可能生成或具有生成油气潜力的岩石。从原理上理解,Hunt 的定义更为合理。因为任一岩石都会或多或少含有有机质,因而都会有生成或者具有生成一定数量油气的能力,但它们并不都是烃源岩,只有对成藏做出过贡献的才能成为烃源岩。但从应用上看,可能 Tissot 等的定义更为实用。因为商业性的油气藏本身是一个随油价及勘探开发技术而变化的概念。同时,当对一个新区进行早期地球化学研究时,人们往往事先并不知道某一地层是否已经生成并排出过商业性的油气,但仍然将这种研究称为烃源岩评价。后面将会看到,烃源岩评价的结果,某些地层可能会归入差烃源岩(生油岩)中。文献中常常会见到未成熟烃源岩的概念。显然,差烃源岩、未成熟烃源岩就不一定生成并排出过商业性的油气,但仍然被称为烃源岩。

因此本书推荐的烃源岩定义为:已经生成或具有生成油气潜力的细粒岩石。这既包括泥岩、页岩,也包括碳酸盐岩,既包括油源岩,也包括气源岩。由烃源岩构成的岩层(地层)称为烃源岩层。

当然,还可以用有效烃源岩表明已经生成并排出了可供商业性油气聚集的烃源岩,用排烃岩表明发生过明显排烃作用的烃源岩,用好、中、差、非烃源岩表明烃源岩生烃能力的高低(这正是本章下面将要涉及的内容),用优质烃源岩表示大量排烃、对成藏作出主要贡献的烃源岩,等等。

事实上,在油气勘探的早期,烃源岩的概念被提出和广泛认可之前,油气勘探家并没有意识到烃源岩对油气成藏和勘探的意义。在总结大量勘探成败的经验教训之后,勘探家才开始认识到,要提高勘探成功率,必须要到有烃源岩的地区打井,这就是早期的"源控论"。我国20世纪60年代兴起、在油气勘探中行之有效"定凹探边"的勘探原则,就是这一原理的应用。后来,人们逐渐认识到,真正对油气藏的形成和分布起制约作用的是"有效烃源岩",即生成并排出过商业性油气的烃源岩,通常有机质丰度较高、类型较好并且已经成熟的烃源岩(庞雄奇等,1995;金强,2000,2001;张水昌等,2001);但随着勘探和研究的深入,越来越多的油气地质和地球化学家倾向于认为,工业性油气藏的主要贡献者可能是生烃凹陷中厚度不一定很大但有机质丰度很高,并且已经成熟的优质烃源岩,而不一定是凹陷中广布的厚度大但丰度并非很高的烃源岩,即"优质烃源岩控藏"(卢双舫等,2012;张林晔等,2003;侯读杰等,2008)。所以说,"源控论"勘探思想的内涵,其实经历了从"烃源岩控藏"、"有效烃源岩控藏"到"优质烃源岩控藏"的演变。

烃源岩的定性评价是在勘探早期对探区烃源岩的有无、优劣进行的识别和鉴定工作,是烃源岩评价的重要内容,主要回答勘探区是否存在烃源岩、哪些是烃源岩、烃源岩的品质如何等问题。从原理上讲,一个探区烃源条件好坏与两方面的因素有关,一是与烃源岩(细粒沉积物)发育、分布的规模有关,二是与单位质量的烃源岩的品质有关。

就烃源岩的发育和分布来说,一般而言,只要有大规模的水体(海、湖)发育,就有大规模的细粒沉积物发育、分布并有相应的有机质沉积形成烃源岩。在地质历史上,元古宙和古生代海侵广阔,而进入中生代、新生代以来,伴随着陆壳增生,几乎在各个地质历史时期中,在辽阔的大陆上都有大量的湖泊产生,成为有机质沉积的重要场所。这在我国表现得尤为突出,中生代、新生代湖泊沉积发育更为广泛,不仅构成了我国地质历史发展的重要特色,而且为陆相油气田的形成奠定了良好的物质基础。

具体一点说,震旦纪至早古生代伴随着藻类在海洋中大量出现,我国大部地区为浅海所淹没,碳酸盐岩分布广泛,尤其是在中西部地区,如四川盆地、塔里木盆地、鄂尔多斯盆地(翟光明等,2002)。

晚古生代开始,我国陆地面积显著增加。泥盆纪,由于气候干燥,大多为红色沉积。石炭纪,气候温湿蕨类繁茂,是我国的重要成煤期,也开始了我国陆相生油的时代(黄第藩,1982)。二叠纪,伴随着海西褶皱带的最终形成,我国海退显著;在晚期,准噶尔盆地几个巨大湖盆出现,为克拉玛依油田提供了丰富的油源,石炭—二叠系在塔里木、吐鲁番、鄂尔多斯、四川、华北等盆地均有分布,是一套具有较大潜力的烃源岩层系。

三叠纪,早期气候干燥,以红层和盐湖沉积为主;晚期气候温湿,湖泊和沼泽广泛发育,如鄂尔多斯盆地、四川和楚雄盆地等。

侏罗纪,古气候更宜于陆生植物生长,因此以补偿型沉积盆地为特征,产生了众多的湖沼,形成了中生代最为重要的一套含煤岩系。但是,这一时期也有非补偿型湖盆存在,发育了较好的烃源岩。它们常与含煤层构成横向上的变化或在纵向上交替。柴达木盆地的冷湖、吐鲁番盆地等都有来自中—下侏罗统烃源岩层的油田发现。这是我国煤系地层生油气的重要时代。

早—中白垩世,在我国中部祁连山—秦岭—桐柏山以北地区,气候潮湿、半潮湿,发育了许多淡水、半咸水湖泊,水生生物相当繁盛,产生了中生代以来最好的烃源层系和一个大的区域含烃带。我国的大庆、二连、海拉尔等盆地,都是这一特定地质历史时期的产物。

古近—新近纪,伴随着喜马拉雅海槽的收缩,海水最终从中国大陆退出。在西部,西藏高原强烈隆起,气候日趋干燥,湖泊咸化;在东部,大陆面积远大于现今,形成了一系列淡水湖泊,如渤海湾盆地及其海域,成为我国又一重要烃源岩发育期。

第四纪,目前还只在柴达木盆地发现了湖成生物气。

不过,由于烃源岩的发育、分布的规模主要是一个地质问题而不是地球化学问题,因此本教材仅用上述篇幅简述。

就单位质量的烃源岩的品质来说,由于前已述及,油气是由有机质生成的,因此,岩石中有机质的多少、有机质生烃能力的高低及有机质向油气转化的程度就成为决定其烃源条件优劣的关键因素,故本章下面主要从有机质的多少(丰度)、有机质生烃能力的高低(类型)及有机质向油气转化的程度(成熟度)三方面对烃源岩进行定性评价。

从一般意义上讲,任何鉴定或评价都需要适当的参照标准,烃源岩评价也不例外。因此烃源岩评价就是依据一定的标准考察岩石是否能作为有勘探价值的石油聚集的来源。但标准并不唯一,与认识程度和被评价对象的具体地质条件等有关。烃源岩的定性评价是其定量评价和油气资源量评估的基础。

第一节　有机质的丰度

有机质丰度是指单位质量岩石中有机质的数量。由于在其他条件相近的前提下,岩石中有机质的含量(丰度)越高,其生烃能力越强,因此在烃源岩评价时人们希望获得岩石的有机质丰度数据。岩石中有机质的量是所有存在于有机质中的元素的总量(包括C、H、O、N、S等),要实测各种有机元素的含量之后求和,这并不是一件轻松、经济的工作,在实际工作中并不做岩石有机质丰度的直接测定,而是采用测定容易、经济的指标来反映岩石中有机质的丰度。衡量岩石中有机质的丰度所用的指标主要有总有机碳(TOC)、氯仿沥青"A"、总烃和生烃势(S_1+S_2)。这些指标从不同角度提供了岩石的有机质丰度信息。

一、有机质丰度指标

1. 总有机碳含量

有机碳是指岩石中存在于有机质中的碳元素,因此它不包括碳酸盐岩、石墨中的无机碳元素。有机碳含量是岩石中有机碳元素质量占岩石质量的百分比,用TOC(%)来表示。根据行业规范,有机碳的测定在有机碳测定仪上完成的,其原理是岩石粉碎、干燥、称重,用盐酸去掉无机碳(主要是碳酸盐矿物中的碳),岩石燃烧将有机碳转化为CO_2,计量CO_2的量,从而计算出岩石中有机碳的量。用TOC反映有机质丰度是因为有机碳元素一般占有机质的绝大部分,且含量相对稳定,故常用有机碳的含量来反映有机质的丰度。若将有机碳的含量转换为有机质的含量,需要补偿其他有机元素的量,常用的方法是乘一校正系数K,即有机质=K·有机碳。K 值是随有机质类型和演化程度而变化的量。Tissot 等给出了经验的 K 值(表 13 – 1)。

表 13 – 1　由有机碳含量计算有机质含量的校正系数(据 Tissot,1984)

演化阶段	干酪根类型			煤
	I	II	III	
成岩作用	1.25	1.34	1.48	1.57
深成作用	1.20	1.19	1.18	1.12

从有机碳的定义和测定原理看,有机碳既包括占岩石有机质大部分的干酪根中的碳,也包括可溶有机质中的碳。但根据目前有机碳的测定方法(GB/T 19145—2003),岩石在存储和前处理过程中分子量较小因而挥发性较强的轻质有机质和气态有机质无法被计量到。因此,所测得的有机碳含量比有机碳含量的理论值要小一些。同时需要强调,根据国标测定方法,测定的有机碳含量是干燥岩石中的有机碳含量。

若岩石中有机质生成油气后发生了油气排出现象,那么岩石的有机碳就是残余有机碳,所测定的有机碳也只能是残余有机碳了。

2. 氯仿沥青"A"和总烃

氯仿沥青"A"是指用氯仿从沉积岩(物)中溶解(抽提)出来的有机质。通常用氯仿沥青"A"的质量占岩石质量的百分比(%)来表示氯仿沥青"A"的含量。严格地讲,它作为生烃(取决于有机质丰度、类型和成熟度)和排烃作用的综合结果,只能反映烃源岩中残余可溶有机质的丰度,而不能反映总有机质的丰度。

氯仿沥青"A"中饱和烃和芳烃之和称为总烃(HC)。通常用总烃质量占岩石质量的百万分比 mg/kg 表示岩石中总烃的含量。显然,它反映的是烃源岩中烃类的丰度,而不是总有机质的丰度。

但在其他条件相近的前提下,二指标的值越高,所指示的有机质的丰度越高。因此,它们也常常被用作烃源岩评价时的丰度指标。不过,显而易见,这两项指标均无法反映烃源岩的生气能力。同时,在高—过成熟阶段,由于液态产物裂解为气态产物,它也难以指示高—过成熟烃源岩的生油能力。还有必要指出的是,由于氯仿抽提及饱和烃、芳烃分离时的恒重过程,C_{14-} 的烃类基本损失殆尽,两项指标实际上也未能反映烃源岩中的全部残油和残烃。也有学者认为(庞雄奇等,1993,1995),从本质上看,氯仿沥青"A"和总烃是一个残油、残烃量的指标,因此,其值高,可能不一定表明生烃条件好,反而可能指示烃源岩的排烃条件不好,即指示这类烃源岩对成藏的贡献可能有限。

3. 生烃势

对岩石用 Rock – Eval 热解仪(第三章)分析得到的 S_1 被称为残留烃,相当于岩石中已由有机质生成但尚未排出的残留烃(或称为游离烃或热解烃),内涵上与氯仿沥青"A"和总烃有重叠,但比较富含轻质组分而贫重质组分;分析所得的 S_2 为裂解烃,原理上是岩石中能够生烃但尚未生烃的有机质,主要对应不溶有机质中的可产烃部分(但实际上包括了烃源岩中已经生成的分子量较大的一部分烃类及非烃类)。所以 $S_1 + S_2$ 被称为"genetic potential"(Tissot 等,1978)。中文一般将它译为"生烃潜力"或者"生烃潜量"。考虑到"潜力"含有"能够但尚未实现的"意义,即从直观上理解,更应该将它与 S_2 相联系,因此本书建议将"genetic potential"译为生烃势。黄第藩等(1984)也曾在著名的《陆相有机质的演化和成烃机理》一书中将

$S_1 + S_2$ 称为生油势。它包括烃源岩中已经生成的和潜在能生成的烃量之和,但不包括生成后已从烃源岩中排出的部分。可见,在其他条件相近的前提下,两部分之和($S_1 + S_2$)也随岩石中有机质含量的升高而增大,因此也成为目前常用的评价烃源岩有机质丰度的指标,称为生烃势,单位为 mg/g(HC/岩石)。显然,它也会随着有机质生烃潜力的消耗和排烃过程而逐步降低。

除了上述常用的有机质丰度指标外,还可以利用全岩薄片在显微镜下直接统计有机质数量(面积百分比)。早期也有人利用氨基酸的含量来反映有机质的丰度(傅家谟等,1982),但由于氨基酸的稳定性差,现在已经基本没有人应用了。

二、烃源岩中有机质丰度评价

有机质丰度评价是烃源岩评价的关键内容之一,可以作为烃源岩的有机质丰度下限及分级标准,是有机质丰度评价的主要内容。

对于烃源岩中有机质含量界线,国内外学者都做过大量研究工作。苏联的罗诺夫(1958)从俄罗斯地台西部的基辅到东部的乌法取样分析了上泥盆统几百个页岩样品,结果表明,虽然俄罗斯地台区的构造条件和储层条件普遍很好,但油田主要集中在有机碳含量为 0.5%~5% 的古比雪夫和乌法附近地区;向南在萨拉托夫和基辅地区,有机碳含量为 0.5% 左右,仅发现一些气田;俄罗斯地台北部有机碳值一般低于 0.25% 的地区没有油气田(图 13-1)。罗诺夫求得含油区细粒岩石有机碳的平均含量是:泥岩为 1.37%,碳酸盐岩为 0.5%;非含油区泥岩平均为 0.4%,碳酸盐岩平均为 0.16%。根据大量类似的经验数据统计,国外泥质烃源岩有机碳的下限值一般确定为 0.5%。有些地球化学家主张碎屑岩生油岩可选用 1% 作为有机碳下限,理由是大多数碎屑岩生油岩都含有很多再循环的干酪根,所以应提高下限值。

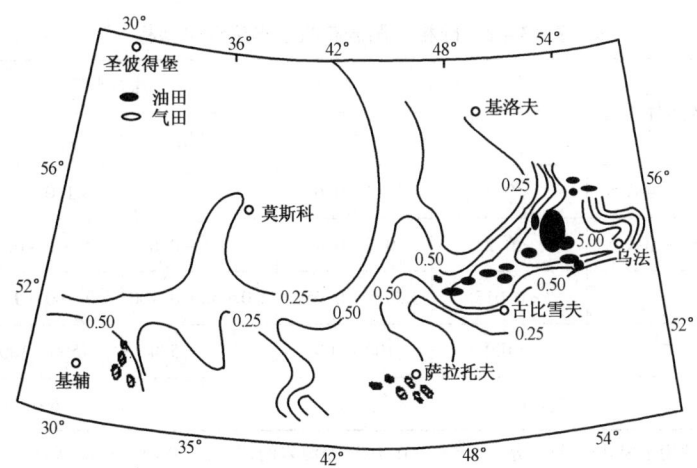

图 13-1 俄罗斯地台上泥盆统沉积物中的有机碳含量(%)(据 Ronov,1958)

国内许多学者也进行了大量的相关研究。对我国中—新生代主要含油气盆地 1080 个样品数据编绘的有机碳含量频率图(图 13-2)的研究表明(尚慧芸,1981),暗色泥质生油岩的有机碳含量下限值约为 0.4%,较好的生油岩为 1.0%。例如,华北古近—新近系各组段有机碳含量频率图(图 13-3)显示,新近系明化镇组及馆陶组为非生油岩层,其有机碳含量一般低于 0.4%;古近系东营组有机碳含量多数在 0.5% 左右,具有一定的生油能力;古近系沙河街组大多数有机碳在 1.5% 左右,为该区主要生油层系。

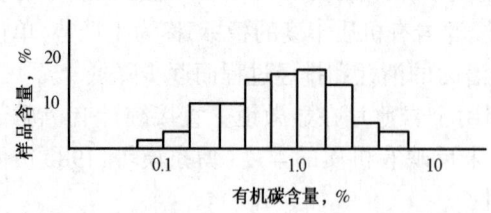
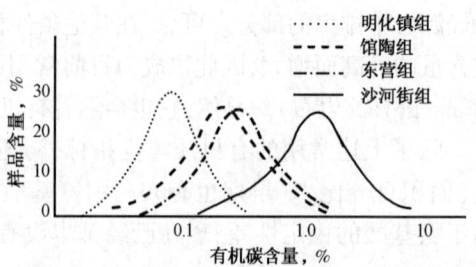

图 13-2 我国中—新生代主要含油气盆地烃源岩(1080 个样品)有机碳含量频率图
（据尚慧芸,1981）

图 13-3 华北古近—新近系各组段地层中有机碳含量频率图

黄第藩(1991)对我国主要陆相含油气盆地的有机质丰度进行了总结,结果表明,在陆相淡水—半咸水沉积中,主力油源层的有机碳含量均在 1.0% 以上,平均值变化在 1.2% ~ 2.3% 之间,可高达 2.6% 以上;氯仿沥青"A"的含量均在 0.1% 以上,平均值变化在 0.1% ~ 0.3% 之间,烃含量均在 410mg/kg 以上,平均值大多变化在 550 ~ 1800mg/kg 之间。总的来看,我国陆相主力油源岩是一套灰黑—灰色泥岩、页岩,所含碳酸盐极少。陆相生油岩的有机质丰度,特别是烃含量不低,构成了陆相石油生成的良好的物质基础。根据我国勘探实践,黄第藩提出了适用我国陆相含油气盆地的烃源岩评价标准(黄第藩等,1984)。表 13-2 是在黄第藩标准基础上修订后由中国石油天然气总公司 1995 年发布的行业标准,适用淡水—半咸水湖相沉积的生油岩,海相泥岩也可参照此标准评价。对一般盐湖相沉积,因具有机碳含量较低,而烃含量不低,评价标准稍有不同。

表 13-2 陆相烃源岩有机质丰度评价指标

指标	湖盆水体类型	非生油岩	生油岩类型			
			差	中等	好	最好
TOC,%	淡水—半咸水	<0.4	0.4 ~ 0.6	>0.6 ~ 1.0	>1.0 ~ 2.0	>2.0
	咸水—超咸水	<0.2	0.2 ~ 0.4	>0.4 ~ 0.6	>0.6 ~ 0.8	>0.8
"A",%		<0.015	0.015 ~ 0.050	>0.050 ~ 0.100	>0.100 ~ 0.200	>0.200
HC,mg/kg		<100	100 ~ 200	>200 ~ 500	>500 ~ 1000	>1000
$S_1 + S_2$,mg/g		<2	2 ~ 6	>6 ~ 20	>20	

注:表中评价指标适用于成熟度较低($R_o = 0.5\% ~ 0.7\%$)烃源岩的评价,当热演化程度高时,由于油气大量排出以及排烃程度不同,导致上列有机质丰度指标失真,应进行恢复后评价。

煤系地层因有机质类型较差,相应的丰度评价标准有明显的提高(黄第藩等,1996;陈建平等,1997)。与一般湖相泥岩相比,煤系泥岩(TOC<6%)有机质以陆生植物为主,类脂组含量低,富碳贫氢,虽然有机碳含量高,但生烃潜力低;较高的有机质丰度也使其对可溶有机质的吸附能力比一般泥岩强;单位有机碳的生烃潜力低,但单位岩石的生烃潜力又较高。煤系泥岩的这些基本特点决定了其评价标准(表 13-3)与泥岩有所不同。表 13-4 为主要依据热解生烃潜量和氢指数给出的煤系炭质泥岩(6%<TOC<40%)评价标准。

表 13-3　中国煤系泥岩生烃潜力评价标准(据陈建平,1997)

油源岩类型及级别		评价指标			
		TOC,%	S_1+S_2,mg/g	氯仿沥青"A",%	总烃,%
煤系泥岩	非	<0.75	<0.50	<0.15	<0.05
	差	0.75~1.50	0.50~2.00	0.15~0.30	0.50~0.12
	中	1.50~3.00	2.00~6.00	0.30~0.60	0.12~0.30
	好	3.00~6.00	6.00~20.00	0.60~1.20	0.30~0.70
	很好	3.00~6.00	>20.00	>1.20	>0.70

表 13-4　煤系碳质泥岩生烃潜力评价标准(据陈建平,1997)

油源岩级别	评价指标			有机质类型
	I_H,mg/g	S_1+S_2,mg/g	TOC,%	
非	<60	<10	6~10	$Ⅲ_2$
很差	60~110	10~18	6~10	$Ⅲ_2$
差	110~200	18~35	6~10	$Ⅲ_1$
中	200~400	35~70	10~18	Ⅱ
好	400~700	70~120	18~35	I_2
很好	>700	>120	35~40	I_1

而煤则因为有机质含量均很高(>40%),丰度已不成为制约因素,因此其有机质丰度的定性评价意义不大。煤作为气源岩已不成问题,能否成为油源岩,关键在于其中有机质的组成和性质(注意这里提到的不是类型)。

由于成气机理不同于热成因气,生物气源岩的评价标准应该不同于常规气源岩。在有利的条件下,有机质产生物气的产率较高,能否成藏在很大程度上取决于保存条件,同时,也与主要成气的深度有很大的关系(埋藏深时,保存条件较好)。我国在柴达木盆地发现了储量超过 $1×10^{11}m^3$ 的大型生物气田,其气源岩的有机碳大多在 0.2%~0.3%(周翥虹等,1994;张祥等,2004),我国长江、珠江三角洲地区发现的浅层生物气藏(田)气源岩的有机碳也不高(TOC = 0.3%~0.5%,林春明等,1996)。这可能表明,作为生物气源岩,有机质的丰度可以较低。

美国的评价标准(表 13-5)与表 13-2 类似,但该标准并非针对陆相烃源岩,而是包含了碳酸盐岩。

表 13-5　Peters 等(1998)的烃源岩评价标准

石油潜能	TOC,%	岩石热解分析,mg/g		沥青,%	烃,%
		S_1	S_2		
差	0~0.5	0~0.5	0~2.5	0~0.05	0~0.03
一般	0.5~1	0.5~1	2.5~5	0.05~0.10	0.03~0.06
好	1~2	1~2	5~10	0.10~0.20	0.06~0.12
很好	2~4	2~4	10~20	0.20~0.40	0.12~0.24
极限	>4	>4	>20	>0.40	>0.24

与不同学者在不同时期所给出的泥质烃源岩的评价标准均比较相近(0.4%~0.5%)明显不同,关于碳酸盐岩烃源岩的有机质丰度评价,不同学者、不同时期所给出的评价标准有很大的差别。

据 Gehman(1962)统计,现代碳酸盐沉积的有机质的平均含量约为 1.2%,与现代泥质岩(1%)和古代泥质岩(1.14%)相近,而古代碳酸盐岩的有机质丰度仅为 0.24%,远远低于现代碳酸盐岩的有机质丰度。这可能与碳酸盐岩中的有机质容易在成岩过程中损失有关。同时,考虑到碳酸盐岩中有机质类型较好(以水生生物为主),成熟度很高(我国碳酸盐岩大多处于高成熟—过成熟阶段),成烃转化率较高,而碳酸盐岩矿物吸附残留油气的能力明显低于泥质矿物,我国大多数学者早期提出的碳酸盐岩作为油源岩的有机质丰度下限较低,多为 0.1%,见表 13-6(傅家谟等,1978;王启军等,1984;郝石生等,1996;程克明等,1996)。也有少数学者提出的下限低到 0.05%(刘宝泉等,1984),或高到 0.2%、0.3%(郝石生等,1996)。

表13-6　国内外不同单位及学者提出的碳酸盐岩烃源岩有机质丰度下限标准(据郝石生等,1996)

研究单位或研究者	下限值,%	研究单位或研究者	下限值,%
美国地球化学公司	0.12	陈丕济	0.10
法国石油研究院	0.24	傅家谟	0.10,0.20
罗诺夫	0.2	郝石生	0.30
挪威大陆架研究所	0.2	大港石油管理局研究院	0.07~0.12
庞加实验室	0.25	田口一雄	0.20
亨特	0.29,0.33	帕拉卡斯	0.40
蒂索	0.3	埃勃	0.30
贵州八普	0.12	刘宝泉	0.05
四川石油研究院	0.10	黄第藩	0.10

过去给出的碳酸盐岩作为烃源岩的有机质丰度下限较低,除了上述原因之外,还有一项非常重要的考虑,这就是我国碳酸盐岩中有机质的丰度普遍较低,大多在 0.2% 左右。如果按照前述陆相烃源岩的标准,就在很大程度上否定了我国碳酸盐岩覆盖区(约占陆地面积的 1/3)内大部分地区的油气勘探潜力。但是,若按 0.10% 的下限标准,则我国碳酸盐岩烃源岩不仅分布面积广,而且发育厚度大。例如,我国塔里木盆地、华北盆地和鄂尔多斯盆地中—新元古界—下古生界多套海相碳酸盐岩中有机碳在 0.10% 以上的地层累计厚度达数千米之多,因此,按这一标准,应该有非常丰富的油气资源基础。但目前对这些盆地内与碳酸盐岩有关目标的勘探效果并不理想。

评价标准与勘探效果之间的巨大反差,促使地球化学家开始反思过去所定评价标准的合理性。在 20 世纪 90 年代后期,国内许多学者从勘探实例剖析、地质统计、油源对比、模拟实验、数值模拟等方面,对这一问题进行了多方面的深入探讨(梁狄刚,1998,1999;党振荣等,1998;戴金星等,2000;夏新宇等,2000;钟宁宁等,2004,陈践发等,2004),结果倾向于认为,碳酸盐岩生油岩的有机碳丰度下限和碎屑岩没有根本的差别,其有机碳丰度下限也应该是 0.5% 或 0.4%。英国一个研究机构对世界上 250 多个碳酸盐岩油田进行了系统研究,认为其油源都是有机碳含量 >0.5% 的海相碎屑岩和富含泥质的、有机质丰度较高的碳酸盐岩生油层(党振荣等,1998)。不过,也有人认为,考虑到碳酸盐岩的有机质类型较好、成熟度较高,而吸附残留烃能力较弱,其丰度下限可能还是要低于泥质岩类,现今碳酸盐岩覆盖区勘探效果较差的重要原因在于我国碳酸盐岩地层的时代普遍较老,生排运聚成藏后被后期的构造运动破坏。秦建中等(2004)提出了与母质类型、演化程度有关的碳酸盐岩烃源岩划分标准,高—过成熟碳酸盐岩的有机碳含量下限仍然是 0.1% ~ 0.25%。可以说,碳酸盐岩烃源岩的评价标准还没有取得一致性的认识,还需要理论和实践的进一步探索。

上述给出的有机质丰度下限及分级评价标准,主要是针对油源岩来说的。对泥质岩,虽然没有人做过专门的研究,但在实际应用中,一般将气源岩的丰度下限及分级评价标准视为与油源岩的相同。对碳酸盐岩,薛海涛等(2004)从"排气量 = 生气量 – 残气量 – 耗散气量"的物质平衡原理出发进行了模拟计算,结果表明,碳酸盐岩层系排气量的有无和大小与气源岩层中的有机质丰度、类型、成熟度,以及气源岩层系厚度、组成有关,这表明,碳酸盐岩作为气源岩的有机质丰度下限及分级评价标准是随上述条件的变化而变化的。由此按游离相排气量的有无所确定的塔里木盆地 II 型有机质的成熟气源岩所对应的理论下限值(刚开始有游离相的天然气从气源岩层中排出,但难以成藏)约为 0.15% ~ 0.2%,按排气量的大小确定的工业下限值约为 0.25% ~ 0.3%。

第二节 有机质的类型

由于不同来源、组成的有机质成烃潜力有很大的差别,因此,要客观认识烃源岩的成烃能力和性质,仅仅评价有机质的丰度是不够的,还必须对有机质的类型进行评价。有机质(干酪根)类型是衡量有机质产烃能力的参数,同时也决定了产物是以油为主,还是以气为主。有机质的类型既可以由不溶有机质的组成特征来反映,也可以由其产物——可溶有机质及其中烃类的特征来反映。有机质类型的划分及其与成烃潜力的对应关系,已在第七章中介绍。同时,第七章中也已介绍了 3 种常用的判识有机质类型的方法:(1)据有机质的来源判识有机质的类型;(2)据有机质(干酪根)的显微组分组成判识有机质的类型;(3)据干酪根的元素组成判识有机质的类型。本节将介绍其他判别有机质类型的指标。

一、依据岩石(或干酪根)的 Rock – Eval 热解参数判识有机质类型

元素分析必须制备干酪根,显微组分分析也大多都需要制备干酪根,这一过程繁杂费时。利用 Rock – Eval 烃源岩评价仪所得到的热解三分资料可快速经济地直接利用少量岩石(这项分析也可以对干酪根进行)获得许多参数(第三章第二节),其中不少包含有烃源岩中有机质类型的信息。如在物理意义上,氢指数(I_H)、氧指数(I_O)分别与 H/C、O/C 相近。因此,对成熟度较低的烃源岩而言,I_H 能较好地反映有机质生烃能力的高低,母质类型指数也可反映有机质氢、氧的相对富集程度,因而可成为良好的判识有机质类型的指标。事实上,这些参数已成为目前油田生产实践中最常用的判识有机质类型的指标之一。图 13 – 4 为在氢指数—氧指数关系图上,按三类四型方案划分有机质类型的图解。黄第藩等(1984)提出的判识有机质类型的 X 型图解及相应的分类标准主要就是依据氢指数及母质类型指数。由于一些改进型仪器不再检测 S_3(图 3 – 7),故现在一般用 I_H—T_{max} 图(图 13 – 5)替代图 13 – 4 来划分有机质类型。

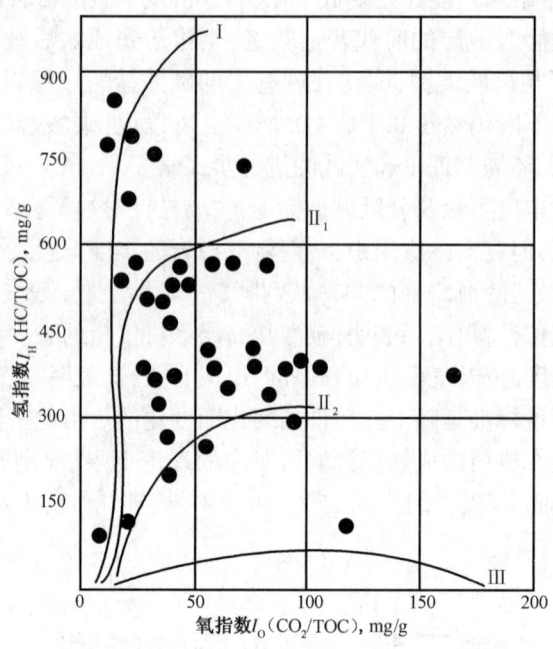

图 13-4 由氢指数、氧指数划分有机质类型图（据邬立言等，1986）

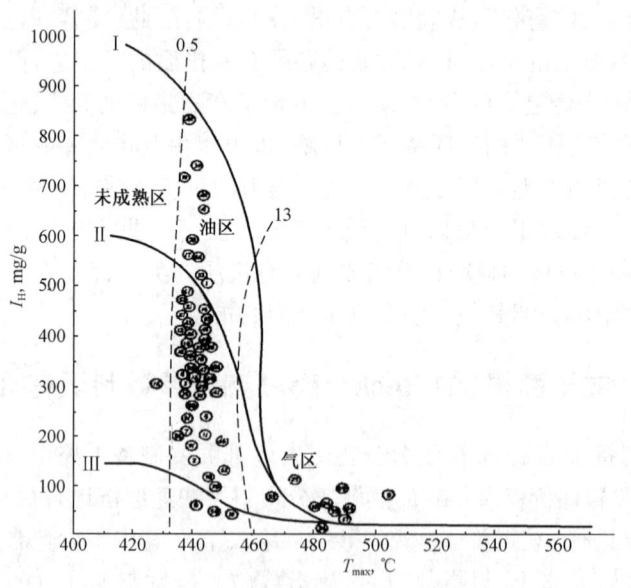

图 13-5 由氢指数、T_{max} 划分有机质类型图（据邬立言等，1986）

二、依据红外光谱（官能团）特征判识有机质的类型

从第三章第三节的介绍中可知，有机质的红外谱带可以分为脂族基团、芳香基团和含氧基团三大类。依据这些基团（谱带）的强度，可以选择许多比值来表征有机质的类型。1995 年颁布的行业标准 SY/T 5735—1995 中就有由红外参数判识有机质类型的方案（图 13-6、表 13-7）。

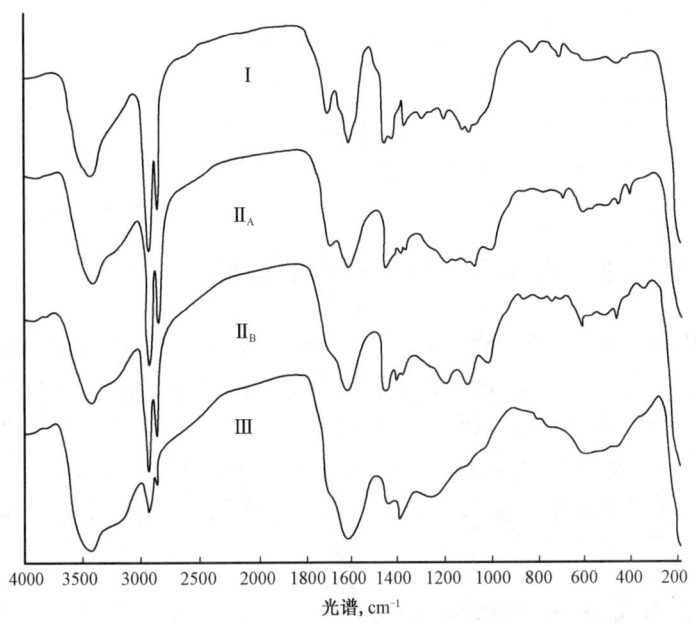

图 13-6 不同类型干酪根的红外光谱(据傅家谟,1995)

Ⅰ型—侏罗纪 $R_o=0.65\%$;Ⅱ$_A$ 型—古近—新近纪,$R_o=0.56\%$;Ⅱ$_B$ 型—古近—新近纪,$R_o=0.56\%$;

Ⅲ型—古近—新近纪,$R_o=0.42\%$

表 13-7 红外光谱陆相烃源岩有机质类型划分表

吸光度比	Ⅰ$_1$	Ⅰ$_2$	Ⅱ	Ⅲ$_1$	Ⅲ$_2$
$2920cm^{-1}/1600cm^{-1}$	—	>4.3	4.3~1.6	<1.6~0.5	<0.5
$1460cm^{-1}/1600cm^{-1}$	—	>1.00	1.00~0.40	<0.40~0.15	<0.15

三、依据干酪根的稳定碳同位素组成($\delta^{13}C$)判识干酪根的类型

业已知道,不同来源、不同环境中发育的生物具有不同的稳定碳同位素组成($\delta^{13}C$)(第七章第三节、表 13-8)。总体上讲,相同条件下,水生生物较陆生生物富集轻碳同位素,类脂化合物较其他组分富集轻碳同位素。因此,较轻的干酪根碳同位素组成一般反映较高的水生生物贡献和较多的类脂化合物含量,即对应着较好的有机质类型。干酪根作为生物有机质的演化产物,应该继承原始有机质的特征。因此,干酪根的碳同位素组成应该可以反映其有机质的来源及有机质的类型。表 13-9 列出了代表性的由干酪根的碳同位素组成鉴别干酪根类型的方案,其中第三列为 1995 年发布的石油行业标准。

表 13-8 现代海洋、湖泊和陆地各种生物中碳同位素($\delta^{13}C$)(据黄汝昌,1997)　‰

环 境	高等植物	植物	浮游植物	植物类脂组	藻类	浮游生物
陆相	-21.6~-26.7	-21.0~-30.0	-30	-28.7~-32	-27~-32	-27.6~-32.6
海相	-9.3~-15.8	-10.0~-20.0	-15~-20	-17.8~-22	-17~-28	-18.2~-28.5

表 13-9 陆相干酪根的 $\delta^{13}C$ 与其类型的关系　‰

三分法(王大锐,2002)		黄第藩(1991)		SY/T 5735—1995
典型腐泥型	-28.0~-30.2	标准腐泥型 Ⅰ$_1$	-28.2~-31.0	<-30
Ⅰ	-27.0~-29.3	含腐殖腐泥型 Ⅰ$_2$	-27.5~-28.2	-30~-28.0

续表

三分法(王大锐,2002)		黄第藩(1991)		SY/T 5735—1995
II	−25.5 ~ −27.2	中间型或混合型 II	−26.0 ~ −27.5	−28.0 ~ −25.5
III	−21.0 ~ −26.0	含腐泥的腐殖型 III$_1$	−24.5 ~ −26.0	−25.5 ~ −22.5
		标准腐殖型 III$_2$	−20.0 ~ −24.5	> −22.5

四、据干酪根的热失重特征判识干酪根的类型

干酪根在受热过程中会发生裂解产生挥发性的产物,因此残余干酪根的重量会随着受热温度的升高而逐渐减少。热失重,是指受热前干酪根的重量减去受热后干酪根的重量。不同类型的干酪根由于产烃潜力不同,因而失重量也会不同。显然,对成熟度相近的样品,干酪根的类型越好(产烃潜力越大),相同条件下的失重量越大,即各类干酪根的热失重量顺序为 I > II > III 型。这 3 类干酪根的最大失重量分别可达到干酪根原始重量的 80%、50% 和 30% 左右。

五、数值化的干酪根类型指数 KTI*

按照前述离散的干酪根类型划分方案,有机质要么归入产烃(产油)能力很高的 I 型或者 II 型,要么归入产烃(尤其是产油)能力很低的 III 型。这可能并不合理。因为,自然界中不同来源、不同组成的有机质可以以不同的比例混合,因而实际样品生烃能力应该构成一个连续变化、逐渐过渡的数值系列,而不应该是三类或者三类四型、三类五型等少数几个离散的类型。事实上,如果将众多的实际样品的 H/C、O/C 分析数据点在 van Krevelen 图上,它们并不集中沿着有机质演化途径分布,而是几乎均匀分布于可能的取值空间。因此,应该有一个连续变化的数值化指标来反映有机质生烃能力的这种连续变化。基于这一考虑,卢双舫等(1986,1993)提出了数值化的干酪根类型指数(KTI),该指数大致分布于 100 ~ 0 之间,其值越大,表明有机质的类型越好,即生烃潜力越高。

所提出数值化的干酪根类型指数有 3 种表达形式,分别为:

$$KTI_1 = 405.12 \times \left(\frac{H}{C}\right)^2 \times \frac{O}{C} + 7.47 \div \frac{O}{C} - 4.09 \div \left(\frac{H}{C}\right)^2 - 696.14 \times \left(\frac{H}{C} \times \frac{O}{C}\right)^2$$

$$+ 47.06 \times \frac{O}{C} \div \left(\frac{H}{C}\right)^2 - 0.1 \div \left(\frac{O}{C}\right)^2 - 60.87$$

$$KTI_2 = 4.81 + 0.14 \times I_H + 457.55/I_O - 2.77 \times 10^{-4} \times I_H^2/I_O - 755.53/I_O^2 - 6.12 \times 10^{-5} \times I_H^2$$

$$KTI_3 = \sum M_i \times KTI_{1i}$$

式中　H/C、O/C——干酪根元素分析所得的氢碳原子比和氧碳原子比;

I_H、I_O——Rock - Eval 分析所得的氢指数和氧指数;

M_i——第 i 种显微组分的百分含量;

KTI_{1i}——由 KTI_1 的表达式计算的 i 种显微组分的 KTI_1 值。

通过大量样品的 KTI 值与离散型分类的对比,得到了两者之间的大致对应关系,如表 13-10 所示。可以看出,KTI 并非一个新的干酪根分类方案,而是将 3 种常用的干酪根分类方案数值化了。这种数值化的优点之一就是使这一指标对有机质产烃能力的表述更为精细,

特别是对一些位于离散型分类方案界限附近的样品(如表 13-11 中的 2 号样品),这一点尤为重要。

表 13-10　KTI 与离散的干酪根类型的大致对应关系(据卢双舫等,1993)

类型	I_1	I_2	II	III_1	III_2
KTI	>80	80~60	60~40	40~20	<20

表 13-11　KTI_1 应用效果验算表(据卢双舫等,1993)

编号	井号	深度,m	盆地	原子比 H/C	原子比 O/C	R_o,%	KTI_1	前人综合分类
1	金 43	2172.8	松辽	1.17	0.04	1.23	82.4	I_1
2	英 15	2132.8	松辽	0.99	0.04	1.20	75.9	I_2
3	杜 15	1204.7	松辽	1.26	0.09	0.56	58.8	II
4	杜 13	1516.0	松辽	1.04	0.09	0.73	43.3	II
5	午 3	2304.2	周口	0.93	0.17	0.47	26.3	III_1
6	拐 148	3174.0	准噶尔	0.86	0.36	0.99	17.6	III_2

这一指标的另一个优点在于,KTI 值在一定程度上具有恢复演化程度较高的干酪根样品的原始生烃潜力的能力;其原理在于,虽然样品的 H/C、O/C、I_H、I_O 观测值随成熟度升高而减小,从而使 KTI_1、KTI_2 表达式中的某些项减小,但这也同时使另一些项(如上述测值的倒数或倒数的平方)的值增大,从而使计算的 KTI 保持相对稳定。如表 13-10 中的 1 号样品,按其 H/C 为 1.17 来看,只能归属于 II 型干酪根,但从其较高的成熟度来看,该样已进入成烃高峰,其低的 H/C、O/C 正是生烃的结果。计算所得的 KTI_1 = 82.4,为 I_1 型有机质。这对于正确评价演化程度较高的生油层的生油能力和已生油量无疑具有实际应用价值。事实上,KTI_2 也有类似的效果,有兴趣的学生可进一步参阅有关的文献。

这一方法的局限性在于它只能适用于 R_o < 2.0% 的样品,因为建立上述公式所利用的样品的成熟度 R_o 不高于 2.0%。

上面介绍的各种方法都是通过对不溶有机质的分析来判识有机质类型。有理由相信,由不同类型的有机质产生的烃类也会有或多或少的差别,因此,通过对可溶有机质(既包括残留于烃源岩中的沥青,也包括聚集起来的石油)特征的研究,可以追溯原始有机质的来源、组成,即原始有机质的性质。

六、据可溶沥青的特征识别有机质类型

1. 氯仿沥青"A"及其族组成

氯仿沥青"A"是各种烃类和非烃类的混合物,通常将其进一步分离成饱和烃、芳烃、非烃和沥青质 4 个族组分。不同类型干酪根所生成的氯仿沥青"A"的族组成存在一定的差异,I 型干酪根的氯仿抽提物中含有更多的饱和烃;同时,由于藻类等水生生物的正构烷烃一般以较低碳数(<C_{20},主峰碳数一般在 C_{15}、C_{17})不具奇偶优势的组分为主,而高等植物生源的饱和烃中以高碳数具偶碳优势的正构烷烃为主(图 10-5),因此,在有利的条件下,可以由此间接判识有机质的类型(表 13-12)。图 13-7 表明既有水生生物的贡献,也有陆源高等植物的贡献,属混合来源的有机质。需要说明的是,氯仿沥青"A"的族组成不仅受母质类型

影响,还受母质的成熟度及生排烃过程的影响(见第八、九、十一章),因此表中只适用于低演化程度且未经明显蚀变的样品。当热演化程度较高时,由于大分子烃类的热裂解,上述特征会消失。

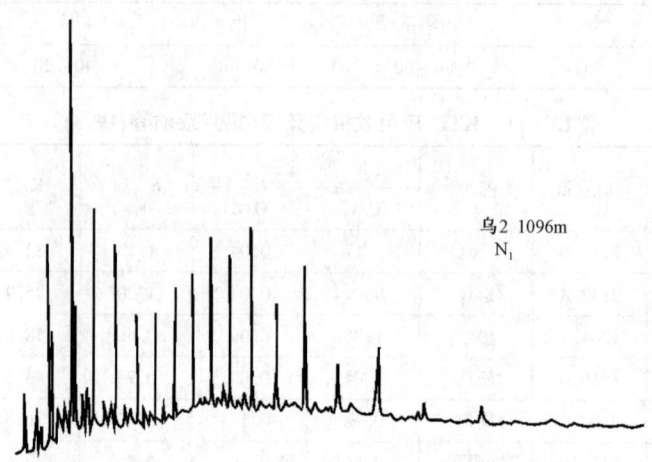

图 13-7 松辽盆地乌2井 N_1 烃源岩饱和烃气相色谱图

前峰为水生生物的贡献,后峰为高等植物的贡献

表 13-12 据可溶有机质特征划分有机质类型表(三类四分法)

项目		I	II$_1$	II$_2$	III
饱和烃特征	峰型特征	前高单峰型	前高双峰型	后高双峰型	后高单峰型
	主峰碳	C_{17} C_{19}	前 C_{17}、C_{19} 后 C_{21}、C_{23}	前 C_{17}、C_{19} 后 C_{27}、C_{29}	C_{25} C_{27} C_{29}
氯仿沥青"A"族组成	饱和烃,%	40~60	<40~30	<30~20	<20
	饱/芳	>3	3.0~1.6	1.6~1.0	<1.0
	非烃+沥青质,%	20~40	>40~60	>60~70	>70~80
生物标志化合物 $5\alpha(C_{27}+C_{28}+C_{29})=1$	$5\alpha-C_{27}$,%	>55	55~35	<35~20	<20
	$5\alpha-C_{29}$,%	<25	25~35	>35~45	>45~55
	$5\alpha-C_{27}/5\alpha,C_{29}$	>2.0	2.0~1.2	<1.2~0.8	<0.8

2. 氯仿沥青"A"及原油的碳同位素

氯仿沥青作为干酪根的演化产物,应该在一定程度上继承了先质的特征,但由于成烃反应中的碳同位素分馏作用(^{12}C优先富集于反应产物中),氯仿沥青的碳同位素组成略轻。由于在石油从生油层向储层运移过程中的碳同位素分馏作用和组分分馏作用,储层中聚集的石油的碳同位素组成也往往较氯仿沥青略轻。通常存在如下关系(王大锐,2002):

$$\delta^{13}C_{干酪根} - \delta^{13}C_{沥青"A"} = 0~1.5‰$$

$$\delta^{13}C_{沥青"A"} - \delta^{13}C_{石油} = 0~1.5‰$$

一般情况下,氯仿沥青的族组分之间存在如下关系:

$$\delta^{13}_{沥青质} > \delta^{13}C_{非烃} > \delta^{13}_{芳烃} > \delta^{13}_{饱和烃}$$

如果泥岩受到运移来烃类的浸染,则 $\delta^{13}C_{干酪根}$ 与 $\delta^{13}C_{沥青"A"}$ 会背离上述关系,使得 $\delta^{13}C_{沥青"A"}$ 所应代表的母质类型信息失去意义。

3. 单体烃同位素组成

单体烃同位素是指原油或沥青中单一烃类化合物碳同位素,由 GC-C-MS(气相色谱—氧化燃烧炉—同位素质谱)或称在线同位素分析仪完成。该技术使液态石油烃的稳定碳同位素研究与天然气中 C_1—C_4、CO_2 的碳同位素分析一样,进入了分子级水平。单体烃同位素分析仪,于 20 世纪 80 年代初实现商品化,我国 90 年代初引入。经过 30 余年的发展,单体烃同位素研究已经取了长足进步,可以测定正构组分、异构组分及生物标志化合物,但总的来看,还属于新兴技术,对单体烃的地球化学意义认识还不够深入,许多理论问题尚未明晰。

正构组分单体烃碳同位素有随分子量增加而变轻的趋势(鹿洪友等,2003;耿安松等,1999;   等,2004)。用正构组分的单体烃分布可以区分油的来源。

湖水的咸度可能对原油的单体烃同位素分布形式存在影响,淡水—微咸水湖相原油单位烃同位素偏轻,半咸水—咸水湖相原油偏重,沼泽相煤成岩最重(图 13-8)。

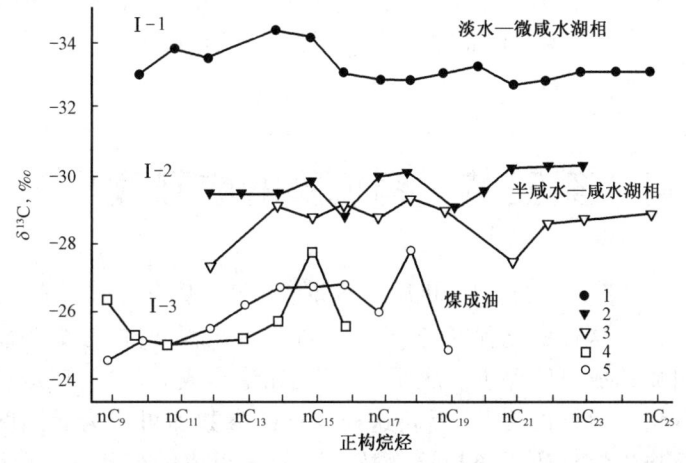

图 13-8 鄂尔多斯盆地原油正构单体烷烃同位素分布(据张文正等,1993)
1—元 8-9 井原油(J);2—临深 3 井原油(K_1);3—临深 2 井原油(E);4—镇川井凝析油(P_1);
5—色 1 井凝析油(P_1)

七、据生物标志化合物分布特征判识有机质类型

由生物标志化合物的特征判识有机质的类型已在第十章已做了较为详细的介绍,这里不再重复,仅在表 13-12 中列出了由甾烷内组成判识有机质类型的石油行业标准。

除了前述 10 类(上述 7 类加上第七章的 3 种)方法之外,判识有机质类型的指标还有很多。除了不溶有机质和可溶有机质的特征能够反映有机质的类型之外,干酪根的热解产物如 PY-GC 的产物特征等也可以反映有机质的类型,判识的基本原理同上,不再详细介绍。

上述判别有机质类型的各种方法中,应用较多、比较权威的是依据干酪根的元素组成、显微组分组成、Rock-Eval 热解数据和生物标志化合物指标(主要是甾、萜)来判识有机质类型。这些指标各有优缺点和适应性。如据干酪根的元素组成来判识干酪根类型的方法从原理上讲比较合理、科学,因为元素组成是一切物质组成的基础,而且它在一定程度上规定了干酪根分子及产物分子的结构(例如,$H/C = 4 \rightarrow CH_4$,$H/C \geqslant 2$ 可能为链烃,所以,H/C 高则脂肪结构含量高,$H/C < 1$ 则可能芳香结构较多)和官能团构成(O、N、S 等元素含量高时,相应的官能团多),但分析结果受热演化的影响较大,也比较耗时费力。Rock-Eval 分析的突出优点在于快速经济,但分析结果受热演化的影响很大,同时氧指数常常会受到无机矿物的干扰,另外目前的改进型仪器往往并不分析氧指数。镜下鉴定显微组分组成的优点在于能直观地提供有关有机质来源的信息,且相对来说,在演化程度不是太高时,受热演化程度的影响较小,但受观察者的主观因素的影响较大,有些组分在镜下难以确定生源,如无定形体不一定源于产烃能力强的水生生物。甾烷内组成指标的突出优点是受热演化的影响小,但分类界线有较大波动。

除了甾烷内组成和显微组分组成外,由干酪根的碳同位素特征判识有机质类型受热演化的影响也较小。其他指标大多受热演化的影响很大。如 H/C、O/C、I_H、I_O 等均随演化程度的升高而减小,在 H/C—O/C 关系图和 I_H—I_O 关系图上,当成熟度升高到一定程度时,各类干酪根的演化途径趋向于重合,红外光谱上的脂族和含氧官能团趋于消失,热失重减小。因此,许多指标都难以判识高演化程度的样品的有机质类型。一般情况下,常常是几种方法结合应用,互相佐证。

第三节 有机质的成熟度

油气虽然是由有机质生成的,但有机质并不等于油气。从有机质到油气需要经过一系列的地球化学变化。衡量这种变化程度(有机质向油气转化程度)的参数为成熟度指标,这方面的研究即为有机质的成熟度评价。从原理上讲,无论是成烃母质,还是其产物,只要在成熟演化过程中体现出规律性的变化,反映这种变化的参数即可成为成熟度指标。因此,在第八章中介绍的反映生烃母质干酪根演变特征的元素组成的变化、官能团构成的变化、自由基含量的变化、颜色及荧光性的变化、热失重的变化、碳同位素组成的变化、镜质组反射率的变化,以及反映热解产物演化的可溶有机质的含量及组成、烃类的含量及组成均可成为成熟度指标。此外,在第十章中介绍的生物标志化合物异构化参数、奇偶优势参数等等也可以成为成熟度指标。

一、镜质组反射率(R_o)作为成熟度指标

镜质组反射率(R_o)作为成熟度指标的原理已在第八章中介绍。虽然镜质体并非产烃潜力很高的成烃母质,R_o 的增大与烃类的生成并没有直接的联系,但由于镜质组反射率随热演化程度的升高而稳定增大,并具有相对广泛、稳定的可比性,因此 R_o 成为目前应用最为广泛、最为权威的成熟度指标。表 13-13 列出了我国石油行业 1995 年颁布的 R_o 与有机质演化阶段(成熟度)的关系。

表 13-13 陆相烃源岩有机质成烃演化阶段划分及判别指标

演化阶段	R_o %	孢粉颜色指数 SCI	T_{max} ℃	H/C	孢子体显微荧光 Q	孢粉（干酪根）颜色	生物标志化合物 $\alpha\alpha\alpha - C_{29}$ 20S/(S+R)	生物标志化合物 $\dfrac{C_{29}\beta\beta}{\beta\beta+\alpha\alpha}$	古地温 T, ℃	油气性质及产状
未成熟	<0.5	<2.0	<435	>1.6	>1~1.4	浅黄色	<0.20	<0.20	>50~60	生物甲烷未成熟油、凝析油
低成熟	>0.5~0.7	2.0~3.0	435~440	1.6~1.2	>1.4~2.0	黄色	0.20~0.40	0.20~0.40	>60~90	低成熟重质油、凝析油
成熟	>0.7~1.3	>3.0~4.5	>440~450	<1.2~1.0	>2.0~3.0	深黄色	>0.40	>0.40	>90~150	成熟中质油
高成熟	>1.3~2.0	>4.5~6.0	>450~580	<1.0~0.5	>3.0	浅棕色—棕黑色	—	—	>150~200	高成熟轻质油凝析油、湿气
过成熟	>2.0	>6.0	>580	<0.5	>3.0	黑色	—	—	>200	干气

注：$SCI = p \times n_i / \sum n_i$。式中 p 为颜色级别数，规定如下：淡黄色-1、黄色-2、棕黄色-3、棕色-4、深棕色-5、棕黑色-6、黑色-7；n_i 为颜色级别数为 i 的化石数量。

但这一指标在应用中也存在不少局限。首先，镜质体源于高等植物的碎片，所以泥盆纪以前的沉积岩中因缺乏镜质体，使这一指标难以应用。第二，通常使用的 R_o 值是在显微镜下测量的若干值的平均值，对于以水生生物为主的倾油性的干酪根，由于缺少高等植物输入会使干酪根中的镜质体很少或缺乏（如碳酸盐岩），这种情况下，反射率值可能不可靠。第三，一般认为 R_o 只与时间、温度有关，这是它能成为公认的成熟度指标的基础之一，但已有证据表明，大量的油型显微组分或沥青存在（对镜质体的浸染）或烃源岩内存在超压都会使镜质体的测值偏低或者正常演化变得迟缓（Hao Fang, 1995），这些有时会使得 R_o 作为权威成熟度指标的有效性受到挑战。

二、碳酸盐岩有机质成熟作用标志与成熟度评价

对缺少镜质体的地层，尤其是下古生界海相碳酸盐岩，很难用经过实践证明是可信的源于高等植物碎屑的镜质组反射率来作为成熟度指标。可以说，这些地层的成熟度评价是困扰石油地质界和油气地球化学界的难题。

正因为如此，各国学者对这一问题进行了长期的研究和探索（钟宁宁等，1998）。目前主要是利用海相岩石中各种有机显微组分光性参数和干酪根的化学结构参数与镜质组反射率之间的相关关系，来获取等效镜质组反射率。任何成熟度评价参数，如不能建立起可与目前国际上唯一公认的、最广泛应用的成熟度指标——镜质组反射率进行直接或间接的对比关系，则不能被认为是可靠的成熟度指标。

1. 沥青反射率

影响沥青反射率（R_b）的主要地质因素是沥青的成因及其热演化特征。由于沥青的来源不同，它可以发育成不同的光学结构。只有在烃源岩原地形成的或干酪根热转化初期形成的

固体沥青,才可以用作成熟度研究。

Jscob(1985)根据镜质组反射率与沥青反射率大量数据对比研究提出下列相关关系式:

$$R_o = 0.618R_b + 0.4$$

丰国奇(1988)用四川盆地样品分别通过热模拟实验和自然演化系列建立了两个相关关系式:

$$R_o = 0.3195 + 0.6790 R_b（根据热模拟）$$

$$R_o = 0.336 + 0.6569 R_b（根据自然演化）$$

2. 海相镜质组反射率

海相镜质组是碳酸盐岩中"自生"的镜质组分(钟宁宁、秦勇,1995),其反射率与煤中的镜质组反射率有极好的相关关系,是海相碳酸盐岩最理想的成熟度指标之一。钟宁宁、秦勇(1995)通过华北地区石炭系灰岩自然演化系列样品和石炭—二叠系煤的比较研究,建立了海相镜质组反射率(R_{mv})与煤镜质组反射率的换算关系式:

$$R_{mv} = 0.805R_o - 0.103 \quad (0.50\% < R_o \leq 1.60\%)$$

$$R_{mv} = 2.884 R_o - 3.63 R_o \leq 0 \quad (1.60\% < R_o \leq 2.00\%)$$

$$R_{mv} = 1.082 R_o + 0.025 \quad (2.00\% < R_o < 5.00\%)$$

一般情况下,在 $R_o = 2.0\%$ 以前,煤镜质组反射率明显高于海相镜质组反射率,其差值可在 $0.1\% \sim 0.4\%$ 之间;当 $R_o > 2.0\%$ 时,海相镜质组反射率演化开始超前正常的陆源镜质组反射率。

海相镜质组在开阔台地相的碳酸盐岩中比较容易获得,但在强还原相的海相地层中不容易找到。

3. 动物有机碎屑反射率

在海相地层,尤其是下古生界海相地层中存在多种的动物有机碎屑,许多动物有机碎屑都有类似镜质组的光纤特征。有关动物有机碎屑光性参数作成熟度指标一直受到国内外学者的重视。Goodarzi(1985,1989)、Bertrand 等(1987,1990)、张爱云等(1987)、汪啸风(1992)、钟宁宁和秦勇(1995)、金奎励等(1997)都对此作过探索性的工作。

笔石、几丁虫、虫鄂等海相动物有机碎屑的反射率演化特征可以与镜质组对比,所以这些动物有机碎屑的反射率可以用于早古生代海相地层的有机质成熟度评价。Bertrand(1991)根据加拿大东部泥盆地系样品建立的反射率换算关系式如下:

$$\lg R_C = 1.08 \lg R_T$$

$$\lg R_S = -0.19 + 1.29 \lg R_T$$

$$\lg R_G = -0.04 + 1.10 \lg R_T$$

式中 R_C、R_S、R_G——几丁虫、虫鄂和笔石的反射率;

R_T——结构镜质体的反射率。

4. 牙形刺的荧光性

牙形刺的色变指数 CAI 早已成为大家所熟悉的早古生代海相地层的成熟度指标。但 CAI 依赖于人的肉眼比色,颜色等级的划分受诸多因素的影响,故仅为半定量指标,在实际应用上有许多不便之处。

Bustin(1992)、Mastalerz 等(1992)、钟宁宁和秦勇(1995)、金奎励等(1997)相继开展了牙

形刺荧光性的研究。研究发现,牙形刺荧光性演化与镜质组反射率的增长有良好的相关性。但牙形刺荧光性也受牙形刺的种类和测量部位的影响。钟宁宁、秦勇(1995)和金奎励等(1997)分别利用华北石炭系灰岩与煤层共生而石灰岩中富含牙形刺的地质条件,建立了牙形刺荧光强度与镜质组反射率的关系:

$$R_o = 3.2982 - 0.7216 \ln I_{546} \quad (金奎励等,1997)$$

$$R_o = 0.502(\lg I_{max})^2 - 2.181 \lg I_{max} + 2.888 \quad (钟宁宁、秦勇,1995)$$

式中 R_o——镜质组反射率,%;

I_{546}——546nm处的相对荧光强度;

I_{max}——最大荧光强度。

5. 干酪根芳核平均尺寸指数

干酪根芳核平均尺寸指数(X_b)是程克明等(1996)提出的一个成熟度参数。该参数系指干酪根的芳香核中桥头碳(环间桥接芳碳)含量 F_a^B 与总芳构碳的比值。桥头碳含量和总芳构碳含量由干酪根的固体 ^{13}C 核磁共振分析获取。随着烃源岩成熟度增加,干酪根中的芳碳率和桥头碳含量有规律地增大,与镜质组 R_o 呈良好的正相关关系:

$$R_o = 5.2564 \, X_b - 0.3534$$

芳核平均结构尺寸指数(X_b)与镜质组反射率(R_o)、海相镜质反射率(R_{mv})之间的关系,已通过对我国华北石炭系灰岩自然演化系列和塔里木、渤海湾等地下古生界碳酸盐岩的研究得到初步验证(程克明等,1996)。

三、干酪根元素组成的变化反映有机质的成熟度

第八章中已经显示,干酪根的成烃过程是一个脱氧、去氢、富集碳的过程。因此,干酪根的H/C、O/C 随成熟度的升高而持续降低。这是元素组成的变化能够反映有机质成熟度的基础(表13-13)。对同一类型的干酪根,一般比值越低,成熟度越高。但是,对不同类型的干酪根,这一比较并不成立,从而使 H/C、O/C 并非良好的成熟度指标。不过,在由干酪根元素分析获得的 H/C、O/C 构成的范氏图中(图7-5),不同类型干酪根都有自己的热演化轨迹。成熟度越高的样品,越靠近图的左下角。这比仅仅依靠原子比(表13-13)来判断成熟度更为有效。但由于 O/C 往往受无机矿物的影响,故也只是一种粗略估计干酪根成熟度的方法,与 R_o 指标相比,其定量性差。

四、干酪根官能团组成的变化反映有机质的成熟度

随着受热程度的升高,干酪根演化、成烃的结果是使其结构中脂族官能团和含氧官能团含量降低(图8-4)。因此,对同一类型的干酪根,其官能团的组成可以定性反映有机质样品的成熟度。

五、自由基浓度的变化反映有机质的成熟度

由于不同类型的干酪根在相同的演化阶段具有明显不同的自由基含量,且自由基含量随演化并非单调变化(图8-6),因此自由基作为成熟度指标的应用并不广泛和权威,虽然20世纪80年代及以前探讨较多,但近年来应用较少,且大多是在缺少镜质体的海相地层中应用。

六、干酪根颜色及荧光性的变化作为成熟度指标

随着热演化程度的升高,干酪根或生物残体(显微组分:牙形石、孢子、花粉、藻类)的芳核缩聚程度加大,碳化程度提高,对光吸收增强,导致颜色由浅变深,使反映颜色变化的热变指数成为成熟度指标之一(表13–13、表13–14)。而干酪根中类脂组的荧光强度随热演化程度的升高而降低,荧光波长的红移使干酪根荧光性的变化成为近30年来在研究中被较为广泛探讨的热指标。这类指标的优点在于可以广泛应用,而不足在于分级较少,定量性偏低,颜色描述在一定程度上受观测者主观因素影响。由于设备及技术上的原因,荧光性测定在油田中的应用还较少。

表13–14 有机质热变指示带

热变指示带	孢粉颜色	干酪根颜色	荧光	R_o,%	成熟阶段	热变指数
第一带黄色带	黄色、淡黄色	黄色	强	<0.5	未成熟	1
第二带橘色带	橘黄、深黄色	橘黄色	中	0.5~1.0	低成熟	2
第三带棕色带	棕色	褐色	微弱	1.0~1.5	成熟	3
第四带黑色带	棕黑、暗棕色	暗褐色	无	1.5~2.0	高成熟	4.5
第五带消光带	黑色	黑色	无	>2.0	过成熟	

七、干酪根热失重量反映成熟度的变化

显然,对同一类型的干酪根,随着热演化程度的升高,其可失重量逐渐减小,这是它能够在一定程度上反映成熟度的基础。显然,与干酪根的元素组成、官能团组成、自由基含量的变化一样,它受有机质类型的影响极大。这是这类参数难以成为权威、可信的成熟度指标制约性因素。

八、碳同位素组成的变化作为成熟度指标

如第八章中所述,在有机质演化早期的成岩作用阶段,由于富含^{13}C的含氧基团的脱去,有机母质的碳同位素组成逐渐变轻。在大量成烃的深成热解作用阶段,$^{12}C—^{12}C$键的优先断裂使裂解生成的产物相对富含轻碳同位素,这应该使母质的碳同位素组成变重,但是,由于这一过程导致的碳同位素分馏效应有限,多数情况下,产物中的碳较残留在干酪根中的少,同时,还有部分相对富集^{13}C含氧基团的继续脱去,使干酪根总体的碳同位素组成虽然有所变轻,但幅度一般不大,难以作为有分辨力的成熟度指标。但是,在有机质生成烃类气体时,碳同位素的分馏效应往往非常明显,从而使天然气的碳同位素组成可以敏感地反映成熟度的变化。正因为如此,烃气尤其是C_1的同位素成为判识天然气成熟度最为常用和有效的指标。$\delta^{13}C_1—R_o$关系式(图12–11至图12–13)即是基于这一原理。同理,烃源岩中吸附气的碳同位素组成也可以作为衡量烃源岩成熟度的指标。不同类型有机质的$\delta^{13}C_1—R_o$关系并不相同,有时还需要考虑运移、扩散等过程导致的分馏效应的影响。

九、氯仿沥青"A"及烃类的含量和组成的变化反映成熟度

在第八章第三节中已经述及,无论是氯仿沥青"A",还是总烃或饱和烃、芳烃,其对有机碳

归一化后的含量(如"A"/TOC、总烃/TOC 等)随埋深(成熟度)的升高均体现出先增后减的规律性变化,故它们可以反映有机质的成烃进程。含量由低变高的拐点对应着生油门限,含量最高的点被认为对应着生油高峰,而含量重新降到低值对应着生油下限(图 9-1)。这是有机质成油(成烃)阶段确定和划分极为重要的直接的地质观察依据。由于受取样的深度分布范围、有机质类型变化、排烃效率变化等因素的影响,不少情况下(尤其是在勘探早期),往往难以得到如图 9-1、图 9-6 所示的那样理想的演化剖面,因此,实际应用中更多地依赖于镜质组反射率等成熟度指标来划分成烃阶段。表 13-13 中所给出的成烃阶段与成熟度指标之间的关系是综合考查大量实例研究确定的。

氯仿沥青"A"的族组成及烃类的内组成(各组分的相对含量及不同结构、不同环数、不同化合物之间的比值)也随埋深呈现规律性的变化(第八章),因此,它们也可以在一定程度上反映出有机质的热演化程度。但由于它们受有机质类型、排烃效应等非热因素的影响更大,因此,大多数情况下,它们仅仅被用作判识成熟度时的参考性指标。

十、生物标志化合物作为成熟度指标

这包括正构烷烃的奇偶优势(OEP、CPI)、甾、萜异构化、芳构化、C—C 键断裂、重排反应等众多参数,在第十章第四节已做过系统介绍,此处不再赘述。

十一、最高热解峰温(T_{max})作为成熟度指标

T_{max}是由 Rock-Eval 热解仪分析所得到的 S_2 峰的峰顶对应的温度,对应着实验室恒速升温条件下热解产烃速率最高的温度(图 3-6)。由于有机质在埋藏过程中随着热应力的升高逐步生烃时,活化能较低、容易成烃的部分往往更多地被优先裂解,因此,随着成熟度的升高,残余有机质成烃的活化能越来越高,相应地,生烃所需的温度也逐渐升高,即 T_{max}逐渐升高。这是 T_{max}作为成熟度指标的基础。也有人认为,T_{max}可能比 R_o 值对于热事件更敏感(王铁冠,1998)。由于 Rock-Eval 分析快速经济,因此它成为常用的成熟度指标之一(表 13-13)。但是,由于 T_{max}与有机质的类型有关,加之 T_{max}测定时的波动也大,因此它作为热指标的可靠性不如 R_o。

十二、芳烃参数作为成熟度指标

从演化产物中探询热成熟度参数,早期的研究主要集中在饱和烃中。20 世纪 80 年代以来,许多学者着力探讨了芳烃参数作为成熟度指标的可能性,业已较为广泛使用的如甲基菲指数(MPI)、三芳甾/(单芳甾+三芳甾)、低分子芳甾/高分子芳甾等。它们与甾、萜烷参数相比,有不同的适用范围,详见第十章。

十三、噻吩类成熟度参数

噻吩类是石油中常见的含硫化合物,已经能够识别出上百种单体(王培荣等,2002)。应用于成熟度研究的目前主要集中于烷基二苯噻吩类(DBTS)化合物(图 13-9)。噻吩类存在于芳烃馏分中,根据 GC—MS m/z 198,m/z 212,可鉴定出甲基二苯并噻吩(MDBTs)和二甲基二苯并噻吩(DMDBTs)化合物。

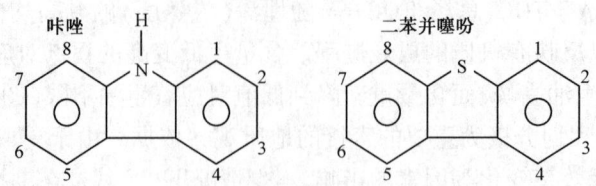

图 13-9 二苯并噻吩与咔唑的分子结构与碳位编号（据 M. L. Lee 等；转引自王铁冠等，2005）

根据分子热稳定性机理，在苯环的不同碳位上具有取代基的烷基二苯并噻吩异构体，具有不同的热稳定性。C-4 位烷基取代的异构体最为稳定；C-1 烷基取代的异构体最不稳定（王铁冠，2005）。随着成熟度的增加，热稳定性高的异构体增加，多使用 2,4-DMDBT/1,4-DMDBT（记为 $K_{2,4}$）和 4,6-DMDBT/1,4-DMDBT（记为 $K_{4,6}$）（Chakhmakhchev 等，1997）。罗健等（2001）根据巴彦浩特盆地石炭系烃源岩研究提出了一个初步公式：

$$R_o(\%) = 0.14 K_{4,6} + 0.57$$

$$R_o(\%) = 0.35 K_{2,4} + 0.46$$

上面关系式的普遍性还需在实践中检验。

十四、时间温度指数（TTI）作为成熟度指标

除了上述依据生烃母质或者其演化产物的特征来判识有机质的成熟度的方法之外，目前实际中常常用到一种判断有机质成熟度的半定量方法——TTI（时间温度指数）法，与有机质本身没有任何关系。

如前所述，有机质所经历的时间温度史是决定油气生成量的关键因素。因此，苏联学者洛泊京基于"温度每升高 10℃，化学反应（成熟作用）速度增大 1 倍"的范特霍夫经验规则，提出了时间温度指数（TTI）的概念来描述烃源岩（有机质）所经历时间和温度史：

$$TTI = \sum \Delta t \times 2^n$$

式中 Δt——烃源岩在某一温度下所经历的时间，Ma。

在所选择的基准温度间隔（洛泊京选取 100~110℃）内，$n=0$，以后温度每升高 10℃，n 增大 1，而每降低 10℃，n 减小 1。显然，TTI 值越大，有机质的成熟度应该越高。这一指数的实际计算过程要比这里介绍的原理稍微复杂一些，但由于这一内容在油气地质学教材中均有涉及，故这里不再展开论述。这一指标的主要问题在于范特霍夫规则在许多情况下并不成立。

上面简要介绍了 14 类代表性的成熟度指标。事实上，文献报道过的成熟度参数远远不止这些，如早期探讨过的卟啉类指标，以及后来探讨的轻烃成熟度指标（第十二章第四节）等。对成熟度指标如此广泛的关注，一方面显示了成熟度评价在烃源岩评价和油气地球化学研究中具有重要意义；另一方面，也与不同的指标有不同的适应范围和应用条件有关。如最为权威的 R_o 指标在缺少镜质体的前泥盆纪地层中和水生生物占绝对优势的地层中难以应用，在低成熟度阶段的分辨率较低等等。许多情况下，烃源岩或者原油的成熟度需要多种指标的配合使用才能准确界定（表 13-13）。同时，有些热指标只是其他研究的副产品，如干酪根的元素组成、官能团构成、热失重等等更主要的是有机质的类型指标，但也具有一定的成熟度含义。指标的多用性也使它们具有多解性。比较而言，除了镜质组反射率指标外，生物标志化合物（尤其是甾萜）、T_{max}、热变指数（干酪根颜色）等是应用较为广泛的成熟度参数。

第四节　有机质非均质性评价及预测

受构造变动、气候变化、物源供给、水深、生物发育等方面条件变化的影响,所有的沉积(包括相对稳定的细粒沉积)都会发育非均质性。即使是同一套烃源岩,其中有机质的丰度、类型无论在平面上,还是剖面上,都会有明显的变化。描述这一非均质性最为客观的方法是采取足够多的样品进行分析测试。但受样品来源和经费限制,实验室能够得到的分析数据总是远远少于刻画其非均质性的需要。精细评价和勘探需要客观评价和预测烃源岩的非均质性。目前正在快速发展的非常规油气藏的勘探和开发,更需要对烃源岩的非均质性进行细致的评价/预测。忽略这种非均质性,像早期那样由有限的分析数据或者其均值代表一套烃源岩的特征,无法满足精细评价及勘探开发的要求。

有机质非均质性包括有机质丰度和类型的非均质性。许多研究表明(卢双舫等,2012),同一套烃源岩,一般丰度越高,相应的类型往往越好。因此,认识了有机质丰度的非均质性,基本上也就认识了烃源岩的非均质性。

幸运的是,由于有机质及油气与黏土、石英等无机矿物在组成及性质上的差异,它们在声波、电阻率、伽马、密度等测井上具有不同的响应特征,加上测井信息纵向分辨率高的特点,使之可以被用于建立测井响应与烃源岩地球化学指标之间的定量关系模型,从而有效地弥补实验室测样的不足,为烃源岩非均质性的评价提供有效的方法和技术。而烃源岩有机质非均质性的预测,理论上可以由地震资料和/或有机相来进行。

一、利用测井资料评价泥页岩有机质非均质性

1. $\Delta \lg R$ 法评价有机质非均质性原理(以 TOC 为例)

由 EXXON/ESSO 石油公司提出的 $\Delta \lg R$ 法是目前国内外最为普遍和成功应用的由测井资料评价 TOC 的技术(刘超等,2014),其基本原理如图 13-10 所示。利用自然伽马曲线及自然电位曲线可以辨别和排除储集层段。将电阻率和声波测井曲线反向对置,让两条曲线在细粒非烃源岩处重合,并确定为基线。显然,由于声波在有机质中的传播速度慢于无机矿物(声波时差大于无机矿物)和油气的电阻率高,在含有机质/油气的层段,两条曲线会偏离基线产生一定的幅度差 $\Delta \lg R$(Δ、R 分别代表声波、电阻率曲线,lg 为以 10 为底的对数)。可以看到,在未成熟的富含有机质的岩石中还没有油气生成,两条曲线之间的差异主要由声波时差曲线响应造成;在成熟的烃源岩中,除了声波时差曲线响应之外,因为有液态烃类存在,电阻率增加,使两条曲线产生更大的间距(图 13-10)。显然,幅度差($\Delta \lg R$)越大,泥页岩含有机质/含油量越高。

由声波、电阻率计算 $\Delta \lg R$ 的公式为:

$$\Delta \lg R = \lg(R/R_{基线}) + 0.02(\Delta t - \Delta t_{基线}) \qquad (13-1)$$

式中　$\Delta \lg R$——两条曲线间的幅度差;

R——测井实测电阻率,$\Omega \cdot m$;

$R_{基线}$——基线对应的电阻率,$\Omega \cdot m$;

Δt——实测的声波时差,$\mu s/ft$;

$\Delta t_{基线}$——基线对应的声波时差,$\mu s/ft$。

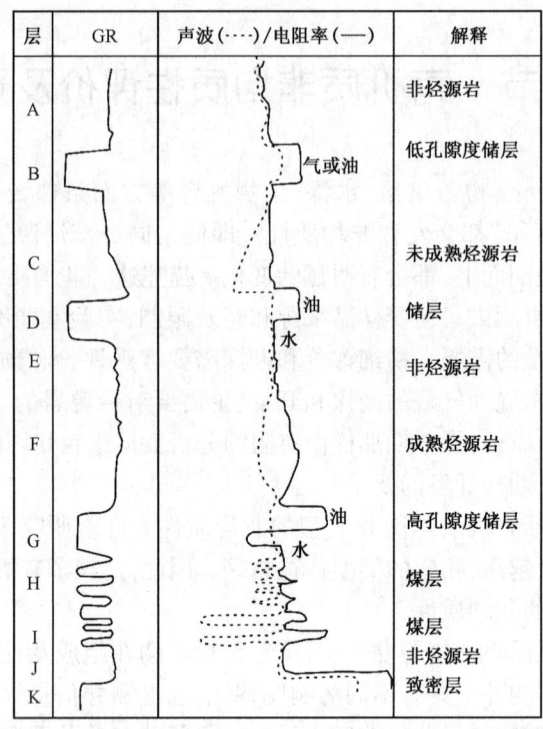

图 13-10 ΔlgR 方法识别高含有机质地层示意图(据 Passey 等,1990)

式(13-1)中的 0.02 可视为对数坐标下的电阻率与算术坐标下声波时差的归一化系数,即一个对数坐标下电阻率的单位对应 0.02 个声波时差单位。ΔlgR 与有机碳呈线性相关,并且是成熟度的函数,由 ΔlgR 计算有机碳的经验公式为:

$$TOC = \Delta \lg R \times 10^{(2.297 - 0.1688 LOM)} + \Delta TOC \tag{13-2}$$

式中 TOC——计算的有机碳含量,%;

  LOM——反映有机质成熟度的参数,可以根据大量样品分析(如镜质组反射率、热变指数、T_{max} 分析)得到,或从埋藏史和热史评价中得到;

  ΔTOC——有机碳含量背景值。

最初提出的上述公式计算有机碳含量需要确定 LOM、ΔTOC 并人为确定基线,并且预先给定 0.02 的归一化系数。一些学者近些年的应用表明,这会导致一定的误差,影响计算 TOC 的精度。因此,国内有研究者对上述模型进行了优化与改进(刘超等,2014)。

将上述固定的归一化系数 0.02 改为待定系数 K,则式(13-1)为:

$$\Delta \lg R = \lg(R/R_{基线}) + K(\Delta t - \Delta t_{基线}) \tag{13-3}$$

其中

$$K = \lg(R_{max}/R_{min})/(\Delta t_{max} - \Delta t_{min}) \tag{13-4}$$

K 值的物理意义为每个对数坐标下电阻率的单位个数对应的声波时差(1μs/ft)单位个数。

公式(13-3)中,$\lg(R/R_{基线})$ 是无量纲的,$\Delta t - \Delta t_{基线}$ 是有量纲的,K 值的地质意义为将 $\Delta t - \Delta t_{基线}$ 转化为无量纲的数,使 $\Delta t - \Delta t_{基线}$ 与 $\lg(R/R_{基线})$ 量级相当,共同构成 ΔlgR。当规定对数坐标下的每个电阻率单位对应算术坐标下 50μs/ft 声波时差刻度范围时,K 值为 0.02。

确定基线之后,不难得到:

$$\Delta t_{基线} = \Delta t_{max} - \lg(R_{基线}/R_{min})/K \tag{13-5}$$

式中 $R_{min}(\Delta t_{min})$、$R_{max}(\Delta t_{max})$——声波时差和电阻率曲线叠合时电阻率(声波时差)曲线刻度的最小值、最大值。

将式(13-4)和式(13-5)代入式(13-3),则式(13-3)可进一步推导为

$$\Delta \lg R = \lg R + \lg(R_{max}/R_{min})/(\Delta t_{max} - \Delta t_{min}) \times (\Delta t - \Delta t_{max}) - \lg R_{min} \quad (13-6)$$

由于一口井常存在多个基线值,需分井段建立解释关系式,建立模型的深度范围内 R_o 变化一般不大,这样式(13-2)中"10(2.297-0.1688LOM)"可视为定值,记作 A。建立模型的深度范围内可将式(13-2)修改为

$$TOC = A \times \Delta \lg R + \Delta TOC \quad (13-7)$$

将式(13-4)和式(13-6)带入式(13-7)可得

$$TOC = A \times [\lg R + K(\Delta t - \Delta t_{max}) - \lg R_{min}] + \Delta TOC$$
$$= A \times \lg R + AK \times \Delta t - A(K\Delta t_{max} - \lg R_{min}) + \Delta TOC \quad (13-8)$$

其中,A、Δt_{max}、R_{min}、ΔTOC 为常数。显然,计算有机碳含量受归一化系数 K 值影响。

利用地球化学数据较多、测井数据质量好的探井,考察归一化系数对计算有机碳的影响(图13-11),从图中可以看出,$\Delta \lg R$ 与实测有机碳的相关度 R^2 随归一化系数 K 规律性变化,说明归一化系数 K 确实影响计算有机碳含量的精度。

令 K 取最优值(最优 K 值能使计算有机碳与实测有机碳间相关度 R^2 最大),则可得到改进的 $\Delta \lg R$ 模型:

$$TOC = a \times \lg R + b \times \Delta t + c \quad (13-9)$$

其中,a、b、c 为拟合公式的系数。

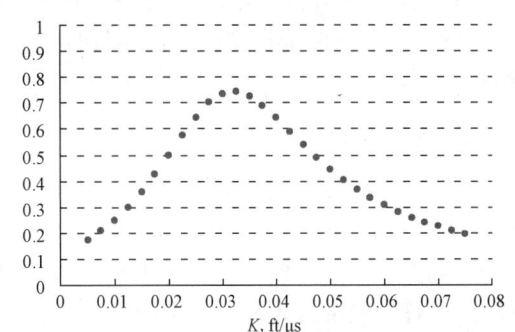

图13-11 $\Delta \lg R$ 与实测有机碳的相关度 R^2 随归一化系数 K 变化曲线

这样,改进的模型在无需 LOM 和 ΔTOC 参数、不需人为读取基线值的条件下便可以计算出有机碳含量。

选取合适的 K 值能改善 $\Delta \lg R$ 与 TOC 之间的相关度,这可以从以下角度理解:

(1)声波时差主要对岩石骨架响应,在富含有机质但有机质尚未成熟的烃源岩段,$\Delta \lg R$ 主要由声波时差曲线响应造成,电阻率曲线主要对孔隙中流体响应;在成熟的烃源岩中,除了声波时差曲线响应之外,因为有烃类流体的存在,电阻率增加,$\Delta \lg R$ 由声波时差曲线和电阻率曲线共同响应造成。从式(13-3)看出:K 值变小时,$\Delta \lg R$ 主要由电阻率曲线响应造成,主要识别的是烃源岩中烃类流体部分,对干酪根识别的能力差,故 K 值较小时,对于相对富含烃类流体、贫乏干酪根的烃源岩段计算有机碳含量效果较好;K 值变大时,$\Delta \lg R$ 主要由声波时差曲线响应造成,主要识别的是烃源岩中干酪根部分,对于相对富含干酪根贫乏烃类流体的烃源岩段计算有机碳含量效果较好。从这个角度上讲,调节 K 值相当于调节识别烃源岩中烃类流体和干酪根能力之间比重的问题。

(2)声波时差和电阻率都对孔隙度的变化敏感。孔隙度增大,意味着骨架体积减小和导电水体积增大,导致声波时差增大而电阻率减小,二者变化幅度成比例。只要声波时差和电阻率曲线归一化系数 K 选取适当,孔隙度变化会使这两条曲线产生同样幅度的偏移,可以消除孔隙度对有机碳测井的响应。从这个角度上讲,调整 K 值的过程又是调整声波时差和电阻率之间的相对比重、消除孔隙度对有机碳测井响应影响的过程。

这样,若想提高 $\Delta \lg R$ 与有机碳的相关度,关键在于找到最优的 K 值。由上面的分析知,K 值较小(较大)时,对烃源岩中烃类流体(干酪根的)识别能力较强,对干酪根(烃类流体)的识别能力较弱;同时 K 值较小(较大)时主要依赖一条测井曲线响应,往往不能有效地消除孔隙度因素对有机碳测井响应的干扰,故 K 值较小(较大)时识别有机碳含量的准确性不会很高。K 值由小变大的过程是一个从主要识别烃类流体逐渐向共同识别烃类流体和干酪根、从主要依赖一条曲线响应无法抵消孔隙度影响向两条曲线并用逐渐消除孔隙度对有机碳测井响应逐渐过渡的过程,故理论上随着 K 值由小到大,识别有机碳含量的准确性应呈现先增大后减小的趋势,由增大到变小的转折点为最优归一化系数。

也有学者引入更多的测井曲线,如密度测井、伽马(能谱)等,来提高评价的精度(刘超等,2014),但有时会制约推广应用(有些测井资料有限),有时会增加应用的难度。也有人利用神经网络技术来建立评价模型,在建模井的精度可能很高,但外推的效果往往难以保证(刘超等,2014)。

基于上面的分析,上面的原理模型同样可以用于由测井资料评价页岩中的氯仿沥青"A"/S_1 的含量。只不过标定模型的待定参数时,要用氯仿沥青"A"/S_1 的实测值来进行,且 K 值会不相同。

2. 实例分析

按照上述原理,利用松辽盆地南部井的 2.5m 底部梯度视电阻率(R25)与声波时差(AC)测井曲线数据,建立了评价嫩江组有机质非均质性(TOC)测井响应模型(黄文彪等,2016)。图13-12 给出了由模型计算的 TOC 与实测 TOC 的关系,可以看出,实测值与计算值拟合关系较好,趋势线斜率接近于1,表明计算值与实测值较为接近;从幅度差与实测值关系图中可以看出,实测值与幅度差拟合关系较好,相关系数平方均大于0.83,且具有明显的线性关系,收敛于一条直线附近,表明模型可信度较高。

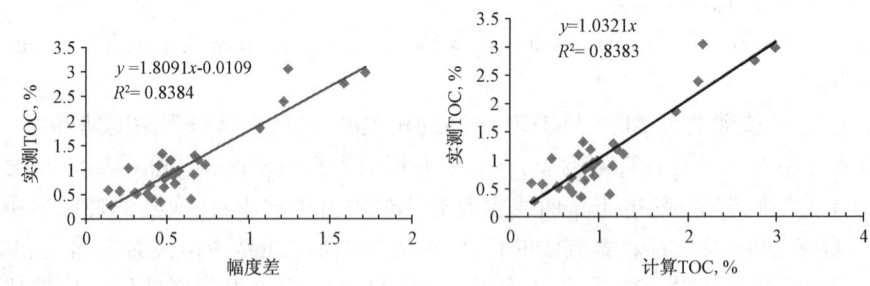

图13-12 松辽盆地南部嫩江组 TOC 测井响应模型

图13-13 为将所建立的模型应用于未参加建模的黑53井的结果。可以看出,在有实测 TOC 值的深度点,计算值与实测值吻合较好,说明所建模型可以外推应用到邻近井区,且精度较高。同时可以看到,只要有测井信息,就可以计算得到连续 TOC 值(曲线),从而可以精细地刻画烃源岩在剖面上的非均质性。在我国东部钻井多、测井资料丰富的老油区,将该法应用于多井后,还可以通过连井剖面或作出平面等值线图后,评价平面上的有机质非均质性。

上面展示的是评价 TOC 的实例。按照同样的原理,也可以对氯仿沥青"A"、S_1 的非均质性进行类似的评价。

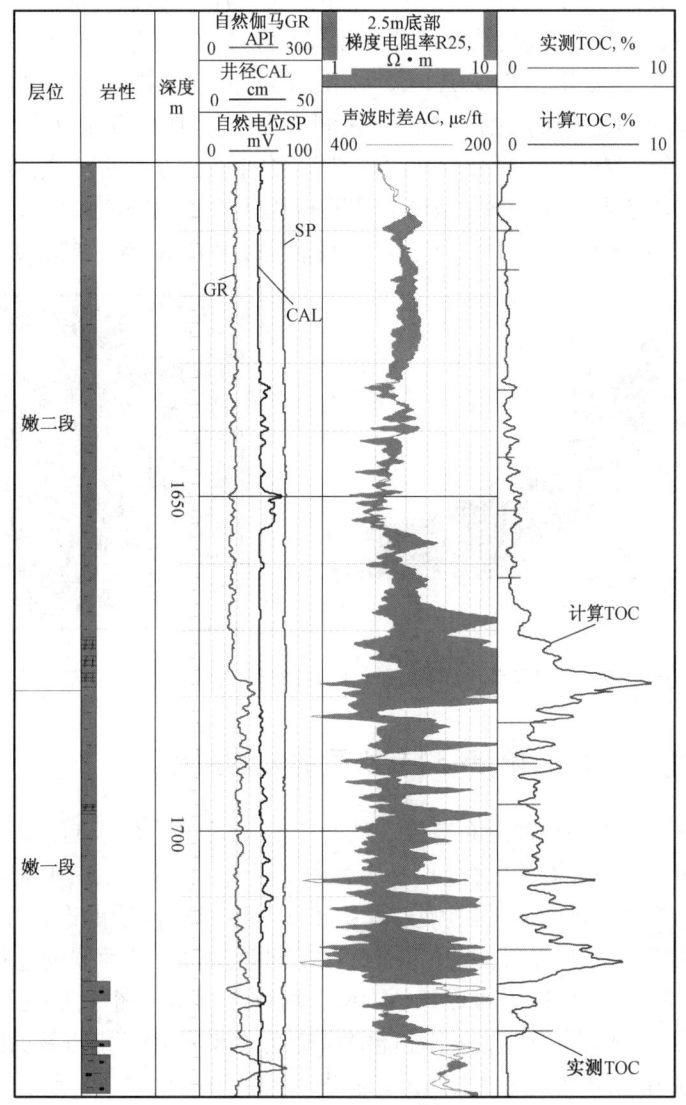

图13-13 松辽盆地南部黑53井嫩江组 TOC、S_1 测井地球化学模型效果图

二、利用地震资料预测有机质的非均质性

上述的测井评价技术虽然精度高,但对井间尤其是无井区预测功能弱。不难理解,勘探家更感兴趣的是烃源岩有机质非均质性的预测。从原理上,富含有机质的烃源岩会表现出高声波时差、低密度的特征,因此在地震剖面上应该具有不同的响应特征。根据这些特征,利用地震相、属性提取及波阻抗反演方法可定量预测 TOC、S_1 等的非均质性,并刻画其空间分布。卢双舫等(2016)在松辽盆地南部地区的初步应用成果(图13-14)展示了上述原理应用的可能性,但该区较好的应用效果与研究区埋深较浅、信噪比较高有关,在埋深较大或地质条件复杂区的应用效果还有待突破、改进。在烃源岩含油气性检测、TOC 预测等方面,蕴涵丰富信息的叠前地震资料可能有更大的用武之地。利用含有丰富信息的叠前地震数据,在测井资料的约束下,开展叠前地震弹性参数反演,得到高精度的、能够反映地层横向变化的纵波与横波速度、

并在此基础上,得到流体因子剖面、纵横波速度比剖面、泊松比剖面和储层厚度剖面等,为地质解释人员提供更丰富的信息,提高钻井成功率、降低勘探风险。这方面的研究国内外目前已经取得了一些初步的成果,如陈祖庆(2014)就利用地震叠前反演技术成功建立了四川焦石坝地区TOC与地层页岩密度之间的关系,可用于预测页岩中的TOC含量;张广智等(2014)基于$E\rho$、泊松比和密度的叠前纵横波联合反演可以获得更加精确的弹性参数,为页岩储层识别和流体预测提供可靠的依据。这应该代表了页岩有机质非均质性预测的发展趋势,预期近期将会得到不断的改进、完善和更多的推广应用(印兴耀等,2014;Yin X Y 等,2015)。

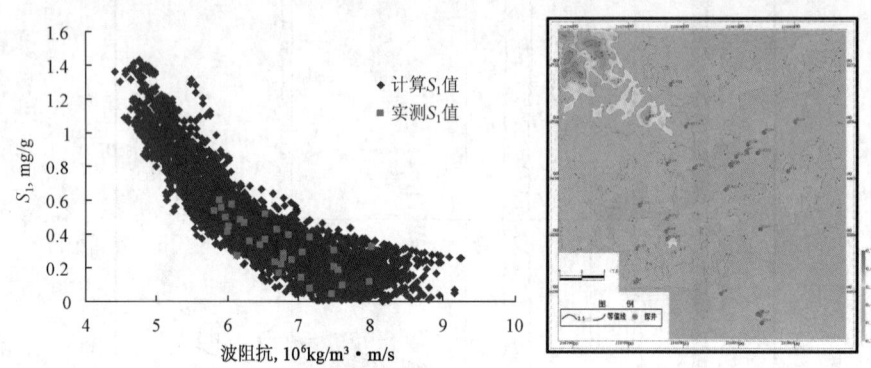

图13-14 利用地震资料预测S_1及其平面分布(王府断陷)(据卢双舫等,2016)

三、利用有机相技术评价/预测有机质的非均质性

烃源岩在地下总是有一定的分布范围。如前所述,受采样点的限制,人们依据实测数据所评价的只能是有限个点的烃源岩的性质,要从总体上评价它的全貌,必须将点的评价结果推广到平面上。前述的测井评价和地震预测技术,提供了一条解决问题的有效途径。有机相概念(Rogers,1979)的提出和推广应用,可以为探讨这一问题提供一条不同的途径。不过,与沉积相类似,有机相比较宏观,因此,它难以评估剖面非均质性,平面上也只是近似描述而不是准确刻画,事实上,需要与其他方法结合应用才能提高精度,但它提供了由点及面的思路。

自Rogers明确提出应用有机相来评价烃源岩中有机质的数量、类型与产油气率和油气关系以来,烃源岩有机相分析在油气勘探得到了广泛应用。但是国内外不同学者所给出的有机相的定义和划分仍有所差别,其中影响较大的是Rogers(1979)和Jones(1987)对有机相的认识和划分。

Rogers认为,有机相类似于沉积相,它可以跨越时间,不受地层和岩石单位的限制,有机质丰度、类型和沉积环境是确定有机相的必要条件,其中尤以有机质类型最为重要。显然,Rogers强调的主要是生物和环境(表13-15)。

表13-15 有机相A—D的综合沉积地球化学特征(据Jones、Demaison,1982)

有机相	产物	沉积环境	内部结构	有机物质	H/C ($R_o \approx 0.5\%$)	热解产量	
						I_H	I_O
A	油	缺氧(盐水)湖相为主,海相稀有	细纹层状	藻类、无定形陆源物质缺乏	≥1.4	700~1000	10~40
B	油	缺氧海相	纹层状成层较好	藻类、无定形通常为陆源的	1.2~1.4	350~700	20~60

续表

有机相	产物	沉积环境	内部结构	有机物质	H/C ($R_o \approx 0.5\%$)	热解产量 I_H	热解产量 I_O
B—C	油—气	可变三角洲	层理不明	海、陆混合的	1.0~1.2	200~350	40~80
C	气	中等含氧陆架/斜坡煤	层理不明生物搅动	陆源的几乎全为镜质体部分被降解的藻	0.7~1.0	50~200	50~150
D	干气	强氧化任何地方	块状生物搅动	强氧化的、再造的	0.4~0.7	<50	20~200

Jones(1987)将有机相定义为"一个给定地层单位的可制图的单位,在其有机成分基础上区别于附近亚单位,不考虑沉积岩的无机面貌"。该定义强调了岩石自身的有机组成。

从我国的应用情况看,出现了根据各自目的和技术手段给出的有机相定义和划分方案。郭迪孝等(1989)把生油层的有机、无机特征作为一个总体加以研究,将有机相称为沉积有机相,并且把它定义为:有机相是沉积环境、生物组合、成岩环境、氧化—还原条件以及相近有机质特征的地层单元。姚素平等(1995)依据显微组分的有机岩石学和地球化学的双重属性将准噶尔盆地和吐鲁番—哈密盆地侏罗纪煤系划分为4种沉积有机相类型。其中,森林沼泽有机相和流水沼泽有机相是主要的生烃有机相,森林沼泽有机相是煤型气的主要源区,并具有较高的生油潜力,流水沼泽有机相则是煤成油的主要源区。彭立才等(2000)据柴达木盆地北缘侏罗系烃源岩的有机岩石学、沉积学和有机地球化学特征将烃源岩的沉积有机相划分为4种类型,即高位泥岩沼泽有机相、森林泥炭有机相、滨浅湖有机相、半深湖—较深湖有机相,指出半深湖—较深湖有机相生烃性最好,森林泥炭有机相其生烃性较差,以生气为主,高位泥炭沼泽有机相生烃能力较差,以生气为主。可见,有机相既可以代号命名(如A、B相或Ⅰ、Ⅱ…),也可以主要含有的有机质来命名(如浮游藻相),还可以沉积相来命名(如深湖相)。

可以看出,有机质类型、沉积环境成为有机相分析必须考虑的因素,有机质丰度、成熟度也可能成为备选。由于有机质类型的研究方法和指标很多,而沉积环境要素更为复杂,并且研究有机相的目的也有差异,因此有机相的定义和划分出现了因人而异、因地而异的局面。实际上,有机相的提出,更重要的是体现为一种研究思想,即以"相"和"相律"思想为指导,研究烃源岩某些属性在空间或/和时间上的差异性及其分布的有序性,为烃源岩评价、油源对比等勘探所需服务,要点在于突出与研究目的有重要联系的"烃源岩"和"相"的关键要素的差异性;不同地质背景决定了这种要素的不同,也就决定了划分的依据不同。因此,有机相研究应根据具体目的、地质实际及资料的丰缺灵活运用。

应用有机相的概念必须突出两点:第一,既然是有机相,当然要以有机组成为定义和划相的重点;第二,要使有机相具有预测功能,必须将它与沉积相相结合,因为许多地球物理信息(如地震)可以反映沉积相而难以直接反映有机相。

尽管有机相作为一个术语,其内涵难以清晰界定,定义和划分方案并不统一,但本书更倾向于认同郝芳(1993,1994)所给出的定义:有机相为具有一定丰度和特定成因类型的有机质的地层单元。

张水昌等(2004)采用以上定义对塔里木盆地的主要烃源岩层的有机相进行了研究。图13-15以中—下寒武统为例给出了其沉积古地理与有机相图。该图中,有机相与沉积相(古地理)相结合,并以主要的有机组合命名有机相。

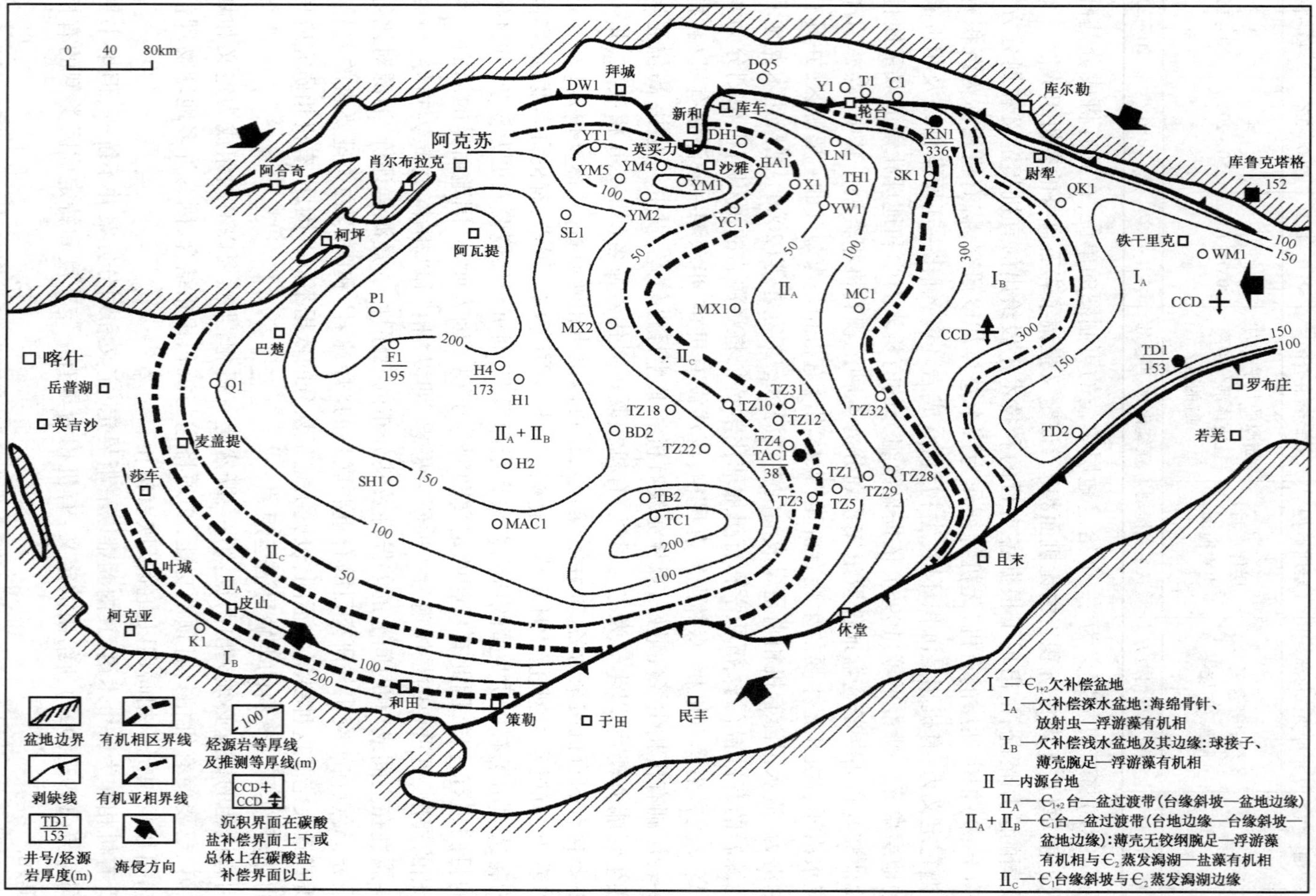

图13-15 塔里木盆地中—下寒武统沉积(TOC≥0.5%)古地理与有机相图

第五节　有机质原始丰度和原始生烃潜力的恢复

有必要指出的是,目前对烃源岩中有机质丰度和性质的评价(第一、二节)往往是用发生过生排烃作用的残样来进行的,这样就有可能出现以下的矛盾:某层烃源岩生成和排出的烃类越多,则由实测指标反映的丰度就有可能越低、类型也越差,从而使人们对它的评价较低。在20世纪80年代初以前,在人们还普遍以为烃源岩的生排烃效率均很低的情况下(Hunt,1979),它们至少也能近似地反映有机质的原始丰度和原始生烃潜力。但是,当越来越多的研究成果都已表明油气的生成和排出均有可能达到较高效率的情况下(Cooles等,1986;卢双舫等,1991,1996),再由它来指示高演化程度样品的原始丰度及生烃潜力,显然是不太合适的了,尤其是对我国广泛分布的普遍处于高—过成熟阶段的碳酸盐岩和已经有丰富的油气聚集(意味着大量的生排烃)的东部富油气盆地来说。因此,不少学者认为,很有必要恢复烃源岩中有机质的原始丰度和生烃潜力(庞雄奇等,1988;郝石生等,1996;卢双舫等,1986,1991,1993),以使烃源岩的定性评价和定量计算建立在更加可信的基础之上。

不过,也有部分学者认为,虽然烃源岩中有机质的绝对量随生排烃的进行而减少,但与此同时,烃源岩的质量也因失水和成岩作用而减少。因此,多数情况下,烃源岩中有机质的丰度保持相对稳定,甚至对类型较差的烃源岩,有机质的丰度不降反升,故进行有机质丰度的恢复意义不大(钟宁宁等,2004)。钟宁宁等认为,地质剖面中,很难见到明显的减碳趋势,煤岩演化过程中,碳含量总是逐渐升高,一些(低有机质丰度)样品的模拟实验也表明有机碳含量在成烃范围内基本不变,也是对这一认识的支持。需要指出的是,这里隐含的原始有机质丰度的定义是"原始有机碳的量与原始岩石质量的比值"。事实上,过去许多学者进行有机质原始丰度恢复所采用(或隐含)的都是这一定义(庞雄奇等,1998;程克明等,1990)。

考虑到在进行烃源岩的定性评价尤其是定量计算时,人们已知的是烃源岩目前的质量而不是它在地史过程中的质量,因此,如果恢复的原始丰度是相对于烃源岩在地史时期的质量,则应用过程中,就需要额外恢复原始的岩石质量。显然,这多了一层不必要的麻烦。因此,从实用的角度出发,建议将原始有机质丰度定义为"原始有机碳的量相对于现今岩石质量的比值"。从这一定义出发,无论何种类型的有机质,无论生排烃量的大小,烃源岩中的原始有机质丰度总是高于残余有机质丰度,而且恢复幅度要高于上一定义。即使对恢复幅度不大的生排烃量较小的烃源岩,也有益无损。

关于有机质原始丰度和生烃潜力的恢复,很多学者都做过探讨。一些国外学者的工作曾经涉及这一问题,如Cooles等(1986)曾基于干酪根中的惰性碳含量在演化过程中不变的假设计算了烃源岩的生排油气量,这其中就包括了恢复有机质原始丰度和原始生烃潜力的意义。Baskin(1997)探讨了典型干酪根计算的碳损失与残留干酪根的H/C关系,也有这层含义。比较而言,国内学者在这方面的工作更为广泛、系统和深入(程克明等,1982,1996;范成龙等,1983;陈丕济等,1983;邬立言等,1986;杨万里等,1986;曹慧缇,1987;庞雄奇等,1988;秦匡宗等,1988;郝石生等,1990,1996;卢双舫等,1991,1996;王杰等,2004)。尤其是郝石生等(1996)通过系统的热模拟实验和大量的分析,分别采用残碳模型恢复法、谱学模型恢复法、元素模型恢复法和物质平衡模型恢复法等4种方法对烃源岩的原始有机质丰度进行恢复,而采用三参数数学模型恢复法、两参数数学模型恢复法和同位素数学模型恢复法等3种方法对烃源岩的原始生烃潜力进行了恢复。但限于篇幅,本教材中难以对这些方法逐一介绍,有兴趣的学生可以参见相关的专著(郝石生等,1996)。下面仅介绍恢复的基本原理和方法。

由于有机碳是最为权威的丰度指标,故原始丰度的恢复均针对有机碳来进行。记 C_0 为原始有机碳, C 为实测残余有机碳。对某一类型的干酪根,选取一未成熟的样品,分析得到 C_0。将样品在实验室中加热到不同的温度后,分析残余有机碳(C)和成熟度(R_o 或 T_{max}),同时可计量产烃量,由此可得各实验点的有机碳的恢复系数 $K_C = C_0/C$。若记有机质的降解率(各实验点的产烃量与最高实验温度的最大产烃量的比值)为 D,也可以得到各实验点的有机碳的恢复系数 $K_C = 1/(1-D)$。对其他类型的干酪根,用同样的方法,也可以得到一系列的有机碳恢复系数(K_C)与成熟度(R_o,T_{max})的关系数据点,由此不难建立有机碳恢复系数(K_C)与有机质类型和成熟度的关系:

$$K_C = f(有机质类型,有机质成熟度)$$

也可由实验数据建立有机碳恢复系数与有机质类型和成熟度(图13-16中的横坐标为 T_{max})的关系(邬立言等,1986;程克明等,1995)。这样,由实际样品中有机质的类型和成熟度即可计算得到有机碳恢复系数,结合残余有机碳,即可得到原始有机碳。

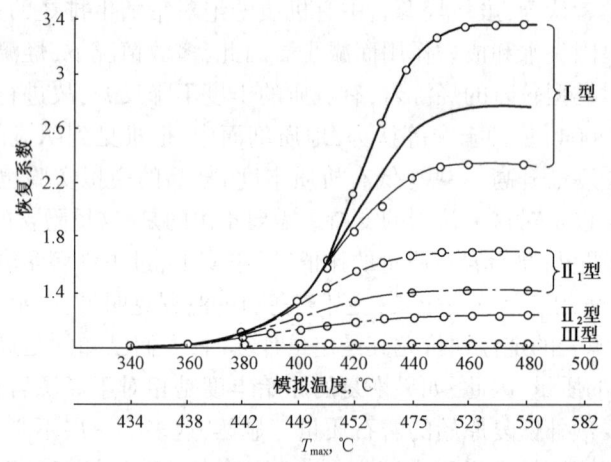

图 13-16　泌阳凹陷原始有机碳恢复系数图版(据程克明等,1995)

有机质原始类型的识别,可利用一些受成熟度影响较小的指标来进行。但许多时候难以正确判识有机质的原始类型,需要进行有机质原始生烃潜力的恢复。由于 Rock-Eval 分析所得到的 S_2 或氢指数(I_H)与有机质的生烃能力有直接的数量关系,有机质原始生烃潜力的恢复可以在此基础上进行。记 S_{20}(或 I_{H0})为原始生烃潜力(原始氢指数), S_2(或 I_H)为残余生烃潜力(残余氢指数)。选取一未成熟的样品,进行类似上面的实验和分析,也可得到原始生烃潜力的恢复系数。

有机碳或生烃潜力的恢复系数也可与各实验点中的 H/C、氢指数、芳碳率(脂碳率)等指标建立回归关系式后来计算,由此实现恢复有机质原始丰度或生烃潜力的目的。

不过,由于有机质成烃后并非全部离开烃源岩(即残余有机碳也有可溶有机质的贡献),因此实际的恢复要稍微复杂一些。下面简要介绍一种避开恢复系数同时恢复有机质的原始生烃潜力和原始丰度的方法(卢双舫等,1995,1996)。

设已测得了样品的残余有机碳(C)、氢指数(I_H)和烃指数(I_{HC}),由氯仿沥青"A"或烃指数(I_{HC})经轻烃或重烃补偿校正可得烃源岩中残油量B(庞雄奇等,1993);通过对未成熟样品的统计,可给定烃源岩中原生沥青(非干酪根热降解成因)的量B_0,通过适当的方法(化学动力学方法或热模拟实验的产烃率曲线法),能求得干酪根的成油转化率(X_o)和成气转化率(X_g)。

显然,由下式计算的I_H^0的值应比实测I_H更接近样品的原始生烃潜力:

$$I_H^0 = I_H + (I_H \cdot X_o + B_0 - B) + I_H \cdot X_g$$

这里等式右边的第三项为产气量,可以认为它在进行 Rock – Eval 分析之前基本已损耗,未在实测I_{HC}、I_H中得到体现,因此在恢复原始生烃潜力时应该加上;第二项为排油量(干酪根生油量+原生沥青量−残油量)。

如果计算所得I_H^0使$I_H^0 - I_H$较小,这意味着排油量和生气量较小,则由上式求得的I_H^0即可近似视为实际的原始产烃潜量。否则,以所求得的I_H^0替代上式中后两项I_H进行递推运算,直到满足某一精度[如$(I_H^0 - I_H)/I_H^0 < 0.01$]要求为止。

同时,可求得原始有机碳:

$$C_0 = (m_C + m_C \cdot \Delta I_H \cdot K/1000)/m_r = C(1 + \Delta I_H \cdot K/1000)$$

$$\Delta I_H = I_H^0 - (I_H + I_{HC})$$

式中 K——将产物有机质转为有机碳的系数(油气产物的含碳率,一般可取0.84);

m_r——一定体积的烃源岩的现今质量;

m_C——相应有机碳的质量;

ΔI_H——原始生烃潜力的恢复量;

C——实测残余有机碳。

显然,影响有机质丰度和生烃潜力恢复幅度的因素有有机质的类型(由公式中的I_H和X_o、X_g体现)、成熟度(由公式中的X_o和X_g体现)和排烃效率[由$\Delta I_H = I_H^0 - (I_H + I_{HC})$体现],而排烃效率与有机质的丰度、类型、成熟度、生烃量有关,因此恢复幅度还与有机质的丰度有关。一般来说,有机质的丰度越高,类型越好,成熟度越高,生烃量越高,从而排烃量就有可能越高,恢复的幅度就可能越大。

表13-16列出了按上述方法对不同地区、不同岩性、不同类型、不同成熟度的样品中有机质的原始生烃潜力和原始丰度进行恢复后所得结果。可以看出,由于塔里木盆地及东营凹陷深部的下古生界烃源岩演化程度较高,有机质原始生烃潜力和丰度的恢复幅度比较高。如对于塔东1、塔东2井和面古1井、广气1井O—Є烃源岩恢复所得原始生烃潜量可达实测氢指数的6.53~99倍,而恢复后的有机碳也可达实测值的1.32~2.3倍。但对于类型较差或成熟度较低的海参7井、台参1井煤岩和泥岩,有机碳的恢复幅度很小(均在1.08倍以下),可以忽略不计。不过,生烃潜力的恢复幅度随成熟度的升高明显增大,可达1.5倍以上(海参7井南下段的煤和台参1井八道湾组的煤)。由于成熟度低于下古生界碳酸盐岩,东营凹陷泥岩中有机质丰度和生烃潜力的恢复幅度虽然不及碳酸盐岩,但由于基值高,恢复值和残余值的绝对差值不容忽视。而松辽盆地徐家围子断陷深层烃源岩的成熟度介于上述碳酸盐岩和东营泥岩之间,恢复幅度也介于其间。

表 13-16 不同样品有机质原始生烃潜力和原始丰度的恢复(据卢双舫等,1994—2004)

地区	井号	岩性	层位	深度,m	I_H,mg/g	I_H^0,mg/g	C,%	C_0,%
塔里木盆地	塔东1	石灰岩、泥灰岩	O	4362	25.0	494.7	0.24	0.40
	塔东1		O	4367	3.5	346.5	0.86	1.21
	塔东1		€	4502	3.6	356.5	1.67	2.37
	塔东2		O_{2+3}	4074	112.0	731.7	0.36	0.83
	塔东2		O_{2+3}	4121	37.0	308.4	0.22	0.29
	塔东2		€	4936	11.8	366.1	2.24	3.19
	维马克1		O_{2+3}	2962	100.0	147.4	0.15	0.16
	维马克1		O_{2+3}	3855	62.5	177.0	0.80	0.89
海拉尔盆地	海参7	煤	大上段(d_2)	526.0	117.28	117.28	52.56	52.56
	海参7		南上段(n_2)	1782.0	190	270.37	67.91	72.35
	海参7	泥岩	大上段		81.51	81.71	2.92	2.92
	海参7		南下段		111.29	175.62	2.89	3.04
台北凹陷	台参1	煤	西山窑组		207.4	243.9	49.3	50.7
	台参1	煤	八道湾组		264.0	397.6	67.5	70.77
	台参1	泥岩	七克台组		325.9	333.3	2.37	2.38
	台参1	泥岩	八道湾组		150.0	248.4	2.47	2.67
东营凹陷	滨620	泥岩	Es_4 上	1563	660.6	710.8	6.01	6.30
	丰深1	泥岩	Es_4 上	3763	256.6	866.3	2.05	3.09
	王78	泥岩	Es_3 下	3736	321.6	796.4	1.9	2.65
	王78	泥岩	Es_4 上	3907	305.6	757.8	2.32	3.19
	面古1	石灰岩	€	1812.7	6.0	567.6	0.50	0.94
	广气1	石灰岩	€	468	20.0	559.1	0.05	0.09
松辽盆地	徐家围子	泥岩	登娄库组		4.29	84.27	0.395	0.462
		泥岩	营城组		39.72	240.87	1.06	1.51
		泥岩	沙河子组		47.66	492.83	1.67	2.76
		泥岩	火石岭组		19.92	229.55	1.12	1.57

本 章 小 结

1.烃源岩泛指已经生成或具有生成油气潜力的细粒岩石。有效烃源岩指已经生成并排出了可供商业性油气聚集的烃源岩。优质烃源岩指已经大量排烃、对成藏做出主要贡献的烃源岩。"源控论"勘探思想的内涵,经历了从"烃源岩控藏"、"有效烃源岩控藏"到"优质烃源岩控藏"的演变。

2.烃源岩的定性评价主要从其中有机质丰度、类型和成熟度三方面进行。有机质丰度反映单位质量烃源岩中有机质的总量,可由 TOC、氯仿沥青"A"、总烃和生烃势等指标指示;有机质(干酪根)类型反映单位质量有机质的成烃潜力和组成,Ⅰ型(腐泥型)有机质成烃潜力高,以油为主;Ⅲ型(腐殖型)有机质成烃潜力低,且以气为主;Ⅱ型(混合型)介于上两者之间,略偏向Ⅰ型。具体的类型可通过对的干酪根或可溶有机质分析得到的指标进行划分。元素分析、显微组分组成分析、生物标志化合物分析、Rock-Eval分析是比较广泛、权威应用的方法。成熟度是衡量有机质向油气转化程度的指标。对油而言,成熟度位于油窗范围比较有利;对热成因气,则成熟度较高有利。反映成熟度的指标很多,各有优缺点和适应范围。镜质组反射率是应用最为广泛和权威的指标,其次应用较多的有生物标志化合物(尤其是甾萜)、T_{max}、热变指数(干酪根颜色)等方面的指标。

3. 受地质条件变化的影响,烃源岩普遍具有非均质性。精细评价和勘探需要客观评价和预测烃源岩的非均质性。有机质在测井上特征的响应,加上测井信息纵向分辨率高的特点,使利用测井资料评价烃源岩的有机质非均质性成为可能。目前国内外广泛、成功应用的评价方法是 $\Delta \lg R$ 模型法,但一般需要结合具体靶区的地质条件对模型进行改进,并利用靶区的样品对模型的待定参数进行标定。而烃源岩有机质非均质性的预测,理论上可以利用地震资料反演,也可结合有机相来进行。

4. 由于对烃源岩中有机质丰度和性质的评价大多是用发生过生排烃作用的残样来进行的,因此有必要进行有机质原始丰度和原始生烃潜力的恢复,尤其是对成熟度较高的烃源岩。恢复的基本原理是评价出生排油气量后,加上排出油气中的有机碳的量,与现今岩石重量的比值即视为恢复得到的原始有机碳。原始生烃潜力则为残存的生烃势与排出的生烃势之和与原始有机碳的比值。

思 考 题

1. 何谓烃源岩、有效烃源岩、优质烃源岩?它们与常规油气成藏有何关系?
2. 烃源岩定性评价从哪些方面开展?为什么?
3. 试述TOC、氯仿沥青"A"、总烃、生烃势(S_1+S_2)作为有机质丰度指标的意义、内涵及优缺点。
4. 有机质类型判识的主要指标有哪些?各自的优缺点和适应性是什么?
5. 有机质成熟度指标中,哪些应用比较广泛、权威?各自的优缺点和适应性是什么?
6. 判识有机质丰度、类型和成熟度的指标既可以源于对不溶有机质的分析,也可以源于对可溶有机质的分析,其原理和依据分别何在?
7. 评价原油样品的母质类型和成熟度,有哪些可用的指标?
8. 为何要进行烃源岩有机质非均质性的评价和预测?有哪些可用的技术,其基本原理是什么?
9. 浅谈你对有机质原始丰度和原始生烃潜力恢复的认识和理解。

第十四章 烃源岩的定量评价

在任一新区的勘探早期,钻井及分析资料有限,地球化学家只能对烃源岩进行初步的定性评价。随着勘探的进行及资料的积累,为了提高油气的勘探效益,需要明确探区油气资源的总量及有利的勘探层位和靶区,以便科学地决策和调整勘探的投资力度和方向。此时有关探区烃源岩的有无、品质的优劣以及生烃量的大小等定性评价的认识已经不能满足要求,勘探家需要有定量的认识,如油气的生成量具体是多少,其时空上如何分布,等等。

以干酪根生烃理论的建立为标志,地球化学家对有机质成烃的认识实现了从现象到本质和机理的升华。这就为科学、定量地计算生油气量奠定了基础。因此,从20世纪80年代起,从定性评价到定量计算就成为烃源岩研究的重要发展趋势之一。

不难理解,只有从烃源岩中排替出来的烃量才能对成藏有贡献,因此,烃源岩研究的重要发展趋势之二就体现在从单纯评价生烃逐步向同时评价生排烃,并且更注重排烃的方向发展。

早期提出的生烃量计算方法,主要是用于计算生油量,仅仅对煤系地层的发育区才重视对生气量的评价。而现今随着天然气在我国能源结构中地位的逐步提高,气源岩的评价日益重要。因此,从注重油向油气并重但分别评价就成为烃源岩定量评价的发展趋势之三。

如果说早期的定量评价仅仅强调总量的话,那么,近年来的定量评价就更加注重评价不同时期的生排烃量。因为不难理解,同样的生排烃量发生在5亿年前和最近50万年,对成藏的意义将完全不同:生成越早的烃类(尤其是天然气),就越容易损失而难以成藏。因此,从静态评价(累计量)向动态评价(不同时期的生排烃量)发展就成为烃源岩研究的发展趋势之四。

可以说,现代烃源岩定量评价的内涵既包括生烃评价,也包括排烃评价,既包括油,也包括气,既包括总量,也包括期次,同时还应包括强度评价,因为同样的生排烃总量,发生在$2\times10^4 km^2$的面积上和发生在$10\times10^4 km^2$的面积上对成藏的贡献会明显不同:强度越高,耗散越少,越容易聚集成藏。

需要指出的是,像许多地质研究一样,烃源岩定量评价并非毕其功于一役的研究,而需要随着资料的积累和方法的改进而不断更新、完善。

第一节 烃源岩生烃的定量评价

早在20世纪50年代初,苏联学者即已提出了依据烃源岩中(残余)有机质或可溶有机质总量来估算生油量的定量计算方法。但由于人们当时尚未认识有机质的成烃机理,这些方法并不科学,只能是粗略估算。如最早提出的有机碳法是由烃源岩中残余有机碳的总量乘上有机碳转化系数k_C,而k_C的取值为1%(较有利生油岩)~1.2%(最有利生油岩)。而沥青法是由烃源岩中残余沥青的总量乘上一沥青转化系数k_b,k_b的取值为15%(较有利生油岩)~20%(最有利生油岩)。显然,按目前对有机质成烃机理和成烃潜力的认识,这类方法计算所得数值无疑太小。因此,不少探区后来探明的石油储量甚至都超出了最初由这类方法计算的生油量,而成为石油勘探家揶揄地球化学家的谈资。因此,这些方法实际上已经被弃用。完全被弃用的还有原理并不科学、参数难以选取的 Erdaman 法。

目前由油公司和研究机构提出并被应用的生烃量定量评价方法很多,但概括起来可以分为三类:一是改进的氯仿沥青法,二是基于有机质成烃机理的成烃率法,三是基于 Rock-Eval 分析所得的生烃势法。第二类方法按成烃率求取方法的不同又可以分为热模拟实验法、化学动力学法、物质平衡法等。

一、改进的氯仿沥青法

该法基本公式如下:

$$Q_{总} = S \cdot H \cdot A \cdot \rho / (1 - K_{运}) \tag{14-1}$$

式中　$Q_{总}$——评价目标的总生油量;
　　　S——烃源岩的面积;
　　　H——烃源岩的厚度;
　　　A——氯仿沥青"A"的平均含量,%;
　　　ρ——烃源岩的密度;
　　　$K_{运}$——烃源岩中石油的运移系数。

实际应用过程中,常常将评价目标划分为有限个评价单元,分别计算各个单元的生烃量后求和。

这一公式实际上是由物质平衡原理,即

$$Q_{生} = Q_{残} + Q_{运} = S \cdot H \cdot A \cdot \rho + Q_{运} \tag{14-2}$$

推导得到的。

公式(14-1)的关键在于 $K_{运}$ 的取值。$K_{运}$ 可以按下面的原理来求取。相当部分地球化学家曾经认为,厚层烃源岩的中间或膏岩层之下的烃源岩基本没有排油,对它分析所得的氯仿沥青"A"/TOC 的量可视为生油量($Q_{生}$),而靠近砂岩(但有机质类型和成熟度相近)的烃源岩中样品分析所得则为发生过排烃后的残油量($Q_{残}$),由此不难得到初次运移的效率(运移系数 $K_{运}$)。不过,近期的研究成果揭示,厚层泥岩的中部未发生排烃作用这一假设不一定成立(见本章第二节),因此,$K_{运}$ 现在更多的是由 Rock-Eval 分析资料求得:

对评价区的不同类型、不同成熟度的烃源岩样品进行 Rock-Eval 分析,可得到一系列的 S_1、S_2 实测值。以未成熟样品的 S_2(或 S_1+S_2)作为未排烃状态的最大生烃潜力 S_0。显然有

$$K_{运} = Q_{运}/Q_{生} = [S_0 - (S_1 + S_2)]/(S_0 - S_2) \tag{14-3}$$

与早期提出的沥青法的不同之处在于,公式(14-1)中没有采用毫无依据、主观取值 15%~20% 的沥青化系数 k_b,而是以依据实际资料求得的 $1/(1-K_{运})$ 来替代,从后面的讨论可以看到,目前认识到排烃效率远远高于过去以为的不超过 20%。

这一方法虽然并非从成烃机理出发,但从前面的推导过程来看,也是科学、合理的。具体应用时,需要注意有机质类型的非均质性对计算结果的明显影响。由于这一方法简便易行,故成为全国第二、三轮油气资源评价中被最为普遍应用的方法之一(胡见义等,1987),至今仍在许多探区,尤其是在新区被广泛应用。不过,该法不能评价生气量;同时,由于氯仿沥青"A"的分析流程中已经损失碳数小于 14 的轻烃,这一方法在高—过成熟的烃源岩分布区也难以成功应用于生油量的计算;它也不能对烃源岩于不同时期的生烃量进行动态评价。因此,目前应用

更多的方法是从成烃机理出发的成烃率法。

二、基于有机质成烃机理的成烃率法

按照现代油气成因机理,单位质量烃源岩中油气的生成量取决于有机质的丰度(数量)、类型(反映单位重量有机质的生烃能力)和成熟度(反映有机质向油气转化的程度,也可用成烃转化率表示)。这样,某评价目标中油气的生成量应该为

$$Q = S \cdot H \cdot \rho \cdot TOC \cdot HI \cdot X \tag{14-4}$$

式中　$S \cdot H \cdot \rho$——烃源岩的面积×厚度×密度 = 烃源岩的重量;

　　　TOC——烃源岩中有机碳含量,可采用恢复后的原始有机碳;

　　　HI——单位质量有机质的原始生烃潜力,mg/g 或 kg/t,反映有机质的类型,TOC·HI 则反映了单位质量烃源岩的生烃潜力;

　　　X——成烃转化率,计算生油量时用成油转化率,计算生气量时用成气转化率,HI·X 则反映了单位重量有机碳的生烃量。

式(14-4)中具体各变量的单位可根据实际需要组合。

由于 S、H、ρ、TOC 各参数均不难求得,HI 可以依据综合确定的有机质类型赋值,或者直接用未成熟烃源岩样品的氢指数(或烃指数 + 氢指数),因此一旦确定了有机质的成烃(油、气)转化率 X,生烃量的定量评价问题就迎刃而解了。问题的关键在于合理、准确得到 X。

求取成烃转化率的方法有很多,概括起来,可分为三大类:热模拟实验法、化学动力学法和物质平衡法。相应地,有关的生烃量计算方法也可分别按这三种方法来命名。

需要特别指出的是,公式(14-4)中的 X 为成烃转化率,它等于已生烃量/总生烃潜力,是一个无量纲参数,也可用百分数表示,它与 HI 的乘积为单位重量有机碳的产烃量。有时可供生烃量评价利用的参数是产烃率,其常用单位为 mg/g(油/TOC)或 mL/g(气/TOC),这相当于 HI·X。如大部分的模拟实验和一些化学动力学模型提供的即为这一参数。此时公式(14-4)中的后两项 HI·X 合为一项。

1. 热模拟实验法

热模拟实验是利用时温互补原理将在地质低温条件下需要几十万年至几亿年才能进行或完成的有机质生烃过程,通过实验室的高温在几天或几小时完成。它是获取计算生烃(油、气)量所需的成烃转化率(或产烃率)与温度(成熟度)关系的重要方法。按拟解决的问题和具体实验条件的不同,热模拟实验可分为多种类型:从开放程度上可以分为密闭体系和开放体系;按实验过程中是否一直有水存在可分为加水热解和干法热解;按实验加热方式可分为恒温热解和恒速升温热解。其中,密闭体系的热模拟实验多在高压釜中进行,它可以直观地得到产油气率与温度(成熟度)的关系;开放体系的热模拟试验有多种方法,其中由 Rock-Eval 热解仪所进行的恒速升温热解实验以方便、快速和适宜在线准确计量而被广泛应用,但它难以获得直观的产烃率—成熟度关系,常常用于标定化学动力学模型,之后由化学动力学模型计算出任意条件下的产烃(油、气)率,这是下一部分将要讨论的内容;加水热解实验被认为更接近地质条件。

开放体系实验时,油气产物随产随排而不经受二次裂解,这与地质条件下产物生成后主要残留于烃源岩中或排出到附近的储层继续经受相近的热成熟作用明显不同。因此,以直接求取成烃率为目的的热模拟实验多利用高压釜加水的密闭体系来进行。

取不同类型未成熟－低成熟的代表性有机质(烃源岩)样品,置于热模拟装置中,加热到不同的温度,可得到如图14-1所示的成油(气)转化率—实验温度关系图。通过测定实验后样品中的镜质组反射率,可建立成油(气)转化率—成熟度关系(图14-1)。这样对实际地质样品,知道其所处的成熟度之后,即可从图上查得其成油气的产率或者转化率,带入式(14-4)中,即可定量计算出相关烃源岩的生油(气)量。

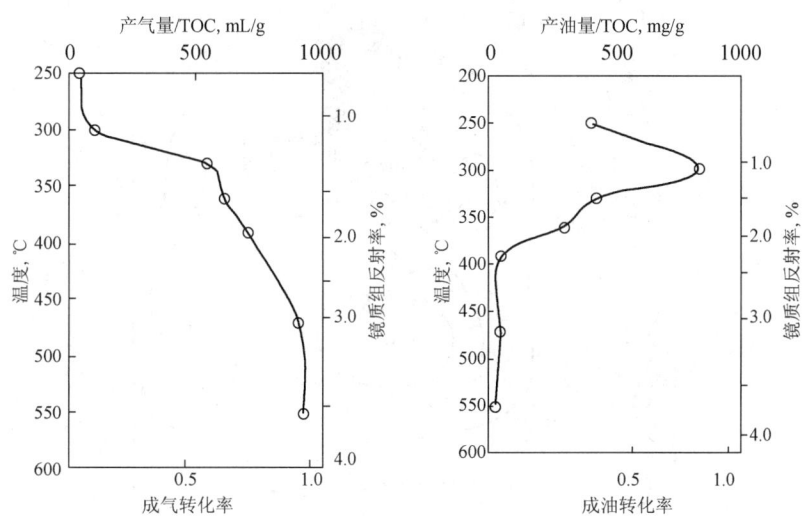

图14-1 松辽盆地盛1井青一段有机质实验产油(气)转化率—温度(成熟度)关系图

由于同一烃源岩层的厚度及其中有机质的丰度、类型和成熟度(埋深)在平面上存在着明显的变化,为提高评价精度,一般将评价目标分为有限个评价单元,分别求出各单元处单位面积上的生烃量,即可作出烃源岩在平面上的生烃强度分布图(图14-2)。显然,在其他条件相近的情况下,高强度的生烃有利于(大)油气田的形成。生烃强度乘以面积即可得到对应评价单元的生烃量,所有单元求和即可得总的生烃量。

这一方法也可以对烃源岩于不同地史时期的生烃量进行动态评价。这需要首先知道烃源岩在某一地史时期的古成熟度(R_o)。获取古R_o的方法之一是由沉积埋藏史和热史计算时间温度指数(TTI),由TTI—R_o关系得到古R_o,进一步由转化率—R_o关系(图14-1),即可查得古转化率。将古转化率带入式(14-4)中,即可求得至某一地史时期的累计生烃量。减去前一地史时期的累计生烃量,即可得到该地史期间的生烃量。从而实现对烃源岩生烃历史和过程的动态评价。

由于热模拟实验法直观、简明,故这一方法在我国得到了非常广泛的应用。但该法也存在一些问题,如地质条件并非一个完全密封的体系;热模拟主要模拟温度和时间的影响,而对其他因素,如压力、催化剂等对生烃过程的可能影响则难以系统模拟。另外,联系实验结果和地质应用的桥梁一般是成熟度指标R_o,但已有大量的证据表明,实验条件下镜质组反射率的演化和地质条件下并不平行(卢双舫等,1996),即同样的R_o,在实验条件下与地质条件下所对应的成熟度(成烃转化率)并不一致。

2. 化学动力学法

有机质生成油气的过程非常复杂,但概括起来可被简化成三组反应,即有机质初次裂解直接成油、直接成气、油进一步二次裂解成气(图14-3)。成油部分为有机质中的长链结构,也

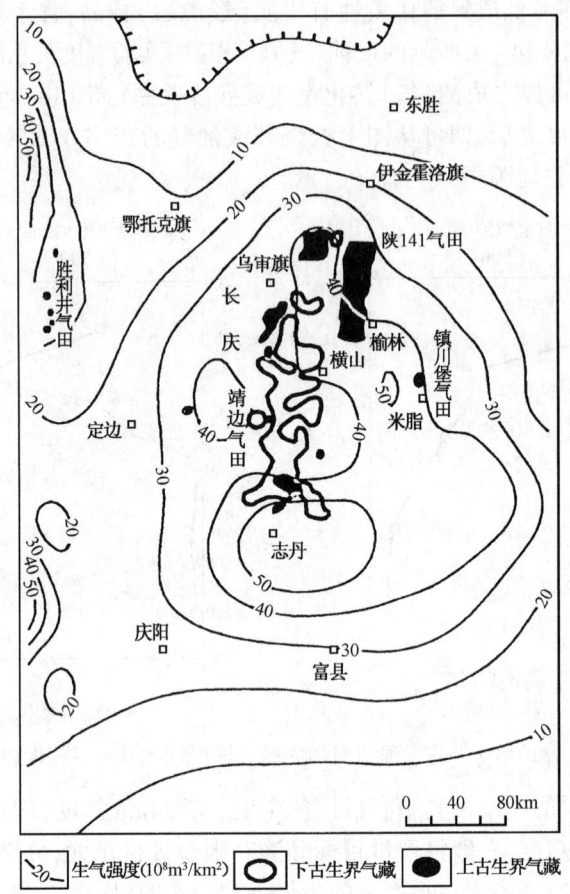

图 14-2 鄂尔多斯盆地上古生界生气强度(中心)及其与大气田关系
(据戴金星等,2003)

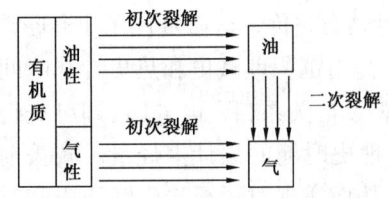

图 14-3 有机质成烃过程示意图

可视为有机质中的倾油性组分,成气的则为有机质结构中的短链部分,也可被称为气性干酪根(Cooles 等,1986)。三者都可视为热力作用下的化学反应过程。因此,从原理上讲,它们均可由化学动力学理论来定量描述。若能正确建立和标定有机质(干酪根)成油、成气和油成气的动力学模型,来建立比较系统的油气生成的化学动力学理论,则有利于结合评价烃源岩所经历的热史,从化学动力学理论的角度对油气的生成过程和生成量进行定量、动态评价,使对油气生成量和生成期的评价从经验、实验的水平上升到模型和理论的水平。由于这一方法有相对坚实的化学动力学理论作为基础,因而应该更为科学、可信。可以说,它代表了烃源岩生烃量和生烃期定量评价研究的一个重要发展方向和趋势。

这样,可设干酪根(KEO)成烃过程由一系列(NO 个)平行一级反应构成,每个反应对应的活化能为 EO_i,指前因子为 AO_i,并设对应每一个反应的原始可反应潜量(这里用反应分率表示)为 $XO_{i0}(i=1,2,\cdots,NO)$,即

$$KEO_1(XO_{10}) \xrightarrow{KO_1} O_1(XO_1)$$

$$KEO_i(XO_{i0}) \xrightarrow{KO_i} O_i(XO_i)$$

$$KEO_{NO}(XO_{NO0}) \xrightarrow{KO_{NO}} O_{NO}(XO_{NO})$$

至时间 t 时,第 i 个反应的生烃量为 XO_i,则有

$$\frac{dXO_i}{dt} = KO_i(XO_{i0} - XO_i) \qquad i = 1,2,\cdots,NO \qquad (14-5)$$

$$KO_i = AO_i \exp\left(\frac{-EO_i}{RT}\right) \qquad i = 1,2,\cdots,NO \qquad (14-6)$$

式中　KO_i——第 i 个干酪根成烃反应的反应速率常数;
　　　R——气体常数,为 8.31441J/(mol·K);
　　　T——温度,K。

当实验(或地质条件)为恒速升温(升温速率 D)时

$$\frac{dT}{dt} = D, \text{即 } dt = \frac{dT}{D} \qquad (14-7)$$

由式(14-5)至式(14-7)可得

$$\frac{dXO_i}{XO_{i0} - XO_i} = \frac{AO_i}{D} \times \exp\left(-\frac{EO_i}{RT}\right)dT$$

将上式从 $T_0 \to T$ 积分,并注意到 $XO_i(T_0) = 0$, $XO_i(T) = XO_i$ 得

$$XO_i = XO_{i0}\left\{1 - \exp\left[-\int_{T_0}^{T}\frac{AO_i}{D} \times \exp\left(-\frac{EO_i}{RT}\right)dT\right]\right\} \qquad (14-8)$$

NO 个平行反应的总生烃量则为

$$XO = \sum_{i=1}^{NO} XO_i = \sum_{i=1}^{NO}\left\{XO_{i0}\left\{1 - \exp\left[-\int_{T_0}^{T}\frac{AO_i}{D} \cdot \exp\left(-\frac{EO_i}{RT}\right)dT\right]\right\}\right\} \qquad (14-9)$$

同理,若设干酪根直接成气的反应由 N_G 个平行反应组成,每个平行反应的活化能为 EG_i,初始反应分率为 XG_{i0},可得随温度变化的直接生气量的计算公式为(卢双舫等,1996,2002)

$$XG = \sum_{i=1}^{NG} XG_i = \sum_{i=1}^{NG}\left\{XG_{i0}\left\{1 - \exp\left[-\int_{T_0}^{T}\frac{AG_i}{D} \cdot \exp\left(-\frac{EG_i}{D}\right)dT\right]\right\}\right\} \qquad (14-10)$$

与式(14-9)相比,式(14-10)仅仅是有关变量的副标不同而已。O 表示油,G 表示气。

同理,若设油裂解成气的过程由 NOG 个平行一级反应组成,每一反应的活化能为 EOG_i,指前因子为 AOG_i,对应的初始反应分率为 XOG_{i0},当反应进行至时间 t 时,产气率(用占总可反应量的分数表示)为 XOG_i,则不难得到 NOG 个平行反应的总生气量为

$$XOG = \sum_{i=1}^{NOG} XOG_i = \sum_{i=1}^{NOG}\left\{XOG_{i0}\left\{1 - \exp\left[-\int_{T_0}^{T}\frac{AOG_i}{D} \cdot \exp\left(-\frac{EOG_i}{D}\right)dT\right]\right\}\right\}$$

$$(14-11)$$

这样,一旦确定了上述三组有机质成烃的化学动力学参数(活化能、指前因子、各反应的原始潜量或称反应分率),结合有机质所经历的温度和时间[由有机质的受热史 $T(t)$ 和升温速率 D 反映],则不难定量、动态地计算出有机质在任一时刻(温度)的有机质的成油、成气转化率和油成气的转化率。这样,烃源岩中有机质的净生油转化率(NOO)和总成气转化率(TG)则为

$$NOO = XO - XOG$$

$$TG = XG + XOG$$

上面的成油、成气转化率为生成量/有机质的总原始生烃潜力。有时计算生油量时，XO 也可以是相对于有机质的油潜力，这时，公式(14-4)中的 I_H 就应该换为油潜力。例如，某有机质的总生烃潜力为 700mg/g(HC/TOC)，其中能够经初次裂解直接成油的油性干酪根占 80%，则有机质的油潜力为 560mg/g(HC/TOC)。也有学者用 mg/g(HC/TOC) 表示 XO_{i0}(Tissot 等，1978；刘金钟等，1997)，相应地计算出的 XO、NOO 的单位也为 mg/g(HC/TOC)，与前面的热模拟实验一样，由此求得的为有机质的产烃率，即单位有机碳的成烃量，相当于公式(14-4)中的 $I_H \cdot X$。

一般在干酪根开始明显转化成烃之前，烃源岩中或多或少都存在一定量的原生可溶有机质。因此，定量计算生油量时，需要加上这一部分；而计算生气量时，也要加上由这一部分油裂解所生成的气。

如何确定上述的化学动力学参数呢？这里以成油模型的标定为例，就其基本原理简述如下：设在某一实验条件 1 的第 j 个实验点，经模拟实验得到一组成油转化率数据 $XO1_{lj}$，在相同的条件下，假定 EO_i、AO_i、XO_{i0} 之后，由模型式(14-9)计算的产油率为 XO_{lj}。如果存在某一组 EO_i、AO_i、XO_{i0} 的取值使对所有的实验点都有 $XO1_{lj} - XO_{lj} = 0$，则该组 EO_i、AO_i、XO_{i0} 即为所求。但由于实验误差等方面的原因，这实际上是不可能的。因此，只能求使 $XO1_{lj} - XO_{lj}$ 尽量小的 EO_i、AO_i、XO_{i0} 的取值。为此，构造目标函数

$$Q(EQ_i, AQ_i, XQ_{i0}) = \sum_{l=1}^{L_0} \sum_{j=1}^{J_0} \left(\frac{XO1_{lj} - XO_{lj}}{XO1_{lj}} \right)^2 \qquad (14-12)$$

式中　L_0——不同条件的实验数目；

　　　J_0——在某一条件下的实验点数。

这样，模型式(14-9)的确定(即动力学参数的求取)问题就化为求目标函数式(14-12)的极小点问题。数学上提供了许多优化算法来解决这类问题。不过，具体实现则是本方法的难点所在，有兴趣的读者可参阅有关的专著(卢双舫等，1996)，这里不展开论述。

由于有机质组成的千差万别，不同学者用不同方法对各种类型的有机质标定所得的成烃动力学参数各不相同。对任何类型的有机质，目前都没有一套标准的化学动力学参数，但文献上已有大量的不同地区、不同类型的有机质成油、成气和油成气的化学动力学参数可供参考。商品化的盆地模拟软件中也有不同学者标定的各种类型有机质的成烃动力学参数可供选择。限于篇幅，这里没有给出化学动力学参数，但给出了化学动力学模型在实际地质条件下(沉积埋藏史和热史)应用的实例(图14-4)。从图中可以看出，由化学动力学模型计算的松辽盆地有机质成油门限、成气门限和油裂解成气的门限分别约为 1200m、1500m 和 2000m 左右。油裂解成气的速率超过有机质成油速率的点约为 2000m，液态油的主要生成范围对应着 1200～2000m 的深度范围，天然气的生成则从 1500m 一直延续到深于 4000m 以上。

由于式(14-9)、式(14-10)、式(14-11)中的温度 T 为时间 t 的函数，因此，通过 T 与 t 的关系，可以非常方便地由上述公式实现对油气生成史的动态评价。图14-5示出了这一方法在塔里木盆地应用的实例。从图14-5(a)可以看出，塔中 12 井处 O_{2+3} 泥灰岩中有机质开始明显成油发生在白垩纪(K)以来，但主要成油、成气期在新近纪(N_1)123.3Ma 以来。与满加尔坳陷中主力烃源岩的生烃期偏早[图14-5(b)]相比，这种晚近期生烃的特点应该特别有利于成藏，或者说，其运聚系数将比生烃期早的烃源岩高得多。这正是自 1997 年以来，区内与这套面积仅约 4800km² 的烃源岩有关的油气勘探获得重要收获的基本原因。而同位于塔

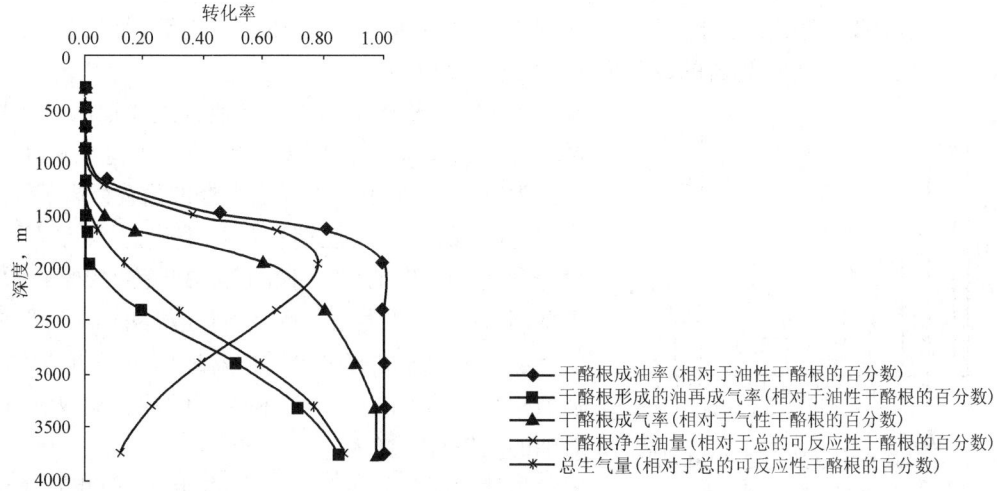

图 14-4 由化学动力学模型计算的松辽盆地有机质成烃转化率与埋深的关系(据卢双舫等,2002)

中隆起上的塔中 1 井剖面处,由于 O 沉积之后,曾经受过厚达 3000m 左右的剥蚀❶,因此该区大部分下古生界烃源岩曾在早古生代即已达到较大的埋深,经历较高的地温,因此成烃期也偏早。

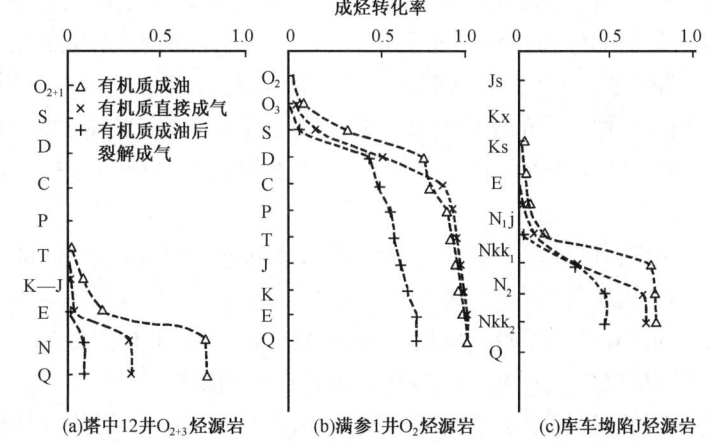

图 14-5 塔里木盆地代表性剖面及层位的成烃史(据卢双舫等,2000)

图 14-5(b)以 O_2 烃源岩为例绘出了满加尔坳陷满参 1 井剖面处下古生界烃源岩的生烃史,可以看出,烃源岩的主成油(气)期分别发生在 D(362Ma)和 C(290Ma)之前。作为盆地中主力生烃坳陷内的主力烃源岩层的下古生界烃源岩的生烃期过早,无疑将使所生成、排出甚至曾聚集成藏的油气经受后期多次构造运动破坏和改造的可能性明显增大,从而不利于大—巨型整装油气田的保存。

图 14-5(c)以库车坳陷中部地层厚度较大的剖面为例作出了库车坳陷内中生界主要烃

---

❶ 贾承造等,《塔里木盆地构造特征》,国家"八五"攻关三级课题报告,塔指研究中心,1995。

源岩层（J）的生烃期史。不难看出，J 泥岩的成油（气）期集中发生在康村—库车组（Nkk）沉积时期。这种晚近期成烃的特点预示着该区可能具有良好的油气勘探前景。该区从烃源岩的发育规模到有机质的总量都远远小于塔里木盆地台盆区的满加尔，但该区却能够形成克拉 2 这样的大气田，应该与主力烃源岩的成烃期很新有极大的关系。

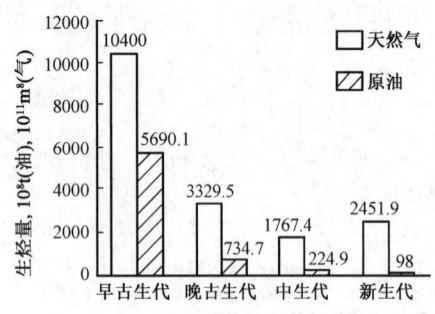

图 14 - 6　塔里木盆地主要地史时期生烃量对比

图 14 - 6 给出了塔里木盆地各主要地质时期生烃量的对比。从图中可以看出，虽然盆地内的生烃量巨大，但全盆地下古生界主力烃源岩（主要分布在克拉通区）的主力成烃期在早古生代，其生油（气）量分别约占总生油（气）量的 84.3%（57.9%）。毫无疑问，这种早期生油的特点，将使早期排聚所形成的巨型—大型油藏容易受后期盆地内所经历的多次强烈构造运动的破坏、改造和再分配的影响，从而使对油的勘探难度增大。

虽然大部分气也生成于早古生代，但相对于油而言，中—新生代所成气占的比例高得多，尤其是库车前陆盆的三叠系、侏罗系烃源岩，其主力成气期在新近纪以来的晚近期[图 14 - 5(c)]，这应该相对有利于气藏的形成和保存。

3. 物质平衡法[*]

利用物质平衡法计算有机母质转化过程中油气产量（或者油气产率）的基本思想是由苏联学者乌斯宾斯基（1954）提出的（庞雄奇等，1993）：有机母质转化前的初始重量（M_0）等于转化后的残余有机母质重量（M）和各种产物重量（X_i，i 代表不同的产物组分）之和。有机母质主要由 C、H、O、N、S 等 5 种元素组成，它们约占有机质全重的 99.5% 以上。因此有机母质的转化生油气过程也是这 5 种元素的平衡过程。依据物质平衡原理，利用元素组合分解的方程式，可以求出方程式中各种设定的产物组分的量。为简化讨论，忽略含量很少的 S、N，可以列出如下的反应式：

$$CH_{m_0}O_{n_0}(原始有机质) \rightarrow X_1 CH_{m_1}O_{n_1}(残余有机质) + X_2 CH_{m_2}O_{n_2}(油)$$
$$+ X_3 CH_{m_3}(烃气) + X_4 CO_2 + X_5 H_2O + X_6 H_2 \tag{14 - 13}$$

式中　m_0、n_0、m_1、n_1、m_2、n_2——原始有机质、残余有机质及油的 H/C 和 O/C；

m_3——烃气的 H/C，它们反映了反应物和各种产物的组成。

如果确定了这些数值，就确定了原始有机质、残余有机质、油、烃气的确切组成，加上反应式中的 CO_2、H_2O、H_2 的组成已经明确，则原理上上面的反应式是可以配平的，亦即 $X_1 \sim X_6$ 等待定系数可以唯一确定。这样等式右边的各种演化产物（包括残余有机质以及油气）的产率均能确定。从原理上讲，这是一种科学、合理的方法。

但由于除了原始有机质和 CO_2、H_2O、H_2 的组成外，地球化学家感兴趣的油气产物和残余有机质的组成都随着成熟作用不断演变，人们几乎没有办法一一对应地确定达到某一演化程度时各种产物的精确组成，因此，往往只能确定它们的大致对应组成，从而很难严格配平式（14 - 13），或者说，难以求得反应式中 $X_1 \sim X_6$ 等待定系数的解析解，但可以通过优化算法求得其近似解（庞雄奇等，1993）。

设 M_0、M、$M_{油}$、$M_{气}$、M_{CO_2}、M_{H_2O}、M_{H_2} 分别为原始有机质、残余有机质及各种演化产物的"摩

尔质量",不难得到:

$$M_0 = X_1 \cdot M + X_2 \cdot M_{油} + X_3 \cdot M_{气} + X_4 \cdot M_{CO_2} + X_5 \cdot M_{H_2O} + X_6 \cdot M_{H_2} \quad (14-14)$$

要求 X_i 的近似解,可构造目标函数:

$$Q(X_i) = \text{abs}(M_0 - \sum X_i \cdot M_i) \quad (14-15)$$

通过数学上提供的优化算法,即可求得使 $Q(X_i)$ 最小(趋近于0)的一组 X_i 的取值,从而可求出各种产物的生产量(或生成率)。

从原理上讲,这一方法也可以应用于生烃期和生烃强度的评价,读者可以自己理出评价思路和流程。

在上面介绍的3种方法中,前两方法的应用非常广泛。比较而言,热模拟实验实验法在国内的应用更为广泛,我国的主要油田都对不同类型的有机质进行过大量的热模拟实验,从而为生油气量的定量评价提供了大量的基础参数。目前国内用于模拟含油气盆地中油气生、排、运、聚的软件中的生烃模块普遍都应用热模拟实验提供的成油(气)率曲线计算生油(气)量。而国外众多的盆地模拟软件中则更多地应用化学动力学模块来定量计算生烃量。物质平衡法则主要见于研究文献中(庞雄奇等,1993),在油田使用很少。

三、基于 Rock-Eval 分析所得的生烃势法

由于这一方法在评价生烃量的同时,可以对排烃量进行评价,因此将置于下一节中一并讨论。

第二节 烃源岩排烃的定量评价

烃源岩的排烃也称为油气初次运移(primary migration),通常是指油气从低渗透烃源岩中排驱到相对较高渗透率的运载层或储层的过程(Illing,1933;Tissot、Welte,1984;Hunt,1979;陈建平,2014)。

关于烃源岩中油气初次运移机理有5种假说(Tissot、Welte,1984):一是烃类液滴或气泡;二是烃类分子溶解于孔隙水中运移;三是烃类呈胶体或胶束溶液运移;四是以分子扩散的方式运移;五是以独立的烃相运移。第一种运移方式因为要克服烃源岩中微小孔喉导致的巨大的毛细管力而难以对排烃有重要贡献。第二种方式因为油在水中的溶解度偏低而难以起重要作用,可能对气有一定的作用。第三种方式可能只在石油形成的初期有一点作用。第四种方式可能主要局限于低分子量的天然气。目前比较普遍接受的观点是第五种方式,即在烃源岩大量生烃阶段,油气呈独立的烃相运移(Tissot、Welet,1984;Palciauskas,1991;Mann,1997),生烃超压导致致密烃源岩产生微裂隙也有助于这一方式的运移。

一、排烃门限的概念及其意义

如前所述,除了生储一体的页岩油气之外,只有从烃源岩中排替出来的烃量才能对成藏有贡献。因此,大多数情况下,对烃源岩排烃量的评价比对其生烃量的评价对研究成藏更具重要意义。基于这一考虑,庞雄奇等提出了排烃门限控油气理论(庞雄奇等,1993,1995,2001,2003)。

前已述及,生烃门限是指有机母质演化过程中开始大量向油气转化的临界地质条件,一般用对应条件下的有机母质中的镜质组反射率(R_o)表示。通常,烃源岩生烃门限点处的R_o = 0.5% ~ 0.7%。生烃门限控油气理论认为,进入生烃门限的成熟烃源岩才能为工业性的油气聚集提供烃源,烃源岩的大量生烃往往对应着大量的排烃。这一概念提出后,被广泛用于判别烃源岩和非烃源岩、确定烃源岩开始大量生烃和开始大量排烃的临界条件,用其划分成熟生油气岩范围和计算油气资源量。

但庞雄奇等认为,生烃门限是有机母质的转化程度指标,并没有与母质丰度和类型结合,它既不能反映烃源岩的生烃量,更不能反映烃源岩的排烃量。即使达到较高的演化程度,如果所含有机母质丰度低或类型差,也不能生成大量的油气,或者当烃源岩残留烃能力强,生成的烃量不足以饱和自身吸附等形式的存留需要时也不能排烃。相反,一些有机质丰度高或类型好的烃源岩在未进入生烃门限($R_o \leq 0.5\%$),由于生成了较多的烃量,它们一旦达到饱和就能够开始大量排出。用生烃门限作为烃源岩排烃临界地质条件没有考虑烃源岩残留烃能力对烃源岩大量排烃临界地质条件的影响。生烃量完全相同的烃源岩,有的在未成熟阶段排烃,有的进入高成熟阶段后也不能大量排烃。欠压实地层排烃条件差,大量排烃较正常压实地层晚;煤系地层吸附残留烃能力强,排烃较含Ⅰ类母质的烃源岩晚;泥质类烃源岩在同样的条件下残留烃临界饱和量较碳酸盐岩大,因此排烃门限晚。因此,提出排烃门限的概念更有现实需要和意义。

庞雄奇等(1993,1995)认为,烃源岩在埋深演化过程中,当其生烃量饱和了自身吸附、孔隙水溶解、油溶解气和毛细管封堵等多种形式的存留需要,并开始以游离相大量排运油气的临界地质条件,称为排烃门限,概念模型如图14-7所示。排烃门限控油气理论认为,只有进入排烃门限的烃源岩才能成为工业性油气聚集的烃源岩,而烃源岩的排烃门限及排烃量的大小虽然与生烃门限及生烃量的大小有关,但同时受烃源岩的残留烃能力及排烃条件的控制。它一般晚于但有时也可以早于(如未成熟油藏的发现)生烃门限。不同的烃组分生、留、排烃特征不同,排烃门限不同。此外,排烃门限与生烃门限相比还有3个特点。

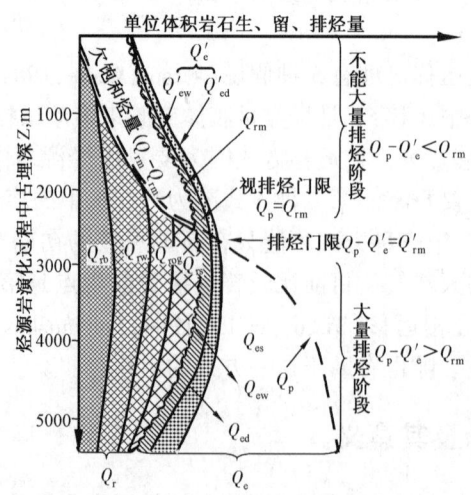

图14-7 烃源岩演化过程中排烃门限地质概念模型

Q_p—累积生烃量;Q_{rm}—残留烃临界饱和量;Q_r—实际残留烃量;Q_{rb}、Q_{rw}、Q_{rog}、Q_{rs}—烃源岩吸附、水溶、油溶气和游离残留烃临界饱和量;Q_{ew}、Q_{ed}、Q_{es}—烃源岩水溶相、扩散相、游离相排烃量;Q'_{ew}、Q'_{ed}、Q'_e—烃源岩入排烃门限前水溶相、扩散相、累积排烃量;Q_e—烃源岩排烃总量

(1) 排烃临界条件受岩石生烃作用、残留烃作用和排烃作用三方面因素的控制,任一因素的改变都影响油气的大量排出或排烃门限变化。

(2) 排烃门限是岩石生、留油气矛盾作用的转折点。在这之前,岩石的生烃量小于残烃临界饱和量;在这之后,岩石的生烃量大于残留烃临界饱和量。

(3) 排烃门限是岩石排烃相态变化的临界转折点。在这之前,岩石只能以水溶相和扩散相排烃;在这之后,岩石除以水溶相、扩散相排烃外,还主要以游离相大量排烃。

二、烃源岩排烃的定量评价

由于排烃是一个发生在地质历史时期的过程,现今难以追踪,因此,相当长的时期内,排烃问题都是石油地质和油气地球化学研究领域的一个薄弱环节。近年来,由于研究思路的更新和技术的发展,相关研究取得了显著进展。定量评价烃源岩的排烃量,曾经提出和应用的方法主要有4种:一是在生烃量的基础上乘以排烃系数得到排烃量,不过由于排烃效率的取值没有客观的标准,故这一方法难以被普遍认可和应用;二是设定含油饱和度达到一定的门槛值后,烃类开始随水排出,并且排出流体中油水比等于排液发生时的油水比,显然这一假设并没有理论基础,而且不同学者应用的门槛值差别较大(陈发景等,1989;李明诚等,1994);三是庞雄奇等(1993,1995)倡导的生烃减除残烃等于排烃的物质平衡法,尽管这一方法还有它的不足之处,但由于它将非常棘手的对烃源岩排烃问题的研究转化为相对较易进行的对烃源岩生烃和残烃问题的研究,具有理论上的可行性和应用上的有效性,代表了一条重要的研究方向和思路,并被越来越多的学者所接受和应用;四是生烃势指数法。这里主要介绍后两种方法。

1. 生烃减去残烃等于排烃的物质平衡法评价排烃

按照这一方法的原理,定量评价排烃(史)只需要分别定量评价生烃(史)和残烃(史)。由于生烃的定量评价可由上一节的多种方法(模拟实验法、化学动力学法、物质平衡法)实现,因此,这里需要解决的是残烃问题的定量评价。

残烃分为残油和残气。残气包括吸附气、油溶气、水溶气和孔隙容留气(图14-8)。残油主要以吸附和孔隙容留的形式存在于烃源岩中。要实现对残烃的评价,需要对上述各种形式的残烃分别一一进行定量评价。这是一篇很大的文章,限于教材的篇幅,难以在这里展开论述,下面仅简介有关评价的基本原理。有兴趣或需要的学生和读者,可进一步参阅所附相关文献。

1) 残气量的评价

残气量 = 烃源岩吸附气量 + 水溶气量 + 油溶气量 + 孔隙容留气量

(1) 烃源岩吸附气量评价。

气体既可以被烃源岩中的无机矿物吸附,也可以被有机质吸附(图14-8)。吸附气是天然气在烃源岩尤其是煤岩中残留的主要形式。目前有关页岩油气的大量实验及分析揭示,泥页岩中,吸附气所占的比例大约介于20%~85%之间。煤层中的吸附气可占90%以上。从原理上讲,烃源岩的吸附气量可以用烃源岩在实验室中进行吸附实验得到。事实上,为页岩气、煤层气评价和开发的需要,国内外许多学者都做过大量不同成熟度、不同泥页岩、煤的吸附实验并得到了吸附等温线(Howell等,1993;张新民等,1991;Mavor,2003;Ross等,2007;刘洪林、王红岩,2012)。欧成华等(2002)曾对储层进行过吸附实验。薛海涛等(2004)对主要的烃源岩类型(泥岩、碳酸盐岩)和Ⅰ、Ⅱ型有机质进行过不同温度压力下的吸附实验。近10多年来的页岩气热潮更是引发了难以计数的相关吸附实验(Liu Y.等,2016;聂海宽等,2012;唐颖等, 2011;宋涛涛等,2013;陈方文等,2015)。这类实验数据(图14-9)可以用于标定兰格缪尔、 BET等吸附模型,得到不同类型岩石或不同组分的吸附能力,并可被用于建立不同类型烃源 岩和有机质的吸附气量与演化阶段、压力、温度等因素的关系式(庞雄奇等,1993,1995;陈方文 等,2015;邹才能,2014),作为评价烃源岩吸附气的基础。如陈方文等(2015)通过对图14-9实 验数据的解析,得到黔南坳陷牛蹄塘组泥页岩中的有机质、黏土矿物和其他矿物吸附气能力 $Q_{有机质}$、$Q_{黏土}$和$Q_{其他}$的值分别约为 36.98m³/t、3.05m³/t 和 0.35m³/t。该套泥页岩中有机质、黏 土矿物和其他矿物吸附甲烷的能力各相差约一个数量级。在此基础上,通过分析泥页岩中的 有机、无机组成后,可通过加权求和得到同类样品但不同矿物组成、不同有机质含量的烃源岩 的吸附气量或吸附气能力(薛海涛等,2004;陈方文等,2015)。

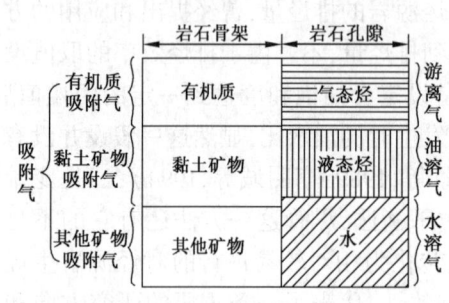

图14-8 烃源岩中页岩气赋存状态模型

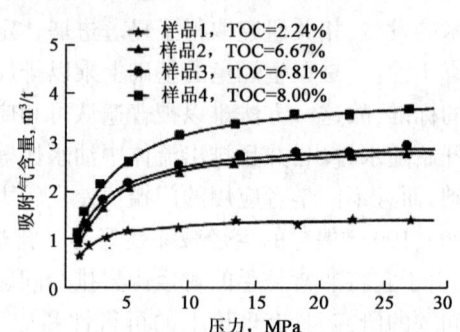

图14-9 黔南坳陷黄页1井牛蹄塘组泥页岩吸附 等温线(据陈方文、卢双舫等,2015)

(2)水溶气量评价。

许多学者都进行过水溶天然气的实验,并由这些数据经多元回归分析建立了水溶天然气 的量与地层水的温度、压力、矿化度之间的关系(郝石生等,1993;左有祥等,1992;付晓泰等, 1997)。这些经验关系式即可作为评价水溶天然气量的基础。

与上述对实验数据通过多元回归建立经验公式的思路不同,付晓泰等(1996)从水的溶气 机理上进行了深入探索,提出了天然气在水中的间隙填充和水合两种溶解机理,并通过一系列 的出色工作(1996,1998,2000),从溶气机理出发建立并标定了天然气在纯水和盐溶液中溶解 度的理论模型。所建立的公式圆满地解释天然气在水中的溶解度在80℃左右之前随温度的 升高而降低与水合溶气量随升温的降低有关,而之后的升高则与随升温水的间隙度升高、间隙 填充溶解的气量增大有关(图14-10);水溶气量随地层水矿化度(含盐量)的升高而降低则 与盐离子占据了水体的间隙和水合位有关,即与天然气与盐离子之间的溶解竞争有关。

地层水总是多少具有一定矿化度的盐水,天然气在其中的溶解度可用盐溶液中的溶解度 模型(付晓泰等,1997)来描述:

$$C_{si} = \left[\left(f \cdot K_i + \frac{\varphi_{wi}}{RT + b_i p_i}\right) \cdot p_i - \frac{b_i p_i^2 f \cdot K_i}{RT + b_i p_i}\right] \cdot f + \frac{p_i(1-f) \cdot \varphi_{si}}{RT + b_i p_i} \quad (14-16)$$

式中 C_{si}——气体i的溶解度,mol/m³;

p_i——气体i的分压,Pa;

b_i——气体分子的范德华体积,m³/mol;

R——气体常数;

T——温度，K；

φ_{wi}、φ_{si}——水、饱和盐溶液相对于气体的有效间隙度；

K_i——气体的水合常数；

f——溶液中游离水的体积分数。

（3）油溶气量评价。

一般也是利用油溶气实验数据建立原油对天然气的溶解度与温度、压力、原油密度之间的关系（Standing，1947；Lasater，1958；Vazquez 等，1980；庞雄奇等，1993）。不过，由于原油是众多烃类和非烃化合物的混合物，天然气在油中的溶解度随油的组成及气的组成的变化而变化，因此，由油溶气实验数据所建立的多元回归关系式一般只能适用于组成相近的原油。

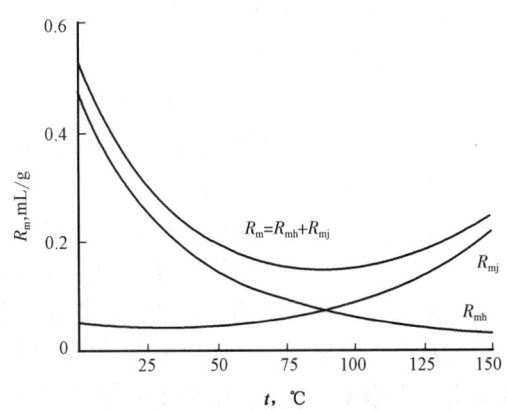

图 14-10 两种溶解机理对甲烷气溶解度的贡献
R_{mh}、R_{mj}、R_m 分别为水合溶解度、间隙溶解度和总溶解度

而考虑原油的烃含量、烃的平均分子量、原油密度所建立的模型的应用范围要广一些（薛海涛等，2001，2003，2004）。

（4）孔隙容留气的评价。

从原理上讲，只要知道了游离气体所占据的孔隙体积，结合烃源岩所处地层的温压条件，即可由下面的气体状态方程计算出孔隙容留气的量。

$$pV = ZnRT \tag{14-17}$$

式中　p——气体压力，Pa；

V——游离气所占的体积，m^3；

Z——压缩因子；

n——气体的物质的量，mol；

R——气体常数；

T——温度，K。

但游离气所占孔隙体积确定是一个难题，原理上可由总孔隙体积减除吸附相、油、水所占的体积后得到。

2）残油量评价

与天然气在无机矿物和有机组分上的吸附—解吸很容易实现不同，液态油一旦被吸附就难以解吸。因此，在实验室评价液态油吸附量的模拟实验难以进行。不过，由于过去被视为生烃剖面的氯仿沥青"A"/TOC 或 S_1/TOC—深度关系实际上反映的是经过排烃作用之后的残油剖面（庞雄奇等，1993，1995），从而为评价残油量提供了一种方便、直观、有效的方法：做出大量烃源岩样品的氯仿沥青"A"或 S_1 分析数据与埋深或成熟度的关系，分析数据点的外包络线可视为临界残油饱和量。不过，需要指出是，由于氯仿沥青"A"的分析流程中的恒重过程导致碳数小于14烃类基本损失，这一指标并不能反映烃源岩中的全部残油量。而样品存放及 S_1 分析过程中也有轻烃的损失，同时，300℃ 的热解温度也不足以将烃源岩中已经生成的大分子烃类蒸发出来，而且由于这一部分重烃占比较大，因此实测的氯仿沥青"A"一般远高于 S_1。利用氯仿沥青"A"指标评价含油量时需要进行轻烃补偿校正，而利用 S_1 指标时则需要同时进行轻烃补偿和重烃补偿校正（Cooles，1986；盛志伟等，1988；庞雄奇等，1993）。其补偿校正的原理如下：

(1)氯仿沥青"A"轻烃恢复。

氯仿沥青"A"恢复公式如下:

$$"A"^0 = "A" + K_{轻烃} \times "A" \times C_{饱和烃+芳烃}$$

式中 $"A"^0$——恢复后的原始氯仿沥青"A";

$"A"$——实测氯仿沥青"A";

$C_{饱和烃+芳烃}$——实测氯仿沥青"A"中饱和烃和芳烃所占比例,(如利用实测数据统计,泌阳凹陷该比例为 0.6,南阳凹陷为 0.55);

$K_{轻烃}$——氯仿沥青"A"轻烃恢复校正系数。

$K_{轻烃}$是恢复氯仿沥青"A"的关键参数,可用两种方法求取,一是利用热解结合 PY-GC 实验分别获取 $C_{6—13}$、C_{14+} 组分生成的量与温度的关系,由此建立并标定各自生成的化学动力学模型(卢双舫等,2007)。在此基础上,结合沉积埋藏史和热史分别计算不同演化阶段生成的 $C_{6—13}$ 与 C_{14+} 的量,取其比值即可得到轻烃恢复系数。图 14-11 即为按此方法得到的大庆油田滨北地区轻烃恢复系数与成熟度的关系(薛海涛等,2015)。另一种方法是利用沸点较低的有机溶剂抽提得到保留有更多轻质组分的可溶有机质,由此评价 $C_{6—13}$ 轻烃与重烃的相对比值,或者将烃源岩内部的砂岩岩性油气藏轻烃所占比例视为烃源岩的轻烃校正系数(因运移距离极短,认为其烃类组成与烃源岩中残留烃相近)进行恢复。宋国奇等(2013)应用这种方法,从浅至深选取了济阳坳陷岩性油气藏及其周边泥页岩资料进行系统分析,发现氯仿沥青"A"的轻烃恢复系数随演化程度的增加而增大,R_o 为 0.5%、0.7%、0.9%、1.1% 和 1.3% 时,对应的恢复系数分别为 1.09、1.16、1.30、1.41 和 1.52。

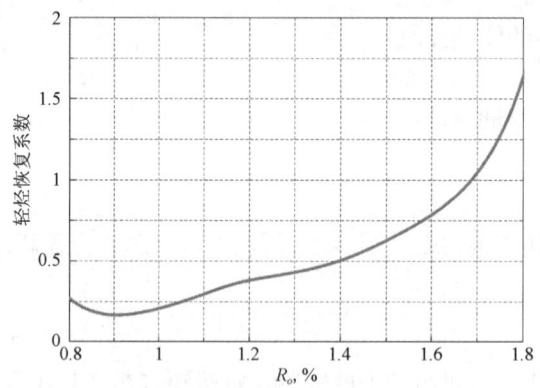

图 14-11 鱼 17 井不同演化阶段 $C_{6—13}/C_{14+}$ 图版
(据薛海涛等,2015)

根据氯仿沥青"A"实测值及样品所对应的成熟演化阶段(R_o),不难从图 14-11 上查得其轻烃恢复系数 $K_{轻烃}$。由此,可以根据氯仿沥青"A"恢复公式得到凹陷内不同层位不同级别的恢复后的氯仿沥青"A"值。

(2)热解 S_1 的恢复。

S_1 由 Rock-Eval 分析得到,为岩样加热到 300℃ 时挥发出的烃,代表岩石中可热蒸发的游离烃含量,主要是 $C_{7—33}$ 的烃。不过,由于用于热解分析的岩样往往是放置了较长时间,其中的轻烃($C_{6—13}$)损失较多;同时,大量的实测分析数据表明,相当部分的可蒸发烃由于与大分子之间的相互作用而未能在 Rock-Eval 热解分析的短时间内被热蒸发出来,而是出现于热解 S_2 峰

中。因此,热解分析得到的 S_1 并不能代表地下岩石中真实含烃量,也需要进行恢复。S_1 恢复公式如下:

$$S_{1原始} = S_1 + S_{1重烃} + S_{1轻烃}$$

式中　$S_{1原始}$——岩石中原始可溶烃量;

　　　S_1——热解分析法实测 S_1;

　　　$S_{1重烃}$——S_2 中的可溶烃;

　　　$S_{1轻烃}$——岩心样品放置时损失的轻烃。

$S_{1重烃}$ 恢复方法如下:取烃源岩样品,做热解实验得 S_1、S_2,另取同一烃源岩样品进行氯仿沥青"A"抽提,对抽提后岩样进行热解实验得 $S_2{'}$,则 S_2 与 $S_2{'}$ 的差值(ΔS_2)即为进入 S_2 中的重质组分游离烃。不同类型泥页岩 ΔS_2 可以达到 S_1 的接近 5 倍(王安乔,1987),可见重烃的恢复幅度可相当高。利用该法对松辽盆地大量样品分析得到的二者之间的关系见图 14-12(薛海涛等,2015)。从图 14-12 可以看出,利用选择 2.014 作为该区 S_1 的重烃恢复系数比较合适。

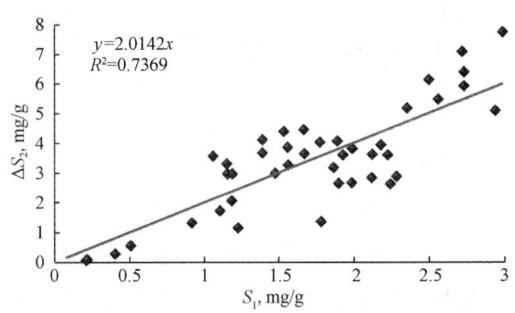

图 14-12　重烃(ΔS_2)与 S_1 关系图(据薛海涛等,2015)

$S_{1重烃}$ 恢复公式如下:

$$S_{1重烃} = S_1 \times \Delta S_2 / S_1$$

$S_{1轻烃}$ 恢复可以利用与前述氯仿沥青"A"轻烃恢复相似的化学动力学方法,还可以利用密闭、冷冻样品的 S_1 分析数据与在常温下放置一段时间后的 S_1 分析结果对比,评价损失的轻烃量,由此得到 $K_{轻烃}$,进而可对轻烃量进行恢复评价(宋国奇等,2013):

$$S_{1轻烃} = (S_1 + \Delta S_2) \times K_{轻烃}$$

3)排油、排气量的定量评价

有了上一节对生油、生气量的定量评价和上述对残油、残气量的定量评价,两者之差即为排油、排气量。图 14-13 中实线是用化学动力学方法计算的综合考虑了干酪根成油、可溶有机质成油和油成气及各烃源岩层有机质丰度与类型之后计算出来的济阳坳陷车 25 井的生烃曲线;虚线是从车西洼陷的 HC/TOC—埋深关系图(孔祥星等,2000)上的外包络线经轻烃补偿校正后的曲线,它可近似反映该区的临界残烃饱和量。可以看到,生烃量超过临界饱和残烃量的点为排油门限,对应深度约为 2550m,超过部分指示了排油量的大小,排油量/岩石最大可达约 7kg/t,对应的深度约为 3500m。同样的思路,可以得到排气剖面。将上述剖面的成果推广应用到平面上,就不难得出排烃强度等值线图和评价目标的总排烃量,达到定量评价烃源岩排烃的目的。

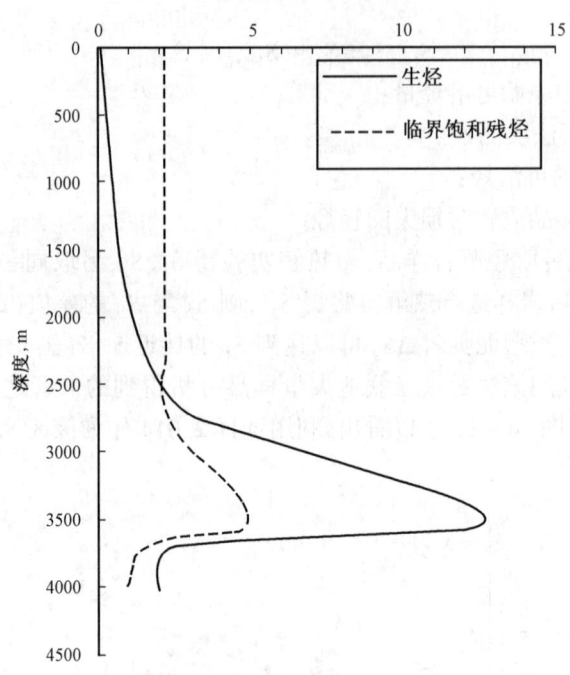

图 14-13 济阳坳陷车 25 井生、残、排烃剖面图(据卢双舫等,2002)

如果得到残烃史,这一方法可用于排油气史的评价。图 14-14、图 14-15 分别给出了车西洼陷 Es_1、Es_3 烃源岩层在地史演化过程中由化学动力学方法计算的生烃量和由实际分析数据统计所得的临界饱和残烃量曲线。生烃超过残烃的点为排烃门限,超过部分指示了排烃量的大小。可以看出,Es_1 烃源岩尽管有机质丰度高、类型好,但受埋深所限,演化程度不高,生烃量在整个地史过程中一直小于烃源岩的残烃能力,没有进入排油门限(图 14-14)。而 Es_3 烃源岩则在馆陶组上部(Ngs)沉积期间进入生烃门限,于馆陶组上部沉积中期进入排油门限(图 14-15),排油量/岩石可达 4.5kg/t。这种排油期较新的特点应该有利于其运聚成藏。

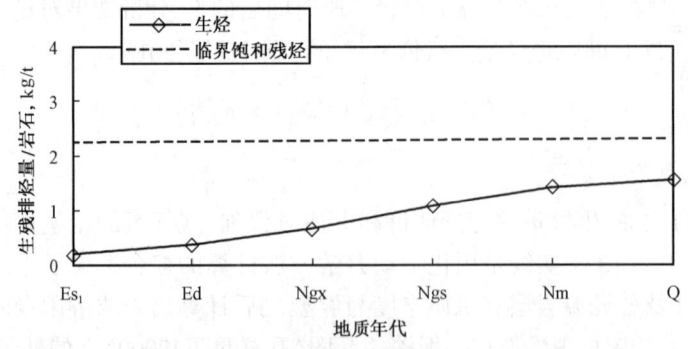

图 14-14 车 25 井 Es_1 烃源岩生排烃史(据卢双舫等,2002)

2. 据生烃势指数定量评价烃源岩的排烃和生烃

上面的方法虽然从原理上讲科学合理,但实用中需要做许多基础工作,并涉及多个参数的选取,而这些参数在不同的地区都有着不同的特征。所以将这类方法应用于某个新区时,需要进行大量的测试和实验来确定这些参数,耗时多,成本高。

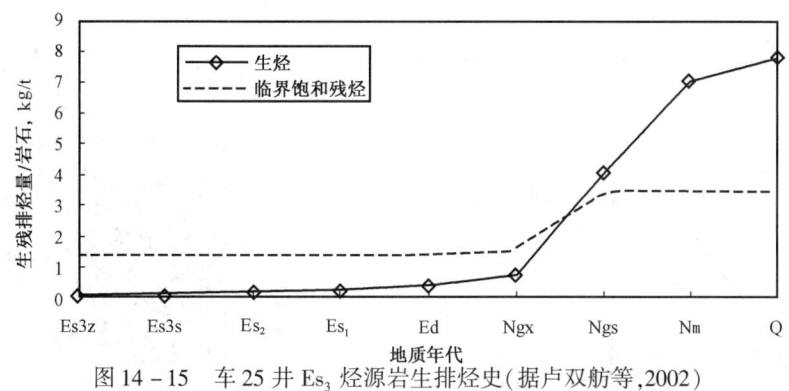

图 14-15 车 25 井 Es_3 烃源岩生排烃史（据卢双舫等，2002）

许多学者发现，Rock-Eval 分析所得的 S_1、S_2 可以非常方便地应用于生、排烃量的评价。庞雄奇等(2002,2003)基于前人的研究和积累，将这一方法系统化，提出并应用了一种基于 Rock-Eval 分析数据的比较简便、实用的评价烃源岩排烃、生烃的方法。实际上，黄第藩等(1984)就曾提出了相似的计算公式。第一节中由改进的氯仿沥青"A"法计算生油量时，运移系数的选取也具有类似的意义（程克明等，1987）。英国学者 Cooles(1986)提出的石油生成指数（PGI）和石油排出效率（PEE）具有相近的思想，但实现途径要复杂一些。因此这里介绍庞雄奇等提出的评价方法。

Rock-Eval 分析所得的 S_1 代表烃源岩中已经生成的烃类化合物的含量（称为游离烃或热解烃），S_2 则代表烃源岩中能够生烃但尚未生成的有机质的含量（从实验分析的角度讲，称为裂解烃），两者之和 (S_1+S_2) 称为生烃势。它包括烃源岩中已经生成的和潜在能生成的烃量之和，但不包括生成后已从烃源岩中排出的部分。$(S_1+S_2)/TOC$ 称为生烃势指数。显然，烃源岩的生烃势是其中有机质数量、性质和排烃效率的综合反映。而生烃势指数则只与有机质的性质和排烃量有关。

对含有同样类型有机质的烃源岩来说，不论其成熟度如何，也不论烃源岩中的有机母质是以何种方式、机理成烃（可溶有机质早期生物降解或干酪根晚期热降解），在烃源岩中生成的烃类满足自身的各种残留需要之前，基本没有排烃，它的生烃势指数 $(S_1+S_2)/TOC$ 应该基本保持不变。因此，对同一烃源岩层的同一有机相，若由分析所得的 $(S_1+S_2)/TOC$ 对成熟度（或埋深）作图，如果该参数随埋深减小，最可能的原因只能是排烃作用。开始减小的点对应着排烃门限，减小的幅度即定量指示了排烃量的大小（图 14-16），从而达到定量评价烃源岩排烃量的目的。事实上，由于同一烃源岩层同一有机相的有机质组成也存在一定程度的非均值性，因此，不能指望所有的分析数据点都落在图 14-16 的 $(S_1+S_2)/TOC$ 的某一条线上。而是通常像图 14-17 那样，数据点比较分散。但达到排烃门限点后，$(S_1+S_2)/TOC$ 逐渐变小的趋势是必然的。正是由此变小的幅度，可以方便地实现对单位重量有机质中排烃量的定量评价。由于生烃量等于残烃量加排烃量，而排烃量可由图 14-16 求出，残烃量可由 S_1 求出，因此，由这一方法还可以方便地实现对烃源岩生烃量的定量评价。结合烃源岩中有机质的丰度、烃源岩的密度及烃源岩的发育和分布，即可像上一方法一样，实现对烃源岩生、排烃强度和生、排烃总量的定量评价。

事实上，在 $(S_1+S_2)/TOC$ 与埋深关系图上，多数地质剖面上都会在排烃（或生烃）门限之前出现随埋深增大生烃势不降反升的变化趋势。这与两方面的原因有关：一是有机质演化的早期，CO_2 等非烃产物从干酪根中的优先脱去使生烃势增高；二是对同一烃源岩，埋藏较浅的烃源岩往往位于生烃凹陷的边缘，有机质的性质要差一些，因此生烃势稍低。

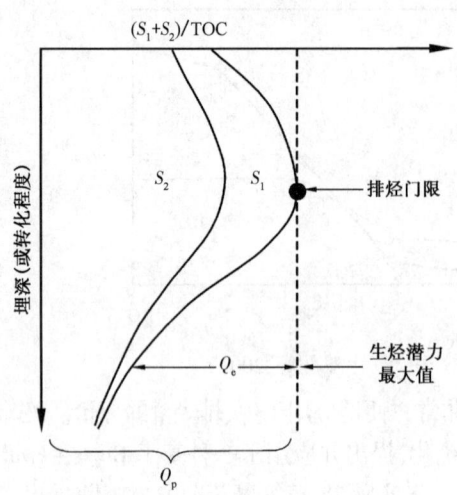 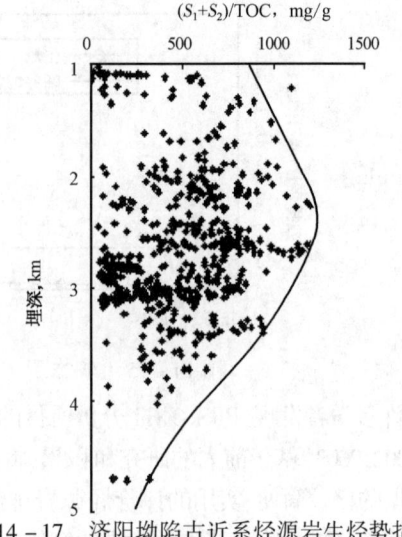

图 14-16　生烃势法研究排烃特征概念模型　　图 14-17　济阳坳陷古近系烃源岩生烃势指数
（据庞雄奇等，2003）　　　　　　　　　　　变化图（据庞雄奇等，2003）

S_1—可溶烃量；S_2—裂解烃量；TOC—有机碳含量；Q_e—各阶
段烃源岩排出烃量；Q_p—烃源岩生烃潜量

　　可见，利用生烃势在地质剖面上的变化规律确定排烃门限比较简单，它利用了"将今论古"的原理，即将同一类烃源岩目前不同地点不同埋深下的岩样看成是同一地点不同地史时期的产物，则根据这类烃源岩在这一转化系列中生烃势的变化关系可以综合判别烃源岩层在地史时期的排烃门限及其临界地质参数，简单易行。

　　具体的计算方法如下：烃源岩的最大生烃潜力指数（HCIo）和现今生烃潜力指数（HCIp）的差额就代表了现今每克有机碳的排烃量（排烃率 Ep）：

$$Ep = HCIo - HCIp \tag{14-18}$$

　　在烃源岩排烃率这一关键参数已确定的条件下，结合烃源岩的厚度、有机质丰度及密度等资料就可以求出烃源岩的排烃强度和排烃量，排烃量的计算公式如下：

$$Q_e = \int_{z_0}^{z} q_e(z) \cdot H \cdot S \cdot \rho(z) \cdot TOC \cdot dz \tag{14-19}$$

式中　Q_e——排烃量，mg；
　　　z——埋深，m；
　　　z_0——排烃门限，m；
　　　$q_e(z)$——排烃率，mg/g；
　　　$\rho(z)$——烃源岩密度，g/cm³；
　　　TOC——有机碳百分含量，%；
　　　H——烃源岩厚度，m；
　　　S——烃源岩面积，m²。

　　可见，这一方法的突出优点在于简便易行，但它的最大缺点在于油气不分，实际上难以对天然气的生成、排出量进行有效评价，也难以评价生排烃史。

三、排烃效率及影响因素

排烃效率的高低不仅影响对生储异地、运移成藏的油气资源量的评价,同时也影响到对生储一体的页岩油气资源量的评价。

1. 排烃效率的概念及计算

烃源岩排烃效率反映烃源岩中油气的排出程度。因研究目的不同,排烃效率的定义和内涵有时会有所不同。

1) 排烃效率

一般来说,排烃效率定义为已排出烃数量与已生成烃数量之比(Cooles 等,1986;Pepper 1991;Pepper、Corvi,1995;Ritter,2003;Eseme 等,2012),即:排烃效率 = 已排出烃量/已生成烃量 = 1 - 残留烃量/已生成烃量。如果没有特殊说明,排烃效率一般用此定义。

2) 相对排烃效率

在研究具体地质剖面上烃源岩的排烃问题时,Mackenzie 等(1983)、Leythaeuser 等(1984a,1984b,1988a)曾以位于厚层烃源岩剖面边部、已经发生排烃作用、烃类分布面貌发生改变的烃源岩中损耗烃类的量与厚层烃源岩剖面中部未发生排烃作用、生成烃类面貌未发生变化的烃类含量的比值作为排烃效率,即:排烃效率 = (未改变的 - 损耗了的)/未改变的。显然,这一排烃效率的内涵比较狭窄,适合描述同一烃源岩剖面中烃类的排驱程度,因为中部不一定没有发生排烃作用,可称为相对排烃效率。

3) 累积排烃效率

累积排烃效率是指从烃源岩中排出的烃量与烃源岩有机质原始生烃潜量之比,即:累积排烃效率 = 已排出烃/原始生烃潜量 = 1 - (残留烃量 + 残余生烃量)/原始生烃潜量。它可被用于指示烃源岩演化到某一阶段时排出烃量占有机质全部演化过程总生烃量的程度。

按照上述定义,由前面的生烃、残烃及原始生烃潜力恢复(评价)的方法,不难计算得到有关的排烃效率。

2. 影响排烃效率的因素

理论上讲,影响排烃效率的因素很多。事实上,前面定量评价中,影响烃源岩生烃量和残烃量的因素都有可能影响排烃效率。薛海涛等[1]按照上述评价原理和方法对松辽盆地主力烃源岩的排烃效率进行了大量定量评价之后,将排烃效率的影响因素归类为有机质类型、有机质丰度、有机质成熟度、源储配置关系、沉积相、沉积埋藏史等方面。

1) 有机质类型

图 14-18 以松辽盆地古龙凹陷为例给出了排烃效率与有机质类型的关系。可以看出,在其他条件(TOC、R_o 等)相近的条件下,随着有机质类型的变好,有机质生烃量大,因而更容易满足烃源岩自身残留需要而大量排烃,排烃效率增高。排烃效率可达 80% 以上。

2) 有机质丰度

图 14-19 以松辽盆地齐家—古龙凹陷为例给出了排烃效率与有机质丰度的关系。可以

---

[1] 薛海涛等,《烃源岩排烃效率及影响因素研究》,中国石油大学(华东),中国石油勘探开发研究院廊坊分院,2014。

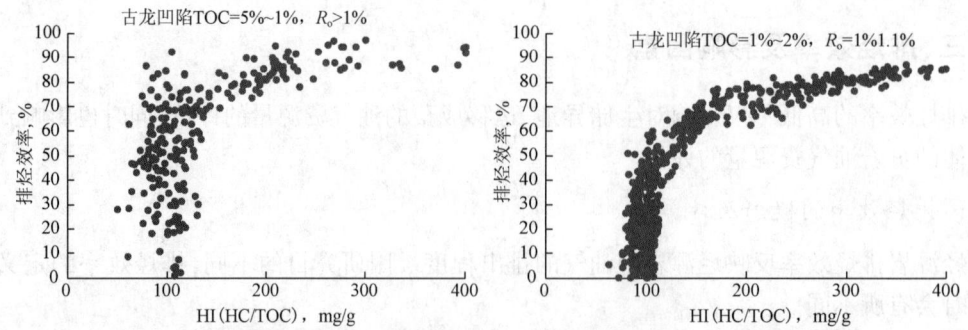

图 14-18　松辽盆地古龙凹陷排烃效率与 HI(代表有机质类型)关系图

看到,随着有机质丰度升高,生烃量增大,总体上排烃效率随 TOC 的增大而增高;当 TOC 大于 2%~3%之后,排烃效率已达高值,随 TOC 变化不明显。事实上,许多研究揭示,当 TOC < 2%~3%时,随着 TOC 增高,HI 逐渐增大,类型变好,因此,虽然 TOC 的升高使有机残留烃量也增大,但无机残留烃量变化不大,而生烃量因为有机质类型的同步变好明显增大,故排烃效率增高;当 TOC>2%~3%后,HI 基本不变,此时,生烃量与有机残烃量随 TOC 同步增大,且排烃效率已达高值,故排烃效率随 TOC 变化不大。

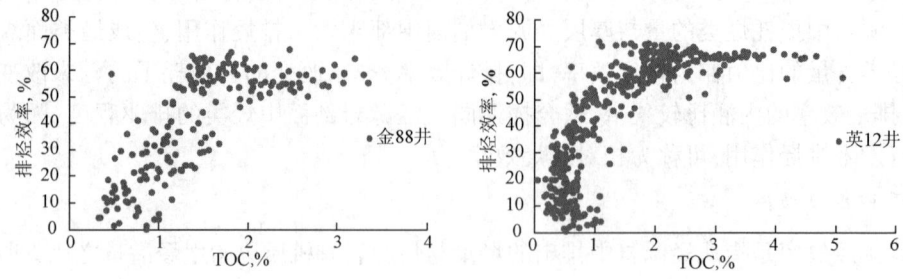

图 14-19　松辽盆地齐家—古龙凹陷排烃效率-TOC(有机质丰度)关系图

3) 有机质成熟度

图 14-20 示出了在其他条件(TOC、HI)相近的情况下,松辽盆地古龙凹陷的排烃效率与有机质成熟度(R_o)的关系。可以看出,随着有机质成熟度增高,其生烃量大;同时,由于生成油气密度变小,单位体积孔隙内残留油气量小,黏度低,也容易排出,使残烃量降低,排烃效率增高。

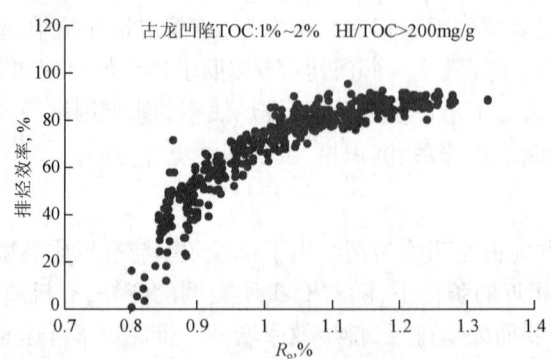

图 14-20　松辽盆地排烃效率与 R_o(有机质成熟度)关系图

4) 源储配置关系

烃源岩源储配置关系指烃源岩与邻层砂岩的组合模式。根据实际资料统计分析,松辽盆地青山口组烃源岩源储配置关系主要有 4 种形式(表 14-1、图 14-21)。

表 14-1　烃源岩源储配置关系

源储配置关系	特 征 描 述	定 量 描 述
厚层泥岩	不含砂岩的大套纯泥岩	$L_m \geq 5$
砂岩嵌套型	泥岩中嵌入薄层砂岩	$L_m < 5, L_m/(L_m + L_{s1} + L_{s2}) > 60\%$
指状交互型	薄层泥岩、薄层砂岩呈指状互嵌	$L_m < 5, 40\% \leq L_m/(L_m + L_{s1} + L_{s2}) \leq 60\%$
泥岩嵌套型	砂岩中嵌入薄层泥岩	$L_m < 5, L_m/(L_m + L_{s1} + L_{s2}) < 40\%$

注：L_m—单层泥岩厚度，m；L_{s1}—与泥岩接触的上层砂岩，m；L_{s2}—与泥岩接触的下层砂岩，m。

对 4 种不同源储配置的岩心进行密集取样，并做出相应的地球化学分析，进而求出排烃效率，分析不同源储配置关系对排烃效率的影响（图 14-21）。

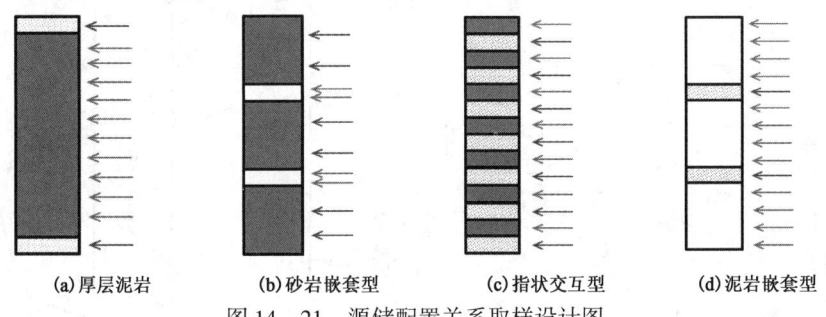

(a) 厚层泥岩　　(b) 砂岩嵌套型　　(c) 指状交互型　　(d) 泥岩嵌套型

图 14-21　源储配置关系取样设计图

图 14-22 以松辽盆地金 86 井为例示出了源储配置关系与烃源岩排烃效率的关系。可以看出，泥岩嵌套型排烃效率 > 指状交互型排烃效率 > 砂岩嵌套型排烃效率；18m 与 8m 厚层泥岩相比，泥岩厚度越大，其平均排烃效率越低，厚层泥岩中部也可以排烃，但排烃效率较边部低，中部与边部排烃效率的差别并不很大，其实应该与中部生成的烃排至边部的补充有关；下部厚层泥岩的平均排烃效率高于上部的指状交互型、砂岩嵌套型的排烃效率，则与下部厚层泥岩沉积环境更为稳定、有机质丰度更高有关。

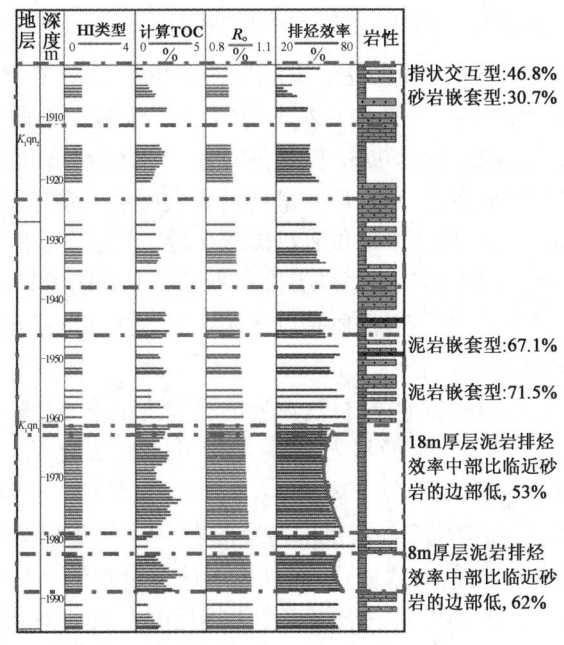

图 14-22　松辽盆地金 86 井排烃效率剖面图

上述观点也得到了其他学者研究成果的支持,如 Leythaeuser 等(1984,1988)先后通过对挪威 Svalbard 地区冻土带两口探煤井和北海 Brae 地区两口探井岩心的分析提出:(1)厚层泥岩排烃不如薄层泥岩,有效的排烃厚度大约在 12~15m(图 14-23);(2)在探煤井中低碳数烷烃比高碳数烷烃更易排驱(参见图 11-6),排驱效率在 0~80%,即存在地质色层效应;(3)泥岩探井中,低碳数烷烃与高碳数烷烃均可以很好排驱,排驱效率在 60%~90%。应该说,这一观点被地球化学界所广泛接受。

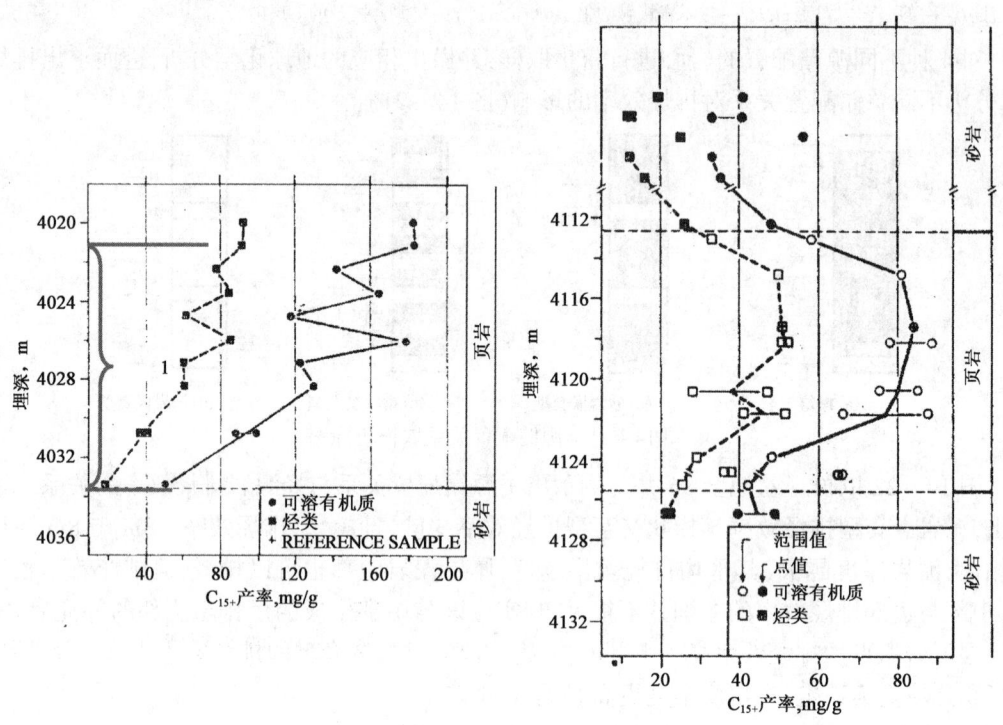

图 14-23　厚层泥岩中部与边部排烃的差别(据 Leythaeuser 等,1984,1988)

但陈建平等(2012,2013)根据对大港油田歧口凹陷厚层烃源岩剖面所做系统分析的结果,提出了与上述并不一致的观点。图 14-24 展示了位于大量生油阶段的港深 35 井的地球化学剖面,可以看出,虽然烃源岩厚达 47m,但氯仿沥青"A"含量随有机质丰度增加而增加,没有显示出厚层泥岩中部残留更多的烃类,反而呈现向砂岩层增加趋势;烃源岩中残余吸附烃量保持恒定的 25%(250mg/g);砂岩层中单位有机碳残余烃高,表明其主要为烃源岩中排来的可溶烃类,并且抽提物不同组分、不同分子量烃类排驱也没有明显的差异(图 14-25),即没有所谓的地质色层效应。这意味着,可溶有机质是以体积流的方式整体排出的。这显示,即使是在厚层烃源岩的中部,排烃通道也畅通。

究其原因,陈建平认为,即使在油窗阶段,泥岩的孔隙度通常在 5%~10% 之间,孔隙喉道直径虽然通常小于 5nm,但这一般仍然大于油气分子的有效直径(正构烷烃分子直径约 0.48nm,环烷烃分子直径约 0.54nm,复杂环状结构物分子直径约 1~3nm,沥青质分子直径约 5~10nm)。更为重要的是,通常位于油窗范围的烃源岩中因为超压所产生的大量微裂隙更是可以作为油气初次运移(排烃)的有效通道,而且位于油窗范围的烃源岩中的超压(可达数十兆帕)远远高于其毛细管力(<6MPa),它们能够作为排烃的有效动力,有利于烃类的有效排出(陈建平等,2011)。

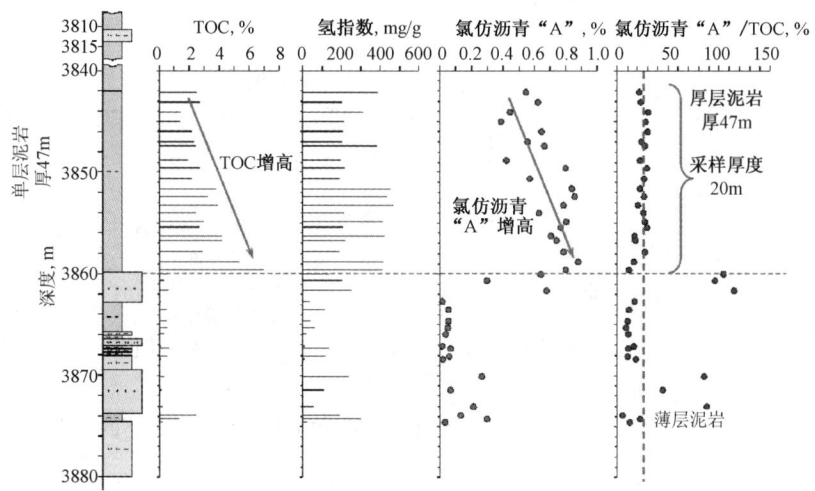

图 14-24　大港油田港深 35 井地球化学剖面(大量生油阶段,47m 泥岩)

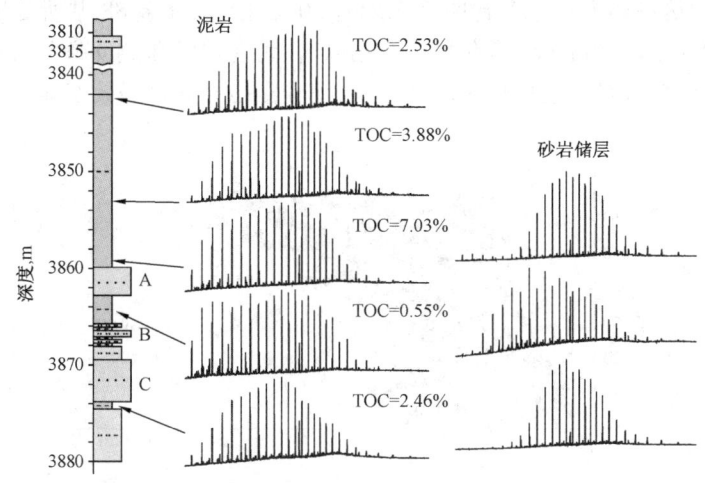

图 14-25　大港油田歧口凹陷港深 35 井不同位置烃源岩正构烷烃分布图

陈建平认为,由于 Leythaeuser 等所研究的两口探煤井均为 Ⅲ 型煤系有机质,有机碳高但生烃潜力低,HI 仅 50~135mg/g,平均 70~80mg/g,而另外两口井的烃源岩的成熟度 R_o 为 0.65%,仅仅是刚刚开始生油,不是最终的生烃与排烃结果。因此,Leythaeuser 等人有关排烃的研究认识并不具有代表性,至少不适合处于大量生烃阶段的优质湖相烃源岩。不过,从图 14-24 来看,靠近砂岩的烃源岩下部,含油量其实低于中部,可能显示边部的排烃还是更为顺畅。

5)沉积相

图 14-26 给出了松辽盆地 35 口井不同沉积相排烃效率在不同成熟度下的平均值与成熟度的关系。可以看出,随着沉积粒度逐渐变细,黏土矿物含量逐渐增加,排烃效率逐渐降低,即排烃效率按以下逐渐降低:水下分流河道 > 三角洲平原 > 三角洲前缘 > 滨浅湖相 ≈ 深湖—半深湖相。其实这与不同的沉积相具有不同的有机质丰度和类型、不同的矿物组成和物性变化以及不同的源储配置关系有关。

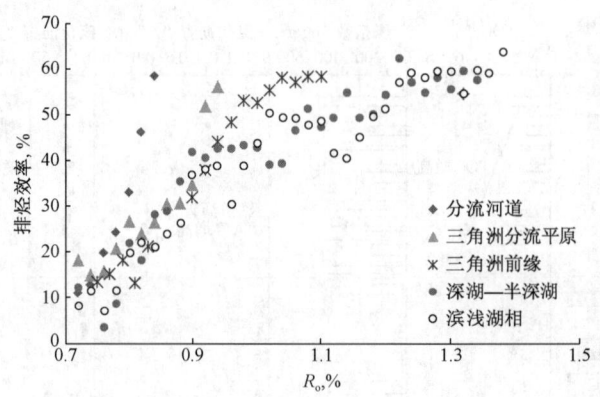

图14-26 松辽盆地35口井不同沉积相排烃效率在不同成熟度下的平均值

6) 沉积埋藏史

金88井与茂206井同处于深湖—半深湖相,有机质丰度基本相同,样品平均 $R_o=0.7\%$,但茂206井所处地区在四方台末期与明水末期有500m抬升,而金88井所处地区基本没有抬升;两口井所处深度都已经过了压实阶段。当抬升时,可能伴随孔隙反弹,导致容烃能力升高;同时,温度降低,油气黏度增大,排烃难度增大,从而使茂206井排烃效率降低(图14-27)。

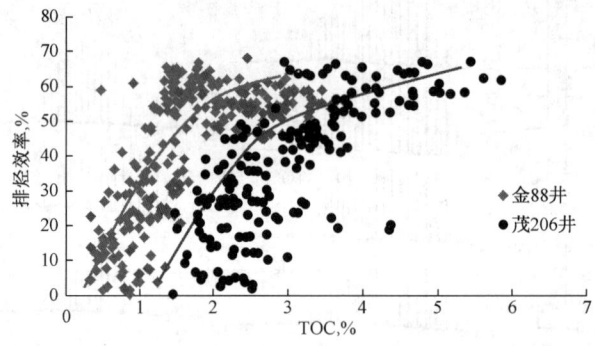

图14-27 具有不同沉积埋藏史条件下的排烃效率比较

第三节* 沉积埋藏史和热史的重建

有机质向油气转化的程度主要受控于有机质所经历的温度史,因此,要对烃源岩的生烃史和排烃史进行定量、动态评价,必须首先知道烃源岩层的地史(埋深史)和热史。埋深史取决于烃源岩层的沉积、压实、埋藏史和抬升剥蚀史,而热史与地层的埋深史及大地热流和岩石的热传导率有关,也可由埋深结合古地表温度和古地温梯度计算。其中有些问题,如地层抬升剥蚀量的恢复和古大地热流的重建,是迄今都没有圆满解决的世界性难题。

一、无剥蚀地区沉积埋藏史的重建

如果评价区没有经历明显的抬升剥蚀,则沉积埋藏史的重建是一个相对比较简单的课题:某一评价目标在某一地史时期的埋深,为上覆各个地层当时的厚度之和。主要受压实作用的影响,上覆地层的厚度随埋深的增大逐步减小,减小的幅度主要与孔隙度的减小有关,即可以依据埋深过程中岩石骨架体积不变的原理来恢复地层厚度在地史过程中的变化。

一般来说,岩石的孔隙度在埋深过程中具有如图 14 – 28 所示的变化形式,它由下式描述:

$$\phi = \phi_0 e^{-cz}$$

式中 ϕ——孔隙度;
ϕ_0——原始孔隙度(埋深为 0 时的孔隙度);
c——压实系数;
z——埋深。

由此不难推得地层厚度的恢复公式。有兴趣的同学可自己推导,或者参阅有关的专著(庞雄奇等,1993,2003)。得到了上覆地层不同时期的厚度,就不难计算出评价目的层不同时期(依据古生物或同位素定年技术确定地层顶底的年龄)的埋深。不过,如果地层中存在欠压实,或者黏土矿物发生脱水作用(岩石骨架体积变化),问题则要复杂一些(庞雄奇等,2003)。但总体上说,由此导致的恢复地层埋深史的误差并不大,一般条件下可以忽略不计。

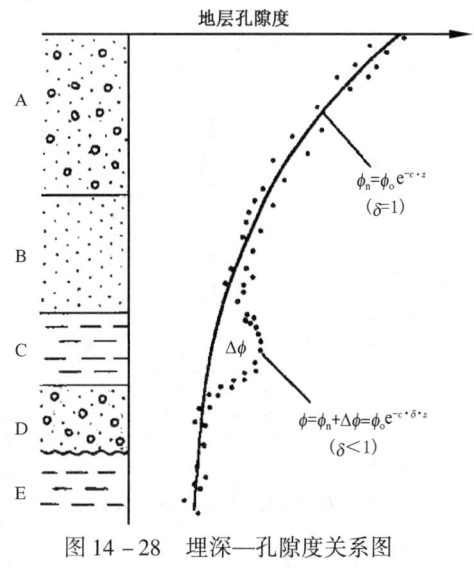

图 14 – 28 埋深—孔隙度关系图
(据庞雄奇等,1993)

二、抬升剥蚀量的恢复

在漫长的地史过程中,许多含油气盆地内的地层都不同程度地经受过明显的抬升剥蚀过程。因此,要了解地层的真正埋深史,必须恢复抬升剥蚀量。

恢复抬升剥蚀量,首先必须识别出剥蚀面。存在角度不整合时,剥蚀面的识别比较容易。存在平行不整合时,不整合面的识别需要借助镜质组反射率剖面的不连续(图 14 – 29)、消除了岩性影响的校正孔隙度(ϕ)剖面或声波时差(Δt)剖面的不连续(图 14 – 30)等技术手段来实现。其原理在于,在连续沉积的剖面上,有关指标如 R_o、ϕ、Δt 应呈现出连续的变化(当岩性变化时,ϕ、Δt 要校正到相同的岩性后比较)。但当存在比较大的抬升剥蚀时,剥蚀面下的地层曾经埋藏到更大的深度而经历过更高的成熟作用或者更强的压实作用,因而呈现出较高的 R_o 值和较低的 ϕ、Δt 值。不连续的存在指示了剥蚀面的存在,不连续的幅度则指示了剥蚀量的大小。因此,上述识别不整合面的方法也是恢复剥蚀厚度的主要方法。如单井剥蚀厚度的恢复可通过镜质组反射率法(Dow,1977;胡圣标,1999)或修正的镜质组反射率法(陈增智等,1999)实现,也可通过声波时差(或孔隙度)法实现(庞雄奇等,1993;付晓飞等,2004)。不过,上述方法在剥蚀厚度小于上覆地层的厚度时,往往不再有效。其他恢复剥蚀厚度的方法有沉积波动分析法(金之钧等,1998;张一伟,1999;张庆石等,2001)、磷灰石裂变径迹法、沉积速率法等(庞雄奇等,2003)。恢复平面上的剥蚀厚度时,最为常用的方法是地震剖面反映的地层厚度的变化趋势,但这一方法在地层横向厚度变化大、断层发育的断陷盆地比较难以应用。总体上讲,对古老的、埋深大的、剥蚀量大的剥蚀面的剥蚀厚度,目前还缺少可信的恢复方法。

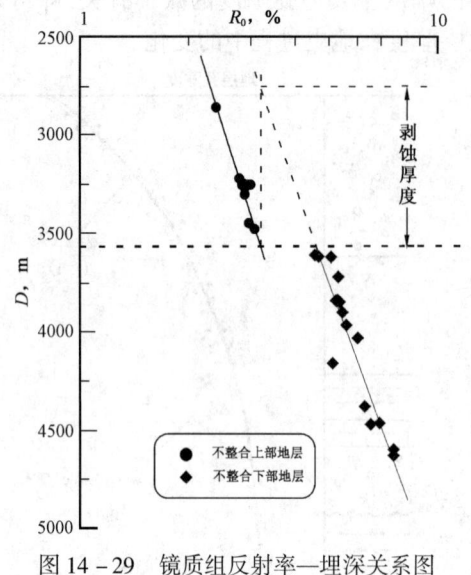 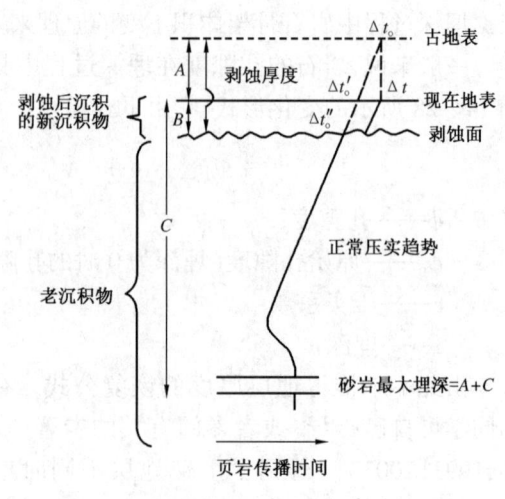

图 14-29　镜质组反射率—埋深关系图　　　图 14-30　声波时差法恢复地层剥蚀厚度的原理图（据 Magara,1976）

三、热史重建

地球内热外冷,随埋深增加,地温增加(这是有机质成烃的主要动力),形成了一个从地壳内部到外部的热流,温度 T 是埋深 z 和地温梯度 $G(t)$ 的函数,可以简化表述为

$$T(t) = T_0(t) + z \cdot G(t)$$

式中　$T_0(t)$——地表温度,也随地质时代而有所变化。

事实上,地温梯度 $G(t)$ 除了随时间而变化外,还与岩石的热导率有关。由于岩石的热导率与岩性、孔隙度等因素有关,因此, $G(t)$ 在地质剖面上随埋深也并不是固定不变的,故上式中的 $G(t)$ 实际上应该是平均地温梯度。

地质剖面某点的真实地温梯度 $G(t) = dT/dz$ 可表述为

$$G(t) = q(t)/\lambda(z)$$

式中　$q(t)$——大地热流,该值是在一定时间内流经单位面积的热量,mW/m^2 或 $4.184 \times 10^{-8} J/(cm^2 \cdot s)$,它随地质时代而变;

　　　$\lambda(z)$——岩石的热导率,为单位温差下单位时间内流经单位面积、单位厚度材质的热量,$4.184 \times 10^{-8} J/(cm \cdot s \cdot ℃)$。

岩石的热导率是比较容易得到的参数,许多参考书上都可以查得(王启军等,1988)。这样,有了前面恢复的地层埋深史(埋藏史和抬升剥蚀量),热史重建的问题就化为求古地表温度 $T_0(t)$、古地温梯度 $G(t)$ 或古大地热流 $q(t)$ 的问题了。

在地质环境一直较稳定、地层时代较年轻、埋藏史较简单的地区,古地温与现地温特点相近,可以用今地温(可通过井温测井求得)近似代替古地温进行热史重建。但在地层时代较老、地质环境变化大、埋藏史比较复杂的地区,则必须进行古热史恢复。

研究古地温的方法概括起来可以分为 3 类。第一类是岩石化学的方法,这主要是一些非连续的地质温度计的方法,如同位素地温计、自生矿物及其组合温度计、包裹体地温计、磷灰石裂变径迹地温计、镜质组反射率地温计等(庞雄奇等,1993,2003;杨峰平等,1999;周祖翼等,2001;李善鹏、邱楠生,2003;李慧莉等,2004),对油气地质专业的学生来说,这些内容将在后续的油气地质学课程中介绍。用这类方法来研究古地温,优点是直观,但它们的不足是只能指示形成温度或所经历的最高温度,而不能反映时间的效应和古地温的演变,从而难以被应用于生烃史的定量、动态评价中。第二类是从大地构造背景来研究热史变化的方法。由于盆地沉降与其热效应之间有密切联系,不同构造单元不同类型的沉积盆地其地温场的演化史是不同的。如 Tissot 和 Welte(1984)对现今不同地质条件下的大地热流研究后总结出如下规律:(1)稳定地台区的地温梯度一般为 25~30℃/km;(2)构造活动和岩浆活动较强的地区的地温梯度在 50℃/km 以上;(3)洋底裂开阶段的地温梯度可达 80℃/km 以上;(4)大陆地堑的古地温梯度低于现今的地温梯度。这类方法最早是由 Mckenzie(1978)提出的岩石圈拉张模型,后经 Royden 和 Keen(1980)、Hellinger 和 Sclater(1980)改进的方法。定量评价热流时,需要依据盆地所处的大地构造背景、盆地的形成机制和发育模式,从能量守恒和物质平衡的原理出发模拟地温及其变化。这一方法的优点是能够把握区域大地热流变化的总体趋势并预测无钻井地区地层的热史,其局限性是需要深部地层的资料。另外,由于有关参数(如边界条件)的选取比较粗糙,因此难以反映局部的热史变化,预测精度也较低。第三类是有机地球化学的方法,这类方法主要是基于一些能够反应时间和温度综合效应的成熟度指标,如镜质组反射率和生物标志化合物成熟度指标(Marzi 等,1990)的变化来反映热史变化。由于镜质组反射率能反映的成熟度范围大、测值稳定、可比性好,是目前应用最为普遍和权威的成熟度指标,因此,基于其变化来研究和恢复热史的方法相对来说得到最为广泛和成功的应用(Lerch,1984;庞雄奇等,1993;卢双舫等,1996;程本合等,2000;陈刚等,2002)。尤其是 Sweeney 等(1990)提出的 $EasyR_o$ 方法近年来得到了相当广的应用(党育勇等,1998;朱炎等,2001;Puckette,2005)。

第三类方法的基本原理是:先建立并标定描述镜质体演化过程(包括成烃、脱水、脱羧等反应)的化学动力学模型,同时建立镜质组反射率 R_o 与镜质体成烃(包括非烃)转化率 F 之间的关系式。这样,假定任一热史 $T(t)$ 后,即可由化学动力学模型计算出镜质体的"理论"转化率 F_{Cal},由镜质体的转化率与镜质组反射率之间的关系,可以求出"理论"镜质组反射率 R_{oCal}。由此可以构建函数:

$$Q(T(t)) = \sum (R_{o_iCal} - R_{o_iAna})^2$$

式中 i ——地层中的第 i 个取样点;

Cal——由模型计算所得的"理论"值;

Ana——对地质剖面上实际样品的分析值。

显然,如果对所有的样品,都有 $R_{o_iCal} = R_{o_iAna}$,此时非负函数 $Q(T(t))$ 达到极小值0,前面假定的热史 $T(t)$ 即为所求;否则,通过数学优化算法求解出使 $Q(T(t))$ 达到极小值的 $T(t)$ 取值即可近似视为所求的热史(Sweeney 等,1990;卢双舫等,1996)。

从上面介绍的原理来看,热史的重建并非很难。但在实际操作上,如镜质体成烃反应的化学动力学模型的建立和标定、镜质体的转化率与镜质组反射率的关系的确定等方面,都还有许多难以准确界定的因素。因此,热史的重建与恢复实际上是地球化学领域中一项迄今尚未圆满解决的难题,往往需要用多种方法进行研究,以互相检验和/或佐证。

本 章 小 结

1.按照现代油气成因机理,单位质量烃源岩中油气的生成量取决于有机质的丰度(数量)、类型(单位重量有机质的生烃能力)和成熟度(衡量有机质向油气转化程度的成烃转化率),其难点和关键点在有机质成烃转化率的求取。依据获取成烃转化率方法的不同,定量计算烃源岩生烃量的方法可分为热模拟实验法、化学动力学法和物质平衡法。

2.生烃减除残烃等于排烃的物质平衡法将非常棘手的烃源岩排烃问题转化为相对较易进行的对烃源岩生烃和残烃问题的研究,具有理论上的可行性和应用上的有效性,代表了一条重要的研究方向和思路。据生烃势指数定量评价烃源岩的排烃是一种快速、简便、有效的方法。这一方法也可同时对生烃量进行评价。

3.排烃效率为排烃量与生烃量之比。影响有机质生烃量和烃源岩残烃量的因素都可能影响排烃效率,主要包括有机质丰度、有机质类型、有机质成熟度、源储配置关系、沉积相、沉积埋藏史等。在其他条件相近时,排烃效率一般随有机质丰度的升高、有机质类型的变好和有机质成熟度的升高而增大;在不同的源储配置关系中,一般而言,泥砂比越大,排烃效率越低,厚层泥岩边部排烃总体较中部容易;对不同的沉积相而言,随着沉积粒度的逐渐变细,黏土矿物含量的逐渐增加,排烃效率总体上逐渐降低。不同的沉积埋藏史也能引起排烃效率的差别,后期的抬升可能伴随孔隙反弹,容烃能力增高;同时,温度降低,油气黏度增大,排烃难度增大,从而使排烃效率降低。

4.沉积埋藏史和热史重建对认识烃源岩的生排烃史及其定量评价具有重要的意义,利用热成熟度指标反演热史是目前精度较高的可行、有效的方法。

思 考 题

1.烃源岩评价研究的进展主要体现在哪些方面?
2.生烃量定量评价的主要方法有哪些?各自的基本原理、关键参数及优缺点有哪些?
3.排烃量定量评价的主要方法有哪些?各自的基本原理及优缺点有哪些?
4.影响排烃效率的主要因素有哪些?原因何在?这些因素之间有何内在关联?
5.氯仿沥青"A"和热解S_1为何要进行轻烃、重烃恢复校正?校正的方法有哪些?
6.沉积埋藏史和热史恢复的意义及基本原理是什么?

第十五章　油气源对比

油气源对比,包括油—油对比、油—岩对比、油—气对比、气—气对比、气—岩对比等(图15-1)。油气源对比是油气地球化学应用研究的一个重要内容,早期它主要服务于油气勘探,目前也应用于油藏的地球化学描述当中。当在一个含油气盆地中有若干个油气藏、油气层组或油气源岩层时,油气源对比可以明确各自的来源或去向,确定主力烃源岩层及油气运移、充注的方向、途径等。因此,油气源对比对于认识油气的成因类型、预测资源潜力和勘探方向具有重要意义。

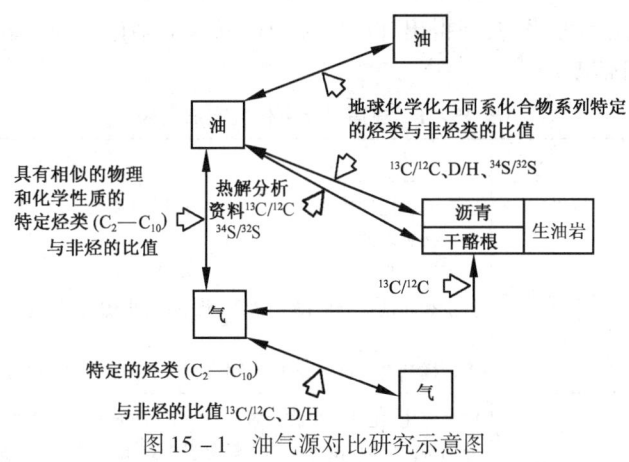

图15-1　油气源对比研究示意图

高质量的油气源对比需要全面的、完整的地球化学资料和地质资料,最终的解释必须与所有地质和地球化学资料相符合。

第一节　油气源对比原理

一、油气源对比的依据和主要方法

油气源对比的实质是运用有机地球化学的基本原理,合理地选择对比参数来研究油、气及与烃源岩之间的相互关系。

油气在运移、聚集以及继续演化过程中,由于所经受的物理、化学条件有差别,如受到水洗和生物降解等影响,从而油气性质出现较大的差别,但同源的油气与烃源岩之间总保持某些亲缘关系,表现在化学组成上存在某种程度的相似性,即其中某些成分,特别是一些所谓的"指纹指标",如生物标志化合物及其含量,或某些成分之间的比值将保持不变或少变,而非同源的油气则总会表现出一定的差异。这种化学组成上的异同及相关的物理性质的异同是进行油气源对比的基本依据。

油气源研究的主要方法是对油(气)之间或油(气)与烃源岩之间的相同馏分中某个成分的含量或某些成分之间的比值,或某同系物分布和组成进行比较。它可通过元素(样品的总体构成)、分子和同位素参数的对比实现,使用的主要分析技术有气相色谱、气相色谱—质谱联用仪和碳同位素测定仪等。

在对比研究中,必须判断哪些数据对成因关系等问题的解释更可靠,哪些数据受次生变化如排驱、运移、生物降解、水洗和热裂解的影响。此外,必须解决其他复杂的问题,例如对比样品的成熟度差异、烃源岩的相变化、在单个油藏中源自不同烃源岩原油的可能混合作用,以及原油和烃源岩沥青的内在区别。

当样品有关成因联系的所有证据是相似的,就会获得可比性的对比结论。由于在任何两个样品中不可避免地存在差异,所以建立可比性的对比结论的关键并不是找出样品间的相同点,而是找出样品间的差异,并解释这种差异是由源的因素引起的还是次生作用所致的。如果在两个样品之间能找出哪怕是一个重要差别,而这无法通过自然变化或次生变化获得合理的解释,对比的结果则是不可比的,即得出样品间无成因联系的结论。使用表 15-1 所列内容可提高对比的质量和可信度。

表 15-1 提高对比可信度方法简表

提高对比可信度方法	原因
样品各方面特征的检测	所有的可比性对比是建立在环境证据的基础上,所以检测更多样品的特征意味着获得更多的证据
精细的分子和同位素对比手段(如 GC-MS 或特殊化合物同位素分析)的使用	分子和同位素分析技术非常灵敏,并且提供更多的有关样品组成的"指纹"细节
尽可能多地分析样品	大量样品提供自然变化的背景信息,否则将与成因差异混淆
使用次生变化较少的样品	次生变化,尤其是生物降解、裂解和气从油中的脱溶作用,造成可比性的对比十分困难。同时,由于原油从烃源岩中排出并运移后其成分变化大的事实,所有的油源对比都很复杂
使用成熟的烃源岩样品,避免使用未成熟或过成熟的烃源岩样品	未成熟或过成熟的烃源岩样品与成熟原油的对比很困难,不仅二者在物理特征和分子分布上有区别,而且其抽提物与原油在成因上无关,在组成上不相似(Kohnen 等,1992)

二、油气源对比的原则

1. 多种分析手段的使用

由于油气形成过程涉及一个固相(干酪根)产生一个新固相(残余干酪根)、液相(油)和气相的复杂物理和化学过程,而油气源对比是要将发生了复杂变化的固—液—气三相之间的亲缘关系梳理出来,因而,运用多种分析手段,对固、液、气三相进行分析,是获得其完整"世系"的必要保证。

在油气源对比研究中,多种分析手段的综合运用应该给予足够的重视。有时候人们往往过分依赖生物标志化合物的分析,而忽视了其他分析手段。通过 GC-MS 分析,能够快速、便捷地获得分子化合物的资料,毫无疑问地使生物标志化合物的应用更加广泛,并且大量存在的各种原油分子分析数据库,使化合物的鉴定变得比较容易,更加深了人们对生物标志化合物的依赖。但是,过分依赖单一分析技术将导致错误的对比结论,尤其是在对比中使用的许多生物标志化合物在样品中的浓度仅表现为百万分之几。

由于原油易受排驱、运移以及在油气藏中次生蚀变（包括裂解、相分离和生物降解等诸多蚀变）的影响，对比的技术和参数必须经过挑选以减少次生转变导致的复杂化。一般地，油—岩对比较油—油对比更为困难，大多是由于我们很少能从有效（成熟）烃源岩区采到样品。由于在盆地中心与取样点之间存在着有机相的变化，以及潜在的较大的成熟度差异常会带来较多的问题，凝析油的对比十分困难，因为其在裂解、相态分离或二者都发生的过程中丢失了大量的有用信息。

2. 地球化学与地质学相结合

完全或主要基于地球化学认识而没有恰如其分地考虑地质背景的油气源对比十分普遍。为了保证地球化学的真正独立性，在对比研究的初期阶段，将地球化学认识与地质认识区分开来，无疑是正确的，但最终结果应该将地球化学模型与地质框架完全结合起来。虽然地球化学数据常有新的认识，但是所有的地球化学结论最终应与地质事实相一致。不能准确地将地质与地球化学数据相结合，将导致唯地球化学的对比结论，而该结论很难或不可能从地质角度得到证实。

犯有类似错误的一个例子是对 Michigan 盆地原油的早期研究（Vogler 等，1981），当时认为，区域盖层志留系盐层之上的泥盆系原油与盐层之下的奥陶系原油具有可比性，而忽视了在运移中的地质问题。接下来的研究使用了更为灵敏的技术以及大量的样品，表明以前认为的可比性事实上是十分偶然的（Illich、Grizzle，1983；Pruitt，1983；Waples，1985；Rullkotter 等，1986），并且重要的是，从石油地质学而言，油气穿过盐层的运移是不可能发生的。

3. 使用统计学方法

油源研究中包括有大量的样品、许多不同的分析方法、比值的较大变化及大量的估测值，所以很容易陷入庞大繁杂的数据泥潭。统计学方法的应用可以提高对对比数据评定过程的速度，减少主观性。

三、油气源对比研究中应注意的若干问题

（1）烃源岩层的非均质性问题。石油代表了烃源岩体生成和运移出的烃类流体的混合，选择作油源分析的烃源岩，仅代表潜在烃源岩体中的一个小个体，如果它不能代表整个烃源岩体，甚至所选样品根本就不是有效烃源岩，则肯定导致不正确的结论。

（2）不同的样品成熟度。良好的油气源对比要求氯仿沥青"A"与所对比的原油在成熟度上基本相似，以避免成熟度的影响。研究表明，成熟度广泛影响着烃源岩中生物标志化合物的分布，同一烃源岩在不同成熟阶段具有显著不同的化学组成特征。高—过成熟阶段的烃源岩中残留烃与地质历史中生成的油的地球化学特征可比性较差，这使得多旋回复杂含油气盆地中油气源对比变得比较困难。

当样品处于相同或相似的成熟程度时进行比较，油—油对比和油—岩对比大多十分成功。如果不考虑过成熟样品，即便成熟度有差异，经验丰富的解释人员通常都能解决上述问题。但是对于高成熟样品，必将导致其某些信息和可信度的丧失。而没有经验的解释人员很容易将成熟度影响与成因区别相混淆。

（3）油气源对比中，正相关不一定是样品相关的"必要证据"，负相关才可能是样品之间缺乏相关性的"有力证据"（Peters 等，1993）。油源对比研究仅根据一些生物标志化合物参数的

相似性就做出油—岩相关的结论,其可靠性值得斟酌。例如,虽然塔里木盆地原油中的姥植比和甾烷组成与石炭系岩石具有某种程度上的可比性,但这些原油已被勘探证实不可能来源于石炭系;再如,烃源岩的成熟作用及原油的运移作用和生物降解作用都明显导致三环萜烷含量的升高,使得高成熟岩石中的三环萜烷浓度与原油中的相当,由此得出原油来源于这些烃源岩的结论显然是不合适的。在进行复杂盆地油气源对比之前,指标的意义及可能的多解性必须搞清楚,避免选择上的随意性。

(4)油气多期注入(尤其是气的过量注入)及运移过程和成藏后的次生变化(如脱沥青作用、生物降解作用、储层原油裂解作用、水洗作用、相分馏作用及地质色层效应等)对烃类总体组成和分子参数及同位素组成有重大影响,这会导致油气源对比结果的失真。油气源对比结果要注意现象的特殊性与解释的合理性。例如塔里木盆地轮南地区有高蜡油产出,这在海相地区的确具有特殊性,菌藻生源固然可以解释高蜡油的成因,但同是菌藻生源,为什么高蜡油在塔里木盆地的分布不具普遍性? 同是菌藻生源,与正常油相比,高蜡油为什么在分子组成上与其有明显差异?

值得指出的是,人们常习惯于将原油组分的差异归因于源(有机质类型和热成熟度)的不同及生物降解作用的影响。例如,凝析油气的形成或者被解释为陆生高等植物生源物质(如树脂体等)成因,或者被解释为由干酪根或原油在高成熟阶段($R_o > 1.3\%$)热裂解所致;高蜡油或者被解释为陆生高等植物生源(如蜡质、角质体等)成因,或者归因于特殊情况下的菌藻类生物的贡献。这些解释几乎成了油气源对比中的定式。其实,这样的解释常常存在许多潜在的问题,因为简单的物理分异作用有时会完全掩盖从烃源岩继承下来的许多信息,这种掩盖常常使人们处在一种证据相悖的无奈之中,究其原因,正是人们被"源"的概念束缚了思路,忽视了油气藏的动态形成历史。尤其对于复杂的含油气盆地,油气形成的多源、多阶、多期性会使众多的地球化学参数变得平均化而失去了生源的意义。从这个意义上讲,在油气源对比参数的选取上并非多多益善,尤其是那些受次生作用(如运移分异作用等)影响较大的参数,在使用时务必慎重。一般说来,原油的非均质性可以由一个或一个以上不同的地球化学过程所控制,包括热成熟作用(或者在烃源岩内,或者在储层中)、不同有机质输入、在储层中的转化(主要是生物降解作用)以及运移作用。究竟是哪一种过程控制了原油组分的变化,则需要根据地质地球化学数据认真分析,以最终得出符合地质实际的结论。

第二节 油气源对比参数

一、油气源对比参数选择

油气源对比中研究的 3 个主要对象是干酪根、可溶的沥青和聚集在圈闭中的油气(石油、凝析油和天然气)。其中,油气和沥青中的各种烃类和非烃类化合物一般可用作对比参数。但是,由于油气形成的漫长性和本身的可流动性,油气在运移、聚集过程中,甚至在储层中储存期间都会经历一系列的变化,这样就会模糊甚至完全掩盖这些原生的相似性,从而大大增加了对比的多解性和复杂性。因此,合理地选用对比参数,并综合各种地质及地球化学资料是十分必要的。

一般来讲,在遴选对比参数时应注意以下几个原则:

(1)在物理分离(例如运移分异作用)过程中及在其后的时期内,生油岩和石油所起的任何作用并没有严重地影响这些对比参数;

(2)在岩石和石油中有足够特征的化合物分布,可以区分各种生油岩和石油;

(3)由于从烃源岩中排出的化合物的浓度随烃源岩的演化程度、运移和次生改造而改变,所以一般不用某种化合物的绝对浓度或绝对量作对比参数,而是取它们分布形态、形式或它们之间相对丰度或比值作为对比参数;

(4)一般不能只选单一参数进行对比,而应选相互独立、具有明显不同地球化学意义的几项参数进行综合对比;

(5)不能只选原油中低丰度的化合物进行对比,还应同时选择高丰度的或整体性参数作全面对比。如对液态的油来说,有时需要强调轻、中、重全组分的对比,才能得到可信的认识。

二、常用油气源对比参数简介

随着分析技术的迅速发展,用于油气源对比的项目或指标越来越多,但不同指标的应用效果和适应范围有别,因而必须根据具体地质情况和技术条件加以选择,进行综合对比。现将最常用的方法列于表15-2中,并进一步简述各类对比指标的意义及局限性如下。

表15-2 常用的油气源对比方法

方法		参数①	应用②	主要非成因因素③
常规法	物理性质	颜色	*	BIO,MAT,WW,MIG
		API密度	*	BIO,MAT,WW,MIG
		黏度	*	BIO,MAT,WW,MIG
	成分	SANA	**	BIO,MAT,WW,MIG
		SBC	**	BIO,MAT,MIG
	元素(油/可抽提有机质)	硫	**	BIO,MAT,WW,MIG
		氮	**	BIO
		钒	**	BIO
		镍	**	BIO
		V/Ni	***	MAT
	碳同位素	全油	***	BIO,MAT
		饱和烃	**	BIO
		芳烃	****	WW
		SANA	***	BIO,MAT
分子方法		正构烷烃	**	BIO,MAT
		异戊间二烯类	***	MIG
		甾烷(C_{26}—C_{30})	****	MAT
		三环萜烷	***	
		五环三萜烷	***	BIO
		金属卟啉	****	MAT
		芳烃,环数	***	WW,MIG
		含N、S、O化合物	***	MIG

①SANA—饱和芳烃;NSO—含氮、硫、氧的有机化合物;SBC—直烷链和环烷烃。
②星号增加表示应用范围扩大。
③BIO—生物降解;MAT—热成熟;MIG—运移;WW—水洗。

1. 物理性质参数

物理性质参数包括原油的相对密度、黏度、凝点、旋光性等,但不同来源的原油物性可能相近,而同源石油也可能因次生变化表现出明显的差异,因此,物理性质参数不是一项理想的指标,对比中必须十分慎重,注意转化条件和保持条件的一致性。

2. 孢粉

孢粉对油源作出地质时代"纪"的判断上常常有效,因为石油从生油层排出和储集过程中,携带着生油层系特定的孢粉组合,保留着基本的可比性。

3. 含蜡量、含硫量和 V/Ni

含蜡量、含硫量和 V/Ni 值具有指相意义。一般而言,陆相原油高蜡低硫(盐湖相除外),富镍贫钒,V/Ni 值低。因此,当一个含油气盆地同时存在着可能的海相和陆相油源岩时,这些特征也可用于油气源对比。

4. 族组成

生油岩中原始母质的性质和生物化学组成在很大程度上决定了相应的石油的族组成特征,所以现今仍在使用族组成资料作为油气源对比,尤其是作为油—油对比的宏观或初步对比参数。这些参数和方法有饱芳比、饱和烃、芳烃、非烃(胶质 + 沥青质)的百分含量三角图等。对比中应该十分注意有机质和石油的成熟度、油气运移、聚集、保存等条件对族组成的影响。它们只能作为辅助性宏观参数来使用。

5. 链烃和一般环烷烃

以正构烷烃和一般环烷烃为主而建立的一系列涉及脂肪烃本身的参数,有时也可与异构烷烃相结合。指标中包括馏分中所含单个化合物的配对系列对比、环烷烃和类异戊二烯烷烃的分布及其比值、C_{15+}正构烷烃分布及正构烷烃比值、轻烃中某些化合物如 C_4—C_7 含量的比较或低分子烷烃(C_1—C_{10})组成配对比较等。选用这些指标时,必须满足样品无生物降解和油、岩热演化阶段基本相同,否则将失去对比的意义。有时在石油运移过程中色层效应所造成的偏差,可以采用错位对比法来消除。

1) 轻烃组成对比

这种方法是由美国埃德曼提出的。该方法采用了两项参数:单个组分的浓度对比曲线和配对成分的对比,适用于天然气和富含轻质组分的凝析油、未风化石油的分类对比。单个组分的浓度对比曲线,用毛细色谱法测出 C_1—C_{10} 组分(正构 + 异构)的绝对浓度,对比油气的相应组分浓度。但有许多次生因素会影响轻烃组分的浓度,所以该方法用途有限。配对成分的对比值,为了尽可能减少各种非成因因素对轻烃组分的影响,将化学结构和沸点相近的烃类成分配对(表 15 – 3),用每对中组分的浓度比值对比:

$$R = \frac{C_a/C_b}{C'_a/C'_b}$$

式中　C_a、C_b——一种原油的一对组分的浓度;
　　　C'_a、C'_b——另一种原油的一对同样成分的浓度。

表 15-3　C_2—C_{10} 轻烃配对化合物（据 J. G. Erdman 等，1974）

化　合　物	沸点，℃	化合物	沸点，℃
乙烷/丙烷	-88.67/-42.1	反 1,3-二甲基环戊烷/反 1,2-二甲基环戊烷	91.7/91.8
异丁烷/正丁烷	-11.7/-0.5	正庚烷/(1,1,3-三甲基环戊烷+甲基环己烷)	98.4/(104.9+100.9)
异戊烷/正戊烷	27.9/36.1	2,3-二甲基己烷/2-甲基戊烷	115.6/117.7
环戊烷/2,3-二甲基丁烷	49.3/58.0	4-甲基庚烷/(3,4-二甲基己烷+3-甲基庚烷)	117.7/(117.7+118.9)
2-甲基戊烷/3-甲基戊烷	60.3/63.3	2,4-二甲基庚烷/3,5-二甲基庚烷	113.0/136.0
正己烷/(甲基环戊烷+2,2-二甲基戊烷)	68.7/(71.8+79.2)	(3,4-二甲基庚烷+4-甲基辛烷)/2-甲基辛烷	(140.6+142.5)/143.3
2-甲基己烷/2,3-二甲基戊烷	90.1/89.8	(1-甲基,3-乙基苯+1-甲基-4-乙基苯)/1-甲基,2-乙基苯	(161.3+161.9)/165.0
3-甲基己烷/(1,1-二甲基环戊烷+顺-1,3-二甲基环戊烷)	91.9/(87.9+90.8)		

显然当各对组分的 R 值接近于 1 时，说明二者有较大的相似性，可能为同源。Williams (1974) 在鉴定威利斯顿盆地原油和生油岩时，曾使用 C_4—C_7 馏分烃类组成对比。他用气相色谱法分析了欲对比的原油和相应的生油岩中 C_4—C_7 馏分的各种烃类组成，将其标在分别以正构烷烃、异构烷烃和环烷烃相对应的百分含量组成的三角图上。图 15-2 直观地反映出原油和生油岩之间的相互关系（图 15-2）。

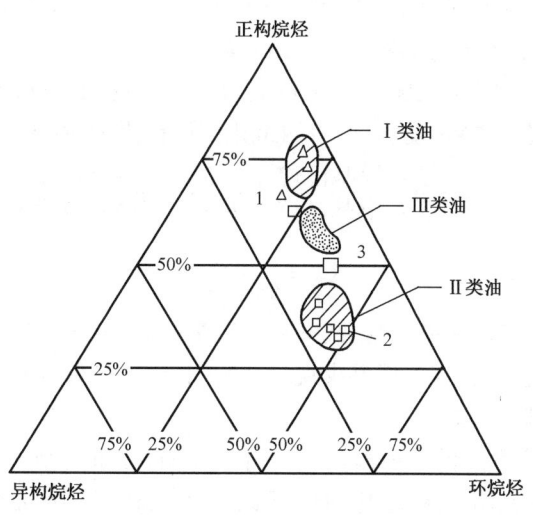

图 15-2　威利斯顿盆地原油和生油岩 C_4—C_7 馏分烃类组成对比（据 Williams，1974）

轻烃地球化学参数的应用为天然气、凝析油的对比提供了基础,尤其是为缺少信息而难以进行的天然气与气源岩相关性的判别提供了直接对比的指标,也弥补了原油中低分子量烃类难于对比的困难。张义纲等(1991)在进行气源对比时采用了 8 个参数:iC_5/nC_5、iC_6/nC_6、C_7 环烷/(正庚烷+异庚烷)、甲基环己烷/正庚烷、甲基己烷/正庚烷、甲基环己烷指数、异庚烷指数及正庚烷指数,使用效果较好(图 15 – 3)。

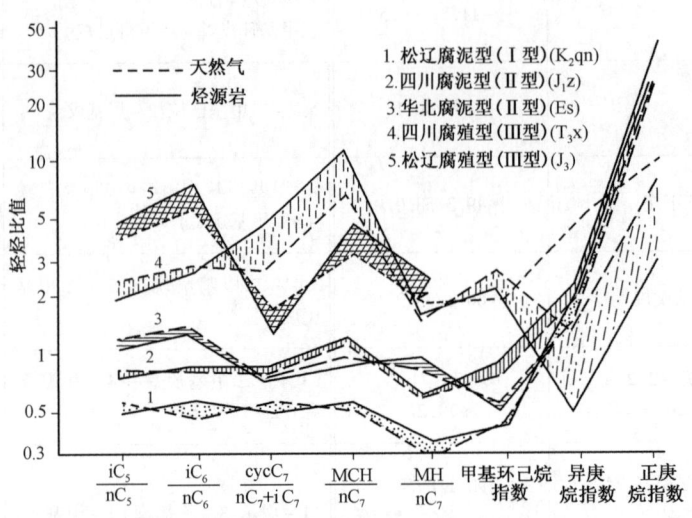

图 15 – 3 天然气与气源岩轻烃参数组直接对比图(据张义纲等,1991)

胡国艺等(2007)认为,天然气轻烃中苯、甲苯、环己烷和甲基环己烷等化合物因具有环状或芳香结构,较链烷烃类化合物的稳定性好,同母源有机质碳同位素值非常接近,具有良好的碳同位素继承效应,并且地质体中的热演化作用和运移色层效应对其影响较小,因此,苯、甲苯、环己烷和甲基环己烷等化合物碳同位素是天然气成因及气源对比判识的良好指标。在对我国主要典型含气盆地天然气轻烃单体碳同位素测定及分析的基础上,提出了煤成气和油型气的成因鉴别指标,煤型气具有 $\delta^{13}C_{苯} > -24‰$、$\delta^{13}C_{甲苯} > -23‰$、$\delta^{13}C_{环己烷} > -24‰$、$\delta^{13}C_{甲基环己烷} > -24‰$ 的分布特征,而油型气具有 $\delta^{13}C_{苯} < -24‰$、$\delta^{13}C_{甲苯} < -23‰$、$\delta^{13}C_{环己烷} < -24‰$、$\delta^{13}C_{甲基环己烷} < -24‰$ 的分布特征(图 15 – 4)。

Mango 通过对壳牌石油公司 2000 个油样的轻烃数据分析研究后发现,碳数为 7 的某些烃类化合物之间有一些比值保持不变,其中有两组比值被称为 K_1 和 K_2,分别为:

$$K_1 = \frac{2-甲基己烷 + 2,3-二甲基戊烷}{3-甲基己烷 + 2,4-二甲基戊烷}$$

$$K_2 = \frac{P_3}{P_2 + N_2}$$

其中,$P_2 = 2-$甲基己烷$+3-$甲基己烷;$P_3 = 3-$乙基戊烷$+3,3-$二甲基戊烷$+2,3-$二甲基戊烷$+2,4-$二甲基戊烷$+2,2-$二甲基戊烷;$N_2 = 1,1-$二甲基环戊烷$+$顺$-1,3-$二甲基环戊烷$+$反$-1,3-$二甲基环戊烷。

K_1 和 K_2 值并不随成熟度的增加而变化,只和原油的母质类型有关,即同源油的 K_1 和 K_2 值相同或相近。后来,Mango 用稳态热力学理论来研究轻烃的生成机理,还用"母女"关系(parent-daughter)来形容某些化合物之间的联系,并提出"母亲"P_2 是"女儿"比值 N_2/P_3 的函数,从而将经验中总结出来的 K_1 和 K_2 值上升为理论模式(Mango,1990b,1991,1997)。

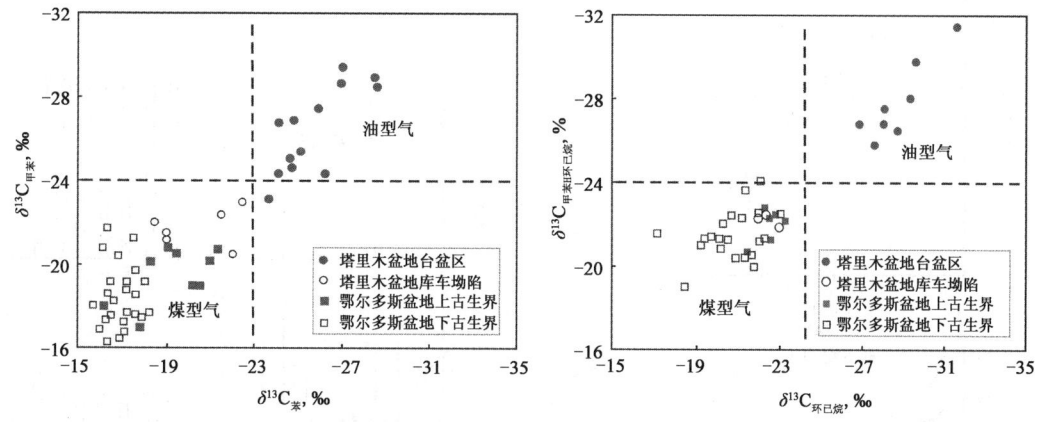

图15-4 不同成因类型天然气轻烃中苯和甲苯、环己烷和甲基环己烷碳同位素分布关系(据胡国艺等,2007)

2) C_{15+} 正构烷烃分布特征

正构烷烃是油气的主要烃类组成,可以作为油气成熟度和来源的标志,所以也就自然成为油气对比的"指纹"化合物。目前它被广泛地应用于油—源对比、油—油对比之中。正构烷烃的碳数分布范围、主峰碳数,特别是碳数分布形式是十分有用的参数。常可编制碳数分布曲线(以碳数为横坐标,百分含量为纵坐标),一般来讲,具有亲缘关系的油气常有相似的分布曲线。但是,由于正构烷烃对细菌降解和热力作用最为敏感,并在一定程度上受运移影响,所以正构烷烃一般只对低—中等成熟度、生物降解不明显的原油才有较好的效果。

Welte 采用 C_{16}—C_{30} 正构烷烃的相对含量对比不同地区 20 对生油岩和石油时(图 15-5)发现,对比关系好的有 6 对,中等的有 8 对,无对比关系的有 6 对,这与地质结论相吻合。

鄂尔多斯盆地马岭油田,用饱和烃碳数分布可将石油分为两类,图 15-6(a)是一类,主峰为 C_{19};图 15-6(b)是另一类,主峰为 C_{15}。这两类原油分别与不同的生油岩对应。

3) 类异戊二烯烷烃

在石油和沥青中存在着类异戊二烯烷烃系列,其中尤以 iC_{15}—iC_{20} 在色谱图上最为明显。尽管它们远不及饱和烃含量高,但是由于结构比较稳定,能够比正构烷烃更好地抵抗微生物的降解,所以是一类重要的对比参数。目前采用的主要是两种:系列对比(iC_{15}—iC_{20})和比值对比(Pr/Ph、Pr/nC_{17}、Ph/nC_{18})等,这些指标一般是有效的。根据类异戊二烯烷烃分布的差异,可将黄骅坳陷的石油分为 3 种类型:板桥凹陷型、沧东凹陷型和歧口凹陷型(图 15-7)。

长碳链的类异戊二烯烷烃(C_{21+}),如番茄红烷、角鲨烷、丛粒藻烷等,主要来源于细菌,更具有"化学化石"特性。不论它们在石油和烃源岩中的丰度如何,只要能够检出,往往都具有很强的对比意义。

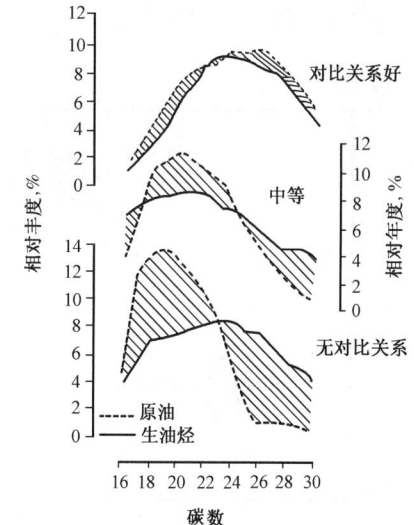

图 15-5 原油、生油岩正构烷烃分布曲线对比图(据 Welte,1975)

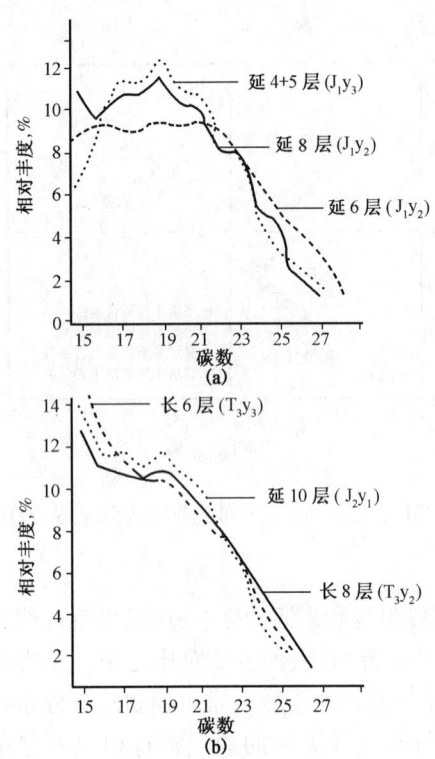

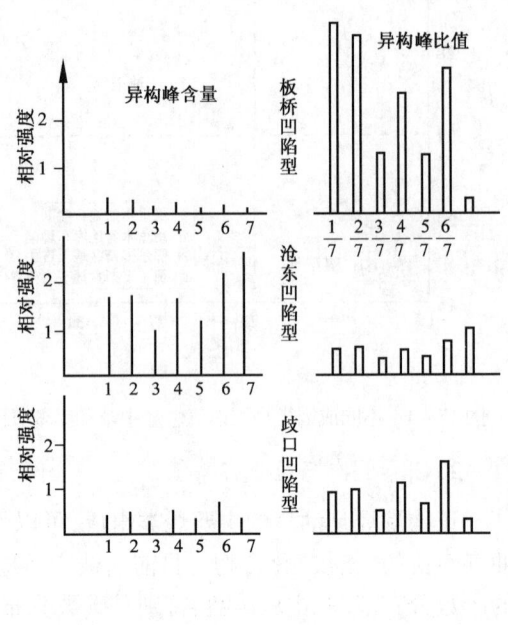

图 15-6 鄂尔多斯盆地延安组(J_1y)、延长组(T_3y)原油 C_{15+} 正构烷烃分布图(据于志海等,1982)

图 15-7 黄骅坳陷沙河街组 3 种类型原油异戊二烯烷烃对比图(据田克勤等,1982)

图中 1~7 分别对应于 iC_{17}—iC_{20},不包括 iC_{17}

6. 基团类

这类指标主要是原油、抽提物及其馏分的红外光谱测定,它反映物质结构和基团性质。所采用指标由 3 类吸收峰构成的比值:(1)与烷烃或烷基侧链有关的甲基、亚甲基、甲川基的吸收峰,如 $720cm^{-1}$、$1380cm^{-1}$、$1460cm^{-1}$、$2860cm^{-1}$ 等;(2)与芳香核有关的吸收峰,如 $740cm^{-1}$、$806cm^{-1}$、$1600cm^{-1}$ 等;(3)与含氧基团的醇、酚、酸、醛、酮、醚等有关的吸收峰,如 $1040 \sim 1270cm^{-1}$、$1650cm^{-1}$、$1700 \sim 1740cm^{-1}$ 等。这 3 类峰值近似地可作为饱和烃、芳烃和杂组分极性化合物的含量;所构成的比值与上述族组成类指标有着基本相同的意义,例如 $1460cm^{-1}/1600cm^{-1}$(脂芳比值)相当于饱芳比值,$1710cm^{-1}/1600cm^{-1}$(脱氧比值)及 $1380cm^{-1}/1600cm^{-1}$(甲基化比值)等,在一定条件下也可以作为油气源对比标志。由于芳核很稳定,因此,以 $1600cm^{-1}$ 为基础所构成的指标,在应用上值得重视。图 15-8 是利用生油岩抽提物的红外光谱与原油具有可比性,应用谱图特征进行油—岩

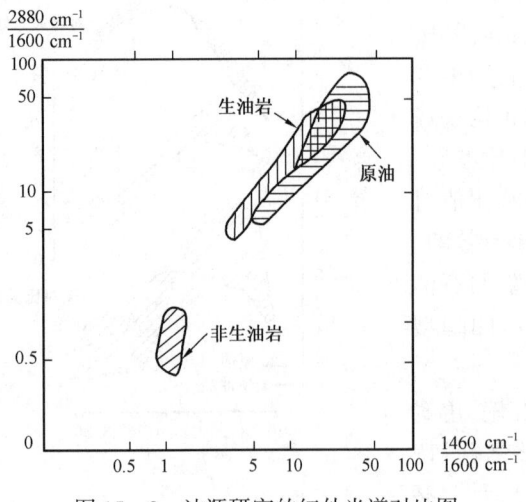

图 15-8 油源研究的红外光谱对比图(据张万选,1982)

对比的实例。

7. 同位素

在光合作用将无机的 CO_2 和 H_2O 转化为有机质及在以后向更为复杂的有机组分转化的过程中,存在着明显的同位素分馏效应。因此,有机质的同位素组成,首先与环境的同位素组成和生物化学过程所导致的同位素分馏效应有关。而有机质演化过程中的油气产物的同位素组成,既与母质的同位素组成有关,也与演化过程中的同位素分馏效应有关。这使各种产物中的同位素组成存在着某些系统的异同。这是同位素能被应用于油源对比和作为其他地球化学指标的理论基础。目前常用的指标是 C、S 同位素($^{13}C/^{12}C$,$^{34}S/^{32}S$),以它们与标准相比较的相对偏差 δ 值来表示,其中硫同位素 $\delta^{34}S$ 的分布主要取决于沉积环境和热演化程度,但作为油源对比指标的意义要比碳同位素小得多;在区别海相与陆相油源岩或对大的时代油源层的判别,$\delta^{34}S$ 值的差异才有意义;δD 也具有应用潜力。

油气 $\delta^{13}C$ 值的差异与原始母质有关,故可以被用作油源判别的一项直接指标,其意义仅次于生物标志化合物。当母源、环境条件和演化程度相同时,则油/油、油/岩之间的稳定碳同位素将产生可比性。研究业已证实,$\delta^{13}C$ 值的分布有如下规律:(1)不溶有机质 > 可溶有机质 > (或≈)原油;(2)干酪根 > 沥青质 > 非烃 > 芳烃 > 原油 > 饱和烃。这种 $\delta^{13}C$ 值随着馏分的极性增加而增加的同位素类型对比曲线,是较好的对比方法。图15-9是尤因塔盆地的布卢贝尔油田的油—岩对比,不同组分的 $\delta^{13}C$ 值最多相差2‰,生油岩干酪根 $\delta^{13}C$ 值比从相关的原油同位素类型曲线估计出的 $\delta^{13}C$ 值大约小0.5‰,干酪根和沥青质相比,$\delta^{13}C$ 值大约相差0.6‰。

不同来源的原油,其分子类型与 $\delta^{13}C$ 曲线形状不同(图15-10),从而可利用这种曲线进行油—油对比或油—岩对比。

天然气组成简单,所蕴含的信息量较少,从而使天然气碳、氢、氮和硫等稳定同位素成为天然气成因类型判识和成熟度识别的非常重要的手段(第十一章)。很多时候,明确了成因类型就明确了气源关系,确定了天然气的成熟度,就能指出气源岩的层位或区域(参见图11-26)。因此,第十一章中所介绍的许多成因类型、沉积环境、成熟度判识指标[包括烃气、非烃气及伴生稀有气体(He、Ar和Ne)的同位素特征,也包括其他非同位素指标,如溶解的轻烃及生物标志化合物]也是气源对比指标。

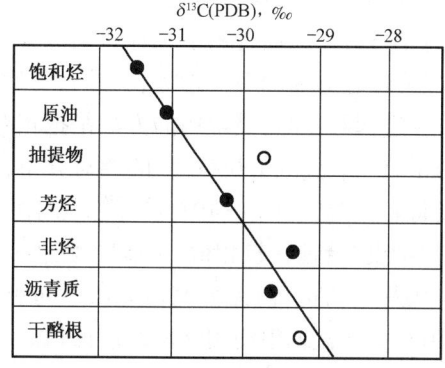

图15-9 用同位素类型曲线对比油源
(据 W. J. Stahl, 1977)

烷烃系列碳同位素是反映天然气是否是单一成因类型来源的重要标志。$\delta^{13}C_{2-1}$($\Delta^{13}C_1$)是甲烷碳同位素与乙烷碳同位素组成的差值,按同位素分馏原理,同一类型母质随演化程度的

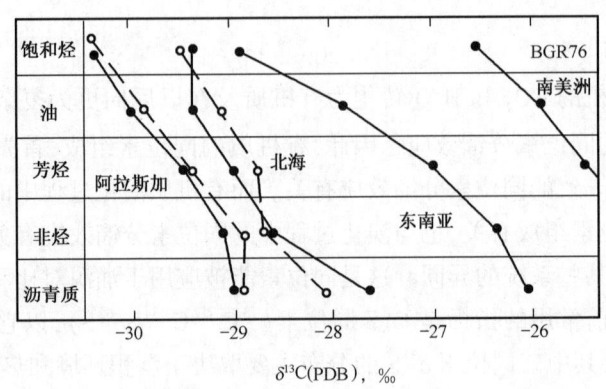

图 15-10　石油分子类型—δ^{13}C 曲线（据 W. J. Stahl，1977）

增加，$\delta^{13}C_{2-1}$ 变小，而复合来源的天然气由于母质差别而不具备这种特征，因此可以利用它们之间的关系判识烃源岩的演化和是否同源。$\delta^{13}C_{2-1}$ 和 $\delta^{13}C_{3-2}$ 之间的关系主要反映天然气的演化程度和甲烷、乙烷、丙烷是否同源、同阶。

8. 生物标志化合物

生物标志化合物包括色素和异构烷烃、甾族、多环萜类等异戊间二烯型的萜类衍生物，它们来自生物，在成油过程中又保持着稳定碳骨架和基本的结构特征，保留着原始有机质的信息，成为理想的油源对比指标，均具有"指纹"意义。

在进行对比时，最常用的方法是把相对分布作"指纹"来直接进行比较。如胆甾烷（C_{27}）、麦角甾烷（C_{28}）、豆甾烷（C_{29}）的相对分布，藿烷系列中不同碳数化合物的相对分布等。也可以直接将 m/z 217 和 m/z 191 质量色谱图作为"指纹"来使用（图 15-11）。显然，图中前 3 个样品的"指纹"特征比较相似，可能同源，但仍与胜金口原油的"指纹"特征（C_{27}—C_{28}—C_{29} 甾烷相对组成及 Ts/Tm 等）差异明显应该不同源。在一些比较简单的盆地中，这样的对比还是有效的，但在叠合盆地中使用该法时应谨慎。

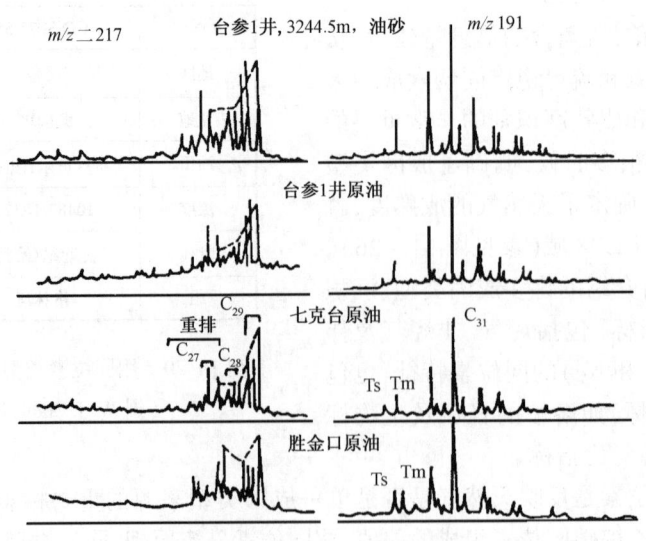

图 15-11　吐哈盆地台参 1 井和七克台、胜金口中—下侏罗统原油
饱和烃的 m/z 217 和 m/z 191 质量色谱图（据张大江，1991）

Seifert 等对阿拉斯加北斜坡普鲁德霍湾油田中的油源对比研究,提供了在复杂的地质情况下应用生物标志化合物对比的范例。他们采用了石油和页岩抽提物中甾烷、藿烷及芳香甾烷作为指纹化合物进行对比。从图 15-12 中可以看出,石油与可能生油岩的藿烷的分布形式十分相似,而甾烷分布却有较大的差异。在综合多种资料并且定量计算了生物标志化合物参数的情况下(表 15-4),最后确定萨德莱荷奇特石油为混合成因,其生油岩有 3 种页岩,即舒伯利克页岩、琴嘎克页岩和波斯特纳俄科明页岩。

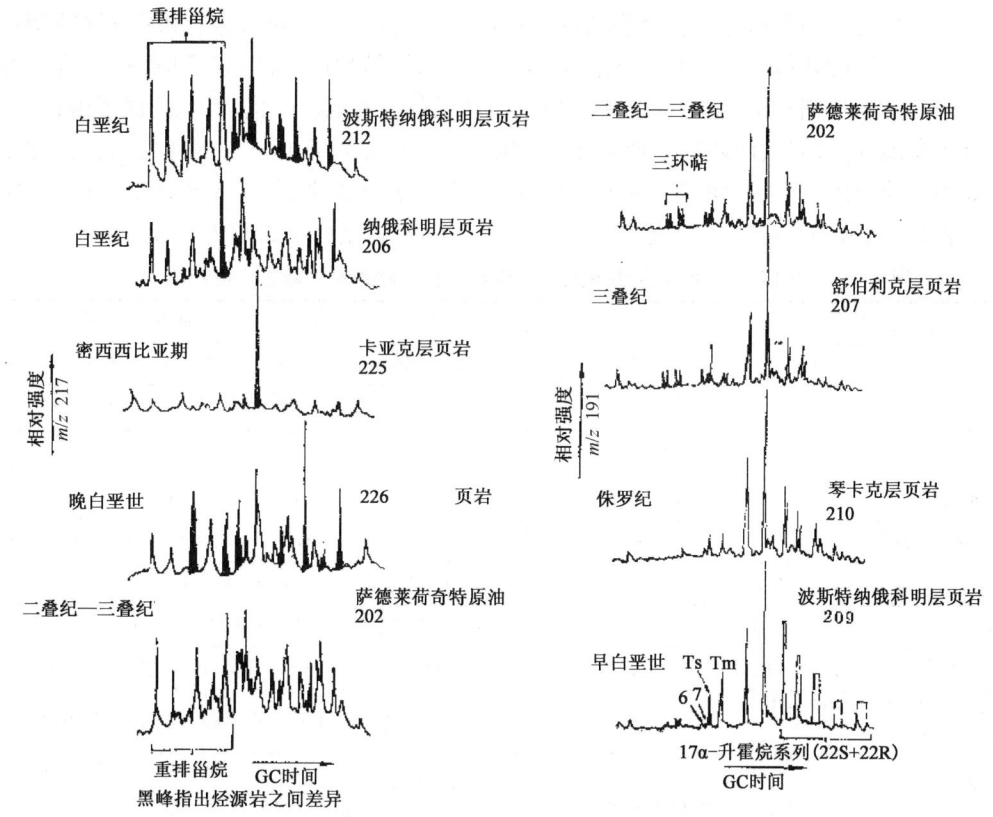

图 15-12 普鲁德霍湾油源对比图(据 Seifert 等,1980)

表 15-4 阿拉斯加北斜坡普鲁德霍湾三组生油岩、两类石油的生物标志化合物参数表(据 Seifert 等,1980)

层组及石油	时代	三环萜,%	$17\alpha(H)$藿烷,%	$C_{28}\dfrac{5\beta+14\beta^{①}}{5\alpha^{②}}$甾烷
琴嘎克组页岩	J	2.8	84	3.9
		2.7	64	2.8
舒伯利克组页岩	T	8.5	52	6.0
		11.7	45	6.1
波斯特纳科俄明组页岩	K_1	4.0	6.5	4.4
		3.1	67	3.9
萨德莱荷奇特原油	P-T	8.9	55	4.1
琴嘎克原油	J	2.2	63	4.9

注:①为 $C_{28}5\beta,14\alpha17\alpha(20R)+C_{18}5\alpha,14\beta,17\beta(20R+20S)+C_{28}5\beta14\beta17\beta(20R+20S)$;②为 $C_{28}5\alpha,14\alpha,17\alpha(20R)$。

在高—过成熟海相古生界油源对比实践中,发现常规生物标志化合物作为油源对比指标已经失效,而三芳甾烷和三芳甲藻甾烷有望成为高—过成熟条件下有效的油气源对比新指标。

除了进行油—油和油—岩的直接对比外,某些生物标志化合物还能用于生物输入、沉积环境以及形成原油的烃源岩时代的判别,间接应用于油源对比。表 15-5 列出了作为生物输入和沉积环境指示物的非环状生物标志化合物和环状生物标志化合物。在一定条件下,大量单一的或者有限种的生物聚集能够产生丰富的一种或者少数几种具有"诊断性"的生物标志化合物。例如,在沉积物中少有的高浓度的甲藻甾烷醇是富营养的上涌海水中沟鞭藻大量繁殖的结果;喜盐细菌的集合可能与湖底沉积物中丰富的胡萝卜烯烃有关。如果在石油和沥青中存在极高浓度的这些生物标志化合物的饱和烃同系物,就可以推断母岩有机沉积物的环境条件。当只有油样能获得时,生物标志化合物的研究对烃源岩有机质沉积环境、有机质的输入、成熟度等的推断特别有用,有时甚至可以用来估计烃源岩的地质时代。例如,裸子植物于晚石炭世首次在地球上出现,而四环二萜类化合物是裸子植物的特征标志。因此,倘若在原油或储层抽提物中检测出丰富的贝叶烷、贝壳杉烷、扁枝烯等化合物,则意味着该原油与石炭纪以后的烃源岩有关。表 15-6 列出了原油中一些断代生物标志化合物的时代分布。

表 15-5 作为生物输入和沉积环境指示物的生物标志化合物

化 合 物	生物来源	沉积环境	研究实例
nC_{15},nC_{17},nC_{19}	藻类	湖相,海相	Gepi(1970)、Tissot 和 Welte(1984)
nC_{15},nC_{17},nC_{19}	黏球藻 Gloeca psamorpha prisa(?)	~奥陶纪	Reed 等(1986)、Rullkötter 等(1986)、Jacobson 等(1988)、Longman 和 Palmer(1987)
nC_{27},nC_{29},nC_{31}	高等植物	陆相	Tissot 和 Welte(1984)
nC_{23}—nC_{31}(奇数)	非海相藻类	湖相	Gelpi 等(1970)、Moldowan 等(1985)
2-甲基二十二烷	细菌?	超盐环境	Connan 等(1986)
姥植比(低)	自养光合古细菌	还原至缺氧,高盐度	傅家谟 等(1986,1990)
2,6,10,15,19-五甲基二十烷	古细菌	超盐环境	Brassell 等(1981)、Risatti 等(1984)
2,6,10-三甲基-7-(3-甲基-丁基)十二烷	绿藻	超盐环境	Yon 等(1982)、Kcning 等(1990)
丛粒藻烷	丛粒藻(Botryococcus branuii)	湖相/微咸水	Moldowan 和 Seifert(1980)、McKirdy 等(1986)
16-去甲基-丛粒藻烷	丛粒藻(Botryococcus branuii)	湖相/微咸水	Seifert 和 Moldowan(1981)、Brassell 等(1986)
中等链长单甲基烷烃	蓝菌	温泉,海相	Shica 等(1990)
饱和烃:C_{15}—C_{23}(奇数)环己基烷	黏球藻 Gloeca psamorpha prisa(?)	~奥陶纪,海相	Reed 等(1986)、Rullkötter 等(1986)
β-胡萝卜烷	细菌	干旱环境,超盐环境	蒋助生和 Fowler(1986)
扁枝烷	针叶树	陆相	Noble 等(1985a,1985b,1986)
C_{27}—C_{29}甾烷	藻(C_{27})、藻和高等植物(C_{29})	各种沉积环境	Moldowan 等(1985)、Volkman 等(1986)
C_{30}24-正丙基甾烷(4-去甲基甾烷)	金藻(Chrysophytealgae)	海相	Moldowan 等(1985)、Peters 等(1986)、Moldowan 等(1990)
4-甲基甾烷	沟鞭藻/一些细菌	湖相或海相	Brassell 等(1986)、Wolff 等(1986)
重排甾烷	藻类或高等植物	富含黏土矿物岩石	Rubinsein 等(1975)
甲藻甾烷(Dinosterane)	沟鞭藻	海相,三叠纪或比三叠纪年轻的地质时代	Summons 等(1987)、Goodwin 等(1988)
25,28,30-三降藿烷	细菌?	缺氧的海相环境,上升海流?	Grantham 等(1980)、Volkman 等(1983c)

续表

化 合 物	生物来源	沉积环境	研究实例
28,30-二降藿烷	细菌?	缺氧的海相环境，上升海底	Seifert 等(1978)、Grantham 等(1980)
C_{35} 17α,21β(H)-藿烷	细菌	还原到缺氧	Peters 和 Moldowen(1991)、Moldowan 等(1992)
2-甲基藿烷	细菌	碳酸盐岩	Summons 和 Walter(1990)
23,28-二降羽扇烷	高等植物?	陆相	Rullkötter 等(1982)
4β(H)-桉叶油烷(cudesmane)	高等植物	陆相	Alexander 等(1983a)
伽马蜡烷(Gammacerane)	原生动物门? 细菌	超盐环境	Kleemann 等(1990)、Moldowan 等(1985)、傅家谟等(1988)、Ten Haven 等(1988)
18α(H)-奥利烷(Oleanane)	高等植物(被子植物)	白垩纪或比白垩纪更年轻的地质时代	Ekweozor(1979)、Ekwcozor 和 Udo(1988)、Riva 等(1988)
六氢苯并藿烷	细菌	缺氧的碳酸盐—石膏沉积环境	Connan 和 dessort(1987)
孕甾烷,升孕甾烷	未知	超盐环境	Ten Haven 等(1986)
C_{24} 四环萜烷	未知	超盐环境	Connam 等(1986)
角鲨烷	古细菌	超盐环境	Ten Haven 等(1986)
降藿烷(C_{29}藿烷)	多种生物来源	碳酸盐/蒸发岩	Clark 和 Philp(1989)
C_{31}—C_{40} 头对头类异戊二烯烷烃	甲烷菌	非专属沉积环境	Risstti 等(1984)
C_{19}—C_{30} 三环萜烷	塔斯玛尼亚(Tasmannites)藻?	非专属沉积环境	Aquino Neto 等(1989)、Volkman 等(1989)
芳烃:苯并噻吩,烷基二苯并噻吩	未知	碳酸岩/蒸发盐沉积环境	Hughes(1984)
芳基类异戊二烷烷烃(1-烷基,2,3,6-三甲苯)	绿硫菌	超盐沉积环境	Summons 等 Powell(1987)、Clark 和 Philp(1989)
三甲基化的2-甲基-2-三甲基癸基色满	未知	咸水环境	Schwark 和 Rüttman(1990)

表15-6 原油中一些断代生物标志化合物时代分布(据林壬子,1998)

	生物标志化合物	有机体	首次在地质上出现
萜烷	奥利烷	被子植物	白垩纪
	贝叶烷、贝壳杉烷、扁枝烯	裸子植物	晚石炭世
	伽马蜡烷	原生动物、细菌	晚元古代
	28,30-二降藿烷	细菌	元古宙
甾烷	23,24-二甲基胆甾烷	定鞭金藻(Prymnesiophytes)或钙板金藻(Coccolithophores)?	三叠纪
	4-甲基甾烷	沟鞭藻纲细菌	三叠纪
	甲藻甾烷	沟鞭藻纲	三叠纪
	24-正丙基胆甾烷	海相藻	元古宙
	2-和3-甲基甾烷	细菌/原核生物	元古宙
	C_{29}/(C_{27}-C_{29})甾烷	原核生物	各种时期

续表

生物标志化合物		有机体	首次在地质上出现
类异戊二烯烷烃	丛粒藻烷	丛粒藻（*Botryococcus braunii*）	侏罗纪
	双植烷	古细菌	元古宙

第三节　油气源对比实例

一、北海挪威冲积扇上的油—油对比

北海多年前就已经发现了工业油藏。该区早期的原油对比工作（Hughes 等，1985）检测了 8 个油田的 30 个原油样品，除了进行常规的族组分分离和 GC、GC－MS 分析外，还检测了硫化物的分布、硫和氮的含量及同位素比值。该项系统研究提供了一个很好的油—油对比实例。

1. 早期证据将原油分为几大类

在北海的 Graben 中部有 8 个油田，原油分布在 2800～3500m 埋深下的白垩系和侏罗系中。根据 Ekofisk 原油和 Kimmeridgian 组烃源岩对比研究认为，其原油来源于上侏罗统泥岩（Vanden Bark 和 Thomas，1980）。早期对 30 个原油样品的总体地球化学参数的检测表明，其具有较大的组成变化。氮浓度和饱和烃、芳烃、NSO 化合物及沥青质组分的分布存在类似的变化。如果单独根据使用这些数据分析，可以认为存在几类来源分明的原油。

图 15-13 给出了北海挪威冲积扇 8 个油田原油中硫浓度与 API 密度的相关图，表明随着 API 度的增加硫含量有降低的趋势。值得注意的是，Ekofisk 和 Eldfisk 油田原油的硫含量和密度范围很小。图 15-14 是 8 个油田各自的甾烷 20S/(20S+20R)，该值具有较大的变化范围，从成熟边缘原油（Hod 油田）到该参数达到平衡值的原油。

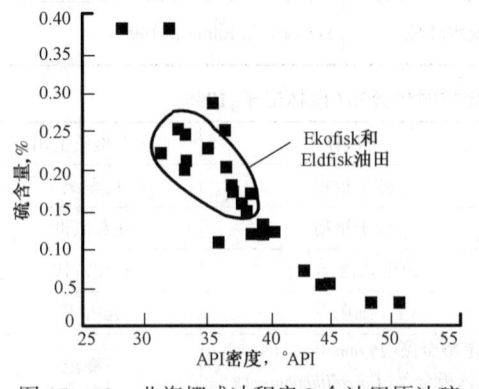

图 15-13　北海挪威冲积扇 8 个油田原油硫浓度与 API 相关图

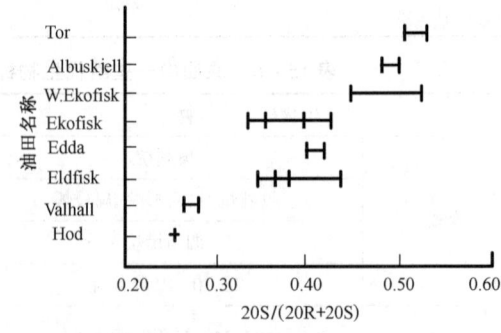

图 15-14　北海挪威冲积扇 8 个油田原油甾烷成熟度参数

2. 进一步的证据表明原油是相似的

通过对更专一的区别来源的对比参数的检测认为，该系列原油的变化实际上很小。C_{27}—C_{29} 规则甾烷分布表明，大多数原油相当紧密地聚集在一起，每个异构体具有大致相等的浓度

(图15-15)。其次,Hughes等(1985)报道,原油的$\delta^{13}C$值分布范围是-28.7‰到-26.8‰,其中30个原油样品中的28个原油落在-28.3‰~-27.1‰范围内。最后,萜烷分布表明许多原油之间非常相似(图15-16)。

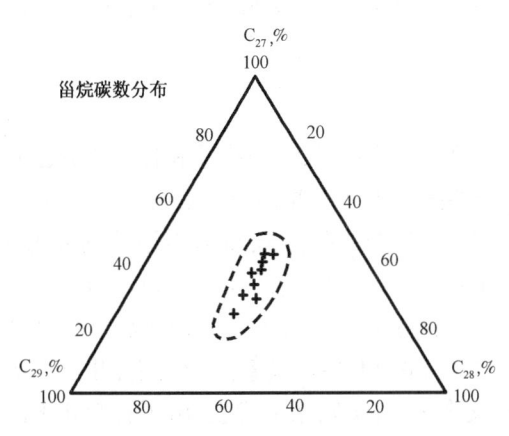 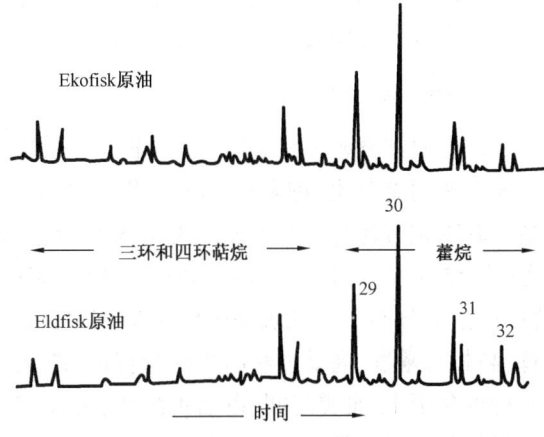

图15-15 北海挪威冲积扇8个油田原油 C_{27}—C_{29}甾烷组成三角图

图15-16 北海挪威冲积扇油田原油萜烷组成对比图

3. 研究结论的对比

与区分来源的某些参数的相似性比较,总体特征的参数有较大变化,Hughes等(1985)由此认为非成因因素对地球化学总体特征、参数有控制作用。精细的分子分析的应用证明,总体特征参数的变化是由这些样品间的热成熟度差异引起的。图15-13表明,在这8个油田的原油中,C_{29}甾烷20S/(20S+20R)从0.25到0.50~0.55,但就任何单一油田来讲则是固定值。这个发现具有明显的地质意义,即在北海挪威沉积扇中从南向北原油的成熟度变大。

图15-14中Hughes等(1985)提出的成熟序列被多数的其他分子指数支持,并且有助于解释总体特征参数的较大变化。例如,硫的含量与API密度的趋势是较高成熟度的原油具有低的硫含量和高的API密度。实际上,将这些总体特征的参数与分子参数进行比较反映了该图中的成熟度趋势,即硫含量—密度相关的趋势,尽管在样品中存在与源有关的微小差异。作者通过主要成分分析的使用加强了该结论的证据,该分析并对取决于来源的参数和取决于成熟度的参数进行了划分。

4. 本实例说明的问题

除了使用多种地球化学数据外,本研究实例强调了来源清晰的对比参数的重要性。如果没有广泛的地球化学参数特别是来源明确的对比参数的应用,在这些原油中与烃源岩有关的相似性就会忽视,原油之间的差异就会被解释为完全不同的来源。

二、济阳坳陷义和庄潜山的油源对比

1. 义和庄潜山油藏的地质背景

义和庄潜山带位于济阳坳陷北部,其南部和东部与沾化凹陷正断层接触,北部与西部倾没于车镇凹陷之中。潜山带走向为北东向转为近东西向,成一弧形构造带,东西长70km,南北宽

15~20km,面积约1000km²。潜山带分主体和斜坡两个单元。主体部分偏南部由古生界组成,其上为古近系或新近系所覆盖。北部为斜坡,在古生界之上保存有中生界,古近系超覆在中生界及古生界不同层位之上。

义和庄潜山带含油气丰富,已发现11套含油层系:明化镇组、馆陶组、东营组、沙一段、沙二段、沙三段、沙四段、孔店组、中生界、石炭—二叠系及寒武—奥陶系。

2. 油—油对比

现有原油分析资料表明,义和庄潜山原油具有多种类型的特征,原油物性和化学成分差异较大。选用烷芳比(饱和烃/芳烃)及沥青质含量两个指标,研究了原油物性和化学性质的关系。利用烷芳比与相对密度的关系图和沥青质含量与含硫量的关系图,将潜山原油划分为3类(图15-17、表15-7):Ⅰ类原油以高烷芳比、低相对密度、低黏度、低含硫量和低沥青质为特点,主要分布于东北坡991油田奥陶系油层;Ⅲ类原油与Ⅰ类原油相反,以低烷芳比、高沥青、高相对密度、高黏度和高含硫为特征,以义古17井、义古14井寒武系油为代表;Ⅱ类原油的特点介于Ⅰ、Ⅲ类之间,以沾4高点、义古17井和义古15井奥陶系为代表,由于它们处于断层封闭及盖层条件不良,又因接近地下水地质环境,遭受了氧化,致使它的性质和化学成分都向Ⅲ类原油变化。值得注意的是,石炭—二叠系原油Ⅰ、Ⅱ、Ⅲ类都有分布。

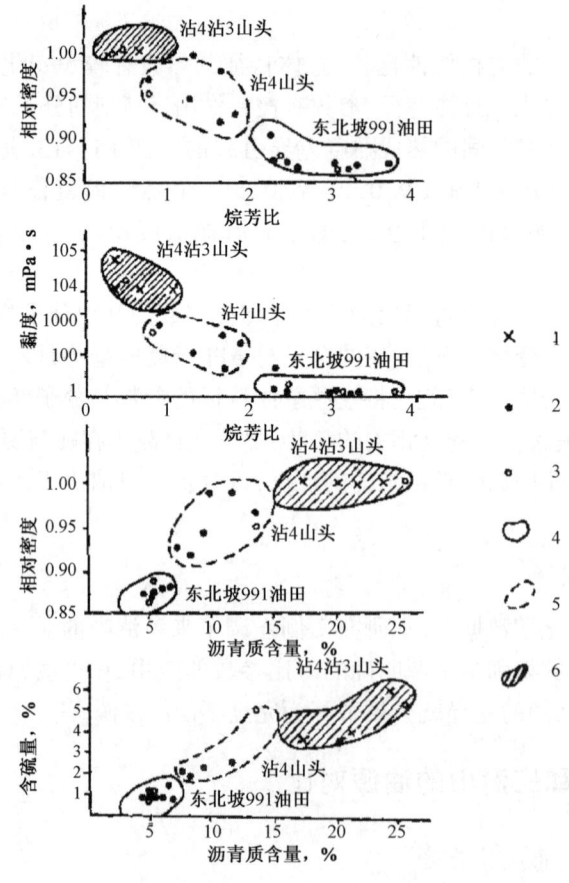

图15-17 义和庄潜山古生代下含油组合原油分类图
1—寒武系原油;2—奥陶系原油;3—石炭—二叠系原油;4—Ⅰ类油;5—Ⅱ类油;6—Ⅲ类油

表 15-7 义和庄古潜山古生代下含油组合原油分类表

原油类型	层位	分布地区	相对密度	黏度,mPa·s	含硫量,%	烷芳比	沥青质含量,%
Ⅰ	石炭—二叠系 奥陶系	东北坡 二排山	<0.90	>100	>1.5	>2	<10
Ⅱ	石炭—二叠系 奥陶系	沾4高点 大王庄断鼻	0.90~1.0	100~1000	1.5~0	1~2	10~15
Ⅲ	石炭—二叠系 寒武系	沾4、沾3 高点	0.95 >1.0	>1000	>0	<1	>15

对上述3类原油进一步选用正构烷烃色谱、姥植比、碳同位素、卟啉化合物等地球化学参数进行研究,结果表明:

(1)义和庄潜山古生代下含油组合原油的正构烷烃的特征比较复杂,有低碳数单峰型、高碳数单峰型、双峰型及异构型4类。上述3类原油中的每一类都可出现几种类型(表15-8)。

表 15-8 义和庄古潜山原油正构烷烃色谱峰特征对比表

原油类型	C_{13}—C_{17} 单峰型	C_{23} 单峰型	双峰型	异构型
Ⅰ	有	有	有(主要)	无
Ⅱ	有	有(主要)	无	有
Ⅲ	有	有	无	有(主要)

(2)潜山原油姥植比范围为0.3~1.50。Ⅰ类原油姥植比一般大于1,而Ⅱ、Ⅲ类原油的姥植比则小于1,Ⅲ类原油似乎更低些。原油的姥植比不同,反映了生油母质和沉积环境的差别,表明各类原油来自不同油源。

(3)潜山原油碳同位素分布特征是:Ⅰ类原油的 $\delta^{13}C$ 值均大于 $-27.5‰$,富集 ^{13}C,Ⅱ、Ⅲ类原油 $\delta^{13}C$ 值趋低,但寒武系有些原油 $\delta^{13}C < -27.5‰$,石炭—二叠系有些原油 $\delta^{13}C > -27.5‰$。

(4)原油中卟啉化合物可分为高低二类,Ⅰ类原油具有低卟啉含量,其值小于10~15mg/kg,Ⅱ类原油卟啉含量一般大于15mg/kg,Ⅲ类原油卟啉含量更高(图15-18)。

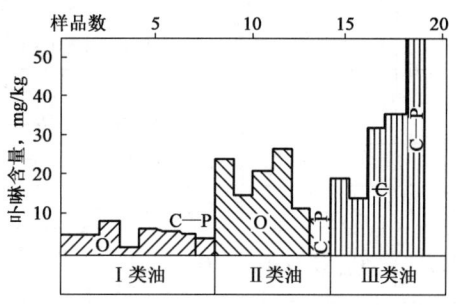

图 15-18 义和庄潜山原油中卟啉含量

3. 油—岩对比

利用特征的地球化学指标及原油孢粉分析结果进行油—岩对比,发现潜山带上的原油与凹陷中沙河街组生油层和原油之间确实存在着亲缘关系(图15-19、表15-9、表15-10)。

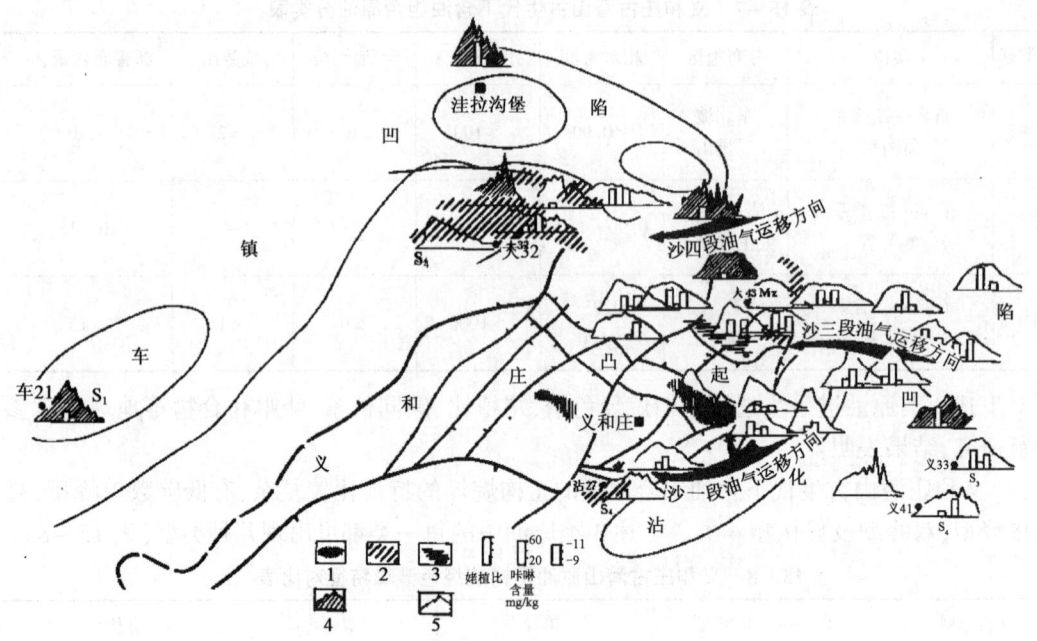

图 15-19 义和庄潜山油源分析图

1—东营—馆陶组含油范围;2—沙河街组含油范围;3—下古生界含油范围;
4—Es_4 生油岩具偶奇优势;5—Es_{3-4} 生油岩具奇偶优势

表 15-9 义和庄地区原油和生油岩亲缘关系对比表

层位	指标	生油岩		河口、大王庄地区原油	义和庄潜山油藏		类型
		大王庄	河口		原油	代表井	
沙一段	CPI	1.77	1.19	1.14~1.29	1.11~1.23	奥陶系义古17沾11	II
	$\sum C_{23}/\sum C_{24}$	2.87	1.44	1.13~1.67	1.67~2.19		
	主峰碳	C_{23}(较陡)	C_{23}(较陡)	C_{23}(较陡)	C_{23}、C_{17}单峰(较陡)		
	烷芳比	5.04	3.04 (1.10~3.78)	2.71 (2.05~3.23)	1.61 (1.26~1.84)		
	姥植比	0.63	0.78	0.47 (0.39~0.64)	0.86 (0.83~0.89)		
	$\delta^{13}C$,‰			-26.7 (-27.2~-26.3)	-25.7 (-26.4~-25.1)		
沙三段	CPI	2.22	1.31	1.16~1.28	1.11~1.31	奥陶系991义古63井、义古31井、义古61井、义古71井,义古41井,石炭—二叠系义古3071-1井	I
	$\sum C_{23}/\sum C_{24}$	1.73	1.38	1.23~2.10	1.14~3.89		
	主峰碳	C_{23}(平缓)	C_{23}(平缓)	C_{23}(平缓)	C_{23}、C_{17}双峰(平缓)		
	烷芳比	2.25	3.56 (2.83~4.38)	4.72	2.88 (2.30~3.72)		
	姥植比	1.73	1.50	1.35 (1.02~1.81)	1.21 (1.00~1.41)		
	$\delta^{13}C$,‰			-25.1 (-25.9~-24.2)	-25.1 (-25.2~-24.9)		

续表

层位	指标	生油岩		河口、大王庄地区原油	义和庄潜山油藏		
		大王庄	河口		原油	代表井	类型
沙四段	CPI	0.78	0.65~0.92	0.73~1.01	0.77~0.996	奥陶系大古11井、大古12井,石炭—二叠系义古38井	II
	$\sum C_{23}/\sum C_{24}$	0.99	0.60~1.24	0.79~1.71	1.72~2.09		
	主峰碳	C_{20}	C_{20}或C_{28}	C_{20}或C_{28}	C_{16}、C_{20}		
	烷芳比	1.73	1.30 (0.95~1.65)	1.67 (1.31~2.03)	(0.8~1.58)		
	姥植比	0.71		0.67 (0.26~1.22)	0.44~0.66)		
	$\delta^{13}C$,‰			−25.0 (−25.2~−24.4)	−24.8 −24.5		

表 15-10 原油孢粉分析结果表

井号	层位	取样井段,m	化石种属	化石层位
991	O_2	2173.77~2184.08	副渤海藻、渤海藻	沙三
义古12	O_2	1918~1940	渤海藻、副渤海藻	沙三
义古14	$\in$	1769.15~1916.83	长棒球藻、薄球藻属、粒面薄球藻	沙一
			透明光面球藻、相似光面球藻、粒面球藻	东营—沙一
			被子类较多,栎属略大于榆属,裸子类中松属含量高	沙一
义古15	O_2	1370.94~1375.0	棒球藻属	沙一
			斯氏粒面球藻	东营—沙三,以沙三为主
大43	Mz	2542.4~2575.0	粒面球藻	东营—沙
			长棒球藻、薄球藻属	沙一

(1)义和庄油田奥陶系原油(义古64井—义古41井)为低相对密度、低黏度、低含硫的性质较好的I类原油,它具有平缓的正构烷烃分布曲线,姥植比平均为1.21,$\delta^{13}C$平均为−25.1‰,都接近于东邻河口凹陷沙三段生油岩及原油指标,特别是该原油出现了沙三段孢粉和藻类化石,证实它来自东邻河口凹陷沙三段生油岩。

(2)沾4高点义古17等井奥陶系原油,划为II类原油,它具有尖峰形正构烷烃分布曲线,姥植比平均为0.86,$\delta^{13}C$平均为−25.7‰,其东邻为沙一段的孢粉藻类化石组合,可以比较有根据地推测沙一段为其油源。

(3)沾4高点及沾3高点义古17、义古14井寒武系原油为高相对密度、高黏度、高含硫的III类原油,烷烃含量低,烷芳比<1,正构烷烃分布范围窄,出现以异构为主,而且氧、硫元素增高,说明它们具有残余油或是氧化油的性质。这种情况难以辨认油源,但它的姥植比及$\delta^{13}C$等指标接近沙一段,又在义古14井中发现了数量丰富的沙一段孢粉及藻类化石组合,依此可以说明沙一段为其油源。

(4)石炭—二叠系原油在上述3种类型原油中均有分布,表明它们具有多种油源。潜山东北坡上义古27-1、义古21-1及义古30井原油各项指标接近于991油田的原油;沙三段生油岩为其油源。大王庄断鼻构造上义古38井二叠系原油主峰碳为nC_{22},CPI值小于1,姥植比小于1,与大王庄地区的沙四段原油和河口沙四段的原油特征一致,说明油源主要来自沙四段生油岩。

由此可见,潜山的油来自周围的沙河街组生油层,新生古储是主要的成藏特点。

本 章 小 节

1. 油气源对比包含了油气间的对比以及油气与烃源岩之间的对比。对比的原理是同源的油气以及油气与其母源之间存在着化学组成的相似性,而不同源的油气则存在较大差异。实际工作中要采用多方法、多指标进行油气源对比,也要和地质背景紧密结合。

2. 油气源对比中研究的3个主要对象是干酪根、可溶的沥青和聚集在圈闭中的油气。一般来讲,参数应选择在油气形成与运聚过程中相对稳定并具有明显特征的生物标志化合物。实际工作中,一般不用某种化合物的绝对浓度或绝对量作对比参数,而是取它们之间相对丰度或比值作为对比参数;同时,一般不只选单一参数进行对比,而应选相互独立、具有明显不同地球化学意义的几项参数进行综合对比。

3. 常用的油气源对比参数有轻烃组成对比、C_{15+}正构烷烃分布特征、类异戊二烯烷烃、生物标志化合物(甾、萜烷类化合物)、碳同位素组成等。

思 考 题

1. 油气源对比的内涵及基本原理是什么?
2. 油气源对比参数选择的原则及应注意的若干问题有哪些?
3. 常用油气源对比参数有哪些?
4. 油源对比与气源对比有哪些异同?

第十六章* 油藏地球化学基础

油藏地球化学是应用经典的无机和有机地球化学的理论和原理,结合油藏工程、石油工程和地质学的理论和方法,研究油藏流体(油、气、水)非均质性的形成机制和分布规律、油藏中有机与无机相互作用的机理及采油过程中组分变化的规律与机制,探索油气田储层(油藏)充注过程、聚集历史、成藏机制,评价采油过程中储层及流体组成的变化及合采层产能贡献的变化,为油田的勘探、开发和提高采收率服务的地球化学的分支领域(学科)。它突破了单一学科的界限,吸取多种学科之长,弥补单一学科之不足,使油藏地球化学的研究能全方位地服务于油田勘探、油藏描述与评价、油田开发与采油工程等诸多领域。在较短的时间内,油藏地球化学这门年轻的学科得以迅猛发展,构成地球化学领域一个新的学科生长点。

油藏地球化学的研究领域极其广泛,可以涵盖油田勘探、储层(油藏)评价以及采油生产全过程:在油田勘探方面,涉及根据试井原油的地球化学特征来推测烃源岩的类型和成熟度,通过对油田充注点或运移路径的研究来帮助厘定新的卫星油田的位置和区域性运移路线,盆地古水文学或原油蚀变控制因素的综合评定,油气藏封闭性确定;在储层或油藏评价研究中包括油藏的地球化学描述、流体界面的确定,油藏连通性和分隔性确定,为投资和利用决策需要而评定油柱质量和历史,含水饱和度(S_w)的计算,焦油席(tarmat)的厘定与地球化学特征及形成机制研究,与脱沥青有关的潜在开采问题的鉴别;在油田开发和采油动态监测中的应用包括屏障(边界)定位与输入采油生产模式、为评价采油生产计划所进行的生产动态监测、管道漏失评定——混合的采油生产问题、注入突进的评价、油藏酸化机理。

第一节 油藏地球化学的理论基础

人们早就认识到,油藏内流体(油、气、水)普遍存在非均质性,这种非均质性既可以体现在宏观规模上,如流体物性(密度、黏度、颜色等)和组成(分子组成、同位素组成、族组成、气油比等)上,也可以体现在微观规模上,如孔隙内包裹体组分、吸附组分与游离组分之间的差异上。油藏内流体的非均质性,既可以源于来源的差别(如不同的烃源岩层,或同一烃源岩层的不同有机相,或不同的成熟阶段),也可以源于运移、充注过程中的分异,还可以源于菌解、水洗、氧化等次生蚀变(见第十一章)。同时,地质条件下也存在一些使同一油藏内流体非均质性减弱的因素,如下面将要讨论的流体混合作用。因此,流体组成是否均匀以及非均质性的程度可能就包含着非常丰富的地球化学信息,从而能够为认识油气的成藏机制及制定合理的开发方案提供有益的决策依据。

同时,油—水—岩的相互作用也是油藏地球化学的重要出发点之一,如油—岩的吸附作用可为油气的运移方向提供有效的指标,水(有机酸)—岩的相互作用可导致储层次生孔隙的发育,油—水的相互作用可导致油气的次生蚀变(如氧化、水洗、菌解等)形成焦油席、油的充注可以阻滞矿物与离子之间的质量传递,从而抑制自生矿物的形成及矿物的交代、转化,也抑制了交代、胶结、重结晶等成岩作用过程。认识这类相互作用,可以为认识储层的演化及油藏的非均质性等提供有效的信息。

因此,可以说,油藏流体的非均质性和油—水—岩相互作用是油藏地球化学的重要理论基础。

一、油田(油藏)的充注作用

人们对油藏中出现非均质性流体认识的历史,比油藏地球化学的形成、发展历史早约半个世纪(Sage、Lacey,1939)。事实上,在长期的石油地质学和油气地球化学的研究中,人们早已注意到油藏流体存在这种非均质性(Espach、Fry, 1951;Schulte, 1980;Slentz, 1981)。目前对这种现象的地质解释主要是建立在 England 及其合作者的研究基础之上(England 等,1987;England、Mackenzie, 1989;England,1990)。

1. 不同演化阶段烃源岩生烃产物的组成差异

油藏的充注作用过程是与含油气系统烃源岩的生烃演化特征、排烃、运移及注入史紧密相关的。这种关系是以烃源岩的热演化水平(成熟度)为表征,贯穿于烃源岩的生烃演化史和油(气)藏注入史。

如第八章所述,即便是同一烃源岩,在不同的演化阶段,其生烃产物的物理性质和化学组成均存在较大差异。总体变化趋势是,随烃源岩成熟度增加,所生成的原油物质密度降低、颜色变浅、气油比(GOR)增加;化学组成中含 NOS 化合物丰度降低、低碳数化合物增加、碳稳定同位素组成 $\delta^{13}C$ 变重。上述差异的总和,构成了油藏原油非均质性的物质基础。也就是说,当不同时期生成的原油物质注入同一储层后,依据油层中流体注入的先后顺序,其物理性质和化学组成存在一定差别。这种差别的大小与油藏充注的累积效应有关。

2. 油藏的充注作用模式

England 等曾经阐明,二次运移可理解为两个序次的推进过程:(1)进入到具有最大入口半径的岩层;(2)进入到图 16-1(a)中可进得去的孔隙。图 16-1(a)说明当运移中的原油遇到圈闭中的储层时,原油沿大的孔隙通道进入储层并充填在相应的孔隙空间中。由于储层各小层的孔隙大小不一致,因此运移中的原油首先进入具有最大孔隙的小层。图 16-1(b)表明了这一情况,图中具有最大孔隙的几个小层已被原油优先注入。在油藏厚度范围内,当这些具有较大空隙的小层的原油饱和度较高时,由于具有较小孔隙小层的充注程度极低或未被原油注入,整个油藏内的含油饱和度可能很低。随着油柱厚度的增大,浮力升高,来自烃源岩的新鲜原油将被迫连续进入越来越小的孔隙,储层的充油带逐渐增大[图 16-1(c)]。当越来越多的原油注入圈闭时,随着彼此连通的原油细脉高度的增长,原油所产生的浮力更大。不断增加的压力将克服较小充水孔隙的较大毛细管压力,水将被油从这些孔隙中驱替走,使油层的高度和储层的饱和度进一步增加[图 16-1(d)]。

这个过程一直持续到彼此连通的原油高度在其顶点产生一个足够的浮力,以致能克服作用在储层与上覆饱含水封闭层之间的毛细管压力。一旦克服了封闭层的毛细管压力(假设储层尚未充填到溢出状态),原油就将渗入到盖层,并且圈闭中的含油饱和度将不可能出现进一步的增加。

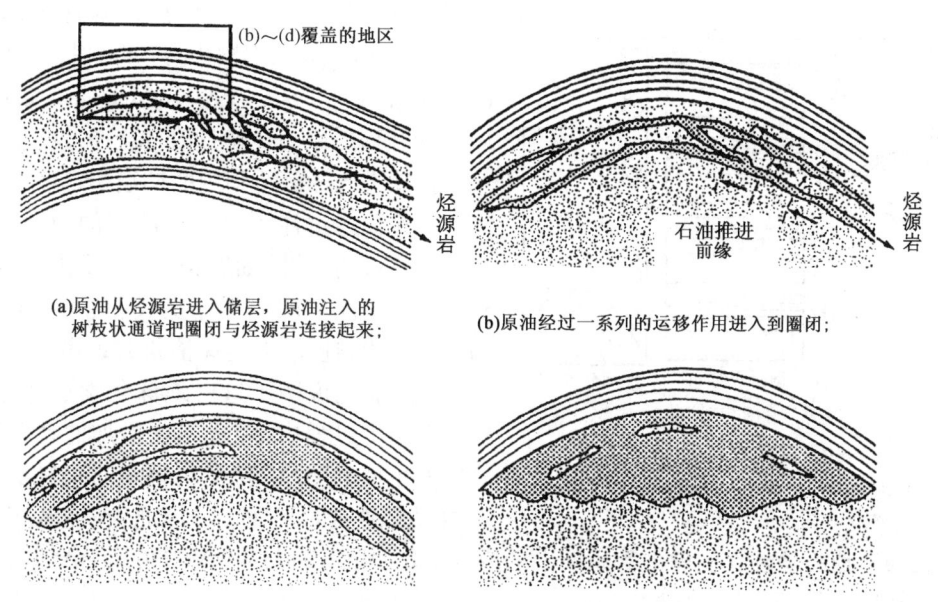

图 16-1　圈闭的注入机制(据 England,1987)

像 Schowalter(1979)指出的那样,由下式可以求出盖层或封闭层所能支撑的最大原油高度:

$$h_{max} = \frac{2\gamma}{r(\rho_w - \rho_o)g} \qquad (16-1)$$

式中　h_{max}——盖层可以封闭住的石油柱最大原油高度,m;

　　　γ——界面的张力(或能量),N/m(或 J/m²);

　　　r——孔喉半径,m;

　　　ρ_w——地下水的密度,kg/m³;

　　　ρ_o——地下液态原油的密度,kg/m³。

当然,如果圈闭有流水压力梯度存在,会影响油柱的高度。

图 16-1(d)表示在原油聚集底部出现一个过渡带。这是由于接近底部,原油浮力减小引起的,这里的浮力逐渐地不能克服原油势的毛细管压力项($2\gamma/r$)。因此,在接近圈闭底部只有很大的孔隙才能被原油注入。

在大多数情况下,密度最大的原油将首先产生并且也首先进入储层。图 16-1 说明了油藏发育的这些阶段。假设油藏仅从一侧注入,那么这个模式可以预测出油藏中原油成熟度的总趋势,即最晚生成的原油最靠近其烃源岩。只要混合作用不明显,侧向的成熟度梯度就仍然可以保持下来。当整个油藏的饱和度较高时,油藏中的原油就变得相对容易流动,而且将适用于力学稳定条件。这将导致原油的密度在油藏之内随深度的增加而增加。

综上所述,油田(油藏)的充注作用过程,是和烃源岩的生烃、排烃、运移等过程紧密相关的。理想的概念模型是:形成油藏的圈闭捕获的是某烃源岩层不同生烃地质时期所生成的油气。从烃源岩的生烃作用开始,不管排烃作用是以间歇性的脉冲方式还是连续性的排泄方式

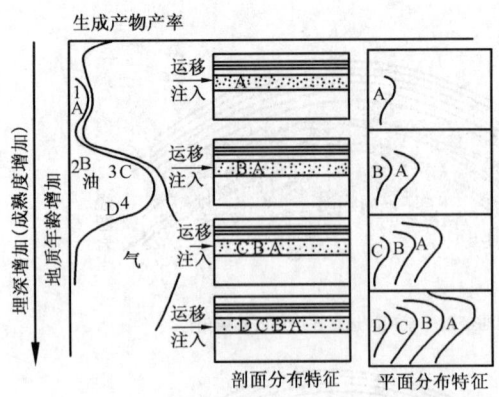

图 16-2 烃源岩的动态演化模式与油藏注入过程的关系

1、2、3、4—生烃阶段；A、B、C、D—相应的生成产物

（可能以前者为主），生成的烃类将通过运移作用延绵不断地注入圈闭中。根据 England 等（England 等，1987，1990；England、Mackenzie，1989）的研究，原油最初是以枝状通过排驱压力最小的孔隙进入油藏范围内的储层中。烃源岩后期生成的原油通过注入点到达圈闭的同一侧后，它将如同一系列"波阵面"那样向圈闭内部推进，在横向上和垂向上取代先期生成的原油，结果使先期注入的成熟度较低的原油相对远离油源区。图 16-2 简要地说明了这一地球化学过程：烃源岩在地质历史过程中，随成熟度增加的动态演化模式中所生成的物质，以生成时间的相对早晚展布在油藏范围内的平面上。因此，在油藏充注过程完成时，会造成石油柱在横向上和垂向上的成分变化，从而造成油藏流体在其注入过程中即存在非均质性。

图 16-3 是对油藏中关于流体非均质性出现的主要尺度进行的小结。以千米至几十千米标度的横向成分梯度指示区域性的原油定位成藏方向（气油比 GOR、成熟度标志）、生物降解油田中区域性水流方向（正构烷烃浓度）以及大规模流体流动屏障的存在（成分阶梯）。以 10m 标度的非均质性，例如水样（盐度或 $^{87}Sr/^{86}Sr$ 同位素比值）或分子标志（生物标志化合物）参数，可以确认油藏在垂向上的分隔情况（即油藏剖面纵向分层）。油藏地球化学以几十微米至分子级标度的非均质性则与油层的表面化学以及流体包裹体中古流体成分的变化有关。油田（油藏）的充注作用过程所造成的在横向上成分的继承性非均质性，事实上反映了油藏原油的注入方向，对这种非均质性的描述，可用于阐述油藏的注入历史和注入方向。

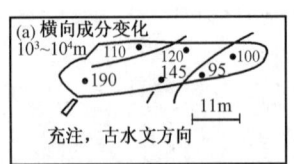

(a) 横向上以千米级标度的气油比(GOR)或成熟度参数的变化可以指示油气注入方向

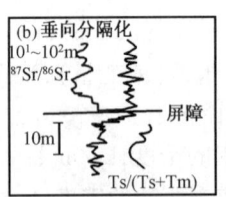

(b) 垂向上以几米至100m标度的成分阶梯可能指示隔层屏障

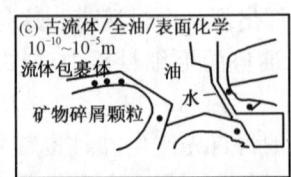

(c) 在储层表面或流体包裹体内部以孔隙至分子级标度的成分变化可能提供有关油藏状态或古流体成分的信息

图 16-3 油藏中出现的成分非均质性尺度

应当说这种充注模式是油藏充注过程的简化概括。对复杂的圈闭体系和油源系统，这种过程则会被相应地复杂化。如油藏可能存在多期充注，或可能具有不同的油源，或来自同一油源层不同的有机相。显然，对这种复杂化现象的了解，同样来自对油气成藏特征和流体非均质性的认识。

要着重强调的是,上述充注作用过程仅限于油藏范围内。就油田范围而言,只有在详细研究不同成藏特征的各个油藏的充注作用特点后,才能全面总结和归纳油田范围内的充注作用体系。换句话说,在研究油藏范围的充注作用特征时,在油源单一的情况下,原油的充注方向是由成熟度高的原油指向成熟度相对较低的原油。但在油田范围内,由于靠近油源的圈闭具有优先捕获能力,因此早期生成的原油常被就近的圈闭所捕获。由于油田范围内运载层的复杂性、圈闭与圈闭之间连通关系的复杂性,不能简单地把"先期注入的成熟度较低的原油相对远离油源区"的认识扩大到油田范围。

二、油藏流体的混合作用

England 等(1989)认为,一旦在油藏范围的孔隙空间达到较高的含油饱和度时,油藏内非均质流体的混合作用,将力图消除由充注过程带来成分的继承性变化,逐步建立石油柱的力学和化学平衡。England(1990)提出,石油柱的低速混合作用是部分或全部消除原油组成非均质性的主要因素。

1. 混合作用的方式

1) 热对流混合作用

理论上讲,储层在垂向上地温梯度的变化将会导致流体发生热对流混合作用,但实际上在大多数原油储层中,由地温梯度、储层特征及流体性质综合反映的瑞利数(Ra)尚未达到热对流所需的临界值($Ra=4.0$)(England,1981,1990)。此外,重力作用往往阻碍热对流混合作用的顺利进行。因此,该作用在原油储层垂向上的混合作用不明显。然而,在储层侧向上,只要存在温度梯度,热对流混合作用就可以发生。但就地质时间而言,原油在储层中的热对流混合作用是相当缓慢的,因而热对流混合作用对储层原油组分的非均质性影响甚微。

2) 密度驱动混合作用

随着渐近性成熟烃源岩生成的油气不断向储层注入,储层内原油密度在纵向上存在着一定的差异。这种差异在油区范围内可用气油比(GOR)来表征:GOR 越高,则地下烃类流体密度越低。显然,地下烃类流体因密度的差异而处于不稳定状态,必将产生流体对流混合。由于造成这一混合作用的直接原因是地下流体的密度差异,故称为密度驱动混合作用,其混合原理与热对流混合作用相似。

评价原油储层中密度驱动混合作用程度的一个关键性因素,是原油注入储层之后所经历的时间(t_{FILL})。t_{FILL}越长,原油在储层中的混合作用越完全;否则不明显。此外,由于密度驱动混合作用涉及流体在纵向上和横向上的流动,储层的非均质性将至关重要。其中在油区范围内储层的有效渗透率(K)是一个重要的参数,它有别于岩心中实测的有效渗透率,其数值可能仅为岩心实测值的 1%。通常用 K 值将储层划分为 3 种类型:$K>100\text{mD}$,属极好储层;$K=100\sim10\text{mD}$,属好储层;$K<10\text{mD}$,属差储层。由图 16-4 可知,储层性能越好,密度驱动混合作用越有效,所需要的混合时间(t_{DENS})越短。

由继承下来的侧向气油比梯度而引起的压力差异,再结合达西定律,便可以估算密度驱动混合所需的时间(t_{DENS})。需注意,这些计算结果所代表的是数量级上的估算,在理想条件下,应该使用特定油藏或油藏特定部分独有的岩石和流体参数来推测密度驱动混合的时间。从图 16-4 中可以看出,除"优越"和"良好"的油藏之外,密度驱动混合所需时间(t_{DENS})要比储层

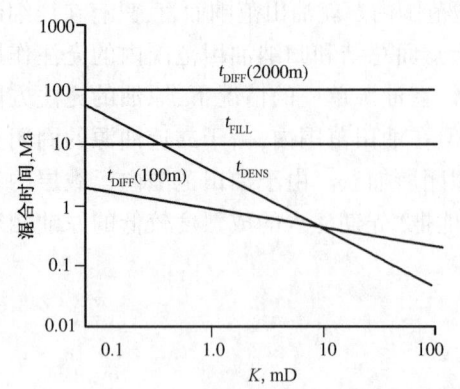

图16-4 单一油藏中储层混合时间的估算值
（据England,1989）

t_{FILL}—储层注入之后可能经历的时间；t_{DIFF}(100m)—扩散混合100m所需的时间；t_{DENS}—密度混合所需时间

注入之后所经历的时间（t_{FILL}）长，重要的是计算的数量级表明，至今确实可以观察到油藏侧向上密度梯度的存在。显然，上述结果显示，任何继承性组成差异在多数情况下都不会被完全消除掉。

3）扩散混合作用

分子扩散是试图研究油藏范围内的热力学平衡的另一种物质传递机理。与前面讨论的热对流混合作用相反，扩散是由分子间自由运动而引起的微观现象。

在一个流体柱中，扩散作用能够减弱甚至最终消除化学势的差异。假设温度和压力恒定，水平方向上化学势的差异仅是浓度的函数。因此，扩散可以减小水平浓度的差异性。不过，垂向扩散与重力作用的效应相反。

扩散时间（t_{DIFF}）可用England、Mackenzie(1989)提出的方法进行估算。这些估算的结果如图16-4所示，在垂向上扩散超过100m和侧向扩散超过2000m的例子，可以认为分别代表了单个油柱的可能高度和井与井之间的扩散作用的距离。

t_{DIFF}(100m)直线的斜率代表由随机页岩隔夹层所引起的垂向上弯曲程度增加的估算数值，在劣质储层中这类页岩是比较普遍的。这些页岩可以使垂向路径（而不是侧向路径）的有效长度增加，这是因为假设随机页岩是长而薄的，在水平运动中容易避免。

当扩散时间与注入以来时间（t_{FILL}）相比较时，其重要性就显而易见了（图16-4）。对单一油柱中的垂向扩散而言，t_{DIFF}(100m) < t_{FILL}，意味着化学平衡（包括重力分离）能迅速形成。如对于$K=10mD$的储层，扩散混合所需的时间不足1Ma，这在地质时期内是相当迅速的。相反，由于扩散混合时间与它涉及的距离平方成正比，所以井与井之间扩散的典型时间，t_{DIFF}(2000m)总是大于t_{FILL}。例如，对于$K=100mD$的储层，t_{DIFF}(2000m)大约是100Ma。显然，对于井与井之间的混合，分子扩散作用就显得无能为力了。

2. 混合速率

通过对混合作用的认识，England、Mchenzie(1989)对这些混合机理的时间尺度数量级作了估算，他们认为，在不存在混合作用屏障的情况下，原油在油藏内的混合作用具备以下的特点：

（1）在单个石油柱内，垂向上的扩散混合作用在地质学上是快速完成的，导致在1Ma时间幅度内以大约100m的规模建立重力分异的浓度梯度。

（2）在横向上，穿越大油田的石油柱的扩散混合作用，在地质学上是缓慢进行的，成分的非均质性可保持数千万年。显然这与扩散距离长有关。因此，在引起全油田（油藏）的混合作用上，由于水平方向的浓度差异构成的化学势的不同所引起的分子扩散作用，一般不是有效的混合作用(England等,1987)。

（3）在高渗透的情况下，石油柱靠密度驱动的混合作用在地质上是快速完成的（$10^4 \sim 10^6$a的时间尺度）。

(4)当全油田广泛具有低渗透率时,密度驱动的混合作用在地质学上是缓慢的。在有密度驱动混合作用屏障(如隔层)的情况下,这些屏障会延缓或阻碍流体的混合作用。

油藏混合作用的数量级估计,其重要意义在于,可对来自油藏不同部分的流体分析结果进行比较和解释。图 16-5 展示了各种混合过程的作用。

图 16-5(a)揭示了一旦储层获得了高的原油饱和度,进而开始以相当快的速率进行混合作用。每口井在平均组成上都存在差异,这是由油藏注入的方式不同所致。如果油藏是从烃源岩向构造的一侧注入,那么最后到达构造的原油将主要在最接近油源的方向。由于没有足够的时间进行重要的扩散混合过程,所以每口井中浓度曲线呈现出微弱"波动"或偏移现象,反映出局部地区尚未达到化学平衡。

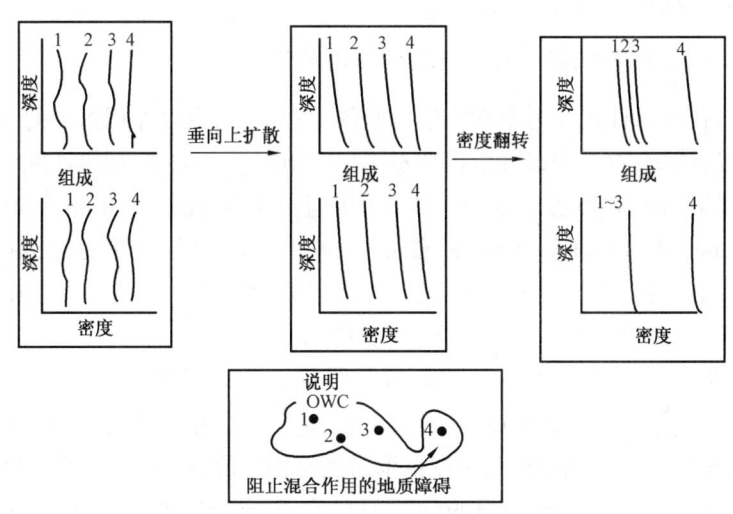

图 16-5 虚拟油藏内混合作用对原油密度及化学组成的影响(据 England,1990)
假设1、2、3 井在地史时期内与4 井被一障碍相隔,而不能进行彼此的混合

在经历一段足够长时间 $t_{DIFF}(100m)$ 的有效垂向扩散之后,每口井将建立起重力热分离的油柱,其浓度曲线圆滑地变化[图 16-5(b)]。因为井与井之间的扩散混合作用、密度驱动混合作用及热对流混合作用都比在单井内 $t_{DIFF}(100m)$ 要慢得多,所以在每口井中,平均组成上仍然存在着显著的差异。在任何给定深度点上,每口井的储层流体性质都存在差异,这种状况在力学上是不稳定的,必将导致密度驱动混合作用的发生。

图 16-5(c)表明在进行一段显著的密度驱动翻转 $t_{DIFF}(2000m)$ 之后,每口井的流体组成和密度大小都基本相似。首先,在油藏的左侧即 1、2、3 井,密度驱动混合明显地消除了储层流体继承的力学上不稳定的密度分布,因为 1、2、3 井都有一个一致的深度与密度变化趋势(其斜率是重力引起的)。然而,这肯定不能消除所有的化学性质的差异(England、Mackenzie,1989),这是因为不同的原油组成也可能具有相同的密度,井与井之间的扩散,其缓慢的速度即使在地质时期内也不能消除。

其次,图 16-5(c)还说明在油区范围内存在着阻碍密度驱动混合作用的某种屏障,因为 4 井与其他 3 口井在流体密度梯度上存在着显著的差异。储层体系结构的某些特征(不一定是横向上封闭断层)明显降低了 4 井和油藏范围内其他井(1、2、3 井)之间的水平混合作用时间 $t_{DIFF}(2000m)$。

目前所观察到的油藏的储层流体组成,代表了油藏注入机理的相互作用和储层内随后发生的混合作用速率,合理的解释还需要地质、地球化学和工程资料的有机结合。

可见,油藏流体混合作用的时间尺度在很大程度与储层的特性(如渗透性)有关。因此,England 等(1990)的研究成果的一个重要意义在于:在许多研究实例中,不应排除油藏充注过程中继承下来的横向上的成分变化梯度,即油藏原油的化学成分尚未达到均匀化。从这层意义出发,造成油藏流体非均质性的原因主要可归纳为下述两个方面:其一,油藏的充注作用过程即可造成流体成分的继承性非均质性;其二,各种混合作用不能完全消除这种继承性非均质性并在油藏范围内得以保存。因此,流体成分非均质性的讨论也应仅限于油藏范围内。油田范围内不同油藏之间流体成分的变化与其成藏过程和成藏特征有关,反映了不同油藏之间流体成分的差异,而非油藏流体的非均质性。

3. 油藏流体分隔屏障对流体充注和混合作用的影响

油藏充注后,在石油柱建立力学和化学平衡的过程中,由充注作用造成的继承性非均质性会受到不同程度的消减,差异的组分也将被不同程度地混合。但是,如果油藏内部存在流动屏障,流体成分上的差异将得以保存下来。流体横向上的屏障往往是由断层或储层本身的变化造成的(England、Mackenzie, 1980;England, 1990)。就地质时期而言,单个石油柱内的力学不稳定性是不易长期保存下来的,纵向上的扩散混合作用容易完成,在 100m 的油柱上,由浓度梯度引起的重力驱动混合作用可以在 1Ma 内完成。若垂向上的流体存在着明显的非均质性,则表明油藏在垂向上是相对分隔的,这些分隔屏障往往是油层中的低渗透层,如页岩、碳酸盐岩胶结带或焦油席等。因此,油田(油藏)中如不存在隔层屏障,且油田近期内未发生油藏倾斜、充注或渗漏,石油柱在垂向上是均质的,横向上是非均质的,并处于力学平衡状态(Stoddart 等,1995;Horstad,1995);否则,存在分隔屏障对流体充注和混合作用的影响。

三、油藏充注方向和运移方向原油化学组成的变化特征

油藏的注入过程是与油气的运移过程紧密相关的。油藏注入方向与油(气)的运移方向总是一致的。前者研究的基础是油藏充注过程所造成的继承性非均质性,后者则侧重于运移作用所造成的化学成分的分异效应。但应引起高度重视的是,从有关参数的表征上,两者存在较大差别:就油藏的充注过程而言,沿充注方向,烃源岩早期生成的成熟度较低而密度较高的原油相对远离油源区;就运移过程而言,地层色层效应导致的脱非烃、脱沥青质等运移分馏作用使低密度的原油相对远离油源区,并可能造成原油出现成熟度变化梯度的假象,如随着运移距离的加大,C_{29}甾烷 $\alpha\beta\beta/(\alpha\alpha\alpha + \alpha\beta\beta)$ 增加(第十章)。不难看出,两种过程所造成的流体成分的变化趋势正好相反。因此,正确区分和判识这两种过程的流体成分变化的本质,将有利油藏地球化学的综合研究。

如表 16-1 所示,尽管与流体运动过程有关的油藏充注方向和油气运移的方向总是一致的,但在流体成分的表征上,两种过程沿同一方向的化学成分变化趋势则可能完全相反。造成这种现象的实质是什么呢?显然,它与两种过程的方式与本质有关。

表16-1 沿运移方向和油藏充注方向原油成分变化特征的比较

参数		运移过程(沿运移方向)	充注过程(沿充注方向)
原油物性	密度	降低	增加
	黏度	降低	增加
	凝点	降低	增加
族组成		总烃馏分增加,饱芳比值增加,非烃、沥青质含量下降	总烃馏分下降,非烃、沥青质含量增加
正构烷烃		低碳数丰度增加,主峰碳前移	高碳数丰度增加,主峰碳后移
植烷系列		低碳数化合物增加,Pr/Ph 略有增加,Pr/nC_{17}、Ph/nC_{18} 变化较小	Pr/Ph 增加,Pr/nC_{17}、Ph/nC_{18} 增加
芳烃馏分		高分子量芳香甾萜类略有下降,低环数常规多环芳烃丰度增加	高分子量芳香甾萜类明显增加,常规多环芳烃相对丰度下降
中性含氮化合物		化合物绝对浓度变低,屏蔽型和裸露型化合物比值增加	化合物浓度略有增加
烷基苯酚类化合物		化合物绝对浓度变低,屏蔽型和裸露型化合物比值增加	化合物浓度略有增加

运移过程中流体成分变化的实质是运移分馏作用,因此这一过程是流体成分的"发散"过程,流体成分差异比较的参照对象应是化学成分相同或相近的未遭受运移分馏作用前的"母体流体",差异的大小与流体成分、运移效应和输导层(运载层)的性质等因素有关;与此不同的是,油藏充注的过程方式与烃源岩的生烃演化史、排烃史和运移过程有关,油藏充注过程是成熟度、化学组成存在差异的原油经历运移作用后在油藏范围内的"累加"或"收敛"过程,其结果使油藏在横向上积累和浓缩了不同时期注入的原油物质组成的差异。对同油源的原油而言,这种差异均可表示为有机质成熟度的函数。换言之,造成充注过程中油藏原油成分差异的原因,是不同时期充注到油藏中的原油成分本身的差别。对同油源的油藏原油而言,油藏中原油成熟度降低的方向即油藏的注入方向。

四、焦油席的形成机理

焦油席是指具有明显界定范围的富沥青质的石油带(Wilhelms、Larter,1995),是在不同地质、地球化学条件下油藏中沥青质相对富集的结果。它与同油藏原油的化学组成比较,具有沥青质含量高、烃类含量极低的特点,不具有流动性,因而是油层中的不可开采部分,可用棒色谱分析快速方法进行鉴定和识别(图16-6)。由于焦油席的成因特征,在石油柱内常成为流体的流动屏障。在油藏开发方面,区域范围内焦油席的识别和预测模式的建立,将有利于油田开发和油藏开发方案的调整,这是因为,焦油席主要代表原地的不可采油,同时它也代表油层内部存在的流动屏障,并且在具有焦油席的油气藏的开采过程中经常发生与之有关的脱沥青问题。至于对焦油席空间分布的认识,在修正可采储量估算的投资问题讨论、注水井的有效部署过程中都具有重要的意义。因此,对焦油席的研究具有重要的现实意义。

归纳起来,焦油席形成的可能原因有生物降解作用(Connan,1984)、油藏内部原油的混合作用(Larter 等,1990)、沥青质在黏土矿物上的吸附作用、油柱中的气体溶解作用(Dahl、

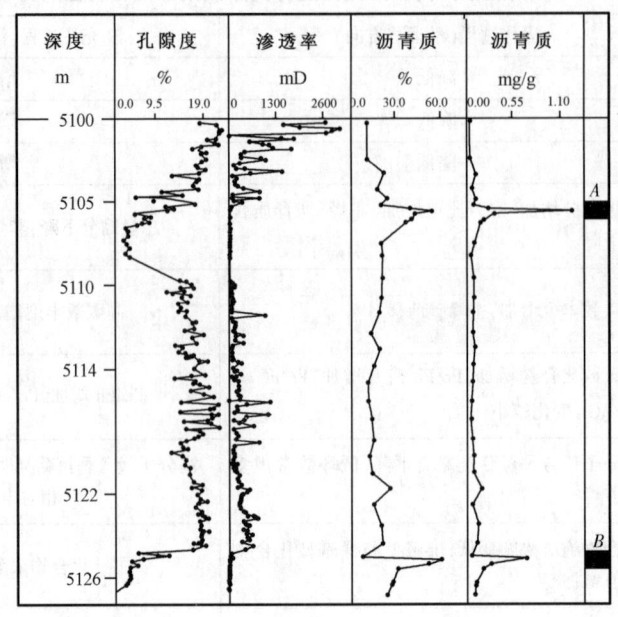

图 16-6　塔里木盆地牙哈油气田油柱中焦油席的分布（据张敏等，1997）

Speers，1986）、油柱的扩散催化重力分异作用（Schulte，1980）、油藏转化（reservoir inversion）过程中压力降低（Hirschberg，1984）以及油柱中与热对流混合作用有关的过程（Montel、Gouel，1985）的脱沥青作用。

第二节　油藏地球化学技术的主要应用领域及方法

一、油藏地球化学描述

油藏地球化学描述，是根据研究目的和研究需要，采用不同地球化学分析手段和分析方法，全面研究和详细描述油藏流体在纵向和横向上的分布特征，并根据油藏流体物理性质和化学成分的分布特征，建立油藏流体分布和成分变化的成因和预测模型。因此，油藏地球化学描述是一项全面细致的研究工作。

1．参数的选取及其意义

1）描述储层含油率的参数 T 值和 P_g 值

T 值用 TLC-FID 仪（薄层色谱—氢火焰检油仪）测定，代表样品抽提物总量的绝对值，单位 mg/g。P_g 值用 Rock-Eval 热解仪或类同的仪器（如 OGE 油气评价工作站）测定（$P_g = S_0 + S_1 + S_2$，参见第三章第二节）。

2）描述储层油性质的参数

储层油是各深度点油砂的有机溶剂（二氯甲烷与甲醇的体积比为 93∶7）（Karlsen、Larter，1991）抽提物。描述其性质的参数含义简述如下：

储层油的族组成用 TLC-FID 仪测定,可得饱和烃(St)、芳烃(Ar)、胶质(NSO)和沥青质(Asp)的相对百分含量。极性组分(P_{ol})是代表胶质和沥青质之和;总烃则为饱和烃和芳烃之和。定量后可求出单位重量的岩样中所含各组分的绝对量,P_{ow}就是代表每克样品中所含胶质和沥青质绝对量之和,单位 mg/g。

S_4 反映储层油的胶质和沥青质的含量以及储层中可能存在的在 He 气保护下 600℃时尚不能热裂解的残余有机物的量(见第三章),也可用下式计算得到:

$$S_4 = 10 \cdot TOC - 0.83(S_0 + S_1 + S_2)$$

当某些储层中固体有机物的量可忽略不计时,S_4 值与储层油的含量和性质相关。油品越差,S_4 值越大。因此,它可用来评价储层油所含大分子极性化合物的相对量。

2. 原油密度预测

该部分内容详见第十七章。

3. 原油黏度预测

该部分内容详见第十七章。

4. 油藏地球化学描述

常规的油藏描述主要试图表征油藏中储层在三维空间的分布及其非均值性。油藏地球化学描述则需要表述储层流体的组成、性质[如上述的密度、黏度、极性化合物(焦油席)]在三维空间的分布及其变化,从而为储量计算、评价及开发方案的设计和调整提供依据。这需要在储层描述的基础上,通过扫描式分析(如 FID-TLC 分析和储层热解分析)和部分样品的选择性分析(如重点样品的色谱分析、色谱—质谱分析等),建立油层石油柱的含油性和油品性质(如 T、P_g、S_4、St、Ar、P_{ol}、P_{ow} 及由这些地球化学指标所计算的原油的密度、黏度等)的剖面分布关系;在此基础上,通过油藏范围不同部位钻井柱的相关横向对比,综合研究并预测油藏石油柱的物理性质和化学组成的平面和剖面(三维)分布特征及其成因,为油藏开发服务。限于篇幅,这里没有给出示意油藏地球化学描述过程的单井及连井剖面。

二、油藏分隔性的地球化学研究

油藏分隔性和油层连通性是油气藏研究的重要内容,是油田开发和管理方案取得成功的基础,它可以为初次生产中井位的确定提供信息,也可为二次或三次采油方案提供有关信息(Kaufman 等,1990)。常规的油藏描述只着眼于储层的连通性和非均质性,主要研究储层的空间分布规律及其对油层连通性的影响。油藏地球化学的研究成果表明,砂层的连续分布并不等同于流体的连通性,油层内可存在由多种原因形成的有机隔层(如焦油席),使油层内部出现"储层连续,油层分隔"的现象,这对油田的开发和生产管理均有着重要的影响。通常,要确切地评价油藏的分隔性,需要使用动态资料。事实上,在油藏评价阶段,往往缺乏评价分隔性的动态资料,而且其中的有些资料只能说明静态问题。而流体成分的自然变化可提供准动态资料,对油层流体成分的分析,可以较快地推断流体流动(或混合)形式,因而用流体成分的非均质性可以推演油藏内流体屏障的性质和分布特征。

1. 研究隔层的理论依据

前已述及,油气藏内的流体成分通常是非均质性的。油藏流体的充注与混合作用模式,决定了在渗透性相对较好的层段流体分布的一般地球化学特征。当石油柱内存在隔层时,在石油柱建立力学和化学平衡的过程中,隔层会阻止或延缓这种过程的进行,其结果是在大多数情况下流体成分的差异将保存下来。由于垂向上的扩散混合作用是容易完成的。因此,在油藏中不存在隔层屏障或者近期未发生倾斜、充注或渗漏等情况下,石油柱在垂向上是均质的,并处于力学的平衡状态(Stoddart,1995),而在横向上却是非均质的。若垂向上的流体柱存在明显的非均质性,则表明油藏在垂向上是相互分隔的,分隔的屏障往往是分布在油层中被低渗透层(如页岩、碳酸盐岩胶结带或焦油席)侧向延伸带所分隔的地段。此外,地层水也可用于研究流体的分隔性,扩散模拟表明,水的混合速度整体上类似于油中轻质组分的混合速度,地层水成分的阶跃式变化可作为油藏流体分隔化的标志(Smalley,1995)。

2. 确定油藏内流体流动屏障的方法

1) 根据原油总体组成的变化研究油藏流体流动屏障

垂向上分隔层的存在,造成流体组成在垂向上存在非均质性。许多资料,如气油比、凝析油气比、储层条件下泡点压力和密度等高压物性资料等,均可用于指示油层流体组成的变化,并能反映流体间的微小差别,具有显著的优越性。

England 等(1990)根据油藏流体非均质性和混合作用原理,应用气油比等参数研究了福蒂斯(Forties)油田在横向上的分隔性。福蒂斯油田位于北海英国海区内,油田 22 口井的高压物性资料表明,横向上原油的组成有相当明显的变化,这可在泡点压力的变化上得到充分反映(图 16 - 7)。由图可见,泡点压力向东南方向增加,油气组成变化的原因明显与油田周围成熟烃源岩的分布有关。在油田的北部和南部存在两个烃源灶。东南部的油气来自于南部烃源灶,而主油区则被来自北部的油气所充满。东南部和北部油区原油泡点压力的明显差异,可能与整个油田储层的连通性不好有关,即两油区之间存在阻止流体发生混合作用的屏障。

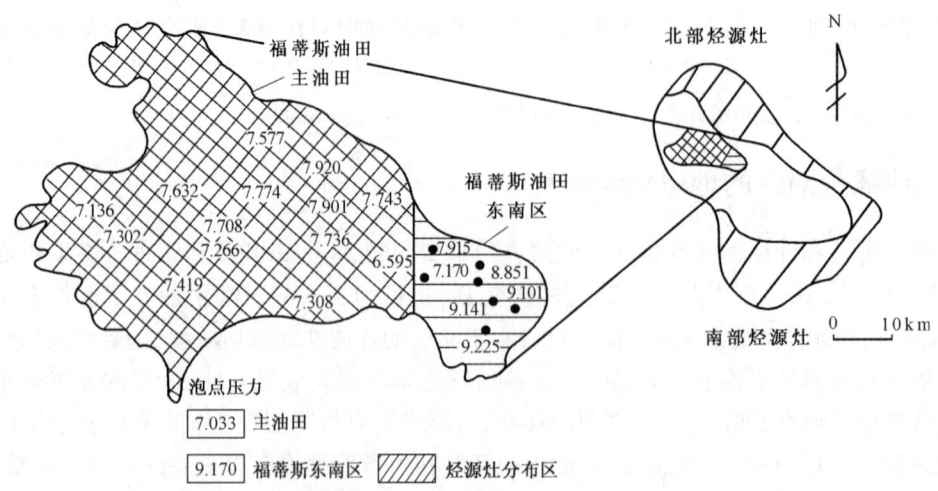

图 16 - 7 福蒂斯油田原油泡点压力分布图(据 England,1990)

图中数字表示泡点压力,单位为 10^5 Pa

2) 应用色谱资料研究油层连通性

来源于一个连续油藏的原油表现出一致的色谱特征,而来源于不同油藏的原油则有明显不同的色谱指纹,因此可用原油色谱指纹特征来判断油藏的连续性。目前主要采用烃类化合物指纹星状图法、轻烃指纹星状图法来判断油层的连通性,并取得了良好效果。其基本方法是,先通过标准化程序确定原油整体性质(如密度、含硫量、碳同位素组成等),再用高压液相色谱分离原油的族组分,并对各个组分进行气相色谱分析,或对岩样进行热抽提—气相色谱(GHM)或热抽提—气相色谱—质谱(GHM-MS)分析,在确定化合物组成、结构的基础上,按一定的原则从气相色谱图上固定选择一批配对的相关烃类,计算出每对化合物的相对组成(采用相邻的或相近的峰计算峰高比率),采用极坐标方式绘成表征气相色谱指纹分布的星状图,用以区分原油族群,辨别油藏流体的连通性(Kaufman,1990)。

Hwang 等(1994)应用这种方法研究了苏丹 Unity 油田的原油组成变化和油藏的连通性。图 16-8 为 Unity 油田 Ghazal 组砂泥岩地层剖面图,图 16-9 为采自该油田 2 号井 Ghazal 组各砂层(A、B、D 和 H)的原油色谱图。从图 16-9 可以看出,浅部 A、B 层原油的色谱图在 C_{12}—C_{13} 附近存在一下凹外,其余特征与 D、H 层都很相似。下凹的原因是 A、B 浅层砂岩中的原油经受了轻微的微生物降解,且其降解程度较低,对详细的色谱指纹只有轻微的影响。

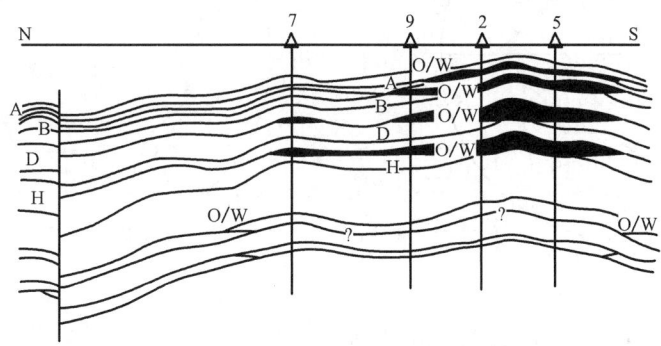

图 16-8 Unity 油田 Ghazal 组地层剖面图(据 Hwang 等,1994)

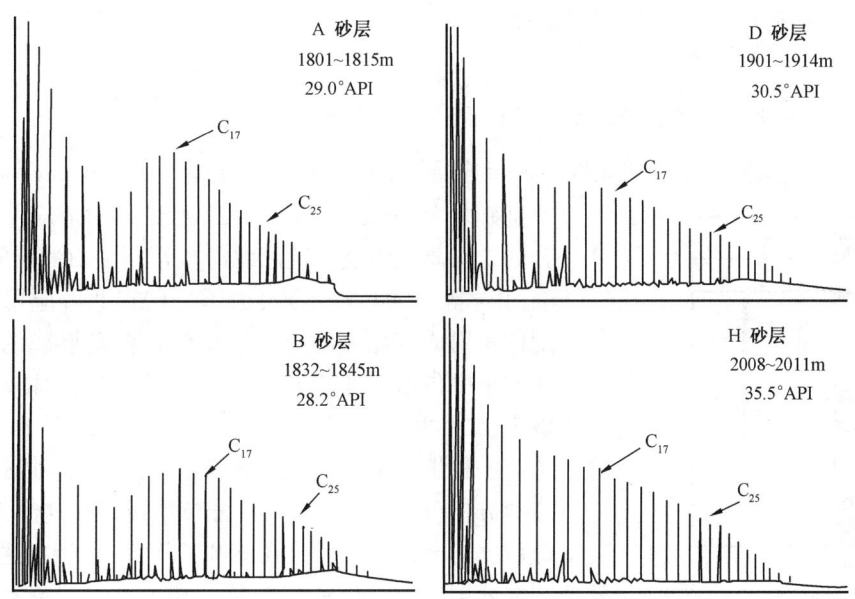

图 16-9 Unity 油田 2 号井原油色谱图(据 Hwang 等,1984)
A、B、D、H 砂层对应于图 16-9 中的砂层

虽然 Unity 油田 2 号井的 D、H 层的原油的色谱面貌极其相似,但它们详细的色谱指纹仍有明显的差异,极坐标图(星状图)(图 16-10)表明,D 和 H 层原油所选择的峰比率的平均误

差为27.40%。在原油的组成方面,A、B层原油也是彼此不同的,并且与G、H不同。这些差异表明,Unity油田2号井区油藏在垂向上不连续的。

对Unity油田2号井和9号井进行的对比表明,H层原油表现出几乎相同的色谱外貌,并表现出一致的指纹特征。在色谱峰比率的星状图上,这种一致性表现得更加明显(图16-11)。这表明,两井的原油来自相同的储层单元,且H砂层在2号井和9号井之间是连续的。

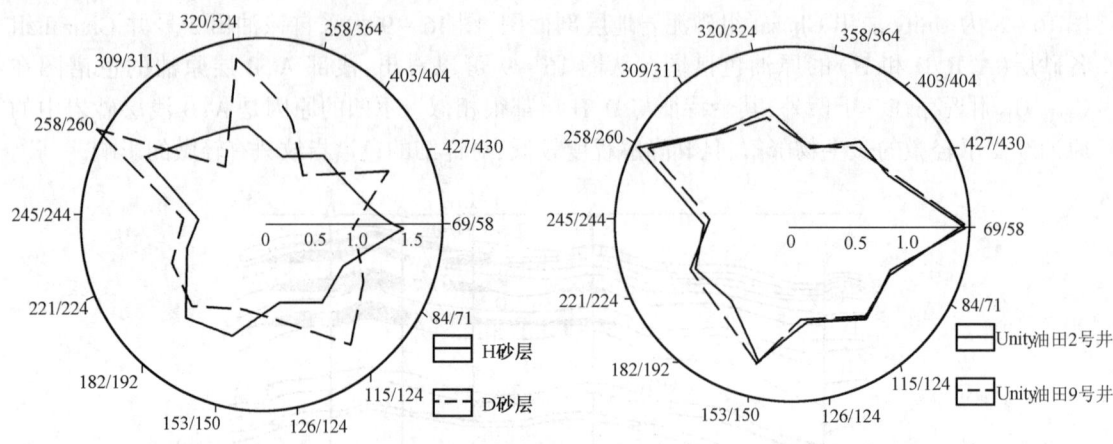

图16-10 Unity油田2号井Ghazal组D、H砂层原油的烃类相对组成星状图(据Hwang等,1994)
极坐标图中的参数为全烃色谱图上所选择的配对化合物的峰高比,图中的分子、分母表示该组配对化合物在色谱图上的出峰编号

图16-11 Unity油田2号井和9号井Ghazal组H砂层原油的烃类相对组成星状图
(据Hwang等,1994)

3) 应用油田地层水成分的非均质性研究油层连通性

对油田地层水成分的非均质性与油层连通性关系的认识主要建立在Smalley等的研究成果基础之上,Smalley等(1992)曾经成功地应用地层水成分的非均质性研究了英国北海福蒂斯油田油层的连通性。Smalley等(1994,1995)报道了一些在北海应用油田水锶同位素组成变化来确定油田中流体流动屏障的实例。这些成果中包括两种情况:一是对含水层内流体流动屏障的确定;二是对含油区内流动屏障的确定。图16-12展示了第一种情况中流动屏障的确定方法,即含油区地层水残余盐分析(RSA)的$^{87}Sr/^{86}Sr$分布情况。在这个例子中,全部数据均来自含油区。在该井的下部,尽管在这个层段中存在两层页岩,但$^{87}Sr/^{86}Sr$值分布的高度一致性指示地层水具有均一化的成分。在油水界面以上约180m穿过一层页岩处,$^{87}Sr/^{86}Sr$值有一个突变的台阶,台阶以上再次出现恒定不变的水成分。这表明,油水界面以上180m处是一个把两种成分明显不同的水隔开的隔层。

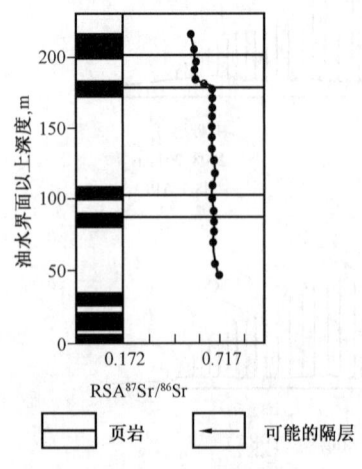

图16-12 北海某油井中RSA的$^{87}Sr/^{86}Sr$值分布剖面图
(据Smalley,1995)

三、应用原油色谱指纹技术研究合采井单层产量贡献

为提高效益,油田开发通常都是多层合采的,尤其在陆相油田更是如此。在开发过程中,确定每个油层的贡献,监测油层的开发动态,对开发方案的调整具有重要意义。目前,测定单层原油贡献(产液剖面)最常用的方法是生产测井法,它主要是通过涡轮流量计测定油井内各油层的产液量。而气相色谱指纹技术则是根据原油中指纹化合物(支链、环烷烃)相对含量的不同,利用计量化学法计算每个单层原油的贡献。与昂贵的生产测井法相比,它不需要井下作业,仅在井口取样室内分析即可,并能够对开发过程进行动态监测。气相色谱是一种重现性好、精度高的地球化学分析技术,尤其适用于混合物中单一组分的分离,同时它还具有分析结果可靠、成本低廉等优点。过去,气相色谱技术在石油工业中的应用主要是局限于勘探领域,近几年来,由于提高原油采收率日益受到人们的重视,在开发过程中采用了许多新工艺、新技术,其中就包括气相色谱指纹技术。

气相色谱指纹技术与传统的原油色谱分析有所不同,其着眼点不仅仅只是关注色谱图中的某几个特征峰(如 Pr、Ph、iC_{15}、iC_{16}、iC_{18} 等),而是需要观察色谱图中的每一个色谱峰,以找出不同原油色谱峰的差异。这样就要求分析具有更高的分辨率,即在条件允许的情况下,尽可能地分离出更多的组分,只有这样才能更明显地识别原油色谱峰的差异。

要应用这项技术来解决开发中的生产问题,其关键是如何根据原油的组成来鉴别单个油层。Kaufman 等认为:在一个连续的油藏中,原油中的烃组成应该具有一定的相似性,而在各独立油藏中,原油之间则存在着比较明显的差异。然而从总体来看,同一个油田中的原油通常具有相似的地质历史(如相同的来源和近似的成熟度),原油之间的差异通常很小,用原油的常规特性,如密度、黏度、硫含量以及同位素组成,有时无法识别出这些微小差别。识别这些微小差异最成功的办法就是测定原油的分子组成,气相色谱法是最简单且行之有效的一种方法。

原油的全油气相色谱图主要显示了原油正构烷烃的分布特征。气相色谱图中正构烷烃之间的含量较低,但异构烷烃、环烷烃(可辨别的色谱峰通常都在 500 个以上)的分布特征为数众多,被称为原油的指纹峰。在这些峰中,只有少数几个是单个化合物,大多数峰都是几个化合物的混合峰,所以用具体的化合物名称来确定色谱峰十分困难。但通过对色谱峰的保留时间进行校正,用统一的保留时间来标示每张色谱图,这样就可以标识出每个不同的指纹峰。

应用原油色谱指纹研究合采井产量贡献时,取到单层油样是至关重要的。它们可以是 DST 原油、RFT 原油或井口采集的原油。原油产量贡献计算通常要求色谱的分离度高、重现性好、分析时间短。分离度越高,可供选择的色谱指纹峰就越多,而分析时间越短,则色谱指纹峰受仪器波动的影响则越小。因此,样品采集后,如果短期内不作分析,必须保存在冰箱中,以避免轻组分的逸失。分析数据采集后,如何构建色谱基线,对指纹峰峰高的计算影响很大,积分方式需要多次选择,合理的积分方式能够使色谱指纹峰对比具有良好的重现性。最重要的步骤是峰对的选取、产量贡献计算数学模型的建立及其相应软件的编制,其中峰对的选取是至关重要的。

应用色谱指纹技术计算单层产量贡献时要求:(1)同层指纹具有相似性,并且在开发过程中不会出现太大的变化;(2)不同层指纹具有明显的差异;(3)混层指纹具有可配比性,即某一指纹化合物(支链、环烷烃)含量与其指纹峰的峰高成正比,且若某一指纹化合物在不同原油中的含量不同,将含有这个指纹化合物的不同原油相混合,那么混合原油中的这个指纹峰的峰高应与它在每个单一原油中的含量以及单个原油的混合比呈线性关系。显然,这是该项技术

得以成功应用的基本前提。事实上,只要适当选择指纹峰,总能发现同一油藏原油色谱指纹的相似性和不同油藏原油色谱指纹的差异性,因此利用原油色谱指纹技术进行原油产量贡献计算在理论上是可行的,关键在于色谱指纹的选择。为了消除进样量和仪器波动产生的偶然误差,可以选取相邻峰的峰高比值(即峰对比值)进行计算。

实际应用时,首先在实验室进行不同比例的单层油(中途测试或完井测试的单层油以及开发中的单采原油)的配比实验,分析研究不同比例混合油的色谱指纹的特点,并建立标准校正模型,以此对未知混合油进行预测。

设某个采油区块的开采方式为多层合采,有 m 个合采层位,选取了 n 个有效指标(可以是峰对的比值,也可以是绝对浓度,$n > m$),$C_i(i = 1,2,\cdots,m)$ 为某一合采井的某单层的产量贡献,$b_j(j = 1,2,\cdots,n)$ 为混合油色谱指纹指标测值,$a_{ij}(m \times n)$ 为单层油的色谱指纹指标测值,那么:

$$\sum a_{ij} C_i = b_j \quad (i = 1,\cdots,m; j = 1,\cdots,n)$$

若 a、b 已知,则 C_i 就成为一个关于超定方程组的求解问题。这类问题的求解通常是利用最小二乘法。但是同一个油田的原油,单层原油之间的物理化学性质往往比较相似,支链、环烷烃的含量相差不大,选出的指标差值差别很小,从而使得方程组线性相关比较严重,这种情况用常规的最小二乘法算法求解可能导致较大误差,甚至无法求逆,而使求解过程崩溃。偏最小二乘法(PLS)是目前解决这一问题时比较可行的算法(林壬子等,1995;梅博文等,1995;何文祥等,1995)。

偏最小二乘法(PLS)算法是由 H. Word 于 1966 年首先提出的,并应用于社会科学,直到 20 世纪 80 年代开始在化学领域中得到应用,目前它已成为国内外化学计量学中最活跃的研究领域之一,尤其是在同时测定复杂体系中多组分化合物含量方面已引起人们极大兴趣。PLS 算法的优点是避免了相关性较强的线性方程组在求解过程中因矩阵求逆产生的困难,这正好适合于解决前述问题;同时它将浓度矩阵(产量贡献矩阵)C 和指纹峰参数矩阵 A 分解成两个小矩阵,即投影矩阵和载荷矩阵的乘积,这样可以消除当浓度与指纹峰对比值之间因噪声影响而不完全成理想的线性关系时所产生的误差,即滤去了噪声的影响。

长江大学林壬子(1992)、王培荣(1993)在国内率先开展了利用原油色谱指纹技术计算合采井产量贡献的方法,并先后在塔里木盆地、中原油田(表 16 - 2)、辽河油田等全国主要的油田和含油气盆地进行了深入研究,已形成了一套行之有效的研究方法,并取得了明显的经济效益。西南石油学院陈世加等(2006)也在这方面进行了成功的探讨和应用。但目前主要对 2 层合采时的计算精度较高,而对我国陆相油田中 3 层以上合采时单层产量贡献的求解问题,普遍精度不够,甚至有负数出现,甚至对实验室定量配比的样品求解所得的偏差也较大。针对这一难题,卢双舫等(王跃文、卢双舫,2005;王明、卢双舫,2007)与大庆油田研究院和采油厂合作,进行了从实验配比到计算方法的多方面探讨,结果表明,神经网络算法在解决 3 层以上合采油层单层产能求解上具有独到的优势和较高的精度(表 16 - 3)。其中的重要原因之一在于,神经网络算法并不要求配比指标具有线性叠加关系,而实验发现,一些指纹峰,尤其是峰高比值不具有线性叠加关系。但这一方法的突出问题在于人工神经网络学习过程(训练)需要有学习样本,而且学习样本需要达到一定量后,人工神经网络算法才有很好的预测功能,即需要一定量的配比实验。这对 5 层以上的合采层而言,因配比实验的工作量太大而难以实现。因此,气相色谱指纹技术在多层合采中的应用还有待于进一步探讨,但这一研究方向的意义是不言而喻的。

表16-2 中原油田桥26断块应用色谱指纹计算的产量与测井资料对比表(据何文祥、王培荣等,1996)

井号	时间	GC指纹分析,%		生产测井,%	
		沙二下亚段	沙三段	沙二下亚段	沙三段
21-6	1994.10			40.7	59.3
	1995.3	38.2	62.8		
	1995.8	84.6	15.4		
	1995.10	88.1	11.9		
21-7	1994.6			37.2	62.3
	1995.2			77.1	22.9
	1995.3	75.3	24.7		
	1995.8	82.1	17.9		
	1995.10	85.8	14.2		
21-15	1993.10			84.4	15.6
	1994.5			80.3	19.7
	1994.10			65.7	14.3
	1995.3	93.5	6.5		
	1995.8	88.4	11.6		
	1995.10	84.9	15.1		
21-16	1994.8			21.4	78.6
	1995.3	60.3	39.7		
	1995.8	86.7	13.3		
	1995.10				

表16-3 4层产能配比实验结果与BP人工神经网络计算结果对比(据王民、卢双舫,2007)

序号	实验结果				计算结果				绝对误差			
	D41	D42	D43	D44	D41	D42	D43	D44	D41	D42	D43	D44
PB1	40.94	24.28	18.4	16.38	40.94	24.29	18.41	16.35	0	0.01	0.01	0.03
PB2	21.41	44.67	16.3	17.62	21.39	44.66	16.35	17.5	0.02	0.01	0.05	0.12
PB3	18.57	21.93	13.73	45.77	18.63	21.92	13.72	45.81	0.06	0.01	0.01	0.04
PB4	12.43	9.65	11.97	65.96	12.41	9.64	11.98	65.97	0.02	0.01	0.01	0.01
PB5	12.41	14.82	63.86	8.91	12.16	14.71	63.83	8.32	0.25	0.11	0.03	0.59
PB6	65.2	10.7	11.42	12.68	65.24	10.83	11.44	12.75	0.04	0.13	0.02	0.07

四、油气水层识别及油层产能预测

储层流体类型的判识(油气水层识别)是油气勘探开发过程中经常面临的问题,目前应用最为广泛的方法是利用测井资料来解释油气层。测井是依据储层岩石中流体的物理性质差异识别流体的类型,受到的影响因素较多,如地层水矿化度、钻井液侵入及岩石组成(如导电矿物)等,因此用它来解释一些低阻油层、火成岩油气层及薄油层时,常常会遇到困难,出现解释结果与测试结果不一致的现象。地球化学的分析对象正是油气,它应该可以在油气水层的判识中起到应有的作用。事实上,近年来在油田生产中逐步得到推广应用的地球化学录井技术就可以归入油藏地球化学判识油气水层的研究范畴(详见第十七章)。

作为一门正在快速发展和完善的地球化学分支学科,油藏地球化学的理论和技术的可能应用领域还有很多,其中有些还不太成熟和成型,需要进一步的研究。限于本教材的篇幅,难以在此一一展开讨论,下面仅将目前油藏地球化学所涉及的其他应用简述如下,有兴趣的学生可以进一步参阅有关文献(侯读杰等,2001;陈世加等,2006)。

五、油气运移、充注方向的确定

油气运移或充注方向的确定对明确油源、阐明成藏机制、圈定卫星油田的勘探方向等具有重要意义。这一内容可以说是介于烃源岩地球化学和油藏地球化学之间。它可以通过油藏中原油的成熟度梯度、生物标志化合物及反映分子大小和极性差别等方面的指标来指示。这已在第十一章第四节、第十章第四节和本章第一节中涉及。此外,利用含氮化合物(如咔唑)在运移过程中的明显的分馏效应来判识运移(充注)方向,是目前一个受到广泛关注的油藏地球化学研究领域。

六、油气混源的地球化学识别及定量计算

一个油藏中的油气有可能源于不同的烃源岩区或不同的烃源岩层或烃源岩于不同成熟阶段的混合物。油气的混源现象是地质体中的常见现象。如何识别混源油、如何定量计算各自的贡献,对于判定混源油的运移方向、重塑油气的成藏历史具有重要的意义。对这一问题的研究,可采用求解合采井单层产量贡献的基本原理和方法。

七、油气充注、成藏时间的确定

油气充注、成藏时间的确定对于认识成藏机制及结合烃源岩的生排烃史、区域构造发育史,以及评价目标区的勘探潜力有着重要意义(张敏等,1996,1998;王铁冠,1997)。目前在油藏地球化学领域应用的主要方法有自生矿物同位素定年法(如 K/Ar、Ar/Ar 法)、油气包裹体均一温度结合热史反推形成深度并进一步反演形成时间的方法。

八、油藏无机地球化学动态监测

油气藏开发过程中,储层的非均质性通常会因盐敏、水敏、速敏、酸敏等方面的原因而增强。尤其是在化合物驱油和稠油热采的过程中,由于化学试剂或高温蒸汽的注入,会增强水—岩相互作用,导致或加速一些反应,使一些矿物溶解,一些矿物沉淀,这将进一步增强储层的非均质性,影响油层的开发效果。因此,有必要对可能发生或加速的反应进行监测,以便采取相应的应对措施。从(无机)地球化学的角度来讲,这可通过分析采出流体中离子种类和含量后编制相图来实现对可能发生的溶解作用和沉淀作用的预测,或构建地质温度计来预测地下温度。这一方法的突出优点是无需关井,但要推广应用还需要做大量的实验室基础工作。

九、有机—无机相互作用与次生孔隙的形成

这里的有机—无机相互作用主要指有机酸-无机矿物的相互作用。

次生孔隙发育带对油气的勘探和开发都有重要意义。次生孔隙的发育与成岩过程中的溶

解作用有关,早期的研究多将它与无机化学反应(如碳酸)相关联。事实上,由于有机酸的酸性高于碳酸,其反应能力应该更强,而且有机酸又是油气生成过程中的重要产物,并与油气的运移、聚集过程密切相关,因此,有机酸在次生孔隙形成过程的作用引起了众多学者的极大兴趣。人们试图从不同的角度探讨有机酸的成因及其对铝硅酸盐(尤其是长石)的溶解,进而探讨次生孔隙的演化和预测。目前已经对有机酸的分布、来源、有机酸的化学计量反应能力等方面有了初步的基本认识,但在定量描述和预测方面还有待于深入的研究。

本 章 小 节

1. 油藏地球化学是研究油藏流体(油、气、水)化学组成非均质性的分布规律和形成机制,探索油气田储层(油藏)充注过程、聚集历史、成藏机制以及油田开发过程中动态监测技术等应用领域的一门地球化学的分支学科。

2. 油藏地球化学的理论基础是:油藏流体(油、气、水)的非均质性和油—水—岩相互作用。因此,油藏地球化学的中心任务是认识油藏流体的非均质性的分布、起因及油—水—岩相互作用,并将其用于油藏勘探和油气开发。

3. 造成油藏流体成分的非均质性因素很多。其一,烃源岩有机质在进入沉积地层到生烃演化结束的整个演化阶段,即便是同一烃源岩,在不同的演化阶段,其生烃产物的物理性质和化学组成均存在较大差异。其二,油藏流体的充注作用过程可以造成继承性非均质性。简单的充注作用模型是:形成油藏的圈闭捕获的是某烃源岩层不同生烃地质时期形成的油气,早期注入的油气被后期注入的油气推进至远离油源区的区域。其三,油藏流体的混合作用不能完全消除由充注作用造成的非均质性。流动屏蔽的存在可以削弱或阻止流体的混合作用。

4. 焦油席是指具有明显界定的富沥青质的原油带,因此可用棒色谱分析快速鉴定,在石油柱内常成为流体的流动屏障。在油藏开发方面,区域范围内焦油席的预测模式的建立,将有利于油田开发和二次采油与强化采油程序。

5. 油藏分隔性和油层连通性研究是油气藏研究的重要内容,是油田开发和管理方案取得成功的基础,它可为初次生产中井位的确定提供信息,也可为二次或三次采油方案提供有关信息。当前常规的油藏描述只着眼于储层的非均质性,主要研究储层的空间分布规律及其对油层连通性的影响。油藏地球化学的研究成果表明,砂层的连续分布并不等同于流体的连通性,油层内可存在由多种原因形成的有机隔层(如焦油席),使油层内部出现"储层连续,油层分隔"的现象,这对油田的开发和生产管理均有着重要的影响。

思 考 题

1. 支撑油藏地球化学的理论基础是什么?
2. 造成油藏流体非均质性的原因是什么?
3. 什么是焦油席?其形成特点是什么?
4. 油藏的充注作用模式与烃源岩的生烃演化模式有何成因联系?
5. 油藏流体的混合作用有哪几种常见方式?
6. 油藏原油的充注作用方向与运移总是一致的。沿油藏的充注作用方向,原油的化学组成有何变化特点?与运移过程中原油化学组成的变化趋势有何关系?

第十七章 地球化学录井

自 20 世纪 80 年代末至 90 年代初开始,随着有机地球化学分析测试技术的发展和完善,为满足勘探开发生产的技术需求,将一些能够快速检测储层中油气含量、性质的测试技术应用于随钻录井工作,如热解分析技术、气相色谱分析与轻烃分析技术等,使地球化学录井技术得到了快速发展。地球化学录井技术是综合利用储层岩石热解分析技术、气相色谱技术(气测资料)、储集岩孔隙度和渗透率分析技术,确定储层含油性质、含油级别、油气水层界面,进行储量计算以及产能预测的一项现代化分析技术。

第一节 技术原理与方法

有机地球化学录井技术是在有机地球化学应用基础之上结合综合录井技术发展起来的一门新兴的应用技术。经过 20 世纪以来的发展,逐渐形成了较为系统的技术方法体系。目前,地球化学录井主要的技术方法有气测录井、岩石热解录井和色谱录井。本节主要介绍上述 3 种方法的基本原理。

一、气测录井方法的基本原理

气测录井是综合录井的一个重要组成部分。在现场录井过程中,地下流体在储层被破碎时随钻井液一起循环到地面,在脱气器的作用下从钻井液中析出,通过输气管道送到录井仪器,应用色谱分析方法可分析其组分组成及含量;在此基础上,应用一定的分析技术对地层流体的性质进行定性解释,达到判定地层流体的性质的目的。烃类在储层原始条件下的赋存相态可以分为干气藏、湿气藏、凝析气藏、凝析油气藏、临界油气藏、油藏等。

干气藏的组成主要以甲烷为主;在开发过程中随着温度、压力的降低,没有反凝析现象出现;在地面分离时也无液态烃出现;其气体的相对密度比较轻,一般在 0.6~0.65 之间,而且在其组分中 C_1 的含量大于 95%(表 17-1);重烃含量极少,其气油比通常为无穷大。

湿气气藏具有与干气藏比较相似的特点。湿气气藏在储层中都是以气态形式存在;随着温度、压力的变化,无反凝析现象产生;气体相对密度一般为 0.65~0.85 之间,其组分主要以 C_1、C_2 为主,同时 C_4 也存在,在地面分离时有少量的液态物质存在,其液态烃的相对密度为 0.7389~0.7022 之间,其气油比通常情况下大于 17810m^3/m^3(表 17-1)。

凝析气藏在一定的温度、压力条件下,气体中溶解有一定量的液态烃;在储层的原始温度、压力条件下,地层流体表征为气态;其组分组成中有一定量的重烃存在;在开采过程中,随着温度、压力的降低,有反凝析现象出现;在地面分离器中有凝析油产生;其气体的相对密度为 0.65~0.85,液体的相对密度为 0.7796~0.7022,其相对密度表现为随着凝析气藏中重烃含量的增加而增加;其气油比值为 890~18000m^3/m^3 之间(表 17-1)。

凝析油气藏是由凝析气藏与油藏相伴生而形成的。划分它的主要依据是凝析气藏在储层中的地层流体含重烃的多少与储层中是否有原油存在。一般认为含气储层的孔隙体积大于含油储层的孔隙体积为含油气藏，反之为凝析气顶油藏。

临界油气藏产生于深度大、高温、高压的储层中，地层流体处于一种气液共存的状态，即临界状态。油、气性质非常接近；处于此状态的地层流体在外界因素发生变化时，很容易出现气液转换，因而该性质的地层流体在从储层到达地面后，随着温度、压力的降低，大部分地层流体从气态转化为液态，故其凝析油含量很高，其气油比一般在 $534\sim890m^3/m^3$ 之间（表17-1）；其组分中的重烃含量进一步增大。

油藏具有重烃含量高、储层原油中能够溶解气态地层流体的特点。气油比一般在 $530m^3/m^3$ 以下，相对密度在 0.825 以上（表17-1）。根据原油中溶解气态物质的多少和重烃含量的大小，可以将油藏划分为挥发性油藏、黑油油藏、稠油油藏。

挥发性油藏的气油比一般为 $356\sim534m^3/m^3$，气体相对密度为 $0.65\sim0.85$，液体相对密度为 $0.8251\sim0.7796$，其重烃含量在油藏中是最低的，溶解于原油中的气态流体与轻质原油在从储层到达地面，由于温度、压力的变化，使它们从原油中挥发出来，表现为气。因而该油藏特性表现为油气共存。

黑油油藏的气体相对密度为 $0.65\sim0.85$，液体相对密度为 $0.8762\sim0.8251$；其组分中重烃含量比挥发性油藏的重烃含量要高；原油中溶解的气态流体较少，自身能够随着温度、压力的变化而从原油中挥发出来的物质也减少，在地面分离器中并没有太多的地层流体由于其外界环境的改变，从液态变为气态。表现为分离器中的气量少，其气油比一般小于 $450m^3/m^3$（表17-1）。

表17-1　各类油气藏流体的典型组成和主要特征

油藏流体	地面状态	气油比 m^3/m^3	气体相对密度	液态烃相对密度	典型组分的摩尔分数，%					
					C_1	C_2	C_3	C_4	C_5	C_6
干气	无色气体	没有流体	0.6~0.65		96	2.7	0.3	0.5	0.1	0.4
湿气	无色气体，少量透明或淡黄色流体	>17810	0.65~0.85	0.7389~0.7022	91.6	3.6	1.1	0.5	0.2	0.7
凝析气	无色气体，有一定量的淡色凝析液	890~18000	0.65~0.85	0.7796~0.7022	87	4.4	2.3	1.7	0.8	3.8
临界流体	黄—橘黄色凝析液	534~890	0.65~0.85	0.3924	59.7	12.9	6.5	3.9	2.0	12.9
挥发油	褐色流体，有各种黄、红、绿色	356~534	0.65~0.85	0.8251~0.7799	64	7.5	4.7	4.1	3.0	16.7
黑油	暗褐到黑色各种流体	20~450		0.8762~0.8251	49.0	2.8	1.9	1.6	1.2	43.5
重油	黑色很稠的流体	基本没有溶解气		1.000~0.9042	20.0	3.0	2.0	2.0	2.0	71.0
柏油	黑色物质			>1.000						90+

通过以上各种不同类型油气藏特征的分析可以发现，油气性质与气油比、油的相对密度、C_1—C_6 各组分的含量、地层含油饱和度有直接的关系。在气测录井过程中，将得到的参数进行综合分析，按照各种不同油藏储层烃类的特征来进行储层中流体性质的预测与判识。

在综合录井过程中，由于地层流体含量低，受循环钻井液相对密度、地层压力、脱气器效率等因素影响较大,由于地层流体在井筒内随钻井液循环距离可达数千米,其组分容易受到相互间(地层)组分的影响,还会受到不能从钻井液中一次性脱出而再次进入井筒内循环至地面的背景气影响,因此,基于综合录井资料对油气层进行解释时,其地层流体性质的划分不能如上所述的那样详细。结合试油结论,一般将地层流体的性质划分为气藏(包括干气、湿气)、凝析气藏、轻质油藏(包括临界态油藏和挥发性油藏)、油藏等4大类,对于干层和稠油油藏也分别对不同的特征参数作出界定值研究。

二、岩石热解录井方法的基本原理

利用岩石热解分析仪对储层样品进行快速分析(岩石热解分析的原理、流程及有关参数见第三章第二节),可以获得其中烃类的大概组成。众所周知,天然气和石油是由不同碳数的烃构成的复杂混合物。根据烃类碳数组成的差异将天然气分成干气和湿气,将原油划分为凝析油、轻质油、中质油、重质油和稠油。一般而论,含碳数少的油密度小,而含碳数多的油密度大。天然气烃类组成为 C_1—C_7,凝析油为 C_1—C_{15}、轻质油为 C_1—C_{25}、中质油为 C_1—C_{35}、重质油为 C_{12}—C_{50}。碳数不同的烃类从液态热蒸发为气态所需达到的温度也不同,通常是碳数越小,热蒸发温度越低,反之越高。油气化学组成的特征决定着物理性质,即原油密度与原油碳数组成息息相关,而不同碳数的烃类从液态热蒸发为气态烃所需的温度也不同,这正是利用 Rock-Eval 仪进行储层油性质预测的基础。

从另一方面来说,石油为不同沸点烃类的混合物,由于轻烃和重烃比例的不同,石油的沸点范围也不同。轻质原油中低沸点轻馏分含量较高,重质原油中高沸点重馏分含量高。对储油岩而言,由于岩样中原油性质的差异,各峰的大小比例也不同。一般储气岩只有 S_0 峰;凝析油有 S_0 和 S_1 峰;轻质油 S_1 峰大而 S_2 峰小;中质油 S_1 峰和 S_2 峰面积相似;重质油和稠油 S_2 峰大而 S_1 峰小。换言之,岩石热解参数可以大致反映不同密度原油的性质,即油质轻、碳数低的原油以 S_0 和 S_1 峰为主,中质油 S_1 峰和 S_2 峰相当;而重质油、碳数高的原油,则 S_2 峰占绝对优势,明显高于 S_1 峰。为了直观地反映储层原油碳数组成、物理性质与 Rock-Eval 参数之间的关系,将上述参数绘于图 17-1。由图不难发现,热解参数与原油化学组成及物理性质之间存在内在联系。从这种意义上说,储油岩热解参数可以较好地表征原油的某些物理性质,如密度、沥青质含量等等,因此利用 Rock-Eval 参数可以有效地进行原油性质预测。

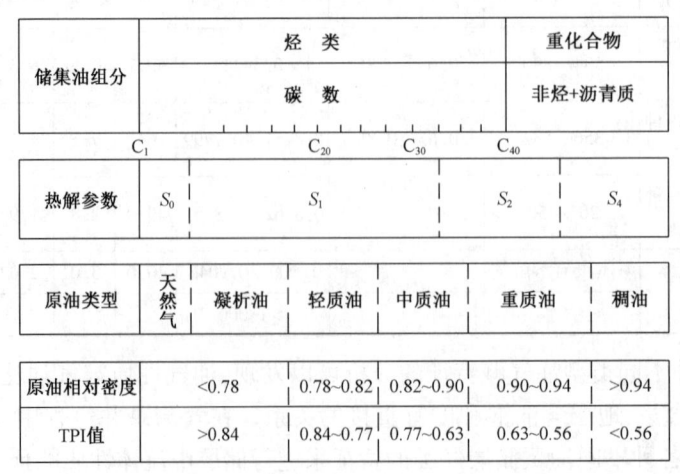

图 17-1 热解参数与原油组分、类型之间的对比图(据张敏等,1997)

三、色谱录井方法的基本原理

色谱录井方法主要包括热蒸发烃色谱录井与轻烃气相色谱录井,下面分别介绍这两种录井方法的基本原理。

热蒸发烃是指 300℃ 或 350℃ 温度下被蒸发出来的,存在于储集岩空隙或裂缝中的油气组分。在此温度范围被热蒸发的烃类只是原油中较轻的馏分,一般凝析油的热蒸发率大于 90%,而重质原油的热蒸发率只有 28%~42%,因而在一定温度下,热蒸发烃的量与原油性质和岩样的含油饱和度有密切关系。

将钻井样品在 300℃ 温度下恒温 3min,或在 200℃ 温度下恒温 1min,以 30℃/min 程序升温至 350℃,然后进入气相色谱分析,采用保留时间或标准物质进行定性,用归一法定量计算每个单体烃的质量分数。储集岩热蒸发烃主要有正构烷烃、异构烷烃、环烷烃、芳烃以及类异戊二烯烷烃。在气相色谱分析中,正构烷烃和部分类异戊二烯烷烃(姥鲛烷 Pr 和植烷 Ph),以及芳烃中的苯、甲苯和二甲苯易于识别。

利用油、水层储集岩热蒸发烃组分分布特征和组分丰度,以及组分相互之间的比值作为特征参数,研究油、水层这些参数的差异,从中筛选出有效的判别油、水层的参数。正常油层热蒸发烃色谱的正构烷烃碳数分布比较宽,一般 nC_{10}—nC_{30} 均有分布,多呈现以 nC_{19}—nC_{21} 为主峰的正态分布的峰型[图 17-2(a)]。

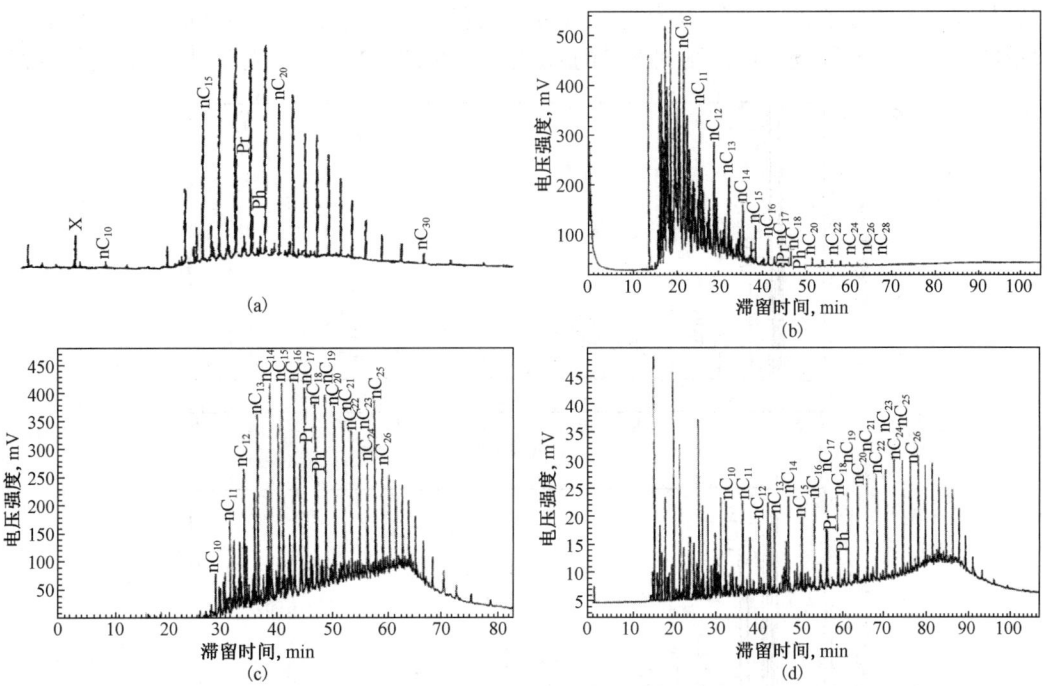

图 17-2 油层(a)、凝析油层(b)、中质油层(c)和重质油层(d) 热蒸发烃色谱图(据邬立言等,2011)

按照油层中原油性质的不同,油层热蒸发烃色谱分布特征也不尽相同。一般来讲,凝析油的热蒸发烃色谱正构烷烃碳数分布窄,主要分布在 nC_1—nC_{14},呈现以 nC_6—nC_{10} 为主峰的前峰型分布[图 17-2(b)]。轻质油层与凝析油层热蒸发烃色谱组成特征整体上比较相似,但是在正构烷烃碳数分布上更加宽泛,高碳数可达 nC_{20} 以上。中质油层热蒸发烃色谱主要特征如

图 17-2(c)所示,碳数分布比较宽,多位于 nC_{10}—nC_{34} 之间,主峰碳数一般位于 nC_{15}—nC_{25}。重质油层热蒸发烃色谱正构烷烃碳数分布更为宽泛,高碳数可达 nC_{40},主峰碳数也较高,一般位于 nC_{22}—nC_{28},整体呈现后峰型的特征[图 17-2(d)]。

"轻烃"泛指原油中的汽油馏分,即 C_1—C_{10} 烃类,在正常原油中约占 20% ~ 40%。轻烃的组成包含有烷烃、环烷烃和芳烃等不同结构烃类分子。在地下岩层中,气层的轻烃组成常以甲烷为主,含量可高达 90% 以上。而在油层中,轻烃的组成比较复杂,只要在该地层条件下能挥发、溶解、吸附在岩石或地下水中的轻质烃类都有可能存在。不同地区不同地层中的油气轻烃具有一定组成相似性,但仍受有机质母质类型、热演化程度、油气运移或成藏后次生作用变化的影响,不同石油中轻烃组成和含量相差很大,同族烃类在不同原油中的结构和含量也不尽相同。

地球化学录井中常常采用的是岩石或原油的顶空轻烃色谱分析方法来检测轻烃组分。所谓顶空轻烃色谱分析方法,即取岩石或原油样品上方的气相物质进行色谱分析,从而来检测岩石中吸附的轻烃及原油中溶解的挥发性轻烃物质。样品可在室温或是适当加热的情况下取其顶部空间气体进行分析,让易挥发组分尽量多地挥发在容器的顶部空间内,以提高分析的检出限。该方法是将气相色谱分析方法与样品的预处理相结合的一种简便、快速的分析技术。

轻烃录井的主要任务是对储层的流体性质进行精细评价。不同流体性质的储层必然具有明显不同的轻烃组成特征。对不同流体性质的储层岩石进行顶空轻烃色谱分析之后,可以得到不同的轻烃色谱图。不同流体的储层轻烃色谱表现出显著的差异性。对于气层来讲,干气层碳数大于 5 的分子含量微量,碳数越大含量越微弱[图 17-3(a)];湿气层还可检测到一定含量的 C_5—C_7 分子,且还可检测到微量的 C_9 分子[图 17-3(b)]。对于油层来讲,轻烃组分

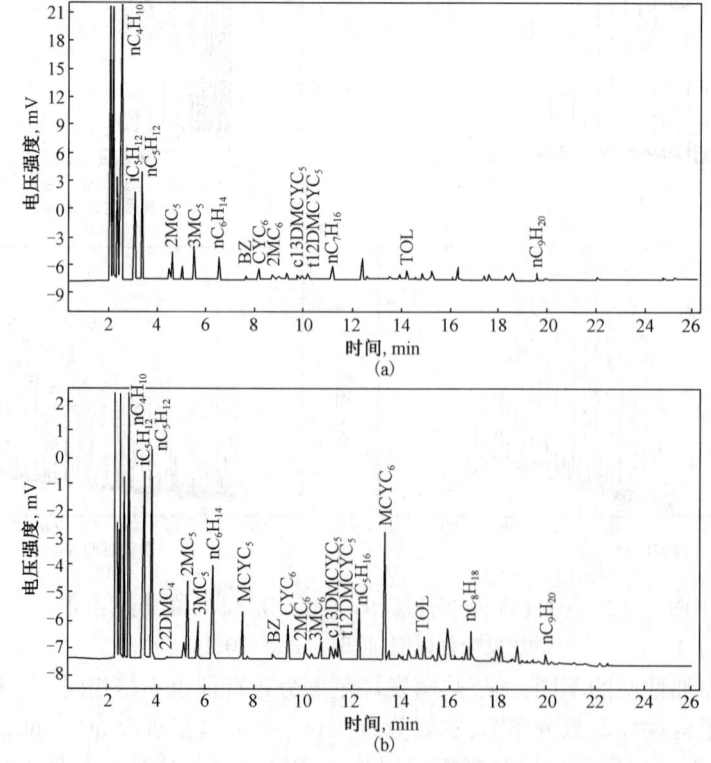

图 17-3 干气层(a)与湿气层(b)轻烃组成特征(据邹立言等,2011)

整体丰度高,特别是正构系列化合物,C_6—C_9 化合物丰度值高(图 17-4)。油水同层中,在油水长期共存过程中,水溶性高的化合物含量要减少,且由于含油丰度的降低,正构烷烃和其他烃类分子的丰度也要整体较油层偏低。图 17-5 中苯、甲苯等易溶于水的化合物丰度明显降低,正构烷烃尤其是 nC_8 与 nC_9 丰度明显较油层降低。当含水量增大到一定程度,在水的作用下,大量轻烃化合物减少或消失,碳数大于 5 的化合物基本检测不到,谱图上仅存个别化合物(图 17-6)。

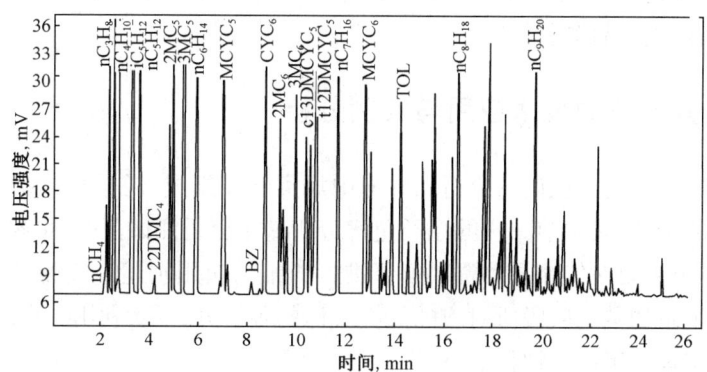

图 17-4 油层轻烃组成特征(据邬立言等,2011)

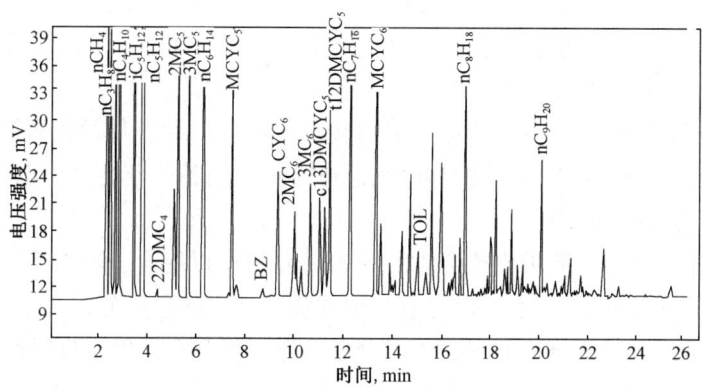

图 17-5 油水同层轻烃组成特征(据邬立言等,2011)

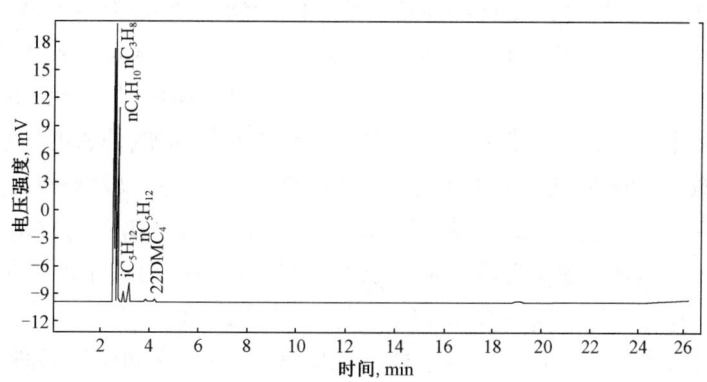

图 17-6 水层轻烃组成特征(据邬立言等,2011)

第二节 地球化学录井技术应用与实例分析

在了解了气测录井方法、岩石热解录井方法和色谱录井方法等3种方法的技术原理之后,如何将上述原理方法应用到油气勘探开发的实践中呢?下面将阐述3种技术方法的应用过程,并结合应用实例进行简单分析。

一、气测录井方法的技术应用与实例分析

气测录井方法包括气相色谱仪分析钻井液中烃类气体组成、烃类气体组成的气测录井资料解释两个重要的步骤,其中前一步的烃类色谱分析属于分析测试范畴,可参见前述分析测试方法章节内容,本节主要对气测录井资料解释进行详细的应用阐述。气测录井资料解释就是根据气测录井所记录的某一层段所对应的烃类气体的各组分含量,利用一定的解释方法,对该层段含油气进行定量和定性的评价。

1. 气测录井技术方法

要实现对地层流体性质进行评定,就需要确定烃类标志参数,通过对油气藏特征进行分析,建立起标志参数与油气藏特征的联系,确定能够对地层流体进行定性评价的特征参数评价体系。通常可以将烃类参数分为观测参数与综合参数等类型。

观测参数是对各种研究对象直接进行观测和度量所获得的各种原始观测值,如气测录井过程中通过色谱分析得到的组分参数、油气水分析所得到的各种烃类(C_1、C_2、C_3、iC_4、nC_4、C_5)和非烃(CO_2、N_2)等组分的含量。

综合参数是指将几个地质因素或标志的原始观测值加以综合,构成一个具有特定意义的新变量。对于烃类性能标志参数,可以对表征地层流体性质的色谱分析变量,即经过色谱分析仪器对地层流体的组分进行分析而得到的组分参数进行组合和派生,再进行适当的筛选,得到能比较充分地反映地层流体性质的派生参数,如 $\Sigma C = C_1 + C_2 + C_3 + C_4$、$\Sigma gas = C_1 + C_2 + C_3 + C_4 + N_2 + CO_2$、$C_1/\Sigma C$、$C_2/\Sigma C$、$C_3/\Sigma C$、$C_4/\Sigma C$、$C_1 + C_2$、$C_3 + C_2$、$C_3 + C_2$、$C_3 + C_4$、$C_3 + C_4$、$(C_1 + C_2)/(C_3 + C_4)$(平衡比)、$C_1/(C_2 + C_3 + C_{4+})$(干燥系数)、$(C_1 + C_2)/(C_2 + C_3 + C_4)$、$(C_2 + C_3)/(C_2 + C_3 + C_4)$、$(C_3 + C_4)/\Sigma C$、$(C_1 + C_2)/\Sigma C$、$(C_1 + C_2 + C_3)/\Sigma C$、$(C_2 + C_3 + C_4)/\Sigma C$(湿度比)、$iC_4/(C_2 + C_3 + C_4)$、$C_1/C_3$、$C_1/C_2$、$C_1/C_4$、GOR(气油比)等。

经过前人对各种不同地层流体性质下所产生的参数与气油比、油密度的相关性分析,以气油比作为主控参数,得到影响地层流体性质的主要烃类性能标志参数为平衡比$(C_1 + C_2)/(C_3 + C_4)$、湿度比$(C_2 + C_3 + C_{4+})/\Sigma C$、干燥系数$C_1/(C_2 + C_3 + C_4)$、$(C_1 + C_2)/C_{2+}$、$C_1/C_4$、$C_2/C_3$、$C_1/C_2$ 等7个参量。综合上述所选的烃类标志参数在各种不同地层流体性质时的分布规律,结合试油结论,可得平衡比$(C_1 + C_2)/(C_3 + C_4)$、湿度比$(C_2 + C_3 + C_{4+})/\Sigma C$、干燥系数$C_1/(C_2 + C_3 + C_4)$、$(C_1 + C_2)/C_{2+}$、$C_1/C_4$、$C_2/C_3$、$C_1/C_2$ 等7个参量的对各种不同地层流体性质进行判定的标准界定值,如表17-2所示。

表 17 – 2　气测录井参数划分地层流体性质参数表

流体性质	气层	凝析气层	轻质油层	油层	干层或水层
平衡比	29~195	12~141	4~40	2~58	>1000 或 <2
湿度比	0.5~10	0.5~14	8~30	4~50	<0.5 或 >50
C_1/C_{2+}	20~500	5~40	3~22	<10	<1 或 >500
$(C_1+C_2)/C_{2+}$	13~80	10~70	3.6~10	2~20	>100
C_1/C_4	>280	<280	4~150	<180	<4 或 >1000
C_1/C_2	40~90	10~40	8~30	4~40	<1
C_2/C_3	2.5~5.5	1.5~4.5	1.8~4	<2.6	<1

运用上述烃类特征参量评价标准判别储层流体性质的具体分析流程图见井下储层含油气性定性解释流程图(图 17 – 7)。首先运用湿度比判别地层流体性质的大类,再依据其他烃类特征参量值大小与关系判别与确定储层含油气性类型或地层流体性质。若湿度比大于平衡比,该储层的流体性质为油层;若湿度比小于平衡比,该储层的流体性质为非油层。对于气层和凝析气层,可以运用特征值 C_1/C_4 来判定:当 $C_1/C_4>280$ 时,该储层的流体性质为气层;当 $C_1/C_4<280$ 时,该储层的流体性质为凝析气层。在很多情况下,由于井径、钻井液密度、钻井液排量大小等因素的影响,C_4 值会很小或者不存在。当判别困难时,可将凝析气层与气层当作一类地层流体对待。对于凝析气与轻质油层,可以运用特征参数 $(C_1+C_2)/C_{2+}$ 来判定:当其在 10~40 之间时,该储层的流体性质为凝析气;当其值为 3.6~10 之间时,该储层的流体性质为轻质油层。对于某些比较特殊的地层流体性质,应增加参数 C_1/C_2、C_2/C_3 来帮助判定。

2. 实例分析

选取塔里木盆地东河 20 井与羊塔 1 井进行实例分析。表 17 – 3 为两口井的气测录井组分数据。根据气测录井储层流体定性分析的数据处理方法,计算了气测参数(表 17 – 4),并依据表 17 – 2 的标准给出了储层定性解释结论(表 17 – 4)。

表 17 – 3　东河 20 井与羊塔 1 井气测录井组分数据表

井号	深度,m	C_1,%	C_2,%	C_3,%	iC_4,%	nC_4,%
东河 20	5411	0.5	0.03	0.01	0.004	
羊塔 1	5339	5.6	3.1	0.18	0.18	

表 17 – 4　东河 20 与羊塔 1 井气测录井参数值与油气性定性解释表

井号	深度,m	Wh	Bh	C_1/C_4	$(C_1+C_2)/C_{2+}$	解释结论
东河 20	5411	8.08	37.86	125	12	凝析气层
羊塔 1	5339	38.19	24.17	31.1	2.51	油层

东河 20 井 5411m 层段的气测录井组分数据与参数值如表 17 – 3 和表 17 – 4 所示,各参数特征值为湿度比 8.08,平衡比 37.86,湿度比小于平衡比。根据图 17 – 7 的解释流程图,然后结合 $(C_1+C_2)/C_{2+}=12>10$ 且 $C_1/C_4<280$ 的情况,判定该层段为凝析气层。同样的过程应用于羊塔 1 井,该井 5339m 层段的气测录井组分数据与参数值如表 17 – 3 和表 17 – 4 所示。湿度比为 38.19,平衡值为 24.17,湿度比大于平衡比,$C_1/C_4=31.1$,$(C_1+C_2)/C_{2+}=2.51$,根据图 17 – 9 中的判识过程,可判定该层段为油层。

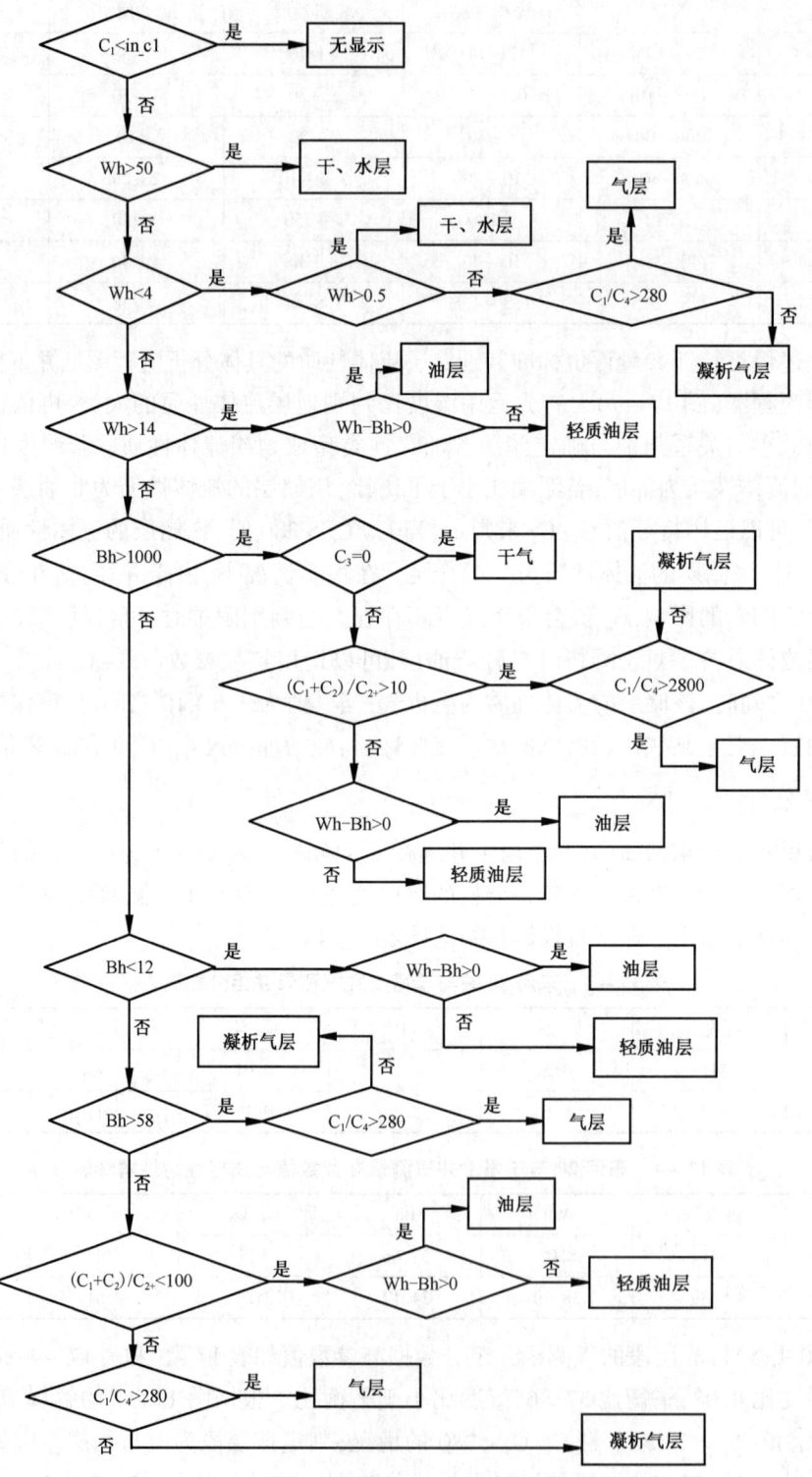

图 17-7 储层含油气性气测定性解释流程图

二、岩石热解方法的技术应用与实例分析

岩石热解录井方法主要应用于储层含油性的评价与原油密度的预测,下面将主要从这两方面分别进行介绍。

1. 储层含油性热解评价

油层、气层、水层等是在油气勘探过程中,根据试油结果即储层的产能、产状、油气水的产出比例而得出的结论。油气水层解释评价是油田勘探开发系统工程中的一个重要环节。新钻一口井,地质家们就想知道,它有多少个含油气储层,含油气性怎么样,产油产气性怎么样,能产出多少液量,也就是通常所说的"是什么,有多少,产液性,产出量"。油气水层解释工作就是要解答这些问题的。油层中气态烃(S_0)、液态烃(S_1)和热解烃(S_2)含量较高,而水层则相反。利用油显示分析参数与储层含油性的关系可判别地层的含油级别,从而确定油藏的油水界面。液态烃(S_1)和热解烃(S_2)可直接反映储层中液态烃与热解烃的多寡,含油级别越高,两参数越高。

潘志清、梅博文等(1997)利用塔里木盆地大量储层实测参数编制了S_1和S_2划分油气水层的图版(图17-8)。产油潜量$P_g(S_0+S_1+S_2)$是用以直接判断油气显示与划分含油气等级的重要参数,其量纲以 mg/g(烃/岩石)表示。潘志清、梅博文等(1997)在研究塔里木盆地大量油藏实例的基础上,应用产油潜量P_g与油质系数TPI,并借鉴试油结论,编制了P_g和TPI关系图。从图17-8与图17-9中可以看出,不同含油级别的储层具有不同的参数分布特征,据此,可以建立塔里木盆地含油性的热解评价标准(表17-5)。

表17-5 塔里木盆地储层含油性热解评价标准(据潘志清、梅博文等,1997)

储层性质	S_1,mg/g	S_2,mg/g	P_g,mg/g	TPI
凝析油气层	>0.4	>0.1	>0.5	>0.78
油层	>8.5	>4.0	>12.5	0.55~0.80
差油层或油水同层	5~8.5	>2.0	7~12.5	0.45~0.80
含油水层	2~5	1~2	3~7	0.40~0.80
干层或水层	<2.0	1.0	<3.0	<0.75

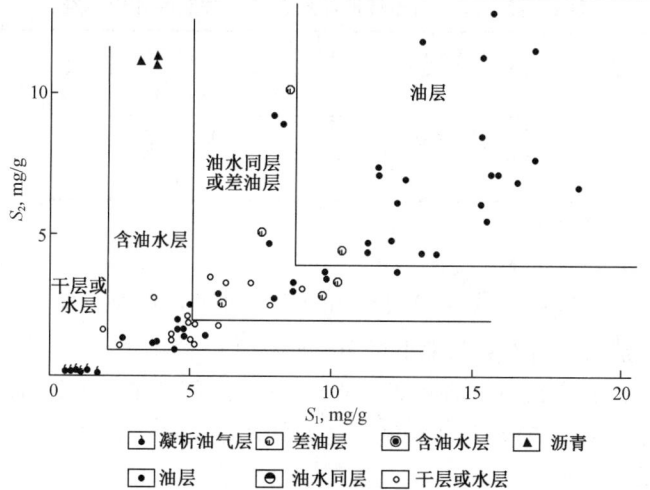

图17-8 应用岩石热解参数S_1和S_2划分塔里木油田油层与水层(据潘志清、梅博文等,1997)

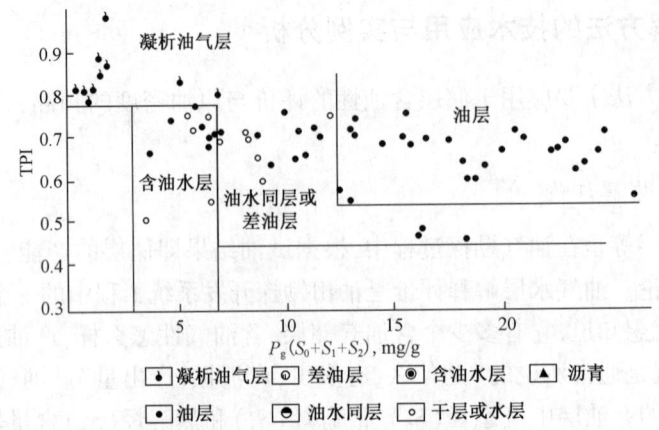

图 17-9　应用岩石热解参数 P_g 和 TPI 划分塔里木油田油层与水层

（据潘志清、梅博文等，1997）

张敏等（2003）分析了辽河油田金马地区 18 口井稠油储层岩心热解资料和试油结果，同样根据油层液态烃（S_1）、热解烃（S_2）与产油潜量 P_g 值较高，而水层或干层 S_1、S_2 与 P_g 值较低的特征，建立了辽河稠油储层含油性热解评价标准（表 17-6）❶。该标准与塔里木油田划分油水层的标准存在差异，对于辽河稠油层，上述 3 个热解参数值明显要高。

表 17-6　辽河油田稠油储层含油气性热解评价标准

储层性质	S_1, mg/g	S_2, mg/g	P_g, mg/g
油　层	>25	>10	>35
油水同层	25~20	>10	30~35
干层或水层	<20	<10	<30

在热解数据评价油水层时，不仅需要考虑油田之间的差异，而且由于不同密度性质之间的原油组成的较大差异性，热解评价标准也存在明显不同。张敏等（2003）同样利用辽河油田的稀油储层岩石热解评价资料和试油结果，建立了辽河油田稀油储层含油性热解评价标准（表 17-7）。

表 17-7　辽河油田稀油储层含油气性热解评价标准

储层性质	S_1, mg/g	S_2, mg/g	P_g, mg/g
油　层	>2.0	>1.0	>3.0
油水同层	0.5~2.0	0.5~1.0	1.0~3.0
干层或水层	<0.5	<0.5	<1.0

2. 原油密度预测

如第三章所述，热解参数中的 S_0、S_1、S_2 和 S_4 分别代表着地下储层烃类中的不同组成。因此，储层含油性的热解分析参数与地下烃类性质存在内在联系。

为了建立 Rock-Eval 参数与原油密度（20℃，下同）之间的定量关系，通过对已知密度的原油进行热解，探讨油质系数（TPI）与实测密度之间的对应关系（表 17-8、图 17-10）。正如前

---

❶ 张敏等，《真实岩心水驱油、化合物驱油模拟实验》，内部报告，2003。

文所述,不同密度的原油,其 S_0、S_1、S_2 相对组成差异明显。凝析油油质最轻,S_1 占总组成 ($S_0+S_1+S_2$) 的70%以上,而 S_2 仅为16%;轻质油 S_1 含量为60%左右,低于凝析油,而 S_2 含量为17%;中质油 S_1 含量明显减少,仅为50%左右,而 S_2 占总组成的比例显著增大,高达40%左右;重质油和稠油 S_1 值小于 S_2 值,两者分别为40%和60%左右。综上所述,由凝析油至重质油、稠油,S_1 的相对含量逐渐减小,而 S_2 的含量依次增大,其 TPI 值也有规律地由高向低变化。

表17-8 原油热解参数表

井号	井深,m	层位	原油密度 g/cm³	S_0,%	S_1,%	S_2,%	TPI	原油类型
JL105	4337~4341	T	0.7561	12	72	16	0.89	凝析油
YM7	4690~4700	E	0.799	15	70	15	0.855	凝析油
LN51	4616~4621	T	0.803	10	67	17	0.762	中质油
LN44	4763~4769	T	0.8335	9	57	35	0.693	中质油
LN14	4610~4625	T	0.8379	13	53	34	0.658	中质油
LN2	4878~4890	T	0.838	8	57	35	0.648	中质油
LN14	5274~5363	C	0.8461	2	62	36	0.638	中质油
LN4	4787~4793	T	0.8464	2	57	41	0.586	中质油
DH1	5673~5783	C	0.8547	9	48	53	0.572	中质油
LN10	4722~4754	T	0.8606	3	53	46	0.564	中质油
LN1	4744~4847	T	0.8798	6	49	45	0.551	中质油
LN2	4499~4528	J	0.8919	7	48	45	0.547	中质油
YM1	5372	O	0.9546	2	42	56	0.449	稠油
YM1	5355~5379	O	0.9657	2	39	59	0.405	稠油

图17-10是利用数理统计的方法回归原油密度与 TPI 值之间的相关性,结果表明两者之间具有极好的负相关,相关系数 $R=-0.94$。即随着 TPI 值的增加,S_0 和 S_1 值增大,S_2 值变小,油质变轻,反之则相反。上述事实有力地证实了所提出的利用油质系数(TPI)来预测原油密度的合理性和正确性。此外,Basrin 等(1993)用储油岩中三氯甲烷抽提物"沥青"实测密度和"沥青"热解参数(S_1/S_2)两种方法来预测储油岩中原油的密度,对比结果表明实测沥青密度与原油密度相关性差,相关系数 $R=0.68$;而"沥青"热解参数预测的密度与实际原油密度极其吻合,两者相关系数 $R=0.95$。这些实例表明,利用储油岩抽提物沥青热解参数来预测储油岩的原油密度更加符合实际情况。

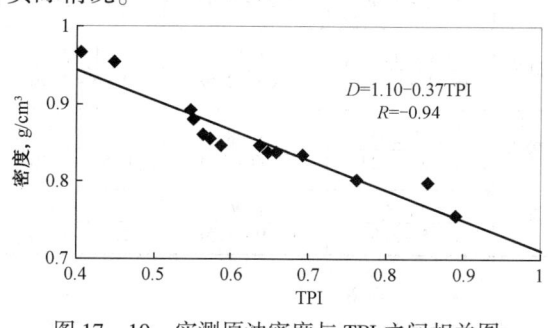

图17-10 实测原油密度与 TPI 之间相关图

有鉴于此,通过对比实验,即用全岩热解资料和用三氯甲烷抽提样所获得"沥青"热解资料进行比较。结果发现,利用上述两种方法分析获得的 TPI 值相差甚微,这说明两种方法具有较好的可比性。故此,利用全岩热解对储油岩原油性质进行预测是一种既方便、简捷,又经济实用的方法,在油气勘探与开发研究领域中具有广阔的应用前景。

纵观上文的分析与讨论,可以认为,利用热解参数进行储油岩原油性质预测是一种行之有效的方法,那么如何预测呢?综合考察塔里木盆地不同地区、不同层位 2 万多个油砂热解资料,从中可以筛选出十几个典型油层剖面(表 17-9),建立了塔里木盆地储油岩原油密度的预测模式及预测公式❶。

首先,计算各储油岩热解所获得的平均油质系数,并与该层段实际原油密度建立相应关系(图 17-11)。其次,利用计算机进行回归得出方程:

$$D = 1.27 - 0.59\,TPI \qquad 相关系数\ R = -0.98 \tag{1}$$

式中　D——在地表条件下 20℃时测得的原油不同密度;

　　　TPI——该测试井段的平均油质系数。

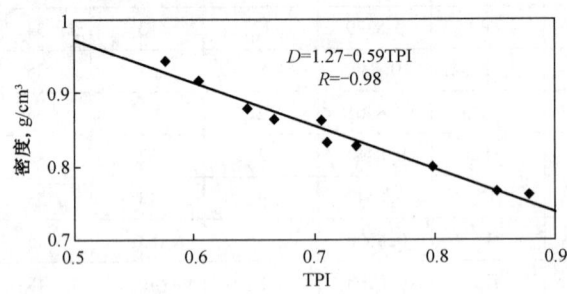

图 17-11　平均油质系数与对应井段原油密度之关系图

由方程(1)可知,预测的原油密度应与油质系数成反比关系,即凝析油 TPI 值大,而重质油 TPI 值小。

表 17-9　储油岩热解参数表

井号	井深,m	层位	岩性	S_1 mg/g	S_2 mg/g	S_4 mg/g	TPI	原油密度 g/cm³
YM701	4661~4685	E	砂岩	1.17(21) / 0.50~2.14	1.16 / 0.03~0.40	0.38 / 0.10~1.24	0.879 / 0.824~0.971	0.7615
YH701	4690~4697	E	砂岩	0.29(8) / 0.17~0.43	0.05 / 0.01~0.08	0.81 / 0.45~1.05	0.852 / 0.814~0.913	0.7659
YH2	5064~5108	E	砂岩	1.62(10) / 1.02~1.99	0.41 / 0.29~0.49	3.95 / 2.25~5.52	0.798 / 0.778~0.802	0.7995
LN57	4337~4352	T	砂岩	3.02(11) / 0.94~13.25	1.10 / 0.05~2.98	1.75 / 0.66~2.96	0.734 / 0.693~0.792	0.8284
TZ4	3597~3007	C	砂岩	2.64(20) / 1.69~4.23	1.08 / 0.60~2.0	1.10 / 0.57~1.40	0.710 / 0.661~0.740	0.8320
DH1	5726~5746	C	砂岩	2.54(8) / 1.35~3.88	1.06 / 0.49~1.58	5.16 / 2.07~7.46	0.705 / 0.681~0.711	0.8629

---

❶ 金迪威等,《地化录井在塔里木油气勘探中的应用研究》,内部报告,2003。

续表

井号	井深,m	层位	岩性	S_1 mg/g	S_2 mg/g	S_4 mg/g	TPI	原油密度 g/cm³
DH4	6068～6085	C	砂岩	$\frac{8.22(14)}{4.17\sim21.08}$	$\frac{4.10}{2.42\sim6.04}$	$\frac{3.38}{1.78\sim9.60}$	$\frac{0.667}{0.603\sim0.727}$	0.8647
DH1	5810～5819	C	砂岩	$\frac{7.89(12)}{4.48\sim13.33}$	$\frac{4.36}{0.84\sim6.63}$	$\frac{10.09}{3.98\sim14.51}$	$\frac{0.644}{0.601\sim0.695}$	0.8778
TZ401	3712～3720	C	砂岩	$\frac{3.88(8)}{2.57\sim6.12}$	$\frac{2.53}{1.91\sim5.11}$	$\frac{1.03}{0.69\sim1.68}$	$\frac{0.605}{0.545\sim0.665}$	0.917
LN23	4642～4651	T	砂岩	$\frac{8.91(10)}{3.83\sim14.53}$	$\frac{6.52}{2.39\sim11.93}$	$\frac{11.13}{3.71\sim25.44}$	$\frac{0.577}{0.551\sim0.632}$	0.9439

注：表中数字格式为 $\frac{平均值(样品数)}{分布范围}$。

虽然方程(1)是利用实测原油密度与油质系数建立的关系，但实质上是对塔里木盆地2万多个岩石热解参数进行数理统计的结果。因此，当获得岩石热解的油质系数时，便可以根据方程(1)来预测储油岩原油的密度，该密度相当于在地表20℃下测量的结果。综上所述，可以有效地利用油质系数、轻重比、重烃系数来快速地预测储油岩的原油密度。目前，人们最常用油质系数(TPI)来预测储油岩的原油密度，并收到令人满意的效果。

3. 原油黏度预测

原油的黏度是评价原油流动性的参数。McCaffrey(1996)认为，原油的黏度与原油的密度密切相关，原油黏度的对数与原油的API度呈线性负相关，同时原油的黏度也与原油的族组成和生物标志化合物的相对组成相关。张敏等(1997)认为，原油的黏度受其本身化学组成的影响较大。对原油黏度与族组成、生物标志化合物的分布和芳烃参数等关系的详细研究表明，黏度与原油的族组成有很大关系；黏度的对数与饱和烃含量成反比关系，而与非烃的含量成正比关系。此外，原油的黏度还与原油的生物降解作用相关。原油的生物降解作用能加大原油密度，提高原油黏度。一般来说，生物降解级别越低，原油黏度越低；反之，生物降解级别越高，原油黏度越高。研究表明：在原油降解不太强烈的情况下，原油黏度与$(Pr+Ph)/(nC_{17}+nC_{18})$呈线性正相关，原油黏度越大，$(Pr+Ph)/(nC_{17}+nC_{18})$越大；同时，原油的黏度还与$(nC_{17}+nC_{18})/C_{30}H$负相关，原油黏度越大，$(nC_{17}+nC_{18})/C_{30}H$越小（图17-12）。在藿烷系列中，原油的黏度与25-降三升藿烷(22R)/三升藿烷的比值呈线性相关，其相关系数达0.88，而与25,30-双降藿烷/30-降藿烷的值相关系数达0.82(McCaffrey等,1996)。

图17-12的方法主要与不同程度的生物降解原油有关。在原油不存在生物降解作用时，用类似于预测原油密度D值的方法预测原油黏度可能更具普遍意义。

三、气相色谱方法的技术应用与实例分析

国内外大量地球化学学者根据罐顶气轻烃的组成，建立了许多的地球化学指标与参数进行储层烃类流体性质的判断。20世纪末期，大量的罐顶气轻烃录井方法在塔里木盆地应用开来，获得了超过5000多个罐顶气轻烃组成数据，将此数据与试油、测井等资料对比研究，研究者提出了下面一系列用于判断含油气层的轻烃指标。

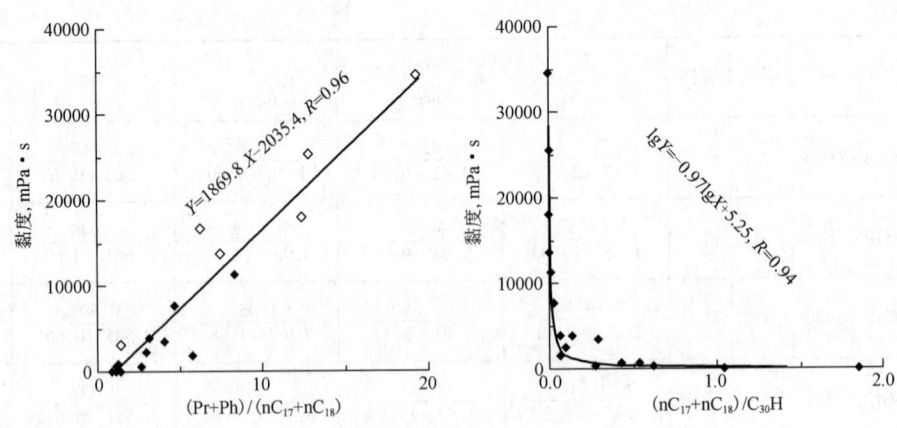

图 17-12　原油黏度与饱和烃参数 $(Pr+Ph)/(nC_{17}+nC_{18})$、

$(nC_{17}+nC_{18})/C_{30}H$ 关系图（据赵红静等，2004）

1. 轻烃含量与相对组成指标

全烃含量是指罐顶气中顶部空间体积内 C_1—C_7 烃类浓度的总和。该值越大，反映地下储层中所含烃类浓度越高，它是判断油气显示的主要指标之一。

C_1、C_2—C_4、C_5—C_7 相对组成可用于判断储层流体属性：油质越轻，C_1 和 C_2—C_4 含量越高；反之，C_5—C_7 含量越高。气层或轻质油层的 C_1 含量大于 90%，而 C_5—C_7 含量低，纯甲烷气层几乎不含 C_5—C_7 烃类，油层显示层位 C_5—C_7 含量较高，常大于 10%，非油气层显示（干层或水层）不含 C_5—C_7 烃类。因此，这里用 $(C_5$—$C_7)/(C_1$—$C_4)$ 指标来反映储层流体特征。

2. iC_4/nC_4、iC_5/nC_5 指标

这两个指标反映同一油藏内不同流体性质。气层和凝析油气层中这两个比值比较高，水层和含油水层其值较低，而油层显示介于两者之间。图 17-13 反映了不同流体性质储层 iC_4/nC_4 与 iC_5/nC_5 变化，储层中烃类轻质组成越多，两参数值越高。

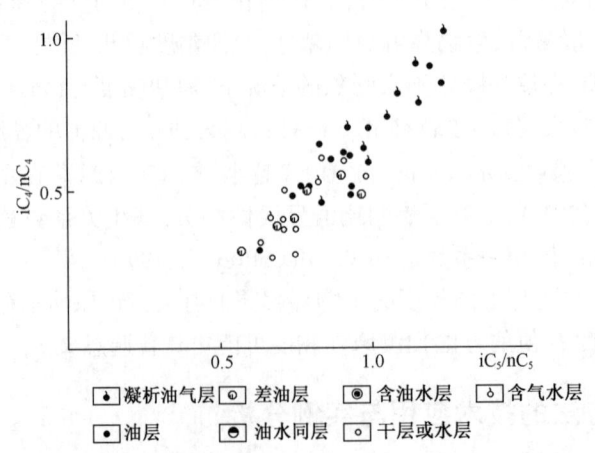

图 17-13　罐顶气轻烃 iC_4/nC_4 与 iC_5/nC_5 关系图

3. 烃类特征值

国外学者提出了一种评价钻井液气显示的方法，分别用烃类特征值 Wh、Bh 和 Ch 来表示。通过潘志清等(1997)对塔里木盆地罐顶气轻烃资料进行总结,上述3个指标同样适用于罐顶气轻烃判断油气显示,只是对油气层的划分界线有所区别。这3个指标计算公式如下:

$$Wh = (C_2 + C_3 + C_4 + C_5)/(C_1 + C_2 + C_3 + C_4 + C_5) \times 100\%$$

$$Bh = (C_1 + C_2)/(C_3 + C_4 + C_5)$$

$$Ch = (C_4 + C_5)/C_3$$

Wh 是 C_2—C_5 烃类与 C_1—C_5 烃类之比,亦称湿度比,它的大小是烃密度的近似值,它是指示油气基本特征指标。

Bh 称为平衡比,用来识别煤层效应,因为煤系地层中含大量 C_1 和 C_2,因此,利用该指标可以把煤层气显示和油显示区分开。

Ch 称为烃类特征比,它可以用来解释介于油气之间的一类模糊显示。

4. C_6—C_7 烃类指标

C_6—C_7 烃类指标主要有正庚烷值(H)、异庚烷值(I)、MT7 和 MCHI 等指标(参见第十二章第四节),其表达式如下:

H = 正庚烷/(环己烷 + 甲基己烷 + 2,3 - 二甲基戊烷 + 二甲基环戊烷 + 正庚烷 + 甲基环己烷) × 100%

I = (2 - 甲基己烷 + 3 - 甲基己烷)/(1,3 顺 - 二甲基环戊烷 + 1,3 反 - 二甲基环戊烷 + 1,2 反 - 二甲基环戊烷)

MT7 = (二甲基戊烷 + 甲基己烷 + 三甲基丁烷 + 正庚烷)/(二甲基环戊烷 + 甲基环己烷)

MCHI = 甲基环己烷/(二甲基环戊烷 + 正庚烷 + 甲基环己烷) × 100%

以上指标,特别是正庚烷值与异庚烷值,一直是油气地球化学研究的重要指标,在地球化学录井中它们也是划分油气水层的重要指标。因为如果储层中存在具有开采价值的石油,那么必然存在 C_6—C_7 烃类的化合物,而干层和水层通常只有低分子的烃类(如甲烷、乙烷等),不存在 C_5—C_7 烃,因此,只要这些指标分布在油气层范围内,就可以判断该储层为含油气显示。

将上述指标结合起来,可以对各种不同类型的油气水层作出正确的结论,潘志清等(1997)分析了塔里木盆地5000多个罐顶气轻烃的组成,提出了塔里木盆地油气层轻烃判断标准(表17-10)。例如,气层的典型特征是全烃和甲烷含量高,通常全烃大于50000μL/L,甲烷含量大于90%(表17-10),几乎不含 C_5—C_7 重烃。应用 Wh 和 Bh 可以区别出干层与产层。如果 Wh < 0.5,Bh > 100,表明该层段只有非常轻的干气,没有生产能力。如胜利1井4600m 和5037m 两段,尽管全烃含量高达266494μL/L 和67222μL/L,但是 Bh 值很高(分别为2257 和4800),超出了产层范围,说明这两层为干气层,不具有产能。其他含油气类型的判别见表17-10。

应用以上储层罐顶气轻烃指标评价标准,潘志清等(1997)对塔里木盆地61口探井134层储层进行了判断,其结果与试油结果对比,符合率达到89.3%。例如,英买7井4670~4725m 井段,岩性为灰白色粉砂岩,全烃含量为11763~42462μL/L,其中 C_1 占 80.7%~84.83%,C_2—C_4 占 13.18%~15.69%,重烃含量相对较低,C_5—C_7 仅占 2.0%~4.55%,iC_4/nC_4 为 0.7~0.78,H 为 27.77%~28.74%,根据上述的轻烃评价标准,将该井段判断为凝析油气层(或轻质油气层)。试油结论证实该井段为高产凝析油气层。

表 17-10　储层含油气性罐顶气轻烃指标评价标准(据潘志清等,1997)

储层	总烃 μL/L	C_1,%	$\frac{C_5-C_7}{C_1-C_4}$,%	iC_4/nC_4	h	MCHI	Wh	Bh	Ch
气层	>50000	>90	<0.5	不定	0	0	0.5~20	Wh<Bh<100	不定
凝析油气层或轻质油气层	>20000	>80	0.5~10.0	>0.6	10~60	10~50	5~20	Bh>Wh	<1.5
油层	>10000	10~80	>5.0	0.45~0.8	10~60	10~50	20~60	Bh<Wh	>1.5
油水同层或含油水层	>5000	10~80	>5.0	0.4~0.8	10~60	10~50	20~100	Bh<Wh	>0.5
干层或水层	<5000	不定	0	>1.5 <0.4	0	0	>4.0 <0.5	>100	0

Maness、Price(1977)根据储层岩石热解色谱(PY-GC)中 C_5-C_{35} 的指纹特征判识储层流体的类型(水层、气层、凝析气层和油层)(图 17-14)。

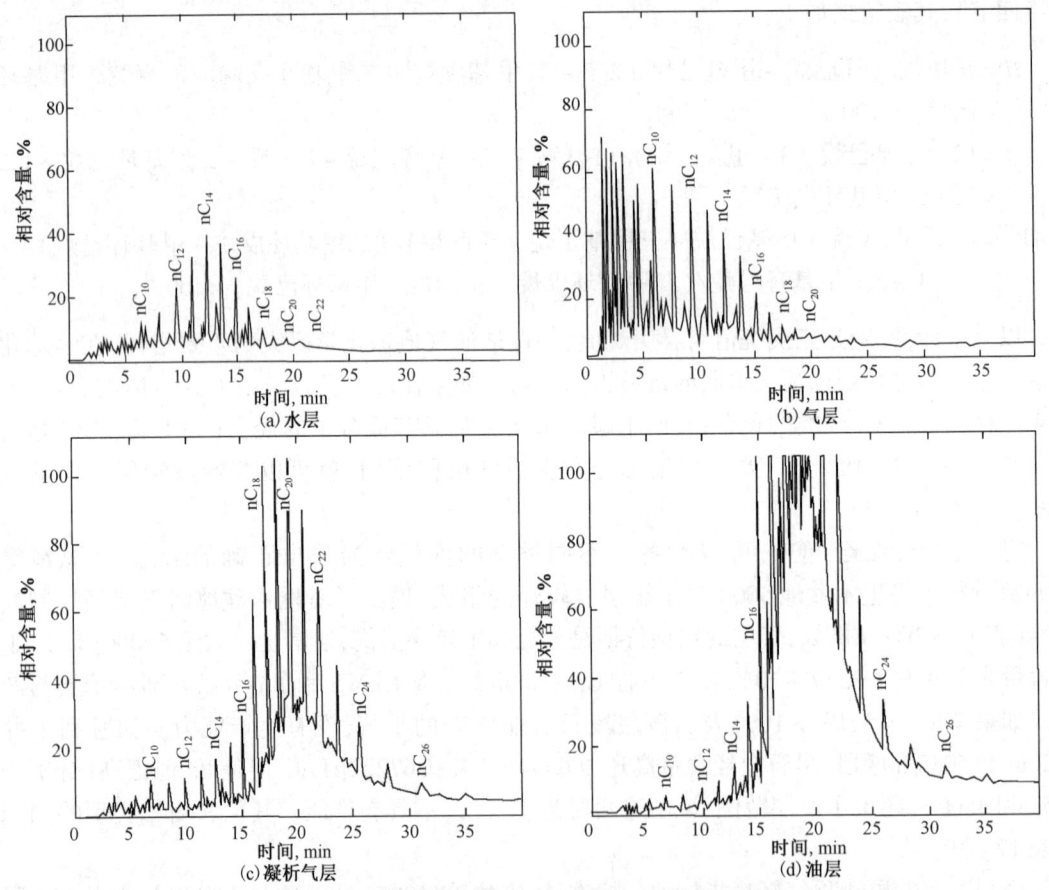

图 17-14　油层、凝析气层、气层和水层储层热解色谱图(据 Maness、Price,1977)

四、地球化学录井技术在非常规油气评价中的应用潜力

1. 常规录井技术的应用

从原理上讲,上述地球化学录井技术也可以用于生储一体的页岩含油气性质及含量的评

价。如利用气测录井技术,可以在一定程度上判定页岩中含气量的多寡;利用气相色谱录井技术可以判断页岩中油气的大概组成;利用岩石热解地球化学录井获得的 S_0、S_1、S_2 和 T_{max} 等岩石热解基础参数,可以判别页岩中有机质的丰度、类型、成熟度,进一步推断含油气性质和数量。结合常规地质录井资料、地震资料,可以作出不同层位的烃源岩等厚图、有机碳含量等值线图、成熟度分布图,从而为页岩油气勘探的井位部署及选层提供基础资料。

但评价的标准有待进一步探讨和厘定。如应用岩石热解分析资料评价页岩油气时不能按照常规储层解释模式进行评价,因为此时页岩不仅仅是储层,同时也为生烃层,其岩石热解参数 S_0、S_1、S_2 中还包括烃源岩未成烃的有机质的热裂解。

同时,将上述技术应用于页岩油气评价时,还有一些难题有待解决。如非常规的页岩油气通常采用长位移水平井进行开发,页岩地层井壁容易失稳;为了钻井安全及提速的需要,常采用油基钻井液钻井,这将严重影响相关资料完整的录取与解释评价。如何利用有效的手段消除油基钻井液对气测录井的"污染"是需要重点解决的问题。另外,气测录井主要测量的是游离气,对页岩气而言,其中所含有的大量吸附气如何反映尚没有有效的解决方案。

随着录井技术在非常规油气勘探开发中的逐渐应用,一些非常规油气地球化学录井新方法与技术正在逐步发展、建立。

2. 元素化学地层剖面的建立与应用

地层中岩石及其元素含量的检测与评价是页岩油气层研究领域的重要内容之一,在化学地层评价、沉积环境识别、应力环境描述、水平井地质导向、压裂改造选层等方面具有重要作用。国外三大服务公司都有各自的测录井商业化产品,如斯伦贝谢公司的 ECSTM 元素俘获能谱测井仪、哈里伯顿公司用于井场地层化学服务的地层元素测井仪和激光诱导击穿光谱仪、贝克休斯公司的地层岩性测井仪等。这些仪器在页岩油气领域发挥了突出的作用(王志战等,2013)。元素录井具有全井段分析(有的页岩油气水平井水平段不测井)、采集元素种类多、成本低等优势,是页岩油气低成本勘探开发战略的必要配套技术之一。

3. 核磁共振录井技术

如前所述,对于自生自储的页岩油气及采用油基钻井液钻取的岩屑,上述传统的地球化学录井技术有一定的不适应性。为了快捷、准确识别孔隙流体,目前一些录井公司正在开展多维核磁共振录井技术研究,在提高回波间隔、磁场强度的基础上,实现纳米级孔隙中孔隙流体的分布及饱和度评价(王志战等,2013)。对多维核磁共振分析技术进行实验研究,达到在 T_2—D 谱上完全识别油、气、水信号的水平,并建立相应的油水饱和度计算方法。配套完善页岩气录井实验技术,包括页岩气现场测试仪、页岩气等温吸附仪、变温变压多维核磁共振分析仪等。

4. 地层可压性评估

地层可压性的大小对于页岩油气的开发至关重要。目前,地层可压性更多的是依赖地球物理测井资料,但通过对录井资料的精细分析,可以开展地层可压性评估。通常情况下,烃类气体含量高、可钻性好的地层脆性矿物含量高、微裂缝相对发育、物性相对较好,可作为射孔压裂优选层段。通过钻时、钻压、密度、黏度、转速、气测、岩石热解与定量荧光等参数确定录井物性、可钻性、含油性显示曲线,结合相关物性分析参数的标定,可以进行地层可压性评估(方锡贤等,2013)。国内已有技术研究人员进行这方面的攻关,并取得一定的成果,主要存在的问题是涉及的参数少且定量化及标准化程度有待加强。

本章小结

1. 将一些能够快速检测储层中油气含量、性质的测试技术应用于随钻录井中,如气测录井技术、岩石热解录井技术和气相色谱录井技术等,逐渐形成了地球化学录井技术方法。

2. 气测录井技术通过分析测得的 C_1、C_2、C_3、iC_4、nC_4 组分参数进行组合和派生,得到一系列能够描述储层流体性质的参数,如平衡比$(C_1+C_2)/(C_3+C_4)$、湿度比$(C_2+C_3+C_{4+})/\Sigma C$、干燥系数 $C_1/(C_2+C_3+C_4)$、$(C_1+C_2)/C_{2+}$、C_1/C_4、C_2/C_3、C_1/C_2 等,通过上述参数的不同区间分布值可判定储层流体性质。

3. 岩石热解录井技术主要通过不同的热解参数级别来划分储层的含油含气性,根据不同地区的试油结果,建立起划分模板,然后在该地区推广应用;同时也可以建立热解参数与原油密度、黏度之间的定量数学关系,从而实现对原油密度、黏度的预测,这有助于产能的评价和预测。

4. 气相色谱录井技术分为热蒸发烃色谱录井与轻烃气相色谱录井。利用热蒸发烃色谱展现出的组分分布特征和组分丰度,以及组分相互之间的比值作为特征参数,研究油、水层这些参数的差异,从中筛选出有效的判别油、水层的指标。按照油层中原油性质的不同,油层热蒸发烃色谱分布特征也不尽相同。轻烃气相色谱录井方法多是利用罐顶气轻烃组分组成特征以及单个化合物之间的相对组成比值分布,进行储层流体性质的精细评价。

5. 录井技术具有在非常规油气评价中应用的前景,但评价标准有待探索,也需要发展、完善一些新的非常规油气地球化学录井技术。

思 考 题

1. 主要的地球化学录井(气测录井、岩石热解录井、色谱录井)判识储层流体性质的原理和依据是什么?

2. 如何建立主要地球化学录井技术判识含油气性质的标准?标准受哪些因素的影响?为什么?

3. 由地球化学录井资料预测原油密度、黏度的依据是什么?某一地区建立的预测模型能否应用到其他地区?为什么?

4. 三种主要的地球化学录井技术所得到的结果有何内在关系?

第十八章* 非常规油气地球化学

过去一百多年的油气勘探和开发主要是针对常规油气资源进行的。作为不可再生的一次性能源,随着经济和社会的发展对能源需求的日益攀升和常规油气资源的不断消耗,油气供需矛盾一度十分突出。2008年国际油价高涨到100美元/bbl以上,曾经一度接近150美元/bbl,就是这一矛盾的体现。因此,包括致密油气、页岩油气、煤层气等在内的非常规油气资源越来越受到人们的重视。2008年之后国际油价的暴跌,其实就与美国的页岩气革命所导致的油气供给量增大有很大关系。但随着常规油气资源的被大量开发利用而逐步枯竭,非常规油气的勘探开发将是油气工业的必然之路、必由之路。非常规油气涉及的面很广,本教材主要从与地球化学相关的角度给予简介。

第一节 非常规油气概述

一、非常规油气的概念和内涵

非常规油气是指用传统技术无法获得自然工业产量、需用新技术改善储层渗透率或流体黏度等才能经济开采、连续或准连续型分布的油气资源。非常规油气有两个关键标志:(1)油气大面积连续/准连续分布,圈闭界限不明显;(2)无自然工业稳定产量。非常规油气的两个关键参数为:(1)孔隙度小于10%(也有学者定义为12%);(2)覆压渗透率小于0.1mD(空气渗透率1mD,或孔喉直径小于1μm)。非常规油气主要地质特征表现为源储共生/紧邻,盆地斜坡、中心大面积分布,圈闭界限不明显,储量丰度低(邹才能等,2014)。非常规油气埋藏、赋存状态与常规油气资源有较大的差别,开发难度大、成本高。非常规油气处于能源金字塔的底层,资源品位低,但总量大(图18-1),主要包括致密油气、页岩油气、煤层气、重(稠)油、油砂、油页岩、天然气水合物等。

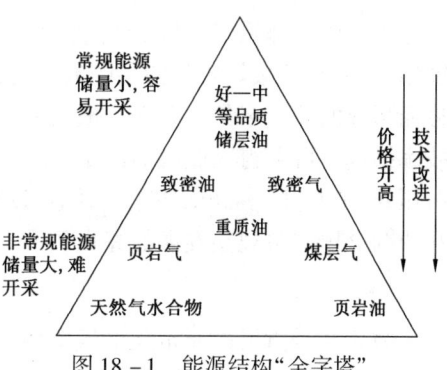

图18-1 能源结构"金字塔"

Harris Cander(2012)提出了一个反映内涵的定义图版,它主要考虑储层的物性和流体的黏度。将油气田的这两个参数投在黏度和渗透率双对数坐标图(图18-2)上可以看到,常规油气都落在图版的右下方,与流体相态无关;而非常规资源,由于渗透率与黏度的比值较低,都落在图版的左边和上方。由此出发,非常规油气可被定义为通过技术改变岩石的渗透性或流体黏度,使得油气藏的渗透率与黏度的比值升高,进而能获得工业产能的资源。

因此,非常规油气有两层含义:要么是非常规储层(低渗,通常也低孔),要么是非常规流体(高黏)。前者包括致密(砂岩、石灰岩)油气、页岩油气、煤层气;后者包括重(稠)油、油砂、

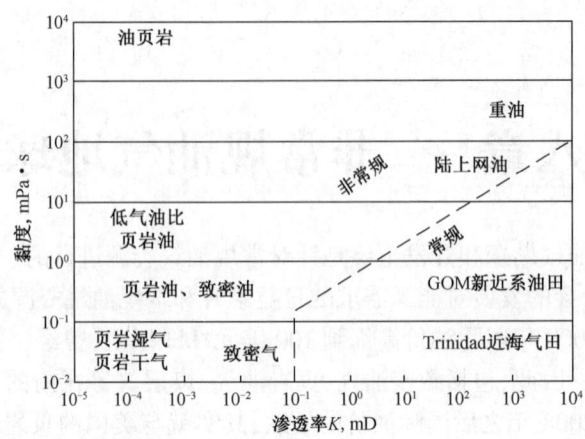

图 18-2 由储层渗透率—流体黏度定义常规—非常规油气资源

天然气水合物。油页岩既是非常规储层,也是非常规流体(主体是未降解的干酪根,非流体)。成熟度不高的页岩油黏度一般也较高。

由于非常规资源通常资源丰度低,一般需要较大的规模才有工业意义,因此,这就客观上要求其大面积连续/准连续分布。

21 世纪以来,在纳米级孔喉系统储层"连续型"油气聚集地质理论创新、水平井规模压裂"人造渗透率"等科技创新的推动下,全球非常规油气勘探开发取得一系列重大突破,特别是美国的致密油气、页岩气、煤层气,加拿大的油砂,委内瑞拉的重油,发展非常迅速,导致全球非常规油气产量大幅度增长。

二、非常规油气的主要类型及资源潜力

1. 致密油气

致密油气即致密储层油气,是指储集在覆压基质渗透率≤0.1mD(空气渗透率 1mD)的致密砂岩、致密碳酸盐岩等储层中的油气;它们一般与优质烃源岩互层或紧邻,是未经长距离运移而形成的油气聚集。单井一般无自然产能或自然产能低于工业下限,但在一定经济条件和技术措施下可获得工业石油产量(邹才能等,2014)。通常情况下,这些措施包括酸化压裂、多级压裂、水平井、多分支井等。目前,致密气已成为全球非常规油气发展的重点之一,致密油正在成为全球非常规油发展的亮点领域。

1) 致密气

致密气是重要的非常规油气资源类型之一。全球已发现或预测发育致密气的盆地有 70 个。不同机构和学者预测的资源量虽然有差别,但总量巨大。全球致密气技术可采资源量高达 $110 \times 10^{12} m^3$ (IEA,2009) ~ $428 \times 10^{12} m^3$ (Aguilera,2008)。美国 2012 年致密气产量就已达 $1800 \times 10^8 m^3$,占美国天然气总产量的 26%(魏国齐等,2016)。

中国致密气资源也非常丰富,具有良好的发展前景。2015 年,经国土资源部组织评估,我国致密气的资源量为 $32.9 \times 10^{12} m^3$(康玉柱,2016)。据中国工程院评价,我国致密气技术可采资源量 $(9 \sim 13) \times 10^{12} m^3$,约占全国天然气可采资源量的 22%。全国最大的苏里格气区,2013 年探明和基本探明的地质储量已达 $3.9 \times 10^{12} m^3$,年产量已达 $212 \times 10^8 m^3$,约占新增探明天然气储量的一半。中国 2013 年致密气产量达到 $340 \times 10^8 m^3$,形成鄂尔多斯盆地苏里格、四

川盆地须家河两大致密气产区。塔里木、吐哈、松辽、渤海湾等盆地也实现了致密气勘探的突破,成为增储上产的重要领域(邹才能等,2014)。

2)致密油

2013年,美国能源信息署(EIA)预测全球致密油可采资源量为$473 \times 10^8 t$,主要集中在北美、亚太、中亚—俄罗斯、拉丁美洲等四大地区,可采资源量分别为$110 \times 10^8 t$、$107 \times 10^8 t$、$104 \times 10^8 t$和$82 \times 10^8 t$,占全球致密油可采资源量的85%。借鉴页岩气开发技术与经验,美国实现了致密油勘探开发突破,先后发现巴肯(Bakken)、鹰滩(Eagle Ford)、尤蒂卡(Utica)等主要致密油/页岩油产层,展示出良好的发展前景(EIA,2012,2013)。目前美国已发现致密油/页岩油盆地19个,2013年产量已达$1.4 \times 10^8 t$,约占美国石油总产量的28%(邹才能等,2014)。

中国致密油分布广泛,类型多,具有广阔的勘探前景。陆上主要盆地致密油分布面积达$50 \times 10^4 km^2$,地质资源量$120 \times 10^8 t$,技术可采资源量约为$(20 \sim 25) \times 10^8 t$(邹才能等,2014)。在松辽盆地白垩系致密砂岩、鄂尔多斯盆地中生界致密砂岩、四川盆地川中侏罗系致密灰岩、渤海湾盆地沙河街组湖相碳酸盐岩、准噶尔盆地二叠系云质岩、酒泉盆地白垩系泥灰岩等地层发现了丰富的致密油资源,具有广阔的勘探前景。康玉柱(2016)认为我国致密油的资源量可达$146.6 \times 10^8 t$。

2. 页岩油气

页岩油气是指赋存于以暗色富有机质泥页岩或以泥页岩为主的层系(含粉砂岩、碳酸盐岩等薄夹层不超过1/3)中,以吸附态与游离状态为主要赋存方式的油气聚集,为典型的"自生自储、原地滞留"模式(邹才能等,2014)。页岩油气既包括泥页岩孔隙油气,也包括泥岩裂缝油气,还包括泥页岩层系中碳酸盐岩/碎屑岩薄夹层中的油气。它们需要利用特殊的技术,如水平井和规模压裂技术才能得以有效开发。

迄今为止,由于勘探开发效果较好的泥页岩中油气主要产自层理发育的页岩地层中,故一般称页岩油气。不过,由于烃源岩既包括页岩,也包括富有机质的泥岩,因此理论上页岩油气也包括泥岩中的油气。

1)页岩气

虽然页岩气发现很早,早在1859年美国第一口天然气生产井就是页岩气井,但它长期被看作是一种裂缝型气藏,在100多年的时间里发展一直很缓慢,直到2001年页岩气产量才达到$103 \times 10^8 m^3$。进入21世纪,随着水平井和多段压裂技术的进步与工业化应用,以美国为代表,页岩气开发利用进入快速发展阶段。可以说,页岩气的大规模工业化开发是化石能源领域的一次重大革命(称为页岩气革命),使页岩气成为全球非常油气勘探开发的热点。目前美国已形成Barnett、Fayettville、Haynesville等8个重要的页岩气产区,探明可采储量约$24 \times 10^{12} m^3$(崔景伟等,2012)。2014年页岩气产量达到$3637 \times 10^8 m^3$,约占美国天然气总产量的50%(邹才能等,2015)。正是这一页岩气革命,使美国基本实现了能源独立的目标。

2005年以来,借鉴美国页岩气规模开发利用的成功经验,中国政府相关部门、油公司、研究院所组织开展了页岩气基础研究、资源调查与选区等工作,在重庆涪陵、四川富顺—永川、四川威远—长宁和云南昭通等地区开展了页岩气开采试验。2009年以来,国内外不同机构对中国页岩气资源潜力做了大量预测,结果表明,中国页岩气地质资源量为$(83.3 \sim 134.4) \times 10^{12} m^3$,技术可采资源量为$(10.0 \sim 36.1) \times 10^{12} m^3$(张大伟等,2012)。目前已在四川盆地及周缘海相页岩中获得了页岩气的重大突破,中国石油化工集团公司的涪陵气田2016年产量已经突破

$50\times10^8 m^3$，中国石油天然气集团公司的威远—长宁等页岩气田也已经建成 $20\times10^8 m^3$ 的产能(栾锡武，2016)。国土资源部、延长油田等和相关研究机构也正在探索陆相页岩气的资源及其开发潜力，并已经有了初步成果(王香增等，2012)。

2) 页岩油

国内外的勘探实践及研究证实，页岩油资源潜力巨大。美国 Bakken 的页岩油(shale oil)资源量可达 $5030\times10^8 bbl$，超过沙特阿拉伯原油储量($2646\times10^8 bbl$)(SNOPES，2008)。估计 USGS(美国地质勘探局)所发现的非常规石油储量(主要是页岩油)是常规石油的数十倍，石油的可采年数很可能超过 200 年(罗承先，2011)。页岩油产量也十分可观，到 2012 年 6 月，美国页岩油产量达到 $72\times10^4 bbl/d$，约合年产量 $3600\times10^4 t$(张抗，2012)。

中国石油化工集团公司 2012 年完成的全系统页岩油气资源评价表明，所辖东部油区具有丰富的页岩油资源，如胜利油田面积不到 $1000 km^2$ 的渤南洼陷滞留在泥页岩中的石油总量就高达 $88\times10^8 t$；中国石油天然气集团公司所属探区也有丰富的页岩油资源，如大庆油田仅齐家—古龙凹陷青山口组泥页岩中的滞留油总量就高达 $146\times10^8 t$，吉林油田青山口组一段滞留于泥页岩中的石油总量也达到 $156\times10^8 t$(卢双舫等，2016)。中国陆相页岩油在湖相页岩盆地连续聚集，初步预测可采页岩油资源量为 $(30\sim60)\times10^8 t$(邹才能等，2013)。

国内以往对常规油气勘探实践中已经揭示了许多泥岩裂缝油藏或油流井的存在(张林晔等，2014a，2014b)。如东部的渤海湾、松辽、江汉、南襄、苏北等盆地，西部的柴达木、吐哈、酒泉、准噶尔、塔里木等盆地，中部的四川盆地，部分单井累计产油量可达数万吨。另如胜利油田河 54 井在沙河街组三段下亚段的泥页岩段累计产油 27896 t，罗 42 井沙河街组三段下亚段的灰褐色油页岩段累计产油 13605 t(张林晔等，2014a，2014b)。截至 2010 年底，济阳坳陷共有 320 余口探井在页岩中见油气显示，其中 30 余口井获工业油流。但近些年来，部分专门针对页岩油部署的钻井(包括水平井)效果并不如预期，也没有达到美国页岩油的产能，有些甚至还不如以往直井"无心插柳"钻遇的泥岩裂缝油藏。如胜利油田的渤页平 1 井，经过两次压裂后初产不过 $8.22 m^3/d$，并很快降到 $1.6 m^3/d$，累计产油量仅约 $100 m^3$。即使是效果相对较好、中国陆相页岩油首个重大突破区南阳油田泌阳凹陷的泌页 HF1 井，其泥页岩层分段压裂后获 $23.6 m^3/d$ 的高产油流(马永生等，2012；张金川等，2012)，但产量也很快降到约 $1 m^3/d$ 左右。由于页岩油钻井/作业成本高，目前的产量还远远不具备经济效益。

事实上，所报道的美国的页岩油开发效果远远好于我国，除了技术方面的原因之外，还有 2 条重要原因：一是美国的海相页岩油成熟度高于我国湖相页岩油，油质轻、气油比高、流动性较好；二是有相当部分页岩油其实主要产自与页岩互层或邻近的致密砂岩或致密灰岩，应该是致密油。可以说，迄今为止，我国东部页岩油的主体(页岩基质孔中的油)的勘探开发并未获得实质性突破。因此，这种纯页岩油能否被经济有效地开发，理论界和工业界目前主要持否定和悲观的观点。但富有机质泥页岩中客观滞留了大量的石油，大量钻遇的富有机质泥页岩地层中发现丰富的石油显示，证明存在规模页岩油资源。这是未来潜在的重要领域，可能是下一场革命的突破点，主要取决于工业化技术的进步和速度(邹才能等，2014)。

需要指出的是，目前国内外有将致密油(tight oil)与页岩油(shale oil)概念混用的现象。致密油强调的是致密储层中的油，砂岩、碳酸盐岩储层可以致密化，泥页岩更容易致密化。因此，广义的致密油包含页岩油。页岩油强调的是页岩及其邻近层系中的油，没有经过明显的二次运移，因此广义的页岩油也包括致密油。目前文献上所言的美国的页岩油，部分是广义的，实质是致密油。国内外应用这一概念的学者，隐含了对纯页岩油勘探开发潜力的悲观看法。

但从学术的立场出发,推荐应用本教材前面的定义,将页岩油与致密油区分开,就像页岩气与致密气分开一样。

还有一个概念是油页岩油,需要与页岩油进行区分。油页岩油是指未成熟烃源岩(油页岩)经高温加热裂解而获取的石油,需按固体矿产进行地表挖掘式或地下原位式开采。

3. 煤层气

煤层气是一种生成并储存于煤层中,以甲烷为主要成分、以吸附状态为主的天然气,包括煤层基质表面的吸附气,割理、孔隙、裂隙中的游离气,煤层水中的溶解气和煤层间薄砂岩等常规储层夹层间的游离气。由于煤层气的主要成分为甲烷且主要以吸附状态赋存于煤层内表面上,故又称为煤层吸附气或煤层甲烷气,在煤矿开采中俗称"瓦斯",对煤矿生产有极大的危害。煤层气排入大气则成为"温室气体",使全球大气升温与生态环境恶化,从而危害人类社会的可持续发展。

煤层气是世界上开发较早的非常规天然气之一。据国际能源机构统计,全球煤层气资源量大约为 $256 \times 10^{12} m^3$,主要分布在俄罗斯、加拿大、中国、美国、澳大利亚等12个国家。据全国新一轮油气资源评价结果,中国煤层气地质资源量为 $36.81 \times 10^{12} m^3$,可采资源量为 $10.87 \times 10^{12} m^3$。目前,世界上实现煤层气工业开发的国家主要有美国、加拿大、澳大利亚和中国。2012年,美国煤层气产量达到 $468.37 \times 10^8 m^3$ 左右,加拿大产量约为 $74.5 \times 10^8 m^3$,澳大利亚产量约为 $62.26 \times 10^8 m^3$,2015年中国煤层气地面产量达到 $44 \times 10^8 m^3$。

4. 重(稠)油

重(稠)油,或称重油和沥青,不同国家有不同的叫法和定义标准,一般指黏度大、密度高、油藏条件下一般不易流动的原油。在我国一般定义为:油层温度条件下,黏度大于 $1.0 \times 10^4 mPa \cdot s$、相对密度小于 $10°API$(相对密度大于1.0)的石油为沥青;油层温度条件下,黏度为 $50 \sim 10000 mPa \cdot s$、相对密度为 $10 \sim 20°API$(相对密度 $0.934 \sim 1.0$)的石油为重油(邹才能等,2014)。由于多数重油、沥青都储存在砂岩中,所以关于此类资源还有一个名词"油砂"与之相关。一般来说,油砂中产出的都是重油沥青,但油砂往往更稠。重(稠)油成因主要是细菌降解和氧化。

据中国石油天然气集团公司(2011)评价结果:全球重油地质资源量为 $42712 \times 10^8 bbl$,可采资源量为 $7147 \times 10^8 bbl$,主要分布在北美、南美、俄罗斯和高加索地区,产区集中于北美和南美(马锋等,2015)。

中国的油砂资源也比较丰富,虽未经系统勘查,但就目前所知,新疆的准噶尔盆地、吐哈盆地、塔里木盆地,青海柴达木盆地,黑龙江的松辽盆地西部,内蒙古的二连盆地、中口子盆地,四川盆地,西藏羌塘盆地,广东三水、茂名盆地,云南景谷盆地,广西百色盆地、楚雄盆地,贵州麻江和翁安等地区均有分布。新一轮全国油砂资源评价结果表明,中国油砂资源量达到 $400 \times 10^8 bbl$(单玄龙等,2007)。重(稠)油在辽河、胜利、塔里木、新疆等油田也均有分布,主要通过蒸汽吞吐等降黏措施后开发。

5. 油页岩

油页岩又称油母页岩,是一种灰分质量分数大于40%、含油率在3.5%~30%之间的固体可燃矿产,一般属于高矿物质的腐泥煤,为低热值固体化石燃料,其色浅灰至深褐。油页岩经加热干馏后可分解生成油页岩油、干馏气和页岩半焦。

全球42个国家共有油页岩油资源量 $4540 \times 10^8 t$,可采资源量 $1500 \times 10^8 t$,主要分布于美国、中国、俄罗斯、刚果、巴西、意大利、摩洛哥等11个国家。其中,美国油页岩油资源量最大,占全球油页岩油总资源量的71%。

中国是一个油页岩资源丰富的国家,油页岩广泛分布。中国 0~1000m 埋深油页岩地质资源量为 $7199 \times 10^8 t$,可采资源量为 $2432 \times 10^8 t$,油页岩油地质资源量为 $476 \times 10^8 t$,可采资源量为 $120 \times 10^8 t$,主要分布于东部区和中部区,分别占全国油页岩资源的35%和44%。从盆地分布看,中国油页岩油资源主要分布于松辽、鄂尔多斯、伦坡拉、准噶尔、羌塘五大盆地中,占全国油页岩油总资源量的90%。从含油率看,全国油页岩含油率主要集中在 3.5%~5.0% 之间,占全国油页岩油总资源量的 45.4%;其次分布于 5.0%~10.0% 之间,占全国油页岩油总资源量的 37.1%(邹才能等,2014)。

6. 天然气水合物

天然气水合物,又称"可燃冰",是指由主体分子(水)和客体分子(甲烷、乙烷等烃类气体分子,以及氮气、二氧化碳等非烃类气体分子)在低温(-10~28℃)、高压(1~9.0MPa)条件下,通过范德华力互相作用,形成的结晶状笼形络合物。$1m^3$ 的天然气水合物常温常压下可以分解出约 $164m^3$ 的天然气(Makogon,1997)。

全球存储在水合物聚集中的天然气资源量非常大,主要分布在海底沉积物和陆地冻土层中。全球极地—永久冻土层带的天然气水合物资源量大致在 $1.4 \times 10^{13} \sim 3.4 \times 10^{16} m^3$ 之间(Meyer,1981;McIver,1981;Trofimuk 等,1977;MacDonald,1990;Dobrynin 等,1981)。陆上天然气水合物主要分布于北美北极地区、西西伯利亚盆地、俄罗斯北部其他地区、中国青藏高原等永久冻土带区。

全球海洋天然气水合物的资源量大致在 $0.2 \times 10^{15} \sim 7.6 \times 10^{18} m^3$ 之间(Meyer,1981;Milkov 等,2003;Trofimuk 等,1977;Klauda、Sandler,2005;Kvenvolden,1988;MacDonald,1990;Kvenvolden、Claypool,1988;Dobrynin 等,1981),主要分布在分隔的大洋外部、深水湖泊之中、大洋板块的内部地区。

中国海域蕴藏有丰富的水合物资源,具有水合物形成所需温压条件的南海陆坡面积大于 $120 \times 10^4 km^2$,东海陆坡面积约 $6 \times 10^4 km^2$。南海海域似海底反射层 BSR 的有效分布面积为 $12.58 \times 10^4 km^2$,水合物稳定带厚度介于 47~389m(杨木壮等,2008)。金庆焕等(2006)预测,南海海域水合物资源量为 $69.305 \times 10^{12} m^3$;杨木壮等预测,东海海域水合物资源量约为 $0.353 \times 10^{12} m^3$。

上述各类非常规油气中,在我国已经形成规模储量、产量,或资源潜力大、勘探开发势头好的首推致密油气、页岩油气、煤层气。天然气水合物虽然预估资源潜力巨大,但尚处于前期研究和资源调查阶段,真实的资源潜力并不清楚,并且油气地质学教材中已经涉及,从油气地球化学的角度可以介绍的内容有限。因此,本教材重点从地球化学的角度介绍页岩油气、致密油气和煤层气三大类非常规油气。

第二节 页岩油气

一、页岩油气的基本特征

作为生成油气的烃源岩,人们早就知晓页岩中蕴含着丰富的滞留烃量,而且,应用现有的烃源岩定量评价技术(见第十四章),不难计算出泥页岩中有机质生、排烃之后残存的油气总量。但过去没有将其视为油气勘探、开发的对象,主要是因为页岩的低孔低渗特性,其中的滞留油气被认为难以得到有效的开发。特别是液态的石油,其流动性相对较好的轻质组分在排烃过程中被排出之后,相对较重/较稠的残余油更难以有效流动。因此,正如本教材前面章节所介绍的那样,传统的油气地质理论认为,富有机质页岩主要是油气的烃源岩,或阻止油气继续运移、逸散的封盖层,而非油气的储层。因而,页岩油气长期以来并未被视为油气勘探开发的目标。虽然在以往对常规油气的勘探、开发实践中,常常在富有机质泥页岩层段钻遇良好的油气显示甚至工业油气流(张林晔等,2014),但效果较好的一般与裂缝发育有关,被称为泥岩裂缝油藏。不过,这类泥岩裂缝油气藏规模不大、潜力有限,而大多数泥页岩则过于致密/低孔渗、产量低或递减快而被放弃/忽略,一直没有引起与其资源规模和可能的勘探开发潜力相匹配的、应有的重视。

直到页岩气之父、美国的 George P. Mitchell 将水平井和大型水力压裂技术成功地、大规模应用于页岩气的开发当中,在创造美国页岩气繁荣的盛况、引发页岩气革命的同时,更使人们确信,页岩不仅仅是烃源岩,同时也可以作为储层。这一革命不仅爆炸式地释放了页岩气的开发潜力,也为页岩油资源潜力的解放提供了借鉴和可能。

目前发现的页岩油气具有以下基本特征:

(1)源储一体、滞留聚集。

与常规油气的成因模式相同,只不过页岩油气是没有经过明显运移的"原地"聚集(邹才能等,2011)。其中,页岩气以甲烷为主,乙烷、丙烷较少,可以含有一定的 N_2、CO_2 等非烃气体,主要以吸附(占20%~80%)、游离(占80%~20%)和少量的溶解方式赋存在页岩当中。3种赋存方式的页岩气可以利用第十四章介绍的技术进行定量表征。页岩油所含有的总体组成与常规油相近,但因为排烃过程中的地质色层效应,滞留油总体上含有的重质组分比排出油多一些,但能够流动的主要还应该是轻质组分。理论上,页岩油的赋存状态也应该主要是吸附态和游离态,但二者分别占多少,如何定量表征,目前还正在探索之中。

(2)大面积连续分布,无明显圈闭,资源潜力大。

页岩油气不受构造控制的连续性聚集,无明显圈闭界限(但良好的构造有利于富集,如涪陵气田),含油气范围与有效烃源岩相当,受富有机质页岩分布及成熟度制约。

页岩油在油窗范围。除生物气之外,页岩气一般成熟度较高,R_o多大于1.0%。页岩油气大面积分布于盆地坳陷或斜坡区,同时具有一定的厚度,因此,资源总量巨大。

一般来说,页岩油气的保存条件较好,一是因为富有机质页岩主要形成于构造低部位或盆地中心,细粒沉积岩发育,封闭条件得天独厚;二是以吸附状态赋存的油气难以快速逸散,在一定的条件下,它可以转化成游离态。对页岩油来说,由于不能超过油窗的埋深,因此,其赋存的埋深不会太大;但对页岩气来说,虽然其成熟度可以对应很大的埋深,但由于太深时钻井、作业成本太高,难以具有经济效益,因此,不是现阶段勘探开发的目标。目前勘探开发的页岩气层一般是曾经深埋到大量生气的高—过成熟阶段,但后期构造运动又将其抬升到较浅但又不是过浅的埋深(一般2000~4000m),因为过浅时保存条件急剧变差。因此,形成高产富集仍需要有良好的保存条件,构造稳定、区域盖层或封闭条件仍必不可少。

(3)储层致密,以纳米级孔喉为主。

因为曾经达到埋深较大的大量生气阶段,页岩气储层通常比较致密,以孔隙直径小于750nm的纳米级孔隙为主,平均孔径100nm(G. L. Robert,2009),比较而言,页岩油储层因为埋深较浅,热演化成熟较低,储集空间相对较大,但也广泛发育纳米级孔隙,一般以 50~300nm 为主,局部发育微米级孔隙。这一特征使页岩油气储层的基质渗透率很低,通常低于 100nD。因此,必须依赖大型水力压裂以大幅度提高页岩的渗透性,从而达到有经济价值的产量。

(4)大型水力压裂效果较好、容易产生并保持体积缝从而达到工业产量的一般是脆性较高的页岩,石英等脆性矿物含量较高,而黏土等塑性(韧性)矿物含量较低。

美国的页岩气革命证实了页岩是油气勘探开发极其重要的对象,但并非所有页岩中的油气都能够被有效地开发。因此明确"甜点"对页岩油气的有效开发至关重要。有人借用常规油气中"藏"的概念,用页岩油气藏来指代页岩中油气相对富集、有望被有效开发的"甜点",但页岩油气无明显圈闭的特点并不符合石油地质学中油气藏的经典定义(油气在单一圈闭中的聚集、具有独立压力系统和统一油水界面的聚集),因此,也有学者主张不用页岩油气藏的概念。

"甜点"首先应该是含油气性的"甜点"或资源"甜点",即在普遍含油气的页岩中相对更富油气的区块/层段。不难理解,页岩中的含油气量越高,能被有效开发的可能性就越大。

同样重要的是页岩的工程"甜点",即可压裂改造性相对较好的页岩层段/区域。因为页岩油气的有效开发必须借助于大型水力压裂技术,因此,影响压裂过程中页岩造缝能力及保缝能力的页岩的脆性至关重要。一般认为,石英等脆性矿物的含量越高,黏土等塑性(韧性)矿物的含量越低,页岩的可压裂改造性越好。从力学参数来评价,页岩的杨氏模量越高,泊松比越低,其可压性越好。同时,压裂效果还与地应力的方向、最大主应力与最小主应力的差别有关。一般来说,较小的主应力差别有利于体积压裂缝的形成和保存。

油气分子的大小左右其可动性,也影响其开发的有效性。页岩气的主体是甲烷,分子小,流动能力强,一般没有问题。但对页岩油而言,油质越轻或气油比越高,其他条件相近时,可采性越高。因此,对页岩油来说,一般位于高成熟阶段的轻质油/凝析油更为有利。

地层压力也是影响开发有效性的一个重要因素。地层压力越高(一般来说,相应的含油气量也越高),油气流动的驱动力越大,有效性越高(高产和高采收率)。

另外,因为水平井压裂时裂缝延伸有一定的规模,页岩的厚度需要超过压裂缝波及范围,因此,一定厚度的页岩也是页岩油气有效开发的基础。此外,地面条件、水源条件等也影响页岩油气施工作业的成本,从而影响页岩油气开发的有效性。

但上述影响页岩油气开发有效性的诸多因素中,与地球化学相关的主要是其含油气性,因此本节下面重点讨论与此相关的问题。

二、页岩含油气量评价与"甜点"的识别

事实上,受沉积环境、矿物组成,以及其中有机质丰度、类型、成熟度及排烃效率的影响,泥页岩中的含油气量有着明显的差别。评价这种差别需要有有效的指标。

1. 含油量评价参数

页岩中含油量的高低是判识页岩油"甜点"和进行页岩油资源评价的关键参数。传统的烃源岩地球化学分析为此提供了2个实用的参数:氯仿沥青"A"和热解烃S_1。如在前述第三章、第十三章中所介绍的那样,氯仿沥青"A"和热解S_1正好是烃源岩中已经生成但尚未排出的残余可溶有机质/烃类的量。对氯仿沥青"A"进行轻烃补偿校正、对S_1进行轻烃补偿和重烃补偿校正的具体方法参见第十四章第二节。

实测 S_1 一般明显低于氯仿沥青"A",主要是因为重烃部分大多难以在300℃时热解出来。但由于重组分流动性差,因此经轻烃补偿后的 S_1 值可能更能反映页岩油的潜力,更具有比较的意义。

2. 含气量评价参数

同样,页岩含气量的高低是判识页岩气"甜点"和进行页岩气资源评价的关键参数。但与页岩油不同的是,由于天然气易于散失,岩心、岩屑样品都难以用于分析含气量。井口的气测录井(见第十七章)受很多因素的影响,难以直接反映含气量。可以说,目前并没有合适的地球化学指标来指示页岩的含气量。即便是目前用于分析页岩含气量的井口取样,岩心在到达井口之前相当部分的天然气也已经散失,因此,地层条件下页岩原始含气量的客观评价(恢复)是一个尚未圆满解决的问题。另一个同等重要的问题是地层条件下页岩中吸附气与游离气比例确定的问题。这2个问题不仅事关页岩气资源潜力的客观评估,储量、可采储量科学计算,有利目标区、目标层位的筛选,也事关开发方案制定的合理性。

正因为如此,国内外有关学者和工程技术人员对上述问题进行了多方面的研究和探索。迄今业已提出并应用的研究及评价方法有岩心(包括保压取心)解析法(解吸和解析在文献中的内涵和区别不清,经常被交叉应用。本书中用解吸指吸附气从页岩中解吸出来的过程,而用解析指吸附气和游离气一起从页岩中析出的过程,所以这里的解析还包括了吸附气解吸成游离气之后的扩散过程)、等温吸附法、测井解释法、同位素法等,但每一方法都有各自的局限和问题,可以说,还没有公认的有效方法。

1) 岩心解析法

将钻井获得的页岩岩心置于解析仪中,在降压和一定的温度条件下(可常温,也可通过升温加速解析过程)收集、计量所释放出的气体量,直到基本没有气体从岩心中解析出来为止,记为解析气量。此时仍有一部分残留在页岩微孔中或与页岩中的有机质或矿物紧密结合的气体难以释放出来,需要将页岩岩心用球磨法研磨至60目左右(也有的研磨至200目)才能逐渐释放出来,或者通过升温以加速气体的析出。收集、计量的这部分气体记为残余气量。一般来说,在其他条件相近的情况下,解析气量+残余气量的大小可以反映地层条件下页岩含气量的相对多寡。这一方法称为直接法(唐颖等,2011;曾维特等,2014;林拓等,2014;王中鹏等,2015)。

这一方法的主要问题在于,在岩心被提离井底至封罐的过程中,由于温度和压力不断降低,已经有部分气体发生解析而逸散。由于这部分气体没有被收集计量,而且估计这部分损失气量可高达页岩气含量的10%~60%(胡微雪等,2014),故这一方法所得到结果的精度和可信性受到影响。密闭保压取心是减少损失气量、使计量值接近地下真实值的比较有效的方法,但一方面由于工程的原因,该法也不能将气体的损失量降低为零,并难以客观估算所损失的气量,另一方面,保压取心成本太高,使该法难以得到推广应用(邢雅文等,2015)。

针对这一方法的不足,目前比较广泛采用的恢复损失气量的方法是借用煤层气建立的USBM法(Kissell等,1973)、Smith Williams法(Smith等,1981)、多项式曲线拟合方法(Yee等,1993)。其基本原理都是20世纪70年代法国学者Bertard提出的"煤心解吸初期解吸量与时间平方根成正比",通过绘制解吸气量与时间的平方根曲线外推来确定页岩早期的损失气量。作为一种外推法,由于并没有物理/化学原理作为外推的理论基础(如生烃模拟实验的结果之所以可以外推应用到地质条件下,是因为有时温互补的化学动力学原理作为基础),严格来讲,其科学、合理性进而评估的客观性并没有保障。因此,只能要求取心和暴露时间尽量短,岩心均质性尽量高,以降低评价的误差。而由于页岩较煤层游离气的含量高,散失更快,且页岩储层埋藏(2000~5000m)通常较煤层气(多小于1200m)深,取心时间难以降低,取心过程中温度变化较大,因而评价结果还受到较大的质疑。尽管郝进等(2015)对损失时间和逸散初始时刻的确定上进行了改进,但这种改进的USBM法对损失气量较大的页岩岩心原始含气量的恢复精度和可靠性仍有待证实。

2) 等温吸附法

等温吸附法具体可参见第十四章第二节及图14-9。该法在评价页岩吸附天然气的能力方面得到了较为广泛的应用(唐颖等,2011;郝建飞,2012;郭少斌等,2012)。但这一方法的问题在于,它所评价的是页岩吸附天然气的能力,而不一定是实际的吸附量。如果含气页岩中气体出现逸散现象,实际吸附气量将小于吸附能力。另外,从理论上讲,朗格缪尔模型中的压力应该是评价气体的有效分压,而不应该是地层的实际压力,但有效分压往往很难准确确定。因此,由此评价的吸附气量(能力)并不一定准确。同时,目前等温吸附实验装置的最大压力一般不超过12MPa,最大温度不超过100℃(李武广等,2012),这对埋深较浅的煤层气而言已经基本满足要求,但对埋深较大的页岩气而言,地层温压条件远高于实验条件。因而,由实验室数据建模外推评价结果的可信性多了一层疑问。

更为关键的是,这一方法无法评价页岩中的游离气含量,而页岩中游离气的占比最高可以达到80%(Curtis,2002)。因此,该法需要结合其他方法(如下面的测井解释法),才能实现对页岩含气量的完整评价。

3) 测井解释法

利用测井资料可以计算地下岩石的孔隙度和含水饱和度,由含气饱和度(1-含水饱和度)与孔隙体积相乘得到游离气量(Lewis等,2004;潘仁芳等,2011;孙建孟等,2013)。如果页岩储层中存在液态烃,需先获取气油比,再求取游离气含量(Zhao等,2007)。这一方法的问题在于,与孔隙度较高的砂岩地层中测井评价效果得到了普遍的认可和应用不同,致密页岩地层由测井资料计算的孔隙度和含气饱和度的准确性还受到较多的质疑(张作清等,2015);另一方面,建立、标定测井解释模型及有关经验参数时需要较多的实际分析数据,而且区域性较强,这对处于早期阶段的页岩气评价很难满足要求。孙建孟等(2013)也认为,测井解释法是以现场解吸实验为刻度,通过测井资料获得页岩含气量的方法,需要较多的数据资料(含水饱和度、含气饱和度、矿物含量、有机碳含量、地层温度和压力参数等)建立模型,在选取一些参数时存在误差,在新区块或新井孔中应用效果差。

4) 等温吸附法和测井解释法的结合

大型跨国石油服务公司在给国内的页岩气井提供技术服务时,往往同时提供解释的游离气量和吸附气量。如斯伦贝谢公司在给中国石化华东油气分公司所钻的黄页1井提供的解释成果中,就同时给出了包括损失气量的游离气量和吸附气量的解释结果[1],应该就是以上两种方法原理结合应用的结果。

陈方文、卢双舫等(2015)[1]用类似的原理评价过黔南坳陷牛蹄塘组页岩的含气量:首先利

---

[1] 卢双舫,陈方文等,《黔南坳陷下寒武统页岩气聚集特征研究》,中国石化华东分公司科研攻关项目报告,中国石油大学(华东),2012。

用等温吸附法确定其吸附甲烷气的能力(参见图14-8、图14-9),并通过系列实验建立了页岩吸附甲烷气的能力与TOC、矿物组成等的相关关系,通过实验分析或测井评价出地层的TOC和矿物组成后,即可定量计算地层条件下页岩吸附气的能力,以此(或某一折算值,如70%)作为实际吸附量,通过吸附相的密度算出其所占的孔隙体积。由实测(或测井评价)的孔隙度减除吸附气所占孔隙,进一步减除水所占的孔隙体积,则得到游离气所占的孔隙体积,之后即可由PVT方程计算出游离气的量[第十四章式(14-17)]。这一方法的流程、原理与前述方法相近,因此前述方法存在的问题,如等温吸附只指示吸附能力不一定指示地下的实际吸附气量,孔隙度、有效孔隙度、含水量、吸附气密度等参数的准确性难以得到保证等等,这里依然存在。

5) 统计分析法、图版法

文献报道的其他方法,如统计分析法、图版法等,其实只是通过对不同参数(有机地球化学参数、矿物组成以及物性参数)与含气量的多元线性回归得到计算页岩含气量的统计公式或图版(聂海宽等,2012),或者根据页岩吸附气含量与油藏温度(Ross等,2008)或TOC(宋涛涛等,2013)的关系式确定吸附气量。这些方法仅仅利用前述其他方法所获得的含气量来建立经验关系式,而并非新的、独立的方法。因此,其他方法存在的问题,该法也无法避免。

6) 同位素法

近些年,另一种逐渐得到关注和重视的同位素法初步展现了解决上述两方面关键问题的潜力(Tang等,2011,2015;Xia等,2012;Gao等,2015;钟宁宁等,2015;Liu等,2016)。许多研究发现,在吸附/解吸、扩散过程中,会出现明显的同位素分馏效应:由于吸附势的差异,$^{13}CH_4$相对$^{12}CH_4$优先吸附、滞后解吸,从而会造成同位素分馏现象。这种分馏现象在吸附作用明显的煤层气(Su等,2005;苏现波等,2006;Strąpoć等,2006;Martini等,2008;Takahashi等,2014)和页岩气中(Martini等,2008;Strąpoć等,2010;Zumberge等,2012;Xia等,2012;高岗等,2013;Wang等,2015;孟强等,2015;Liu等,2016)普遍存在。天然气扩散过程中,由于$^{12}CH_4$具有较高的扩散系数,扩散速度也会更快。在页岩气开发中,页岩气钻井液和岩屑脱出的天然气的碳同位素测量表明,钻井液气甲烷的^{13}C同位素值要轻于岩屑脱气(Zumberge等,2009),且页岩气开采过程中,$\delta^{13}C_1$随开采时间有变重的趋势(Tang等,2011),显然这与页岩气吸附/解吸、扩散过程中的同位素分馏作用有关。尽管对导致分馏效应的具体原因,不同的研究者有不同的解释,如Xia等(2012)认为,吸附/解吸—扩散作用的耦合对气体释放速率及同位素组成产生了复杂的影响,其原因主要是质量传递(mass transport)的延迟效应,而不是轻重同位素在吸附和游离相之间的分配,因此页岩气中的碳同位素分馏主要是扩散作用造成的;而钟宁宁等(2015)则认为,在解吸初期以气体解吸作用造成的分馏作用为主,可以造成$\delta^{13}C_1$ 5‰~6‰的分馏,而随着解吸时间增加,气体扩散作用所造成的分馏作用逐渐占主导地位,可以造成$\delta^{13}C_1$高达8‰~10‰的分馏,但这种显著的分馏作用是客观存在的。这就为页岩原始含气量的恢复及吸附/游离气比例的确定提供了一条新的解决思路和途径,但如何实现,目前国内外学者正在大力探索。

综上所述,可以看出,目前业已提出并应用的恢复页岩原始含气量和评价游离/吸附气比例的各种方法,虽然各有所长,但还存在明显不足,评价方法还有待改进、完善。

3. 总有机碳

另一个可以间接反映页岩含油气的指标是总有机碳(TOC)。虽然TOC的值并不直接指示页岩含油气量的具体数值,但在其他条件(有机质类型、成熟度)相近的条件下,TOC 越高,一般含油气性越好。页岩的 TOC 与其含油气量普遍存在正比关系,尽管不同的地质条件关系的斜率有所不同。由于 TOC 是最为常测、常用的地球化学指标,资料积累丰富,也便于用多种方法预测,因此被广泛应用。

4. 页岩有机质非均质性评价及其"甜点"

业已认识到,烃源岩普遍存在着非均质性。从原理上讲,如果有足够数量的氯仿沥青"A"、S_1 或 TOC 实测参数,人们不难从中识别出页岩的非均质性,评价页岩的含油气性"甜点"。但是,受分析经费尤其是可用样品的限制,实测数据往往难以满足评价页岩平面及剖面非均质性的需要。不过,利用测井信息纵向分辨率高的特点以及有机质在测井曲线上的特殊响应特征,可以建立起测井资料与烃源岩地球化学指标之间的定量关系模型;同时,有机质在地震响应上的特殊性和地震资料的预测性,无疑可以有效地弥补实验室测样的不足,为烃源岩非均质性及含油气性及其"甜点"的评价/预测提供有效的方法和技术。方法的基本原理已在第十三章第四节中介绍。评价出的高氯仿沥青"A"、S_1 或 TOC 的层段则是页岩油气的"甜点",具体的实例将结合下面的分级评价标准给出。

三、页岩油气资源潜力分级评价标准

有了上述页岩含油气量的评价指标并建立了页岩有机质非均质性的测井评价技术之后,人们不难评估页岩平面、剖面含油气量的变化。但是,哪些(层位/区域)是页岩油气的资源"甜点"?或者说,泥页岩中所赋存的油气中,哪些是近期可能(或经过努力可能)被有效开采出来,哪些是有待未来技术进一步突破后有望开采出来,而哪些可能是永远都难以被有效开采出来的呢?也就是说,对泥页岩油气而言,需要知道的不仅仅是其中赋存的油气资源总量,更重要的是需要明确其中不同富集程度的油气资源量。这就需要有一套分级评价标准来指导页岩油气资源的分级评价工作。

世界上最早成功勘探开发页岩气的北美地区,关于页岩气具有富集、可采性的基本标准是:有机质丰度较高(TOC > 2%),成熟度较高,一般有机质类型较好,脆性矿物含量较高或黏土矿物含量较低(李新景等,2009),并没有见到有关资源分级评价标准及其提出依据的报道。

卢双舫等(2012)认为,页岩油气资源的分级应该基于两方面来进行:一是其富集的程度,二是其是否(经济)可采。不难理解,富集是(经济)可采的基础和前提。同时,由于油气的经济可采性还与技术和油价有关,因此,泥质岩中油气的富集性是其资源分级评价的第一考察要素。由于液态的油较为容易分析和实测,因此,先讨论页岩油资源的分级评价标准问题。

1. 页岩油资源分级评价标准

如前所述,可以直接反映泥质岩中含油量多寡的地球化学指标首推氯仿沥青"A"和热解烃量(S_1)。同时,由于干酪根不仅是生成油气的主要先质,也是吸附油气的主要介质,因此一般来说,在其他条件相近的情况下,干酪根的含量越高,泥质岩含油气量越大。而反映干酪根含量最直观、有效的指标是 TOC 含量。因此,讨论主要基于上述 3 项指标来进行。

图 18-3 显示了松辽盆地南部进入成烃门限的泥页岩的 TOC-S_1 和 TOC-氯仿沥青"A"关系图。从图中可以看出,页岩含油量随 TOC 的变化呈现明显的三段性[图 18-3(a)]:当

TOC 较低(<0.8%)时,含油量(S_1)保持稳定低值;当 TOC 较高(>1.8%)时,含油量为相对稳定的高值;当 TOC 介于 0.8%~1.8%之间时,含油量则呈现明显的上升趋势。由此可以认为,稳定高值段表明当有机质的丰度达到一定的临界值(这里为 1.8%)之后,所生成的油从总体上、统计上能够满足烃源岩各类形式的存留需要,丰度更高时所生成的更多的油应该都被排出去了。也就是说,此时的泥页岩含油量已经达到饱和。显然,这类页岩中的含油量最为丰富,应该是目前页岩油评价和勘探最为现实的对象,可称为富集资源,或饱和资源,或Ⅰ级资源。而在稳定低值段,因相应的有机质丰度太低,含油量很低,生成的油量还难以满足自身各种形式的残留需要。显然,由于这部分油量少且分散并与烃源岩矿物紧密结合,这应该是页岩油难以勘探开发的对象,故称为分散资源,或无效资源,或Ⅲ级资源。介于其间的上升段含油量居中,也许待未来技术进一步进步后才有望成为开发对象,或者与富集资源一起作为开发对象,可称为低效资源,或欠饱和资源、潜在资源,或Ⅱ级资源。

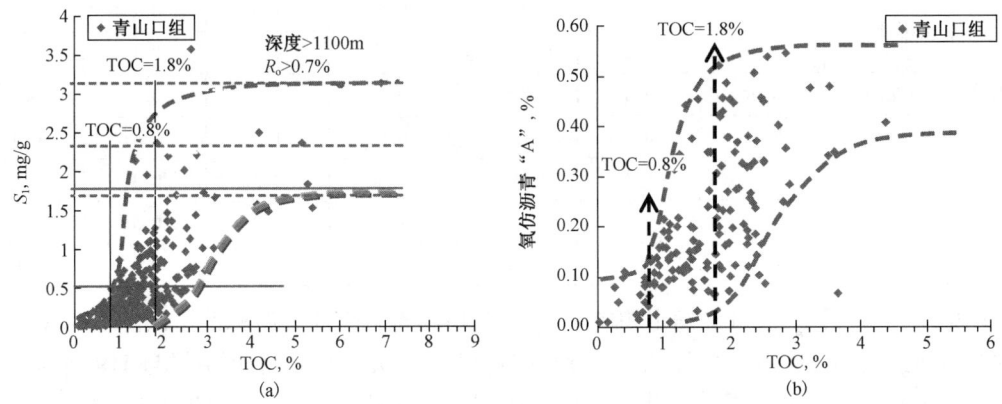

图 18-3 松辽盆地南部青山口组烃源岩 TOC 与含油量关系图

在另一项反映含油性的指标氯仿沥青"A"与 TOC 关系图[图 18-3(b)]上,同样可以看到上述的三分性,而且所确定的分界点的 TOC 与前面基本一致,进一步支持这种三分性反映了客观规律。

松辽盆地南部另一主要烃源岩层嫩江组含油量与 TOC 的关系,也同样体现出三分性(图 18-4),只不过是分界点的 TOC 分别为 1.2%和 2.6%,高于青山口组,这应该与嫩江组埋深较浅、成熟度较低有关。

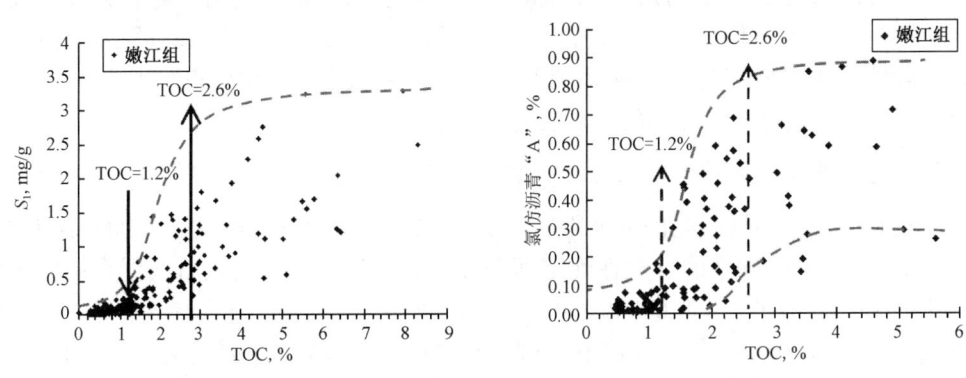

图 18-4 松辽盆地南部嫩江组含油性与 TOC 关系图

我国其他含油气盆地的主力烃源岩层及国外含油气盆地烃源岩在含油量—TOC 关系图上普遍体现出三分性(限于篇幅未示图)。只不过由于物源、沉积环境、有机与无机矿物组成的差异性,不同烃源岩层的分界点有所不同。表 18-1 汇总列出了我国东部不同盆地、不同烃源岩层的分界点。可以看出,尽管地质条件千差万别,烃源岩中含油量因地而异,但烃源岩含油的三分性的确存在,因此,可以作为按富集程度分级页岩油气资源的依据。在具有有关分析数据的含油气盆地,可以参照上面的方法作出含油量—TOC 关系图后,来确定三分的界限标准。在资料较少的探区或者新区,综合表 18-1 的数据,本书推荐使用 TOC=1.0% 和 2.0% 作为页岩油资源三分评价的分级标准。

表 18-1 我国东部部分盆地主力烃源岩含油性三分的分界值

盆地(凹陷)	烃源岩层位	TOC,%		S_1,mg/g		氯仿沥青"A",%	
		界限 1	界限 2	界限 1	界限 2	界限 1	界限 2
松辽盆地南部	K_2qn	0.8	2.3	0.5	1.8	0.1	0.3
	K_2n	1.2	2.6	0.5	1.8	0.1	0.4
松辽齐家—古龙凹陷	K_2qn	0.8	2.5	0.8	3.8	0.2	0.7
海拉尔乌南凹陷	K_2n_1	0.7	1.8	0.5	1.5	0.1	0.4
济阳坳陷	Es_3	1.3	4.0	1.0	4.0	0.4	1.1
	Es_4	1.1	4.0	1.5	6.0	0.5	1.6
伊通断陷	E_2sh	0.7	1.8	0.5	1.9	0.1	0.6

其实,从上述图上,还可以确定相应的 S_1 和氯仿沥青"A"的分级标准。以图 18-3(a)为例,页岩油的分散资源与低效资源的 S_1 分界线可以定在 0.5mg/g(上包络线与 TOC 分界线的交点对应的 S_1),但低效资源与富集资源的分界线的确定需要斟酌:从原理上讲,可以定在下包络线的稳定段所对应的 S_1,但在有低成熟样品时,下包络线难以确定。因此,可以定在下包络线与 2 条 TOC 分界线交点的中间,这应该大致对应 S_1—TOC 关系趋势的上包络线从下凹变为上凸的拐点,该图上对应的 S_1 约为 1.8mg/g。按照同样的思路,可以确定氯仿沥青"A"及其他烃源岩层的有关三分的界限(表 18-1)。同样可以看到,与 TOC 相似,各个评价对象具体的界限因地而异。

同样,对资料较少的探区,综合表 18-1 的数据,本书推荐应用如下分界点作为三分的标准:S_1 分别为 0.5 mg/g、2 mg/g,氯仿沥青"A"分别为 0.1%、0.4%。

用 TOC 标准与用 S_1 和氯仿沥青"A"标准所得结果会有一定的差别。鉴于 S_1 无法反映油中重质部分的含量,而氯仿沥青"A"不能反映 C_{14-} 的烃类,二者的观测值均低于实际值,且受成熟度影响大,成熟度较高时油质轻,测值低,反之则测值较高,而 TOC 相对比较稳定,因此推荐以 TOC 标准作为资源分级评价的主要依据。

2. 页岩气资源分级评价标准及分级评价的成熟度限定

如前所述,由于页岩含气量的准确测定比较困难,有关的数据积累匮乏,因此,难以像页岩油那样由含气量—TOC 关系的分段性确定其资源分级评价标准。建议目前可直接应用页岩油的一般分级界限,即 TOC=1.0% 和 2.0%,作为页岩气资源三分评价的标准,但是需要加上成熟度的限定。美国在页岩气的评价中,一般也将 TOC>2.0% 作为其可商业开发的下限(李新景等,2009;李登华等,2009),也与上述建议的标准不矛盾。

富含有机质只是富含页岩油气的基础,只有其中的有机质开始大量成油、成气后,才有可能导致页岩油气的富集。因此,TOC 指标还应该结合成熟度才能有效界定页岩油气的分级评价标准(图 18-5)。

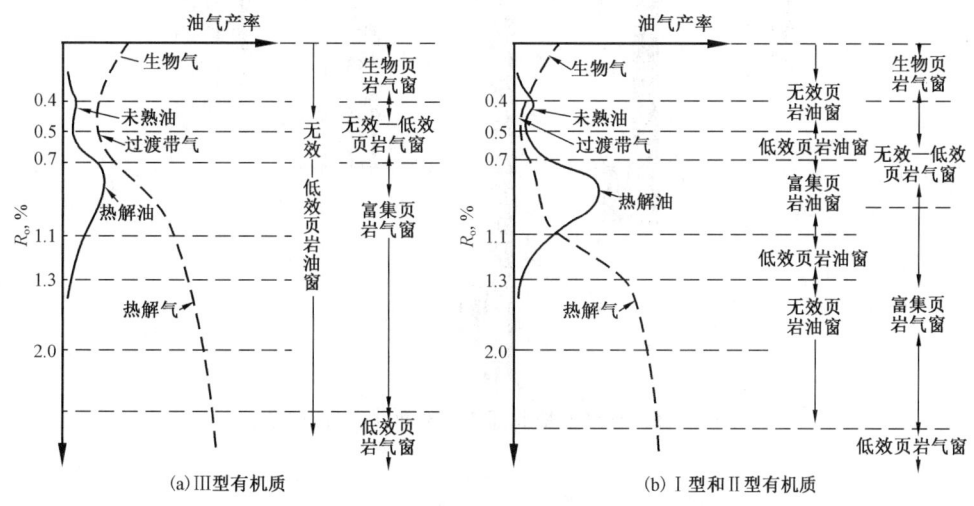

图 18-5　页岩油气窗的成熟度界定

对Ⅲ型有机质[图 18-5(a)],无论其 TOC 多高,都难以成为有效页岩油的勘探开发对象,至多只能达到低效页岩油级别;在大量成气的成熟度范围内,为富集页岩气窗,所属资源级别则按其 TOC 来划分;浅埋时可能富含生物页岩气,在有利的条件下为生物页岩气窗,如果成熟度过高、成气期过早,扩散、渗滤损失可能使其降低成为低效页岩气窗。而对(偏)腐泥型的Ⅰ、Ⅱ型有机质[图 18-5(b)],未成熟阶段为无效页岩油窗;低成熟和高成熟阶段,因为成油量有限或油裂解成气,页岩油至多只能达到低效级别;而在主要成油阶段,为富集页岩油窗,页岩油的资源级别按 TOC 来划分;而页岩气窗及资源级别的划分与Ⅲ型有机质相似,但因为成气阶段稍晚,可能富集页岩气窗的始点、终点要晚于Ⅲ型有机质。

3. 页岩油气资源分级评价标准的初步应用

有了上述含油气量评价的指标及页岩油气资源的分级评价标准,利用 TOC、S_1、氯仿沥青"A"等实测地球化学数据及前述由测井资料来计算这些地球化学参数的技术(参见第十三章第四节),就不难从井剖面上系统地确定各井评价目标页岩层的 TOC(或氯仿沥青"A"、S_1)在纵向上的变化,并确定不同级别泥页岩的厚度,利用连井剖面,明确纵向上的有利目标层段(图 18-6)。从图上可以看出,泥页岩层的 TOC、S_1 等反映含油性的指标,无论在单井上还是连井上,都具有明显的非均质性;凹陷中间的井含油性高,按照本书的评价标准,属于Ⅰ级资源的厚度大,应该指示着资源"甜点"。

当然,还可以进一步可作出不同级别泥页岩的等厚图,圈出平面上的有利区。通过对氯仿沥青"A"进行轻烃补偿,或对 S_1 进行轻烃补偿、重烃补偿后(参见第十四章第二节),或确定含气量后,计算不同级别的页岩油气资源量。

页岩油更难的是其可动性、可采性的评价,目前学界和业界正在艰苦探索,虽然取得了一些初步成果,但总体上还有待于深入,故本教材暂未涉及。

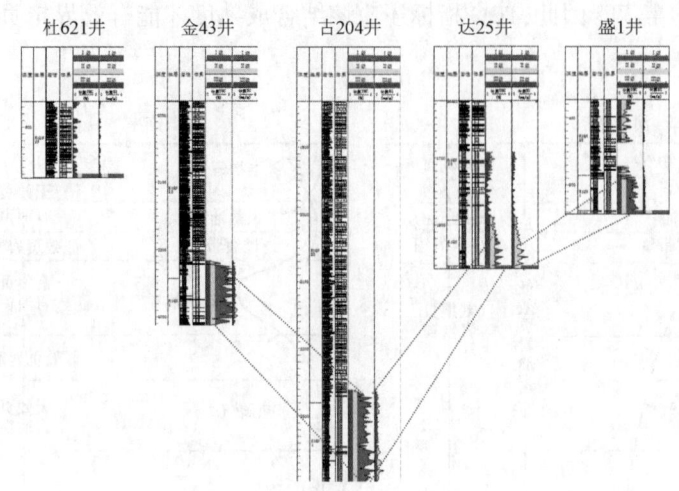

图 18-6 松辽盆地北部连井剖面井(自西向东)

第三节 致密油气

一、致密油气的发育、分布及充注机理

总结目前业已发现的致密油气藏,它们一般有以下发育特点和分布规律(邹才能等,2014):

(1)发育于以纳米级孔喉为主的致密砂(灰)岩储层中。储层的空气渗透率大多小于 1mD。

(2)多发育于大型宽缓构造背景和大面积持续沉降沉积环境,包括克拉通及陆相湖盆中坳陷沉积环境。致密气的发育范围可能更广,可以包括有连续沉积的前陆、断陷及海陆过渡相环境。

(3)平面上主要分布于盆地斜坡区和坳陷中心区,在前陆冲断带附近可发育于后期挤压构造的褶皱区。除后者外,一般古、今构造都较平缓。大面积(含油气面积可达几百到几万平方千米)连续、准连续分布,局部富集,不受构造控制。

(4)纵向上,主要分布于与广覆式有效成熟烃源岩互层或邻近的致密储层中。其中,致密油主要分布于与油窗范围内(R_o 为 0.6%~1.3%)的倾油性(Ⅰ、Ⅱ$_1$ 型有机质为主)烃源岩共生的致密储层中,TOC 多大于 2%,成熟度较高的轻质油更为有利;致密气主要分布于与成熟或高成熟(R_o 一般大于 1.0%)煤系地层(Ⅱ$_2$、Ⅲ型有机质为主)共生的致密储层中,或高—过成熟(R_o 一般大于 1.3%)的倾油性烃源岩内部或与其紧密接触的致密储层中,TOC 多大于 1.5%。

(5)无明显圈闭界限,无统一烃水界面,无统一压力系统。含烃边界受岩性/物性控制,烃水关系复杂。含烃饱和度主要受充注强度、储层非均质性及距烃源岩的距离等因素控制。

其中,(3)、(4)、(5)表明,致密油气以一次运移或短距离二次运移为主,浮力作用受限,烃源岩超压是主要的运聚动力。这显然与(1)有关,即由于致密储层微米—纳米级孔喉发育,油气水在其中的渗流能力差,相态分异难,较大的毛细管力限制了在常规油气成藏中起关键作用的浮力在致密油气充注成藏中的作用,使致密油气的充注成藏机制明显不同于常规油气圈闭成藏。此时,油气运移—成藏的主要动力是源储压力差。一般来说,源储压差主要受控于烃源岩的超压。这一特点使常规油气成藏的生、储、盖、运、圈、保六大要素中,源、储成为制约致密油气发育、分布的主控因素。其中,烃源岩条件决定油气充注的动力和物质基础,而储层条件制约了充注的难易。由于储层评价主要是地质而不是地球化学问题,因此,本节主要讨论致密油气源岩评价问题。

二、致密油气烃源岩下限及分级评价标准

理论上,致密油气藏可以先致密后成藏,也可以先成藏后致密,或边致密边成藏。但由于在储层致密化之前充注进入储层的油气可以在浮力的作用下向构造高部位运移,其成藏机理和分布规律与常规油气藏相同,相应的烃源岩下限及评价标准也与常规油气藏相同。这类致密油气藏受圈闭分布的制约,难以形成大面积分布的连续/准连续油气藏,因此,不是致密油气勘探和评价的主要目标。对大面积分布的、典型的致密油气而言,其成藏机理与常规油气藏的本质区别在于其不依赖于浮力,而主要依靠源储压差运聚成藏。这一特点决定了其成藏与否、富集程度、分布规律首先取决于烃源岩条件(决定油气充注/成藏动力的大小)、储集条件(决定油气充注/成藏的难易程度)及两者在时空上的匹配和分布。那么,什么样的烃源岩条件才能成藏(下限),什么样的烃源岩条件有利于成藏(分级评价标准),这是勘探家所关注的问题,也是许多油公司正在着力探索的重要问题。可以说,明确致密油气烃源岩的下限及分级评价标准,有助于有利区(甜点区)的筛选和采取针对性的勘探开发措施。

有关常规油气烃源岩的分级评价标准已在前面第十三章介绍。由于致密油气充注的普遍动力是源储压差,明显不同于常规油气圈闭成藏,常规油气烃源岩的分级评价标准已不适用于致密油气烃源岩的评价。源储压差主要取决于烃源岩的超压。一般认为(卢双舫等,2017),烃源岩的超压与生烃增压、欠压实、水热增压、黏土矿物脱水有关,有时也与构造应力等因素有关。一些学者的深入研究表明,生烃增压和欠压实是其中最为普遍、重要的因素,并且欠压实、水热增压、黏土矿物脱水等往往也与生烃作用的方向和时期同步。而衡量生烃超压的有无和大小,烃源岩排烃量的有无和大小无疑是最为直观的指标。同时,排烃量高不仅仅表明运聚的动力大,而且也成为致密油气富集成藏的物质基础。由此分析,探讨、建立致密油气烃源岩的下限及分级评价标准,可以也应该从烃源岩排烃量和超压的有无和大小出发。

1. 由排烃量确定致密油气烃源岩下限及分级评价标准

按照前面第十四章介绍的生烃量减除残烃量等于排烃量的物质平衡法和生烃势法,不难评价烃源岩的排烃量。利用盆地模拟软件中的超压模块,可以评价烃源岩的超压。

图18-7示出了利用物质平衡法计算得到的松辽盆地南部青山口组一段烃源岩的最大排烃量与原始TOC的关系。可以看出,随着TOC增大,排烃量从无到有,由小至大。排烃量从无到有的拐点对应的TOC约为1.0%。低于这一TOC,烃源岩的排烃量很小或基本没有。此时,既缺乏成藏的物质基础,也缺乏克服足够大的致密储层毛细管力的成藏动力。因此,该点应该就对应着致密油气烃源岩的下限。而排烃量从缓慢增大到快速增大的拐点对应的TOC约为2.5%。在此之前,排烃量随TOC的增大而逐渐增大,开始为致密油气的成藏提供必要的

物质基础,同时,从图18-8可以看出,此时,烃源岩因为生烃、欠压实等产生的超压也开始增大,从而为致密油气提供了充注到储层中成藏的动力。当TOC达到2.5%之后,排烃量随TOC的升高而快速增大,从而为致密油气的成藏提供充足的物质基础。同时,相应的超压也开始急剧增大,从而为致密油气的成藏提供强大的动力。因此TOC=2.5%应该对应着致密油气烃源岩的分级界限,即优质烃源岩与低效烃源岩的界限。

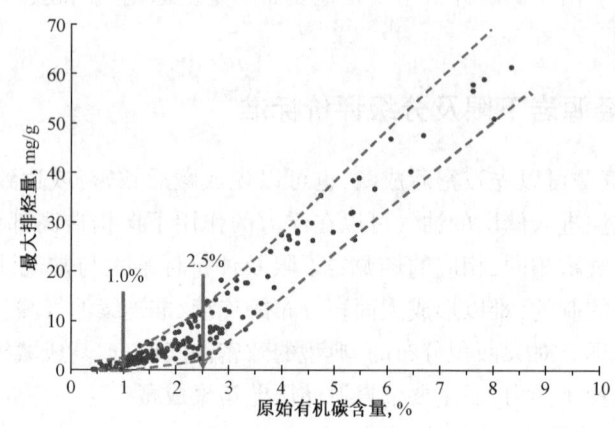

图18-7 松辽盆地南部青山口组一段烃源岩排烃量与原始TOC的关系

需要说明的是,这里的TOC界限是相对于生排烃之前的原始TOC而言的。为了应用的方便,有必要将其换算为生排烃以后的实测残余TOC。考虑因排烃减少的有机碳的量和因为地层压实而减少的岩石的重量,不难得到对应上述两个界限的TOC分别约为0.8%和2.0%。事实上,这即为致密油气烃源岩的下限和分级界限,或者说是无效烃源岩(Ⅲ级)、低效烃源岩(Ⅱ级)、优质烃源岩(Ⅰ级)的分级标准。

2. 由超压确定致密油气烃源岩下限及分级评价标准

基于单井声波时差或利用盆地模拟软件中的超压模块可以得到青一段烃源岩的超压,由此可以作出烃源岩超压与其排烃量和实测TOC的关系(图18-8、图18-9)。从图18-8可以看出,超压—排烃量关系曲线拐点对应的超压约为7MPa(相应的排烃量约为8mg/g)。在超压达到7MPa之前,排烃量随超压的增大缓慢升高,之后排烃量则快速增大。而从图18-9上可以看出,7MPa的超压所对应的实测TOC正好约为2.0%,与前面由排烃量法确定的优质致密油气烃源岩(Ⅰ类烃源岩)的界限一致。TOC>2.0%之后,烃源岩层的超压不再继续增大,是因为之后所生成的更多的油气被超压从烃源岩中排驱出去,即此时烃源岩不仅可以大量排烃为致密油气的成藏提供丰富的物质基础,同时较高的超压还可以为排出的油气进入致密储层提供有效的动力。这也佐证了上一节的认识,即TOC=2.0%(相应的超压=7MPa)可以作为Ⅰ类烃源岩的界限。从图18-9中还可以看到,TOC=0.8%所对应的超压约为1MPa,而从图18-8上可见,当超压<1MPa时,排烃量很小(<2mg/g烃源岩),也支持TOC=0.8%(相应的超压约为1MPa)可以作为致密油气低效烃源岩的下限(Ⅱ类烃源岩和Ⅲ类烃源岩的分界线)。

依据上述分析结果,结合上述定量评价过程中有关地球化学参数的取值,可以建立致密油气烃源岩的下限及分级评价标准(表18-2)。

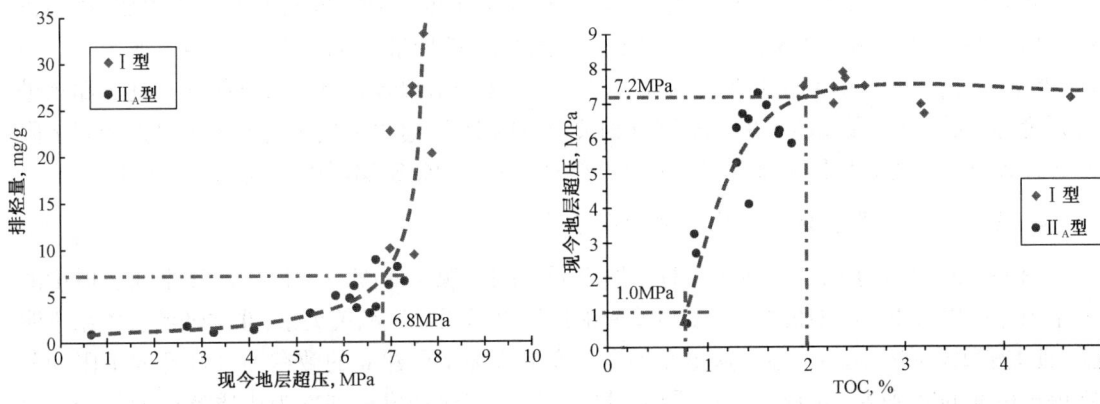

图 18-8 地层现今超压与排烃量关系　　图 18-9 残余有机碳与现今地层超压的关系

表 18-2　致密油气烃源岩分类评价标准(以松辽盆地南部为例)

判断指标	烃源岩类型划分		
	Ⅰ类烃源岩	Ⅱ类烃源岩	Ⅲ类烃源岩
有机质类型	Ⅰ,部分Ⅱ$_A$	Ⅱ$_A$,部分Ⅰ	Ⅱ$_B$、Ⅲ,部分Ⅱ$_A$
有机质丰度 TOC,%	>2.0	0.8~2.0	<0.8
最大排烃量,mg/g	>8	0~8	0
热演化程度 R_o,%	0.7~1.0	0.5~0.7	<0.5
烃源岩内超压,MPa	>7	1~7	<1
烃源岩厚度,m	70~130	30~70	10~30
排烃强度,$10^4 t/km^2$	>50	25~50	<25

3. 讨论

可以看出,这里得出的致密油气烃源岩的下限(TOC=0.8%)和分级界限(TOC=2.0%)远远高于常规油气烃源岩的下限(TOC=0.4%)和好烃源岩分级界限(TOC=1.0%)(第十三章表 13-2),而直接与最好烃源岩的界限(TOC=2.0%)相当。这是因为,对常规油气藏而言,只要油气从烃源岩中排驱出来,就有可能在浮力的作用下逐步聚集、富集成藏;而对致密油气来说,从烃源岩中排出的油气还要克服超过浮力的毛细管阻力才能充注进入致密储层中成藏,这一超过毛细管力的成藏动力只能是油气从烃源岩中排出时的超压。因此,对致密油气的烃源岩来说,仅仅有排烃量是不够的,还必须有足够的超压。此时往往对应着较高的排烃量。所以,致密油气的下限、分级标准的界限必然会高于常规油气的烃源岩。能够成为致密油气优质烃源岩的当然也能够成为常规油气的优质烃源岩。

需要指出,由于油、气的分子大小不同,与水、岩的表面张力不一,生成过程中的膨胀系数有明显的差别等方面的原因,油、气从烃源岩中排出后充注致密储层时的动力、阻力都可能会有差别。因此,从原理上讲,致密油、致密气、致密油气烃源岩的下限及分级标准可能会不一致。由于这里松南的青一段烃源岩位于以油为主同时也含有气的油窗阶段,因此,统一以致密油气烃源岩称之。如果在主要发育气烃源岩(Ⅲ型有机质发育区或者高—过成熟烃源岩区),用类似的方法则可得到致密气烃源岩下限及分级评价标准,但这需要结合地质条件(烃源岩的地球化学特征、沉积埋藏史、热史、生排烃量、超压发育等)来进行。这也应该是下一步值得探索的研究方向。

还需要说明的是,由于生烃量、残烃量与有机质的丰度、类型、成熟度及矿物组成、排烃条件(如砂泥互层容易排烃)等有关,故不同地质条件下,排烃量与 TOC 的关系会有所不同。因此,严格来讲,不同地质条件下致密油气烃源岩的下限及分级评价标准应该按照上述思路来进行评价,但在资料有限或还未来得及进行相关评价的探区,这里所确定的致密油气烃源岩下限及分级评价标准可以供同类地质条件(如大套泥岩之外的致密储层中成藏)参考应用。

4. 致密油气烃源岩分级评价标准的初步应用

图 18 - 10 给出了松辽盆地南部青一段不同级别烃源岩厚度与下伏扶杨致密油层厚度的关系图。可以看出,Ⅰ类烃源岩厚度与致密油层厚度呈明显正相关关系,Ⅱ类烃源岩关系不明显,Ⅲ类烃源岩则毫无相关性。这也在一定程度上佐证了所建立的致密油气烃源岩下限和分级评价标准的客观性。由此也可以看出,致密油气的充注和成藏基本为优质致密油气烃源岩所控制,只有在优质烃源岩发育的区域,才可能有丰富的致密油气聚集成藏。

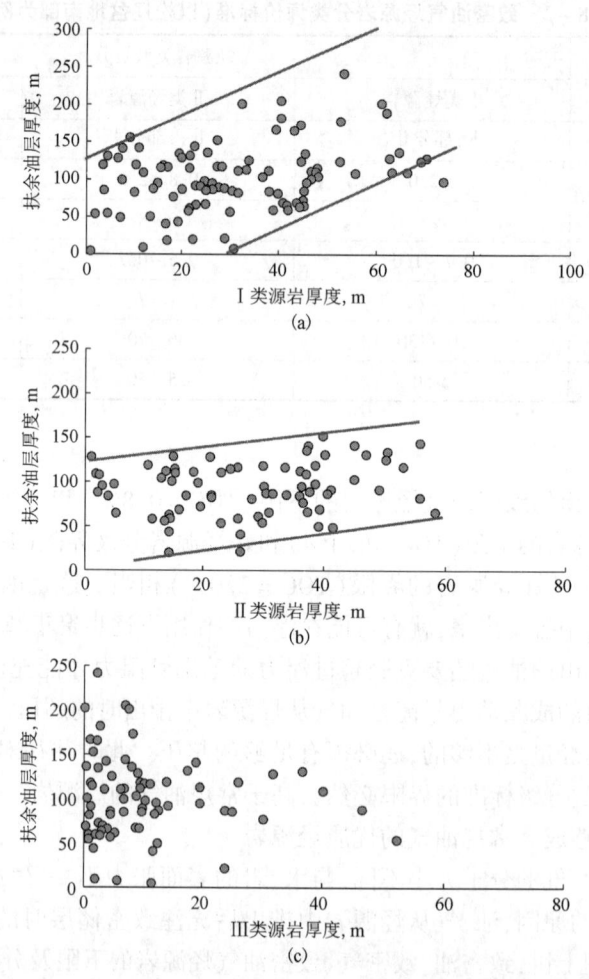

图 18 - 10 青一段不同级别烃源岩厚度与扶杨油层致密油层厚度关系图

另外,从图 18 - 11 可以看到,致密油气的成藏与烃源岩的排烃强度和超压的发育有密切的关系。排烃量越大,超压越大,油气下排的深度就越大,致密油层厚度越大,成藏越充分。因此,致密油气有利区应该在排烃量、超压分布的基础上,结合不同级别致密储层的发育和分布来预测和评价。

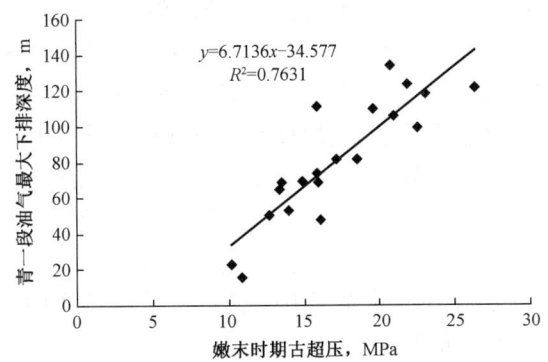

图 18-11　研究区烃源岩超压与油气下排深度的关系

第四节　煤　层　气

长期以来,煤层气一直被作为煤矿生产的一种主要灾害对待,直到20世纪70年代美国在圣胡安盆地和黑勇士盆地进行的煤层气地面开发试验的成功,才真正揭示了这一新型洁净的非常规能源的潜在经济效益和广阔前景。煤层气的工业化开采早于页岩气,但页岩气资源规模更大、技术突破后产量递增速度更快,掩盖了煤层气的光芒。

一、煤层气发育分布的特点

与页岩气相似的是,煤层既是生气层又是储气层,但不同的是,煤层气更多以吸附状态存在,吸附态多在90%以上。理论上讲,凡煤层发育分布之处就有煤层气。但国内外的勘探开发实践揭示,工业性煤层气的产出有一定的条件。

1. 煤层含气量高,但埋藏一般较浅

不难理解,煤层含气量较高是效益开发的基础。由于煤层的发育分布规模一般远远小于页岩,因此,煤层气效益开发对含气量的要求更高。如页岩气远景区一般要求含气量在 $1.5m^3/t$ 以上,但煤层的含气量基本都高于该值。事实上,煤中有机质含量更高,对天然气的吸附能力更强,煤岩的含气量普遍高于页岩。美国圣胡安盆地的高产区煤层含气量在 $15m^3/t$ 以上,黑勇士盆地 Pottsville 组煤层的含气量可达 $17m^3/t$。中国煤层开发最成功的沁水盆地,其主力煤层山西组的3号煤层和太原组的15号煤层含气量分别为 $8\sim30m^3/t$ 和 $10\sim20m^3/t$(邹才能等,2014)。影响煤层含气量的因素将在后面讨论。

工业性煤层气的开采深度早期多位于 $300\sim1200m$ 的埋深范围,随着技术的进步,深度下限逐步增大到 $1500m$(邹才能,2014)。过浅的埋深不利于煤层气的吸附和保存,含气量往往较低。而过大的埋深则往往意味着较低的孔渗,因而较低的产量和更高的钻井及作业成本使煤层气难以效益开发。

2. 煤层厚度较大

国内外获商业性煤层气流的地区,单井煤层总厚度均大于 $10m$。圣胡安盆地高产区煤层平均厚 $15m$,皮申斯盆地煤层富集区(开发区)煤层厚 $38m$,沁水盆地沁水煤层气田和鄂尔多斯盆地西部柳林地区煤层气高产区煤层厚12m左右(赵庆波,1999)。

在确定煤层的最小层厚时,必须考虑煤的夹层及煤层组。煤层单独出现时,单层煤厚度一般大于3m才具有高产的可能。属于多煤层组成的煤层组,单层最小厚度可以适当放宽,如黑勇士盆地的煤多为薄互层,通过多层合采,厚度小于0.6m的煤层也能生产煤层气,但进行多层完井作业时还是要求煤层累计厚度大于3m。另外,在估算煤的资源量时还要考虑煤层的连续性,一个横向尖灭或分叉的厚煤层与一个横向连续性好的较薄的煤层相比,其煤层气开采潜力可能更低(赵庆波,1998)。

不难理解,不管单位重量(体积)的煤岩中存有多少甲烷气,如果煤层没有足够的厚度和分布,都不可能形成有工业意义的气层。

3. 具有较好的保存条件

煤层气的高产区一般发育在构造稳定、水动力弱、滞水的斜坡区,尤其是向斜区。这其实反映了保存条件对煤层气富集的关键作用。但由于煤层气与常规天然气的赋存、分布形式有别,二者保存条件的内涵并不完全一样。对常规天然气藏来说,保存条件主要指盖层的质量及是否受断裂、裂缝的破坏。对煤层气来说,良好保存条件的内涵包括相对稳定的构造背景、致密的顶底板和弱的水动力。邹才能等(2014)认为,向斜富气正是构造演化、水动力条件以及封闭条件综合作用的结果。

1) 相对稳定的构造背景

在构造活动强烈的地区,如塔里木的库车前陆盆地,可以形成克拉2那样的常规大气田,但国内外构造活动强烈的地区均不是煤层气富集的有利地区,这与煤层气相对较低的资源丰度所要求的较大规模有关。大面积分布同时意味着可以大面积散失。只有较为稳定的构造背景才有助于大面积分布的煤层不受明显的破坏而降低耗散量。同时,较为稳定的构造背景才有利于煤层较大规模的发育和分布。

如美国黑勇士盆地位于中部地台的东南部,其基底为地台,构造上位于与阿巴拉契亚褶皱带间的过渡带;圣胡安盆地位于中部地台西缘的落基山区,为中部地台与科迪勒拉褶皱带的过渡区域,盆地基底具有地台的性质,但受到燕山期造山作用的强烈影响。上述两盆地的构造背景给人们以重要启示,煤层气最发育的盆地是以稳定地台为基底、位于地台与褶皱带的过渡区域的含煤盆地。迄今为止,在美国位于稳定地台内部或褶皱带之上的含煤盆地尚无煤层气开发成功的先例,表明构造过于稳定或过于活动地区的含煤盆地不利于煤层气开发,如美国中部地台之上的伊利诺伊盆地、科迪勒拉褶皱上的西太平洋含煤区等。

我国华北地台和扬子地台分布着我国以地台为基底的含煤盆地,扬子地台的规模小于华北地台。由于我国特殊的构造地质条件,地台较小,其周边的过渡带带窄,构造活动频繁强烈,过渡带构造条件复杂,不是煤层气聚集的有利区。在地台内部,以地台为基底的含煤盆地构造较稳定(但比美国圣胡安盆地、黑勇士盆地活动强烈),聚煤作用发育,煤炭资源赋存条件简单、储量丰富。在我国总体十分复杂的构造背景中,相对稳定的地台区含煤盆地占有十分重要的地位,形成了华北地台中西部及华南扬子地台中西部上古生界煤层气有利区。

2) 水动力弱

可经济开发的煤层气一般埋藏较浅,这使它可能经历的水动力比埋藏较深的常规天然气藏要强得多。而且,单斜或向斜型的大面积分布使煤层气受上下围岩中水影响的可能性大得多。因此,水文地质条件成为影响煤层气保存至关重要的因素。在水动力强的地区,往往发育与断层发育区、盆地边缘、隆起区或与煤层有水力联系的含水层,包括煤系下伏或煤系中的石灰岩岩溶裂隙含水层、砂岩裂隙含水层,往往呈导水性质,通过导水断层、裂隙或地层而沟通煤层与含水层。水文地质单元的补、径、排系统完整,若水动力强、强径流,含水层与煤层水力联系较好,则地下水在运动过程中容易溶解并带走煤层中气体而逸散。这也是文献中所说的水力运移逸散控气作用(中国煤田地质总局,1998)。

这种控气特征在我国分布广泛。在华北地区,水力运移逸散控气作用与煤系下伏奥陶系的石灰岩岩溶裂隙含水层强径流带展布有密切联系。强径流带分布地区、断裂发育的地区,往往是煤层气贫乏地区,如太行山东聚气带西侧、开滦目标区开平向斜东南翼、鲁西南和鲁西北地区等。沁水盆地的煤层气高产区就主要发育在向斜滞水区。

在美国圣胡安盆地的北端,含煤层系的露头区在此处为地下水的补给区,水头较高,地下水由北部向南及东南流动,至雪松山和布兰科一线以南盆地枢纽线附近,由于岩性变化而形成了区域性的渗透屏障,地下水流不能继续前进,而改道向上渗流。这一渗透率屏障使其以北地区形成了圣胡安盆地内煤层气最富集的地带(卢双舫等,2002)。

3)致密的顶底板

与大面积分布相伴的大面积逸散的风险使煤层气对顶底板的质量有较高的要求。虽然煤层气主要以吸附状态存在,吸附气要先经过解吸成为游离气和溶解气才能散失,这对煤层气的保存是有利的。但如果没有良好的顶底板封隔层来保持地层压力并阻止地层水的交替,较浅的埋深对应较低的地层压力和较为活跃的水动力,吸附气将逐渐解吸成为游离气和溶解气,进一步以气相或气水混相或水溶相方式散失。

著名的圣胡安盆地煤层气资源量巨大,其弗鲁特兰煤层之上为巨厚的柯特兰页岩,有效地阻止了煤层气的散失。晋试1井主力煤层含气量高达$30m^3/t$,原因是上覆一套连续分布、厚达50余米的泥岩盖层。江西萍乐龙潭组"B煤组"之上为稳定分布的泥质岩,岩性致密,煤层中含气量高达$25.3m^3/t$;而"C煤组"之上为长兴灰岩,溶蚀孔洞及裂隙发育,煤中含气量仅为$0.02\sim1.0m^3/t$(张建博,2000)。沁水聚气带煤系地层下伏厚达$35\sim50m$的本溪组隔水层隔开了高度岩溶化的寒武—奥陶系灰岩是其富气的重要原因之一。

4. 较高的煤阶

虽然工业性煤层气从低煤阶的褐煤(美国汾河盆地,$R_o=0.3\%\sim0.4\%$)到高煤阶的无烟煤(中国沁水盆地,$R_o=2.2\%\sim4.0\%$)都有发育(邹才能等,2014),但在煤层气开发最为成功的北美,除了汾河盆地低阶生物成因的煤层气之外,高产区主要发育在中煤阶的烟煤($R_o=0.6\%\sim1.8\%$)中,如圣胡安、黑勇士等。低煤阶煤岩作为煤层气储层的有利条件是未曾深埋,因而未经历较强的压实,孔渗相对较高。但不利条件在于,虽然生物成因气产率可以很高,但一般情况下,由于浅埋时的保存条件相对较差,生物成因气容易散失而难以保存,这可能是低阶煤与工业性煤层气关联度较低的一个重要原因。

中国在煤层气勘探的早期,借鉴美国的经验,也希望找到中煤阶的高产区,但在有利的深度范围内,受地质条件的制约(东北富煤区赋煤面积较小,且煤阶总体偏低/或保存条件较差,西北富煤区煤层虽厚,煤层也比较发育,但煤阶总体也偏低;华南富煤区构造稳定性差,煤层破坏强烈,保存条件差;滇藏区聚煤作用虽然时代多、分布广、煤层层数多,但厚度薄、稳定性差,单层煤层厚度一般小于1m;煤田构造复杂,煤层气保存的构造条件较差),长期没有重要的突破。比较而言,华北区煤层厚、分布稳定,构造变形弱,保存条件好,煤级齐全,是我国最有利的煤层气聚气区。经过努力，我国反而在世界上率先于沁水盆地高煤阶的煤岩中开发出了工业性的煤层气。

二、煤层气的成因及组成

由于煤层气与常规的煤成气/煤型气都源于煤/煤系泥岩有机质，因此两者在成因上没有实质的不同，都包括生物成因气、热成因气和混合气（见第十二章）。不同之处可能体现在两方面。一是富气的煤虽然大多经历了深埋的热成因作用，但由于工业性开采的煤层气一般浅于1200m，很多在500m左右的埋深，是后期抬升的结果。此时，往往水动力活跃、温度等方面的条件也有利于微生物的大量繁殖发育，因此，微生物的活跃可生成次生（初期浅埋称原生）生物成因气，这对煤层气勘探和生产具有重要意义。在美国圣胡安盆地煤层气勘探开发中，首次揭示出次生生物成因气的存在，以后在其他盆地也证实该类气体的存在，而且可出现在亚烟煤、低挥发分烟煤和较高煤级的煤层中。次生生物成因气在煤层中可能是普遍存在的，对煤层气的成分及同位素组成有较大影响，可能是导致许多地区煤层气变干、同位素变轻的原因（卢双舫等，2002）。同时，由于^{13}C较^{12}C极性强，更容易溶解在极性的水体中，较为活跃的水动力，可以优先溶解并带走煤层气中的^{13}C，这也可能是煤层气的总体上普遍$\delta^{13}C_1$轻于煤成气的重要原因之一（图18-12）（秦胜飞等，2006）。另一方面的不同在于常规天然气在运聚成藏的过程中常常与不同成因的天然气混合，而煤层气基本源于煤层。

相应地，在组分组成上，煤层气与煤成气/煤型气也没有实质性的不同。由于上述的原因，同样的成熟度下，总体上煤层气的同位素组成可能偏轻一些，当煤型气有油型气混入时，其湿度可能高一些。

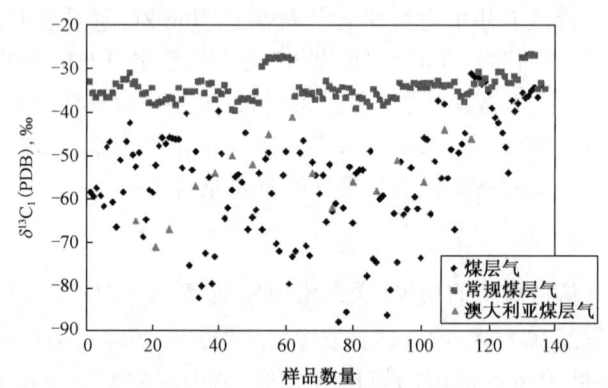

图18-12　中国煤成大中型气田与主要煤层气区甲烷碳同位素对比图
（据秦胜飞等，2006）

三、煤层气的赋存及煤吸附能力的影响因素

1. 煤层气的赋存状态

认识煤层气在储层中的赋存状态并定量评价其含量，对评价其勘探开发潜力至关重要。一般认为，与泥页岩气相同，煤层气也以吸附态、游离态和溶解态3种形式储集在煤层中，只是其中吸附态含量更高，可达90%以上。3种状态赋存的煤层气的定量表征可参考第十三章中的公式进行，这里重点讨论影响其主要赋存状态——吸附态的主要因素。

2. 煤吸附能力的影响因素

煤对天然气的吸附能力,除受煤自身特性如物质组成、煤阶、水分的影响外,还受许多外部因素如温度、压力的影响。

1) 物质组成

煤的物质组成,包括有机显微组分和矿物质。煤中矿物质含量越高,其吸附能力越低。煤对甲烷的吸附能力与煤的物质组成也有关。三大类显微组分以及各亚显微组分的生物结构和物理结构的发育存在显著差异。一般来讲,镜质组物理结构孔最为发育,惰质组生物结构孔发育最好,而壳质组生物结构孔和物理结构孔均不发育。镜煤、亮煤、暗煤、丝炭等不同宏观煤岩成分是显微煤岩组分不同组合的宏观表现。所以,不同煤岩特征的煤层气储层,其吸附性能也存在差异。

Levine 等(1993)测定表明,亮煤的吸附量高于暗煤,见图 18-13。

张新民等(1991)研究了各种成分的煤的吸附能力,在分析中,又将惰质组分为Ⅰ、Ⅱ、Ⅲ三类。惰质组Ⅰ指无结构丝质体,包括碎屑丝质体、粗粒体和微粒体。惰质组Ⅱ指具有胞腔结构而无充填物的丝质体。惰质组Ⅲ指具有胞腔结构并被有机质或矿物质充填的丝质体。研究表明:在惰质组特别是惰质组Ⅱ的含量不高的情况下,镜质组含量越高,煤的吸附量越大;具有胞腔结构且无充填物的丝质体含量越高,煤的吸附量越大;在三大组分中,壳质组的吸附能力最低。总之,在长焰煤至瘦煤阶段,不同显微组分的吸附能力是惰质组Ⅱ>镜质组>惰质组Ⅰ>惰质组Ⅲ>树皮质;在三号无烟煤阶段,镜质组>惰质组。

2) 煤阶

煤层气储层的吸附、解吸性能受控于煤的生物结构和物理结构,而煤阶是影响煤的孔隙结构的主要因素。图 18-14 为吸附量随煤阶(反映为镜质组反射率 $R_{o,max}$)的关系曲线(钟玲文等,1990),由图可见,气体吸附能力随煤阶的增高呈波状演化,分别在镜质组最大反射率为 0.5%~1.0%之间(长焰煤、气煤、肥煤)和大于 4.0%(二号无烟煤、一号无烟煤)之后呈下降趋势,在反射率 1.0%~4.0%之间(焦煤、瘦煤、贫煤和三号无烟煤)呈增高趋势,并在反射率为 1.0% 和 3.5%~4.0% 附近分别达到平均最小值和平均最大值。

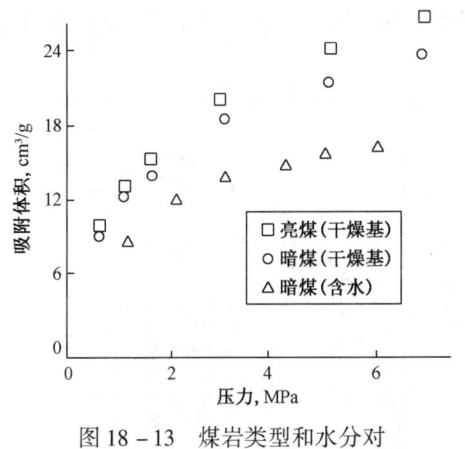

图 18-13 煤岩类型和水分对吸附能力的影响

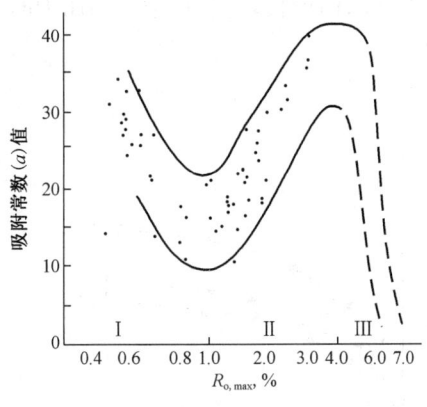

图 18-14 煤的吸附常数(a)值与 $R_{o,max}$ 的关系

煤阶的变化导致煤结构发生变化,进而影响煤的吸附性能。从低变质烟煤到中变质烟煤

（$R_{o,max}$为0.5%～1.0%），随煤阶增高，煤的孔容、孔隙度、孔比表面积都发生递减。孔容、孔隙度的递减主要源于组分间孔和生物结构孔因压实作用等产生的损失。这些结构孔以大孔、中孔为主。孔比表面积的递减一方面源于生物结构孔的锐减，另一方面也源于煤化作用过程中液态烃造成的物理结构孔堵塞，物理结构孔与煤的大分子结构演化有关。从高变质烟煤到无烟煤（$R_{o,max}$为1.0%～4.0%），随煤阶增高，煤的孔容、孔隙度明显增加，孔比表面积增加显著，这些都源于物理结构孔的增加和烃类的排出。镜质组反射率超过4%以后，相邻微孔合并，有机质逐渐向无机质方向转化，进入半石墨化作用阶段。由于大规模缩聚作用和孔隙合并，煤的孔容、孔隙度和孔比表面积又开始锐减，从而导致煤的吸附能力急剧减小（王洪林，2000）。

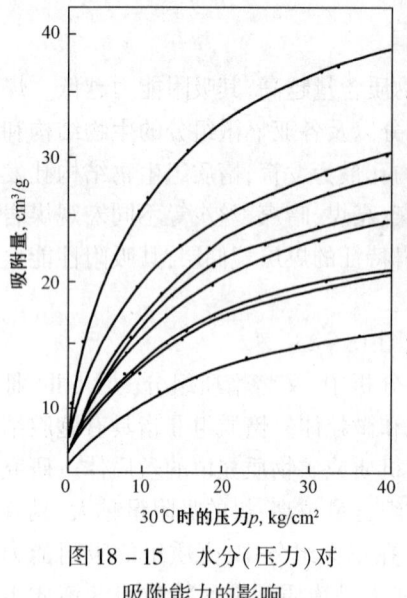

图18-15 水分（压力）对吸附能力的影响

3）水分

一般认为，煤中水分增高，吸附能力降低。但当水分高于一定值时，不再对吸附能力产生影响，见图18-15。

4）温度

吸附能力严格受温度和压力的影响。压力增高，吸附量增加；温度增高，吸附量降低（图18-16）。Ettinger建立了一个吸附量与温度的经验公式：

$$V_t = \frac{V_{30} e^{n_{30}}}{e^{n_t}} \tag{18-4}$$

式中 V_t、V_{30}——干燥基煤在温度t和30℃时的吸附量；

n_t、n_{30}——相应温度下的指数，由实验求得。

5）压力

由图18-17可以看出，煤层气的吸附量随压力的增大而增大，这与页岩的吸附等温线（参见图14-9）是相似的。在自然状态下，煤层所受压力通常是埋深的函数。压力较低时，吸附量随压力增高而增长较快；在中—高压力时，吸附量增长率变小；当压力趋于无穷时，吸附量达到饱和。

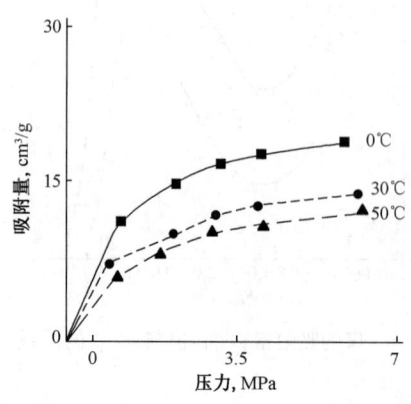

图18-16 温度对吸附能力的影响

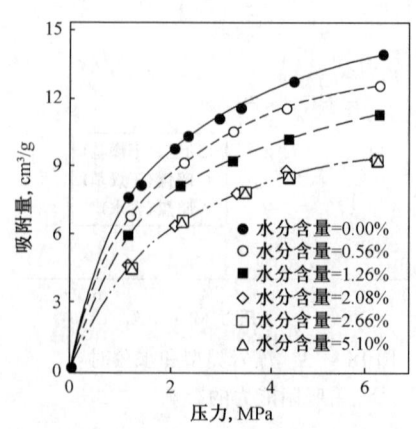

图18-17 煤的吸附量与煤化程度和压力的关系

与页岩油气的资源"甜点"主要与页岩的有机质非均质性相关不同,因为煤岩普遍富含有机质,因此,有机质丰度的非均质性对煤层气已经不太重要。从前面的分析可以看出,煤层气富集("甜点")主要受控于:埋藏较浅(300~1200m),有一定分布规模的较厚的煤层,煤阶较高(不仅有利于大量成气,同时有利于提高煤层吸附气的能力,图18-14),更为重要的是有利的保存条件,即较为稳定的构造背景、致密的顶底板和弱水动力条件。

本章小结

1. 非常规油气是指用传统技术无法获得自然工业产量,需用新技术改善储层渗透率或流体黏度等才能经济开采、连续或准连续型分布的油气资源,包括致密油气、页岩油气、煤层气、重(稠)油、油砂、油页岩、天然气水合物等。开发非常规油气是油气工业发展的必然之路、必由之路。

2. 页岩油气具有源储一体、滞留聚集的特征,赋存在以纳米级孔喉为主的致密储层中,但大面积连续分布,无明显圈闭,资源潜力大;由于需要利用大型压裂技术,能够达到工业产能的一般是脆性矿物含量高、容易造缝、保缝的页岩。页岩油气的"甜点"首先应该是含油气性的"甜点"。评价含油性的指标主要包括氯仿沥青"A"、热解 S_1 和 TOC;评价含气性的直观指标是包括吸附气和游离气的总含气量,业已提出并应用的方法有岩心解析法、等温吸附法、测井解释法、同位素法等,但客观恢复地层条件下的原始含气量和游离气/吸附气比例有一定的难度,实用中常利用含气量与 TOC 的正比关系由 TOC 评价有利区。由烃源岩含油性指标的三分性可将页岩油气资源分为Ⅰ级、Ⅱ级、Ⅲ级资源,结合上述地球化学指标的非均质性评价技术,可以评价页岩油气的有利区块/层位(甜点)。

3. 致密油气指储集在覆压基质渗透率≤0.1mD 的致密砂岩、碳酸盐岩等储层中的油气;它们一般与优质烃源岩互层或紧邻,未经长距离运移而形成的油气聚集。单井一般无自然产能或自然产能低于工业下限,但在一定经济条件和技术措施下可获得工业油气产量。利用排烃量、超压与 TOC 的关系,可以确定致密油气烃源岩的下限(松南 TOC=0.8%)和优质致密油气烃源岩(松南 TOC=2.0%)的分级标准,由此可以结合致密储层的分布确定致密油气的有利区("甜点")。

4. 煤层气是生成并储存于煤层中,以甲烷为主要成分、以吸附状态为主的天然气。工业性的煤层气一般产出于厚度较大、埋深较浅、含气量高的煤层中。这类煤岩一般发育有保存条件良好(构造比较稳定、具有致密的顶底板和弱的水动力条件)的富煤区,一般煤阶较高。煤层气的主要赋存状态是吸附气,影响煤岩吸附气能力的主要因素有煤岩的有机无机组成、煤阶、水分、温度、压力等。

思 考 题

1. 非常规油气有哪些共性,有哪些主要类型?致密油气和页岩油气有什么关系?
2. 页岩油气有何异同点?如何判识页岩油气的"甜点"?
3. 含气量评价的方法有哪些?各有何优缺点?
4. 致密油气与页岩油气分布特征有何异同?
5. 如何理解烃源岩条件对致密油气成藏与分布的控制作用?
6. 煤层气与页岩油气有何异同?什么样的条件有利于煤层气的富集高产?

参 考 文 献

包茨.1988.天然气地质学.北京:科学出版社.
包建平,马安来.1998.原油中烷基苯酚和中性含氮化合物的快速分离与分析.江汉石油学院学报.20(2):21-26.
边立增,张水昌,张宝民,等.2000.似球状沟鞭藻化石重新解释早、中寒武世甲藻甾烷的来源.科学通报,45(23):2554-2558.
陈发景.1989.盆地构造分析在我国油气普查和勘探中的作用.石油与天然气地质,10(3):247-255.
陈发景,田世澄.1989.压实与油气运移.武汉:中国地质大学出版社.
陈方文,卢双舫,丁雪.2015.泥页岩吸附气能力评价模型:以黔南坳陷牛蹄塘组吸附含量为例.中国矿业大学学报,44(3):534-539.
陈刚,赵重远,李丕龙,等.2002.R_o反演的盆地热史恢复方法与相关问题.石油与天然气地质,23(4):343-347.
陈沪生.1998.积极开展无机成因油气领域的勘查:无机成因油气是油气资源战略后备领域.石油实验地质,20(1):1-5.
陈建平,黄第藩,霍永录,等.1995.酒东盆地营尔凹陷油气生成运移和聚集.石油勘探与开发,22(6):1-8.
陈建平.1996.酒东盆地油气生成运移和聚集.北京:石油工业出版社.
陈建平,赵长毅,何忠华.1997.煤系有机质生烃潜力评价标准探讨.石油勘探与开发,24(1):1-5.
陈建平,等,2014.湖相泥岩的排烃效率.
陈践发.2004.塔里木盆地下寒武统底部富有机质层段地球化学特征及成因探讨.中国科学(D辑),34(增刊I):107-113.
陈丕济.1985.碳酸盐岩生油地化中几个问题的评述.石油实验地质,7(1):3-12.
陈世加.2006.油气开发地球化学.北京:石油工业出版社.
陈斯忠,张明辉,张俊达.1991.珠江口盆地东部油气生成与勘探.石油与天然气地质,12(2):95-106.
陈增智,柳广弟,郝石生.1999.修正的镜质组反射率剥蚀厚度恢复方法.沉积学报,17(1):141-144.
陈祖庆,2014.海相页岩TOC地震定量预测技术及其应用:以四川盆地焦石坝地区为例.天然气工业,34(6):24-29.
程本合,胡圣标,熊亮萍,等.2000.用镜质体反射率资料恢复热史的相关问题及处理方法.中国海上油气(地质),14(3):210-213.
程克明,金伟明,何忠华,等.1987.陆相原油及凝析油的轻烃单体组成特征及地质意义.石油勘探与开发,4(1):34-43.
程克明.1994.吐哈盆地油气生成.北京:石油工业出版社.
程克明,王铁冠,钟宁宁,等.1995.烃源岩地球化学.北京:科学出版社.
程克明,王兆云,钟宁宁,等.1996.碳酸盐岩油气生成机理与实践.北京:石油工业出版社.
程克明,王兆云.1996.高成熟和过成熟海相碳酸盐岩生烃条件评价方法研究.中国科学(D辑),26(6):537-543.
程克明,赵长毅,苏艾国,等.1999.吐哈盆地油源研究新认识.中国海上油气(地质).13(2):39-41.
程克明,熊英,曾晓明,等.2002.吐哈盆地煤成烃研究.石油学报,23(4):13-17.
崔景伟,邹才能,朱如凯,等.2012.页岩孔隙研究新进展.地球科学进展(12):1319-1325.
戴金星.1985.中国含硫化氢的天然气分布特征、分类及其成因探讨.沉积学报,3(4):109-120.
戴金星,戚厚发,等.1985.鉴别煤成气和油型气若干指标的初步探讨.石油学报,6(2):31-38.
戴金星.1986.我国煤成气组分碳同位素类型及其成因和意义.中国科学(B辑),12(11).
戴金星,宋岩,关德师等.1987.鉴别煤成气的指标.煤成气地质研究.北京:石油工业出版社.

戴金星,戚厚发.1989.我国煤成烃气的$\delta^{13}C—R_o$关系.科学通报,34(9):690-692.
戴金星,戚厚发,郝石生.1989.天然气地质学概论.北京:石油工业出版社.
戴金星.1990.我国有机烷烃气的氢同位素的若干特征.石油勘探与开发,17(5):27-32.
戴金星,裴锡古,戚厚发.1992.中国天然气地质学.北京:石油工业出版社.
戴金星.1993.天然气碳氢同位素特征和各类天然气鉴别.天然气地球科学,1(2-3):1-40.
戴金星.2000."99"海相碳酸盐岩与油气国际讨论会闭幕词.海相油气地质,5(5):1-2.
戴金星,陈践发,钟宁宁,等.2003.中国大气田及其气源.北京:科学出版社.
党振荣,张锐锋.1998.华北油田外围新区古生界、中上元古界原生油气勘探.勘探家,3(4):17-20.
蒂索 B P,威尔特 D H.1989.石油的形成和分布.2版.徐永元,徐濂,郝石生,等译.北京:石油工业出版社.
丁福臣,王剑秋,钱泉麟.1991.压力下生油岩热解动力学研究.石油学报,12(3):44-51.
方锡贤,姚芳虎,张淑琴,等.2013.非常规油气储集层录井技术应用与发展思考.录井工程,24(2):22-26.
菲尔普 R.1987.化石燃料生物标志物:应用与谱图.傅家谟,盛国英,译.北京:科学出版社.
冯海巏.1978.基本有机化学工程.北京:人民教育出版社.
付晓飞,李兆影,卢双舫,等.2004.利用声波时差资料恢复剥蚀量方法研究与应用.大庆石油地质与开发,23(1):9-11.
付晓泰,王振平,卢双舫.1996.气体在水中的溶解机理及溶解度方程.中国科学(B辑),26(2):124-131.
付晓泰,卢双舫,王振平.1997.天然气组分的溶解特征及其意义.地球化学,26(3):60-66.
付晓泰,王振平,夏国朝.1998.天然气组分的水合热、水合常数及理论溶解度.石油学报,19(1):79-84.
付晓泰,王振平,卢双舫.2000.天然气在盐溶液中的溶解机理及溶解度方程.石油学报,21(3):89-94.
傅家谟,盛国英.1982.膏盐沉积盆地形成的未成熟石油.石油与天然气地质.6(2):150-158.
傅家谟,史继扬,盛国英,等.1982.有机地球化学.北京:科学出版社.
傅家谟.1987.天然气的成因与评价.天然气工业,7(4):7-11.
傅家谟,刘德汉,盛国英,等.1990.煤成烃地球化学.北京:科学出版社.
傅家谟,秦匡宗.1995.干酪根地球化学.广州:广州科技出版社.
高岗,刘显阳,王银会,等.2013.鄂尔多斯盆地陇东地区长7段页岩油特征与资源潜力.地学前缘,20(2):140-146
耿安松,熊永强.1999.辽河油田西部凹陷生物降解原油单体化合物碳同位素组成.自然科学进展,9(9):834-840.
关德师,牛嘉玉,郭丽娜,等.1995.中国非常规油气地质.北京:石油工业出版社:125-227.
郭迪孝,胡民.1989.陆相盆地沉积有机相分析//地质矿产部石油地质研究所.石油与天然气地质文集.第2集.中国油气资源前景及评价方法.北京:地质出版社:191-199.
郭少斌,王义刚.2012.快速评价泥页岩含气性及游离气含量的方法.中国科技财富,15(1):128
郭绍辉,李术元,陈志伟,等.2000.低熟烃源岩的超强混合溶剂抽提及其地球化学意义.石油大学学报(自然科学版),24(3):50-53.
豪厄尔 D G.1993.能源气的未来.杨登维,李大民,译.北京:石油工业出版社.
郝芳,陈建渝.1993.沉积盆地中的有机相研究及其在油气资源评价中的应用.矿物岩石学论丛(9):101-109.
郝芳,陈建渝,孙永传,等.1994.有机相研究及其在盆地分析中的应用.沉积学报,12(4):77-86.
郝芳.2005.超压盆地生烃作用动力学与油气成藏机理.北京:科学出版社:47-136.
郝建飞,周灿灿,李霞,等.2002.页岩气地球物理测井评价综述.地球物理学进展,27(4):1624-1632
郝进,姜振学,邢金艳,等.2015.一种改进的页岩气损失气含量估算方法.现代地质,29(6):1475-1482
郝石生,张振英.1993.天然气在地层水中的溶解度变化特征及地质意义.石油学报,14(2):12-21.
郝石生,高岗,王飞宇,等.1996.高—过成熟海相烃源岩.北京:石油工业出版社:98-109.
何文祥,王培荣,呼舜兴等.1996.一种新的测量产液剖面的方法研究:有机地化色谱指纹法.断块油气田,3(5):16-19.

何文祥,王培荣.1996.一种新的测量产量剖面的方法.断块油气田,3(5):16-19.
亨特 J M.1979.石油地球化学和地质学.胡伯良,译.1986.北京:石油工业出版社.
侯读杰,张敏,赵红静.2001.油藏及开发地球化学导论.北京:石油工业出版社.
胡国艺,李剑,李谨,等.2007.判识天然气成因的轻烃指标探讨.中国科学(D辑),37(A02):111-117.
胡见义,黄第藩,等.1991.中国陆相石油地质理论基础.北京:石油工业出版社:164-233.
胡社荣,方家虎,侯慧敏,等.1997.中国侏罗系煤成油若干问题.地质论评,43(2):155-161.
胡圣标.1999.利用镜质组反射率估算地层剥蚀厚度.石油勘探与开发,26(4):42-45.
胡惕麟,戈葆雄,等.1990.源岩吸附烃和天然轻烃指纹参数的开发和应用.石油实验地质,12(4):375-393.
胡微雪,薛晓辉,李维,等.2004.页岩含气量测定方法分析与优化.中外能源,19(11):61-66.
黄第藩.1979.青海湖综合考察报告.北京:科学出版社.
黄第藩,李晋超.1982.干酪根类型划分的X图解.地球化学,11(1):21-30.
黄第藩,李晋超,等.1982.中国陆相油气生成.北京:石油工业出版社.
黄第藩,李晋超,张大江,等.1984.陆相有机质的演化和成烃机理.北京:石油工业出版社.
黄第藩,李晋超,张大江.1989.克拉玛依油田形成中石油运移的地球化学.中国科学(B辑),17(2):199-206.
黄第藩,张大江,李晋超,等.1990.中国吐鲁番盆地侏罗系煤系中烃类的生成//中国地质学会,等.第四届全国有机地球化学会议论文集.武汉:中国地质大学出版社,1-17.
黄第藩,华阿新,王铁冠,等.1992.煤成油地球化学新进展.北京:石油工业出版社:1-25.
黄第藩.1996.成烃理论的发展:未熟油及有机质成烃演化模式.地球科学进展,11(4):327-335.
黄第藩,熊传武.1996.煤系地层中石油的生成、运移和生油潜力评价.勘探家,1(2):6-11.
黄第藩,张大江,王培荣,等.2003.中国未成熟石油成因机制和成藏条件.北京:石油工业出版社.
黄汝昌,等.1997.中国低熟油及凝析气藏形成条件与分布规律.北京:石油工业出版社.
黄文彪,邓守伟,卢双舫,等.2014.泥页岩有机非均质性评价及其在页岩油资源评价中的应用:以松辽盆地南部青山口组为例.石油与天然气地质,35(5):704-711.
金奎励,赵长毅,刘大锰,等.1997.当代煤及有机岩研究新技术.北京:地质出版社.
金庆焕,张光学,杨木壮,等.2006.天然气水合物资源概论.北京:科学出版社:104-158.
金之钧,刘国臣,李京昌,等.1998.塔里木盆地一级演化周期的识别及其意义.5(增刊):191-197.
琚宜文,李清光,颜志丰,等.2014.煤层气成因类型及其地球化学研究进展.煤炭学报,39(5):806-815.
康玉柱.2016.中国致密油气资源潜力及勘探方向.天然气工业,36(10):10-17.
库德梁采夫.1951.反对石油有机起源假说.赵霞飞,等译.1958.北京:科学出版社.
李登华,等.2009.页岩气藏形成条件分析.天然气工业,29(5):22-26.
李慧莉,邱楠生,金之钧,等.2004.塔里木盆地塔中地区地质热历史研究.西安石油大学学报(自然科学版),19(4):36-39.
李明诚.1993.石油与天然气运移.北京:石油工业出版社.
李明诚.1994.石油和天然气运移、聚集的特征.地球物理学进展,9(1):120-124.
李善鹏,邱楠生.2003.磷灰石裂变径迹方法研究沉积盆地古地温:以东营凹陷为例.西南石油学院学报,25(4):4-8.
李武广,杨胜来,徐晶,等.2012.考虑地层温度和压力的页岩吸附气含量计算新模型.天然气地球科学,23(4):791-796.
李新景,吕宗刚,董大忠,等.北美页岩气资源形成的地质条件.天然气工业,2009,29(5):27-32.
梁狄刚,张水昌,张宝民,等.2000.从塔里木盆地看中国海相生油问题.地学前缘,7(4):534-547.
梁狄刚.1998.塔里木盆地九年油气勘探历程与回顾.中国石油勘探,3(4):59-64.
廖永胜.1989.罐装岩屑轻烃和碳同位素在油气勘探中的应用.石油技术,11(5):35-53.
林春明.1996.钱塘江口超浅层生物气成藏的有利地质条件.天然气地球科学,7(3):24-27.
林壬子.1992.轻烃技术在油气勘探中的应用.北京:中国地质大学出版社.

林壬子,张敏.1995.油藏地球化学:地球化学新进展.西安石油学院学报,11(1):8-14.

林壬子,张敏,等.1996.油藏地球化学进展.西安:陕西科学技术出版社.

林壬子.1998.油气勘探与油藏地球化学.北京:石油工业出版社.

林拓,张金川,李博,等.2014.湘西北常页1井下寒武统牛蹄塘组页岩气聚集条件及含气特征.石油学报,35(5):839-846.

刘宝泉,梁狄刚,方杰,等.1985.华北地区中上元古界、下古生界碳酸盐岩有机质成熟度与找油远景.地球化学,14(2):150-162.

刘超,卢双舫,黄文彪,等.2011.ΔlgR技术改进及其在烃源岩评价中的应用.大庆石油地质与开发,30(3):27-31.

刘洪林,王红岩.2012.中国南方海相页岩吸附特征及其影响因素.天然气工业,32(9):5-9.

刘金钟,唐永春.1997.用干酪根生烃动力学方法预测甲烷生成量之一例.科学通报,43(11):1187-1191.

刘文汇,徐永昌.1987.天然气中氩与源岩储层钾、氩之关系//中国科学院兰州地质研究所.中国科学院兰州地质研究所生物、气体地球化学开放研究实验室研究年报(1986).兰州:甘肃科学技术出版社,191-200.

刘文汇,徐永昌,史继扬,等.1996.生物—热催化过渡带气形成机制及演化模式,中国科学(D辑),26(6):511-517.

刘文汇.2000.烃类的有机(生物)与无机(非生物)来源:油气成因理论之二.矿物岩石地球化学通报,19(7):179-185.

卢双舫,庞雄奇,李泰明,等.1986.干酪根类型数值化的探讨.天然气工业,7(3):17-21.

卢双舫,刘晓艳,王子文.1993.干酪根类型数值化的再探讨.大庆石油学院学报,17(增刊):29-33.

卢双舫,黄第藩,程克明.1994.煤成烃生成、运移模拟实验的固体残样特征及其演化.石油勘探与开发,21(3):46-52.

卢双舫,赵锡嘏,黄第藩,等.1994.煤成烃的生成和运移的模拟实验研究-Ⅰ:气态和液态产物特征及其演化.石油实验地质,16(3):290-302.

卢双舫,刘晓艳,曲佳燕,等.1995.海拉尔盆地呼和湖凹陷烃源岩原始生烃潜力和原始有机碳的恢复.大庆石油学院学报,19(1):31-34.

卢双舫.1996.有机质成烃动力学理论及其应用.北京:石油工业出版社.

卢双舫,付晓泰,刘晓艳,等.1996.油成气的动力学模型及其标定.天然气工业,16(6):6-8.

卢双舫,王子文,付晓泰,等.1996.镜质体成烃反应动力学模型的标定及其在热史恢复中的应用.沉积学报,14(4):24-30.

卢双舫,王振平,赵孟军,等.2000.从成油、成气期轮塔里木盆地的油气勘探前景.石油学报,21(4):7-12.

卢双舫,刘晓艳,付晓泰,等.2001.未熟—低熟油生成的化学动力学理论及其初步应用.沉积学报,19(1):130-135.

卢双舫,付广,王朋岩,等.2002.天然气富集主控因素的定量研究.北京:石油工业出版社.

卢双舫,薛海涛,钟宁宁.2003.地史过程中烃源岩有机质丰度和生烃潜力变化的模拟计算.地质论评,49(3):292-297.

卢双舫,王朋岩,付广,等.2003.从天然气富集的主控因素剖析我国主要含气盆地天然气的勘探前景.石油学报,24(3):34-37.

卢双舫,刘新颖,王振平.2005.松辽盆地深层剥蚀量探讨及其意义.大庆石油地质开发,24(1):20-22.

卢双舫,王民,王跃文.2006.密闭体系与开放体系模拟实验结果的比较研究及其意义.沉积学报,24(2):282-288.

卢双舫,李吉君,薛海涛,等.2006.油成甲烷碳同位素分馏的化学动力学及其初步应用.吉林大学学报(地球科学版),36(5):825-829.

卢双舫,等.2007.倾油性有机质生成轻质油的评价方法及其应用.石油学报,28(5):63-67.

卢双舫,李占东,李吉君,等,2009.吐哈盆地低熟气评价的化学动力学方法及其应用,地球化学,38(1):

68-74.

卢双舫,黄文彪,陈方文,等.2012.页岩油气资源分级评价标准探讨.石油勘探与开发,39(2):13-14.

卢双舫,薛海涛,王民,等.2016.页岩油评价中的若干关键问题及研究趋势.石油学报,3(10):1309-1322.

卢双舫,黄文彪,李文浩,等.2017.致密油气源岩下限、分级评价标准及初步应用:以松辽盆地南部为例.石油勘探与开发,44(3).

鹿洪友,肖贤明,刘中云,等.2003.东营凹陷北部原油有机地化特征与成因类型.沉积学报,12(4):707-712.

栾锡武.2016.中国页岩气开发的实质性突破.中国地质调查(01):7-13.

罗承先.2011.页岩油开发可能改变世界石油形式.中外能源,16(12):22-27.

罗健,程克明,付立新,等.2001.烷基二苯并噻吩:烃源岩热演化新指标.石油学报,22(3):27-32.

罗杰斯 M A.1980.应用有机相概念评价生油岩//第十届世界石油会议报告论文集.北京:石油工业出版社.

马锋,张光亚,王红军,等.2015.全球重油与油砂资源潜力、分布与勘探方向.吉林大学学报(地球科学版)(04):1042-1051.

马亭.1995.油藏流体连通性的地球化学研究//有机地球化学研究年报.重庆:重庆大学出版社.

马万怡.1989.泌阳凹陷白云岩中的未熟油.河南石油,3(3):8-14.

马永生,冯建辉,牟泽辉,等.2012.中国石化非常规油气资源潜力及勘探进展.中国工程科学,14(6):22-30.

梅博文,等.1991.储层地球化学译文集.西安:西北大学出版社.

孟强,王晓锋,王香增,等.2015.页岩气解析过程中烷烃碳同位素组成变化及其地质意义:以鄂尔多斯盆地伊陕斜坡东南部长7页岩为例.天然气地球科学,26(2):1672-1926.

牟中海,陆廷清,谢桂生,等.2001.塔西南地区二叠系剥蚀厚度恢复.天然气工业,21(2):41-43.

聂海宽,唐玄,边瑞康.2009.页岩气成藏控制因素及中国南方页岩气发育有利区预测.石油学报,30(4):484-491.

聂海宽,张金川.2012.页岩气聚集条件及含气量计算.地质学报,86(2):349-361.

欧成华,李士伦,易敏,等.2002.高温高压下多种气体在储层岩心中吸附等温线的测定.石油学报,23(1):72-76.

潘仁芳,陈亮,刘朋丞,等.2011.页岩气资源量分类评价方法探讨.石油天然气学报,33(5):172-174.

潘志清,梅博文,苏秀芳.1997.地球化学录井技术在塔里木盆地的应用.北京:石油工业出版社.

庞雄奇,方祖康,陈章明.1988.地史过程中的岩石有机质含量变化及其计算.石油学报,9(1):17-24.

庞雄奇,陈章明,陈发景.1993.含油气盆地地史、热史、生留排烃史数值模拟研究与烃源岩定量评价.北京:地质出版社:23-36.

庞雄奇.1995.排烃门限控油气理论与应用.北京:石油工业出版社.

庞雄奇,Lerche,王雅春,等.2001.煤系源岩排烃门限理论研究与应用.北京:石油工业出版社.

庞雄奇,李素梅,黎茂稳,等.2001.八面河地区"未熟—低熟油"成因探讨.沉积学报,19(4):586-591.

庞雄奇,金之钧,姜振学.2002.叠合盆地油气资源评价问题及其研究意义.石油勘探与开发,29(1):9-13.

庞雄奇.2003.地质过程定量模拟.北京:石油工业出版社.

庞雄奇,李丕龙,金之钧,等.2003.油气成藏门限研究及其在济阳坳陷中的应用.石油与天然气地质,24(3):204-209.

彭立才,杨慧珠,等.2001.柴达木盆地北缘侏罗系烃源岩沉积有机相划分及评价.石油与天然气地质,22(2):178-181.

皮特斯 K E,Michael Moldowan J.1995.生物标志化合物指南.姜乃煌,等译.北京:石油工业出版社:129-131.

皮特斯 K E,Cassa M R.1998.应用烃源岩到地球化学//Magoon L B,Dow W G.含油气系统:从烃源岩到圈闭.张刚,等译.北京:石油工业出版社.

秦建中,郭树之,王东良.1991.苏桥煤型气田地化特征及其对比.天然气工业,11(5):21-26.

秦建中,刘宝泉,国建英,等.2004.关于碳酸盐岩源岩的评价标准.石油实验地质,26(3):281-286.

秦匡宗.1986.茂名和抚顺油页岩组成结构的研究:有机质的平均结构单元.燃料化学学报,14(1):1-8.

秦匡宗,吴肖令.1990a.抚顺油页岩热解成烃机理:固体^{13}C NMR 技术的应用.石油学报(石油加工),6(1):36-43.

秦匡宗,吴肖令.1990b.高磁场固体碳-13 NMR 研究干酪根的热降解成烃机理.沉积学报,8(1):19-28.

秦匡宗,赵丕裕.1990.用固体碳-13 NMR 研究黄县褐煤的化学结构.燃料化学学报,18(1):1-7.

秦胜飞,唐修义,宋岩,等.2006.煤层甲烷碳同位素分布特征及分馏机理.中国科学(D 辑):地球科学,36(12):1092-1097.

任战利,李文厚,梁宇,等.2014.鄂尔多斯盆地东南部延长组致密油成藏条件及主控因素.石油与天然气地质,35(2):190-198.

单玄龙,车长波,李剑,等.2007.国内外油砂资源研究现状.世界地质,26(4):459-463.

尚慧芸.1986.陆相原油和生油岩特征生物标记物.石油与天然气地质,7(3):236-240.

沈平,申政祥,王先彬,等.1987.气态烃同位素组成特征及煤型气判识.中国科学(B 辑),17(6):647-656.

沈平,徐永昌,王先彬,等.1991.气源岩和天然气地球化学特征及成气机理研究.兰州:甘肃科学技术出版社.

沈平,徐永昌,等.1991.中国陆相成因天然气同位素组成特征.地球化学,20(2):144-152.

沈同,王镜岩.1990.生物化学.2 版.北京:高等教育出版社.

盛志伟,葛修丽.1986.生油岩定量评价中的轻烃问题.石油实验地质,8(2):139-152.

宋党育,秦勇.1998.镜质组反射率反演的 EASY%R_o 数值模拟新方法.煤田地质与勘探,26(3):15-17.

宋国奇,张林晔,卢双舫,等.2013.页岩油资源评价技术方法及其应用.地学前缘,20(4):221-229.

宋涛涛,毛小平.2013.页岩气资源评价中含气量计算方法初探.中国矿业,22(1):34-36.

宋岩,柳少波,洪峰,等.2012.中国煤层气地球化学特征及成因.石油学报,33(1):99-104.

宋一涛,李树清.1989.济阳坳陷富含伽马蜡烷生油岩及其原油特征和成因探讨.石油技术,11(5):1-10.

宋一涛.1991.丛粒藻烃类的研究.石油与天然气地质,12(1):22-33.

苏现波.1998.煤层气储集层的孔隙特征.焦作工学院学报,17(1):6-11.

苏现波,陈润,林晓英,等.2006.煤层气运移分馏机理初探.河南理工大学学报,25(4):295-300.

孙建孟.2013.基于新"七性"关系的煤层气、页岩气测井评价.测井技术,37(5):457-465.

唐颖,张金川,刘珠江,等.2011.解吸法测量页岩含气量及其方法的改进.天然气工业,31(10):108-112.

涂建琪,王淑芝,费轩冬.1998.透射光—荧光下干酪根有机显微组分的划分.石油勘探与开发,25(2):27-29.

汪啸风,Hoffknecht A,萧建新,等.1992.笔石、几丁虫和虫牙反射率在热成熟度上的应用.地质学报,66(3):269-279.

王安乔,郑保明.1987.热解色谱分析参数的校正.石油实验地质,9(4):342-350.

王春江.1995.吐哈盆地侏罗系褐煤中脱 A 环芳香三萜烃类的检出及其成因.沉积学报,13(增刊):138-146.

王大锐.2000.油气稳定同位素地球化学.北京:石油工业出版社.

王大锐.2002.渤海湾地区下古生界碳—氧同位素地球化学研究.地质学报.76(3):400-408.

王洪林,唐书恒,林建法.2000.华北煤层气储层研究与评价.徐州:中国矿业大学出版社.

王杰,陈践发.2004.关于碳酸盐岩烃源岩有机质丰度恢复的探讨:以华北中、上元古界碳酸盐岩为例.天然气地球科学,15(3):306-310.

王民,卢双舫,王永凤,等.2007.BP 人工神经网络在合采井单层产能贡献率配分中的应用.大庆石油学院学报,31(6):8-10.

王培荣,李生杰.1993.黄县褐煤干酪根热解产物的定性与定量分析.江汉石油学院学报,15(4):7-14.

王培荣.2002.非烃地球化学和应用.北京:石油工业出版社:78-95.

王启军,陈建渝.1984.石油地球化学.武汉:武汉地质学院出版社.

王启军,陈建渝.1988.油气地球化学.武汉:中国地质大学出版社.

王涛.1997.中国天然气地质理论基础与实践.北京:石油工业出版社.

王铁冠.1990.生物标志物地球化学研究.武汉:中国地质大学出版社.

王铁冠,钟宁宁.1990.树脂体成烃的地球化学研究:兼论我国古近系—新近系树脂体成因的未成熟—低成熟油气资源.江汉石油学院学报,12(1):1-8.

王铁冠,钟宁宁,黄光辉,等.1995.低熟油气的形成和分布.北京:石油工业出版社.

王铁冠.1997.油藏地球化学.北京:石油工业出版社.

王铁冠,张枝焕.1997.油藏地球化学的理论与实践.科学通报,42(19):2017-2025.

王铁冠,包建平,周玉琦,等.1998.苏壮黄桥地区东吴运动热事件的有机地球化学证据.地质学报,72(4):358-366.

王铁冠,何发岐,李美俊,等.2005.烷基二苯并噻吩类:示踪油藏充注途径的分子标志物.科学通报,50(2):176-182.

王廷栋,王海清,李绍基.1989.以凝析油轻烃和天然气碳同位素特征判断气源.西南石油学院学报,11(3):1-15.

王廷栋,蔡开平,等.1990.生物标志物在凝析气藏、天然气运移和气源对比中的应用.石油学报,11(1):25-31.

王香增,张金川,曹金舟,等.2012.陆相页岩气资源评价初探:以延长直罗—下寺湾区中生界长7段为例.地学前缘,19(2):192-198.

王跃文,卢双舫,方伟,等.2005.多层合采产能配比的算法研究及应用.石油实验地质,27(6):630-634.

王志战,翟晓薇,秦黎明,等.2013.页岩油气藏录井技术现状及发展思路.录井工程,24(3):1-5.

王中鹏,张金川,孙睿,等.2015.西页1井龙潭组海陆过渡相页岩含气性分析.地学前缘,22(2):243-250.

魏国齐,张福东,李君,等.2016.中国致密砂岩气成藏理论进展.天然气地球科学,(02):199-210.

邬立言,顾信章,盛志纬,等.1986.生油岩热解快速定量评价.北京:科学出版社:32-39.

邬立言,张振苓,黄子舰,等.2011.地球化学录井.北京:石油工业出版社.

夏新宇,李春园,赵林.1998.天然气混源作用对同位素判源的影响.石油勘探与开发,25(3):89-95.

夏新宇,戴金星.2000.碳酸盐岩生烃指标及生烃量评价的新认识.石油学报,21(4):36-41.

————,姜建群,张占文.2004.辽河盆地大民屯凹陷油气性质及成因机制研究.石油实验地质,26(3):292-297.

邢雅文,张金川,冯赫青,等.2015.页岩含气量测试方法改进效果分析.断块油气田,22(5):579-583.

徐永昌,沈平.1985.中原—华北油气区"煤型气"地球化学特征初探.沉积学报,3(2):47-46.

徐永昌,沈平,刘文汇,等.1990.一种新的天然气成因类型:生物热催化过渡带气.中国科学(B辑),20(9):975-980.

徐永昌,沈平,等.1990.幔源氦的工业储聚和郯庐大断裂.科学通报,35(12):932-935.

徐永昌,沈平,等.1991.非烃及稀有气体的地球化学//中国科学院兰州地质研究所.中国科学院兰州地质研究所生物气体地球化学开放研究实验室研究年报(1988—1989).北京:科学出版社.

徐永昌.1997.天然气中氦同位素分布及构造环境.地球前缘,4(3):185-190.

徐永昌,傅家谟,郑建京.2000.天然气成因及大中型气田形成的地学基础.北京:科学出版社.

薛海涛,刘灵芝,周丽华,等.2001.天然气在大庆原油中的溶解度.大庆石油学院学报,25(2):12-15.

薛海涛,卢双舫,付晓泰.2003.溶气原油体积系数、密度的预测模型.地球化学,32(6):613-618.

薛海涛,卢双舫,付晓泰,等.2003.烃源岩吸附甲烷实验研究.石油学报,24(6).

薛海涛,卢双舫,付晓泰,等.2004.预测原油中气油体积比的模型精度.大庆石油学院学报,28(1):1-3.

薛海涛,卢双舫,钟宁宁,等.2004.碳酸盐岩气源岩有机质丰度下限研究.中国科学(D辑),34(增刊I):127-133.

薛海涛,卢双舫,付晓泰.2005.甲烷、二氧化碳和氮气在油相中溶解度的预测模型.石油与天然气地质,26(4):444-449.

薛海涛,田善思,卢双舫,等.2015.页岩油资源定量评价中关键参数的选取与校正:以松辽盆地北部青山口组为例.矿物岩石地球化学通报,34(1):70-78.

杨峰平,陈发景,王玉华,等.1995.松辽盆地中央坳陷磷灰石裂变径迹分析.石油勘探与开发,22(6):20-25.

杨木壮,王明君,吕万军.2008.南海西北路坡天然气水合物成矿条件研究.北京:气相出版社.

杨万里.1985.松辽陆相盆地石油地质.北京:石油工业出版社:219-228.

杨智峰,曾溅辉,冯枭,等.2015.源储岩性组合对致密油聚集的影响:以鄂尔多斯盆地延长组长7段为例.新疆石油地质,36(4):389-393.

姚素平,金奎励.1995.用显微组分的双重属性研究沉积有机相.地质论评,41(6):525-532.

印兴耀,曹丹平,王保丽,等.2014.基于叠前地震反演的流体识别方法研究进展.石油地球物理勘探:49(1):22-46.

于志海.1982.陕甘宁盆地中生界陆相沉积层的成油特征//黄第藩.中国陆相油气生成.北京:石油工业出版社:216-231.

曾国寿,徐梦虹.1990.石油地球化学.北京:石油工业出版社.

曾维特,张金川,丁文龙,等.2014.延长组陆相页岩含气量及其主控因素:以鄂尔多斯盆柳坪171井为例.天然气地球科学,25(2):291-301.

曾宪章,梁狄刚,等.1989.中国陆相原油和生油岩中的生物标志化合物.兰州:甘肃科学技术出版社,265-271.

翟光明.2002.21世纪中国油气资源远景.新疆石油地质,23(4):271-279.

张爱云,伍大茂,郭丽卿,等.1987.海相黑色页岩建造地球化学与成矿意义.北京:科学出版社.

张斌,胡健,杨家静,等.2015.烃源岩对致密油分布的控制作用:以四川盆地大安寨为例.矿物岩石地球化学通报,34(1):45-55.

张大伟.2012.《页岩气发展规划(2011—2015年)》解读.天然气工业,32(4):6-11.

张广智,杜炳毅,李海山,等.2014.页岩气储层纵横波叠前联合反演方法.地球物理学报,57(12):4141-4149.

张厚福,张万选.1989.石油地质学.2版.北京:石油工业出版社.

张金川,徐波,聂海宽,等.2008.中国页岩气资源勘探潜力.天然气工业,28(6):136-140.

张金川,林腊梅,李玉喜,等.2012.页岩油分类与评价.地学前缘,19(5):322-331.

张景廉.2001.论石油的无机成因.北京:石油工业出版社.

张抗.2012.美国能源独立和页岩气革命的深刻影响.中外能源,17(12):1-16.

张林晔,李钜源,李政,等.2014a.北美页岩油气研究进展及对中国陆相页岩油气勘探的思考.地球科学进展,29(6):700-711.

张林晔,包友书,李钜源,等.2014b.湖相页岩油可动性:以渤海湾盆地济阳坳陷东营凹陷为例.石油勘探与开发,41(6):641-649.

张敏.1995.油藏地球化学描述的方法和应用.有机地球化学研究年报.重庆:重庆大学出版社.

张敏.1996.陆相凝析气藏沥青垫的发现和地质意义.科学通报,41(21):1967-1969.

张敏,张俊,梅博文.1996a.塔里木盆地轮台断隆油藏聚集史研究.地质论评,42(增刊):89-93.

张敏,张俊,梅博文.1996b.塔里木盆地牙哈油气田沥青垫特征及其成因:分布产状与宏观组成特征.石油与天然气地质,17(4):308-312.

张敏,林壬子,梅博文.1997.油藏地球化学:塔里木盆地库车含油气系统研究.重庆:重庆大学出版社.

张敏,梅博文,向廷生.1997.原油中的咔唑类化合物.科学通报,42(22):2411-2413.

张庆石,张吉,张庆晨.2001.应用波动分析法研究三肇深层沉积剥蚀史.大庆石油地质与开发,20(6).

张水昌,Moldowan MaowenLi J M,等.2001.分子化石在寒武—前寒武纪地层中的异常分布及其生物学意义.中国科学(D辑),31(4):299-304.

张水昌,张宝民,王飞宇,等.2001.塔里木盆地海相两套有效烃源层-Ⅰ有机质性质、发育环境及控制因素.自然科学进展,11(3):261-268.

张水昌,梁狄刚,张宝民,等.2004.塔里木盆地海相油气的生成.北京:石油工业出版社:92-157.

张水昌,赵文智,李先奇,等.2005.生物气研究新进展与勘探策略.石油勘探与开发,32(4):90-95.

张文正,杨华,杨伟伟,等.2015.鄂尔多斯盆地延长组长7湖相页岩油地质特征评价.地球化学,44(4):

505－515.

张祥.2004.关于生物气源岩评价标准的讨论:以柴达木盆地第四系生物气为例.天然气地球科学,15(5):466－469.

张新民.1991.煤层甲烷:我国天然气的重要潜在领域.天然气工业,11(3):13－20.

张新民,张遂安,李静,等.1991.中国的煤层甲烷.西安:陕西科学技术出版社:52－68.

张新民,庄军,张遂安.2002.中国煤层气地质与资源评价.北京:科学出版社.

张一伟,李京昌,金之钧,等.2000.原型盆地剥蚀量计算的新方法:波动分析法.石油与天然气地质,21(1):88－91.

张义纲,章复康,郑朝阳.1987.识别天然气的碳同位素方法//中国地质学会石油地质专业委员会.有机地球化学论文集.北京:地质出版社.

张义纲,胡惕麟,曹慧缇等.1991.天然气的生成和气源岩评价方法.兰州:甘肃科学技术出版社.

张正文,裴戈.1993.中国几个盆地原油轻烃单体和正构烷烃系列分子碳同位素研究.地质论评,39(1):79－85.

张作清,孙建孟,龚劲松,等.2015.页岩气储层含气量计算模型研究.岩性油气藏,27(6):5－14.

赵澄林,朱筱敏.2001.沉积岩石学.北京:石油工业出版社.

赵红静,张春明,梅博文,等.2004.利用地化参数预测稠油油藏开采难度.石油学报,25(3):61－65.

赵俭成.1990.应重视油页岩资源的开发利用.石油勘探与开发,17(4):18－20.

赵隆业,陈基娘,王天顺.1990.中国油页岩物质成分及工业成因类型.北京:中国地质大学.

赵孟军,张宝民,边立曾.1999.奥陶系类Ⅲ型烃源岩及其生成天然气的特征.科学通报,44(21):2333－2336.

赵庆波,刘兵.1998.世界煤层气工业发展现状.北京:地质出版社.

赵庆波,张公明.1999.煤层气评价重要参数及选区原则.石油勘探与开发,26(2):23－29.

赵长毅,程克明.1997.吐哈盆地煤及显微及组分生烃模式.科学通报,42(19):2102－2105.

赵长毅,程克明.1998.煤成油排出机理与初次运移.中国科学,28(1):47－52.

赵政璋,杜金虎,等.2012.致密油气.北京:石油工业出版社,99－109.

郑永飞,陈江峰.2000.稳定同位素地球化学.北京:科学出版社:193－200.

中国石油天然气总公司.1995.陆相烃源岩地球化学评价方法.北京:石油工业出版社.

钟玲文,张新民.1990.煤的吸附能力与其煤化程度和煤岩组成间的关系.煤田地质与勘探,(4):29－35.

钟宁宁,秦勇.1995.碳酸盐岩有机岩石学.北京:科学出版社.

钟宁宁,张枝焕,等.1998.石油地球化学进展.北京:石油工业出版社.

钟宁宁,卢双舫,黄志龙,等.2004.烃源岩生烃演化过程TOC值的演变及其控制因素.中国科学(D辑):地球科学,34(增刊Ⅰ):120－126.

钟宁宁,马勇,张旺,等.2015.页岩气解吸/扩散过程的稳定碳同位素分馏及其涵义.青岛:第十五届全国有机地球化学学术研讨会大会报告.

周光甲,陈致林,李经荣,等.1990.成油藻对油气生成的贡献研究//中国地质学会,等.第四届全国有机地球化学会议论文集.武汉:中国地质大学出版社:25－37.

周炎如.1994.应用显微FT-IR光谱技术"原位"研究沉积岩中生油母质:干酪根.沉积学报,12(4):22－30.

周翥虹.1994.柴达木盆地东部第四系气源岩地化特征与生物气前景.石油勘探与开发,21(2):31－36.

周祖翼,廖宗廷,杨凤丽,等.2001.裂变径迹分析及其在沉积盆地研究中的应用.石油实验地质,23(3):332－337.

朱炎,秦勇.2001.黄骅坳陷孔古3井古生界烃源岩的生烃演化.石油学报,22(6):30－33.

邹才能,陶士振,袁选俊,等.2009."连续型"油气藏及其在全球的重要性:成藏、分布与评价.石油勘探与开发,36(6):669－682.

邹才能,侯连华,陶士振,等.2011.新疆北部石炭系大型火山岩风化体结构与地层油气藏运聚机制.中国科学(地球科学),41(11):1602－1612.

邹才能,朱如凯,吴松涛,等.2012.常规与非常规油气聚集类型,特征,机理及展望:以中国致密油和致密气为例.石油学报,33(2):173-187.

邹才能,杨智,崔景伟,等.2013.页岩油形成机制、地质特征及发展对策.石油勘探与开发,40(1):14-26.

邹才能,张国生,杨智,等.2013.非常规油气概念、特征、潜力及技术:兼论非常规油气地质学.石油勘探与开发,40(2):385-399,454.

邹才能,杨智,张国生,等.2014.常规—非常规油气"有序聚集"理论认识及实践意义.石油勘探开发,41(1):14-27.

邹才能,陶士振,侯连华,等.2014.非常规油气地质学.北京:地质出版社,239-394.

邹才能,陶士振,白斌等.2015.论非常规油气与常规油气的区别和联系.中国石油勘探,20(1):1-16.

邹才能,杨智,朱如凯,等.2015.中国非常规油气勘探开发与理论技术进展.地质学报,89(6):979-1007.

左有祥,郭天民.1992.天然气在地层水中溶解度的实验测定及其关联.石油勘探与开发,19(4):1-11.

Aarssen Van B G K, Trevor P, Bastow, et al. 1999. Distributions of methylated naphthalenes in crude oils: indicators of maturity, biodegradation and mixing. Organic Geochemistry, 3(10):1213-1227.

Adkins W S. 1956. Age of folding in East Texas Salt Domes. 20th International Geological Congress, Mexico. Abstracts:24.

Albrecht P, Vandenbroucke M, Mandengue M. 1976. Geochemical studies on the organic matter from the Douala Basin (Cameroon) – 1. Evolution of the extractable organic matter and the formation of petroleum. Geochimica et Cosmochimica Acta, 40:791-799.

Alenxander R, Kagi R I, Roland S J, et al. 1985. The effects of Thermal Maturity on Distributions of Dimethylnaphthalenes and Trimethylnaphthalenes in some ancients and petroleum. Geochimca et Cosmochimica Acta 49:385-395.

Alexander R, Kagi R, Noble R. 1984. Identification of the bicyclic sesquiterpene, drimane, and eudesmane in petroleum. Journal of the Chemical Society, Chemical Communications:226-228.

Allan J, Larter S R. 1981. Aromatic structures in coal maceral extracts and kerogens//Bjorфy M, et al. Advances in Organic Geochemistry, 534-545.

Alpern B, Durand B, Espitalie J, et al. 1972. Localisation, caracterisation et classification petrographique des substances organiques sed imentaires fossils. Advances in Organic Geochemistry, Pergamon Press, Oxford-Braunschweig, 1-28.

Aquino Neto F R, Thendel J M, Restle A, et al. 1983. Occurrence and formation of tricyclic and tetracyclic terpenes in sediments and petroleums//Bjorфy M, et al. Advance in Organic Geochemistry 1981 New York: J. Wiley and Sons: 659-676.

Aquino Neto F R, Triguis J, Azevedo D A, et al. 1989. Organic geochemistry of geographically unrelated Tasmanites. 14th International Meeting on Organic Geochemistry, Pairs, Abstract No. 189.

Azevedo D A, Aquino Neto F R, Simoneit B R T, et al. 1992. Novel series of tricyclic aromatic terpenes characterized in Tasmanian tasmanite. Organic Geochemistry 18:9-12.

Barghoorn E S, Schopf J W. 1965. Micro-organisms from the Late Precambrian of Central Australia. Science, New York, 150:337-339.

Barker J F, Pollock S J. 1984. The Geochemistry and origin of natural gases in Southern Ontario. Bulletin of Canadian Petroleum Geology, 32(3):313-326.

Baskin D K, Jones R W. 1993. Prediction of oil gravity prior to drillstem testing in Monterey Formation Reservoirs, offshore California. AAPG Bulletin, 77(9):1479-1487.

Baskin D K. 1997. Atomtic H/C radio of kerogen as an estimate of thermal maturity and Organic matter conversion. AAPG bulletin, 81(9):1437-1450.

Bastow T P, Ben G K, van Aarssen, et al. 1999. Biodegradation of aromatic land-plant biomarkers in some Australian crude oils. Organic Geochemistry, 3(10):1229-1239.

Beaumont C, Boutilier R, Mackenzie A S, et al. 1985. Isomerization and Aromatization of Hydrocarbons and the Paleothermometry and burial history of Alberta Foreland Basin. American Association of petroleum Geologists Bulletin 69:546-566.

Behar F, Vandenbroucke M. 1987. Chemical modelling of kerogens. Org. Geochem,11:15-24.

Bendoraitis J G, Brown B L, Hapner L S. 1962. Isoprenoid hydrocarbons in petroleum Isolation of 2,6,10,14-tetramethyl pentadecane by high temperature gas-liquid chromatography. Anal. Chem. 34(1):49-53.

Bertrand R, Heeoux Y Chitinozoan. 1987. Graptolite and scolecodont reflectance as an alternative to vitrinite and pyrobitumen reflectance in Ordovician and Silurian strata Anticosti Island, Quebec, Canada. American Association of Petroleum Geologists,(2):71-77.

Bertrand R. 1990. Correlations among the reflectances of vitrinite, Chitinozoans, graptolites and scolecodonts. Organic Geochemistry,15:565-574.

Bogorov V G, Vinogradov M E, Voronina N M, et al. 1968. Zooplankton biomass distribution in the upper layer of the World Ocean. Doklady Akademii Nauk SSSR,182:1205-1207(in Russian).

Bonnamy S, Oberlin A, Behar F. 1987. Geochemical study of a series of biodegraded oils: Microtexture and structure of their coked asphaltenes. Organic Geochemistry,11(1):1-13.

Boon J J, Burlinggame A L. 1983. Organic geochemical studies of Solar Lake laminated cyanobacterial mats//Bjorфy M, et al. Advances in Organic Geochemistry 1981:207-227.

Boreham C J, Crick I H, Powell T G. 1988. Alternative calibration of the Methylphenanthrene Index against vitrinite reflectance: application to maturity measurements on oils and sediments. Organic Geochemistry 12:139-294.

Boudou J P, Duran B, Oudin J L. 1984. Diagenetic trends of a Tertiary low-rank coal series. Geochim et. Cosmochim. Acta 48:2005-2010.

Bowler B F, Larter S R, Clegg H. 1997. Dimethylcarbazoles in crude oils: comment on "Liquid chromatographic separation schemes for pyrole and pyridine nitrogen aromatic heterocycle fractions from crude oils suitable for rapid characterization of geochemical samples". Analytical Chemistry,69:3128-3129.

Braun R L, Burnham A K. 1990. Mathematical model of oil generation, degradation and expulsion. Energy Fuels,4: 132-146.

Breger I A. 1963. Organic Geochemistry. Oxford: Pergamon Press.

Brodskii A M, Kalinenko R A, Lavroskii K P. 1959. On the kinetic isotope effect in cracking. International Journal of Applied Radiation and Isotopes,7:118.

Brooks J D, Gould K, Smith J W. 1969. Isoprenoid hydrocarbons in coal and petroleum. Nature,222(5):90.

Burnham A K, Sweeney J J. 1989. A chemical kinetic model of vitrinite maturation and reflectance. Geochem ica et Cosmochem ica,53(2):2649-2657.

Bustin R M, Orchard M, Mastalerz M. 1992. Petrology and preliminary organic geochemistry of conodonts: implications for analyses of organic maturation. International Journal of Coal Geology,21(4):261-282.

Bustin R M, Ross J V, Moffat I. 1986. Vitrinite anisotropy under differential stress and high confining pressure and temperature: preliminaryo bservations. International Journal of Coal Geology,6(4):343-351.

Caspe E, Zander J M, Greig J B, et al. 1968. Evidence for nonoxidative cyclization of squalene in the biosynthesis of tetrahymanol. Journal of the American Chemical Society,90:3563-3564.

Chandra D. 1965. Reflectance of coals carbonized under pressure. Economic Geology and the Bulletin of the Society of Economic Geologists,60:621-629.

Chosson P, Connan J, Desseret D, et al. 1992. In vitro biodegradation of steranes and terpenes: a clue to understanding geological situations//Moldowan J M, Albrecht Pand Philp R P. Biological Markers in Sediments and Petroleum. Prentice Hall, Englewood Cliffs, N J,320-349.

Clark J P, Philp R P. 1989. Geochemical characterization of evaporate and Carbonate depositional environments and correlation of associated crude oils in the Black Creek Basin, Alberta. Canadian Petroleum Geologists Bulletin 37: 401-416.

Coleman D D, Risatti J B, Schoell M. 1981. Fractionation of carbon and hydrogen isotopes by methane-oxidizing bacteria. Geochimica et Cosmochimica Acta, 45 (7): 1033 - 1037.

Connan J, Bouroullec J, Dessort D, et al. 1986. The microbial input in Carbonate-Anhydrite facies of a sabkha paleoenvironment from Guatemala: A molecular approach. Organic Geochemistry, 10: 29 - 50.

Connan J, Le Thahn K, Van der Weide. 1975. Alteration of petroleum in reservoirs. Proc. 9th world Pet. Cong., 171 - 178.

Connan J, Restle A, Albrecht P. 1980. Biodegradation of crude oil in the Aquitaine basin. Physics and Chemistry of the Earth, 12: 1 - 17.

Connan J. 1984. Biodegradation of crude oils in reservoirs//Brooks J, Welte D H. Advances in Petroleum Geochemistry. London: Academic Press: 299 - 355.

Connan J and Cassou A M. 1980. Properties of gases and petroleum Liquids derived from terrestrial kerogen at various maturation levels. Geochimica et Cosmochimica Acta, 44: 1 - 23.

Connan J. 1974. Time-temperature relation in oil genesis. Bull. Am. Assoc. Petrol. Geol, 58, 2516 - 2521.

Cooles G P, Mackenzie A S, Quigley T M. 1986. Calculation of petroleum masses generated and expelled from source rocks. Organic Geochemistry, 10(1 - 3): 235 - 245.

Curtis J B. 2002. Fractured shale-gas system. AAPG Bull, 86(11): 1921 - 1938.

Dahl B, Speers G C. 1986. Geochemical characterization of a tar mat in the Oseberg field Norwegian sector, north sea. Organic Geochemistry, 10(1 - 3): 547 - 558.

Dalla Torre M, Ferreiro M hlmann R, Ernst W G. 1997. Experimental study on the pressure dependence of vitrinite maturation. Geochimica et Cosmochimica Acta, 61(14): 2921 - 2928.

Damste J S S, Leeuw J W D. 1990. Analysis, structure and geochemical significance of organically-bound sulphur in the geosphere: State of the art and future research. Organic Geochemistry, 16(4 - 6): 1077 - 1101.

Debyser J, Deroo G. 1969. Faits d'observation sur la gen se du p trole. Oil & Gas Science and Technology, 24: 21 - 48.

Degens E T. 1965. Geochemistry of Sediments: A Brief Survey. New Jersey: Prentice-Hall: 1 - 342.

Deroo G B, Tissot R G, McCrossan, et al. 1974. Geochemistry of heavy oils of Alberta. Canadian Society of Petroleum Geologists Memoir 3. Calgary, Canada: Stacs Data Services, 148 - 167.

Deuser W G. 1971. Organic carbon budget in the Black Sea. Deep-Sea Research, 18: 995 - 1004.

D'Heur M. 1984. Porosity and hydrocarbon distribution in the North Sea Chalk reservoirs. Marine and Petroleum Geology, 1: 211 - 238.

Didyk B M, Simoneit B R T, Brassell S C, et al. 1978. Organic geochemical indicators of palaeoenvironmental conditions of sedimentation. Nature, 272: 216 - 222.

Dobrynin V M, Korotajev Yu P, Plyuschev D V. 1981. Gas hydrates-A possible energy resouces//Meyer R F, Olson J C. Long-term energy resources: Boston Pitman Publishers, 727 - 729.

Dow W G. 1977. Kerogen studies and geological interpretations. Journal of Geochemical Exploration.

Durand B, Espitalie J. 1976. Geochemistry studies on the organic matter from the Douala Basin (Cameroon) - 2. Evaluation of kerogen. Geochimica et Cosmochimica Acta, 40: 801 - 808.

Durand B, Paratte M. 1983. Oil potential of coals: A geochemical approach, Petroleum geochemistry and exploration of Europe.

Durand. 1980. Kerogen-insoluble organic matter from sedimentary rocks. Paris: Editions Technip.

Eglinton G, Scott M, Besky T, et al. 1964. Hydrocarbons of biological origin from an one-billion-old sediment. Science, 145: 263 - 264.

Eglinton G, Calvin M. 1967. Chemical fossils. Scientific American, 261:32-43.

Eglinton G, Murphy M T J. 1969. Organic Geochemistry-Methods and Results. Berlin: Springer-Verlag:828.

Ehhalt D H. 1976. The atmospheric cycle of methane//Schlegel H G, Gottschalk G, Pfennig N. Proc. Symp. on Microbial Production and Utilization of Gases (H_2, CH_4, CO), G ttingen 1975, 13-22. E. Goltze KG, G ttingen.

England P. 1981. Metamorphic pressure estimates and sediment volumes for the Alpine orogeny: an independent control on geobarometers? Earth and Planetary Science Letters, 56:387-397.

England W A, Mackenzic A S, Mann D M, et al. 1987. The Movement and Entrapment of Petroleum Fluids in the Subsurface. Journal of the Geological Society, 144:327-347.

England W A, Mackenzie A S. 1989. Geochemistry of petroleum reservoirs. Geologische Rundschau, 78:214-237.

England W A. 1990. The organic geochemistry of petroleum reservoirs. Organic Geochemistry, 16(1-3):415-425.

Espach R H, Fry J. 1951. Variable Characteristics of the Oil in the Tensleep Sandstone reservoir, Elk Basin field, Wyoming and Montana. Transactio ns of the American Institute of Mining and Metallurgical Engineers, 192:75-83.

Espitalie J. 1977. M thode rapide de caract risation des roches m res, de leur potentiel p trolier et de leur degréd' évolution. Revue de IFP, 32(5):12-18.

Evans C R, Rogers M A, Bailey N J L. 1971. Evolution and alteration of petroleum in western. Canada Chemical Geology, 8(3):147-170.

Faulon J F, Vandenbroucke M, Drappier J M, et al. 1990. 3D chemical model for geological macromolecules. Org. Geochem, 16:981-993.

Ford C D, Holmes S A, Thompson L F, et al. 1981. Separation of nitrogen compound types from hydrotreated shale oil products by adsorption chromatography on basic and neutral alumina. Analytical Chemistry, 53(6):831-836.

Fowler M G, Douglas A G. 1987. Saturated Hydrocarbon Biomarkers in oils of Late Precambrian age from Eastern Siberia. Organic Geochemistry, 11:137-213.

Fu Jiamo, Sheng Guoying, Peng Pingan, et al. 1986. Peculiarities of salt Lake Sediments as potential source rocks in China. Organic Geochemistry, 10:119-126.

Fu Jiamo, Sheng Guoying, Xu Jiayou, et al. 1990. Application of biological markers in the Assessment of Paleoenviroments of Chinese non-marine Sediments. Organic Geochemistry, 16:769-779.

Fuex A N. 1977. The Use of stable carbon Isotopes in Hydrocarbon Exploration, J. Geochim. Explor, 7:155-198.

Galimov E M. 1978. $^{13}C/^{12}C$ ratios in kerogen//Durand B. Kerogen-Insoluble Organic Matter from Sedimentary Rocks. Paris: Editions Technip:271-299.

Galimov E M. 1988. Source smechanisms of formation of gaseous hydrocarbon on sedimentary rocks. Chemical Geology, 71:77-95.

Gao Li, Tian Hua, Jin Yongbin, et al. 2015, A Novel Stage-Wise Degassing Approach to Evaluate Shale Reservoir Gas Nanoporosity and Permeability. AAPG 2015 ACE, Denver, Colorado.

Gehman H M. 1962. Organic matter in limestones. Geochim. et Cosmochim. Acta, 26:885-894.

Gold T, Soter S. 1982. A biogenic methane and the origin petroleum. Energy Exploration and Exploitation, 1(2):89-104.

Gold T. 1993. The origin of methane in the crust of the earth//David G H. The future of energy, U. S. Geological Survey Professional Paper 1570. Washington, U. S. Government Printing Office:57-80.

Gold T. 1984. Contribution to the theory of an abiogenic origin of methane and other terrestrial hydrocarbons. Proceedings of the 27th International Geological Congress:413-442.

Goodarizi F, Norford B S. 1989. Variation of graptolite reflectance with depth of burial. International Journal of Coal Geology, 11(2):127-141.

Goodarzi F. 1985. Graptolites as indicators of the temperature histories of rocks. Journal of Geological Society, London, 142:1089-1099.

Goossens H, de Leeuw J W, Schenck P A, et al. 1984. Tocopherols as likely precursors of pristane in ancient sediments and crude oils. Nature, 312: 440 – 442.

Gransch J A, Posthuma J. 1974. Advances in Organic Geochemistry//Tissot Band Bienner F. Paris: Editions Technip: 727 – 739.

Grantham J. 1986a. The occurrence of unusual C_{27} and C_{29} sterane prodominances in two types of Oman crude oil. Organic Geochemistry, 9: 1 – 10.

Grantham J. 1986b. Sterane Isomerization and Moretane / Hopane ratios in crude oils derived from Tertiary source rocks. Organic Geochemistry, 9: 293 – 304.

Green J B, Thomas J S, Tresse A C. 1986. Separation and analysis of hydroxyaromatic species in liquid fuel. NationalInstitute for Petroleum and Energy Research, Bertesville, U. K.

Hao Fang, Sun Yongchuan, Li Sitian, et al. 1995. Overpressure Retardation of Organic-Matter Maturation and Petroleum Generation: a case study from the Yinggechai and Quongdongnan Basin, South China Sea. AAPG Bulletin, 79(4): 551 – 562.

Harris Cander. 2012. What is unconventional resources? AAPG Annual Convention and Exhibition, Long Beach, California.

Haven H L, Leeuw J W D, Damste J S S. 1988. Application of biological markers in the recognition of palaeo-hypersaline environments//Kelts K, Fleet A, Talbot M. Lacustrine Petroleum Source Rocks: Special Publication, Blackwell, Geological Society, 40: 123 – 130.

Hazlett R N, Power A J. 1989. Phenolic compounds in Bass Strait distillate fuels: their effects on deposit formation. Fuel, 68: 1112 – 1117.

Hedberg H D. 1968. Significance of high-wax oils with respect to genesis of petroleum. AAPG Bulletin, 52: 736 – 750.

Hellinger S, Sclater J G. 1983. Some comments on two-layer extension models for the evolution of sedimentary basins. Journal of Geophysical Research, 88(B10): 8251 – 8269.

Hirschberg A, DeJong L N J, Schipper B A, et al. 1984. Influence of temperature and pressure on asphaltene flocculation. Society of Petroleum Engineers Journal: 283 – 293.

Horstad I, Larter S R, Mills N. 1995. Migration of hydrocarbons in the Tampen Spur area, Norwegian North Sea: areservoir geochemical evaluation//Cubitt J M, England W A. The Geochemistry of Reservoirs, Geological Society London, 159 – 183.

Hryckowian E, Dachille F, Dachille F. 1967. Experimental studies of anthracite coals at high pressures and temperatures. Economic Geology, 67: 517 – 539.

Huang W Y, Meinschein W G. 1979. Sterols as Ecological Indicators. Geochimica et Cosmochimical Acta 43: 739 – 745.

Huc A Y. 1986. Comparrision of three series of organic matter of continental original. Org. Geochem., 10(1): 191 – 204.

Hughes W B, Holba A G, Miller D E, et al. 1985. Geochemistry of the greater Ekofisk crude oils//Thomas B M. Petroleum Geochemistry in the Exploration of the Norwegian Shelf, London, Graham and Trotman: 75 – 92.

Hunt J M. 1979. Petroleum geochemistry and geology. San Francisco: W. H. Freeman and Company.

Hunt J M, Whelan J K, Eglinton L B, et al 1994. Gas generation: A major cause of deep Gulf Coast overpressures. Oil and Gas Journal, 1994, 92(29): 59 – 62.

Hunt J M. 1996. Petroleum Geochemistry and Geology. 2nd ed. New York: W H Freeman: 491 – 501.

Hwang R J, Sundaranraman P, Teerman S C, et al. 1989. Effect of Preservation on Geochemical Properties of Organic matter in Immature Lacustrine Sediments. 14th International Meeting on Organic Geochemistry, Pairs, Abstract No. 351.

Hwang R J, Baskin, D K. 1994. Reservoir connectivity and oil homogeneity in a large scale reservoir: Middle East Petroleum Geoscience, Geo 94, 2(1): 529 – 541.

Ichiro Kaneoka, Nobuo Takaoka. 1985. Noble-gas state in the earth's interior-Some constraints on the present state. Chemical Geology, 52(1): 75 – 95.

Illich H A, Grizzle P L. 1983. Comment on "Comparison of Michigan Basin crude oils" by Vogler et al. Geochimica et Cosmochimica Acta, 47(6): 1151 – 1155.

Jackson K J, Burham A K, Braun R I, et al. 1995. Temperature and pressure dependence of n-hexadecane cracking. Organic Geochemistry, 23: 941 – 953.

Jacob H. 1985. Disperse solid bitumens as an indicator for migration and maturity introspecting for oil and gas. Erdol und Kohle, 38: 365.

Jewell D M, Weber J H, Bunger J W, et al. 1972. Ion-exchange, coordination and adsorption chromatographyseparation of heavy-end petroleum distillates. Analytical Chemistry, 44: 1391 – 1395.

Jones R W. 1987. Organic facies. Advaces in Petroleum geochemistry. London: Academic press: 1 – 90.

Kaneoka I, Takaoka N. 1980. Rare gas isotopes in Hawaiian ultramafic nodules and volcanic rocks: constraint on generic relationships. Science, 208: 1266 – 1268.

Karlsen D A, Larter S R. 1991. Analysis of petroleum fractions by TLC-FID: applications to petroleum reservoir description. Org. Geochem., 17(5): 603 – 617.

Kartzev A A. 1972. The principal stage in the formation of petroleum. 8th World Petroleum Congress Proceedings, 2: 3 – 11.

Kaufman R L, Ahmed A S, Elsinger R L. 1990. Gas Chromatography as a development and production tool for Fingerprinting Oils from individual reservoirs: Application in the gulf of Mexico. Gulf Coast Section of the Society of Economic Paleontologists and Mineralogists Foundation Ninth Annual Research Conference Proceedings, 263 – 282.

Khorassani G K, Michelson J K. 1991. Geological and laboratory evidence for early generation of large amount of liquid hydrocarbons from suberinite and subereous components. Organic Geochemistry, 17(6): 849 – 864.

Kissell FN, McCulloch CM, Elder CH. 1973. The direct method of determining methane content of coal beds for ventilation design. US Bureau of Mines, Report of Investigations, 7767: 1 – 17.

Klauda J B, Sandler S I. 2005. Global distribution of methane hydrate in ocean sediment. Energy and Fuels, 19, 459 – 470.

Kleemann G, Poralla K, Englert G, et al. 1990. Tetrahymanol from the phototrophic bacterium Rhodopseudomonas palustris: First report of a gammacerane triterpene from a prokaryote. Journal of General Microbiology, 136: 2551 – 2553.

Koji U Takahashi, Noriyuki Suzuki, Hiroyuki Saito. 2014. Compositional and isotopic changes in expelled and residual gases during anhydrous closed-system pyrolysis of hydrogen-rich Eocene subbituminous coal. Int. J. Coal Geol, 127: 14 – 23.

Koopmans M P, Koster J, Kaam-Peters H M E. 1996. Diagenetic and Catagenetia products of isorenieratene: Molecular indicators for photic zone anoxia. Geochimica et Cosmochimica Acta, 60: 44, 67 – 96.

Krumbein W C. 1952. Originand classification of chemical sediments in terms of pH and oxidation reduction potentials. Journal of Geology, 60(1): 1 – 33.

Kvenvolden K A. 1988. Methane hydrate-A major reservoir of carbon in the shallow geosphere? Chemical Geology.

Kvenvolden K A, Claypool G E. 1988. Gas hydrates in ocenic sediment: U. S. Geological survey Open-File Report 88 – 216, 50.

Landais P, Michels R, Elie M. 1994. Are time and temperature the only constraints to the simulation of organic matter-maturation? Organic Geochemistry, 22(3 – 5): 617 – 630.

Larskaya Ye S, Zhabrev D V. 1964. Effects of stratal temperatures and pressures on the composition of dispersed organic matter. Dokl. Akad. Nauk SSSR, 157(4): 135 – 139.

Larter S R, Aplin A C. 1995. Reservoir geochemistry: Methods, applications and opportunities//Cubitt J W. The Geochemistry of Reservoirs. Geological Society Special Publications. 86:5 – 32.

Larter S R, Bjorlykke ko, karlsen D A, et al. 1990. Determination of petroleum accumulation histories: examples from the Ula Field, Central Graben, Norwegian North Sea, North Sea oil and Gas Reservoirs – II, Graham & Trotman, London, 319 – 330.

Lasater J A. 1958. Bubble point pressure correlation. Trans. AIME. , 213:379 – 381.

Lerch L. 1984. Determination of paleoheat flux from vitrinite reflectance data. AAPG Bulletin, 68(10):1704 – 1717.

Levine J R. 1993. Coalification: the evolution of coal as source rock and reservoir rock for oil and gas//Law B E, Rice D D. Hydrocarbons from coal. AAPG Studies in Geology, 38:39 – 77.

Lewan M D, Williams J A. 1987. Evaluation of Petroleum Generation from resinites by Hydrous Pyrolysis. AAPG, 71(2):207 – 214.

Lewis R, Ingraham D, Williamson J, et al. 2004. New Evaluation Techniques for Gas Shale Reservoirs. Reservioir Symposium. Schlumberger.

Leythaeuser D, Mackenzie A S, Schaefer R G, et al. 1984. A novel approach for recognition and quantification of hydrocarbon migration effects in shales and stone sequence. AAPG Bulletin, 68(2):196 – 219.

Li M, Larter S R, Stoddart D, et al. 1995. Fractionation of pyrrolic nitrogen compounds in petroleum during migration: Derivation of migration——related geochemical parameters//Cubitt J M, England W A . The Geochemistry of Reservoirs. Geological Society Special Publications 86. London: The Geological Society Publishing House: 103 – 123.

Lijmbach G W M. 1975. On the origin of petroleum. 9th World Petroleum Congress. London: Applied Science Publisher, 2:357 – 369.

Liu Y, Zhang J. Tang X, 2016. Predicting the proportion of free and adsorbed gas by isotopic geochemical data: Acase study from lower Permian shale in the southern North China basin (SNCB). Int. J. Coal Geol. , 156:25 – 35.

Louis M, Tissot B. 1967. Influence de la temp rature et de la pression sur la formation des hydrocarbures dans les argiles kérogène. 7th World Petroleum Congress, Mexico, 2:47 – 60.

Lu S T. 1990. Hydrocarbon-Generation potential of humic coals from Dry Pyrolysis. Bull, AAPG, 74(2).

Lynch L J, Webster D S. 1983. HNMR Thermal Scanning Methods for Studying Oil Shale Pyrolysis. American Chemical Society national meeting, WA, USA:123 – 139.

MacDonald G T. 1990. The future of methane as an energy resource: Annual Review of Energy, 15:53 – 83.

Mackenzie A S, Brassell S C, Eglinton G, et al. 1982. Chemical fossils: the geological fate of steroids. Science, 217: 491 – 504.

Mackenzie A S, McKenzie D. 1983. Isomerization and aromatization of hydrocarbons in sedimentary basins formed by extension. Geology Magazine, 120:417 – 470.

Mackenzie A S. 1984. Application of biological markers in petroleum geochemistry//Petroleum Geochemistry. London: Academic press: 115 – 206.

Magara K. 1976. Thickness of removal sediments, paleo-pore pressure and paleo-temperature, southwestern part of Western Canada basin. AAPG Bulletin, 60(4):554 – 565.

Makogon Y F. 1997. Hydrates of Hydrocarbons. Tulsa, Okla: Pennwell Books.

Maness M, Price J G W. 1977. Well formation characterization by hydrocarbon analysis. SPE, 6860.

Martin R L, Winters J C, Williams J A. 1963. Distribution of n-paraffins in crude oils and their implications to origin of petroleum. Nature, 199:110 – 113.

Martini AM, Walter LM, McIntosh J C 2008, Identification of microbial and thermogenic gas components from Upper Devonian black shale cores, Illinois and Michigan basins. AAPG Bulletin, 92(3):327 – 339.

Marzi R, Rullktter J. 1992. Qualitative and quantitative evolution and kinetics of biological marker transformations-Laboratory experiments and application to the Michigan Basin//Moldowan J M, Albrecht P, Philp R. Biological Markers in Sediments and petroleum. Prentice Hall, Englewood Cliffs, NJ:18 – 41.

Mastalerz M, Bustin R M, Orchard M, et al. 1992. Fluorescence of conodonts: implications for organic maturation analysis. Organic Geochemistry, 18(1):93-101.

Mastalerz M, Wilks K R, Bustin R M, et al. 1993. Theeffect of temperature, pressure and strain on carbonization in high-volatile bituminous and anthracitic coals. Organic Geochemistry, 20(2):315-325.

Mavor M. 2003. Barnett shale gas-in-place volume including sorbed and free gas volume. AAPG Southwest Section Meeting.

McAuliffe C D. 1966. Solubility in water of paraffin, cycloparaffin, olefin, acetylene, cyclo-olefin and aromatic hydrocarbons. Journal Physical Chemistry, 70(4):1267-1275.

McCaffrey M A, Legrre H A. 1996. Using biomarkers to improve heavy oil reservoir management: an example from the Cymric field, Kern County, California. AAPG Bulletin, 80(6):898-913.

McIver R D. 1981. Gas hyrates//Meyer R F, Olson J C. Long-term energy resources. Boston: Pitman:713-726.

McKenzie D P. 1978. Some remarks on the development of sedimentary basins. Earth and Planetary Science Letters, 40(1):25-32.

Mello M R, Gaglianone S C, Brassell S C, et al. 1988. Geochemical and biological marker assessment of depositional environments using Brazilian offshore oils. Marine and Petroleum Geology, 5:205-223.

Mello M R, Tennaes N, Gaglianone C, et al. 1988. Organic geochemical characterization of depositional paleoenvironments in Brazilian marginal basins. Organic Geohemistry, 5(2):205-223.

Menzel D W, Anderson J, Randtke A. 1970. Marine phytoplankton vary in their response to chlorinatedhydrocarbons. Science, 167(926):1724-1726.

Meyer R F. 1981. Speculations on oil ang gas resources in small fields and unconventional deposits// Meyer R F, Olson J C. Long-term energy resources. Boston: Piman:49-72.

Milkov A V, Claypool G E, Lee Y-J, et al. 2003. The Ocean Drilling Program Leg 204 Scientific Party, Insitu menthane concentrations at hydrate Ridge, offshore Oregon: New constraints on the global gas hydrate inventory fromactive margins. Geology, 31(10):833-836.

Milner C W D, Rogers M A, Evans C R. 1977. Petroleum transformations in reservoirs. Journal of Geochemical Exploration, 7:101-153.

Moldowan J M, Seifert W K, Gallegos E J. 1985. Relationship between petroleum composition and depositional environment of petroleum source rocks. American Association of Petroleum Geologists Bulletin, 69:1255-1268.

Moldowan J M, Sundararaman P, Salvatori T, et al. 1992. Source correlation and maturity assessment of select oils and rocks from the Central Adriatic Basin. //Moldowan J M, Albrecht P, Philp R. Biological Markers in Sediments and Petroleum. Prentice Hall, Bachelder J N, Cunningham C G, NJ:370-401.

Montel F, Gouel P L. 1985. Prediction of Compositional Grading in a Reservoir Fluid Column. Annual Technical Conference and Exhibition, Las Vegas. SPE, 14410.

Monthioux M, Landais P, Durand B. 1986. Comparison between extracts from natural and artificial maturation series of Mahakam delta coals, Organic Geochemistry, 10(1-3):299-311

Mycke B, Narijes F, Michaelis W. 1987. Bacteriohopanetetrol from Chemical Degradation of an oil Shale Kerogen. Nature, 326:179-781.

Nissenbaum A, Goldberg M, Aizenshtat Z. 1985. Immature condensate from southeasten Mediterranean coastal plain, Israel. AAPG Bulletin, 69(2):948-949.

Ourisson G, Albrecht P, Rohmer M. 1982. Predictive microbial biochemistry, from molecular fossils to prokaryotic membranes. Trendsin Biochemical Sciences, 7:236-239.

Ourisson G, Albrecht P, Rohmer K. 1987. Prokaryotic Hopanoids and other Polyterpenoid Sterol Surrogates. Annual Review of Microbiology, 41:301-333.

Palacas J G, Monopolis D, Nicolaou C A, et al. 1986. Geochemical correlation of surface and subsurface oils, western

Greece. Organic Geochemistry,10:417 - 423.

Palmer S E . 1993. Effects of biodegration and water washing on crude oil composition. //Engle M H,Macko S A. Organic Geochemistry New York:Plenum Press:511 - 533.

Parks T J,Lynch L J,Webster D S. 1988. Molecular properties and thermal transformation of oil shale kerogens from in situ ^{1}H NMR data. Energy Fuels,2:185 - 190.

Peters K E,Moldowan J M. 1993. The Biomarker Guide-Interpreting Molecular Fossils in Petroleum and Ancient Sediments. Prentice Hall,Englewood Cliffs,NJ:88 .

Peters K E,Walters C C,Moldowan J M. 2005. The Biomarker Guide. 2nd ed. Cambridge University Press,UK:473 - 1155.

Philippi G T. 1965. On the depth,time and mechanism of petroleum generation. Geochimica et Cosmochimica Acta,29(9):1021 - 1049.

Philp R P, Gilbert T D, Friedrich J. 1981. Bicyclic sesquiterpenoids and diterpenoids in Australian crude oils. Geochimica et Cosochimica Acta,45(7):1173 - 1180.

Powell T G,Mckirdy D M. 1973. Relationship between ratio of pristane to phytane,crude oil composition and geological environment in Australia. Nature. Phys. Sci,243(124). 37 - 39.

Price L C,Wenger L M. 1992. The influence of pressure on petroleum generation and maturation as suggested by aqueous pyrolysis. Organic Geochemistry,19(1 - 3):141 - 159.

Price L. C. 1980. Crude oil degradation as an explanation of the depth rule. Chemical Geology,28:1 - 30.

Pruitt J D. 1983. Comment on "Comparison of Michigan Basin crude oils" by Vogler et al. Geochimica et Cosmochimica Acta,4(6):1157 - 1159.

Püchtbauer H,Goldschmidt H. 1964. Aragonitische Lumachellen im bitumin? sen Wealden des Emsland-Beitr. Miner. Petrogr,10:184 - 197.

Pusey W C Ⅲ. 1973. How to evaluate potential gas and oil source rocks. World Oil,176(5):71 - 75.

Radke M,Garrigues P,Willsch H. 1990. Methylated dicyclic and tricyclic aromatic hydrocarbons in crude oils from the Handil field. Indonesia Organic Geochemistry,15(1):17 - 34.

Radke M,Welte D H,Willsch H. 1986. Maturity parameters based on aromatic hydrocarbons: Influence of the organic matter type. Organic Geochemistry,10(1 - 3):51 - 63.

Radke M,Rullktter J,Vriend S P. 1994. Distribution of naphthalenes in crude oils from the Java Sea: Source and maturation effects. Geochimica et Cosmochimica Acta,58(17):3675 - 3689.

Radke M,Welte D H. 1983. The methylphenanthrene index (MPI). A maturity parameter based on aromatic hydrocarbons//Bjorфy M,et al. Advance in Organic Geochemistry 1981. New York:Wiley J and Sons:504 - 512.

Reineck H E,Singh I B. 1973. Depositional sedimentary Environments. Berlin: Heidelberg:439.

Rice D D,Claypool G E . 1981. Generation, accumulation, and resource potential of biogenic gas. AAPG, Bulletin, 65(1):5 - 25.

Robert G Loucks,Robert M Reed,Stephen C Ruppel,et al 2009. Morphology, genesis, and distribution of nanometer scale pores in siliceous mudstones of the Mississippian Barnett shale. Journal of Sedimentary Research, 79:848 - 861.

Robinson W E. 1969. Isolation procedures for kerogens and associated soluble organic matter//Eglinton G, Murphy M T J. Organic geochemistry. New York:Springer-Verlag:181 - 195.

Rogers M A,Mcalary J D,Bailey J L. 1974. Significance of reservoir bitumens to thermal maturation studies, western Canada Basin. AAPG Bull,58(9):1806 - 1824.

Rogers M A. 1979. Application of organic facies concepts to hydrocarbon souce rock evaluation. 10th world Petr,Cong: 25 - 30.

Rohmer M,Bouvier-Nave P,Ourisson G. 1984. Distribution of hopanoid triterpenes in prokaryotes. Journal of General

Microbiology,130:1137 – 1150.

Rohrback B G. 1983. Crude oil geochemistry of the Gulf of Suez//Bjorфy M. Advances in organic geochemistry. Chichester:Wiley,39 – 48.

Ronov A B. 1958. Organic carbon in sedimentary rocks (in relation to presence of petroleum). Translation in Geochemistry,(5):510 – 536.

Ross D J K,Bustin R M. 2007. Impact of mass balance calculations on adsorption capacities in microporous shale gas reservoirs. Fuel,86(17):2696 – 2706.

Ross D J K,Bustin R M. 2008. Characterizing the shale gas resource potential of Devonian-Mississippian strata in the Western Canada sedimentary basin:Application of an integrated formation evaluation. AAPG Bulletin,92(1): 87 – 125.

Rowland S J,Alexander R,Kagi R I,et al. 1986. Microbial degradation of aromatic components of crude oils:A comparison of laboratory and field observations. Organic Geochemistry,9(4):153 – 161.

Royden L,Keen C E. 1980. Rifting process and thermal evolution of the continental margin of Eastern Canada determined from subsidence curves. Earth and Planetary Science Letters,51(2):343 – 361.

Rubinstein I,Albrecht P. 1975. The occurrence of nuclear methylated steranes in a shale. Joural of the Chemical Society. Chemical CommunicationsL:957 – 958.

Rudd J M,Taylor C D. 1980. Methane cycling in aquatic environments//Droop M R,Jannasch H W. Advances in aquatic microbiology. London:Academic Press,2:77 – 150.

Rullktter J,Marizi R. 1988. Natural and Maturation of biological markers in a Toarcian shale from northern Germany. Organic Geochemistry,13:639 – 645.

Rullktter J,Meyers A,Schaefer R G,et al. 1986. Oil generation in the Michigan Basin: A biological marker carbon and isotope approach. Organic Geochemistry,10:359 – 375.

Rullktter J,Philp P. 1981. Extended hopanes up to C_{40} in Thornton bitumen. Nature, 292:616 – 618.

Rullktter J,Wendisch D. 1982. Microbial alteration of 17α(H) – hopane in Madagascar asphalts: Removal of C – 10 methyl group and ring opening. Geochimica et Cosmochimical Acta,46:1543 – 1553.

Sage B H,Lacey W N. 1938. Gravitational concentration gradients in static columns of hydrocarbon fluids. Trans. AIME, 132:120 – 131.

Sajgo C S,McEvoy J,Wolef G A,et al. 1986. Influence of temperature and pressure on maturation process,preliminary report. Organic Geochemistry,10(2):331 – 337.

Scalan R S,Smith J E. 1970. An improved measure of the old-even predominance in the normal alkanes of sediment extracts and petroleum. Geochimica et Cosmochimical Acta,34:611 – 620.

Schaefer R G. 1980. Analysis of trace amounts of hydrocarbons(C_2—C_8) from rocks and crude oils samples and its applicationin petroleum geochemistry. Physics and Chemistry of the Earth,12:149 – 156.

Schenk H J,Primio R D,Horsfield B. 1997. The conversion of oil into gas in petroleum reservoirs: Part 1 Comparative kinetic investigation of gas generation from crude oils of lacustrine,marine and fluvio deltaic origin by programmed-temperature closed-system pyrolysis. Organic Geochemistry,26(7 – 8):467 – 481.

Schnitzer M,Kodama K. 1977. In minerals in soil environments//Dixon J Band, Weed S B. Soil Science Society of America,Madison: 741 – 770.

Schoell M. 1980. The hydrogen and carbon isotopic composition of methane from natural gases of various origins. Geochimica et Cosmochimical Acta,44:649 – 661.

Schoell M. 1983. Genetic characterization of natural gases. AAPG,67:2225 – 2238.

Schowalter T T. 1979. Mechanisms of secondary hydrocarbon migration and entrapment. AAPG Bulletin,63(3):1232.

Schulte A M. 1980. Compositional variations within a hydrocarbon column due to gravity. Society of Petroleum Engineers,9235.

Scott A R, Keiser W R, Ayers W R. 1994. Thermogenic and secondary biogenic gases, San Juan Basin, Colorado and New Mexico implications for coalbed gas producibility. AAPG Bulletin, 78:1186 – 1209.

Seifert W K, Moldowan J M. 1980. The effect of thermal stress on source-rock quality as measured by hopane stereochemistry. Physics and Chemistry of the Earth, 12:229 – 237.

Seifert, W K, Moldowan J M. 1980. Application of biological markerong. Proc. 2:425 – 438.

Seifert W K, Moldowan J M. 1981. Paleoreconstructions by biological markers. Geochimica et Cosmochimica Acta, 45:783 – 794.

Seifert W K, Moldowan J M, Demaison G J. 1984. Source correlation of biodegraded oils. Organic Geochemistry, 6:633 – 643.

Shimoyama A, Johns W D. 1972. Formation of alkanes from fatty acids in the presence of $CaCO_3$. Geochimica et Cosmochimical Acta, 36:87 – 91.

Simoneit B R T, Grimaltm J O, Wang T G, et al. 1986. Cyclic terpenoids of contemporary resinous plant detritus and of fossil woods, ambers and coals//Leythaeuser D, Rullktter J. Advances in Organic Geochemistry 1985. Organic Geochemistry, 10:877 – 889.

Simoneit B R T. 1986. Cyclic terpenoids of contemporary resious plant detritus and of fossil woods, ambers and coals. Organic Geochemistry, 10:877 – 889.

Slentz L W. 1981. Geochemistry of reservoir fluids as a unique approach to optimum reservoir management: Society of Petroleum Engineer Paper 9582, Proceedings of the Society of Petroleum Engineer Middle East Technical Conference, Manama, Bahrain:37 – 50.

Smalley P C, Blomqvist R, Raheim A. 1988. Sr isotopic evidence for discrete saline components in stratified groundwaters from crystalline bedrock, Outokumpu, Finland. Geology, 16:354 – 357.

Smalley P C, Dodd T A, Stockden I L, et al. 1995. Compositional heterogeneities in oilfield formation waters: indentifying them, using them//Cubitt J W, England WA. The Geochemistry of Reservoirs. Geological Society Special Publications 86. London:The Geological Society Publishing House: 59 – 70.

Smalley P C, Lфnфy A, Raheim A. 1992. Spatial $^{87}Sr/^{86}Sr$ variation in formation water and calcite from the Ekofisk chalk oil field: Implications for reservoir connectivity and fluid composition. Applied geochemistry, 7:341 – 350.

Smalley P C, England W A. 1994. Reservoir Compartmentalization Assessed with Fluid Compositional Data. SPE, Reservoir Engineering. SPE, 25005.

Smith D A. 1996. Theoretical considerations of sealing and nonsealing faults. AAPG Bull, 50(2):363 – 374.

Smith D M, Williams F L. 1981. A new technique for determining the methane content of coal. New York: Am. Soc Mech. Eng:1267 – 1272.

Smith H M. 1968. Qualitative and quantitative aspects of crude oil composition. U. S. Bureau of Mines Bull, 642.

Smith P V. 1954. Studies on the origin of petroleum: Occurrence of hydrocarbons in recent sediments. AAPG Bulletin, 38:377 – 404.

Snowdon L R. 1980. Resinite-potential petroleum source in Beaufort-Mackenzie Basin//Miall A B. Facts and principles of world petroleum occurrence. Can. Soc. Petrol. Geol, Memoir:509 – 521.

Snowdon L R, Powell T G. 1982. Immature oil and condensate-modification of hydrocarbon generation model for terrestrial organic matter. AAPG Bull, 66(6):775 – 788.

Snowdon L R. 1991. Oil from type III organic matter: Resinite revisited. Org. Geochem., 17(6):743 – 747.

Stahl W J, Carey B D. 1975. Source-rock identification by isotope analyses of natural gases from fields in the Valverde and Delaware Basins, West Texas. Chemical Geology, 16(2):257 – 267.

Stahl W J. 1977. Carbon and nitrogen isotopes in hydrocarbon research and exploration. Chemical Geology, 20(2):121 – 149.

Standing M B A. 1947. Pressure-volume-temperature correlation for mixtures of California oil and gas. Drill and Prod.

Prac. : 275 - 386.

Stevenson D P, Wagner C D, Beeck O, et al. 1948. Isotope effect in thermal cracking of propane - 1 - C13. Chemical Physics, 16:993.

Stoddart D P, Hall P B, Larter S R, et al. 1995. The reservoir geochemistry of the Edifisk Field, Norwegian North Sea. The Geochemistry of Reservoirs//Cubitt J M, England W A. London: The Geological Society Publishing House: 257 - 279.

Strachan M G, Alexander R, Kagi R I. 1988. Trimethylnaphthalenes in Crude oils and Sediments: Effects of source and maturity. Geochimica et Cosmochimica Acta, 52:1255 - 1264.

Strąpoć D, Schimmelmann A, Mastalerz M. 2006. Carbon isotopic fractionation of CH_4 and CO_2 during canister desorption of coal. Organic Geochemistry, 37:152 - 164.

Strąpoć D, Mastalerz M Schimmelmann A, Drobniak A, et al. 2010. Geochemical constraints on the origin and volume of gas in the New Albany Shale (Devonian - Mississippian), eastern Illinois Basin. AAPG Bull, 94:1713 - 1740.

Su X, Lin X, Liu S, et al. 2005. Geology of coalbed methane reservoirs in the Southeast Qinshui Basin of China. International Journal of Coal Geology, 62(4):197 - 210.

Summons R E, Powell T G. 1987. Chlorobiaceae in Palaeozoic sea revealed by biological markers, isotope, and geology. Nature, 319:763 - 765.

Summons R E, Volkman J K, Boreham C J. 1987. Dinosterane and other steroidal hydrocarbons of dinoflagellate origin in sediments and petroleum. Geochimica et Cosmochimical Acta, 51: 3075 - 3082.

Sweeney J J, Barnham A K. 1990. Evaluation of a simple model of Vitrinite reflectance based on chemical kinetics. Bull AAPG, 74:1559 - 1570.

Szatmari. 1989. Petroleum formation by Fischer-Tropsch synthesis in plate tectonics. AAPG Bulletin, 73(8):989 - 998.

Tang Y, Daniel X. 2011. Predicting Original Gas in Place and Optimizing Productivity by Isotope Geochemistry of Shale Gas. CSPG CSEG CWLS Convention.

Tang Y, Gao L, Wu S, et al. 2015, Andrei Advanced Isotope Geochemistry to Increase Production From Horizontal Wells And Reservoirs. AAPG 2015 ACE, Denver, Colorado.

Ten Haven H L, de Leeuw J W, Rullkotter J. 1987. Restricted utility of the pristane/phytane ratio as a palaeoenvironmental indicator. Nature, 330(6149):641 - 643.

Ten Haven H L, De Leeuw J W, Sinninghe Damste J S, et al. 1988. Application of biological markers in the recognition of palaeopersaline environments//Fleet A J, Kelts K, Albot M R T. Lacustrine Petroleum Source Rocks. Geological Society Special Publication(40):123 - 130.

Ten Haven H L, Rullktter J. 1988. The diagenetic fate of taraxer - 14 - ene and oleanene isomers. Geochimica et Cosmochimical Acta, 52:2543 - 2548.

Thomas J B, Mann A L, Brassel S C, et al. 1989. 4 - Mathyl steranes in Triassic sediments: molecular evidence for the earliest dinoflagellates. Presented at the 14th International Meeting on Organic Geochemistry, Paris.

Thompson K F M. 1983. Classification and thermal history of petroleum based on light hydrocarbons. Geochemica et Cosmochimica Acta, 47:303 - 316.

Thompson R, Woods R A, Ottenjann K. 1988. Quantitative fluorescence results from sample exchange studies. Organic Geochemistry, 12:323 - 332.

Tisso B P, Galifet - Debyser Y, Derou G, et al. 1971. Origin and evolution of hydrocarbons in early Toarcian shales, Paris Basin, France. AAPG Bull., 55:2177 - 2193.

Tissot B, Durand B, Espitalie J, et al. 1974. Influence of nature and diagenesis of organic matter in formation of petroleum. AAPG Bulletin, 58(3):499 - 506.

Tissot B P, Welte D H. 1978. Petroleum Formation and Occurrence. Berlin: Springer-Verlag.

Tissot B P, Welte D H. 1984. Petroleum Formation and Occurrence. 2nd ed. Berlin: Springer-Verlag.

Treibs A. 1936. Chlorophyll and Hemin Derivatives in Organic Mineral Substances. Angewandte Chemie, 49: 682 – 686.

Trofimuk A A, Cherskiy N V, Tsarev V P. 1997. The role of continental glaciation and hydrate formation on petroleum occurrences//Meyer R F. Furture supply of nature – made petroleum and gas. New York: Pergramon Press: 919 – 926.

Ungerer P. 1990. State of the art of research in kinetic modeling of oil formation and expulsion. Organic Geochemistry, 16 (1 – 3): 1 – 25.

Vallentyne J R. 1965. Why exobiology? Current aspects of exobiology//Mamikunian G, Briggs. Jet Propulsion Lab, California. 1 – 12.

van Dorsselaer A. 1975. Triterp nes de sediments. Th se de Doctorats – Sciences, lUniversitLouis Pasteur, Strasbourg, France.

van Krevelen D W. 1961. Coat. Amsterdam: Elsevier Publishing Co: 514.

Vassoevich N B, Yu L, Korchagina N V, et al. 1969. The main stage of petroleum formation. Moscow University Vestnik, 6: 3 – 37 (in Russian).

Vazquez M, Beggs H D. 1980. Correlation for fluid physical property prediction. J. Pet Tech, (6): 968 – 970.

Venkatesan M I. 1989. Thtrehymanol: Its widespread occurrence and geochemical significance. Geochimica et Cosmochimical Acta, 53: 3095 – 3101.

Vitorovic D. 1980. Structure elucidation of kerogen by chemical methods. //Durand B. Kerogen. Paris: Techniq. 301 – 338.

Vogler E A, Meyers P A, Moore W A. 1981. Comparison of Michigan Basin crude oils. Geochimica et Cosmochimica Acta, 45: 2287 – 2293.

Volkman J K, Banks M R, Denwer K, 1990. Biomarker composition and depositional setting Tasmanite oil shale from northern Tasmania, Australia. 14th international Meeting on Organic Geochemistry, Pairs, September 18 – 22, 1989, Abstract No. 168.

Volkman J K, Maxwell J R. 1986. Acyclic Isoprenoids as Biological Markers//Johns R B. Biological Markers in the Sedimentary Record. New York: Elsevier: 1 – 42.

Volkman J K. 1988. Biological markers compounds as indicators of the depositional environments of petroleum source rocks. In Lacustrine Petroleum Source Rocks//Fleet A J, Kelts K, Talbot M R. Geological Society Special Publication No. 40: 103 – 122.

Wang X, Li X, Wang X, et al. 2015. Carbon isotopic fractionation by desorption of shale gases. Marine and Petroleum Geology, 60: 79 – 86.

Waples D W. 1985. Geochemistry in petroleum exploration. International Human resources development corporation.

Wilhelms A, Larter S R. 1995. Overview of the geochemistry of some tar mats from the North Sea and USA: implication for tarmat origin//Cubitt J W, England W A. The Geochemistry of Reservoirs. Geological Society Special Publications 86. London: The Geological Society Publishing House Unit 7: 87 – 102.

Williams J A. 1974. Characterization of oil types in Williston Basin. AAPG Bulletin, 58(7): 1243 – 1252.

Wilson H H. 1990. The case for early generation and accumulation of oil. Journal of Petroleum Geology, 13(2): 127 – 156.

Withers N. 1983. Dinoflagellate sterols//Scheuer P J. Marine Natural Products: Chemical and Biological Perspectives. New York: Academic Press, 5: 87 – 130.

Wolff G A, Lamb N A, Maxwell J R. 1986. The origin and fate of 4 – methyl steroid hydrocarbons: I Diagenesis of 4 – methyl steranes. Geochim. Cosmochim. Acta, 50: 335 – 342.

Xia X, Tang Y, 2012. Isotope fractionation of methane during natural gas flow with coupled diffusion and adsorption/desorption. Geochimica et Cosmochimica Acta, 77: 489 – 503.

Yee D, Seidle J. P, Hanson W. B. 1993, Gas sorption on coal and measurement of gas content. AAPG Studies in Geology, 38(9):203-218

Yen T F. 1976. Structural aspects of organic components in oil shales//Yen T F, Chilingarisn G. Oil Shale. Amsterdam: Elsevier:129-148.

Yen T F. 1976. Structural investigation in Green River oil shale kerogen//Yen T F. Science and Technology of Oil Shale. New York: Ann Arbor:193-205.

Yin X Y, Zong Z Y, Wu G C. 2015. Research on seismic fluid identification driven by rock physics. science China: Earth Sciences,58:159-171.

Zhang Dajiang, Li Jinchao. 1988. Biodegraded sequence of Karamayoils and semi-quantitative estimation of their biodegraded degree in Jungger Basin, China. Organic Geochemistry,13(2):295-302.

Zhao H, Natalie BG, Brad C, et al. 2007. Thermal Maturity of the Barnett Shale Determined from Well-log Analysis. AAPG Bulletin,91(4):535-549.

Zou Y R, Peng P A. 2001. Overpressure retardation of organic-matter maturation: a kinetic model and its application. Marine and petroleum Geology,18:707-713.

Zumberge J E, Ferworn K A, Curtis J B. 2009. Gas character anomalies found in highly productive shale gas wells. Geochimica et Cosmochimica Acta Supplement,73:1539.

Zumberge J E, Ferworn K A, Brown S. 2012. Isotopic reversal('rollover') in shale gases produced from the Mississippian Barnett and Fayetteville formations. Marine and Petroleum Geology,31:43-52.